石狮年鉴

SHISHI YEARBOOK

2021

中共石狮市委党史和地方志研究室 编

方志出版社
Publishing House of Local Records

图书在版编目（CIP）数据

石狮年鉴. 2021 / 中共石狮市委党史和地方志研究室编. —北京 : 方志出版社, 2021.11
ISBN 978-7-5144-5022-4

Ⅰ. ①石… Ⅱ. ①中… Ⅲ. ①石狮—2021—年鉴
Ⅳ. ①Z525.73

中国版本图书馆CIP数据核字(2021)第266840号

责任编辑：刘方圆
责任校对：刘玉霞
责任印制：梅中英
出 版 者：方志出版社
地　　址：北京市朝阳区潘家园东里9号（国家方志馆4层）
邮　　编：100021
网　　址：http://www.zgfzcb.cn
发　　行：方志出版社图书营销中心（010-67110500）
印　　刷：福州大坤彩色印刷有限公司
开　　本：889毫米×1194毫米　1/16
印　　张：25.5
字　　数：849千字
版　　次：2021年11月第1版
印　　次：2021年11月第1次印刷
定　　价：280.00元

《石狮年鉴》编纂委员会

《石狮年鉴》总编室

编辑说明

一、《石狮年鉴》是中共石狮市委、石狮市人民政府组织编纂，中共石狮市委党史和地方志研究室承编的年度地方资料性文献，创办于2003年，2021卷为第13卷。

二、《石狮年鉴（2021）》以马克思列宁主义、毛泽东思想、邓小平理论、“三个代表”重要思想、科学发展观、习近平新时代中国特色社会主义思想为指导，坚持辩证唯物主义和历史唯物主义的立场、观点和方法，实事求是地记载石狮市2020年经济、政治、文化、社会和生态文明建设等方面的情况。

三、《石狮年鉴（2021）》设类目、分（子）目、条目三个层次，条目为内容的基本载体形式。包含图说石狮、特载、专记、大事记、市情概览、中共石狮市委员会、石狮市人民代表大会、石狮市人民政府、政协石狮市委员会、纪检 监察、民主党派和工商联、群众团体、外事 侨务 台港澳事务、法治、军事、应急管理、农业 农村、海洋与渔业、工业与建筑业、城乡规划建设与国土资源管理、生态建设与环境保护、商贸、金融、港口建设与口岸管理、交通 邮政 通信、经济管理、财政 税务、科学技术、教育、文化 旅游 体育、卫生与计划生育、社会与民生、镇（街道）、人物·荣誉、附录等。

四、《石狮年鉴（2021）》资料收录范围原则上为2020年1月1日至12月31日，为保持内容资料的完整性和连续性，部分文字资料适当上溯。

五、《石狮年鉴（2021）》采用规范的现代汉语记述。文字、标点符号、计量单位（除统计资料部分照录外）均依国家现行规范。

六、《石狮年鉴（2021）》采编的资料，均由市直各单位、各镇（街道）提供，并由各参编单位的领导审定；某些类目的内容，编者亦采集有关资料编纂或融合成文；采用的统计数字属全市性的，均以石狮市统计局公布的资料为准，不属石狮市统计局统计的部门性资料，由主管单位提供。

石狮市地图

比例尺 1∶104 000

编制单位：福建省地图出版社　审图号：泉S〔2021〕35号　资料截至：2020年12月

石狮名片

全国文明城市

全国双拥模范城“六连冠”

全国首个预包装食品出口试点

全国信访“三无”县市

国家级义务教育发展基本均衡市

国家级紧密型医疗卫生共同体建设试点县

国家级市场采购贸易方式试点

国家生态市（县）

中国休闲服装名城

中国休闲面料商贸名城

中国直播电商发展示范城市

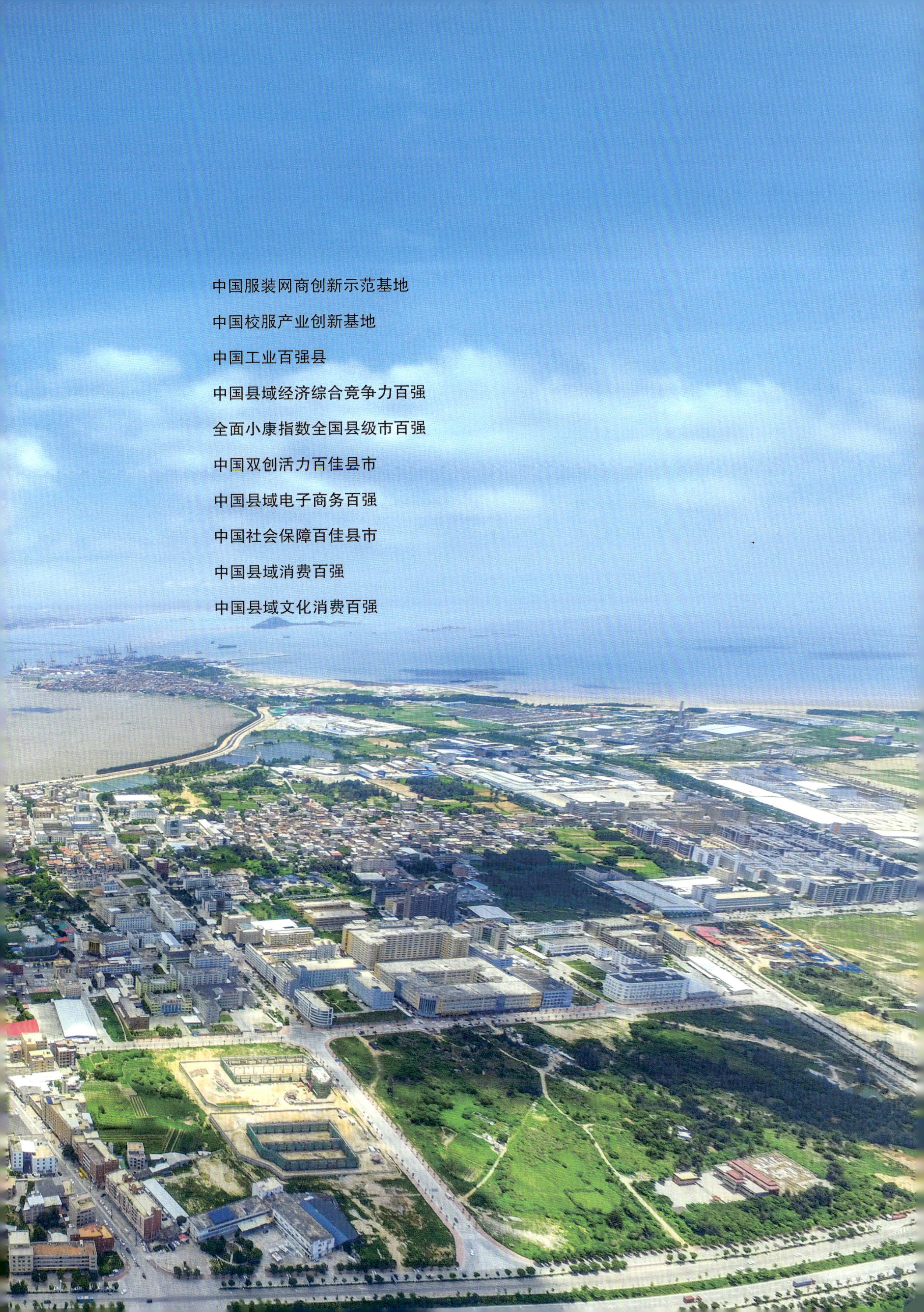

中国服装网商创新示范基地

中国校服产业创新基地

中国工业百强县

中国县域经济综合竞争力百强

全面小康指数全国县级市百强

中国双创活力百佳县市

中国县域电子商务百强

中国社会保障百佳县市

中国县域消费百强

中国县域文化消费百强

数 字 石 狮

年末户籍总人口： 35.7973 万人

常住人口： 76.8730 万人

地区生产总值： 937.16 亿元

第一产业增加值：24.29 亿元

第二产业增加值：423.05 亿元

第三产业增加值：489.82 亿元

社会消费品零售总额： 821.5 亿元

一般公共预算总收入： 56.7 亿元

一般公共预算支出：61.4 亿元

全体居民人均可支配收入：56947 元

城镇居民人均可支配收入：64830 元

农村居民人均可支配收入：29023 元

规模以上工业总产值：1255.56 亿元

电商网络零售总额：879.4 亿元

港口货物吞吐量： 3675.7 万吨

港口集装箱吞吐量： 175 万标箱

海洋捕捞总量：334087 吨

海水养殖产量：60655 吨

社会用电量：431720 万千瓦时

供水量：12582 万吨

图说石狮

2020 年 4 月 18—22 日，中国（石狮）网上直播交易会在石狮服装城展览艺术中心举行（图 / 颜华杰）

2020 年 4 月 23 日，石狮市市长黄春辉为石狮本土品牌运动服装直播带货（图 / 颜华杰）

2020 年 6 月 25 日，首届端午美食节（云展直播）在世茂摩天城开幕　　（图 / 颜华杰）

2020 年 8 月 31 日，普洛斯（石狮）物流园开园　　（图 / 李荣鑫）

2020 年 10 月 1 日，石狮市国际食品城开业
（图 / 李荣鑫）

2020 年 10 月 18 日，在以“网联世界·商赢未来”为主题的 2020 中国（石狮）网商大会暨石狮市网商协会就职典礼上，石狮市电商协会全新升格为石狮市网商协会，中国纺织工业联合会、中国服装协会授予石狮市“中国服装网商创新示范基地”称号
（图 / 李荣鑫）

2020 年 10 月 30 日，第六届中国（泉州）海上丝绸之路国际品牌博览会开幕。图为民众在石狮展位参观
（图 / 李荣鑫）

2020 年 10 月 31 日，中国（石狮）食品电商大会在石狮国际食品城举行

（图 / 李荣鑫）

2020 年 12 月 18 日，第 23 届海峡两岸纺织服装博览会暨 2020 石狮国际时装周、第二届中国校园服饰国际博览会在中国石狮国际商贸城举办

（图 / 李荣鑫）

2020 年，美佳爽（鸿山科技园）项目正式落地，该项目在原有产业链基础上强链、补链、延链，新增无纺布、熔喷布等原材料产业，引进先进的无纺布、熔喷布生产线，图为工作车间 （图 / 李荣鑫）

2020 年，祥芝国家中心渔港扩建工程完工。新建 318 米防波堤，建设（含改建）804 米码头岸线，改扩建 15 个码头泊位，新增掩护水域面积近 20 万平方米 （图 / 李荣鑫）

2020 年 10 月 15 日，湖滨综合市场投入使用　　　　（图 / 颜华杰）

风炉山公园（摄于 2020 年）　　　　（图 / 颜华杰）

古浮湾广场（摄于 2020 年）（图 / 颜华杰）

海岸公园（摄于 2020 年）（图 / 颜华杰）

2020年11月20日，中央文明委公布第六届全国文明村镇名单，永宁镇前埔村获全国“文明村”称号
（图／李荣鑫）

石狮体育公园成全省智慧体育公园建设标杆（摄于 2020 年）　　（图 / 李荣鑫）

花海谷（摄于 2020 年）　　（图 / 李荣鑫）

塔山水库（摄于2020年）　　（图／颜华杰）

2020年12月25日，石狮宝盖山景区、永宁古卫城获评国家AAA级旅游景区　　（图／李荣鑫）

2020 年 12 月 2 日，石狮市“青商杯”第八届全年无交通违法车辆（车主）表彰奖励活动颁奖仪式暨全国交通安全日宣传活动举行
（图 / 李荣鑫）

红塔湾旅游公路（摄于 2020 年）

共富路（摄于 2020 年）

（图 / 颜华杰）

宋塘路美人树（摄于 2020 年）（图 / 颜华杰）

（图 / 颜华杰）

环湾大道（摄于 2020 年）（图 / 颜华杰）

2020 年 8 月 8 日，石狮市开展“8·8”全民健身日体育健身展示暨志愿服务活动举行　（图 / 李荣鑫）

2020 年 10 月 1 日，石狮市中医院揭牌
（图 / 李荣鑫）

2020 年 10 月 21 日，石狮市第十届产业职工技能大赛——石狮市海丝美食烹饪技能竞赛在绿岛国际酒店举行　（图 / 李荣鑫）

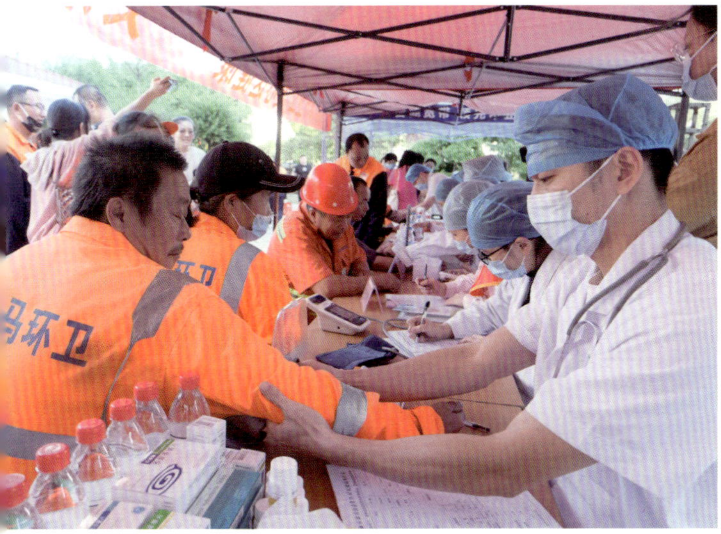

①	②
③	④

① 2020 年 10 月 26 日，石狮市举办“情系环卫工 爱心送健康”活动，图为活动现场　（图 / 李荣鑫）

② 2020 年 12 月 12 日，“蚶小杯”石狮市第十六届校园灯谜艺术节开幕式举行　（图 / 李荣鑫）

③ 2020 年石狮市文化卫生科技“三下乡”暨新春集中服务活动举行，图为活动现场　（图 / 颜华杰）

④ 2020 年，石狮市宝盖镇第五中心幼儿园完工　（图 / 李荣鑫）

2020年2月10日，石狮市科达电器有限公司的生产车间复工（图/颜华杰）

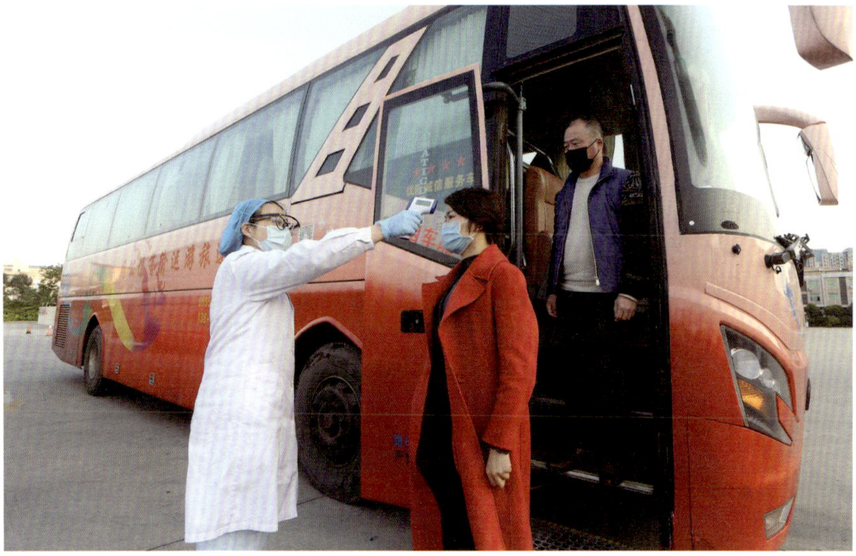

2020年2月20日，灵秀镇西域威龙服饰赴江西峡江接员工返岗复工（图/颜华杰）

2020年5月29日，团市委举办“用‘心’陪伴，温暖同行”云讲座——助力返校复课心理防护（图/团市委）

2020 年 6 月 4 日，石狮市矛盾纠纷多元化解中心成立
（图 / 李荣鑫）

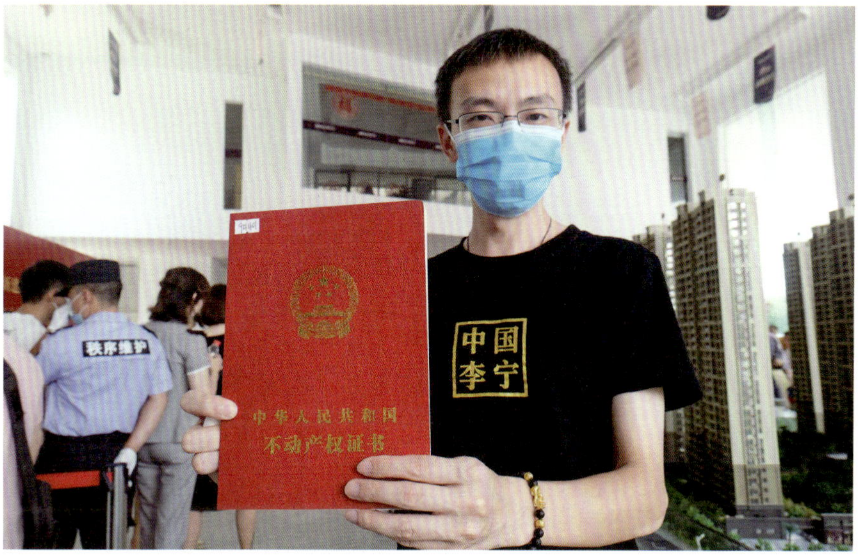

2020 年 6 月 25 日，石狮畔山云海二期项目交房，260 余户业主实现交房即交证，石狮在泉州地区率先进入“交房即交证”时代
（图 / 颜华杰）

2020 年，石狮市鸿山镇邱下村墙体绘画传播文明新风尚
（图 / 颜华杰）

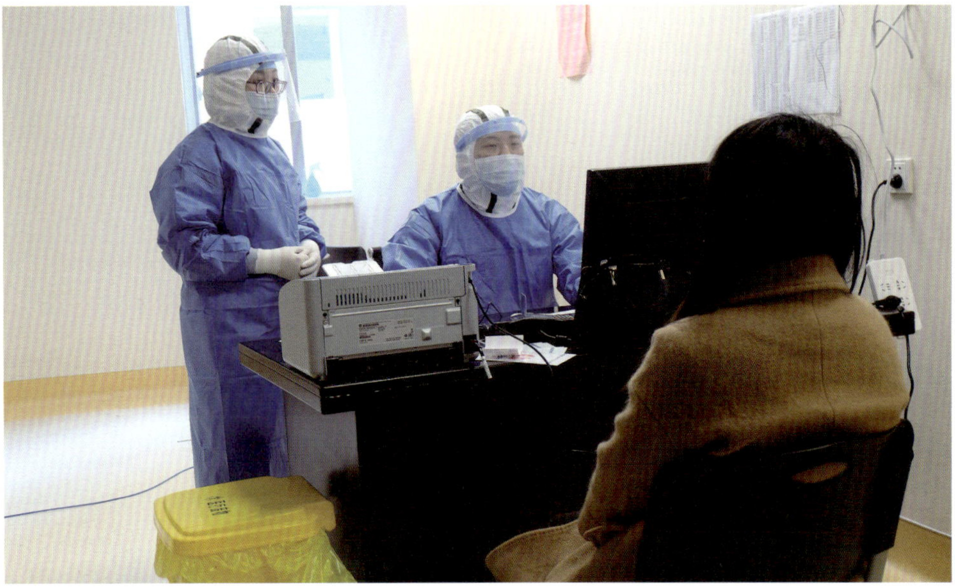

2020 年 1 月 27 日，石狮总医院接诊病人
（图 / 颜华杰）

2020 年 2 月 1 日，石狮市乐群志愿者入户开展防疫宣传工作
（图 / 市委文明办）

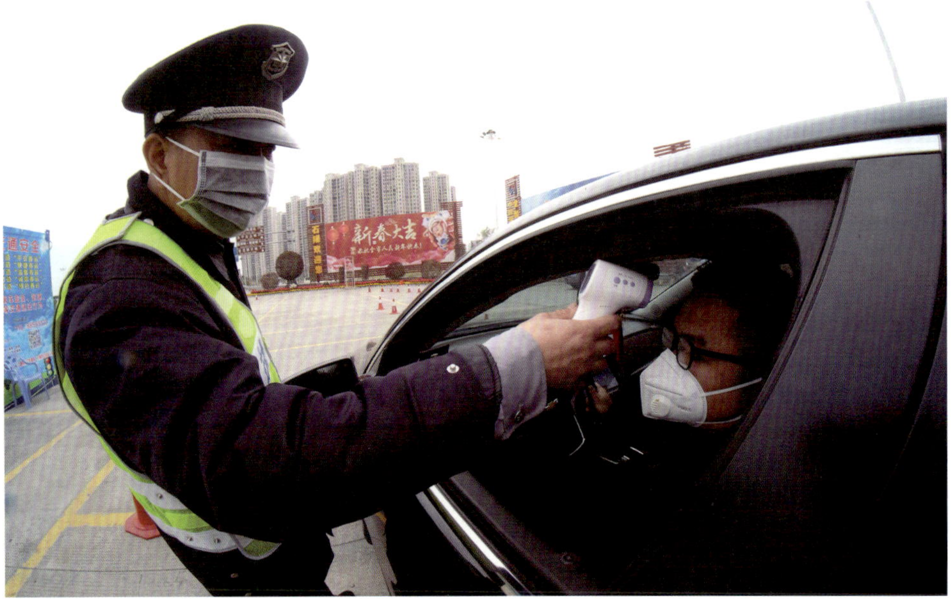

2020 年 2 月 2 日，石狮市交警人员在高速路口检查　（图 / 颜华杰）

2020 年 2 月 4 日，石狮市总医院 5 名医务人员支援湖北　（图 / 李荣鑫）

2020 年 2 月 6 日，卡宾公司生产防护服（图 / 李荣鑫）

2020 年 2 月 15 日，汽车站量体温　（图 / 颜华杰）

2020 年 2 月 20 日，美佳爽公司生产口罩
（图 / 李荣鑫）

2020 年 3 月 3 日，石湖港码头严把境外疫情入“港”关　（图 / 李荣鑫）

2020 年 3 月 30 日，石狮市阳光太太志愿者协会在青莲小学开展义务消毒公益行动
（图 / 市委文明办）

2020 年 12 月 2 日，“食安防控—2020”石狮市秋冬季食品生产经营环节新冠肺炎疫情应急处置演练举行，图为演练现场
（图 / 李荣鑫）

目 录

石狮市人民代表大会

石狮市人民政府

政协石狮市委员会

纪检 监察

民主党派和工商联

群众团体

外事 侨务 台港澳事务

法 治

军 事

应急管理

农业 农村

海洋与渔业

工业与建筑业

城乡规划建设与国土资源管理

生态建设与环境保护

商贸

金　融

港口建设与口岸管理

交通 邮政 通信

经济管理

财政 税务

科学技术

教 育

文化 旅游 体育

卫生与计划生育

社会与民生

镇（街道）

人物·荣誉

附　录

索　引

第六届中国（泉州）海上丝绸之路国际品牌博览会圆满闭幕

10月30日至11月1日，以“丝路合作迎机遇、业态共享新生活”为主题的第六届中国（泉州）海上丝绸之路国际品牌博览会（简称“海丝品博会”）在福建省石狮市举办。

开幕式上，中国国际商会秘书长于健龙表示，本届海丝品博会紧抓后疫情时期经济复苏的有利时机，以石狮作为全国首个市场采购贸易方式预包装食品出口试点为契机，深耕食品产业，为行业内企业拓展“一带一路”市场搭建平台。

第六届海丝品博会展览面积达26000平方米，设置泉州馆、国内馆、境外馆、酒类馆、服贸馆，迎来418家参展商，展会期间入场参观人数38526人次，专业采购商1196人次，现场成交11582万元，意向成交4.3亿元，成为食品行业人士参观采购、共享新资讯、探索行业新发展的首选平台。

2019年9月，石狮获批成为全国首个市场采购贸易方式预包装食品出口试点。结合这一优势，本届海丝品博会聚焦食品产业贸易升级，为全球从事预包装食品市场采购贸易的生产企业、供货商提供线上线下展示和对接的平台，深化泉州与“一带一路”沿线城市合作，扩大城市朋友圈，推进内外双循环。

石狮市市长黄春辉在开幕式致辞时表示，海丝品博会首次移师中国石狮国际食品城，也是首次聚焦食品产业和食品展销，为预包装食品生产企业和采购商提供展示、对接、交易的“一站式”服务。

根据相关政策，中国石狮国际食品城的商户及贸易主体可享受以市场采购贸易方式出口预包装食品，免征增值税、简化归类等便利化通关。同时，在食品城采购的散货拼柜可集中报检，海关依据商品报检单快速放行，提高通关时效。

海外采购商可实现一站式拼箱拼购，这对国际食品贸易来说是创举和新机遇。正因为如此，参展的海内外食品企业、代理商们对本届海丝品博会给予更多期待。

中国石狮国际食品城抢占全球市场

10月29日，由中国副食流通协会、中国食品土畜进出口商会、福建省贸促会、泉州市政府主办的中国食品行业国际竞争力高峰论坛暨市场采购贸易助力预包装食品出口推介会在中国石狮隆重举行。

本次活动作为第六届海丝品博会的重要组成部分，旨在借助石狮市作为全国首个预包装食品出口试点的优势和契机，聚焦食品产业热点，关注行业发展动态，助力泉州的食品产业香飘“一带一路”，抢占全球食品市场。

业内人士指出，2020年以来，受新冠肺炎疫情影响，全球经济遭受重创，宏观经济下行对食品行业的影响同样不小，特别是食品出口企业在申报、查验等环节都面临着前所未有的严苛遭遇。在此背景下，举办这次活动更具现实意义。

论坛上，中国贸促会分别授予长乐区贸促会“中国国际贸易促进委员会福建省福州市长乐区贸促会原产地签证点”；南安市贸促会“中国国际贸易促进委员会福建省泉州市南安市贸促会原产地签证点”；石狮市贸促会“中国国际贸易促进委员会福建省泉州市石狮市贸促会原产地签证点”；永安市贸促会“中国国际贸易促进委员会福建省三明市永安市贸促会原产地签证点”。

现场还进行三场集体签约仪式，分别为生产投资类项目集体签约、海外省外供货商代表集体签约和商贸服务和电商直播平台集体签约。

链接全球 30 多个国家 打造“海丝”门户新城市

据泉州市贸促会相关负责人介绍，与往届比，2020 年展会规模扩大到 2.6 万平方米，折合 1650 个国际标准展位，有来自 30 多个国家和地区的 400 多家企业参展，展出商品逾万种。展会设置泉州馆、国内馆、境外馆、酒类馆及服贸馆等，全力打造专业化和品质化的交流平台。

泉州馆是开幕式后来宾参观的第一站展馆，占据重要的位置。今年泉州馆中轴展区规划了一条“海丝”走廊体验区和主题视频展播区，利用多媒体展示方式向来宾介绍泉州概况；两侧从海丝史迹、商品流通、技艺传承、多元信仰四大方面，展开介绍泉州多元文化及悠久的海外通商史。

国内馆规划有闽西南协同发展区、宁夏特色馆、石狮伴手礼区等。闽西南协同发展区精选 8 家品牌企业进行展览展示，涵盖农业、食品饮料、家居日用等产业，通过把这些优势产业整合起来、推介出去，形成强强联合、优势互补、齐头并进的紧密型区域合作局面。

境外馆为保障国外贸易商参展，邀请了一批国内代理商通过代理的形式协助国外商品参展，展出“海丝”沿线国家和地区的上千种特色食品，充分体现各地的食品特色。其中，主宾国马来西亚共组织 8 家优质代表企业参展，展品包括咖啡、燕窝、零食小吃等。

酒类馆共吸引 30 家进口酒企，他们来自厦门自贸区、福州马尾自贸区、山东临沂综合保税区等，酒款包括意大利、法国、西班牙、葡萄牙、智利等新旧产区的酒庄酒，均为原品原装进口，为满足消费者的不同购酒需求提供全面的指南。

服贸馆是首次设置的展馆，共有 8 家企业参展，涵盖运输服务、分销服务、商业性服务等服务贸易重点领域。服贸馆通过深入食品行业的上中下游对接需求，打通资源全服务链条，为推动食品业在服务贸易领域的交流合作提供新的契机。

双线会展携手直播电商 创新会展经济新模式

石狮现有海西电商园、青创城、双奇电商园等三大网批市场，良性活跃网络经营者超过 4 万家，电子商务从业人员 15 万人，线上销售超亿元的企业 50 多家，连续五年被阿里研究院评为“阿里县域电商全国 10 强县”，此次展会，石狮着力推动“线上展会”，突出“双线会展”和“直播电商”网红带货的新模式。

据泉州市贸促会相关负责人介绍，本届展会首次尝试“双线会展”模式，将线下“海丝品博会”进行“云上延伸”，搭建线上展会平台，线上配对线下洽谈，线下行为线上数字化，线上服务线下有形化。大家在“云展场”就能在线洽谈、接单。对展商而言，这样更省钱、省事、省力；对采购商而言，他们足不出户就可以打开手机观展、一键浏览展品，对接展商、线上采购、洽谈合作。

展会以主播带货直播、商家自主直播等多种方式展示企业、推介产品，帮助商家抢占线上商机，促成销售贸易。今年以来，石狮国际食品城采取引进直播机构、举办直播节等多种创新举措，全面拥抱当下最火的电商直播经济，不但丰富了食品产业链的直播电商属性，也提升食品企业的品牌效应和产品变现能力。

据国际食品城负责人介绍，石狮国际食品城引进的直播孵化基地是专业性“直播 + 商户”的运营平台机构，其首要任务是推动食品产业与新型电商融合发展，将重点引入具备专业能力的直播电商服务机构入驻食品城，全力推动“食品直播”。

（《中国贸易报》2020 年 11 月 3 日第 8 版）

2020中国（石狮）网商大会暨石狮市网商协会就职典礼举行

10月18日，在以“网联世界，商赢未来”为主题的2020中国（石狮）网商大会暨石狮市网商协会就职典礼仪式上，石狮市电商协会全新升格为“石狮市网商协会”，中国纺织工业联合会、中国服装协会授予石狮市“中国服装网商创新示范基地”称号。商务部驻福州特派员戴毓高，商务部研究院副主任杜国臣，中国服装协会专职副会长、设计师协会副主席周一奇，中国纺织工业联合会流通分会副会长于敏静，省商务厅副厅长钟木达，省商务厅电商处处长林本东，石狮市四套班子领导蔡萌芽、黄春辉、上官跃进、林自育、廖春园、黄延艺、邱永丰，泉州市商务局副局长黄金跋，阿里巴巴集团副总裁肖利华，梦饷集团生活美食负责人李麒，京东男装业务部总经理乔东旭，拼多多东南大区总经理胡玖，以及石狮市有关部门、各镇（街道）、高新区、国企集团，各行业协会负责人，亚马逊、敦煌网、快手等各大网商平台负责人等参加大会。林志成任石狮市网商协会新一届理事会会长。

大会上，石狮市委书记蔡萌芽为会长授牌授印；石狮市委副书记、市长黄春辉为执行会长、监事长、秘书长授牌；石狮市人大常委会主任上官跃进、石狮市政协主席林自育为常务副会长授牌；泉州市商务局副局长黄金跋，石狮市委常委、宣传部部长廖春园，石狮市人民政府副市长黄延艺、邱永丰为副会长授牌。

黄春辉在致辞时说，近年来，随着产业的梯度转移和区域交通格局的发展变化，石狮纺织服装行业进入转型升级的关键时期。敢闯敢试的石狮人敏锐地捕捉到“互联网+”带来的新机遇，主动“触网上线”，大力发展电子商务，聚集形成了青创城、双奇电商城和海西电商园等网批市场，成为国家信息消费试点城市。2019年，全市网络零售额占全国总量的2.41%，排名全国县级第四位、福建省首位。2020年的新冠肺炎疫情对纺织服装业界，既是一次危机，更是一次大考。对此，石狮产业带主动求变，危中寻机，迅速融入数字经济与产业链融合发展大潮，启动打造一座网红城市、建设十个直播基地、汇聚百家直播机构、链接千家生产企业、带动万个直播商铺的“一十百千万”网红城市发展计划。1—9月，全市网络零售总额571.7亿元，比2019年增长51%，带动纺织服装呈现全产业链快速回暖态势，实现规上产值增长5.7%。

黄春辉指出，当前，党中央提出的“以国内大循环为主体、国内国际双循环相互促进的新发展格局”正在加速形成。石狮拥有完整的纺织服装产业链、完善的城市配套基础、良好的营商环境，在数字经济与产业融合发展上有着广阔的发展空间，在融入新发展格局中具有良好的基础和条件。本次大会以“网联世界、商赢未来”为主题，并将电商协会升格为网商协会，就是为了全面汇聚生产、销售、平台、网红、电商、物流等各环节的优秀成员，让大家一起碰撞智慧、融合发展。下一步，石狮市委市政府将深度挖掘资源优势，走差异化、特色化发展道路，集中发力产业带、网批市场、直播基地、现代物流、跨境电商、智慧商城等各环节融合创新，推动产业、品牌、人才全方位提升，全力打造中国石狮电商谷。希望网商协会成员珍惜时代机遇、担负时代使命，积极在创新创业中展现奋进英姿，创造令人刮目相看的骄人业绩。期待新一届网商协会充分发挥引领作用，以行业协会的转型升级，带动网商全产业链的创新发展。与会各位业内专家、行业泰斗能够以专业的视野、丰富的经验，为石狮网商的未来发展建言献策。诚挚欢迎业界朋友们积极参与，与爱拼敢赢的石狮企业家共创网商发展新未来！

林志成表示，将以归零心态，带领会员整装出发，集聚会员单位打造一支有高度、有温度、有态度的精英团队，为产业带创新升级提供坚强后盾，推动石狮网商全面发展。

会上，还举行中国石狮电商谷启动仪式；杜国臣作题为《后疫情时代与数字贸易发展新机遇》、肖利华作题为《石狮产业带全链路数智化转型升级》主旨演讲。2020中国（石狮）网商大会于10月18日至20日举行，除了石狮市网商协会就职典礼外，还将举行2020网商之夜暨首届中国电商品牌联合发布会、“全闽乐购”暨第八季石狮网商直播节、“网红狮城 源头好货”暨电商平台与石狮产业带对接等活动。

（《石狮日报》2020年10月19日头版、第2版，记者许小雄　通讯员施滨滨）

重点建设项目

【概况】 2020年，石狮市重点建设项目累计完成投资199.05亿元，完成年度计划96.44%。其中，13个福建省在建重点项目累计完成投资36.3亿元，完成年度计划115.24%，比2019年提高21个百分点；54个泉州市在建重点项目累计完成投资140.89亿元，完成年度计划112.64%，高于序时进度12.64个百分点。

石狮市2020年竣工各级重点项目建设情况表

表1

项目名称	项目概况（含建设内容及规模、总投资额、工作进度、项目产生经济效益、社会效益、社会评价等）	挂钩市领导	责任单位及责任人	设计单位及责任人	施工单位及责任人	监理单位及责任人	备注
闽南理工学院教学楼3号楼	建设地点：石狮市龙景路1号闽南理工学院校区内。占地面积2170.6平方米，总建筑面积15227.59平方米，主要用途：教学楼。工程进度：该项目2020年基本竣工。基建总投资：3500万元	李　斌	闽南理工学院，许明芳	中盛宏宇建设科技有限公司，杜文会	福建省龙洲建筑工程有限公司，谢振华	三明市工程建设监理有限公司，王添福	—
石狮市宝盖镇第五中心幼儿园项目——教学楼	建设地点：石狮市宝盖镇塘边村。总建筑面积9311.12平方米，占地面积2591.27平方米，一层活动室、厨房、单体室及卫生间，二层活动室、厨房、多功能厅及卫生间，三层活动室、厨房、图书室及卫生间，四层宿舍、办公室及卫生间；建筑层数四层，建筑总高度15.46米，总投资额2500万元，该项目2020年12月14日完成竣工验收	李　斌	石狮市土地整理开发有限公司，林爱平	西北综合勘察设计研究院，祝孙情	福建省国恒建设工程有限公司，康雅强	福建通建工程项目管理有限公司，颜振泽	—
灵秀镇港塘小学教学综合楼	建设地点：灵秀镇港塘村。建设一幢6层教学综合楼，建筑面积3274.58平方米；建设配套消防水池。该项目2020年竣工	李　斌	—	福建省华地建筑设计有限公司，林静默	福建省华昊市政工程有限公司，陈芳	福建省恒建工程管理有限公司，曾小惠	—
蚶江中学改、扩建（一期）	建设地点：石狮市蚶江镇锦亭村蚶江中学校园内。第一期建设实验楼、图书艺术楼、食堂、学生公寓、人防地下室等项目，建筑面积约39000平方米，总投资9000万元，该项目2020年7月24日完成竣工初验收，部分功能室投入使用	李　斌	石狮市蚶江中学，郑长集	华地设计有限公司，林静默	福建永建建筑有限公司，戴冰法	福建省建福工程管理有限公司，孙景彬	—

续表 1

项目名称	项目概况（含建设内容及规模、总投资额、工作进度、项目产生经济效益、社会效益、社会评价等）	挂钩市领导	责任单位及责任人	设计单位及责任人	施工单位及责任人	监理单位及责任人	备注
石狮市湖滨第二中心幼儿园	建设地点：石狮市湖滨街道金林社区。总建筑面积8474.6平方米（地下室建筑面积为748平方米；地上三层建筑面积7726.6平方米，建筑高度为15.65米）。主要建设内容包含桩基、房屋建筑与装饰工程及水电安装、室外工程等，总投资3500万元，该项目2020年10月23日竣工预验收	李 斌	石狮市土地整理开发有限公司，蔡斯育	福建泷澄集团设计院有限公司，廖志雄	福建士联建设有限公司，邓炳铨	厦门长实建设有限公司，蔡跃灯	—
石狮市蚶江镇华锦小学多功能教学楼	建设地点：石狮市蚶江镇厝仔村。建设内容：华锦小学多功能教学楼，五层建筑，建筑面积约3555平方米，檐高16.35米，总投资额980万元，该项目2020年8月27日竣工预验收	李 斌	石狮市蚶江镇华锦小学，许自辉	航天建筑设计研究院有限公司，耿雯英	泉州市协胜工程建设有限公司，林文龙	福建省建福工程管理有限公司，郑兴贵	—
石狮市灵秀镇第三中心幼儿园	建设地点：灵秀镇港塘村。占地面积约0.476公顷，建设15个教学班校舍及相关配套建筑、设施设备。该项目完成初验	李 斌	—	厦门奉达建筑设计咨询有限公司，刘玉玲	福建明森工程管理有限公司，邹静	福建盛越建设有限公司，刘静	—
泉州师院附小石狮校区改扩建工程（一期）	建设地点：泉州石狮市祥芝镇古浮村。建设内容：1号、2号、3号教学楼，连廊2、3、4、5，总建筑面积12375.73平方米，其中：地上建筑面积12035.43平方米、地下建筑面积为340.3平方米。合同金额3111.4848万元。该项目2020年4月21日完成竣工验收	李 斌	泉州师院附小石狮校区，黄东群	福建省华地建筑设计有限公司，张纳新	福建闽东建工投资有限公司，谢成诞	福州中博建设发展有限公司，谢亚忠	—
石狮市世茂实验小学	建设地点：石狮市灵秀镇钞坑村同兴路222号。建设内容：总建面积为17255平方米，投资额约为2亿元。该项目2020年8月26日完成竣工验收	李 斌	石狮世茂新城房地产开发有限公司，梁海文	华庭工程设计有限公司，张纳新	福建三建工程有限公司，苏福晋，	福建锦泰工程项目管理有限公司，庄国彬	—
石狮市第四实验幼儿园	建设地点：灵秀镇容卿村。建设内容：市直公办幼儿园第四实验幼儿园项目占地面积1公顷，建筑面积8000平方米；建设15个教学班校舍及相关配套建筑、设施设备。该项目2020年完成竣工初验	李 斌	—	福建泷澄集团设计院有限公司，廖志雄	福建省海翔建设工程有限公司，杨荣栋	福建省恒建工程管理有限公司，许桂森	—

续表 1

项目名称	项目概况（含建设内容及规模、总投资额、工作进度、项目产生经济效益、社会效益、社会评价等）	挂钩市领导	责任单位及责任人	设计单位及责任人	施工单位及责任人	监理单位及责任人	备注
五星小学综合楼及运动场	工程总面积7385.59平方米，综合楼地上6层、地下1层，门卫及配套用房地上1层，消防水池、水泵房地上1层，地下1层，该项目2020年竣工	李　斌	石狮市凤里街道五星小学，蔡清源	武夷山建筑设计研究院有限公司，吕国泉	福建省尚航建设发展有限公司，吴俊铭	福建天水工程管理有限公司，张志民	—
永宁中心园霞泽分园	建设地点：石狮市永宁镇。建设内容：本工程为地上5层，建筑主体总高度21.75米；地上建筑面积2518.1平方米，总造价637.9637万元。该项目2020年竣工	李　斌	石狮市永宁镇中心幼儿园霞泽分园，杨延缓	福建省华地建筑设计有限公司，李金东	中发腾龙建设有限公司，陈生辉	福建祥和工程项目管理有限公司，王潮辉	—
石狮市中医院	建设地点：福建省石狮市香江路812号。石狮市中医院建设项目由石狮市经济局以狮经计〔2017〕165号批准建设，代建单位为石狮市土地整理开发有限公司，主要包括室内外装饰及门窗拆除改造、连廊钢结构、室外消防水池及其他配套工程。该项目2020年竣工	黄延艺	石狮市卫生和计划生育局，余文革	福建省华庭建筑设计有限公司，张纳新	福建省睿煌建筑工程有限公司，商建鼎	福建光正工程项目管理有限公司，周长玲	—
石狮市妇幼保健院新业务楼装修工程	建设地点：石狮市。1号楼总建筑面积6082.62平方米；2号、3号楼总建筑面积4643.42平方米，建设内容包括水电装修工程、门窗装修工程、内墙装修工程、地板返修工程、照明工程、消防工程等，总投资额2690万元，该项目2020年10月20日预验收		石狮市妇幼保健院，许志鹏	福建泷澄集团设计院有限公司，傅廷玉	福建省湖港建工发展有限公司，吴志锋	福建省建福工程管理有限公司，陈向阳	—
石狮黄金海岸改造开发建设项目（8-1组团）	建设地点：石狮市永宁镇黄金海岸。石狮黄金海岸8-1组团，房屋建筑面积96084.93平方米，5栋高层，6栋洋房，20栋别墅，已竣工交付。该项目2020年8月19日竣工，9月27日验收通过	—	石狮市闽南黄金海岸度假村有限公司，李人杰	博亚（福建）建筑设计有限公司，刘高旺	福建省桃城建设工程有限公司，邓芹	厦门中建东北监理咨询有限公司，陈志海	—
宝盖山生态公园学府区（环梧园水库漫游道工程）	建设地点：石狮市宝盖山生态公园。本次设计内容主要包括登山步道、沥青混凝土自行车道、廊架、园路铺装、绿化种植及养护、场地土石方、透水混凝土道路、沥青混凝土道路等。项目总投资1720万元。该项目2020年6月30日竣工，9月24日验收通过	施汉杰	石狮市城市建设有限公司，吴顺昌	福建省城乡规划设计研究院，江纳颖	江西省银鹰建设集团有限公司，柳建彬	中泰天顺集团有限公司责任公司，冯文来	—

续表 1

项目名称	项目概况（含建设内容及规模、总投资额、工作进度、项目产生经济效益、社会效益、社会评价等）	挂钩市领导	责任单位及责任人	设计单位及责任人	施工单位及责任人	监理单位及责任人	备注
宝盖山风景区核心区游步道（续）	建设地点：石狮市宝盖山。总投资 3300 万元，该工程地处姑嫂塔核心区，建设两段钢结构镂空栈道，全长约 535 米；三段块石园路 1070 米；建设公厕 1 座、泵房 1 座、凉亭 1 座；建设 3 米混凝土次游路长约 500 米，形成宝盖山登山新路径环路；以及配套道路照明、景观绿化、安放广播等。该项目 2020 年 6 月 30 日竣工	施汉杰	石狮市城市建设有限公司，吴顺昌	福建省城乡规划设计研究院，江纳颖	福建黄浦建设有限公司，龚海滨	福建省建福工程管理有限公司，郑兴贵	—
宝盖山旅游路提升改造工程（续）	建设地点：石狮市宝盖山旅游路。项目规模为 71059 平方米，本工程的施工内容主要包括园林建筑、绿化工程、市政工程、室外安装工程、建筑安装工程。项目总投资 2558.71 万元。该项目 2020 年 8 月 25 日竣工，12 月 30 日验收通过	施汉杰	石狮市城市建设有限公司，吴顺昌	福建省城乡规划设计研究院，江纳颖	福建国辉建设工程有限公司，张肇榕	厦门兴海湾工程管理有限公司，缪恩耀	—
宝盖山生态公园学府区（瀑布广场景观工程）	建设项目：永宁镇。瀑布广场区域地块总面积 1.9 公顷，建设内容主要包括：园林建筑、绿化工程、安装工程，具体如下：园路、木栈道、自行车道、挡土墙、景观亭、绿化种植、安装工程。中标价为 721.4985 万元，合同工期为 180 日历天。于 2020 年 7 月 15 日完成竣工验收	施汉杰	石狮市城市建设有限公司，蔡少溶	福建省城乡规划设计研究院，周江龙	福建省腾达园林工程有限公司，王海雁	厦门新海湾工程管理有限公司，廖恩耀	—
红塔湾海岸公园	建设项目：永宁镇。建设面积约 73.5 公顷，海滩与岛礁为 44 公顷；陆地面积 27.32 公顷。建设内容包括沙滩修复、水系改造、景观绿化工程、道路工程、房屋建筑、小品等设施、电气照明、给排水、公共停车场等。总投资约 8000 万元。该项目 2020 年 9 月 20 日竣工	林天虎、施汉杰	石狮市城市建设有限公司，蔡少溶	福建省城乡规划设计研究院，周江龙	福建艺景园林工程有限公司，邱健	中泰天顺集团有限责任公司，冯文来	—
石狮市花海谷绿化景观整治工程	建设地点：石狮市宝盖山。建设内容：包括园林绿化种植及养护、园路等工程内容。项目总投资 900 万元。该项目 2020 年 12 月 1 日竣工	施汉杰	石狮市城市建设有限公司，吴顺昌	上海市园林设计研究总院有限公司	石狮市园林建设发展有限公司，柯华鸣	中泰天顺集团有限公司责任公司，冯文来；福建省恒建工程管理有限公司，颜建敏	—

续表 1

项目名称	项目概况（含建设内容及规模、总投资额、工作进度、项目产生经济效益、社会效益、社会评价等）	挂钩市领导	责任单位及责任人	设计单位及责任人	施工单位及责任人	监理单位及责任人	备注
峡谷旅游路两侧景观提升工程（三期）体育公园	建设地点：石狮市宝盖山。建设内容为“峡谷旅游路两侧景观提升工程（三期）——体育公园”，本工程位于石狮市宝盖镇、永宁镇，主要建设内容包含园林建筑工程、园林道路工程、园林绿化工程、室外安装工程、淋浴房、康体园厕所等。项目总投资1910.69 万元。该项目 2020 年 6 月 1 日竣工，10 月 14 日验收通过	施汉杰	石狮市城市建设有限公司，吴顺昌	福建省城乡规划设计研究院，江纳颖	福建省隆盛建设工程有限公司，何少成	福建新和日盛建设发展有限公司，陈红星	—
风炉山山体公园	建设地点：灵秀镇。建设内容：本项目地处石狮与晋江的交界处，北临南环路，西接规划花园路，南与晋江市接壤，规划用地面积约 32 公顷。项目主要是对现有山地进行整合修复，围绕山水营造都市乐野，布置游览步道和休闲驿站，着力突出生态弹性，保留基地自然野趣特征，创造一个渗透于都市间、充满活力、具有鲜明特征的城市生态栖息地。工程主要包括改造建设一条约 2 千米的环山车行道与 2.7 千米的森林步道。公园分三级园路系统：车行道设 6 米，主要连接停车场及两个寺庙；主游步道与主要道路相连接的园路，宽度 3 米；次游步道与主要道路相连接的园路，宽度 2 米。并配备三个大型停车场共计约 295 个停车位。项目利用场地资源，设置休闲广场、五彩花谷、观景挑台与休闲廊架等，满足市民休闲，健身需求。风炉山公园建设以尊重地物、低影响度开发为理念，对这一山体进行生态修复后，今后的风炉山将以矿坑遗址展示为特色，打造成一个集公共游憩、运动娱乐、市民休闲于一体的山地休闲公园，实现“活山留绿，山城相连”，该项目 2020 年 8 月 20 日竣工，9 月 1 日验收通过	施汉杰	石狮市园林建设发展有限公司，柯华鸣	福建省城乡规划设计研究院，周江龙	福建艺龙环境建设有限公司，黄小惠	福建省建福工程管理有限公司，郑兴贵	—

续表 1

项目名称	项目概况（含建设内容及规模、总投资额、工作进度、项目产生经济效益、社会效益、社会评价等）	挂钩市领导	责任单位及责任人	设计单位及责任人	施工单位及责任人	监理单位及责任人	备注
古浮湾景观改造工程	建设地点：祥芝镇古浮村。建设内容：项目东起龙海禅寺入口，向西沿着古浮港延伸约1.6千米，项目主要对龙海寺前步道、沿海大通过西侧绿化带、现有沙场及滨海游步道进行改造。总用地面积约为24431平方米，其中绿地用地面积16850平方米，园路及铺装场地用地面积64284万平方米，其他用地面积11534万平方米；本工程项目包括园建工程、园林绿化工程、市政工程、景观照明、给水系统、雨水系统等。建成将古浮码头入口陆域部分打造成为古浮旅游地标广场及将古铭港及素菜馆门前空地改造为以观海、观鸟平台为主题结合漫道休憩、绿化广场。该项目2020年9月1日竣工，10月30日验收通过	林天虎 施汉杰	石狮市园林建设发展有限公司，柯华鸣	千亿设计集团有限公司，方伟同	厦门闽坤集团有限公司，李海灵	河南宏业建设管理股份有限公司，李天明	—
橘若民宿	建设地点：石狮永宁镇黄金海岸码头。占地4000多平方米，是永宁镇引进的一座以特色粉红城堡造型、集观海无边餐厅、民宿、艺术馆三部分业态为一体的网红民宿。该项目2020年12月竣工	黄延艺	永宁镇闽南黄金海岸度假村有限公司	杨龙潭	福建昂辉建设有限公司，张紫红	—	—
古浮湾大排档改造提升（石狮市古浮湾旅游服务中心）	建设地点：祥芝镇。占地面积约4.67公顷，对原海鲜大排档进行整合，建成临海海鲜大排档、临村商品街，经营海鲜鲜品、干品、休闲食品和海鲜伴手礼	邱永丰	石狮市祥芝镇古浮村民委员会，蔡忠谅	福建超平建筑设计有限公司，卢珊	福建巨岸建设工程有限公司，许佳丽	福建宇宏工程项目管理有限公司，刘峰	—
东城遗址公园	建设地点：祥芝镇。占地面积0.67公顷，由明代海防据点遗址改建公园，涉及古厝修复、绿化亮化等。该项目2020年9月20日验收	林天虎	石狮市祥芝中心渔港有限公司，卢鸿利	广州博厦建筑设计研究院有限公司，喻继芳	泉发建设股份有限公司，庄清泉	福建宇宏工程项目管理有限公司，王丽琼	—
城市积水整治工程（三期）	建设地点：石狮市。对南环路—濠江路路口西侧积水点进行整治。该项目2020年12月10日完成竣工验收	刘艺波	石狮水务投资发展有限公司，苏兴杰	深圳市市政设计研究院有限公司，张晶晶	福建大华鑫建设工程有限公司，刘桂英	福建升恒建设集团有限公司，梁继荣	—
东沟上游污水收集工程	建设地点：石狮市。为解决原东沟小型泵站排水能力不足问题，在上游增加一体化提升泵站进行分流。该项目2020年12月23日完成竣工验收	刘艺波	石狮水务投资发展有限公司，魏族明	中国市政工程西北设计研究院有限公司，应敏灿	福建中冶永行建设工程有限公司，郑学庭	厦门长实建设有限公司，孙平健	—

续表 1

项目名称	项目概况（含建设内容及规模、总投资额、工作进度、项目产生经济效益、社会效益、社会评价等）	挂钩市领导	责任单位及责任人	设计单位及责任人	施工单位及责任人	监理单位及责任人	备注
市区雨污水管道缺陷改造工程（二期）	建设地点：石狮市。对2342处经检测为三级、四级严重缺陷市中心区污水、雨水管道进行修复、治理。该项目2020年12月24日完成竣工验收	刘艺波	石狮水务投资发展有限公司，魏族明	泛华建设集团有限公司，徐彬	中泓（福建）建设工程有限公司，陈荣俊	福建盛越建设有限公司，陈艺辉	—
市中心污水收集系统完善工程（一期）——塘园溪流域污水管网完善改造清淤工程	建设地点：石狮市。对市区重点排污口调查及整治。该项目2020年7月3日完成竣工验收	刘艺波	福建石狮水务投资发展有限公司，林辉吟	湖北省城建设计院股份有限公司，莫孝翠	一标：福建得光建设有限公司，苏文伟；二标：福建省平通市政建设有限公司，康海洁	福建通建工程项目管理有限公司，郑春晖	—
市中心污水收集完善工程（二期）	建设地点：石狮市。改造东茂沟、山雅沟、东沟溪、龟湖溪流域污水管网节点改造工程的排污节点20处。该项目2020年12月30日竣工，1月21日预验收通过	刘艺波	福建石狮水务投资发展有限公司，林辉吟	华蓝设计（集团）有限公司，黄海泉	福建省李氏工程管理有限公司，李金凤	河南宏业建设管理股份有限公司，张雄	—
伍堡溪河道整治工程	建设地点：石狮市。对伍堡溪约3千米河道进行拓宽、周边环境整治及截污处理。该项目2020年12月10日验收通过	刘艺波	福建石狮水务投资发展有限公司，黄书豪	中国市政工程西北设计研究总院（集团）有限公司，应敏灿	福建省天钧建设发展有限公司，康金剑	福建宇宏工程项目管理有限公司，刘峰	—
下宅溪下游河道整治工程	建设地点：石狮市。对下宅溪下游约2.5千米河道进行拓宽、周边环境整治及截污处理。该项目2020年11月19日验收通过	刘艺波	福建石狮水务投资发展有限公司，魏族明	中国市政工程西北设计研究院有限公司，应敏灿	福建省涵城建设工程有限公司，宋晓晶	厦门长实建设有限公司，蔡跃灯	—
永宁污水厂尾水回用冲沟工程	建设地点：石狮市。将永宁污水处理厂尾水（3万吨）送至市区东沟冲刷回用。该项目2020年12月25日竣工，1月8日验收头通过	刘艺波	石狮水务投资发展有限公司，魏族明	中国市政工程西北设计研究院有限公司，应敏灿	福建中冶永行建设工程有限公司，郑学庭	厦门长实建设有限公司，孙平健	—
锦尚镇厝上溪流域综合治理提升工程	建设地点：锦尚镇。建设内容：溪流清淤、路面和园路铺设、花池、景墙、景观亭、廊架、户外设施、绿化种植等。建设规模：人行步道约9250平方米，绿化面积约18000平方米，沿线3.7千米设计相关景观设施。经济效益：公共基础设施建设，没有直接财务收入，对后期市镇发展、经济增长和群众生活起着重要的保障。社会效益：改善溪流水质，改善人居环境。该项目2020年竣工	黄延艺	锦尚镇人民政府，邱永乐	福建永前生态环境技术有限公司、福建省融汇水利设计有限公司，董再发、黄华倡	厦门溢景园林绿化工程有限公司，陈澍	福建泰三岩工程管理有限公司，黄明华	—

续表 1

项目名称	项目概况（含建设内容及规模、总投资额、工作进度、项目产生经济效益、社会效益、社会评价等）	挂钩市领导	责任单位及责任人	设计单位及责任人	施工单位及责任人	监理单位及责任人	备注
石狮市应急水源工程	建设地点：石狮市。对莲湖水库、奈清水库进行清淤扩容，新建莲湖水库至奈清水库管道及奈清水库至赤湖水厂管道工程；新建水库水源调配用提升泵站；对赤湖水厂配套管道及设备改造；新建维护管理房、设备、设施等；新建引水一二期管道连通工程；水库保护规划建设生态保护区	刘艺波	石狮水务投资发展有限公司，傅金锡	福建省水利水电勘测设计研究院，游浩文	红谷滩园林建设集团有限公司，叶瑞洪	河南大河工程建设管理有限公司，陶红庆	—
石狮市石湖大道污水提升泵站（1#泵站）周边雨污管网系统改造工程	建设地点：高新区。将雨污井接入提升泵站的管道封堵，新设 DN800 雨水管 700 米接滨海路原有雨水管道，经滨海一路和裕园路接入锦江外线在建雨水管。该项目 2020 年 5 月 29 日竣工	陈拥军	石狮市经济开发建设有限公司，郭海达	石狮市规划设计院有限公司，郑伟斌	福建德耀建设有限公司，刘进	福建宇宏工程项目管理有限公司，刘峰	—
石狮市锦江外线（水头至石湖段）道路工程	建设地点：石狮市蚶江镇。主线桩号 K0+000—K5+610.313，连接线桩号 LK0+000—LK1+140.845；建设里程 6.750 千米，工程造价 67259.8574 万元；建设的主要内容：道路工程、桥涵工程、路基路面工程、水利工程、给排水工程、照明工程、电力通信工程、交通工程；目前项目完工；项目建成后将有效打通沿海大通道，方便市民出行，并促进石狮加快融入环湾一体化发展格局	林天虎 林进全 施汉杰	石狮市交通建设有限责任公司，洪星东	福建省交通规划设计院，陈金盛	中铁十八局集团有限公司，景琦	东北林业大学工程咨询设计研究院有限公司，王金锋	—
石狮市锦尚外线道路工程	建设地点：石狮市锦尚镇、鸿山镇、祥芝镇。锦尚外线是石狮市海岸带的重要旅游廊道，是一条集交通功能和景观功能于一体的复合型道路，本工程合同工期 660 天，工程涉及道路、交通、桥涵、排水、电力、照明等内容，路线全长约 6.5 千米，道路等级为城市主干路，中标价 29346.7238 万元	施汉杰	石狮市交通建设有限责任公司，洪星东	中国市政工程西北设计研究院有限公司，殷美斌	济南城建集团有限公司，张凡华	福州城建工程监理有限公司，郑伟	—

续表 1

项目名称	项目概况（含建设内容及规模、总投资额、工作进度、项目产生经济效益、社会效益、社会评价等）	挂钩市领导	责任单位及责任人	设计单位及责任人	施工单位及责任人	监理单位及责任人	备注
石狮铁塔2020年5G网络建设项目	建设地点：石狮市。建设内容及规模：新建/改造5G基站RRU超1000个，新建室内分布系统10个，存量基站配套改造100个；总投资额：预计2500万元；工作进度：完成100个5G基站设计，完成26个5G基站配套改造；项目产生经济效益、社会效益、社会评价：2020年石狮实现2020年12月底，泉州铁塔在石狮市建成5G AAU数量超过1000个，在泉州市内率先完成5G建设任务，实现石狮中心区域和重点场所5G网络覆盖，服务人群超40万人	王文晖	石狮铁塔，林斌高	国脉设计，万顺法	中全通，艾洪伟 福建邮通，王小辉	公诚监理，林培源	—
共富路（石锦路至石狮大道）拓宽改造工程	建设地点：锦尚镇、鸿山镇及祥芝镇。道路工程全长4.33千米，项目总体呈南北走向，道路采用双向8车道，行车速度60千米/时，红线宽度90米，路面面层沥青路面，总投资金额约34851万元。该项目2020年竣工	林天虎 林进全 施汉杰	石狮市交通建设有限责任公司，洪星东	厦门中平公路勘察设计院有限公司，张清山	中国建筑第七工程局有限公司，陈清泉	宁波交通工程咨询监理有限公司，钱广	—
共富路（石狮大道至沿海大通道）拓宽改造工程	建设地点：祥芝镇、蚶江镇。全长2.332千米。采用双向8车道，道路等级（一级公路兼城市主干道），行车速度60千米/时，红线宽度90米，路面层沥青路面，总投资金额19749万元。该项目2020年竣工	林天虎 林进全 施汉杰	石狮市交通建设有限责任公司，洪星东	中交第二公路勘察设计院有限公司，蔡素烟	中国建筑第七工程局有限公司，陈清泉	宁波交通工程咨询监理有限公司，钱广	—
锦蚶路	建设地点：鸿山镇、锦尚镇。路线全长2.642千米。按一级公路(具备城市道路功能)标准建设，路基红线宽度为50米（主车道双向六车道），计算行车速度（主车道60千米/时），采用水泥混凝土路面。该项目2020年竣工	林进全 施汉杰	石狮市交通建设有限责任公司，洪星东	厦门中平公路勘察设计院有限公司，林兴奋	中国建筑第七工程局有限公司，陈清泉	宁波交通工程咨询监理有限公司，钱广	—
沿海大通道与祥鸿大道交叉口改造工程	建设地点：祥芝镇。祥鸿大道与沿海路交叉路口改造工程，设计道路宽度26米，长度231.172米，同时改造并拓宽沿海大通道380米，设计内容包括道路、排水、交通工程、绿化、路灯，工程总投资约450万元。该项目2020年10月16日完成竣工验收	邱永丰	石狮市交通建设有限责任公司，洪星东	石狮市规划设计院，林荣华	福建省品创源建筑有限公司，张洪杰	厦门兴海湾工程管理有限公司，刘承凌	—

续表 1

项目名称	项目概况（含建设内容及规模、总投资额、工作进度、项目产生经济效益、社会效益、社会评价等）	挂钩市领导	责任单位及责任人	设计单位及责任人	施工单位及责任人	监理单位及责任人	备注
共富路（沿海大通道至码头段）道路工程	建设地点：蚶江镇。路线全长 3.189 千米，宽 44.5 米，双向八车道，设计时速为 60 千米/时，其中局部路段道路东侧需新建临海路基防浪结构。项目投资估算金额为 54242.07 万元，其中建安费用约 33803 万元。该项目 2020 年竣工	邱永丰	石狮市交通建设有限责任公司，洪星东	福建省交通规划设计院有限公司，王志坚	中建协和建设有限公司，张陵江	福建中交建设发展有限公司，林雨	—
后湖一路（通达至石狮大道）污水管道工程	建设地点：高新区。从通达新厂门口新建一条 DN500 污水管道，横穿公路至后湖一路东侧，沿后湖一路东侧铺设至石狮大道北侧原有污水井，以满足企业排污需求，长度约为 250 米。该项目 2020 年 6 月 25 日竣工	陈拥军	石狮市经济开发建设有限公司，郭海达	石狮市规划设计院有限公司，郑伟斌	泉州市晋发建设工程有限公司，王燕妹	福州中博建设发展有限公司，朱盛泉	—
后湖支路（后湖一路至后湖二路）道路工程	建设地点：高新区。沿原蚶江大道规划位置，自后湖一路至后湖二路，长约 1 千米，道路宽度 26 米，配套建设雨水、弱电、路灯等工程。该项目 2020 年 11 月 20 日竣工	陈拥军	石狮市经济开发建设有限公司，刘恢林	石狮市规划设计院有限公司，郑伟斌	福建东珲建设有限公司，蔡文彬	福建元品建设项目管理有限公司，李加平	—
嘉禄路（群英南路至花园路）	建设地点：嘉禄路（群英南路—花园路）。建设内容：工程投资约 1324 万元，合同工期为 210 日历天，道路全长为 489.718 米，道路修建宽度为 30 米，双向四车道，总用地面积 15109 平方米。施工内容主要包括：道路工程、排水工程、电力工程、交通信号电子监控系统工程、园林绿化种植工程、照明工程、公交亭工程以及公交亭安装工程等。该项目 2020 年 12 月 30 日竣工	施汉杰	石狮市城市建设有限公司，吴顺昌	石狮市规划设计院有限公司，林荣华	福建惠崇建设有限公司，余桂枝	厦门长实建设有限公司，蔡跃灯	—
金盛路（南洋路至北环路）	建设地点：金盛路。建设内容：本工程属城市支路工程，道路红线宽度为 26 米，其中主车道宽度 15 米，两侧人行道各 5.5 米宽，全长共计 720.13 米。施工图设计内容：机动车道“白改黑”、人行道工程、雨污水系统改造工程、照明工程、交通工程及沿线设施、电力工程、景观绿化工程；给水工程、通信工程、燃气工程等。项目总投资 1000 万元。该项目 2020 年 12 月 25 日竣工	施汉杰	石狮市城市建设有限公司，吴顺昌	石狮市规划设计院有限公司，林荣华	华宇（福建）置业集团有限公司，马晨亮	福建省恒建工程管理有限公司，汤国川	—

续表 1

项目名称	项目概况（含建设内容及规模、总投资额、工作进度、项目产生经济效益、社会效益、社会评价等）	挂钩市领导	责任单位及责任人	设计单位及责任人	施工单位及责任人	监理单位及责任人	备注
石狮市环城高速公路沿线综合整治绿化工程	建设地点：宝盖镇、蚶江镇。对市区内的 2 条高速公路沿线环境进行绿化整治工作。该项目 2020 年 6 月 6 日竣工，7 月 8 日验收通过	施汉杰	石狮市园林建设发展有限公司，柯华鸣	福建省城乡规划设计研究院，陈玲	石狮市裕泰园林绿化工程有限公司，吴默君	福州中博建设发展有限公司，朱盛泉	—
共富路（石锦路至沿海大通道段）、锦蚶路（石祥路至锦尚外线段）绿化景观提升工程）	建设地点：鸿山镇、蚶江镇。建设内容：道路景观绿化作为城市设计中重要的一环，直接关系到城市的形象，通过带状或者块状的“线”性组合，使城市道路绿地与各种休闲绿地连为一个整体，成为建筑景观、自然景观以及各种人工景观之间的“软”连接，因此共富路、锦蚶路道路景观绿化作为提升道路乃至区域整体景观形象具有重要意义。共富路道路绿化设计范围主要为道路两侧分隔带、人行道树池。树种选用依据道路树种选择原则，道路两侧 2 米分隔带种植一排香樟，株距 6 米，下植草坪，整体简洁大方有序，人行道树池选用秋枫，株距 6 米，下框树池篦子。锦蚶路道路绿化设计范围主要为道路两侧分隔带、人行道树池树种选用依据道路树种选择原则，道路两侧 2 米分隔带绿化选用银海枣、秋枫、黄花风铃木等树种，采用乔灌草相结合的方式，植物品种多样化，与中央分隔带的大乔木形成对应，整体行车视线一开一合，富有变化。该项目 2020 年竣工	林进全、施汉杰	石狮市园林建设发展有限公司，柯华鸣	石狮市规划设计院有限公司，施晓婷	福建省禹澄建设工程有限公司，吴先阳	厦门长实建设有限公司，孙平健	—
花园路人行过街天桥	建设地点：灵秀镇。建设内容：在灵秀镇花园路建设人行过街天桥。总投资 500 万元，天桥规划面积 431.1 平方米，主桥桥面总宽 4.3 米，桥面净宽 4.0 米，双向横坡 1.0%。该项目 2020 年 12 月 24 日竣工，12 月 30 日验收通过	施汉杰	石狮市园林建设发展有限公司，柯华鸣	深圳市市政设计研究院有限公司，翁观旺	福建省闽楚建设工程有限公司，庄祥平	福州中博建设发展有限公司，朱盛泉	—

续表 1

项目名称	项目概况（含建设内容及规模、总投资额、工作进度、项目产生经济效益、社会效益、社会评价等）	挂钩市领导	责任单位及责任人	设计单位及责任人	施工单位及责任人	监理单位及责任人	备注
泉州湾港区锦尚作业区2号泊位扩建及4号泊位工程	建设地点：锦尚镇华锦港区。建设1.5万吨级通用泊位，年设计吞吐量115万吨，改扩建2万吨级多用途泊位，年设计吞吐量提升至115万吨。为石狮临港企业提供钢材、石材、集装箱等货物运输服务。该项目除港池及停泊水域外已基本完工，码头主体取得质量鉴定意见，鉴定合格	邱永丰	石狮市华锦码头储运有限公司，吕清白	福建省港航勘察设计研究院，陈小婷	中交第三航务工程局有限公司，许婷婷	天津天科工程管理有限公司，唐子阳	—
石狮祥芝中心渔港扩建工程	建设地点：祥芝镇。新建防波堤318米，建设（含改造）码头岸线804米，新增陆域面积约6.9万平方米，新建泊位13个，改建泊位2个，港区内鱼货接卸能力21.2万吨/年。该项目2020年11月6日验收通过	张鸽翔	石狮市祥芝中心渔港有限公司，陈斯敬	福建省交通规划设计院有限公司，许程光	长江航道局，袁明灯	山东港通工程管理咨询有限公司，刘志超	—
智慧石狮管控指挥平台	建设地点：石狮市。建设协同联动的智慧石狮管控指挥平台，作为智慧石狮运行载体，在石狮市建立1个“智慧石狮”管控指挥平台，在9个镇办和城管、卫健、公安等N个部门建立分中心，形成“1+9+N”“智慧石狮”管控指挥体系，统筹全市网格化及“创城”工作，实现数据集成、运行监测、分拨处置、指挥协同和应用评价功能，实现“横向到边、纵向到底”的跨部门、跨层级的协同联动的管理模式，将石狮市打造成“宜居宜商智慧城”。同时利用人工智能和基于海量数据的分析建模技术，形成石狮市城市事件综合态势和城市运行体征一张图，实现对城市运行状态的全面感知、动态监控和精细化、可视化管理，确保石狮市智慧城市建设不走样、不变形。主要建设内容包括数据资源管理子平台、业务应用子平台、可视化决策分析子平台、服务支撑子平台、数据接口和保障体系建设。总投资概算为1669万元。该项目2020年12月25日验收通过	王文辉	石狮市大数据管理局，邱尚齐	广东省电信规划设计院有限公司，黄伟如	南威软件股份有限公司，陈铭龙	—	—

续表1

项目名称	项目概况（含建设内容及规模、总投资额、工作进度、项目产生经济效益、社会效益、社会评价等）	挂钩市领导	责任单位及责任人	设计单位及责任人	施工单位及责任人	监理单位及责任人	备注
石狮世茂海西博览馆	建设地点：灵秀镇。建设内容：石狮世茂海上丝绸之路博物馆总建筑面积30718平方米，项目总投资约5亿元。一座颇具闽南古建风格的博物馆，更是世茂集团倾力打造的大型综合类博物馆，致力于“丝路精神”和中华文化的继承与弘扬，现已成为石狮当地网红打卡点。该项目2020年9月16日完成竣工验收	—	石狮世茂房地产开发有限公司	中国建筑西北设计研究院有限公司	中国建筑第八工程局有限公司	浙江正和监理有限公司	—
杨孙西服饰展览馆	建设地点：曾坑社区蓉园。总建筑面积7500平方米，建设服饰展示博物馆。该项目2020年10月竣工	林天虎	石狮市四端堂古建筑保护中心，杨华度	福建中琛设计工程有限公司，叶少军	泉发建设股份有限公司，杨华炎	—	—
高新区公交站	建设地点：市祥芝镇。用地面积7969平方米，总建筑面积2001.7平方米。其中公交站务用房面积1582.28平方米，门卫建筑面积15平方米，充电桩膜258.2平方米，候车棚73.92平方米，验车棚72平方米；站务用房三层，地上高度12.4米，一层层高4.2米；建设主要内容包括公交站务用房、门卫和消防水池及室外附属配套工程等。高新区公交站的投用，将为石狮后期持续优化公交线网、推进城乡公交一体化建设打下基础。项目总投资1200.4万元。该项目2020年12月14日完成竣工验收	邱永丰	石狮市交通建设有限责任公司，郭金韩	福建一建集团有限公司，胡伟彬	爱康建设工程有限公司，陈建兴	中泰天顺集团有限责任公司，冯文来	—
石狮市湖滨街道公共服务设施项目	建设地点：宝石路88号。项目总用地面积7363平方米，总占地面积4041.87平方米，总建筑面积16055.12平方米，项目建设内容主要为农贸市场的主体土建及给排水、电气、暖通、消防等配套基础设施工程。该项目2020年5月验收合格	陈东华	石狮市湖滨房地产开发有限公司，王梦	福建省中景建筑设计院有限公司，纪晓春	福建省中匠工程建设有限公司，林智滋	福建省建福工程管理有限公司，郑兴贵	—
德辉广场智能化停车场改造	建设地点：石狮市八七路德辉广场东面。总投资约2000万元。共一幢，地上三层，总面积15054.8平方米，共有升降电梯2部。该项目2020年5月15日竣工，6月15日验收通过	施汉杰	石狮市德辉开发建设有限公司，郑明智	福建汇筑工程设计有限公司，李庆祥	福建省晋江市第四建筑工程公司，尤泽	厦门广正工程咨询有限公司泉州分公司，刘洁琼	—

续表 1

项目名称	项目概况（含建设内容及规模、总投资额、工作进度、项目产生经济效益、社会效益、社会评价等）	挂钩市领导	责任单位及责任人	设计单位及责任人	施工单位及责任人	监理单位及责任人	备注
石狮市高新区电力基础设施提升工程港口大道段（后湖路至石材南路）	建设地点：蚶江镇港口大道。从港口大道后湖路口至石材南路口的电缆套管管沟，管沟断面为 12 管，单管直径 DN160 毫米，敷设长度约 2.4 千米。该项目 2020 年 6 月 5 日验收合格，已安装电缆并送电	陈拥军	石狮市经济开发建设有限公司，刘丁棉	福建亿兴电力设计院有限公司石狮分公司，庄永凯	州亿兴电力工程有限责任公司石狮分公司，陈胜义	福建亿兴电力设计院有限公司，庄永凯	—
石狮市高新区电力基础设施提升工程石狮大道段（石狮大道至后湖路）	建设地点：蚶江镇石狮大道。从石狮大道蚶江变电站出线—港口大道—后湖路连接工井段的电缆套管管沟，管沟断面为 12 管，单管直径 DN160 毫米，敷设长度约 1.9 千米。该项目 2020 年 6 月 5 日验收通过，已安装电缆并送电	陈拥军	石狮市经济开发建设有限公司，刘丁棉	福建亿兴电力设计院有限公司石狮分公司，庄永凯	泉州亿兴电力工程有限责任公司石狮分公司，陈胜义	福建亿兴电力设计院有限公司，庄永凯	—
五金印刷机械园纬六路西段	建设地点：高新区。从共富路连接至双吉路，长约 1 千米，宽 30 米，双向四车道，配套建设排水排污管网、弱电管道、人行道、绿化及路灯等。该项目 2020 年完成竣工验收	陈拥军	石狮市经济开发建设有限公司，林锡童	石狮市规划设计院有限公司，郑伟斌	福建成森建设集团有限公司，何桂杰	福建省中协胜工程咨询有限公司，魏献加	—
全域城市化现代配电网项目（续）	项目投资 10500 万元（2018—2020 年总投资 40000 万元），主要为续建石狮鸿山 110 千伏输变电工程等 2 个项目，续建 110 千伏线路 8.1 千米，续建变电容量 17.6 万千伏安。新建及改造 10 千伏线路 42 千米，新建及改造配变 191 台，新增配电容量 8.85 万千伏安。该项目于 2020 年全部竣工并投运，投运后将为鸿山镇、祥芝镇、蚶江镇等的广大用电客户提供可靠的电力保障。该项目 110 千伏鸿山输变电工程于 2020 年 7 月 30 日竣工，验收通过后于 7 月 31 日投产；110 千伏石湖变电站 2 号主变扩建工程于 2020 年 9 月 26 日竣工，验收通过后于 11 月 6 日投产	施汉杰	国网石狮市供电公司，王树庭	泉州亿兴电力设计院有限公司，江明水、福建永福电力设计院有限公司，林一文	中国电建集团福建工程有限公司，林炳润；泉州亿兴电力工程建设有限公司，洪志章	福州电业监理有限公司，郑志杰；福建闽能咨询有限公司，陈飞	—

续表 1

项目名称	项目概况（含建设内容及规模、总投资额、工作进度、项目产生经济效益、社会效益、社会评价等）	挂钩市领导	责任单位及责任人	设计单位及责任人	施工单位及责任人	监理单位及责任人	备注
普洛斯石狮物流园项目	建设地点：灵秀镇。建设内容物流仓库 76931.47 平方米，投资 2.8 亿元。该项目 2020 年 10 月 14 日完成竣工验收	—	泉州普智仓储有限公司，翁晓程	上海新建设建筑设计有限公司，姚波	江西安石建设集团有限公司，姚子涛	厦门翔禾建设监理有限公司，洪志加	—
石狮战地吉普厂房建设项目	建设地点：灵秀镇。工程总投资额 850 万元。该项目 2020 年 3 月 30 日完成竣工验收	—	福建战地吉普户外服饰有限公司，苏兴模	福建省华地建筑设计有限公司，林静默	福建省蓬勃市政工程有限公司，李新焕	厦门广正工程咨询有限公司，刘洁琼	—
吉顺物流设备生产项目	建设地点：灵秀镇西灵路灵山段。建设内容：于 2018 年立项，建筑占地面积为 8000 平方米，建筑面积 16800 平方米，项目总投资 3000 万元，项目 1 号、2 号楼已竣工	—	吉顺（福建）物流有限公司，蔡华锌	福建超平建筑设计有限公司，苏福明	福建德耀建设有限公司，温洪娥	福建中枢建设发展有限公司，庄文栖	—
海产品深海加工项目	建设地点：福建省泉州市石狮市鸿山镇西墩鸿路 99 号。建设内容：总用地面积 13600 平方米，总建筑占地面积 5588.4 平方米，1 号钢结构厂房占地面积 2565 平方米，建筑面积 2565 平方米；2 号厂房占地面积 520 平方米，建筑面积 5328.72 平方米，3 号厂房占地面积 1677.9 平方米，建筑面积 10373.04 平方米，5 号厂房占地面积 750.5 平方米，建筑面积 4609.5 平方米；门卫室占地面积 25 平方米，建筑面积 25 平方米；配电室占地面积 50 平方米，建筑面积 50 平方米，主要建筑面积：22951.26 平方米，总投资额 10360 元。建设厂区 1 号钢结构厂房，保安室，配电室，年产值 12 亿元。通过投资项目的建设可为社会提供众多就业职业，可为当地农村剩余劳动力和应届毕业生提供就业机会，又利于缓解当地就业压力，同时可增加当地就业人员的收入，进而提高当地人民生活水平和质量，对社会的发展具有促进作用。该项目 2020 年 10 月完成竣工验收	李斌	泉州市东方海洋食品有限公司，邱金共	武夷山建筑设计研究院有限公司，吕国泉	福建广汇建设有限公司，江小洪	福建侨联建设有限公司，刘祖宝	—
宝隆达水产食品	建设地点：祥芝镇。占地 0.71 公顷，建设冻库及厂房	李斌	石狮市胜宏水产科技有限公司，蔡芳坚	福建超平建筑设计有限公司，卢珊	泉州诗山建设有限公司，洪培根	河南省华兴建设监理有限公司，张慧	—

续表 1

项目名称	项目概况（含建设内容及规模、总投资额、工作进度、项目产生经济效益、社会效益、社会评价等）	挂钩市领导	责任单位及责任人	设计单位及责任人	施工单位及责任人	监理单位及责任人	备注
长发水产冷冻有限公司	建设地点：海洋生物科技园。占地 3.33 公顷，总建筑面积 4.93 万平方米，拟建设 2 栋厂房、2 栋冻库、1 栋办公楼及其他相应配套设施。该项目 2020 年 4 月 20 日完成竣工验收	李 斌	石狮市长发其祥食品有限公司，蔡芳棍	福建超平建筑设计有限公司，卢珊	福建省南安市第三建设有限公司，蔡金券	河南省华兴建设监理有限公司，王景春	—
东升冷冻厂扩建项目	建设地点：海洋生物科技园。占地 3.74 公顷，总建筑面积 4.48 万平方米，拟建设 2 栋冻库、1 栋办公楼、2 栋生产车间、2 栋罐头仓库。该项目 2020 年 10 月竣工	李 斌	石狮市东升冷冻加工有限公司，邱天祝	武夷山建筑设计研究院有限公司，吕国泉	福建省中闽建设工程有限公司，王颖乾	河南省华兴建设监理有限公司，王景春	—
隆鑫铁路配件项目	建设地点：高新区。占地 0.58 公顷，建设厂房、办公楼约 16000 平方米，引进高铁铁路配件生产线，主要生产铁路配件。该项目 2020 年 3 月竣工	陈拥军	隆鑫铁路配件有限公司，蔡衍桐	方圆建设集团有限公司，王传壁	福建中闽建设有限公司，李家境	福建经典工程咨询有限公司，王天华	—
永信智能机械二期	建设地点：高新区。占地 4.8 公顷，总建筑面积 6 万平方米，建设 4 幢厂房，生产电脑绣花机等机械设备。该项目 2020 年 3 月竣工	张永安	永信电脑设备制造有限公司，林少鹏	福建省华地建筑设计有限公司，林静默	福建省金淘建筑工程有限公司，范成龙	福建省玥豪工程管理有限公司，曾清忠	—
石狮瑞福祥科技仓储项目	建设地点：锦尚镇锦宁路 514 号。建设内容：总建筑面积 43265.3 平方米，总投资 1524.1521 万元，为 6 幢建筑物。1 号仓储：共六层框架结构，一层六层均仓储。2 号仓储：共六层框架结构，一层六层均仓储。3 号仓储：共一层钢结构，一层仓储。4 号仓储：共一层钢结构，一层仓储。办公楼：共六层框架结构，一层大堂；二至六层均为敞开式办公区。宿舍楼：共六层框架结构，一层活动室；二至六层均为宿舍。该项目 2020 年 5 月 21 日竣工，10 月 28 日验收通过	陈拥军	福建省瑞福祥网络科技有限公司，庄嘉和	福建省华地建筑设计有限公司，林静默	福建泉州市二建工程有限公司，吕济阳	福建中枢建设发展有限公司林爱琼	—
卓诚机械自动化设备项目	建设地点：锦尚镇。建设内容：建筑面积 14276.9 平方米，建筑高度 39.7 米，车间跨度 7.7—9.8 米，一层至九层均为丁类生产车间，投资约 1023.6 万元，该项目 2020 年完成竣工验收	张永安	石狮市杰时帝五金制品有限公司，王文波	武夷山设计研究院有限公司，吕国泉	福建省吉瑞建设工程有限公司，康泉贵	福建华厦兴工程管理有限公司，侯彦永	—

续表 1

项目名称	项目概况（含建设内容及规模、总投资额、工作进度、项目产生经济效益、社会效益、社会评价等）	挂钩市领导	责任单位及责任人	设计单位及责任人	施工单位及责任人	监理单位及责任人	备注
东经纺织织造基地	建设地点：祥芝镇。进行厂房建设，引进先进织造机械，开展针织后整理处理。总投资 1.5 亿元	张永安	石狮市东经纺织服装有限公司，陈良体	福建建工集团有限责任公司，苏明辉	福建德耀建设有限公司，陈佳德	福建通建工程项目管理有限公司，颜振泽	—
千宏机械项目	建设地点：高新区。占地 1.51 公顷，建设钢结构厂房，引进鞋机械产线，引进意大利及中国台湾技术，专业生产适用于各类高级单色、双色、三色的 PVC、TPR、TR、TPU 等节能鞋底设备机械及订制鞋机周边设备。该项目 2020 年 12 月竣工	陈拥军	千合机械有限责任公司，林金旺	武夷山建筑设计研究院有限公司，吕国泉	福建百中建设发展有限公司，林春桂	福建中枢建设发展有限公司，林爱琼	—
泓海环保聚乙烯新材料	建设地点：蚶江镇。占地 1 公顷，总建筑面积约 8000 平方米，对厂房进行改造重装，引进 6 条环保聚乙烯发泡生产流水线并设立新材料研发实验室	张永安	蚶江镇人民政府，曾少君	—	—	—	引进设备，无基建，福建宏景电器有限公司
聚先高端毛衣一体成型智能制造	建设地点：蚶江镇。拟分二期投入，对现有厂房约 15000 平方米进行改造，引进智能高新一体针织横机 500 台设备进行高端毛衣生产	张永安	蚶江镇人民政府，吕晓斯	—	—	—	引进设备，无基建，福建永信数控科技股份有限公司
通达电器有限公司年产 11000 万件电子电器结构件智能制造示范应用项目	建设地点：蚶江镇。对原厂区进行改造，购置并系统集成 CNC 智能加工中心、自动化机械手、连续镀膜生产线、注塑机、液压成型机、高精密喷射一体机、膜片打磨清洗机等先进生产设备和仪器，建设电子电器结构件生产线，投产后可实现年生产电子电器结构件 11000 万件	陈拥军	蚶江镇人民政府，吕晓斯	—	—	—	引进设备，无基建，深圳市鑫台铭智能装备股份有限公司
通达手机金属外壳自动化加工生产线扩建	建设地点：蚶江镇。购置 CNC 雕刻机、三坐标测量仪、影像测量仪等先进生产设备和检测仪器，建设手机金属外壳自动化加工生产线，年新增加工生产手机金属外壳 3200 万套	陈拥军	蚶江镇人民政府，吕晓斯	—	—	—	采购设备。单位：西安精雕软件科技有限公司

续表 1

项目名称	项目概况（含建设内容及规模、总投资额、工作进度、项目产生经济效益、社会效益、社会评价等）	挂钩市领导	责任单位及责任人	设计单位及责任人	施工单位及责任人	监理单位及责任人	备注
昕润鸿3D玻璃项目	建设地点：蚶江镇。利用致高纺织现有厂房8000平方米，主要进行精密光学元器件、摄像技术设备的研发制造，移动通信组件制造、手机玻璃屏制造、精密电子元件制造等。主要应用有全彩夜视物理光学镜头、3D测量硬件、手机玻璃盖板、手机3D曲面玻璃等	陈拥军	蚶江镇人民政府，吕晓斯	—	—	—	引进设备，无基建，深圳市久久犇自动化设备股份有限公司
新辉盛智能门窗、高端消防门生产	建设地点：蚶江镇。利用现有1.5万平方米的厂房进行改造，购置一批智能门窗、消防门生产流水线进行生产、销售	张永安	蚶江镇人民政府，吕晓斯	—	—	—	引进设备，无基建，中机数控科技（福建）有限公司、厦门涂工博科技有限公司、佛山市南海佳桦门窗机械设备有限公司、滕州万恒机械设备有限公司
尼龙弹性体超临界物流体发泡新材料项目	建设地点：鸿山镇。项目建于泉州市石狮市鸿山镇伍堡工业区，公司租用厂房68000平方米，利用自主研发专利技术，购置密炼机、开炼机、出粒机、定型机、注塑机、发泡机、流水线、定型线设备，建设高性能绿色微孔发泡新材料生产线。总投资3.5亿元，2020年10月1日正式投产，公司新增微孔发泡新材料1500吨，预计年产值可达到3亿元，年纳税金额超1000万元	—	—	—	—	—	公司属于租赁，无相关责任人和验收资料

为民办实事项目

【概况】 2020年，石狮市安排为民办实事项目共28项，总投资额3.1多亿元。具体主要集中在改善办学条件、加强文体事业建设、完善城市建设管理、养老保障与服务、关爱特殊和困难群体等5个方面。全年23个项目顺利完成，公办幼儿园建设项目、农村生活污水治理工程、建设花园路人行过街天桥项目等5个项目基本完成。

石狮市2020年为民办实事项目完成情况表

表2

序号	项目名称	项目建设内容和规模	承办单位	完成情况
1	小学课后服务项目	在全市有条件的小学开展课后服务。开展服务的经费由市总工会出资200万元，其他由市教育局自筹。各校具体拨款金额按实际参加人数计算。经费主要用于开展课后服务的基础设施维护、更新以及相关劳务费补助	市教育局	已完成 2020年度全市43所学校、41个少年宫，共计36386名学生参与午间托管服务，15233名学生参与下午课后服务，共有2265名老师参与课后服务工作
2	公办幼儿园建设项目	建设第四实验幼儿园、鸿山第三中心幼儿园、祥芝第二中心幼儿园、永宁第三中心幼儿园、狮仔山幼儿园等5个幼儿园，完成主体施工并封顶。新增班级约69个，规划建设面积约29242平方米。2020年完成投资6100万元	市教育局	基本完成 第四实验幼儿园：已完工 鸿山第三中心幼儿园：基本完工，正在进行室外收尾工作 祥芝第二中心幼儿园：完成主体施工，室内装修完成85%，室外工程完成80% 永宁第三中心幼儿园：完成主体施工，室内工程完成80%，室外工程完成85% 狮仔山幼儿园：1号楼封顶，2号楼、3号楼主体施工，预计1月底封顶
3	普惠性幼儿园项目	根据《石狮市教育局 石狮市财政局关于建立学前教育经费保障机制实施方案(2019—2020年)》(狮教综〔2019〕21号)，投入普惠性幼儿园奖补资金共计1500万元。其中，对88所普惠性幼儿园奖补资金约1200万元；对9所公办与普惠性幼儿园帮扶共建的幼儿园，每所给予20万元经费补助，共计180万元；对17所集体办幼儿园的2400名学生，以每生500元的标准进行考核后补助，预计发放普惠性集体办幼儿园经费补助120万元	市教育局	已完成 2020年在2019年的基础上新增6所普惠性民办园，普惠率由2019年的81.7%提升到87.27% (一)普惠性民办幼儿园奖补资金项目 1. 出台《2019年—2020年度普惠性民办幼儿园收费限价及补助标准》《2020年石狮市普惠性幼儿园评估标准》 2. 6月，拨付扶持普惠性民办幼儿园发展补助192.95万元。7月，认定87所普惠性民办幼儿园，并对评估结果进行公示、下发评估认定文件。12月，发放普惠性民办幼儿园奖补资金 (二)公办与普惠性民办幼儿园帮扶共建经费补助项目 制定《石狮市公办与普惠性民办幼儿园帮扶共建试点方案》。6月，各片区帮扶龙头园召开帮扶碰头会，启动帮扶计划。10月，各片区龙头园制定民办园园长跟岗计划，制定师资帮扶交流机制。11月，根据试点方案完成评估工作，确定各龙头园共建经费 (三)普惠性集体办幼儿园经费补助工作 制定《石狮市普惠性集体办幼儿园经费补助方案》。6月，拨付扶持普惠性集体办幼儿园发展补助16万元。12月，发放普惠性集体办幼儿园奖补资金

续表 2

序号	项目名称	项目建设内容和规模	承办单位	完成情况
4	校园安全管理提升项目	1. 校车安全监管服务：通过购买社会服务的方式，成立市校车安全监管服务公司，加强对全市校车（在用校车 66 部）的日常监管，强化非法集中接送学生车辆的摸排。预计投入 40 万元 2. 学校技防系统建设及提升工程：建设及改造升级 222 所学校（在用 217 所）技防系统，在校门口及校园内各要害部位安装配置和升级改造视频监控等设施设备，并与公安机关联网。年度服务费用 180 万元	市教育局	已完成 校车安全监管服务：3 月 21 日签订合同，中标服务商已按合同约定要求履行日常校车监管工作 学校技防系统建设及提升工程：已投入使用
5	职工子女暑托班项目	指导和扶持有条件的基层工会开办暑托班，对验收合格的暑托班，根据其办学规模给予一定资金支持	市总工会	已完成 8 月 10 日至 28 日开展为期三周的职工子女暑托班活动，同时，部分社区和企业工会积极开展暑托班活动。全市共开办暑托班 13 个班次，惠及职工子女 300 余名
6	建设新时代文明实践中心	建设兼具宣教、展示、服务等功能为一体的石狮市新时代文明实践中心，包含石狮市情、精神文明大事记、七大平台及各镇（街道）项目展示、VR 互动体验、石狮好人馆、志愿服务驿站等具体板块，并对科普馆进行改造提升	市委文明办	已完成 “石狮市新时代文明实践中心”施工工程、设备采购已完成，等待验收。建成后的中心包含石狮概览、精神文明大事记、新时代文明实践七大平台（理论宣讲平台、社会宣传平台、教育服务平台、文化服务平台、健身体育平台、科技与科普平台、乡风文明平台）成果展示、一镇一品牌、崇德馆、科普馆等板块，并设有“冲浪石狮”VR 互动体验、灯谜展猜等特色项目，兼具宣教、展示、服务等功能，是辐射全市新时代文明实践所、站、点的重要阵地
7	文化惠民剧场项目	以政府购买服务的形式，每月邀请专业院团和文化团体进行展演，全年共 12 场文艺演出，每场文艺演出补助费用 5 万元、安保费用 1 万元，共计 72 万元。演出委托第三方平台招投标费用 8 万元	市文化体育和旅游局	已完成 受疫情影响，2020 年 2—9 月暂缓举办。1 月 21 日举办石狮市新春团拜会文艺演出；10 月 1—5 日晚在湖滨街道步行街、祥芝镇古浮村举办文化惠民演出活动，小计 10 场；12 月 31 日晚在石狮市音乐厅举办新年音乐会。共 12 场
8	相关体育设施建设	在灵秀镇、宝盖镇、永宁镇各新建 1 座老年人综合门球场，市财政对 3 座综合门球场共补助 100 万元，剩余费用由建设单位自筹	市文化体育和旅游局	已完成 灵秀镇灵山村、宝盖镇宝源社区、宝盖镇前坑村（项目选址由永宁镇变更为宝盖镇）老年人综合体育场所已经完成建设，建成门球场、气排球场、地掷球场综合场地
		建设笼式足球场：在湖滨街道新建 1 个五人制笼式足球场、在祥芝镇新建 1 个七人制笼式足球场。五人制笼式足球场市财政补助 20 万元；七人制笼式足球场市财政补助 30 万元	市文化体育和旅游局	已完成 祥芝镇祥农村七人制足球场、湖滨街道新湖社区五人制足球场已完成建设并投入使用
		体育中心足球场改造：对市体育场足球场地及跑道进行翻修，建设内容包含足球场自然草、排水系统及自动浇灌系统、跑道翻新等，建设资金约 250 万元	市文化体育和旅游局	基本完成 体育场足球场地及跑道翻修项目：进入施工收尾阶段 足球场自然草、排水系统及自动浇灌系统、跑道翻新项目：草坪正在进一步养护和修整，择日将进行竣工验收

续表 2

序号	项目名称	项目建设内容和规模	承办单位	完成情况
9	村（社区）综合文化服务中心改扩建项目	1. 改造提升 5 个村（社区）综合文化服务中心。根据《石狮市推进基层综合性文化服务中心建设实施方案》（狮政办〔2016〕117 号）要求，结合实际，完成软硬件建设，确保达到验收标准。验收合格后，每个中心实际投入如超过 5 万元，由市财政补助 5 万元，剩余部分由镇、村自筹；若实际投入不足 5 万元，市财政按实际投入金额补助。具体建设任务为宝盖镇 2 个、蚶江镇 2 个、鸿山镇 1 个 2. 改造提升 2 个村（社区）综合性文化服务中心示范点，验收合格后，泉州市级财政补助 10 万元，本级财政补助 10 万元	市文化体育和旅游局	已完成 蚶江镇古山村、蚶江镇莲塘村、永宁镇西偏村、鸿山镇东埔二村、宝盖镇坑东村 5 个村（社区）综合文化服务中心已完成建设，多功能室、图书室、广播室、科普室、文体活动室等功能室设施齐备。龙穴社区、前埔村 2 个村（社区）综合文化服务中心示范点改造提升工作已完成。龙穴社区在原有的基础上增添体育健身设备，改造提升文体活动室，增设宣传栏；前埔村添置电脑、体育器材等设施，完善各功能室
10	城市积水整治工程（三期）	在濠江路新建一根 DN600 雨水管道，在南环路新建 DN2000 雨水管道，以增大设计范围内收水及排水能力，解决路口低处涝点问题	市城市管理局	已完成 累计完成管道施工 1.69 千米，完成投资 1700 万元
11	农村生活污水治理工程	完成全市 25 个村农村生活污水主管网、支管网建设，部分村庄建设污水提升泵站设施，将收集的村庄生活污水纳入建成的市政管网。具体建设任务为灵秀镇 1 个（港塘村）、宝盖镇 4 个（雪上村、坑东村、后垵村、仑后村）、蚶江镇 10 个（莲塘村、锦里村、蚶江村、青莲村、石壁村、石农村、石渔村、洪窟村、锦亭村、东安村）、永宁镇 4 个（港边村、梅林村、外高村、浯沙村）、祥芝镇 2 个（古浮村、湖西村）、鸿山镇 3 个（郭厝村、莲厝村、伍堡村）、锦尚镇 1 个（卢厝村）	市城市管理局	基本完成 25 个村主管和支管铺设完成，其中 14 个村基本完成入户管接入。累计完成管道敷设 145.83 千米、检查井 4120 座、三格化粪池 990 个，入户 3861 户，完成投资约 14129 万元，占比 117.74%
12	城乡公厕改造提升项目	新建、改造城乡公厕 44 座，其中永宁镇 9 座，宝盖镇、锦尚镇各 8 座，蚶江镇、祥芝镇、鸿山镇各 6 座，凤里街道 1 座	市城市管理局	已完成 44 座公厕新建、改造工作
13	建设花园路人行过街天桥项目	在灵秀镇花园路建设人行过街天桥。天桥规划面积 431.1 平方米，主桥桥面总宽 4.3 米，桥面净宽 4 米，双向横坡 1%	市住房和城乡建设局	基本完成 天桥连接凤炉山公园与钞坑综合市场二楼，目前已完成主桥建设和凤炉山公园连接段，待钞坑综合市场楼体部分建设完工后，再建设剩余桥体
14	公共自行车改造提升项目	对市里现有一期公共自行车进行改造提升	市交通和港口发展局	已完成 2640 辆新一代公共自行车（链条型、充气胎）已投入使用
15	公交站点提升项目	1. 新建公交亭 14 座，10 万元 / 座，共计 140 万元 2. 新建公交站牌 106 座，2800 元 / 座，共计 29.7 万元 3. 线路优化调整后，需在公交亭（牌）更新线路图约 2000 张，35 元 / 张，共计 7 万元 4. 更新或加装站台名约 53 座，150 元 / 座，共计 0.8 万元	市交通和港口发展局	已完成 1. 改建九二路 4 座（邮电大楼站、步行街站、侨乡商业城站、农机大厦站）、新建永祥路 4 座（卢厝村站、西港村站、杨厝村站、后山村站）公交亭 2. 新建港塘路、蚶江大街等路段公交临时站牌 109 座 3. 更新线路图 1700 张 4. 更新或加装石泉路、子芳路等路段站台名 59 座

续表 2

序号	项目名称	项目建设内容和规模	承办单位	完成情况
16	石狮市老旧路灯改造项目（一期）	对老化严重的南洋路（服装城路段）、南环路（南洋路至石金路段）、港口大道（村委会路段）、第六中学门口等路段路灯进行改造，对城市部分高杆灯进行维修，对石泉路（晋江—狮标）等10处易积水路段进行更新漏保和灯杆检修门、安装单灯控制器等	市城市管理局	已完成 1. 石泉路（晋江狮标）等10处易积水路段纳入“人民广场和石泉路亮化提升项目”一并实施，已完工 2. 港口大道（村委会路段）、第六中学门口路灯改造、部分高杆灯维修及其余积水路段整治纳入“节点照明和路灯隐患整治项目”一并实施，已完工 3. 南洋路（服装城路段）、南环路（南洋路至石金路段）老化路灯改造纳入“中华灯改造项目”一并实施，已完工
17	智慧用电项目	省级以上文保单位100%、市级以上文保单位60%安装电气火灾监控系统，2处省级以上文保单位电气线路套管敷设；养老机构及救助福利机构、医院等100%安装电气火灾监控系统；安排部分资金补助居住100人以上出租屋、电镀企业、属于消防安全重点单位的劳动密集型企业、电器火灾隐患严重区域、危化品场所、工贸企业等安装电气火灾监控系统	市应急管理局	已完成 计划在文保单位、养老机构及福利机构、医院、居住100人以上出租屋、电气火灾高发的场所及电气隐患严重区域安装智能型电气火灾监控系统2250套。截至12月底，各类单位场所安装智能型电气火灾监控系统2325套，超额完成工作任务；同时，完成2处省级以上文保单位电气线路套管敷设
18	道路交通安全设施完善及交通隐患点整治项目	1. 石永路子英医院路口、镇中路中骏小区路段和大仑青山小学路段等隐患点优化改造项目，计划投入约160万元 2. 校园周边道路交通安全设施完善及事故隐患点整治项目。对50所校园及46处隐患点需进行设施完善，计划投入约100万元 3. 市区主要道路交通标线更新项目。更新工程量约5万平方米，计划投入约240万元 4. 市区信号优化服务项目（142个灯控路口），计划投入约50万元	市公安局	已完成 1. 石永路子英医院路口、镇中路中骏小区路段和大仑青山小学路段等隐患点优化改造项目：已完成建设，设备已运行，正在进行工程结算 2. 校园周边道路交通安全设施完善及事故隐患点整治项目：已完工，共完成校园排查及施工64处，隐患点整治46处 3. 市区主要道路交通标线更新项目：已完工，共施划标线约5.1万平方米，正在办理结算 4. 市区信号优化服务项目：已完成市区110个灯控路口数据调查，并完成学府路、濠江路等9条绿波带、11个路段62个路口调试，制作单点信号优化方案29组并下发。目前已转入日常运维阶段
19	购买养老服务项目	1. 政府购买养老服务项目：为3100名老人提供每月20元的信息服务，并为其中130人提供每月价值300元的实体援助服务。信息服务费74.4万元，实体家政护理服务费46.8万元，共计121.2万元 2. 高龄老人意外伤害保险项目：继续为全市约8000名80周岁及以上老年人购买意外伤害保险，减轻老年人医药费负担，提高老年人抵御风险能力。2020年按每人30元标准购买，保期一年，共计24万元	市民政局	已完成 1. 政府购买养老服务项目：已完成。与江苏禾康信息技术有限公司继续签订协议。（1）为80周岁及以上老人提供每月20元的信息服务，服务期限为2019年12月1日至2020年11月30日，现计划续签短期服务，协议未签订期间，服务继续提供；（2）为“特困供养人员、低保对象、重点优抚对象、重度残疾人、计划生育特殊家庭成员、空巢独居”中的老人提供每月20元信息服务，服务期限2020年2月1日至2021年1月31日；（3）为特困供养人员、低保对象、计划生育特殊家庭中的重度失能老人或残疾等级三级以上老人提供线下养老实体服务，服务期限2020年2月1日至2021年1月31日； 2. 高龄老人意外伤害保险项目：已完成。2020年9月6日保险到期，9月初，与保险公司签订协议统一购买保险，购买意外伤害保险人数7600人［截至2020年7月底80周岁（含）以上老人数量］，每人30元，共计22.8万元。保险期为2020年9月7日至2021年9月6日

续表 2

序号	项目名称	项目建设内容和规模	承办单位	完成情况
20	老年人高龄补贴	根据《福建省老年人权益保障条例》第三章第二十五条，每年分 2 次为 80 周岁及以上老人发放高龄补贴，发放标准为 80—89 周岁 50 元 / 人·月，90—99 周岁 100 元 / 人·月，100 周岁及以上 300 元 / 人·月。对 80 周岁及以上的低保老年人每月叠加发放 100 元 / 人·月的高龄补贴	市民政局	已完成 2020 年 7 月底完成上半年度高龄补贴审核工作，2020 年上半年高龄补贴发放人数共计 8056 人，发放金额共计 271.73 万元。2020 年 12 月底完成下半年度高龄补贴审核工作，将于 2021 年 1 月底发放。对 80 周岁及以上的低保老年人按时每月叠加发放 100 元 / 人·月的高龄补贴
21	新建和改造养老服务场所项目	宝盖镇居家养老服务照料中心：选址宝盖镇卫生院，使用 6、7、8 层，约 2000 平方米，按省 5A 级标准设计施工，建成集康复护理服务、日间照料服务、健康教育服务、智慧照护服务等基本养老服务功能为一体的养老服务设施	宝盖镇市民政局	已完成 宝盖镇居家养老服务中心：经营权由江苏禾康信息技术有限公司中标，使用宝盖镇卫生院第 6、8 层，11 月宝盖镇居家养老服务中心生活设施安装完成，正在对消防设施进行整改，整改通过后可投入运营
		灵秀镇老年人照料中心：对灵秀科技工业园 D5 宿舍楼 1 层及 3—6 层进行改造，面积约 3200 平方米，与灵秀社区卫生服务中心相邻，可实现医养融合，为老年人提供日常生活照顾和生活护理场所	灵秀镇市民政局	基本完成 灵秀镇老年人照料中心：两次公开挂网招标，均流标。重新选址筹建镇居家养老照料中心，将对石狮市振狮医院老年人养护中心进行优化提升，灵秀镇政府已与运营机构（温靖养老）签订合作协议
		蚶江镇居家养老服务中心：对莲塘村前埔建筑面积 2500 平方米的老人体育活动中心进行改造提升，建成蚶江镇居家养老服务中心，为蚶江镇老年人提供日常生活照顾和生活护理场所	蚶江镇市民政局	基本完成 蚶江镇居家养老服务中心：10 月 23 日，莲塘村与龙人伍心家园康养连锁机构签约，并进场施工
22	城乡居民最低生活保障对象帮扶项目	小额人身意外伤害保险项目：全市城乡居民最低生活保障对象（含特困人员、孤儿）因意外伤害导致的身故、伤残（含烧烫伤）和住院医疗等事故，保险公司按照承保的保险责任和保险金额进行赔付。预计投入 16 万元	市民政局	已完成 与人寿保险公司签订协议，已支付保险费并开始执行
		减免有线数字电视收视费项目：为全市城乡居民最低生活保障对象、特困救助供养对象、孤儿每月每户支付 10 元有线数字电视收视费，主终端基本型机顶盒、智能卡及剩余收视费由福建广电网络集团石狮分公司负担，低保户、特困人员、孤儿不再支付机顶盒及有线数字基本收视费，实行免费安装、免费收视。预计投入 15 万元	市民政局	已完成 2020 年 4 月与福建广电网络集团股份有限公司石狮分公司签订石狮市低保户、特困人员、孤儿、石狮无人抚养儿童、革命“五老”人员数字电视业务减免协议书。经核实，广电实际安装 1069 户，合计支付 12.828 万元
23	残疾人帮扶项目	低保重度肢体残疾人居家养护项目：全市约有 120 名低保重度肢体残疾人，按每人每年 1000 元标准给予补助，预计发放低保重度肢体残疾人居家养护补贴 12 万元	市残联	已完成 确定 102 名补助对象，资金 10.2 万元已于 2020 年 6 月发放到个人账户
		“一户多残”家庭生活补贴项目：全市约有 305 户“一户多残”家庭、700 名“一户多残”残疾人，按每名一、二级残疾人每月发放 100 元生活补贴，每名三、四级残疾人每月发放 50 元生活补贴，预计发放“一户多残”家庭生活补贴 56 万元	市残联	已完成 2020 年第一季度补助 394 户、828 人，发放补助金 17.665 万元；第二季度补助 410 户、862 人，发放补助金 18.37 万元；第三季度补助 430 户、905 人，发放补助金 19.08 万元；第四季度补助 449 户、945 人，发放补助金 20.1 万元
24	精准医疗叠加补助项目	为全市低保对象、“边缘地带”困难户、特困人员（含孤儿）三类对象（约 2050 人）购买医疗叠加保险补助，通过购买商业保险方式实现意外事故救助保险、重大疾病保险、医疗费用补充保险等三方面保障	泉州市医保局石狮分局	已完成 制定石狮市精准扶贫医疗保障补充方案，明确保障对象（低保人员、“边缘地带”困难户家庭成员、特困人员、孤儿合计 1925 人）、保障时间（2020 年 8 月 1 日至 2021 年 7 月 31 日）、保障待遇等条款。通过招标确定太平洋保险公司作为该项目承办机构。完成赔付对象摸底造册，商保机构正在按内部流程办理，着手准备赔付，8—11 月一次性赔付，12 月起逐月测算赔付

续表 2

序号	项目名称	项目建设内容和规模	承办单位	完成情况
25	长期照护保险试点项目	低保对象、“边缘地带”困难户、特困人员（含孤儿）中的长期重度失能人员享有日常护理服务，以政府为主导、保险公司经办的方式保障重度失能人员在照护服务机构享有 12 项健康照护服务，待遇标准 600 元／月·人	泉州市医保局石狮分局	已完成 出台《石狮市长期护理保险试点工作方案》（狮政综〔2020〕50 号）及相关配套文件。试点阶段将低保人员、“边缘地带”困难户家庭成员、特困人员（含孤儿）三类对象先行列入保障对象，共 1910 人。试点阶段筹资标准暂定为 380 元／人·年，其中个人缴费标准 12 元／人·年、财政补助 368 元／人·年。已完成全市保障对象进行摸底造册，并为 100 多人次服务对象提供艾灸等中医适宜技术服务；同时组建长期护理保险评定委员会，初步选定护理机构、评定机构。石狮市长期护理信息系统已经完成本地化改造，即将上线运行，将为精准长护提供信息支撑
26	设置自动体外除颤仪项目	在市内人流量较大的场所，择址建设 10—15 处“AED 安心场所”（自动体外除颤仪）	市卫生健康局	已完成 在人流量较大的车站、商场、公园、学校等场所共建设 15 处“AED 安心场所”
27	关爱妇婴及特殊人群健康工程	妇婴保障工程：扩大免费检查覆盖率，在城乡适龄妇女中开展妇女病免费检查；实施 30 项新生儿疾病筛查	市卫生健康局	已完成 开展免费“两癌”筛查，宫颈癌筛查 5200 人，完成率 100%；乳腺癌筛查 5200 人，完成率 100%。开展新生儿疾病筛查 6226 人
		特殊人群健康体检：为石狮市慈爱老人院孤寡老人约 58 名、石狮市社会福利中心及石狮市仁爱学校中的孤儿、智障儿童约 131 名进行免费健康体检，体检人数共 189 名，计划投入 12 万元	市卫生健康局	已完成，共有 175 名符合条件对象参加体检
28	“生育关怀行动”项目	1. “安居工程”：对翻建、新建和购房的对象，市、镇两级分别给予每户补助 2 万元；对房屋修缮的对象，市、镇两级分别给予补助 1 万元，市财政投入 48 万元，镇财政投入 48 万元 2. “保障工程”：2020 年 1—12 月完成计生家庭低保提升金、意外伤害保险以及失独家庭救助等工作，市财政投入 100 万元 3. “亲情工程”：春节及中秋节开展慰问计生家庭、失独家庭及计生工作者活动，市财政投入 82 万元，镇财政投入 50 万元 4. “致富工程”：2020 年 1—12 月开展计生家庭创业帮扶、技能培训等，提升计生家庭自身“造血”功能，市财政投入 5 万元	市计生协会	1. 安居工程：审核通过 2020 年度“安居工程”帮扶对象 12 户，已完成验收。市、镇两级各投入资金 23 万元 2. 保障工程：低保提升金帮扶 4279 人次，共计发放 9.67 万元。投入 6 万元，为 2 户新发生失独家庭发放一次性抚慰金。计划生育家庭意外伤害保险帮扶 10500 户，市级投入资金 72 万元，镇级投入资金 33 万元 3. 亲情工程：春节期间，投入 0.25 万元，慰问 5 户挂钩帮扶困难户；投入 4.5 万元，走访慰问其他计生困难家庭 90 人次；投入 5.4 万元，走访慰问 54 户次失独家庭；投入 0.4 万元慰问 8 名困难基层计生协会工作者。研究四期生育关怀，市级投入 61.3 万元，镇级投入 32.2 万元，救助 105 户近期遭受重大病灾、事故的计生困难家庭 4. 致富工程：审核通过 2020 年小额贴息 28 户，拨付 2019 年小额贷款利息 2.6 万元

专记

新型冠状病毒肺炎防控工作

2020年新冠肺炎疫情发生以来，石狮市认真贯彻总书记习近平重要指示精神和党中央决策部署，启动最严厉的防控措施，硬化境外疫情输入防控机制，累计开展核酸检测近30万人次，隔离重点人员6000多人次，新冠患者全部救治成功，抗疫成功经验先后2次在全省会议上发言交流。在党和国家最需要的时候，全市1500多名医务工作者、广大基层干部、社区工作者、网格员在平凡岗位诠释无限忠诚。企业职工主动配合顾全防控大局。海外侨胞、社会贤达累计捐资捐物超过1000万元。全市人民积极响应、风雨同舟，把家国安危融为一体，汇聚起最强大的人民“战疫”力量，护一方山河无恙。

抓好三项机制健全疫情防控工作体系

2020年，石狮市抓领导机制建设，夯实疫情防控工作基础。探索健全领导机制方面，建立完善疫情防控工作指挥部，由市委、市政府主要领导担任指挥长、全体班子成员担任副指挥长，各镇（街道）、市直各单位主要负责人均担任成员，实现疫情防控“全员参与”。创建“三级书记抓防疫”机制，建立从市委书记、镇委书记到村（社区）书记的直接领导体系，重要防疫会议直接开到村（社区），重要部署要求直达基层一线。构建“8+6”防控体系方面。市疫情防控指挥部下设综合协调、医疗救治等8个工作组，农村防控、核酸检测等6个工作专班。其中，综合协调组设在市卫健局，为泉州市独创，发挥市卫健局疫情防控“主力军”“参谋手”作用，实现综合协调组与医疗救治组、医学观察组无缝衔接，全面统筹、科学调度疫情防控工作。压紧压实各方责任。建立市领导分包镇（街道）、镇（街道）干部分包村（社区）、村（社区）分包户的三级网格分包体系，全面落实党委政府属地责任、行业部门主管责任、单位主体责任、个人和家庭自我管理责任等“四方责任”。

2020年，石狮市抓队伍机制建设，提升疫情防控应对能力。着力充实专班队伍，从全市各单位抽调业务骨干11名，充实到疫情防控指挥部综合协调组、农村防控专班、核酸检测专班等，专班力量显著提升。着力建好“四类队伍”。成立由95名专家组成的11支专业流调队伍，组建由420名标本采集人员、42名检测技术人员组成的70支核酸采样检测队伍，成立由35名医护人员组成的医疗救治专家队伍，组建21名疾控专业人员组成的消杀队伍，为疫情防控提供坚强的技术支撑和力量保障。着力提升应急处置能力。制定疫情防控工作方案、应急处置实操指南，细化应急处置预案工作流程。2020年10月以来，共组织参加省、市、县三级有关院感防控、核酸检测、病例救治等专业培训20多场次，组织开展应急实战演练12次、桌面推演2次，有效提升突发公共卫生事件综合处置能力。

2020年，石狮市抓工作机制建设，提高疫情防控管理水平。建立监测预警机制方面，开展医疗机构、监管场所、学校和托幼机构、零售药店等多渠道监测和多点触发预警报告工作，确保疫情线索及时发现、快速处置、精准管控、有效救治。如，市医院将发热门诊设置在独立的感染性疾病楼，采购并配备全省首台方舱CT，实现挂号、就诊、缴费、检查、取药“一条龙”服务，对可疑传染病的发热病人采取全封闭就诊流程。严格落实预检分诊制度，落实发热门诊病人核酸检测 6小时内出具报告规定，实现核酸检测率 100%。实行日常督查制度方面，成立3个疫情防控督查小组，深入各类重点场所、重点机构开展明察暗访，建立每日一督查、当天一通报、3日内反馈的“1+1+3”督查机制，发出督查通报27份。推行物资储备制度。合理制定物资储备目录清单，按照疫情防控物资组、市医疗机构以及其他单位分“三级”储备配足口罩、防护服、测温仪等防控物资。

聚焦四个重点构筑疫情防控坚固防线

2020年，石狮市聚焦农村地区，精准施策有效防控。宣传引导全面启动。指挥部下发工作指令9份，督促各镇（街道）、各行业主管部门按照职责落实重点场所“验码、测温、戴口罩、不聚集”等防控措施。市镇村三级依托石狮日报、公众号等平台，发布疫情防控通告，全面启动“五个起来”宣传工作，营造浓厚的防控氛围。防控措施全面加强。督促各镇（街道）、各机关、企事业单位严格落实“五有”防控措施，坚持“三加强、三减少”，劝导在外地经商、务工人员错峰返乡。实行“大数据+网格化”管理，建立健全省外返乡人员、入石人员信息登记台账，严格做好集中医学观察、居家医学观察管理等措施。以镇村干部、派出所民警、卫生院（所、室）医护人员、村主干组成疫情防控“四方网格”管理体系，实现防控管理无死角、全覆盖。转诊救治全面规范。针对农村医疗机构存在的薄弱环节，组织开展“七个一”行动，建立违规收治发热病人举报等制度，督促全市368家医疗机构落实好冬春季疫情防控工作，提升“早发现早报告”责任意识，规范发热患者转运发热门诊治疗。

2020年，石狮市聚焦校园安全，精密布局全员管控。细化完善应急预案。紧扣学校春秋季开学、寒暑假放假等时间节点，有针对性地制订应急预案，提前准备好课程方案及课程资源，满足学生需求。全面加强宣传教育。利用倡议书、宣传栏、微信公众号等形式，开展“小手拉大手”活动，通过学生引导家长强化疫情防控知识学习，落实疫情防控要求，增强个人防护意识。全面摸清师生去向。严格师生外出请假报备制度，全面摸排全体师生员工寒假期间行程动向，建好台账，一人一档，确保行程可追踪、家校协同有反馈。全面落实健康管理。落实“日报告、零报告”制度，对全市学校教职员工、复学学生16万多人进行核酸检测，确保全员检测、不漏一人。

2020年，石狮市聚焦隔离场所，精细管理用心服务。强化机制建设，筑牢工作基础。建立分管市领导统筹协调、部门协作配合机制，组建内务、医疗、运送等8个工作小组，建立健全观察对象申请入住、居家观察等10多项制度以及医学应急处置等工作预案。科学设置“三区两通道”，并按照观察对象不同来源地，分栋分楼层进行封闭式管理。关注观察对象日常健康情况，采取“看板”动态管理，对疾病观察对象用不同标识进行区分管理。创新管理模式，提升管控水平。采取“楼栋+楼层+房间+观察对象”四级阶梯化管理模式，推行“五个一”管理工作机制，实现全方位、无死角监管。开发设计“石狮市来石人员信息服务系统”，主动引导观察对象自行扫码录入信息，避免扎堆滞留；系统全面提供入境信息，实现数据及时传递、报表自动统计生成，直观展示整体防“疫”情况，为科学制定医学观察措施、统筹调配人员和物资等力量提供信息参考。开展心理疏导，提供暖心服务。为观察对象推送最新疫情消息和防护知识4000余条，帮助协调解决诉求问题1万余个。开通心理咨询热线，及时疏导化解观察对象的心理焦虑。发动社会各界及爱心社团力量送温暖，如阳光太太志愿者协会党支部联合大德康元（福建）药业有限公司开展“隔离不隔爱、阳光送温情”关怀行动，并为隔离人员送上价值7万余元的爱心“大礼包”。

紧盯五个环节建设疫情防控坚实堡垒

2020年，石狮市紧盯院感防控，哨点防控全面提升。开展拉网式执法检查。对全市368家医疗机构开展全覆盖拉网式执法监督，按照“红色、黄色、绿色”三种标识进行分类管理。共对小型医疗机构立案9起，责令停业整顿5家，确保疑似病例“零疏漏”。实行记分管理模式。出台《石狮市医疗卫生机构医院感染及新冠肺炎疫情防控“最多12分”记分管理方案（暂行）》，对医疗机构未严格落实院感和疫情防控各项举措采取记分管理。共检查医疗机构344家次，开出记分通知书152份，共计296分，倒逼医疗机构强化责任落实，确保防控工作“零懈怠”。加强院感督导巡察。制定《石狮市医疗机构三级感控督查员制度》，加强院区督导巡察、交叉互查，落实四方责任；成立3个市级院感督导组，12个人分4个片区对石狮市医疗机构落实院感工作开展巡回监督检查，实现医护人员“零感染”。推进宣传全面覆盖。向全市368家医疗机构发放温馨提示和宣传防控材料。以群众喜闻乐见的形式组织医务人员自编自导“发热到哪里看”等4个疫情防控小视频，依托微信等新媒体平台刊播疫情防控公益广告，发布疫情防控知识等，实现医疗机构宣传“零盲区”。

2020年，石狮市紧盯外防输入，“人物同防”全面强化。加强入境人员闭环管理。严格执行“14+7”观察期限，航班分流的入境人员立即进驻锦尚健康家园，每7天进行核酸检测，实现闭环管理。加大冷链食品监管力度。严格进口冷链食品一律进入集中监管仓，落实批批检测、件件消毒，实时登记。对不按规定从事进口冷链食品单位立案查处4家，责令改正、给予警告处罚5家，查封9家次。对2家逃避监管仓监管、进货查验不到位进口冷链单位依法查处，对2名负责人处以行政拘留5日。严防海上偷私渡。加强点、线、面的全面巡逻，强化情报信息收集力度，加强重点关注人员活动轨迹的碰撞对比。强化涉海职能部门之间的配合，做好海上入境管控预警安全防范工作，全面筑牢海上防线。加强入境货运船舶监管。做好入境人员闭环管理和入境货船检疫监管工作，严格落实核酸检测，按规定进行集中医学观察。

2020年，石狮市紧盯数据建设，技术保障全面升级。全面落实验码扫码。印发石狮市“八闽健康码”扫码应用工作方案，细化工作任务，形成5个大类、23个小类重点工作场所，明确扫码方式。开展“八闽健康码”培训会2场，开通线上微信群和咨询电话，提供咨询200余次。督促学校、医院、药店、商场等重点场所落实健康码的扫码应用，全市已基本落实重点场所“八闽健康码”扫码验码通行工作。开发推广三套系统。开发境外入石狮市人员信息管理系统，实现入石人员信息实时登记、人员流转全程监管；开发冷链登记小程序，实现线上预约审核、登记、自动生成出库证明等功能，完成24批次冷链产品的数据采集。开发购药登记小程序，对全市286家药店发热药品进行购药管理，采取数据3万多条。

2020年，石狮市紧盯核酸检测，“应检尽检”全面提速。充实核酸检测专干力量。从各部门抽调4名业务骨干成立核酸检测工作专班，负责统筹协调全市核酸检测工作。探索提升核酸检测效率。自主设计研发“石狮市核酸检测信息系统”并在各采样点全面上线，基本实现信息“秒录入”，采样“零等待”，10分钟内就能够检测30人，采样时间大大缩短，检测效率显著提升。科学增设核酸采样点。统筹全市医疗卫生力量，在各镇（街道）卫生院（卫生服务中心）均设立核酸采样点，全市目前共有11家核酸采样点，实现重点人群“应检尽检”检测率100%。

2020年，石狮市紧盯疫苗接种，“应种尽种”全力推进。统筹安排、合理布局。成立市新冠疫苗接种工作领导小组、调查诊断和医疗救治专家组，合理规划设置4个接种点、14个接种台。统筹全市医疗机构力量，集中调配医务工作人员，加强疫苗接种和医疗救治技能培训。指定市总医院负责各接种点医疗救治保障任务，市“120”急救中心以分片包干和驻点保障相结合的方式进行医疗救治保障。科学管理、有序推进。在市疾病预防控制中心独立设置10立方米场所，用于新型冠状病毒疫苗的存放。落实“三查七对一验证”和疫苗全程电子追溯，向受种者发放“新型冠状病毒疫苗紧急接种证明”，做到“一人一证”“一单位一册”。

“五个年”建设

2020年，石狮市统筹推进疫情防控、经济发展和社会稳定等各项工作，充分挖掘石狮市产业、港口、市场、区位、侨乡等优势，推动理念思路创新、方式方法创新，以大干快上、力争上游的干劲，不断在产业攻坚、城市提质、交通整治、民生提档、作风建设等“五个年”活动方面多出新成果。在实施推进中，坚持以重点带全面、以攻坚求突破、以常长见实效、切实以“五个年”活动为有效抓手，推动石狮市各领域工作再上新台阶。全年石狮市生产总值937.2亿元，比2019年增长2.9%；一般公共预算总收入56.7亿元、一般公共预算收入36亿元；全体居民人均可支配收入56947元；全面小康指数位居全国县级市第20位、全省第2位，实现全国文明城市“二连冠”、全国双拥模范城“六连冠”。

产业攻坚年

2020年，石狮市产业转型升级步伐不断加快。扎实推进复工复产。建立订单、资金、外贸等对接机制，兑现惠企资金7.2亿元、减免税费6.4亿元，帮助企业新增贷款50亿元、争取纾困贷款10.6亿元。出台六条转产鼓励政策，11天建成防疫物资生产链。从2月起，坚持一月一盛会，举办一系列线上直播销售活动，被国务院新闻发布会点赞肯定。扎实推进项目攻坚。组建5个专项招商小组，多方联动、条块齐抓推进招商选资，累计签约开工项目106个、总投资245.8亿元，实施工业提质项目178个、三产增效项目165个，一季度在全省“五个一批”项目竞赛中位居第6位。扎实推进制造业提质。出台支持印染高质量发展、五金辅料提质增效、校服优化升级、纺织服饰创意设计发展等产业扶持政策，引导童装行业加快向校服方向延伸，推动中国纺织工程学会校园服饰标准技术工作组秘书处落地，建成五金水磨加工中心，获评中国校服产业创新基地。通达四期、九牧卫浴、建新轮胎、美佳爽新生产基地、特步一体化、信泰科技、兴迅新材料等项目加快建设，智能制造产业完成规上产值195亿元、增长10%。海洋食品园提速建设，累计落地海洋食品深加工项目22个，4个项目建成投产。扎实推进服务业提升。市场采购贸易方式试点实现全省通关一体化，预包装食品出口试点产品关区、品类、目的地、金额限定进一步放宽，国际食品城开业运营并纳入市场采购贸易集聚区；完成市场采购贸易出口343.2亿元，增长98.2%。启动“一十百千万”网红城市发展计划，成功举办“海丝”品博会、海博会、校服展、网商大会，建成1000平方米以上的直播基地18家，带动网络销售额增长51%、快递业务量增长28%，获中国服装网商创新示范基地、中国直播电商发展示范城市称号。石湖港5号、6号泊位有序推进，保税物流中心（B型）一期基本建成，华锦码头4号泊位、普洛斯物流园等项目投入使用。组建市文旅集团，世茂海上丝绸之路博物馆、杨孙西文化馆二期、橘若民宿等项目顺利建成，宝盖山、永宁古卫城获评国家AAA级旅游景区，郭坑村、古浮村入选全省旅游村。

城市提质年

2020年，石狮市城乡统筹一体格局越发凸显，城市颜值不断提升。海岸带建设开启新篇，共富路（石锦路—沿海大通道）、锦蚶路、锦江外线、锦尚外线建成通车，嘉禄路（群英南路—花园路）、金盛路（南洋路—北环路）等“断头路”打通接续。宝盖山生态公园、环湾湿地公园、红塔湾海岸公园、风炉山山体公园景观配套更加完善，应急水源工程基本建成，14个景观绿化项目完成投资1.4亿元，生态连绵带不断延伸拓展。联邦商业城、狮仔山等片区开发快速推进，15个老旧小区和28处中心市区街坊支路“微改造”焕发新颜。建成421个5G基站，实现主城区5G信号连续覆盖。乡村振兴全面推进。启动国家水禽基因库改扩建和肉品加工厂项目，完成祥芝中心渔港扩建，新增高标准农田146.67公顷，古浮村、祥渔村入选省级“一村一品”示范村。持续推进“一革命四行动”，新改建城乡公厕44座，完成25个村生活污水管网建设，全市生活污水处理率提升至93%。深入开展“三清”“五绣”行动，城乡环境卫生考评成绩位列泉州市第三。完成农村集体资产股份制改革，76%的行政村集体经营收入超20万元。生态环境持续改善。完成将军山存量垃圾、梧垵溪跨境流域整治，中央生态环保督察反馈个性问题和信访件全部销号。打好蓝天、碧水、净土三大保卫战，建成海洋食品园污水处理厂和鸿山、锦尚生活污水处理厂，完成高新区污水处理厂提标改造，整治废弃石窟13.5万平方米，造林绿化56.8公顷，空气质量优良天数比例提升至99.2%。

交通整治年

2020年，石狮市坚持问题导向，重点围绕“秩序整治、源头防控、设施完善、安全宣传”等方面，全面启动“交通整治年”活动，全市交通事故发生起数、死亡人数、受伤人数、直接财产损失等指数全面下降。2020年，石狮市创新实行“1＋X＋3”模式，即“市委政法委＋若干部门＋公安、交港、城管”的综合治理机制，搭建起常态化综合执法高效协作平台，将交通管理工作上升为“党政主导系统工程”。制定出台《关于开展石狮市“交通整治年”活动的工作方案》，明确整治具体任务和15个专项整治行动，每月跟踪工作进度。

2020年，石狮市持续开展“涉酒”夜查、超限超载、占道经营渣土车“百日攻坚”等专项整治行动，集中打击超员、超速、超载、酒后驾驶、占道经营等交通违法行为。2020年开展全市性统一行动320次，现场查处交通违法行为78206起；查处占道经营行为11977起；查处渣土车“两非”车辆242起、“滴洒漏”229起、乱倾倒建筑垃圾134起；张贴违停温馨提示单8万多起。对全市事故隐患黑点、临水临崖等重点路段开展“地毯式”排查，共排查列入道路隐患整治工作的隐患点段46处，并全部完成整治；修复路灯损坏、老化等照明不足86处；整改绿化树遮挡交通标志牌和交通安全视距357处。2020年，石狮市共出动执法人员4885人次，检查“两客一危”车辆4981辆次、出租车441辆次、疑似“黑车”及网约车1097辆次、普货车辆3469辆次，查处客运车辆违法50起、危货48起、货车违法371起、出租车违法3起、“黑车”6辆、不合规网约车23辆；深入全市闽运等客运企业对GPS动态监管系统安装情况进行检查38次，检查电动车销售商家141次。

2020年，石狮市完善交通设施，提升“全城品味”。对全市交通设施进行认真全面的排查并制订完善方案，对市区路口灯控逐一梳理，全年完成配时优化96个路口，更换护栏627片、校正护栏3610米、校正标志牌382套；修复反光道钉208个、防撞桶141个、标线51000平方米；抢修维护信号灯336处、更换灯具79套、修复路口电警设备556组。加快推进公共停车场建设，已建成宝盖山生态公园东入口停车场、花海谷区配套停车场、风炉山山体公园配套停车场、德辉广场停车楼等一批中心城区公共停车场所，新增公共停车泊位约1400个，有效缓解周边停车难问题。科学设置道路灯控，打造“绿波”机制，已形成9条道路共11段路段的“绿波网络”，提升道路通行效率；充分利用电子警察和电子卡口抓拍闯红灯、开车打手机等交通违法行为，提高交通违章行为监管效率，督促市民自觉遵守交通规则。全年共审核录入机动车违法424694起，其中打手机10万余起，未系安全带55074起，闯红灯59780起。

2020年，石狮市广泛宣传发动，

力争“全民支持”。利用各种载体宣传。组织成立文明交通志愿者、劝导队、女子交通辅警队，调动干部职工和企业管理人员参与文明交通的积极性；借助闽南木偶戏传统艺术，推出“交通整治年”系列宣传短片《木偶话交通》，该短片被“学习强国”平台采用推介；充分利用无人机对未佩戴头盔的骑手精准“喊话”，硬核劝导骑乘人员佩戴好安全头盔，自觉遵守交通规则。通过传单、电子卡、短信等形式，广泛开展交通安全宣传，成功举办第八届“青商杯”全年无交通违法车辆（车主）表彰奖励活动，全年无交通违法车辆从2013年的3349辆，增长至2020年的25801辆，增幅达670%。加强新闻媒体宣传。充分发挥电视、广播、报纸等新闻媒体的舆论导向作用，通过播放专题片、刊发专稿、邀请电视台记者跟踪采访等形式，广泛宣传交通违法行为的危害性和开展城区交通秩序整治的必要性。2020年在央级媒体上稿13篇、省级媒体上稿9篇、市级媒体上稿17篇，在各级新媒体平台推送信息360余条，电视新闻题材采用52条。注重各种群体宣传。针对公务员，利用公务大厦和各单位楼宇的电子显示器滚动播放交通宣传片、宣传标语，增强政府公务人员文明交通意识和示范带动作用；针对老年人，通过各村社区老人会、农村劝导站开展宣传教育，制作发放宣传资料5.2万余份；针对二次酒驾重点关注人员，将其纳入镇村网格化管理，开展“精准滴灌”式宣传；针对外来务工人员，进企业开展交通安全宣传及知识培训讲座450次，面对面教育7万余人次；针对中小学生，专门印制学生安全出行反光贴1.3万张，开播《童眼看交通》电视节目，通过寓教于乐方式让孩子们学习交通安全知识，全力营造人人践行文明交通的良好风尚。

民生提档年

2020年，石狮市优质公共服务供给日益丰富。全年民生投入占财政支出70%以上，28个为民办实事项目顺利完成。教育事业稳步发展。吹响“逐梦——家门口的优质教育”号角，成立9个镇级教育基金会（促进会），募集捐款3.9亿元；46个教育类项目完成投资5.7亿元，世茂小学、宝盖五幼等16个项目投入使用，新增学位6450个，遴选90名校长到异地名校挂职学习，实施退休名教师返聘“银龄行动”，配齐配强学科教研员，选拔初中学科骨干教师，组建高中毕业班学科协作组，教育发展态势良好。义务教育质量监测成绩居泉州市前列。医疗服务不断提升。国家级紧密型医疗卫生共同体试点有序推进，市中医院、妇幼保健院新业务楼、凤里新社区卫生服务中心投入使用，福建中医药大学（石狮）医疗保障研究院落地运营，成立卫生公益事业发展基金，打造“一镇一品”特色诊疗服务，在全省首创“心电服务村村通”，推进“百医进千家”家庭医生签约服务，基本实现全市“8分钟医疗卫生服务圈”全覆盖；试点推行长期护理保险制度，全面跟进药品、耗材集中采购使用改革，为群众减轻医药负担近4000万元。文体事业繁荣发展。加强文化和自然遗产保护，新增省级文保单位2处，卢厝“刣狮”入选国家“非遗”项目名录；成功举办“相约云端”第十四届闽台对渡文化节，建成全省首个智慧体育公园，新增村（社区）综合文化服务中心5个，《狮来运转》城市IP动漫正式上映。社会保障持续完善。发放稳就业、失业保险等补助救助资金1.23亿元，完成职业技能培训7262人次；新建居家养老服务照料中心3个、农村幸福院2个，新增医养结合床位290张；全面做好民生兜底各项工作，出台残疾人托养服务补助政策，低保标准提高至户月人均825元，有效帮助边缘地带困难家庭稳定脱困。积极为驻石狮部队排忧解难，拥军优属、国防动员等任务全面落实。

作风建设年

2020年，石狮市坚持把学习贯彻习近平新时代中国特色社会主义思想作为重中之重，迅速掀起学习宣传贯彻中共十九届五中全会精神热潮，激励党员干部时刻鼓足“精气神”，始终保持“在状态”。巩固“不忘初心、牢记使命”主题教育成果，推进“两学一做”学习教育常态化制度化。开展“我是党员我担当”主题党日活动，选派448名干部投身疫情防控和复工复产，提拔重用26名、表彰36名在“战疫”一线表现突出的党员干部。实施党建引领乡村振兴六大工程，构建村干部全过程培养“六有”体系。完善党建引领城市治理“三级响应”机制，培育“咱厝边”小区党建集群。落实意识形态工作责任制，组建石狮市融媒体中心，建成新时代文明实践中心，巩固壮大主流思想声音。推行干部政治素质考察“四评一议”工作法，实施创新人才“5R”计划。全面落实管党治党主体责任，深入开展“五个年”专项巡察，严肃查处侵害群众利益的不正之风和腐败问题24起26人、违反中央八项规定精神问题21件25人，立案查办违纪违法案件104件。

强化法治政府建设，纵深推进“放管服”改革，修订公布市、镇（街道）权责清单，在泉州市率先推行商品房“交房即交证”，不动产抵押登记压缩到2个工作日以内，实现开办企业“零费用”“当天办”。完成18个部门网格应用系统整合，汇聚政务数据4.5亿条，实现98.4%的事项“网上办”。主动接受人大法律监督、工作监督，政协民主监督，监察监督，认真办理人大代表建议111件、政协提案183件，顺利完成“七五”普法任务。深入贯彻中央八项规定及实施细则精神，严格履行意识形态工作责任制，认真落实各级巡视巡察反馈和审计发现问题整改，切实加强廉洁政府建设。

大事记

1月

6日 荣誉国际集团举行20周年“荣耀回归·感恩盛典”暨石狮荣誉国际酒店项目启动仪式，并向石狮市教育基金会捐赠200万元，向福建省公安民警英烈基金会捐赠100万元，向泉州市委统战部“同心安居工程”捐赠40万元，向石狮市慈善总会捐赠20万元。

7日 石狮市第四实验小学容卿校董会第十五届董事就职庆典举行，蔡华谈当选第十五届校董会董事长。

10日 石狮市举行2020年文化卫生科技“三下乡”启动仪式暨新春集中服务活动。市直24个部门100多名文艺、医疗、科普、法律、农技、广电工作者到宝盖镇塘边村开展文艺演出、科普咨询、专家义诊、普法宣传、安全宣传、灯谜展猜、写赠春联、赠送报刊书籍用品和经费等集中为民服务活动。

13日 石狮法院执行局局长洪彦伟被授予“全国法院先进个人”称号。

14日 石狮市疾病预防控制中心一楼的石狮市红十字博爱驿站启用。

16日 灵秀镇第五次归侨侨眷代表大会召开，会议选举产生灵秀镇侨联新一届领导班子，蔡清波当选为灵秀镇侨联主席。

18日 石狮市祥芝镇举行“垃圾不落海”活动启动仪式，表彰率先开展垃圾上岸的闽狮渔06053号、闽狮渔07186号两艘渔船，同时，祥芝镇的10艘渔船授旗成为“闽狮渔承诺·垃圾不落海”试点船，使祥芝镇垃圾上岸行动从海岸线延伸至深海处。

21日 最高人民法院发布《关于对全国法院新闻舆论工作先进集体先进个人予以表扬的通报》，石狮法院政治部获评“全国法院新闻舆论工作先进集体”。

22日 石狮市汇立通国际贸易有限公司跨境电商货物电动平衡车首次以市场采购贸易方式出口。该产品在泉州石湖港组货，接受石狮海关监管施封，路运到厦门海仓海关堡。办理二次转关，成功搭上厦门中欧国际班列，从新疆阿拉山口出境，运抵德国杜伊斯。

26日 石狮市总医院抽调蔡华冬、陈燕瑜、傅雅莉、蔡小凤、许晓萍5人作为首批后备支援湖北应对新型冠状病毒感染的肺炎的人选。

同日 世界石狮同乡联谊会会长林嘉南以世石联名义向石狮市总医院捐赠一部带负压（并附隔离舱）救护车。

同日 石狮市委统战部以世界石狮同乡联谊会名义发出《关于支持家乡防控疫情 捐赠医用防护物资》倡议书，倡议海内外石狮籍乡亲捐赠款物，特别是医用耗材、防护用品等。海外石狮籍乡亲、港澳同胞积极捐款、捐资，支援石狮防控疫情工作，截至27日下午，认捐的款项全部到位。

27日 石狮市道路客运车辆（含班车客运、包车客运、旅游客运）全部暂停营运，严控新型冠状病毒感染的肺炎通过道路客运传播。

28日 石狮市疾控中心新型冠状病毒核酸检测实验室启用，是泉州市首批启用的县（市、区）级新型冠状病毒核酸检测实验室之一。该实验室可独立完成疑似病例、密切接触者标本的检测。

30日 磊鑫集团董事长卢荣兴、总裁卢荣智向石狮市总医院捐赠价值100万元的两辆救护车。

同日 菲律宾石狮市同乡总会捐赠的首批价值102.52万元的爱心物资运抵石狮。

同日 福建石狮产业投资发展集团有限责任公司（简称“产投集团”）与石狮市私营企业协会（简称“私协”）签订“中国石狮国际食品城”合作协议。根据协议，私协将协助产投集团引进一批符合法律法规、政策及食品城产业规划范围的企业入驻。

2月

2日　石狮市设立首个集中居家观察点，成立“锦尚健康家园”临时党支部。

4日　石狮市总医院的5名医护人员启程支援湖北省应对新型冠状病毒感染的肺炎的第一线。

20日　石狮市举行“战疫情、保发展、金融支持在行动”政银企签约仪式，石狮市人民政府与兴业银行泉州分行签署战略合作框架协议，兴业银行将提供10亿元综合金融服务方案，为符合要求的石狮企业提供“信贷合作绿色通道”，执行优惠贷款利率，支持企业复工复产。

22日　石狮市人力资源服务产业园举行滇石劳务协作签约仪式。石狮市政府分别与云南省曲靖市、楚雄州、大理州人力资源和社会保障局签订劳务协作合作协议，与云南省曲靖市罗平县、师宗县人力资源和社会保障局签订共建劳务协作工作站三方协议。

同日　在福建省首个网红直播基地——青创直播基地，“石狮品牌服装网上直播专卖节暨网红选品节”启动。石狮市委副书记、市政府市长黄春辉“变身”网红主播，先后走进金苑、爱登堡、大帝、圣吉奥、赛琪、佐米熊等多个石狮本土品牌直播间，与网红“中马混血李言”“HI林达浪”及石狮本土网红“米拉”等一起为石狮品牌服装代言、带货。

28日　石狮青创城网红直播基地成为全省首个5G电商直播基地。

3月

1日　石狮市开展“千医连万企”活动，组建以基层医疗卫生单位为主的千人医务团队，指导复工复产企业做好防控工作，确保每家复工复产企业至少有1名医务人员挂钩联系。活动开展第一天，医务团队与全市9个镇（街道）330家企业建立挂钩联系。

同日　中共东西湖方舱医院临时委员会、武汉东西湖方舱医院对一批队员进行表彰，石狮市总医院泌尿外科主管护师蔡婉妮等10名福建队队员获“先进标兵”称号。

4日　作为“石狮市品牌服装网上直播专卖节”系列活动之一，由石狮市商务局主办，福建石狮国际商贸城有限公司、石狮青创直播基地承办的“石狮第一期网红主播培训班石狮服装城专场”在石狮国际轻纺城会议室举行，100多名“准网红”参加培训。

6日　石狮市第二例新冠肺炎确诊患者张女士从泉州市定点救治医院治愈出院。至此，石狮2名确诊患者全部治愈出院（首例于2月4日从石狮市总医院治愈出院），确诊病例、疑似病例实现清零。

15日　石狮市人民政府公布第三批市级文物保护单位。玉湖王起沃宅、曾坑四端堂、古浮蔡松柏宅、院东吴景重宅、玉浦寿昌宫碑刻、龟湖蔡氏祖祠、永宁天后宫石刻、灵秀山《铺路目录记》碑刻8处入选。

18日　石狮市第七届人大常委会召开第二十八次会议。会议研究确定3件代表建议为2020年代表建议重点督办件。这3件代表建议重点督办件分别为《关于加强中心市区停车设施建设管理的建议》《关于加强石狮市交通秩序综合整治的建议》《关于把观音山景区打造成石狮滨海旅游引爆点的建议》。

20日　中国石狮国际食品城举行招商启动暨首批进驻商家签约仪式。伍氏（中国）有限公司等来自北京、福建、广东、浙江等地的50家龙头食品企业与石狮产业投资集团签约，正式入驻中国石狮国际食品城。

同日　中国服装协会授予石狮市“中国校服产业创新基地”称号。

27日　2019—2020年泉州市蔬菜（西兰花）新品种示范项目验收测产在石狮市种子科技试验场举行。受泉州市种子管理站委托，石狮市种业发展中心组织有关专家对引进的两个示范品种——日本的“炎秀”和瑞士的“博爱”进行现场验收。

4月

1日　石狮市支援湖北武汉5名医疗队员平安返回石狮。

3日　国家税务总局石狮市税务局紧扣“减税费优服务·助复产促发展”的主题，通过线上直播的方式举行石狮市第29个全国税收宣传月暨“政税银企”云平台启动仪式。

4日　石狮市人民政府驰援菲律宾石狮市同乡总会的首批物资抵达菲律宾石狮市同乡总会会所，首批驰援菲律宾侨亲物资包括口罩52万个，其中，石狮市政府集中采购24.5万个，石狮市工商联12.5万个（由美佳爽公司负责出资），祥芝镇政府、侨联8万个，永宁镇政府、侨联7万个。此外，首批物资包括石狮市政府采购的1000件防护服、500副医用眼罩以及万应茶、连花清瘟胶囊等中西药135箱。

7日　石狮市防疫物资出口供需对接会在石狮国际贸易服务中心举行，20家本土防疫物资生产企业、200余家有防疫物资采购需求的外贸企业及数十名外国客商参加。

同日　2020年省重点改善提升“十镇百村”名单公布，石狮市灵秀镇华山村榜上有名。

9日　厦门外国语学校石狮分校校长肖骁在中国教育电视台四频道（CETV4）“空中课堂”《同上一堂课》大型栏目面向全国学生在线直播授课，以帮助高三学子们提高复习备考效率。

10—12日　福建省科协、教育厅、科技厅、生态环境厅、关工委共同主办的第35届福建省青少年科技创新大赛举行。大赛围绕“创新·体验·成长”的主题，共吸引全省9个设区市的青少年和科技辅导员踊跃参赛。石狮市在青少年科技创新项目上，获4金4银4铜，取得历届参赛以来的最佳成绩。

15日 石狮市人力资源大厦举行石狮市人才积分奖励暨新市民“积分入住”凭证颁发仪式。

18日 2020中国（石狮）网上直播交易会开幕式在石狮服装城展览艺术中心举行。

同日 石狮青创抖音网红时装节在石狮青创城国际网批中心开幕。

同日 东南亚采购集散中心招商推介会暨泉州地区特色产业海外采购对接会举行，作为2020中国（石狮）网上直播交易会分会场的一项活动，采取线上直播带货、线下采购对接。

同日 2020中国（石狮）网交会暨“狮来运转·乐游石狮”石狮旅游在线推介会在华山古民居举行。

同日 石狮日报社融媒电子商务有限公司、速卖通大学泉州机构、阳光职校、百德集团等合作运营的“百德跨境电商生态园”在2020中国（石狮）网上直播交易会开幕式上举行启动仪式，标志着新一代电商园——百德跨境电商生态园正式启动运营。

同日 石狮世茂摩天城直播购物节暨云上秀场启动仪式举行。

同日 2020年中国（石狮）网上直播交易会狮城儿童服饰购物嘉年华活动启动。石狮市儿童产业联合会与福建趣拍网络科技公司、福建狮城众创供应链公司举行合作签约仪式。

同日 石狮世茂摩天城直播购物节暨云上秀场启动仪式举行。

同日 2020年石狮国际食品城直播招商推介会在中国石狮国际食品城举行。

21日 2020年中国（石狮）网上直播交易会颁奖仪式在石狮服装城展览艺术中心一楼开展。

同日 人民日报社举办“2020中国特色小城镇品牌传播百强榜发布会”，国家城市品牌评价项目组、中国城市报社根据国家标准《品牌评价城市》及《特色小城镇分类评价指南》，参照国家统计局和微热点大数据研究院数据，对全国403个特色小城镇2019年12月30日至2020年4月16日数据进行标准化分析，发布前100名小城镇名单。石狮蚶江镇位居2020中国特色小城镇品牌传播百强榜第18名。

22日 石狮市电子商务协会商务纠纷人民调解委员会揭牌成立。

23日 石狮青创城举办以“带货·带火·带活，网红石狮成长季”为主题的“泉州线上产业直播节”石狮分会场活动现场，石狮市委副书记、市长黄春辉带领石狮本地十家服装品牌，走进拼多多直播间，为石狮城市“代言”，为石狮服装“带货”。

24日 福建省2019年度“两红两优”表彰个人（集体）揭晓，石狮市两集体一个人获表彰。石狮市人民检察院团支部获评五四红旗团支部。厦门外国语学校石狮分校团委获评五四红旗团委。永宁镇文体服务中心职员陈宗钰获评省优秀共青团员。

26日 石狮市恒祥漂染实业有限公司厂长、高级工程师宋国方和国网石狮市供电公司永宁镇供电所副所长、助理工程师洪心愿被命名第四批“泉州工匠”。

28日 经泉州海关驻石狮办事处关员快速验放，首批22万个、按新规验放的一次性非医用口罩出口新加坡。这是4月25日商务部、海关总署、国家市场监督管理总局联合发布2020年12号公告后，厦门关区按新规验放的首批市场采购贸易方式出口防疫物资。

同日 共青团中央关于表彰“全国优秀共青团员”“全国优秀共青团干部”“全国五四红旗团委（团支部）”的决定，其中石狮市宝盖镇党委宣传干事、塘头村下村干部（大学生村官）柯秀婷（女）获“全国优秀共青团员”称号。

30日 农业农村部信息中心联合中国国际电子商务中心研究院在北京举办《2020全国县域数字农业农村电子商务发展报告》线上发布会。报告“2019年县域网络零售TOP100排名”中，石狮以网络零售额占比2.41%排名全国第四。

5月

6日 石狮市全域e网血糖管理中心云启动仪式在湖滨社区卫生服务中心举行，服务中心设立糖尿病前期门诊。

7日 石狮汇立通供应链管理有限公司与中鲸供应链科技有限公司（华南区域）签署框架合作协议，双方将会在国际供应链、国际物流、跨境电商等多个领域进行深化合作。石狮汇立通董事长胡惠明、总经理姜敏、中鲸供应链科技有限公司华南区域总监万小伟共同签署框架合作协议。

同日 经中国华侨历史博物馆确认，石狮侨界有25件抗击新冠肺炎疫情实物资料入藏中国华侨历史博物馆。

8日 全国妇联、教育部联合命名中国儿童中心等297家单位（机构）为首批“全国家庭教育创新实践基地”，基地有效期为5年（2020—2024年），其中福建共有9家入选，石狮市宝盖镇妇联“咱厝边”家庭服务中心榜上有名。

11日 石狮市2020年首期渔业职务船员培训班在泉州海洋职业学院开班。

14日 石狮市第七届人大常委会召开第二十九次会议。会议经审议、表决，任命黄建辉为石狮市人民政府副市长。

同日 石狮市19个抗疫家庭获评福建省抗疫最美家庭。

15日 福建全省开展三级妇联主席维权在线服务活动，在石狮市妇女援助中心，市妇联主席、维权工作人员、律师、心理咨询师、社工等现场接听“12338”热线，接待来访群众。

16日　省政府办公厅印发《福建省赋予经济发达镇部分县级经济社会管理权限的指导目录（一）》，明确向39个镇下放77项县级经济社会管理权限。其中包括石狮市3个镇，分别是灵秀镇、宝盖镇、蚶江镇。

18日　2020天猫男装石狮产业带直播峰会开启，活动为期3天。

同日　石狮邮政管理局揭牌仪式在市交通港口局举行。

同日　泉州市人民政府公布第六批市级非物质文化遗产代表性项目名录，石狮婚俗——喜娘入选。

同日　石狮市祥芝中心渔港提升改造项目开工仪式举行。

23日　石狮市第九实验小学及幼儿园举行奠基仪式。

25日　位于石狮海域内的泉州湾跨海大桥77号主塔首个钢锚梁顺利安装完成，为后续钢梁架设及斜拉索张拉提供有力保障。

27日　石狮市灵秀镇港塘小学五年级3班苟晓敏获评第二届泉州市“新时代好少年”。

同日　石狮市公安局举行“电信网络犯罪侦查大队”揭牌仪式。

同日　蚶江镇妇联、蚶江镇计生协会、蚶江镇总工会、蚶江镇妇联咱厝边家庭服务中心、蚶江镇新时代文明实践所、蚶江镇卫生院、人寿保险股份有限公司石狮市支公司、石狮市近邻社会工作服务中心在蚶江公园举行“关爱母亲·情暖狮城”母亲健康“1+1”公益募捐活动。

同日　石狮市人民政府公布灵秀镇华山村华西三区70号蔡衍湖宅、华北二区30号蔡衍和宅、华西一区47号民居、华西一区48号蔡文鼎宅、华西二区34号民居、华西一区29号衍祝楼6处建筑为石狮市第二批历史建筑。

28日　“阳光书吧”揭牌仪式先后在石狮市第五实验小学第二校区、厦门外国语学校石狮分校附属小学举行。仪式上，“阳光太太”志愿者协会分别为两所学校捐赠图书，由“阳光太太”志愿者协会捐建的“阳光书吧”增至20所。

29日　泉州市第三批中国少数民族特色村寨授牌仪式暨特色村寨建设互观互学活动在石狮市蚶江镇石渔回族村举行。

同日　由石狮市文化馆主办、闽南什音协会承办的“2020年石狮市‘非遗’（闽南什音）进社区活动”在杨孙西文化馆开展。

30日　石狮市宝盖镇教育发展促进会成立大会暨石狮市第三中学校董会换届、石狮市教师进修学校附属小学校董会成立、石狮市第五实验小学第二校区校董会成立大会举行。

同日　石狮市认定海峡两岸科技孵化基地等10个单位为“市新时代文明科技与科普服务平台实践点”。10个实践点具体分别为石狮市科普馆、海峡两岸科技孵化基地、闽南理工学院、泉州海洋职业学院、中纺学石狮市服装及配饰产业研究院特色科普馆、永前生态环境星创天地、玉湖豆腐文化商贸园、中茂生态农庄、弘洋渔文化馆、黄金海岸海洋世界。

6月

1日　石狮市妇幼保健院新生儿科新病区投入使用，这是石狮新生儿科发展的一个里程碑。

2日　祥芝镇举行“笃学重教·助力祥芝”石狮市祥芝镇教育基金会成立仪式，周荣泰任石狮市祥芝镇教育基金会首届理事长。

3日　石狮市灵秀教育促进会成立暨灵秀商会第五届理监事就职典礼举行。王仁奖任灵秀教育促进会和灵秀商会会长。

4日　石狮市矛盾纠纷多元化解中心成立。

同日　“美丽中国·我是行动者”石狮市2020年纪念“6·5”世界环境日暨“船舶垃圾不落海”经验推介与全民行动启动仪式在祥芝国家中心渔港举行。

5日　《福建日报·新福建客户端》与清博指数联合发布“福建微信影响力指数县域榜”，微信公众号“石狮日报”上榜并进入十强，位列第七。

7日　石狮市锦尚教育促进会成立大会暨石狮二中琼山小学教育基金大楼落成典礼举行，锦尚乡贤邱奕田任石狮市锦尚教育促进会会长。

同日　由公安部金盾影视文化中心、公安部华盛音像出版社、深圳豆角映像影视文化传媒有限公司、北京糖葫芦影业有限公司和北京梓阳文化传媒有限公司出品，钟少雄监制，谢毅航执导，梁竞徽、王飞斐、崔航、黄竣锋、谈莉娜主演，汤镇业特别出演的枪战动作电影《夺命血珀》在石狮花海谷公园开机。

8日　阿里巴巴“1688”全球产地嗨播计划暨石狮“1688”电商直播节启动仪式在石狮市服装城展览艺术中心三楼多功能厅举行。活动现场开展“1688”直播基地授牌仪式，授予石狮市国际商贸城、石狮市青创城国际网批中心为“1688商+直播石狮直播中心”。

12日　石狮市凤里街道教育发展促进会成立大会暨第一届理监事就职典礼举行，许荣芳担任石狮市凤里街道教育发展促进会创会会长。

同日　鸿山镇教育发展促进会成立大会暨第一届理监事就职典礼举行，李锦仪任鸿山镇教育发展促进会创会会长。

同日　石狮市第五实验小学第二校区更名为石狮市第七实验小学。

同日　中国医药保健品进出口商会更新《取得国外标准认证或注册的非医用口罩生产企业清单》，福建省大宏实业开发有限公司榜上有名，成为石狮市第一家获德国EUA认证的非医用口罩生产企业、石狮高新区第二家入选商务部出口“白名单”的企业。

同日　石狮新增一个省级学术类社会组织——福建省万籁声自然门武学研究院。该院颁证授牌仪式在福州举行。

13日　石狮市2020年“文化和自然遗产日”“非遗”宣传展示活动在市文化馆群众广场启动。

16日　第十七届（2020）中国慈善榜在北京揭晓。石狮市公安局永宁派出所教导员蔡海炳被授予2020中国慈善榜“年度慈善榜样最美志愿者”称号。

同日　石狮教育大会举行。

19日　由石狮市双拥办、石狮市日丰电器贸易有限公司联合发起的“拥军优属”家电补贴行动启动。

21日　石狮市蚶江教育基金成立大会在蚶江镇政府礼堂举行。旅泰乡贤林嘉南任创会会长、林育群任理事长、许自辉任秘书长、纪世贤任监事长。

同日　石狮市琼林教育促进会首届理、监事会就职典礼暨“三跃篮球俱乐部”冠名签约仪式在石狮绿岛国际酒店举行，“福建省小篮球示范基地”“青少年篮球人才培养基地”授牌仪式同期举行。乡贤洪世照任首届理事会会长。

22日　全国政协委员、民建中央常委、民建福建省委主委、福建中华职教社主任吴志明率调研组一行到石狮，围绕“提升产业链现代化水平”课题进行调研，福建省人大常委会委员、民建福建省委副主委、民建泉州市委主委戴仲川，民建泉州市委专职副主委黄军红，以及石狮市委统战部、民建石狮市总支部相关负责人陪同调研。

23日　石狮市市直统战系统妇女第一次代表大会召开。大会选举产生市直统战系统第一届执委会和主席、副主席，标志着石狮市第一个市直系统妇联正式成立。

24日　石狮检察院公益诉讼快速检测实验室揭牌启用。这是全省第二家、泉州市首家公益诉讼快速检测实验室。

同日　福建省科学技术厅发布被列入国家重点研发计划“科技助力经济2020”重点专项并获立项名单，石狮市的福建飞通通讯科技股份有限公司北斗/AIS多功能船载设备的研制与产业化榜上有名。

同日　永春特色农产品直营中心（山海协作示范店）落户石狮。

同日　石狮市矛盾纠纷多元化解中心线上平台投入使用。

25日　第十四届闽台对渡文化节暨蚶江海上泼水节以线上形式举行，通过扫码进入闽台对渡文化节暨蚶江海上泼水节互动闯关游戏，完成“海上捉鸭、海上泼水、攻炮城、猜灯谜”游戏还可参与抽奖。

同日　石狮市餐饮烹饪行业协会承办的首届端午美食节（云展直播）在世茂摩天城开幕。

28日　石狮市永宁镇教育促进会成立大会暨永宁商会第七届理监事会就职典礼举行。旅菲侨领卢祖荫任永宁镇教育促进会会长；石狮正源水产科技开发有限公司总经理李晓鹏任新一届永宁商会会长。

同日　中国石狮国际食品城直播节开幕活动暨中铁国投传媒石狮分公司、东方海洋食品、元德养生商行、南北商行等企业开业庆典和乡拍短视频App上线仪式同步举行。

29日　福建省委农村工作领导小组办公室等六部门公布福建首批省级乡村治理试点示范单位名单，认定一批省级乡村治理体系建设试点县、省级乡村治理示范乡镇以及示范村。石狮市永宁镇被认定为省级乡村治理示范乡镇，灵秀镇钞坑村、宝盖镇坑东村、蚶江镇厝仔村、蚶江镇石渔村、永宁镇后杆柄村、永宁镇郭坑村、永宁镇新沙堤村、祥芝镇前山村、鸿山镇东埔三村、锦尚镇东店村等10个村被认定为省级乡村治理示范村。

7月

1日　石狮市委党校教研综合楼揭牌仪式举行。

同日　庆祝中国共产党建党99周年“战疫情、赞英雄、爱祖国”征文比赛表彰暨石狮市“百日阅读”启动仪式在蚶江中学举行。

2日　泉州市石狮生态环境局举行特约生态环境保护员聘任仪式。

同日　宝盖镇新时代文明实践所揭牌，该镇新时代文明实践志愿服务支队同时成立。镇党委给辖区20个村（社区）新时代文明实践志愿服务大队授旗。

3日　宝盖镇后宅村举行文化活动中心奠基仪式。

同日　祥芝镇祥运村芝山学堂举行2020暑期儿童关爱服务活动。

同日　由石狮市市场监督管理局置办的首辆市级食品安全快检车正式“上岗执勤”，首站驶进玉湖果蔬批发市场，对果蔬、鱼、肉类等进行快速检测。

同日　石狮市第五届“天使杯”护士职业技能竞赛活动在石狮市总医院开展。

5日　宁夏同心县考察团一行到石狮东南亚采购集散中心进行考察。

8日　“网红狮城·源头好货”第五季系列直播活动开幕式暨“石狮国际商贸城两城千店培育计划”启动仪式在石狮国际轻纺城举行，活动现场举行石狮国际轻纺城狮城众创直播生态圈签约仪式。

9日　交通港口局招商项目——水运企业新增船舶运力入籍集中签约仪式暨2020年石狮市货运物流行业座谈会，在石狮市国际贸易服务中心举行。

15日　凤里街道新时代文明实践所揭牌仪式举行。活动同时为凤里街道10个社区和7个新时代文明实践平台志愿服务队授旗。

17日　共青团石狮市委、石狮市委文明办等单位联合主办的石狮“文明创城·青年先行”主题系列活动启动仪式举行。

20日　第四届海峡两岸食品交易会/第七届闽台（泉州）食品交易会暨首届线上食交会（简称“食交会”）在

晋江国际会展中心揭开食尚大幕。石狮市以石狮伴手礼馆的形式首次集中“亮相”食交会。

23日　福建省公安厅打私处副处长陈庆辉带队到石狮市检查指导反走私综合治理工作，泉州市公安局打私处副处长郑全德，石狮市公安局副局长郑平仕、市打私办相关人员陪同检查。

26日　石狮团市委组织30余名大学生深入石狮祥芝美丽海岸、八七路等地开展“美丽中国·青春行动”净滩活动及交通文明劝导等系列文明创城志愿服务活动。

30日　石狮市启动创建“无诈骗社区（村）”活动，这标志着石狮市全面向电信网络诈骗犯罪“亮剑”。

8月

1日　石狮市2020年新市民、民办高校人才及新闻行业人才积分入学凭证发放仪式在石狮市人力资源大厦和各镇（街道）同步举行。318名符合条件的新市民、民办高校人才及新闻行业人才获积分入学凭证。

同日　石狮市健身健美协会主办，石狮市健身俱乐部、石狮泰禾广场承办的2020石狮首届千人单车公益表演活动在泰禾广场举行。

7日　兴业银行股份有限公司（石狮支行）与石狮汇立通国际贸易有限公司授信签约仪式在石狮市市场采购贸易服务中心举行。仪式上，兴业银行股份有限公司（石狮支行）授信石狮汇立通国际贸易有限公司1000万元市场采购贸易专款，助力福建石狮市场采购贸易方式试点发展。

8日　石狮市人民政府与福建中医药大学校地合作签约活动暨福建中医药大学（石狮）医疗保障研究院揭牌仪式在市公务大厦举行。

同日　2020年石狮市“8·8”全民健身日体育健身展示暨全民健身志愿服务活动在全石狮市峡谷旅游路体育公园举行。

11日　石狮市总医院住院服务中心启用。

14日　“文明创城·青年先行”文明新风宣传活动在石狮市步行街音乐喷泉公园足球场举行，100余名石狮市大学生志愿者参与活动。

18日　“石狮好货8·18直播节”启动仪式在石狮国际轻纺城举行。

同日　福建省人民医院与石狮市妇幼保健院妇科专科联盟协作单位签约暨揭牌仪式举行。

同日　中国纺织工程学会标准化技术委员会校园服饰标准技术工作组秘书处揭牌仪式在石狮国际轻纺城举行。

同日　石狮市与霞浦县新阶联举行共建联盟单位签约授牌仪式。

21日　石狮市举办食品企业落实食品安全主体责任年暨“全闽乐购嘉年华”石狮休闲食品直播节活动。

同日　中国（石狮）校园服饰专业市场获“2020年度中国校服创新设计推动大奖”。

24日　福建省总工会下发关于表彰2020年福建省“五一”劳动奖和福建省工人（“五一”）先锋号的决定。石狮市总医院重症医学科、临床营养科主任郭焕钢，泉州太平洋集装箱码头有限公司机械组长林磊鑫，石狮市凤里街道东村社区居民委员会工作人员王荣雄被授予福建省“五一”劳动奖章；中纺协检验（泉州）技术服务有限公司纤维成分组和石狮市三益织造染整有限公司研发部被授予福建省工人先锋号。

25日　石狮市第七届人大常委会召开第三十次会议。经会议审议、表决，任命陈波为市政府副市长，并举行宪法宣誓仪式。

同日　石狮市第七届人民代表大会常务委员会第三十次审议决定陈波任石狮市人民政府副市长。

26—31日　共青团石狮市委、共青团政和县委、建设银行石狮分行、建设银行南平分行联合开展2020年度“山海协作”电商扶贫活动，以持续推动山海协作，实现精准扶贫。

27日　石狮市委统战部、石狮市新的社会阶层人士联谊会开展“石狮市新的社会阶层人士实践创新基地”“同心服务站”“同心图书室”揭牌活动。

同日　石狮市阳光太太志愿者协会被福建省总工会评为“最美爱心单位”。

28日　石狮市人民政府与泉州海警局举行执法协作配合协议签订仪式，这是福建海警首次与驻地人民政府进行多部门、跨领域、全方位执法协作，开启新时代“海上枫桥”新模式。

同日　第十六届海峡旅游博览会和2020年第六届中国（厦门）国际休闲旅游博览会在厦门国际会展中心启幕。石狮市共组织7家文旅企业参加。

29日　全国旅行商石狮踩线推介会在荣誉国际酒店举行，石狮市政府副市长黄延艺，市文体旅游局、各镇（街道）、城投集团、产投集团文旅公司相关负责人，以及近百名来自全国各大旅行社、旅游集散服务中心、线上旅游平台等旅行相关行业服务商参加活动。

30日　福建省比干文化促进会、石狮市比干文化基金会（筹）举行奖励优秀高考生颁奖典礼。

31日　普洛斯（石狮）物流园开园典礼暨招商推介会在灵秀镇彭田村举行。

9月

1日　全国高级法院院长座谈会在北京主会场召开。通过视频连线的方式，石狮市人民法院院长林明容在会上介绍该院创新“三联三全”多元解纷模式，深入推进诉源治理工作情况。据悉，石狮法院是福建省唯一一家在会上作典型发言的基层法院。

2日　福建卡车集市科技发展有限

公司取得网络平台道路运输经营许可证，这是石狮颁出的第一本网络平台货运经营许可证，意味着“卡车集市网络货运平台”这一新经济项目正式启航。

4日　石狮市公安局与泉州海警局石狮工作站举行执法协作配合协议签订仪式。

5日　商务部和北京市人民政府共同主办的2020年中国电子商务大会在北京国家会议中心开幕。石狮市青创城国际网批中心被颁授“国家电子商务示范基地”牌匾。

7日　第13届海峡两岸（泉州）农产品采购订货会（简称“农订会”）上，中国石狮国际食品城组织石狮市新世界食品商贸有限公司、石狮市诚泰食品有限责任公司等在内的近50家入驻企业参展，首次以“中国石狮国际食品城馆”的形式集体亮相。

同日　“普安县东西部扶贫协作‘二元制’泉州海洋职业学院工作站”揭牌。

同日　电影《石狮是我家》2020年教师节公益放映活动在长福小学多功能教室举行。

8日　石狮市总医院举行卒中中心启动仪式。

9—10日　由农业农村部、人力资源和社会保障部、中华全国总工会共同主办的2020年全国行业职业技能竞赛——第三届全国农业行业职业技能大赛（动物检疫检验员）决赛在山东省临沂市举行。代表福建省参赛的石狮市动植物疫病预防控制中心官方兽医刘伟获全国三等奖。

10日　在厦门国际会展中心举行的第六届新兴产业投融资大会暨中国直播电商大会上，石狮市被大会授予“中国直播电商发展示范城市”称号。

14日　宝盖镇第三中心幼儿园玉浦分园开园，首批3个班70名学生。

同日　阿里研究院发布淘宝村百强县名单。石狮获“淘宝村百强县”称号，排名第56位。

15日　福建泉州海警局石狮工作站与石狮市人民政府启动无人机移交和首飞巡航仪式。

同日　位于石狮海域境内160.254米高的福厦高铁泉州湾跨海大桥南岸主塔成功封顶，标志着大桥整体迈入上构施工快车道。

16日　全国侨联原副主席、福建省侨联原主席、泉州市老年大学常务副校长王亚君等一行3人到石狮调研老年教育工作开展情况。

17日　石狮市人民法院、石狮市文化体育和旅游局开展文化遗产司法保护共建活动在石湖码头申遗点管理站举行，并进行“石狮市文化遗产保护法官工作室”揭牌。

18日　蚶江镇卫生院莲中分院开业。

19日　“全闽乐购·网红石狮”首届石狮市购房节暨第八届婚庆文化博览会正式开幕。

同日　由福建省对外文化交流协会、福建省美术家协会、泉州市文联、中共石狮市委宣传部主办的“助力第44届世界遗产大会·促进海峡两岸文化交流——东南墨韵画展”巡回展（石狮站），以及由福建省民间文艺家协会、中共石狮市委宣传部主办的“张红苹木雕艺术展”，同期在石狮市文联大厦开展。

同日　石狮市“阳光太太”志愿者协会作为泉州市唯一代表出席“崇德向善·榜样力量——福建省道德模范、身边好人故事汇”展演活动，分享“阳光太太”志愿服务历程和暖心故事。

19—20日　在第九届全国大学生机械创新设计大赛慧鱼组竞赛暨慧鱼工程技术创新大赛（2020）上，石狮市闽南理工学院的参赛作品《特殊轮椅》获全国三等奖以及获第九届全国大学生机械创新设计大赛福建赛区二等奖。

20日　2020年石狮市“童协杯”青少年科技创新大赛闭幕式在石狮市第四实验小学举行。

22日　石狮市2020年“中国农民丰收节”在中茂生态农庄举行。活动以“庆丰收、迎小康”为主题，全面展示石狮农业新成果、农村新风貌、农民新形象。

23日　石狮市宝盖镇苏厝村文化活动中心工程奠基仪式举行。

同日　2020年“中国国际纺织面料及辅料（秋冬）博览会”在国家会展中心（上海）启幕，石狮面料辅料企业展团挥师上海。

26日　区域卒中中心建设（福建）培训会在福州召开。泉州8家医院获福建省防治卒中中心授牌，石狮市总医院卒中中心为其中之一。

10月

1日　石狮市凤里社区卫生服务中心新中心揭牌仪式举行。

同日　福建石狮文化旅游发展集团有限责任公司在星光大厦一楼揭牌成立。

同日　石狮市鹏山教育促进会成立暨理监事会就职典礼在万佳国际酒店举行。蔡奕农出任石狮市鹏山教育促进会会长。

同日　香港特区政府10月1日公布2020年授勋名单，石狮籍旅港乡贤、全国政协常委、中国侨商联合会会长、世茂集团董事局主席许荣茂获颁香港特区授勋及嘉奖制度最高荣誉大紫荆勋章。

3日　由石狮市文化体育和旅游局、永宁镇政府和市文化旅游发展有限公司联合主办的“爱漫客”第三届动漫文化节暨石狮市IP城市启动仪式在石狮中骏黄金海岸广场举行。

同日　石狮市文化体育和旅游局、石狮市文化旅游发展有限公司共同组织的“中国风汉服秀”活动，在石狮市峡谷旅游路游客集散中心西侧开展。

同日　2020年全国蹦床锦标赛女子蹦床个人单项决赛中，石狮市运动员林倩麒以 56.525 分的成绩夺得女子蹦床个人单项决赛金牌。

6 日 石狮籍旅港乡贤董清世收到香港特别行政区正式委任的“太平绅士”勋衔。

10 日 石狮市鸿山镇东埔三村党支部书记兼村主任、敬老院院长邱金伍获 2020 年全国“敬老爱老助老模范人物”。

13 日 永宁镇郭坑村获评省级三星级乡村旅游村，祥芝镇古浮村获评省级乡村旅游村。

15 日 湖滨综合市场投入使用。

同日 石狮市鸿山镇 2020 年全民健康造福工程启动仪式举行。

同日 中国纺织工程学会在江苏省无锡市举办第二十六次全国会员代表大会暨学会成立 90 周年纪念活动。石狮市人民政府获“中国纺织工程学会突出贡献奖”。

16 日 国家甘薯产业技术研发中心和中国作物学会甘薯专业委员会组织的第十届“中国 1593 杯”全国甘薯优质高效竞赛现场验收在石狮举行。对参赛的石狮市甘薯当家品种“广薯 87”进行现场验收。

同日 石狮市离退休干部协会、石狮市老科技工作者协会、石狮市委老干部局网宣队联合汇编的《举世战疫》首发本出版。

18 日 2020 年网商之夜——首届中国电商品牌联合发布会在石狮服装城展览艺术中心开展，喜登吉普、泰王、都市王牌、比尔齐户外、迈特优、8090 牧亦扬、古由卡、vuug、凯鑫凯烨、语克等品牌服饰联袂展现石狮网商新风尚，为石狮打造自主品牌、引领区域网商产业、发展闽派特色产品树立鲜明旗帜。

19 日 快手电商好物联盟（福建）高峰会在石狮服装城艺术展览中心举行。快手电商向八号人供应链直播基地授牌“快手好物联盟金牌基地”，这意味着快手好物（福建）直播基地正式落户石狮。

20 日 石狮市获“全国双拥模范城”称号。石狮市连续 6 次获此称号。

21 日 “2020 年中国社会保障百佳县市”榜单出炉，石狮市位列 92 名。

22 日 石狮法院司法警察培训教育基地在闽南理工学院揭牌成立。

同日 国家医管中心药械评价处处长赵婧率领国务院联防联控机制医疗救治组莅石，对石狮市总医院应对秋冬季新冠肺炎疫情防控工作进行现场调研。

27 日 石狮市第三代智能化残疾人证首发仪式在石狮市残疾人服务中心举行。并发出第一张第三代残疾人证，这意味着残疾人证告别纸质，开始使用卡式、智能化的第三代残疾人证。

28 日 石狮市委组织部、石狮电视台选送的《急诊医生郭焕钢：战“疫”一线勇士》视频在 2020 年（第六届）全国人才工作新闻摄影暨短视频比赛获三等奖。

29 日 中国副食流通协会、中国食品土畜进出口商会、福建省贸促会、泉州市人民政府主办，泉州市贸促会、石狮市人民政府承办的中国食品行业国际竞争力高峰论坛暨市场采购贸易助力预包装食品出口推介会在石狮荣誉国际酒店举行。福建省贸促会、中国副食流通协会、中国食品土畜进出口商会、出口产品内外销“同线同标同质”促进联盟、泉州市及各县（市、区）政府相关领导、石狮市政府副市长邱永丰等出席。

30 日 第六届中国（泉州）海上丝绸之路国际品牌博览会开馆仪式在中国石狮国际食品城举行。

同日 2020 年中国（石狮）进出口食品订购会系列活动之出口食品（预包装）专场商贸对接会在中国石狮国际食品城举行，20 多家出口食品（预包装）参展商和采购商代表参加推介和自由对接。

31 日 作为第六届“海丝”品博会配套活动，由石狮市商务局、石狮市贸促会主办，石狮文化旅游发展有限公司承办，新狮路（福建）投资有限公司协办的“中国（石狮）食品电商大会”在中国石狮国际食品城一楼活动区召开，来自行业协会、网商企业、食品企业代表等齐聚大会现场，共同分享和探讨石狮食品电商的新模式和新未来。石狮市副市长邱永丰出席大会。

同日 2020 年中国（石狮）进出口食品订购会展评活动在中国石狮国际食品城举行，向“最受欢迎进口酒供应商”“最佳网红人气奖”等奖项的 67 个单位和个人颁发奖牌。

同日 作为第六届“海丝”品博会配套活动之一，由石狮市商务局、石狮市贸促会指导，百德跨境电商生态园、易票联支付有限公司、石狮荟源展览有限公司承办的跨境电商专场商贸对接会在石狮国际食品城活动区举行，聚焦食品行业开展商贸对接洽谈，助力食品产业香飘“一带一路”。

同日 泉州幼儿师范高等专科学校与神州学前教育集团神州实验幼儿园合作办园签约授牌仪式举行。

11月

5 日 永宁镇新时代文明实践所正式竣工揭牌。

7 日 泉州市农业农村局主办、石狮市农业农村局承办的“泉州乡村好货展——石狮站”展销活动开幕仪式在中国石狮国际食品城举行。

同日 2020 年（第 17 届）全国百强县市汽车巡展石狮站活动在石狮市体育中心广场开幕。

11 日 宝盖山风景区游客中心正式启用。

12 日 全国总工会法律工作部部长江南、福建省总工会权益保障部部长聂裔光一行到石狮，在泉州市总工会党组书记、常务副主席王茂泉的陪同下，前往宝盖镇职工法律维权一体化基地，就石狮市工会法律服务工作开展情况进行调研。

13日 中国信息通信研究院主办的中国县域工业经济发展论坛上发布《中国县域工业竞争力地图》，石狮市位居2020年“中国工业百强县”，第39位。

15日 石狮服装城在2020年中国·濮院时尚周获中国纺织服装流通大奖——外贸融合特别创新奖。

16日 由梦想国际影业、北京嘉实幕为影业出品，北京嘉实幕为影业制作，导演徐仕兴、监制余伟国、徐登科担任总制片人，曾志伟、吴建飞、王嵛领衔主演的自然灾难、科幻、亲情影片《全城风暴》，在石狮湖滨街道玉湖社区金湖巷举行开机仪式。

17—18日 石狮市关工委常务副主任孙进荣在纪念中国关工委成立30周年暨全国关心下一代工作表彰大会上获“全国关心下一代工作先进工作者”称号。

18日 以“孕育于数字·漫步在云端”为主题的2020年石狮市产业数字化转型论坛在石狮荣誉国际酒店举行。

同日 由中共石狮市委宣传部、万祥文教论坛组委会主办的万祥文教论坛第十六讲“阅读与人的发展”在万祥图书馆举行，邀请中国作家协会副主席、著名作家叶辛主讲。

19日 由福建省商务厅主办，福建省电子商务促进会、石狮市商务局承办的跨境电商线上对接会（泉州）在石狮青创城召开，并实时线上直播。

同日 石狮市人大常委会召开第三十一次会议。会议任命王文晖为市政府副市长，并举行宪法宣誓仪式。

20日 全国精神文明建设表彰大会在京召开，表彰第六届全国文明城市。石狮市作为第五届全国文明城市，通过复查确认，蝉联全国文明城市。

同日 永宁镇前埔村获第六届全国“文明村”称号。

19—21日 厦门外国语学校石狮分校学生创客——董思颖主导研发的“适宜海边碱地种植的土壤修复方法”项目在中国发明协会等单位主办的“第二十四届全国发明展览会”，获“发明创业奖·项目奖”金奖和“中国宝武青少年发明奖”。

24日 “2020年全国劳动模范和先进工作者表彰大会”在北京隆重举行。湖滨街道玉湖社区党委副书记、居委会副主任、工会主席林丽娜获“全国劳动模范”称号。

同日 石狮市2020年重点项目石狮市永宁污水处理厂1.5万吨污水处理提标改造项目开工。

23—24日 石狮市锦尚商会在全国工商联商会工作会议上，获“抗击新冠肺炎疫情先进商会组织”称号。

25日 福建省抗击新冠肺炎疫情表彰大会在福州召开。石狮市卫生健康局、泉州海关驻石狮办事处、石狮市锦尚镇党委获“福建省抗击新冠肺炎疫情先进集体”称号，黄延艺、张国钦、孙飞轮、吴佳亮获“福建省抗击新冠肺炎疫情先进个人”称号。

12月

1日 第六届蔡丽博士双奖教奖学基金颁奖典礼暨石狮鹏山工贸学校成功创建“福建省示范性现代职业院校”总结大会在石狮鹏山工贸学校蔡衍善大礼堂举行。

4日 蚶江镇石渔村委会的石湖“乡村记忆文化”展馆正式开馆，馆内所展示的不同年代、不同时期的船模型及生产工具、生活实物。

5日 石狮市文联主办、石狮市摄影家协会承办、石狮政协之友书画院协办的“逐梦前行奔富裕，凝心贯注构新图”石狮市摄影家协会会员摄影作品展在文联大厦举行。摄影展以“全面建成小康社会”和“庆祝建党100周年”为主题，展现石狮在创建全国文明城市、抗击疫情、脱贫攻坚、生态环保、孝老爱亲等方面的成就。

6日 福建省政府公布第十批省级文物保护单位名单和保护范围，石狮的“王氏古民居（王起沃故居）”和“永宁海防石刻”入选。

7日 凤里街道办事处在宽仁社区居委会召开八卦街保护提升工程“一街四节点”项目征迁动员大会。

8日 全国双拥工作领导小组成员兼办公室副主任、军委政治工作部群众工作局局长少将肖安水带领的全国双拥办调研组一行，到石狮市开展双拥工作调研。福建省双拥共建领导小组副组长、省军区副政委姚火照，福建省退役军人事务厅二级巡视员、省双拥办专职副主任李提金，泉州市委常委、泉州军分区政委刘建军，泉州市退役军人事务局局长陈金忠，石狮市委书记蔡萌芽，石狮市政府副市长刘艺波，以及福建省、泉州市、石狮市有关部门负责人参加调研。

同日 福建省农业农村厅公布2020年度“一村一品”示范村名单。石狮市祥芝镇祥渔村、古浮村分别以海产品捕捞、海洋特色产业养殖入选。

10日 石狮市湖滨街道长福社区居委会委员戴天降，获评“全国抗击新冠肺炎疫情优秀城乡社区工作者”。

12日 “蚶小杯”石狮市第十六届校园灯谜艺术节开幕式在蚶江中心小学大礼堂举行，全市高校、中小学48支代表队320多名师生参加。

17日 2020石狮国际时装周开幕。

18日 第23届海峡两岸纺织服装博览会暨第二届中国校园服饰国际博览会开幕式在石狮国际轻纺城举行。

同日 “青春星期YI”奇幻之旅开幕式暨泉州首届嘻哈文化潮流节在石狮星期YI文创园星光广场热闹举办。

同日 2020年中国服装协会裤业专业委员会年会暨中国（石狮）裤业创新发展论坛在石狮举行。

19日 黄霜燕（米拉）、陈波（波少）、陈泰建（大表哥童装）、鲁羡慕（羡慕哥）、翁鸿宜（品牌男装一折捡漏）、吴丹（青创优品）、曾月理（月月）、赵娟（艾木）、柯伟佳（射手座座草）、蔡华源（中兴环宇影视传媒）获评“2020年度石狮市十佳网红主播”。（上述括号内名称为网红昵称、ID号。）

同日 “创意与时尚的转化互动”学术论坛在石狮市闽南理工学院举办。中国纺织服装教育学会秘书长纪晓峰、西安工程大学副校长戴鸿、清华大学美术学院染织服装艺术设计系教授贾玺增、中国服装设计师协会副主席武学伟、北京联合大学艺术学院教授曹建中、中国十佳时装设计师杨子、石狮市政府副市长黄延艺参加活动。

20日 “归园田居杯”石狮市第22届（灵秀）侨乡谜会暨灵秀镇第四届邻里文化节在华山古民居举办。

22日 石狮市“校长行动”培养计划启动仪式在厦门外国语学校石狮分校举行。

23日 厦门大学附属福州第二医院张怡元名医工作室在石狮市总医院揭牌。

24日 最高人民法院授予石狮法院党组成员、执行局局长洪彦伟“全国优秀法官”称号。

同日 石狮宝盖山景区、永宁古卫城获评国家AAA级旅游景区。

同日 由完美建信、长信影视、完美世界影视联合出品，知名导演郭靖宇执导的奇幻、喜剧、都市、偶像、言情剧《黑粉，请为我正名》和《今天地球爆炸了吗》，在石狮市学府路的泉州纺织服装学院举行开机仪式。

27日 石狮市第三中学建校30周年办学成果展暨第四届校董会、首届教育促进会就职典礼举行。佘德聪任石狮三中第四届校董会董事长，郑光标任石狮三中首届教育促进会会长。

28日 石狮市颜志焕、吴丽敏家庭和夏仰峰、陈娟家庭获评2020年度福建省“最美家庭”；蔡加渐、陈省华家庭获评第12届福建省“五好家庭”。

同日 石狮市种业发展中心获评“全省农业农村系统先进集体”、石狮市农村经济服务中心主任林珊妮获评“全省农业农村系统先进工作者”。

29日 “究竟清凉 具足圆满”纪念弘一大师140周年诞辰师友系列作品展在石狮市博物馆开幕，同时举行弘一大师纪念室授牌仪式。

同日 泉州港石湖作业区5号和6号泊位工程获2020年度公路水运工程“平安工地”省级示范项目称号。

30日 福建省公安厅召开全省首批“枫桥式公安派出所”命名发布视频会，石狮市公安局蚶江派出所获“全省枫桥式公安派出所”称号。

同日 卢厝村综合文化服务中心被省文化和旅游厅评定为省级优秀示范点，这是石狮首个农村综合文化服务中心获得该项称号。

31日 “全省法院示范融媒体孵化基地”暨“石狮市融媒体中心法院分中心”在石狮法院揭牌成立。

同日 蚶江中学改扩建（一期）项目举行竣工仪式。投用后可新增学位300个，解决2000多名学生就餐问题，并改善教师住宿条件。

同日 石狮市列2020年度福建省县域经济实力“十强”中第二名。石狮市被授予福建省第四轮第一批平安县（市、区）称号。

同日 中华全国总工会发布《全国模范职工之家、全国模范职工小家、全国优秀工会工作者表彰名单》，石狮市中纺协检验（泉州）技术服务有限公司色牢度组工会小组被中华全国总工会授予“全国模范职工小家”称号。石狮市城市物业管理有限公司工会主席许建辉获“全国优秀工会工作者”称号。

市情概览

自然地理

【地理位置】 石狮市位于泉州湾南部，处于厦门经济特区与泉州文化古城之间。石狮陆域地处北纬24°39′52″—24°48′48″，东经118°33′46″—118°46′51″。东濒台湾海峡，南临深沪湾海域与晋江围头湾海域相接，西与晋江市接壤，北隔泉州湾与惠安县、丰泽区相望。

2020年，石狮三面临海，海岸线长64千米，无居民海岛31个。2020年，石狮市陆地面积188.02平方千米，行政管辖毗邻海域面积968平方千米。

【地质地貌】 石狮处于华南褶皱系闽东火山拗断带，在东南沿海动力变质带的中段。在全国区划位置上，属闽粤沿海花岗岩丘陵亚区的一部分，地貌形态不一，以台地、冲积海积平原为主，地势南高北低。土壤以红壤、风沙土为主。

【气候水文】 石狮市位于福建省东南沿海，三面临海，濒台湾海峡，临北回归线，属亚热带海洋性季风气候。夏长无酷暑，冬短无严寒，秋温高于春温。石狮季风气候显著。冬季刮大陆南下强劲的北风，夏季盛行来自海洋的偏南风，两者的强弱、进退、更替影响气温、降水等气候要素及天气现象变化。石狮雨水充沛，但时空分布不均，春夏多雨、秋冬少雨，降水量年际和季节变化大。台风、暴雨、低温、干旱等气象灾害时有发生。

2020年，石狮市主要气候特点是年平均气温正常；年降水量偏少。少冷寒、多暖热，但仍出现最暖冬季、春季强对流频发广发、高温过程频现、较大范围干旱等极端天气气候事件，但气象灾害影响总体较轻。主要灾害性天气有暴雨、强对流天气、台风、大雾、高温、干旱，以暴雨和强对流造成的气象灾情为重。综合分析，2020年气候总体平稳。

2020年，石狮市年平均气温为22.3℃，与常年相比偏高0.6℃。全年35℃以上的高温日数有25天，其中7月9天、8月11天、9月5天。年极端最高气温37.4℃，出现在2020年9月1日；年极端最低气温5.7℃，出现在2020年12月31日。

2020年，石狮市年降水量514.8毫米，比常年偏少584.3毫米，比2019年少717.9毫米，为1981年以来降水量最少年份。年降水日88天，出现大雨及以上量级的日数有6天，无暴雨日。最长连续降水日9天。最长连续无降水日22天，有两次。

2020年，石狮市强对流天气早发频发，春季冷空气频繁，同时西南暖湿气流较为活跃，强对流天气多发，主要雷暴天气出现在5月6日、10日、17—18日、21—22日。夏季强对流雷暴天气主要出现在6月1日、7月15日。秋季雷暴天气主要出现在9月11—12日。

2020年，仅有1个台风2006号“米克拉”影响石狮市，与常年（5.3个）相比偏少，影响较轻。受“米克拉”影响，石狮市普降中雨，局部大雨，统计8月10日20时至12日08时累积降水量，以蚶江镇25.3毫米为最大。全市出现8—10级阵风，以宝盖镇24.6米/秒（10级）最大。

2020年，石狮市出现能见度低于500米的浓雾天气，主要出现在1月7日，2月14—15日，3月18—19日、30—31日，5月8日。

【资源】 2020年，石狮市森林覆盖率10.87%，森林蓄积量8.254万立方米，林地保有量1332公顷，林业自然保护区（含保护小区）403.86公顷，湿地保有量6838.31公顷。

2020 年，石狮市主要海水养殖品种有牡蛎、花蛤、缢蛏、杂色鲍、锯缘青蟹、南美白对虾、紫菜等。淡水养殖方式主要以淡水池塘、水库为主，养殖品种主要有草鱼、青鱼、鲢鱼、鳙鱼、鲫鱼、鲈鱼、罗非鱼等。

2020 年，石狮市主要旅游资源有万寿塔、六胜塔、石湖码头、峡谷旅游路、红塔湾、古浮湾，景点有宝盖山风景区、永宁古卫城、黄金海岸、石狮服装城、茂险王主题乐园。

历史人文

【地名由来】 石狮历史悠久。早在旧石器时代，石狮境内即有先民栖息。春秋战国时期，古越人在这里繁衍生息、陆耕海渔。汉代以后，北方汉人入迁。西晋末年永嘉之乱，中州动荡不安，士族衣冠南渡入闽，部分定居石狮境内晋江流域的滨海平原，或从事农耕，或从事近海捕捞。据《西山杂志》记载，隋代，蚶江、永宁、石狮、祥芝等地均有中原移民南迁定居。永宁岑兜一带建有盐场，先民从事海盐生产已成规模。

隋代，建凤里庵，供奉观音菩萨，在本地及海外华侨、华人中影响极为深远。千年古迹凤里庵建有石亭，旁立石狮子，名曰石狮亭。千百年来，商旅往返口传，皆曰“石狮”，约定俗成，久而久之遂成惯称。此乃石狮由来与得名。

【建置沿革】 早在旧石器时代，石狮境内即有先民栖息，考古发现石狮附近海域出水的古人类肱骨化石，经科学鉴定为更新世晚期智人骨骼化石，被考古界命名为“海峡人”。秦汉至唐初，石狮隶属南安县。唐开元六年（718 年）始直至清初，隶属于晋江县境。清乾隆三十一年（1766 年），晋江县设石狮分县，以晋江县贴堂县丞驻石狮街，代管安海。乾隆三十五年（1770 年），石狮县丞移驻安海旧通判署，嗣后，改设安海分县，其后石狮境域事务仍归晋江县，历民国。1949 年 9 月 2 日，石狮解放。同年 9 月 9 日，石狮境域属福建省第五行政督察专员公署辖区的晋江县。中华人民共和国成立后，石狮境域属晋江县。1987 年 12 月 17 日，国务院批复同意福建省《关于设置石狮市建制设置》和《关于设立石狮市的补充报告》的请示，批准设立石狮市，行政区域包括晋江县石狮、永宁、蚶江 3 个镇和祥芝乡，为省辖县级市，隶属福建省，委托泉州市代管。1988 年 9 月 30 日，中共石狮市委、石狮市人民政府举行挂牌仪式。此后至 2020 年，石狮市政区建置隶属未再变更。

【镇（街道）区划】 2020 年，石狮市下辖 7 个镇、2 个街道，27 个社区、101 个建制村。其中，蚶江镇辖 19 个建制村；祥芝镇辖 10 个建制村；永宁镇辖 4 个社区、20 个建制村；宝盖镇辖 2 个社区、18 个建制村；灵秀镇辖 1 个社区、12 个建制村；鸿山镇辖 11 个建制村；锦尚镇辖 11 个建制村；凤里街道辖 10 个社区；湖滨街道辖 10 个社区。

【人口】 2020 年年末，石狮市常住人口 76.873 万人，全市登记在册流动人口 41.0757 万人，户籍总人口为 35.7973 万人。全市出生人口 4449 人，死亡人口 1951 人。人口以汉族为主，还有回族、满族、畲族等少数民族，通闽南方言。

【海外交通贸易】 石狮山川毓秀，人文荟萃，素有“滨海邹鲁”美誉。晋人南迁后，中原文化即在石狮土地上扎根、衍化。石狮依山面海，拥有 64 千米海岸线，港湾众多，是“海上丝绸之路”起点之一，海外交通贸易发达，姑嫂塔、六胜塔是“东方第一大港”泉州港的“航标”。

【多元文化】 繁荣发达的海外贸易让石狮人走向海洋、走向世界，也吸引世界各地商人到石狮，带来多种宗教文化、信仰习俗。传统的古闽越文化、中原古老文化和多元的外来文化经过千百年融合交汇，形成石狮独具特色的包容开放、急公好义、团结互助、勇于拼搏冒险的海洋文化，造就石狮人爱拼敢赢、开拓创新的精神与强烈的商业意识、竞争意识、开放意识和创业意识。

【著名侨乡和台胞祖籍地】 石狮市是福建著名侨乡、台湾同胞的主要祖籍地之一。全市旅居海外的华侨 46 万多人，祖籍石狮的台湾同胞 30 多万人。海外石狮人主要分布在世界 40 多个国家和地区，近 90% 居住在东南亚各国，其中以菲律宾最多。石狮市有归侨、侨眷约 12 万人。

经济社会发展

【概况】 2020 年，石狮市经济运行总体保持平稳健康发展态势。石狮市生产总值 937.16 亿元，比 2019 年增长 2.9%；一般公共预算总收入 56.7 亿元、一般公共预算收入 36 亿元；全体居民人均可支配收入 56947 元；全面小康指数位居全国县级市第 20 位、全省第 2 位，实现全国文明城市“二连冠”、全国双拥模范城“六连冠”。

【经济运行质量】 2020 年，石狮市经济运行呈恢复性增长。石狮市生产总值 937.16 亿元，比 2019 年增长 2.9%。第一产业完成增加值 24.29 亿元，比 2019 年下降 4.1%。第二产业完成增加值 423.05 亿元，比 2019 年增长 2.6%，对 GDP 增长贡献率为 42%。第三产业增加值 489.82 亿元，比 2019 年增长 3.5%，对 GDP 增长贡献率为 61.8%。三次产业比重为 2.6 ∶ 45.1 ∶ 52.3。

2020 年，石狮市工业增加值 374.97 亿元，比 2019 年增长 3.1%，对 GDP 增长贡献率为 46.3%；批发零售和住宿餐饮业增加值 283.45 亿元，比 2019 年增长 3.5%，对 GDP 增长贡献率为 36.4%。规模以上工业增加值比 2019 年增长 3%，规模以上工业总产值 1255.56 亿元，比 2019 年下降 2.7%，其中纺织服装服饰业（含辅料）完成产值 649.1 亿元，比 2019 年增长 7.7%，占规模以上工业总产值 51.7%。全社会用电量 431720 万千瓦时，比 2019 年增长 1.2%，其中工业用电量 261692 万千瓦时，比 2019 年增长 0.2%；供水量 12582 万吨，比 2019 年下降 3.9%，其中工业用水量 6068 万吨，比 2019 年下降 6.6%。用水、用电呈现逐步恢复态势。

2020 年，石狮市港口货物吞吐量 3675.7 万吨，比 2019 年下降 9.4%；全市港口集装箱吞吐量 175 万标箱，比 2019 年下降 12%。其中，石湖港口货物吞吐量 2703.7 万吨，比 2019 年下降 12.2%，石湖港口集装箱吞吐量 133.2 万标箱，比 2019 年下降 16.1%；华锦码头货物吞吐量 972 万吨，比 2019 年下降 0.7%，华锦码头集装箱吞吐量 41.8 万标箱，比 2019 年增长 4.7%。

2020 年，石狮市农业生产下降较大。农业总产值 47 亿元，比 2019 年下降 3.2%，水产品产量 395187 吨，比 2019 年下降 3.2%。

2020 年，石狮市固定资产投资有所下降，第二产业投资逆势增长。固定资产投资（不含农户）比 2019 年下降 16.5%。按产业分，第二产业投资比 2019 年增长 10.9%，第二产业中，工业投资比 2019 年增长 10.9%，其中，技术改造投资比 2019 年增长 20.9%；第三产业投资比 2019 年下降 24.7%。按构成分，项目投资比 2019 年下降 18%，房地产开发投资比 2019 年下降 13%。

2020 年，石狮市消费市场活力逐步回升，居民消费价格温和上涨。全市累计实现限额以上商业销售额 1542.9 亿元，比 2019 年增长 7.1%，增幅较前三季度提高 1 个百分点。社会消费品零售总额 821.5 亿元，比 2019 年下降 2.5%，降幅较前三季度收窄 0.7 个百分点。限额以上社会消费品零售额 184.5 亿元，比 2019 年下降 5%。全体居民人均可支配收入 56947 元，比 2019 年名义增长 3.5%，扣除价格因素，实际增长 1%。城镇居民人均可支配收入 64830 元，比 2019 年名义增长 3.1%，农村居民人均可支配收入 29023 元，比 2019 年名义增长 6%。全市居民消费价格指数 102.5（采用泉州市辖区数据），比 2019 年增长 2.5%，其中服务项目价格指数 100.6。八大类商品中，食品烟酒类比 2019 年增长 7.5%，其中畜肉类同比增长 37.7%，环比增长 1%；衣着类同比增长 0.1%；居住类比 2019 年增长 1.2%；生活用品及服务类同比增长 1.1%；交通和通信类比 2019 年下降 3.4%；教育文化和娱乐类比 2019 年增长 0.7%；医疗保健类比 2019 年下降 0.1%；其他用品和服务类比 2019 年增长 4.8%。

2020 年，石狮市财税收入小幅下降，金融信贷较快增长。全市完成一般公共预算总收入（不含基金）567028 万元，比 2019 年下降 3.6%，完成年度任务 93.6%。其中一般公共预算收入 360278 万元，比 2019 年下降 2%，完成年度任务 95.6%，中央级收入 206750 万元，比 2019 年下降 6.2%，完成年度任务 90.4%。一般公共预算支出（不含基金）614414 万元，比 2019 年增长 42%。税收收入 457020 万元，比 2019 年下降 4.8%。非税收入 110008 万元，比 2019 年增长 1.9%。12 月底，金融机构本外币存款余额 803.2 亿元，比 2019 年增长 10.4%；金融机构本外币贷款余额 748.7 亿元，比 2019 年增长 6.5%；境内住户存款余额（含本外币）537.3 亿元，比 2019 年增长 9.1%；存贷比率由年初 105.7% 下降到 93.2%。

【产业转型升级】 2020 年，石狮市扎实推进复工复产。建立订单、资金、外贸等对接机制，兑现惠企资金 7.2 亿元，减免税费 6.4 亿元，帮助企业新增贷款 50 亿元，争取纾困贷款 10.6 亿元。出台 6 条转产鼓励政策，11 天建成防疫物资生产链。从 2 月起，坚持“一月一盛会”，举办一系列线上直播销售活动，在国务院新闻发布会上被点赞肯定。

2020 年，石狮市扎实推进项目攻坚。组建 5 个专项招商小组，多方联动、条块齐抓推进招商选资，累计签约开工项目 106 个、总投资 245.8 亿元，实施工业提质项目 178 个、三产增效项目 165 个，一季度在全省“五个一批”项目竞赛中位居第 6 位。

2020 年，石狮市扎实推进制造业提质。出台支持印染高质量发展、五金辅料提质增效、校服优化升级、纺织服饰创意设计发展等产业扶持政策，引导童装行业加快向校服方向延伸，推动中国纺织工程学会校园服饰标准技术工作组秘书处落地，建成五金水磨加工中心，获评中国校服产业创新基地。通达四期、九牧卫浴、建新轮胎、美佳爽新生产基地、特步一体化、信泰科技、兴迅新材料等项目加快建设，智能制造产业完成规上产值 195 亿元，增长 10%。海洋食品园提速建设，累计落地海洋食品深加工项目 22 个，4 个项目建成投产。

2020 年，石狮市扎实推进服务业提升。市场采购贸易方式试点实现全省通关一体化，预包装食品出口试点产品关区、品类、目的地、金额限定进一步放宽，国际食品城开业运营并纳入市场采购贸易集聚区；完成市场采购贸易出口 343.2 亿元，增长 98.2%。启动“一十百千万”网红城市发展计划，成功举办海丝品博会、海博会、校服展、网商大会，建成 1000 平方米以上的直播基地 18 家，带动网络销售额增长

51%、快递业务量增长28%，获评中国服装网商创新示范基地、中国直播电商发展示范城市称号。石湖港5号6号泊位有序推进，保税物流中心（B型）一期基本建成，华锦码头4号泊位、普洛斯物流园等项目投入使用。组建市文旅集团，世茂海上丝绸之路博物馆、杨孙西文化馆二期、橘若民宿等项目顺利建成，宝盖山、永宁古卫城获评国家AAA级旅游景区，郭坑村、古浮村入选全省旅游村。

【民生福祉提升】 2020年，石狮市发放稳就业、失业保险等补助救助资金1.23亿元，完成职业技能培训7262人次；新建居家养老服务照料中心3个、农村幸福院2个，新增医养结合床位290张；全面做好民生兜底各项工作，出台残疾人托养服务补助政策，低保标准提高至户月人均825元，有效帮助边缘地带困难家庭稳定脱困。为驻石狮部队排忧解难，全面落实拥军优属、国防动员等任务。

【社会事业发展】 2020年，石狮市民生投入占财政支出70%以上，完成28个为民办实事项目。

2020年，石狮市教育事业稳步发展。吹响“逐梦——家门口的优质教育”号角，成立9个镇级教育基金会（促进会），募集捐款3.9亿元；46个教育类项目完成投资5.7亿元，世茂小学、宝盖五幼等16个项目投入使用，新增学位6450个。义务教育质量监测成绩居泉州市前列。

2020年，石狮市医疗服务不断提升。国家级紧密型医疗卫生共同体试点有序推进，市中医院、妇幼保健院新业务楼、凤里新社区卫生服务中心投入使用，福建中医药大学（石狮）医疗保障研究院落地运营，实现行政村医保和心电图服务全覆盖，村医服务能力稳步提高，基本建成“8分钟医疗卫生服务圈”；试点推行长期护理保险制度，全面跟进药品、耗材集中采购使用改革，为群众减轻医药负担近4000万元。

2020年，石狮市文体事业繁荣发展。加强文化和自然遗产保护，新增省级文保单位2处，卢厝“刣狮”入选国家“非遗”项目名录；成功举办“相约云端”第十四届闽台对渡文化节，建成全省首个智慧体育公园，新增村（社区）综合文化服务中心5个，“狮来运转”城市IP动漫正式上映。

【生态文明建设】 2020年，石狮市完成将军山存量垃圾、梧垵溪跨境流域整治，中央生态环保督察反馈个性问题和信访件全部销号。打好蓝天、碧水、净土三大保卫战，建成海洋食品园污水处理厂和鸿山、锦尚生活污水处理厂，完成高新区污水处理厂提标改造，整治废弃石窟13.5万平方米，造林绿化56.8公顷，空气质量优良天数比例99.2%。

【城市建设】 2020年，石狮市城市面貌不断提升。海岸带建设开启新篇，共富路（石锦路—沿海大通道）、锦蚶路、锦江外线、锦尚外线建成通车，嘉禄路（群英南路—花园路）、金盛路（南洋路—北环路）等“断头路”打通接续。宝盖山生态公园、环湾湿地公园、红塔湾海岸公园、风炉山山体公园景观配套更加完善，应急水源工程基本建成，14个景观绿化项目完成投资1.4亿元，生态连绵带不断延伸拓展。联邦商业城、狮仔山等片区开发快速推进，15个老旧小区和28处中心市区街坊支路“微改造”焕发新颜。建成421个5G基站，实现主城区5G信号连续覆盖。

2020年，石狮市乡村振兴全面推进。启动国家水禽基因库改扩建和肉品加工厂项目，完成祥芝中心渔港扩建，新增高标准农田146.67公顷，古浮村、祥渔村入选省级“一村一品”示范村。持续推进“一革命四行动”，新改建城乡公厕44座，完成25个村生活污水管网建设，全市生活污水处理率提升至93%。深入开展“三清”“五绣”行动，城乡环境卫生考评成绩位列泉州市第3。完成农村集体资产股份制改革，76%的行政村集体经营收入超20万元。

中共石狮市委员会

重要会议

【市党代会】　2020年12月30日，中国共产党石狮市第七届代表大会第五次会议召开。会议听取和审议市委书记蔡萌芽代表中共石狮市第七届委员会向大会所作的题为《深入贯彻党的十九届五中全会精神　奋力谱写全方位推动高质量发展超越石狮篇章》的工作报告，以及市纪委书面工作报告和《关于制定石狮市国民经济和社会发展第十四个五年规划和二〇三五年远景目标的建议》《关于代表提出的提案及意见、建议的审查报告》，并决定批准这4份报告。

【市委常委会（扩大）会议】　2020年9月8日，石狮市委书记蔡萌芽主持召开市委常委会（扩大）会议，深入学习贯彻习近平总书记重要讲话重要指示批示精神，传达贯彻省委十届十次全会、泉州市委十二届十二次全会精神。

2020年11月3日，石狮市委书记蔡萌芽主持召开市委常委会（扩大）会议，传达贯彻中共十九届五中全会和省委、泉州市委常委会（扩大）会议精神，动员全市广大党员干部主动融入大局、凝聚强大合力，全方位推动高质量发展超越。

【专题会议】　2020年11月25日，石狮市召开工作务虚会，深入学习习近平总书记重要讲话和重要指示批示精神，落实中央、省委和泉州市委对当前形势的新判断、新部署、新要求，讨论谋划石狮市“十四五”期间的发展目标、发展战略、理念思路和任务重点，进一步统一思想、集思广益，造浓比学赶超、干事创业的良好氛围，全方位推动高质量发展超越。

【石狮市教育大会】　2020年6月16日，石狮市教育大会举行。会上，举行为9个镇（街道）教育促进会（基金会）授牌仪式；举行教育资金捐赠仪式。

发展与改革研究事项

【概况】　2020年，石狮市深入贯彻落实中央关于改革和发展深度融合、高效联动的要求，紧扣省委、泉州市委关于全面深化改革的各项决策部署，坚持问题导向和精准推进的原则，推动全市改革呈现全面发力、多点突破、纵深推进的良好态势。3月12日，石狮市委书记蔡萌芽主持召开七届市委常委会第120次会议暨市委全面深化改革委员会第一次会议，会议审议通过《石狮市2020年重点特色改革项目路线图》，研究确定2020年16项重点特色改革项目，其中经济体制和金融服务实体经济综合改革项目8个，民主法治和社会治理体制改革项目6个，社会事业与公共服务体制改革项目2个。

【健全市场培育投入机制】　2020年，石狮市协调海关进一步拓宽预包装食品出口试点货值限额、试点品种、目标市场限定范围，放宽产地限制至全国，推动石狮国际食品城纳入经认定的市场采购集聚区范围，入驻300多家食品企业、481间商铺。创新“采购地申报、全省口岸验放”的通关一体化模式，构建“海、陆、空、铁、快件”立体化多式联运的通关体系，为企业平均每标箱节省费用超1000元、节省时间超12小时。建成覆盖全省的市场采购贸易联网信息平台，搭建对接全省各县市区特色产业的开放式窗口，德化、南安、惠安、安溪等7个辖内县域入驻市场集聚区，石狮以外备案企业146家，福州、漳州、三明和泉州其他县（市、区）55家企业试点业务出口74.88亿元。2020年，市场采购贸易方式试点结关出口

343.18 亿元，比 2019 年增加 98.19%，其中，石狮出口 268.29 亿元，比 2019 年增加 54.94%。

【推进投融资体制改革】 2020 年，石狮市多渠道支持企业复工复产和长远发展，对接兴业银行落实综合金融服务战略合作协议金额 25 亿元，其中，落地金额 13 亿元；推动供应链金融向中小企业投入 25 亿元，狮城担保公司为企业增信 4.37 亿元，引导 419 家企业申请省级纾困资金超 10.6 亿元，纾困贷款占总贷款比重位居各县（市、区）第一。2020 年，全市新增和转续贷款金额达 200 亿元，贷款余额 748.66 亿元，比 2019 年增长 6.55%，其中制造业贷款余额 141.65 亿元，比 2019 年增长 4.67%，不良贷款率“四连降”至 1.7%。

【健全港口联动发展机制】 2020 年，石狮市锦尚作业区 2 号泊位改扩建和 4 号泊位主体工程完工，石湖港保税物流中心（B 型）通过海关等部门组织的验收，华锦码头口岸开放设施建设基本符合验收条件，共富路、锦江外线等一系列“通道脉络”顺利打通，港口集疏运交通体系基本形成。“CNP2 泉州—马尼拉”国际航线顺利开通，菲律宾航线运营企业增至 4 家，外贸航线布局日趋完善，6 条国际航线全年吞吐量比 2019 年增长 4.12%。

【深化国有企业实体化改革】 2020 年，石狮市根据经济社会发展要求，调整优化市属国企框架，重组文旅、城建国投、产投集团，同步进行股权、资产、人员、编制划转和财务调整优化工作。改革市委管理企业负责人薪酬制度，完成国企退休人员社会化管理工作，移交人数 1244 人。2020 年，市属国有企业通过发行公司债券、申报地方政府债券、PPN 等方式多元化扩宽融资渠道，全年获批融资授信规模 106.72 亿元，下柜资金 89.67 亿元，新增融资资金 37.51 亿元。全年承接市政、园区、港口、教育、医疗等市级重点项目 144 个，完成投资额 33.54 亿元。拓展深化产业投资、市场运营、供应链金融、闲置资产处置、物业管理等造血业务，国企实体化运作水平和市场竞争力不断增强。

【推动五金辅料行业提质】 2020 年，石狮市开展五金加工企业综合整治和重点潜力企业质量提升专项行动，建成五金水磨加工中心、五金加工基地，入驻 30 家企业实行集中加工和污水集中处理，上线五金辅料供应链平台，吸引来自市域内外五金辅料相关企业及行业协会代表 300 余人参加。截至 12 月底，平台注册用户中石狮商户 1394 家，打通产业链上下游企业数据通道；在国家纺织面辅料馆石狮馆增设辅料专区。

【童装产业向校园服饰产业延伸】 2020 年，石狮市以被中国服装协会评为“中国校服产业创新基地”为契机，成立童装（校服）产业优化升级工作领导小组，推动中国纺织工程学会标准化技术委员会校园服饰标准技术工作组秘书处、福建省教育装备行业协会校园服饰分会落户，引导多家石狮企业参与制定国家标准《中小学生校服分级评价技术规范》，通过设立全国首个校服专业市场、举办中国校园服饰国际博览会、发布校服流行趋势，抢占校服标准话语权，推动石狮市 17 家企业入围福建省教育装备（学生装）生产服务示范企业，占比 70% 以上。

【智能制造产业加速发展】 2020 年，石狮市推动通达四期、申泰锂电池隔膜、领顺新能源一期等项目顺利投产；建成的智能装备中心平台，实现线上的便捷性与线下的体验性无缝连接，可为中小制造企业提供设备采购技术咨询、软件服务等多个维度的集成服务；完成与光芯片研究院的签约，2020 年，智能制造产业实现规上产值 195 亿元、增长 10%，占规模以上工业总产值比重 15.7%。

【祥芝中心渔港建设管理服务机制改革】 2020 年，石狮市完成祥芝中心渔港扩建工程，首创渔业安全检查量化监管指标。全年开展执法检查 875 次，查处渔业案件 64 起，案件数量和处罚金额居全省第一位。通过研发“石狮智慧渔船”微信公众号小程序、安装防瞌睡报警器、强化船员技能培训和联合执法等方式，健全渔业安全生产机制，全年未发生重特大渔业安全生产事故。开展船员培训，普通船员持证率由原有不到 40% 提高至 100%，职务船员持证率位于全省前列，渔船船员培训成效受到省海洋与渔业局林锡能局长批示肯定并要求转发全省各地学习。

【石狮市新时代文明实践中心全国试点建设】 2020 年，石狮市试点启动以来，投入 750 万元建成“石狮市新时代文明实践中心”，推动镇村文明实践所站 100% 覆盖，并在有条件的工业区、小区、商圈等培育一批文明实践点，构建“布局合理、群众便利、出户可及”的网络阵地。注册志愿者 10.6 万名，开展各类文明实践活动 1300 余场次，受众逾 40 万人次，打通宣传群众、教育群众、关心群众、服务群众的“最后一米”。按照“一镇一品牌”的思路，培育宝盖镇乡风文明积分、灵秀镇“百灵鸟”义警队、祥芝镇“海上枫桥”经验等一批文明实践品牌。2020 年 9 月，石狮市与武平县作为福建省代表参加由中宣部、文明办组织召开的全国建设新时代文明实践中心试点工作座谈会。

【社区治理机制创新】 2020 年，石狮市以新湖社区为试点，实施基层党组织组织力、协商自治能力、公共服务设施、人居环境整治、社区文化品质、队伍专业素质、社会组织培育、共驻共建共享水平“八大提升工程”，“1+1+N”（以党组织为核心，网格党员为骨干，社区工作者、居民代表、志愿者、驻区单位等多元群体为支撑）党建引领社区治理工作模式获评省优秀社区工作法，并获省民政厅向全省推广。

【健全多元纠纷化解机制】 2020年，石狮市整合各方力量资源，建立市、镇、村三级矛盾纠纷多元化解中心，构建横向纵向、线上线下有机衔接的矛盾纠纷调处体系，通过无差别受理、一揽子调处、多元化调解，推动社会治理效能提升。2020年，全市调处矛盾纠纷2944起，成功化解2921起，成功率99.22%。2020年9月，石狮法院作为全省唯一一家基层法院就多元矛盾纠纷调解工作在全国高级法院院长座谈会上做典型发言，有关工作做法经验获省司法厅发文在全省推广。

【探索城市网格化智慧管理服务机制】 2020年，石狮市探索城市网格化智慧管理服务机制，平台建成人口、法人、电子证照、社会信用信息、宏观经济、自然资源与空间地理六大基础库，按照统一标准汇聚政务数据4.5亿条，实现98.4%的行政审批和公共服务事项“网上办”，推动实现各种证明材料“在线办理、秒批取件”。企业开办“一站式”、企业投资项目核准、二手房与“水电气广电”联动过户、住房公积金提取等事项“零”纸件申报、“零”跑腿办理。通过“1+9+N”市镇村三级网格化平台，推动大数据应用和网格职能协同，助推疫情防控、安全生产等工作智能化、精细化，推动15个大类15个小类共计284个社会治理事项的网格闭环办理，城市治理水平持续提升。

【行政执法监督新机制建立】 2020年，石狮市在泉州率先制定行政执法“三项制度”检查验收标准，并向社会招聘11名法治政府建设特约督察员，对8个市直单位实施行政执法规范专项督查，通过社会力量和内部监督倒逼法治政府建设，“三项制度”考评标准获泉州市司法局肯定，并向各县（市、区）推广。

【药品安全创新监管模式试点改革】 2020年，石狮市通过政府购买服务方式，借助第三方力量，对全市药品经营使用单位开展摸排检查和安全评级，督促药品零售企业落实药品安全主体责任，为基层执法检查提供靶向依据。经现场检查、整改复查后，全市225家正常营业药店中A级103家，占比45.78%；B级83家，占比36.89%；C级38家，占比16.89%；D级1家，占比0.44%；注销2家药品经营许可证，过期自动注销1家药品经营许可证。

【深化教育综合改革】 2020年，石狮市以入选省级基础教育改革发展实验区为新起点，发出“逐梦——家门口的优质教育”倡议，募集善款3.9亿元，用于加大教育资源供给、提高师资力量、补齐硬件短板。实施教育人才引育计划、领军校长培养工程、退休教师返聘“银龄行动”、后备人才队伍孵化计划，全面提升教师队伍综合素质。提升教育系统绩效工资水平，激活教师队伍活力。推行“名校办分校、老校带新校、强校扶弱校”、公民办幼儿园合作等办学模式，构建以专职教研员、特约教研员、各校教研组教师、备课组教师和名师工作室为主体的教研共同体。实施高中提质带动项目，集中力量培养尖子生，2020年高考本科上线率72.46%，其中，总分600分以上人数比2019年增长266%，2人被北大录取。

【深化医药卫生体制综合改革】 2020年，石狮市初步建立“总院+分院+村卫生所（室）”的医共体模式，出台推进技术、慢性病种“双下沉”工作制度。依托六大中心建立“基层检查，上级诊断，结果互认”的资源管理模式，引导基层分院打造“一镇一品”特色诊疗服务，实现卫生所（室）村村通。配备乡村医生211人，基本实现8分钟医疗服务圈全覆盖。2020年总医院三四类手术占比46.1%，比2019年提升3.69%，基层门诊量占比62.1%，比2019年增长2.06%，基层上转病人比2019年增长69.68%，下转住院病人比2019年增长87.9%，分级诊疗格局逐步形成。2020年10月，石狮市受邀在全省紧密型医共体建设视频培训班上作典型发言。新冠肺炎疫情防控中“医共体”运行机制优势充分发挥作用。2020年12月，全省发热门诊定点医院工作现场推进会暨冬春季新冠肺炎医疗救治会在石狮召开，医防联控做法经验获得上级卫健委认可。

综合协调

【概况】 2020年，石狮市委办公室组织服务市委主要领导到基层调研72次，全年精简办会，高质量完成1次党代会、5次市委全委会、27次市委常委会及市委工作会议等全市性重要会议的服务保障工作。

【以文辅政】 2020年，石狮市委办公室起草领导讲话稿和汇报材料等各类文稿200多篇，完成市七届五次党代会报告、七届十二次全委会等重要会议的主要材料8篇，编发会议纪要28期、狮办通报6期。

【信息服务】 2020年，石狮市委办公室把握“一条原则”——及时、准确、全面；围绕“三点”——领导关注的重点、群众反映的热点、工作中的难点；坚持“三性”——全面性、真实性、时效性；突出“三有”——有情况、有分析、有建议；体现“小大高”——篇幅要小、容量要大、质量要高；做到

“抢眼抓心”——题目要抢眼、内容要抓心。2020年，组织编发《石狮快讯》正刊32期、增刊38期、党建专刊3期、改革专刊5期、强基促稳专刊10期，上报信息340条，其中，被省《八闽快讯》采用64条，被泉州市《侨区快讯》采用104条，得到省、泉州市领导批示6次，得到石狮市主要领导批示2次，得到其他市领导批示24次。

【督促检查】 2020年，石狮市委办公室增加政治执行力，狠抓决策督查，对于中央、福建省、泉州市和石狮市的重大决策和工作部署，及时制定督查方案，并通过健全任务分解制度，逐一分解立项，明确责任单位，要求落实时限，紧密跟踪督办，重点抓好落实中央八项规定精神、巡视巡察整改、“五个年”活动和疫情防控等督查，切实做到市委有部署、督查有跟进、落实有质量。坚持问题导向，严格专项督办，把市委领导重要批示件办理作为抓落实的切入点，组织到现场查看，向一线经办人员、具体分管领导了解实际情况，进行现场督办，同时加强落实情况的“回头看”工作，杜绝查而不实、查而不办、敷衍应付、弄虚作假现象，进一步提高办结质量。对各级领导批示件的办理流程进行重新梳理、简化，改变以往按固定办理时限反馈的常规做法，推行根据具体事项的轻重缓急督促办理的反馈机制，推动改进督查方式，着力提高工作水平，进一步发挥督促抓落实的作用。

组织工作

【党组织设置和发展党员工作】 2020年，石狮市有基层党组织897个，其中党委44个，党总支15个，党支部838个，其中，机关及企事业单位党组织325个（党委20个，党总支13个，党支部292个），村（社区）党组织140个（党委4个，党总支2个，党支部134个），非公党组织295个（党支部295个），社会组织党组织102个（党委2个，党支部100个）。市委派出党工委6个（凤里街道党工委、湖滨街道党工委、高新区党工委、市直机关工委、市委非公企业和社会组织工委、市委离退休干部工委）。坚持控制总量、优化结构、提升质量，严把发展党员“入口”关，全年发展党员341名。

【干部思想政治建设】 2020年，石狮市持续掀起学习热潮，把学习贯彻习近平新时代中国特色社会主义思想及中共十九大、十九届四中和五中全会精神纳入各项领导干部培训班的必学内容，举办科级干部“学习贯彻中共十九届四中全会精神”专题研讨班，采取专题培训、集中研讨等形式，帮助党员干部加深学习理解和体会。

【干部人事制度改革】 2020年，石狮市出台《石狮市贯彻落实〈2019—2023年全国党政领导班子建设规划纲要〉实施方案》，突出“八抓八强”，持续提高领导班子建设质量。探索改进干部考核评价机制，推行干部政治素质考察“四评一议”（个人自评、单位点评、群众测评、部门联评、集体研议）工作法，经验做法被《福建组工通讯》《侨区快讯专报》等刊发。建立干部考察纪实档案，注重在疫情防控、安全生产等重要关头，在征迁扫尾、项目落地和服务质量“三个比拼”中识别优秀干部，在“五个年”活动等关键时刻考察干部政治素质表现，对政治上不合格的“一票否决”，经验做法被《福建组工通讯》专期刊发，《在关键时刻考察识别干部的实践与思考》被省委政策研究室《调研文稿》刊发，获2020年泉州党建重点调研课题一等奖。

【干部日常监督管理】 2020年，石狮市加强干部日常管理监督信息沟通，健全干部“负面”信息库，收集纪检监察、巡察、审计等部门干部监督信息。完善干部监督信息分析研判机制，落实好谈心谈话、提醒函询诫勉等组织措施。坚持抓两头带中间，及时反馈考核被确定为表现靠后的市管干部名单，要求各单位领导与较差干部逐一谈心，共同究根源、抓整改。按规定落实领导自然资源资产责任审计、经济责任离任（任中）审计工作，常态化抓好干部因私出国（境）、社团兼职等干部日常监督管理工作。

【干部宏观管理】 2020年，石狮市严格执行《党政领导干部选拔任用工作条例》，坚持把“一时”与“一贯”贯通起来，充分运用疫情防控一线考察、年度考核、日常考核等结果，优化领导班子调配，提拔重用在疫情防控一线敢于担当、表现优秀的干部。构建优秀年轻干部培育工作链条，常态化发现识别优秀年轻干部，推行导师帮带、一线蹲苗、压担锤炼等培育措施，引导年轻干部在实践中经风雨、见世面、壮筋骨、长才干。持续完善干部队伍激励约束机制，出台关于进一步激励关爱奋战在新冠肺炎疫情防控一线党员干部人才的28条措施，在泉州地区率先建立干部职工心理健康中心，为奋战在疫情防控一线的党员干部提供便捷的心理咨询和疏导服务，相关做法被中组部《组工信息》《福建信息》等刊发。推进“作风建设年”活动，探索建立容错纠错机制，推动形成“干部为事业担当、组织为干部担当”的工作格局，激励干部队伍干事创业精气神。

【干部教育培训】 2020年，石狮市坚持“精准调训、分类施训”原则，一体推进干部思想淬炼、政治历练、专业训练，提升干部制度执行力和治理能力，研究制定《2020年干部培训计划》。突出党性教育，举办“学习贯彻党的十九届四中全会精神”专题研讨班4期、科级干部培训班、中青年干部培训班等主体班2期。突出“精准、专业、小型”，举办“宣传思想文化”“推进应急管理体系和能力现代化”“网红经济与实体经济融合发展”“公务员素质能力提升”等领导干部专业化能力建设研讨班及各类辅导讲座。突出自主灵活，利用“福建干部网络学院”“学习强国”等网络平台，推进全市干部网络教育培训。

【公务员管理】 2020年，石狮市贯彻落实新修订的《中华人民共和国公务员法》，加强公务员队伍宏观管理，推动公务员“进、管、出”工作链条与机构、编制、职数管理以及干部选育管用有效贯通。坚持考录进人主渠道，精准科学开展公务员考录工作，合理设置岗位报考条件，持续改善公务员队伍年龄、性别、学历、专业等结构，2020年录用公务员（含参公人员）28名。落实公务员职务与职级并行制度，准确把握公务员职级的属性和定位，坚持注重实绩、持续激励，对敢于担当、一贯表现较好的优秀干部予以晋升职级，发挥“优秀”的标杆导向作用。

【两新组织党建工作】 2020年，石狮市创新推广“七同”党建模式，做优做强两新组织党建工作。《关于在党建融入公司治理框架下发挥党组织和党员实质性作用的研究与思考》获泉州市组织工作优秀调研课题二等奖，相关经验做法被《非公有制企业党建》《八闽快讯》《支部生活》等各级媒体刊发报道18篇次。推行党建融入公司治理“1533”工作机制，实行党组织班子成员与企业管理层“双向进入，交叉任职”，党组织书记进入决策管理层占68.5%，兼任工会主席占28.1%。择优选取10家民营企业进行重点培育，按照“七有”标准新建成华锦码头党群服务中心，打造“党建领航，华锦扬帆”等特色品牌，其中鹏泰服饰等4家民营企业党建做法入选泉州市典型案例。按照“行业相近、地域相邻”原则，组建区域性党建联盟，联合涉企部门开展“强党建，促发展”现场办公活动，搭建“聚能谷交流社”等平台，提供“点单式”服务，开展活动63场次。疫情期间，创新“七个一”举措，引导两新组织助力复工复产。做好中组部社会组织党建综合监测区建设，打造祥渔协会“海上枫桥经验”等特色品牌。实施“百会联百村，千贤帮千户”爱心工程，开展慰问帮扶等活动110多场。完善“空壳化”党组织整顿长效机制，整顿转化“空壳”“半空壳”党组织13个。建立党员数量预警机制，加强党员孵化力度，发展党员212名。举办市级两新组织培训班，并依托镇级党校和党员教育基地进行轮训，培训800多人次。

【基层党建工作】 2020年，石狮市在泉州市率先选派448名机关企事业干部驻村驻企参与疫情防控和复工复产，驻村干部管理办法被泉州市委组织部转发；创新“七个一”（一份工作方案、一封倡议书、一场宣教活动、一支党员志愿服务队、一次复工摸排行动、一套工作制度、一场公益活动）举措，引导两新组织党组织和党员助力复工复产，相关做法被“非公有制企业党建”等微信公众号刊发；把疫情防控作为践行初心使命的重要战场，将各级党群服务中心升格为防疫作战指挥部，当好群众的主心骨和贴心人，相关做法被中国共产党新闻网刊载。全面推行近邻党建工作，在全省率先实施“两长一员”（党员街巷长、党员楼长、红色网格员）制，完成省委组织部交办党群工作者薪酬制度体系任务，百德康桥小区“百家”等“好厝边”小区党建集群被省委组织部确定为近邻党建示范培育点，建设城市基层党建主题报告厅，集中宣传石狮市城市基层党建工作典型经验，相关经验做法3次被《福建组工信息》深入推进近邻党建工作专题综述刊载，4篇案例入选福建省、泉州市近邻党建案例选编，《石狮市推行“做强轴心，三级响应”党建引领城市治理模式的实践与启示》获全省组织工作调研成果二等奖，《福建新闻联播》专题报道、《石狮市推行“两长一员”制，打通城市治理末端》获评泉州市2020年度“强基促稳”专项优秀创新案例，并在泉州市近邻党建工作推进会上作典型发言。

【村级组织建设】 2020年，石狮市出台《农村基层党建“整镇推进、全域提升”工作方案》，实施党建引领乡村振兴六大工程（党建引领产业兴旺、生态宜居、乡风文明、治理有效、生活富裕、服务提质），推动“盆景”变“风景”，相关做法被《八闽快讯》等刊发。深化集体经济攻坚行动，全市平均村财收入61.1万元，其中收入超10万元的村占100%、超20万元的村占81.2%，居泉州市前列。构建村干部全过程培养“六有”（选有标准、育有办法、用有平台、管有制度、留有激励、退有依据）体系，通过建设村（社区）干部队伍管理“e”系统、为全市874名村干部100%建立个人档案、举办村（社区）主干培训班、筛选确定村级后备力量等举措，打造一支“三优三好”（政治优、品德优、能力优、业绩好、作风好、口碑好）村干部队伍，为村级组织换届打好基础。选派27名优秀机关干部到乡村振兴试点村、软弱涣散村党组织担任第一书记，举办2期驻村干部座谈会、研讨会，加强交流互动、共同进步提升，6篇驻村调研报告、案例、日记入选泉州市《滴水穿石》（第三辑）。制定村级民主议事协商《基本规程》《操作规范》，健全“议题收集—走访调研—制订方案—议事协商—结果公开”五步程序，在协商范围、操作流程、会议记录等方面建立统一标准，相关做法被《八闽快讯》《强基促稳专报件》等刊发。

【党员服务管理】 2020年，石狮市做好发展党员全过程跟踪把控，举办市镇两级重点发展对象培训班12场、发展党员341名，指导祥芝镇党委有序完成排查整顿农村发展党员违规违纪问题试点工作。出台《石狮市贯彻落实〈2019—2023年全国党员教育培训工作规划〉的实施方案》《石狮市加强镇（街道）党校规范化建设的实施意见》，举办全市党员教育培训示范班，健全镇（街道）党校党员教育培训师资库和培训课程目录，用好市"不忘初心、牢记使命"主题教育实践基地等"本土"红色资源，依托学习强国App、"党员e家"和"石狮组工"微信公众号、《石狮党建》电视栏目等载体平台，有计划分层次多渠道地抓好全市党员教育培训工作。开展"我是党员我担当"主题党日活动，组织全市党员围绕疫情防控、"六稳""六保"、安全生产大排查大整治等重点任务作出即时承诺，主动亮明身份、履职尽责、服务群众。"七一"期间，举办"我是党员我担当"主题访谈，市四套班子党员干部与10名来自一线的优秀党员干部代表同过集体政治生活，擦亮共产党员"名片"。强化党内激励关怀帮扶，党员互助基金、党费等列支108.1万元，走访慰问困难党员1202人次。

【党员电化和远程教育】 2020年，石狮市党员电教中心（远程中心）重点发挥好《石狮党建》电视专栏、福建广电网络党员干部远程教育平台两大阵地作用，全力服务"五个年"（产业攻坚年、城市提质年、交通整治年、民生提档年、作风建设年），助力高质量发展超越。按照精选题材、精心制作的指导思想，制播《石狮党建》电视栏目，策划拍摄《战"疫"一线党旗红》《亮灯领航》《党建领航 国企担当》系列专题节目，截至2020年12月制播159期。围绕组织工作要点，制作《在这里》《脚的旅程》《我是党员我担当》等3部宣传片。结合"七一"建党节，在石狮电视台开设《我是党员我担当》专栏，对市各行各业的优秀共产党员典型事迹进行集中宣传报道。推进福建广电网络党员干部远程教育平台建设，2020年，覆盖242个基层党组织。

【人才队伍建设】 2020年4月15日，在市人力资源大厦举办2019年度石狮市人才积分奖励暨新市民积分入住凭证颁发仪式，为首批36名实业人才、高层次人才代表和享受人才积分福利对象颁发证书。7月，启动"筑梦狮城"系列人才活动，开展"业在狮城"专项引才行动、"约在狮城"大学生回流工程、"跃在狮城"人才提升工程和"悦在狮城"服务提质工程。8月18日，举行石狮市创新人才"5R计划"发布会，正式启动实施创新人才"5R计划"，认定首批8家"石狮市人才R站"，通过创设平台、搭建载体、改进管理、共享资源、提升能力等方式，吸引更多创新人才到石狮企业柔性开展项目合作、技术研发、成果转化，破解县域高端人才引聚难题。10月，视频作品《急诊医生郭焕钢：战"疫"一线勇士》获得2020年（第六届）全国人才工作新闻摄影暨短视频比赛三等奖。12月，石狮市人力资源服务产业园获评"泉州市现代服务业集聚示范区"。12月23日，举办"智慧八闽"福建省高层次人才产业链（石狮）合作洽谈会，吸引52名省级高层次人才到石狮进行项目对接，现场签约2个意向落地项目，达成多个投资意向，意向投资金额超过6000万元。

宣传工作

【概况】 2020年，石狮市宣传思想文化工作坚持以习近平新时代中国特色社会主义思想为指导，不忘初心、牢记使命，进一步承担好举旗帜、聚民心、育新人、兴文化、展形象的使命任务。开展"网红"城市营销，做活"文旅""IP""影视"等多篇文章，全国文明城市创建获"二连冠"，新时代文明实践中心建成，融媒体中心以"优秀"等级通过全省验收。调研课题《推动学习宣传贯彻习近平新时代中国特色社会主义思想走深、走实、走心》获全省机关党建重点课题研究成果二等奖。短视频《阿鼠说防控》获福建省"抗疫情·福建非遗在行动"系列活动优秀奖。抗疫纪录片《ICU的冬与春》获2020年"中国梦福建故事"电视短纪录片评选二等奖。南音作品《泉台相思树》获福建省第九届百花文艺奖三等奖。

【学习宣传贯彻习近平新时代中国特色社会主义思想和中共中央、省委会议精神】 2020年，石狮市制定《关于进一步推动学习宣传贯彻习近平新时代中国特色社会主义思想走深走实的工作方案》《关于深入学习〈习近平在厦门〉〈习近平在宁德〉〈习近平在福州〉采访实录的工作措施》等，推动全市上下进一步兴起习近平新时代中国特色社会主义思想"大学习"热潮。打造"声动狮城"大讲堂，运用"红色录音棚""法治直播间"线上宣讲平台，邀请专家学者对民法典、《习近平谈治国理政》第三卷进行解读阐释，开展云宣讲、微宣讲12场次，收听收看受众5万余人次。将"学习强国"推广应用作为石狮市作风建设年重要内容，建立健全每周通报、约谈提醒、激励表扬工作制度，举办"决胜小康奋斗有我""学习强国"知识竞赛、评选"学习达人"等，并奖励一批学习标兵和学习之星，推动新思想大学习持续深入。石狮市"学习强国"学习平台人均积分居泉州各县市区前列。

【党委理论学习中心组】 2020年，石狮市召开市委理论学习中心组学习会议30场次，其中专题讲座9场次，邀请中央美术学院教授何崴、泉州市纪委副书记、监委副主任邓安娜、文旅部国家全域旅游示范区验收工作专家组组长戴学锋、泉州市科技局机关党委副书记孙中虎、泉州市生态环境局副局长黄华作乡村振兴、政务处分法、全域旅游、十九届五中全会精神、生态环保等专题报告，努力提升领导干部全方位、多层次的执政本领和能力。2020年，市委常委会举行《习近平在厦门》《习近平在宁德》《习近平在福州》及《习近平谈治国理政》第三卷等专题研讨12场次。通过精学研读、集中研讨、专题调研等学习方式，不断发挥党员领导干部示范引领作用，不断拓展学习的广度和深度，推动新思想大学习持续深入。

【重大主题宣传】 2020年，石狮市开展疫情防控宣传。建立强化新冠肺炎疫情常态化防控宣传引导的工作机制，组织石狮市各媒体做好疫情相关新闻报道和公益广告刊播。组织宣传专项督导组深入镇街、村居、企业、学校指导协调宣传工作，挖掘可推广的宣传亮点，帮助梳理宣传薄弱环节和存在漏洞，并提出改进要求。《人民日报》、中央电视台、新华社、《经济日报》、《福建日报》等各级媒体刊发多篇报道，关注石狮市在疫情防控、复工复产等方面的创新举措和良好效果。先后制发《关于做好疫情防控宣传的通知》《关于进一步加强疫情防控社会宣传的紧急通知》等，明确疫情防控社会宣传重点、任务分工和工作要求，创新结合快板、闽南四句等制作30余个双语音频，通过“固定+移动”的广播喇叭宣传方式，打通防疫宣传“最后一公里”。推广基层宣传引导“五个起来”（党旗飘起来、铜锣响起来、广播开起来、横幅拉起来、全民动起来），营造强大宣传声势。结合城市超级IP《狮来运转》卡通人物创作宣传动漫海报、视频。发布各类社会宣传标语提示参考93条。在重要路段、重点部位设置50余面大型户外公益广告。针对薄弱部位、区域增设宣传横幅，注意向村（社区）、企业内部延伸覆盖，全市印制悬挂宣传横幅上万条。组织广大文艺工作者创作30余幅不同形态的书法作品和现代诗、古体诗、散文、报告文学等文学作品459篇（首）。举办“暖心抗疫花式宅家”石狮全民抖音大赛、抗击疫情主题美术作品微信展、“石狮有爱·武汉加油”防新冠肺炎主题书法作品线上展等；以石狮子、再借亭、石湖塔等石狮文物为主元素制作一批宣传海报。

党代会、两会宣传报道。在党代会、两会前后连续推出大篇幅重要会议图文详解，联合摄制5个“一分钟”《践行新思想·谱写新华章》宣传短视频（产业篇、党建篇、改革篇、民生篇、宜居篇）；《石狮日报》、市广播电视台开设“学习贯彻市七届四次党代会精神”“市七届四次党代会精神解读”“落实五个年，大家谈发展”等专栏，邀请全市各单位主要负责人谈思路，提振干事创业精气神。

安全生产宣传。制定并下发《石狮市房屋安全“百日大整治”行动宣传工作方案》，《石狮日报》、市广播电视台《石狮新闻》和《直通政务》栏目开设“深入开展安全生产隐患大排查大整治”“房屋安全”“百日大整治”等专题专栏，围绕疫情防控、“家园清洁”百日行动、房屋安全百日整治、交通安全整治、生产经营单位安全生产、校园安全、防汛、清明期间森林防火、渔业行业安全生产等方面报道重点，结合本地实际推出安全生产有关文、图、影、音等宣传报道800余条次，刊发(播)《石狮“房屋安全百日大整治”满月，全市多维发力，累计排查房屋超5万栋》《鸿山：运用专家“诊疗法”推进安全生产工作》等一批重要报道，并在《本周观察》等栏目推出《守护房屋安全“体检”要细整治要准》等评论式报道，营造有力有序的舆论声势。《石狮日报》开设“安全生产警示录”宣传专栏，加强以案释法。

促经济、稳外贸主题宣传。组织各级媒体到石狮市开展主题采访，关注石狮市市场采购贸易试点工作成效。“学习强国”、新华社、中新社及《经济日报》《中国日报》《福建日报》等多家媒体重磅报道，报道石狮市外贸形势“逆势增长”。组织本地媒体开展“五绣”主题报道和“五个年”重大项目巡礼宣传报道，报道石狮市在项目招商引资、产业升级等各方面取得突破和成就。组织石狮日报社、石狮广播电视台、中国石狮网记者深入一线，采访报道石狮市在招商引资、项目建设等工作中取得的良好成绩。

【重大活动宣传】 2020年，网红城市及复工复产宣传。结合石狮市“222购购购”网上直播专卖节、“4·18”网交会直播活动以及石狮市“网红城市”相关政策，开展复工复产宣传报道，加强活动前后的宣传策划，“石狮日报”等微信公众号发布《刚刚！石狮市长“变身”网红主播实力“带货”！石狮服装品牌网上直播专卖节启动》等推文4条，阅读数10万多次，国务院复工复产新闻发布会点名表扬，国务院官方网站、《人民日报》、中央电视台、新华社、《经济日报》等中央、省级、泉州级媒体刊出报道近百篇，其中，国务院官网刊发《福建石狮：复工复产顺利进行》；新华社现场云进行网络直播，《人民日报》刊发《线上带货 线下带活》、新华社刊发《福建石狮：网上直播促交易》，中央电视台刊播《福建石狮：市长为品牌服装直播带货》《人民日报》数字福建抖音号发布《助力企业复工，石狮市长直播卖衣服！网友刷屏：买买买！》视频；《福建日报》头版大篇幅刊发《三天策划生成 市长直播带货 打造网红城市——政企齐发力 直播破五难》；石狮融媒体中心进行5G网络直播，发布10余个小视频宣传造势。抖音平台发起“爱品才会赢”话题，播放量达6234万次。在海丝品博会、海博会、时装周、校服展活动中，邀请50余家各类中央、省主流媒体和行业媒体上百名媒体记者到现场参与报道。各媒体大篇幅刊发活动相关报道百余篇，新华社、中新社、《经济日报》、《福建日报》、福建电视台等多家媒体刊发展会专题报道，关注疫情下石狮推动经济转型，打造内外双循环系列措施。

2020年，深化公民道德实践宣传。加强典型选树，开展寻找命名五好家庭暨“最美家庭”活动，19户家庭上榜省抗“疫”最美家庭。组织开展“立足岗位抗疫情”学雷锋推选宣传活动，石狮市公安局交通警察大队十中队、石狮市锦尚镇卢厝村民委员会和颜志焕分别获评2020年度泉州市学雷锋活动示范点和岗位学雷锋标兵。出台《石狮市新时代爱国主义教育实施方案》，就石狮市进一步加强新时代爱国主义教育提出具体措施。开展爱国主义教育基地专项调研，指导推动全市各级爱国主义教育基地增效提档。挖掘侨亲爱国爱乡故事，推进蔡友玉纪念馆建设。举办“烈士纪念日”缅怀先烈活动、“国庆”升国旗仪式，组织开展石狮市中学生“爱国心·报国行·强国志”演讲比赛、“战疫情、赞英雄、爱国”主题教育活动、“聆听英雄故事、传承红色基因”活动，举办李子芳烈士110周年诞辰系列活动。

【文化惠民】 2020年，石狮市举办文化卫生科技“三下乡”启动仪式暨新春集中服务活动，承办2020年泉州市文化卫生科技“三下乡”集中服务活动，实施“春暖花开·静候佳音”2020年度石狮市市情讲解员（导游）培训计划。开展“百日阅读”“非常战疫 宅家阅读”“相约云端”第14届闽台对渡文化节暨蚶江海上泼水节线上互动活动等。打造线上“文艺空间”，以“决胜全面小康·奋斗有你有我”为主题，以网络为平台，举办石狮市第18届广场文化艺术节，录制推出“百姓大舞台”专场、文艺会演专场，通过石狮电视台、爱石狮微信公众号、“石狮日报”微信公众号、“中国石狮网”微信公众号、全市58台移动多媒体视频平台和网络全面展播。围绕全面建成小康社会、决战脱贫攻坚等重大主题，发动本土各领域文艺工作者创作推出纪录片《故园之恋》《紫薇花开》《石狮匠人》及微电影《海誓山盟》、高甲戏《闽台对渡传奇》、大型音乐表演唱《城美人和幸福来》等一批深受广大群众喜爱的文艺精品。

【宣讲活动】 2020年，以习近平新时代中国特色社会主义思想为主线，整合宣讲资源，市乡村讲师团围绕理论政策、普法宣传、文化艺术、金融工作、家风文明、卫生健康、社科普及、乡村教育、农业技术等不同主题，梳理完善116个课题的宣讲库，供全市各村（社区）、单位、企业、学校等进行选择，增强基层宣讲的针对性。组织开展学习宣传贯彻《习近平谈治国理政》第三卷和中共十九届五中全会专题集中宣讲活动，抽调机关干部、思政工作者、退休老干部等21人组成宣讲团，依托各镇（街道）新时代文明实践中心站、所等阵地，持续深入镇（街道）、机关、校园、军营等开展对象化、分众化、互动化、通俗化宣讲活动123场次，受教育群众上万人次。

【网络文化建设与管理】 2020年，石狮市委宣传部围绕石狮市党委政府中心工作，结合疫情防控、复工复产、网红城市营销、重要会议、重大经贸文化活动等主题，开展形式多样的网络宣传。推出《落实五中全会精神·立潮头拼干劲 巡礼重点项目建设成果》《“五绣”穿针 绣出城市颜值品位》等网络专题；通过“两微一端”“头条”“抖音”等多平台，推出图文详解、动漫海报、网络公益广告、游戏小程序、短视频、H5等原创精品超300件；以融媒体中心为核心全面联动，实现媒体间各传播平台联动、错时发布信息，稿件原创率60%以上，全年发布《致广大来石狮的湖北、武汉朋友的倡议书》等阅读数超10万次的爆款产品超20条；主动把握网上直播新机遇，深度参与策划石狮品牌服装网上直播专卖节暨网红选品节、石狮网上直播交易会、泉州线上产业直播节——石狮分

2020年12月9日，市委宣讲团到凤里街道华南社区开展十九届五中全会精神专题宣讲活动
（图/市委宣传部）

会场、2020天猫男装·石狮产业带直播峰会、海丝品博会、海博会、石狮时装周、校服展等重要活动网络直播宣传，助力“网红城市”打造。组织本地媒体到网红基地考察学习，提高媒体利用“网红经济”传播能力。

【文脉传承活动】 2020年，石狮市推荐南音作品《泉台相思树》获福建省第九届百花文艺奖三等奖。举办“助力第44届世界遗产大会 促进海峡两岸文化交流——东南墨韵画展”巡回展（石狮站）暨福建省工艺美术大师张红苹木雕艺术展、石狮市第22届（灵秀）侨乡谜会、2020年石狮市“非遗”（闽南什音）进社区活动20余场。

【专题调研】 2020年，石狮市制定《关于进一步学懂弄通做实〈习近平谈治国理政〉第三卷的具体措施》，策划实施“在关键时刻考察识别干部的实践与思考”“加快数字产业化、产业数字化”等12个市级调研专题。结合当前意识形态及宣传思想文化工作中存在的难点、热点问题，深入基层开展调研，不断推动研究成果转化运用。调研课题“推动学习宣传贯彻习近平新时代中国特色社会主义思想走深、走实、走心”获全省机关党建重点课题研究成果二等奖，新时代文明实践调研课题获全市党建课题一等奖。

【文化产业发展】 2020年，石狮市探索文创产业模式，立足管理公司引进、园区功能布局文化活动造势等方面，推动星期YI、星港文创园等园区、创客空间发展。加快影视产业发展，《战警之生死狙击》《你是我最甜蜜的心事》等近20部影视剧组到石狮拍摄，由香港影星曾志伟领衔主演的《全城风暴》吸引大批市民关注。城市超级IP产业融合示范建设项目——动画片《狮来运转》在全国各地131个电视台的少儿频道上线播出，并在爱奇艺、腾讯、IPTV等新媒体上线播出，收视反映良好。开展线上线下宣传活动，加快提升IP知名度和品牌价值，成功签约商用授权合作199个SKU，共计90个商品品类，21家企业家商场。开发IP主题伴手礼门店、餐厅、游乐园、微信小程序、手机游戏和研学项目，在宝盖山景区重点投放IP形象主题自动贩卖机、能量补给站等。加速IP公益授权布局，将城市IP运用到全市各大活动中开展事件营销，不断提升城市美誉度和影响力。

2020年，石狮市成立石狮文旅集团，集聚优质文旅资源，做大做强文旅板块。丰富文化旅游内涵，加快推进旅游产品、旅游公共服务设施建设，宝盖山风景区、永宁古卫城获评国家AAA级旅游景区，红塔湾海岸公园、世茂海上丝绸之路馆、杨孙西文化馆等一批项目建成，“橘若”民宿成为泉州地区民宿地标，永宁镇入选首批“省级滨海休闲度假气候福地”，郭坑村获评省级三星级旅游村、古浮村获评省级旅游村。

【基层宣传文化建设】 2020年，石狮市组织开展宣传工作机构（岗位）人员配置情况排查整改工作，全市村（社区）、非公党组织均配备宣传员，各镇（街道）增设基层党建办公室、乡村振兴服务中心。丰富公共文化产品和服务供给，推进公共文化场馆免费开放，提升公共文化机构服务水平，推动文化下乡下基层，打造群众文化活动品牌，鼓励社会力量参与公共文化设施建设和服务。完成村级综合文化服务中心改造提升工作，完善各项制度，提升村级文化服务中心公共文化服务效能。受文旅部委托，省文旅厅、财政厅对泉州创建公共文化服务示范区工作进行验收，并对石狮市进行实地检查，充分肯定石狮市创建工作。

2020年，石狮市加快推动媒体融合发展。成立市融媒体中心建设领导小组，出台《石狮市融媒体中心建设方案》，协调福建日报社将石狮日报社下放给石狮市融合管理，彻底整合三家媒体融合成一家，将三家媒体原有29个内设机构优化为“一室九部”实现“管理一体化、生产一体化、传播一体化、运营一体化”。探索在全媒体广告运营、电子商务、政府购买服务、教育研学、智慧城市运营等方面的市场化运营。构建报刊网站、广播电视、“两微一端”等多种媒体形态和终端，代运营27个政务微信公众号，入驻《人民日报》、新华社“新华云”、“央视新闻”、“学习强国”、“海博TV”、“今日头条”、“抖音”等新媒体平台。举办新闻发言人、联络员、网络阅评员培训班，提升媒体队伍综合素质。

【新闻报道】 2020年，石狮市围绕落实疫情防控、安全生产、复工复产、强基促稳、脱贫攻坚、扫黑除恶、促经济稳外贸等中心工作主题宣传，开展宣传报道工作，做好城市营销。2020年刊发泉州级媒体报道700余篇，省级媒体报道200余篇，中央级媒体报道300余篇，国务院官方网站、学习强国、中央电视台、新华社、中新社、福建电视台及《人民日报》《经济日报》《中国日报》《香港大公报》《香港经济导报》《福建日报》等多家中央、省主流媒体刊播相关报道关注石狮系列工作举措、成就。其中《人民日报》刊发《线上带货线下带活》等4篇报道；中央电视台刊播《福建石狮：市长为品牌服装直播带货》等13篇报道；新华社刊发《福建石狮：网上直播促交易》等50余篇报道。

【媒体交流活动】 2020年，石狮市接待上级各媒体采访250余人次。办好《石狮侨报》《收藏快报》《东方收藏》，深化与《菲律宾联合日报》《台湾商报》及台湾《前锋日报》的合作关系。继续强化《石狮侨报》《收藏快报》《东方收藏》“一带一路”专版载体作用，宣传“一带一路”倡议的落实、影响及成果，策划新增“宝盖山下”文学副刊。

精神文明建设

【概况】 2020年，石狮市贯彻落实习近平新时代中国特色社会主义思想，牢牢把握培育和践行社会主义核心价值观这一主线，围绕市委“五个年”工作部署，以深化全国文明城市建设为总抓手，扎实推进各类群众性精神文明创建活动，提高市民思想觉悟、道德水准、文明素养和城乡文明程度。11月，石狮市通过中央文明办复查，保留“全国文明城市”称号，完成“二连冠”既定目标。

【文明城市创建常态化】 2020年，石狮市健全完善考核体系，常态化开展督查考评。按照《石狮市常态化创建全国文明城市工作考评试行办法(修订版)》，进一步完善可量化的督查考核体系。对标找差，查找创城工作中存在的问题，督导各责任单位做好整改提升工作。全年发现各类问题33740处，完成整改33508处，整改率99.31%。升级维护“石狮市文明创建动态监督平台”（含“石狮文明天气图”系统管理平台和“石狮文明督查”微信公众号），发挥其动态管理作用，2020年通过天气图管理平台“随手拍”解决各类市民投诉462件。

2020年，石狮市组织实地模拟测评和网上材料申报，做好总评迎检工作。6月4—11日，市创城办组织为期6天的实地考察模拟测评，涵盖43个项目、425个点位，发现问题1800处，均及时通过天气图管理平台通报至各相关单位限期整改。网上材料申报方面，抽调全市12名干部组建网上申报材料组，负责材料收集、汇总、审核、撰写、上报等工作，最终形成说明报告112篇、图片资料454张及正式发文、部门评价、数据表格等材料，完成网上材料申报工作。7月3日，市委常委、宣传部部长廖春园主持召开全市迎接全国文明城市总评工作部署会议，市委书记蔡萌芽在会上作重要讲话，推动总评迎检工作。8月28日，市委书记蔡萌芽带队深入福辉路、福辉综合农贸市场、凤凰城小区、塔前汽车站等点位实地检查迎检工作，并逐一提出整改意见。

2020年，石狮市持续开展公共环境督查，提升城乡环境质量。组织2020年迎新春环境卫生清洁行动专项督查，累计督促整改市容环境卫生问题746处；开展2020年新冠肺炎专项检查，督促整改市容和农贸市场环境卫生问题87处；持续推进“家园清洁”百日行动督查，督促各责任单位“扫清”各类垃圾和卫生死角近12万处，“拆清”简易搭盖、鸡鸭猪圈、废弃农村厕所等2908处34.7万平方米，“摆清”乱堆乱放问题13534处，通过土地复耕、建设口袋公园和微景观、改建临时停车场、创作乡村微墙绘等项目，累计整合利用土地82块，涉及面积61491平方米。6月2日，召开全市环境卫生考评工作点评会，协调解决环卫管理过程中的重点难点问题。根据《石狮市创建全国文明城市公共环境督查考评实施方案（试行）》要求，重点开展城乡环境卫生、市容市貌等公共环境常态化督查考评，发现并督促整改市容环境卫生问题15185处，整改率100%。在2020年度泉州市城乡环境卫生考评中，石狮年度总成绩为92.77分，排名第三，较2019年度上升一个名次。

2020年，石狮市开展创城宣传，增强全民参与意识。通过各新闻媒体广泛开展宣传造势，其中石狮广播电视台刊播2期，《石狮日报》“创城再出发”和“创城督查考评在行动”专栏刊出专题报道84期，“石狮文明督查”微信公众号报道43期，被泉州市城市管理综合考评中心微信公众号采用18篇。1月7日，召开市民志愿巡访团成员座谈会，征集和解决文明创建和城市管理中的问题。组织市民志愿巡访团、媒体暗访团联合组成暗访小组，对主次干道、农贸市场和物业小区等主要实地点位开展专项督查11次，发现问题219处，并将典型问题在日报社、电视台进行曝光，进一步造浓创城氛围，提升市民文明意识。更新主次干道精神文明宣传栏和公益广告33处，在6条主次干道变电箱上绘制主题公益广告79处，印发2020年版《石狮市市民文明手册》25000份，并向中心城区“两镇两街道”居民、各中小学校学生分发《2020年石狮市创建全国文明城市调查问卷》《未成年人思想道德建设工作测评调查问卷》30万份；委托石狮市狮城社工事务所开展创城入户宣传和入户模拟问卷调查1300户；委托中国移动福建公司石狮分公司制播全国文明城市创建的视频彩铃2000户，并植入宣传视频2.3万户；发布创建全国文明城市调查问卷线上有奖征答，浏览量19570人次，收集有效答卷8199份。

【加强公民思想道德建设】 2020年，石狮市委文明办组织开展“汇聚文明力量、移风易俗携手阻击疫情”、迎新春环境卫生清洁行动、“家园清洁”百日行动和以“五绣”为主题的城区主次干道市容和环境卫生专项整治行动等文明实践活动。根据常态化疫情防控实际，清明节期间，组织网上祭英烈、中华经典诵读、参观爱国主义教育基地等活动；端午节期间，举办“我们的节日·端午”线上交流活动，全市近万人次参与。深化家风家训建设活动，指导湖滨街道王起沃纪念馆获评第三批泉州市家风家训示范点。2020年，全市有省级家风家训示范点1个、泉州市家风家训馆2个。推动公益广告宣传提档升级，组织第三届公益广告原创作品征集评选大赛，对36件优秀作品予以通报表扬并将其充实到“石狮市公益广告作品库”。开展“文明健康·有你有我”主题公益广告宣传行动，制作一批具有石狮特色的公益广告在全市餐饮行业分发宣传；统筹指导有关单位按照城市IP、温馨亲情、城市园林等主题，对沿街沿线163个变电箱（信号箱）进行美化提升。

【深化道德典型选树】 2020年，石狮市委文明办推荐的市公安局民警林世源、永宁红塔湾义务救生员任利明分别成功入选3月和10月“福建好人榜”。截至12月，全市有“中国好人”22名、“福建好人”32名。进一步落实《石狮市礼遇和帮扶“石狮好人”实施办法》，在入学、入住、入医等方面给予道德模范、身边好人等先进典型7项礼遇、8项帮扶。全年为46人办理人身意外险，为1人申请子女优先就学，走访慰问生活困难道德模范10人次，发放慰问金1.2万元。

【推进诚信制度化建设】 2020年6月11日，石狮市出台《2020年石狮市十大“文明新风”行动实施方案》，其中“诚信无价”行动方案开展15项失信问题专项治理。持续开展“诚信经营示范街区”和“放心消费示范商圈”创评活动。12月22日，省委文明办到石狮市商业步行街调研“第三批省级诚信经营示范街区”创建工作；12月29日，泉州市“放心消费示范商圈”考评组对石狮市德辉商圈进行实地考核验收。

【深化移风易俗工作】 2020年，石狮市围绕移风易俗“深化提质年”目标，进一步强化“喜事新办、丧事简办、神事不办”，以更大力度破除陈规陋习，推进乡风文明。全年简办红白事近3000场次、公益捐资7000多万元，节约资金超亿元；办理减免基本殡葬服务费1867例，减免费用226.21万元。建章立制方面，出台《2020年石狮市深化移风易俗工作方案》，逐条逐项细化任务目标，并将移风易俗工作纳入全面从严治党主体责任、年度绩效评估、乡村振兴战略等五大考核内容，切实强化“刚性约束”。基层自治方面，启动第三轮村规民约（居民公约）修订工作，指导全市128个村（社区）将红白事操办条款细化、量化、标准化，并将“殡期控制在3天以内”等新要求和疫情防控中形成的可推广、可持续的好经验、好做法等内容充实到条约细则中，确保务实、务细、可操作性。典型选树方面，组织开展石狮市“十个移风易俗示范镇（街道）、村（社区）”“十名移风易俗带头人”“十佳村规民约（居民公约）”评选表彰活动，指导各镇（街道）评选出95对“好婆媳”、60对“好婆媳”、78对（个）“好邻居”，借评选活动激发工作动能。战“疫”专项方面，深化“汇聚文明力量·移风易俗携手阻击疫情”活动，协同市疫情防控指挥部制定发布《关于疫情防控期间从简治丧的告知书》，明确严控治丧时间、出殡规模、丧礼流程等，全市各级文明单位（村镇、校园）全面刊播“文明健康 有你有我”公益广告，进一步强化健康理念，普及传染病防控知识。

【组织基层文明创评活动】 2020年6月，石狮市组织全国文明单位及培育对象、省级文明单位（村镇、社区、校园）申报对象开展网上材料动态申报；8—12月，开展第六届全国文明村镇、文明单位和2018—2020年度省级精神文明建设各类先进总评工作，其中，国网石狮市供电公司和永宁镇前埔村分获第六届全国文明单位和全国文明村镇称号。1—5月，组织开展2017—2019年度泉州市级精神文明建设各类先进总评工作；12月，启动泉州市2020—2022年度文明村镇、文明单位（社区）、文明校园申报工作。2020年10月起，开展2019—2021年度石狮市级文明村镇、文明单位（社区）、文明校园届中考评工作。2020年，全市共有全国文明单位（村镇、社区、校园）6个、省级41个、泉州市级127个、石狮市级155个。

【志愿服务发展】 2020年12月底，石狮市在线注册志愿者10.5万名、志愿服务队伍近400支，项目发布7300余项、总时长近100万小时。强化党管社会组织意识，市委文明办党支部与石狮市“阳光太太”志愿者协会党支部党建结对共建，开展“志愿服务的法律风险防范”主题法院开放日活动，创新基层党建工作载体，促进社会组织健康发展。动员全市各志愿服务团队及广大志愿者参与疫情防控工作，科学有序开展普及防疫知识、进行体温检测、关卡排查登记、编创抗“疫”作品等活动。开展新时代文明实践中心全国试点建设工作，建成“石狮市新时代文明实践中心”展示互动馆，推动镇（村）一级实践所（站）全覆盖，培育近50个群众“家门口”的文明实践点。围绕“一平台一特色、一镇一品牌、一村一亮点”工作目标，总结提炼灵秀镇“百灵鸟”义警队、宝盖镇“乡风文明”积分制、祥芝镇“海上枫桥”等品牌项目并入选《福建省新时代文明实践创新案例》。其中，“百灵鸟”义警获第五届中国青年志愿服务项目大赛铜奖。9月，石狮市作为全省两个县市代表之一赴广东参加全国建设新时代文明实践中心试点工作座谈会。

【推进未成年人思想道德建设】 2020年，石狮市印发《2020年石狮市未成年人思想道德建设工作方案》。开展第二届石狮市“新时代好少年”学习宣传活动，表扬“学习、创新、美德、才艺”四个类别15名好少年，其中灵秀镇港塘小学苟晓敏获第二届泉州市“新时代好少年”。“六一”前夕，组织慰问首届石狮市“新时代好少年”李依彤、第二届泉州市“新时代好少年”苟晓敏。11月27日，组织开展全市学校少年宫展演活动。12月3日，组织对4所中央专项彩票公益金支持的学校少年宫活动项目进行年度调研。开展教育实践活动，清明期间组织开展“网上祭英烈”活动，国庆期间组织开展“向国旗敬礼”活动，全市10万人次学生参与网上签名寄语和线下实践活动。为庆祝中国共产党成立99周年，策划录制石狮市中

2020 年 7 月 23 日，石狮市市民志愿巡访团开展农贸市场专项巡访

（图 / 市委文明办）

小学生“童心向党”歌曲串烧 MV《童声唱响新时代》，被“文明福建”微信公众号采用并在全省范围推广。举办石狮市中小学生“节俭养德，珍惜粮食”主题摄影比赛，评出一等奖 3 件、二等奖 6 件、三等奖 11 件。组织 4 所学校学生免费观看电影《石狮是我家》，培养青少年爱祖国、爱家乡情怀。

统一战线工作

【概况】 2020 年，市委统战部支持各民主党派发挥资源优势和专业特长，深入基层开展文化下乡、送医义诊、扶贫济困、助学圆梦等活动。编印《石狮市民主党派工作月刊》。开展石狮市党外知识分子摸底工作和党外干部培训工作。成立石狮市首个镇级同乡会——香港石狮祥芝镇同乡会。石狮侨界有 25 件抗击新冠肺炎疫情实物资料入藏中国华侨历史博物馆。

【民主党派工作】 2020 年，民主党派在石狮市政协七届四次会议上提交团体及个人提案 188 件，占提案总数 77%；确定 6 件提案为重点提案，其中民主党派成员 5 件、无党派人士 1 件，占重点提案总数的 100%。石狮市民主党派智库两篇课题调研报告《聚力打造“十里黄金海岸”凸显石狮旅游新亮点》和《修复安置小区“伤痕” 提升居住群众“获得感”》得到市委、市政府主要领导的批示肯定，有关部门也在推动落实。

2020 年，落实特约人员制度。按规定推荐民主党派成员、无党派人士担任石狮市监察委员会第一届特约监察员（14 名，占 44%）、机关效能建设监督员（15 名，占 56%）和市检察院、审计局、生态环境保护局及其他部门的特约人员（71 名）。特约人员培训纳入全市统战、宗教、民族理论专题培训班学习计划。

2020 年，推动民主党派加强自身建设。12 月 9 日，市委常委、统战部部长林天虎向党外人士宣讲中共十九届五中全会精神。组织各民主党派成员参加学习贯彻《习近平谈治国理政》第三卷宣讲报告会与中共十九届五中全会精神宣讲报告会；向各民主党派分发《中国统一战线》和《福建统一战线》等期刊，供各民主党派成员阅读与学习交流。引导各民主党派开展多种形式的学习教育活动，组织学习习近平新时代中国特色社会主义思想和中共十九届四中、五中全会精神，加强理论学习，提高民主党派成员政治素质。7 月，召开石狮市各民主党派主要负责人座谈会，传达学习中央统战部关于加强新时代参政党建设的文件精神，通报石狮市统筹推进疫情防控和经济社会发展情况，征求各民主党派意见建议。支持各民主党派履职尽责，就疫情防控和统筹经济社会发展建言献策；引导各民主党派领导班子开展中心组学习会、民主生活会、述职述廉和民主评议会，推动建立一批各具特色的“党（盟、会、社）员之家”，加强民主党派自身建设。

2020 年，引导民主党派开展社会服务。支持各民主党派发挥资源优势和专业特长，深入基层开展文化下乡、送医义诊、扶贫济困、助学圆梦等活动，积极树立民主党派的良好形象，提升民主党派社会影响力。组织各民主党派、党外知识分子、新的社会阶层人士中书法爱好者在石狮市龟湖公园开展“迎新春送春联”文化下乡活动；指导民革到老人福利院开展慰问活动；民建开展“金秋助学”活动；民进开展“同心助学”活动；农工党开展义诊赠药公益活动等。2020 年新冠肺炎疫情发生以来，全市各民主党派成员及成员企业捐款捐物 102.55 万元。

【党派干部培训选拔】 2020 年，石狮市选派 2 名民主党派骨干成员参加泉州市社会主义学院“党外科级干部进修班”。10 月 26—30 日，石狮市各民主党派业务骨干、无党派人士、党外知识分子、党外特约人员、党外优秀年轻干部、新的社会阶层人士、留学人员、网络代表人士，以及年轻企业家等参加由市委统战部与市委党校联合举办的统战、宗教、民族理论专题培训班。培训班为期5天，以专题教学、自学、现场教学的形式开展培训，旨在进一步增强党外干部对中国共产党统一战线理论、方针、政策的理解，提高党外干部的理论素养和业务能力，更好地服务石狮的经济社会发展。

【新的社会阶层人士统战工作】 2020年8月12日，石狮市召开新的社会阶层人士思想交流会，进一步加强石狮市新的社会阶层人士的思想引领工作，打造新的社会阶层人士学习交流平台；广泛团结石狮市新的社会阶层人士，为更好服务高质量发展增添新力量，12月15日，石狮市举行新阶联第一届理（监）事会就职典礼。2020年，石狮市成立1个新的社会阶层人士实践创新基地、1个网络代表人士实践创新基地、10个“同心图书室”、6个“同心服务站”。

【台港澳及海外联络联谊工作】 2020年1月，石狮市委统战部在防疫物资紧缺的情况下，组织各镇办、发动社会各界力量，向港澳石狮籍社团和乡亲捐赠防疫物资。截至7月，向港澳石狮籍社团及属会、校友会等捐赠69万个口罩。开展“五个一”人文关怀，设立服务热线，建立港澳乡亲医疗服务咨询微信群，为隔离点隔离旅港旅澳乡亲送温暖，与广大海内外乡亲同心互助，共同防控新冠肺炎疫情。5月13日，经中国华侨历史博物馆确认，石狮侨界25件抗击新冠肺炎疫情实物资料入藏中国华侨历史博物馆。6月5日，推动香港石狮祥芝镇同乡会成功注册，成为石狮市首个镇级同乡会。9月30日，举办迎中秋庆国庆茶话会，与港澳台同胞以及菲律宾、智利、泰国、坦桑尼亚等各界侨亲同迎佳节，畅叙乡谊。

12月11—14日，石狮市委常委、统战部部长林天虎、统战部副部长施剑峰通过走访澳门石狮同乡总会、通过召开旅澳乡亲座谈会等多种形式，联络关心港澳基层社团、重点代表人士，引导港澳乡亲支持特区政府依法施政，维护港澳地区长期繁荣稳定。

【侨胞服务工作】 2020年，石狮市组织慰问贫困归侨侨眷，全年走访慰问贫难归侨侨眷21人次，发放慰问金46000元。石狮市委统战部维护侨胞权益，为5位符合条件的华侨办理回国定居手续；出具“三侨子女”证明2份，由教育部门安排照顾入学；办理低于50万元华侨公益捐赠确认3份；走访侨资企业，了解生产经营状况，并对企业在生产经营中遇到的问题和困难提出相关的建议和解决办法。

【搭建台港澳、海外青年交流平台】 2020年8月28日，举行“业在石狮·约在石狮·筑梦狮城”创新创业论坛。此次论坛活动，为海归青年们联谊和沟通开辟了新窗口，进一步推动优秀留学人才间的交流与合作，同时也在石狮人才引进方面起到了积极的推动作用。11月17日，举行“狮城扬帆　商联全球”第二期闽侨青年精英海丝情活动暨东南亚采购集散中心推介会，邀请来自海内外的福建青年乡贤、企业家代表等在主、分会场参加活动。以此次活动为契机，东南亚采购集散中心揭牌启用，举行“世界泉州青年联谊会创新创业基地”授牌仪式。为广大乡贤、客商到石狮做生意、搞外贸、办企业，提供更好的平台。

【石狮市留学生联谊会工作】 2020年1月20日，举行石狮市留学人员暨归国创业人员联谊会（以下简称“石狮留联”）新春座谈会暨年度工作报告会。1月28日，石狮留联发起关于迎战新型冠状病毒疫情捐赠倡议书，并成立党员先锋队。1月31日至3月8日，石狮留联先后向湖北省孝感市孝昌县第一人民医院、石狮市总医院、市交通港务局（驻高速路口）、灵秀镇政府、市公安局蚶江派出所、市交警大队、泉州师院、石狮市公安局出入境大厅、厦外石分校、灵秀派出所、深埕边防派出所、祥芝镇政府、永宁镇政府、郭坑回族村、石狮市园林环卫处等防疫一线捐赠价值27.35万元的防疫物资。8月28日，举行“业在石狮·约在石狮·筑梦狮城”创新创业论坛。9月12日—19日，举办第五届石狮“同心杯”篮球邀请赛。10月10日，举行“国泰家园·情聚石留”中秋博饼晚宴暨新理事入会仪式。

2020年11月17日，石狮市举行“狮城扬帆　商联全球”第二期闽侨青年精英海丝情活动暨东南亚采购集散中心揭牌仪式　（图/市委统战部）

机构编制

【概况】 2020年，石狮市推进镇（街道）机构改革，开展经济发达镇行政管理体制改革，加强创新统筹编制资源，推进事业单位改革，规范事业单位名称11个，重新明确职责36个，调整“小、弱、散”事业单位10个，重新核定领导职数56个，调整编制及结构71个，研究提出撤并整合方案11个。完成2019年全市事业单位年度报告工作，公示年度报告286份。

【深化行政管理体制改革】 2020年，石狮市推进镇（街道）机构改革。出台《石狮市镇（街道）机构改革实施方案》，印发《石狮市镇（街道）机构改革组织实施方案》，对推进全市镇（街道）机构改革、经济发达镇行政管理体制改革工作进行全面部署。立足各镇（街道）特色，研究出台各镇（街道）“三定”文件，明确镇（街道）职责定位，切实推动镇（街道）把工作重心转移到加强党的基层建设和公共服务、公共管理、公共安全以及促进城市经济发展上来。整合基层管理、执法、服务等各类资源，按照经济发达镇、普通镇、街道3类设置内设机构和事业单位，发挥体制机制保障作用。

2020年，石狮市开展经济发达镇行政管理体制改革。研究出台石狮市灵秀镇、蚶江镇、宝盖镇3个镇行政管理体制改革实施方案。立足石狮市全域城市化改革试点实际，借鉴城市基层党建试点改革成功经验，除根据镇一级功能特点设立的城镇规划建设办公室、乡村振兴服务中心以及经济发达镇特色事业单位外，其余设置与街道基本一致。坚持精简效能，经济发达镇内设机构6个，比上级规定限额少1个。在全市镇级领导职数总量内调剂1—2名给经济发达镇，强化经济发达镇领导班子建设。立足灵秀、宝盖、蚶江3个经济发达镇产业特色和区位优势，在党建、乡村振兴、社会治理、提升城镇化水平等方面出台配套政策。市直有关职能部门针对经济发达镇实际，在推进集中审批、智慧城市建设、财政管理、项目建设、金融政策、公共服务等方面出台配套扶持政策。

2020年，石狮市优化部门协作配合机制，明确农村生活污水处理、三无船舶管理、企业内设加油站点监管等领域的部门职责分工，指导建立协同协作制度，加强和规范部门之间协同协作配合机制。

2020年，石狮市加强政府权责清单管理。结合机构改革，全面梳理修订审计局、退役军人事务局等8个市直部门权责清单，公布权责事项202项。首批梳理修订全市9个镇（街道）“七张清单”，公布镇（街道）法定权责事项1808项、赋权和委托事项各10项、市直部门派驻机构事项8408项、梳理管理责任事项319项，进一步明晰镇（街道）行使的权责事项，理顺市与镇（街道）的权责关系。

2020年，石狮市完善部门管理体制机制，进一步优化纪委监察派驻机构设置，推动全面从严治党。强化巡察机构设置，推动配强配齐巡察干部。优化市公安局执法勤务机构设置，加强交通管理和网络安全保卫队伍建设。按照上级部署，做好退役军人事务局、司法局、贸促会等部门内设机构调整工作。调整优化市行政服务中心管委会内设机构设置，加强网上审批工作。

【行政审批体制改革】 2020年，石狮市持续推进商事制度改革，全面推行企业开办“一窗通办”服务，企业开办时间压缩至0.5个工作日内。进一步提升登记便利化水平，实现个体工商户登记“自主申报、自动核准、自助打照”的全流程网上登记模式。推进企业注销登记改革，扩大简易注销使用范围，简化企业提交的申请材料，注销公告时间压缩至20个工作日内。深化工程建设项目审批制度改革，推进规划用地“多审合一、多证合一”改革，实现建设用地规划许可证、划拨决定书一并办理。进一步简化工程规划设计方案评审方式，依托“多规合一”平台开展网上规划设计方案审查，提升审查效率。推进不动产登记改革，不动产一般登记时限压缩至3个工作日，抵押登记时限压缩至2个工作日。持续优化不动产登记便民利企工作，在泉州市率先开启商品房“交房即交证”“交地即交证”办证模式。推动“一件事”集成套餐服务事项改革，重点围绕群众、企业关心的热点审批事项，优化业务流程，简化审批手续，压减办事期限，提升办事便利化水平。2020年，公布实施“我要开办企业”“我要二手房过户”“我要办理房产抵押登记”等20件“一件事”集成套餐服务事项。

【机构编制管理】 2020年，石狮市加强创新统筹编制资源。建立市直党政机关行政编制周转保障制度，加大周转保障力度，优化市直党政机关公务员队伍机构。2020年，向镇（街道）下沉事业编制14名，保障重点领域、民生短板、基层一线等编制需求，最大限度提高机构编制资源效用；向泉州市争取150名财政核拨事业编制，专项用于保障中小学教职工事业编制。

2020年，石狮市开展机构编制专项监督检查，对发现的超审批权限设置机构、超规格超职数配备干部、自行设置领导职务名称、违反机构编制实名制管理规定、未执行《事业单位登记管理暂行条例》等方面的问题，建立问题台账，实行整改销号制度。清理规范并修订完善石狮市现行机构编制政策制度，进一步调整规范机关事业单位工作人员调配机制，细化规范审批程序，强化制度刚性约束。严格机构编制管理权限和程序，严格执行“三个一”审批制度及“五不准”“七个严禁”政策。推进机构编制管理网络信息化，加强机构编制数据精细化管理。健全完善机构编制部门同纪检监察机关、巡察机构和组织人事、审计等部门的协作配合机制，形成监督合力，加大监督力度。

【推进事业单位改革】 2020年，石狮市梳理规范全市股级事业单位，规范事业单位名称11个，重新明确职责36个，调整“小、弱、散”事业单位10个，重新核定领导职数56个，调整编制及机构71个，研究提出撤并整合方案11个。进一步统筹事业编制资源，研究提出全市科级事业单位名称规范、布局优化方案，保障核心工作、重点工作、民生工作。探索推进重点领域改革，根据上级部署，进一步深化医疗和卫生领域编制管理创新，研究提出公立医院人员总量控制管理方案，待提交市委编委会研究。组织开展全市中小学教职工编制使用情况评估和精准测算，结合实际需求，重新核定全市中专、中小学、幼儿园教师编制；进一步完善中小学教职工编制管理新机制与新方式，最大限度提升教师编制使用效益。

【事业单位登记管理】 2020年，石狮市完成2019年全市事业单位年度报告工作，公示年度报告286份；做好党政机关、群团组织统一社会信用代码赋码、事业单位法人登记、中文域名注册及相关管理工作，办理赋码换证9件，办理事业单位设立、变更、注销登记128件；加快推进事业单位法人简易注销登记。健全完善事业单位法人事中事后监管措施，开展事业单位法人“双随机”抽查工作，随机抽查事业单位30家。建立健全各类事业单位法人异常名录管理制度、信息公开披露机制，持续推进失信被执行人联合惩戒。

党校教育

【干部教育培训情况】 2020年，石狮市委党校分层次分类别培训各级党政干部，举办培训班23期，培训党员干部2200多人次。

2020年，石狮市委党校抓好习近平新时代中国特色社会主义思想宣讲，在科级班、中青班等主体培训班次中设置学习习近平新时代中国特色社会主义思想专题单元，开设专题课程107场次。依托福建省网络干部学院平台，采用“线上学习＋线下培训”相融合的方式推行党性教育“四个一”模式（“四个一”模式指在主体班次设置一个“党性教育”单元，由每个市委常委上一次专题党课，开展一次“班级党日”活动，组织一次“红色教育”）。2020年，市委常委到党校上党课11场次，组织石狮市中青班、机关党务班等党建类班次到古田干部学院开展革命传统教育，开设党员自画像、党性分析、红歌教学、红色剧场等新型党性教育课程13门，组织学员到石狮市党性教育基地现场教学76场次。2020年，利用流动党校机制，组织教师到基层上党课63场次，累计培训基层党员干部3000多人次。举办“网红”经济研讨班、“投融资体系建设与财税体制改革”研讨班 及“乡村振兴发展”研讨班3个专题研讨班，组织学员对市重点项目、知名企业及有关社会团体开展实地调研，生成专题调研文章84篇。

【宣讲队伍建设】 2020年，石狮市从行政学校特点出发，对全市干部教育训练资源进行整合，加强部门的联动协作，对全市领导干部专业特长进行摸底，建立一支由21名本地党政干部组成的领导干部宣讲团。开设基层党建、应急管理、宣传文化思想、法治教育等业务培训类专题班次，通过集中授课、实践调研、情景模拟及互动研讨等方式，提升基层业务骨干专业水平。加强对初任事业干部、股级干部的岗位培训，以政治能力及综合素质培养为主要目标，通过组织学员学习石狮改革发展历程、干部素质提升等系列专题课程，安排列席海博会、产业数字化转型论坛等全市性重大活动，提高基层干部政治站位，培养一支能力强、作风正、敢于担当的基层干部队伍。

【科研学术情况】 2020年，石狮市委党校获泉州党校校级课题立项结项3篇，发表CN刊物论文4篇（其中本科学报1篇），准入新课14门，其中法学专题课程“治国安邦倚重器　激浊扬清织密网”获得泉州党校系统精品课评比三等奖。

【开放式办学情况】 2020年，石狮市委党校常态化开发现场教学资源，着手与上级党校、史志室、档案馆等相关部门开展科研协作，挖掘石狮市侨乡革命传统文化，组织教研队伍对石狮市现场教学资源进行摸底调研、科学规划路线。确定首批11个现场教学基地（包括国际贸易采购试点、国际食品城等），并组织市机关党务班、中青班等19个培训班次到相关专题现场教学基地进行现场教学，强化“课堂＋实境”复合式干部教育培训。加强与普通高等院校的协作，同厦门大学对外培训学院、泉州师范学院马克思主义学院、石狮境内各高校建立办学合作伙伴关系，聘请厦门大学、泉州师院等高校党史党建领域知名教授、专家学者到市委党校上党课，为高校培训班次提供现场教学，实现资源共享，提升党政干部培训教育层次。汇编石狮市异地培训手册，拟向国内其他地区党校推介石狮市经济社会事业发展的特色、亮点及经验启示，并主动承接上级党校培训班次到石狮市开展异地培训。2020年，市委党校承接西藏昌都市专题班、省委党校中青班等多个省内外班次到石狮市开展异地培训。

2020年12月10日，市委党校组织第七期中青班学员到古田干部学院异地培训（图/市委党校）

2020年7月1日，市委党校新校教研楼（图/市委党校）

【新校建设情况】 2020年，市委党校新校投入使用，市委党校新校建设项目位于石狮市回兴路西侧（原石狮市宝盖工商所旧址），总用地面积19731平方米，建筑面积15335平方米，立项金额7000万元，由市城投集团代建，于2018年9月正式开工，是石狮市第一个采用装配式建筑的公建重点项目。市委党校教研楼于2020年7月1日正式揭牌启用，建成包括报告厅、多功能厅、梯形教室、平面教室等教学场所，可容纳800多名学员。

党史与地方志

【党史资料征集、管理、出版】 2020年，市委党史和地方志研究室加强史志资料征集，先后派人到福州、厦门征集、挖掘李子芳、金相院等相关资料。发挥党史和地方志文献资料的社会功能，全年接待查阅资料群众13人次。完成《石狮党史》总第50期、51期编纂发行工作，累计发放800册左右。

【志鉴编修和镇村指导】 2020年，完成《石狮市志（1998－2010）》出版发行。该书分为上、下两册，全书246.8万字，图照200余幅，35卷，整理汇编1998—2010年石狮市自然、政治、经济、文化和社会的历史与现状，为全市的发展提供更加科学的参考和依据。组织开展《石狮年鉴（2020）》编纂工作，并交付印刷。加强《祥芝镇志》《蚶江镇志》《东埔村志》《石渔村志》《郭坑村志》《古浮村志》《卢厝村志》等镇村志指导工作，其中《蚶江镇志》即将付梓，《石渔村志》《郭坑村志》《古浮村志》《卢厝村志》等4部村志完成初稿。

【乡村记忆文化项目建设】 2020年，市委党史和地方志研究室与市档案馆继续加强对锦尚镇卢厝村、永宁镇郭坑村、蚶江镇石渔村、祥芝镇古浮村等4个第二批泉州市乡村记忆文化项目建设试点村指导推进工作。其中，石渔村突出海丝文化，卢厝村挖掘红色文化、狮阵文化，古浮村打造紫菜国家地理标志品牌，郭坑村开发旅游助力产业转型。推动建成村史展示馆4个，完成村志初稿4部，2020年，4个村通过泉州市验收。

【宣讲推介】 2020年，市委党史和地方志研究室组织干部进社区、进学校开展“从党的历史悟初心和使命”“英雄李子芳的故事”“学习贯彻中共

2020年12月1日，永宁镇郭坑乡村记忆文化项目验收（图/市委党史和地方志研究室）

十九届五中全会精神”等主题宣讲活动，累计完成6场。向全市各单位、社区、学校赠送党史期刊、志书1000余册，向外地寄赠图书200余本。2020年，在华南社区、古浮村、郭坑村、卢厝村、石渔村等5个村、社区建立“史志书柜”。

【党史和地方志调研工作】 2020年，市委党史和地方志研究室开展党史和地方志调查研究活动，撰写的《以永不懈怠的奋斗精神谱写石狮新华章》《为革命奋斗终身的华侨将军李子芳》刊登在《石狮日报》，《提高〈石狮年鉴〉编纂质量的思考》入选《福建年鉴研究》，《对乡村记忆文化项目建设若干思考——以石狮市“乡村记忆文化”项目为例》《浅谈石狮二轮修志的经验与做法》入选《2020年福建省地方志学术年会论文选编》。

档　案

【概况】 2020年，石狮市档案馆为市委直属正科级事业单位。履行全市档案的征集接收、管理和利用等公共服务职能。局、馆高效配合、建立沟通协作机制，深入实施“五个年”工作部署，扎实推进“四大体系”建设和档案“十三五”规划各项工作落实、落细、落具体，主动为经济社会发展大局服务，做好档案工作和民生服务，确保石狮档案各项事业全面健康有序发展。

2020年9月，石狮市档案馆获评2019年度石狮市“平安单位”一类一档单位。10月中旬，石狮市档案馆数字档案馆成为福建省首家县级数字档案馆。11月，获“2017—2019年度泉州市级文明单位”称号。

【档案执法督查】 2020年，石狮市档案馆配合市委办（档案局）做好年度机关、事业单位档案工作检查，抽检34家单位，对存在问题的单位当场反馈并要求限时整改。

【档案接收与保管】 2020年，石狮市档案馆接收政府信息公开文件625份；接收2017—2019年婚姻登记档案802卷、2016—2019年收养档案8卷；征集到“乡村记忆文化”示范项目建设成果照片、视频资料以及《石狮新闻》视频档案5000分钟、《吴新涛研究员从研执教60周年》等书籍240册；接收蔡碧儿兄弟姐妹捐献的华侨烈士蔡经华生平的个人珍贵档案资料。

【档案文化功能提升】 2020年，石狮市档案馆开发档案文化产品，利用档案信息资源，做好《“创新转型、实业强市”政策选编（四）》《石狮市创建全国文明城市重要文献选编》的编纂印制工作。加强档案宣传工作，开展“6•9”国际档案日系列宣传活动。利用元宵、清明等传统节日，开展“网上祭英烈”等各类弘扬传统文化的主题活动。用好微信公众号、微博等新媒体平台，扩大档案工作影响力。2020年，石狮市档案馆接待查阅利用1194人次、1880卷次，盖章1678份。

【档案队伍建设】 2020年，石狮市档案馆5名党员干部下基层助力企业、村（社区）做好疫情防控工作，并指导企业、村（社区）做好相关档案的整理工作；1人被评为福建省档案系统先进工作者；3人报名参加福建省档案系统行政执法资格考试；派员参加省档案学术年会活动，提升档案工作者的专业知识水平。

【档案业务指导】 2020年，石狮市档案馆印发《关于做好新型冠状病毒感染肺炎疫情工作文件材料收集归档的通知》，指导市卫健局做好疫情防控档案工作；通过线上线下相结合的方式，指导各“乡村记忆文化”试点村开展项目建设工作；加强对档案服务机构的监管，针对档案服务机构服务的各市直机关单位、镇（街道）等2019年立卷归档完成情况进行档案目录审核，审核归档文件目录17000多条，并对其进行防疫防控指导；督促各单位及时做好档案移交、档案登记、档案目录电子数据报送等工作，截至12月底，55个单位完成档案登记和档案目录数据报送工作。

2020年，石狮市档案馆以“乡村记忆文化”建设为抓手，通过线上线下形式，多次深入石狮市“乡村记忆文化”建设项目试点村开展档案指导工作。10月28日、12月1日，石渔村、卢厝村、郭坑村、古浮村等第二批泉州市“乡村记忆文化”项目建设试点村（社区）均以高分通过泉州市专家组验收。

老干部工作

【概况】 截至2020年年底，石狮市有离退休干部2038人，其中，离休干部5人，“5•12”退休干部5人，厅级退休干部2人，处级退休干部45人，科级退休干部309人，离退休干部党员902人；离退休干部党委1个、党支部22个、临时党支部1个。2020年，市老年大学通过省委老干部局、省教育厅、省老年大学验收，被评为“省高水平示范性老年大学”；宝盖镇宝源社区老年学校、永宁镇永宁第二社区老年学校、锦尚镇老年学校、鸿山镇东埔二村老年学校获评“泉州老年远程教育示范点”。

【老干部政治和思想建设】 2020年，石狮市老干部局推进老干部线上学习平台建设，指导离退休干部党组织、老年大学等涉老组织组建50多个线上“学习交流群”，定期推送各类学习资料，方便老干部在家自学。依托“石狮老干”

微信公众号，开通线上政治学习课堂，开设权威媒体、学习讲座、心系疫情、防疫知识、防疫短片等栏目，全年推送线上学习58期。组织老同志收看中组部老干部局、省委老干部局线上学习报告会，引导老干部增强“四个意识”、坚定“四个自信”、做到“两个维护”。

【离退休干部党建工作】 2020年，石狮市老干部局健全完善离退休干部党建融入城市基层党建、向社区延伸的制度机制，实施“五联共建·乐龄先锋”计划，组织各党（工）委梳理汇总离退休干部党员名册，摸清902名离退休干部党员安置、居住、组织关系隶属等。指导15个离退休干部党组织联系原单位、村（社区）、两新组织等领域党组织，开展结对共建，并签订协议。推动共建单位共享场地、设备等资源，建成老党员服务站2个、服务点19个。引导离退休干部党组织综合运用现场观摩、交流研讨、结对帮学等方式与共建单位联办主题活动12场。总结提升老干中心党委“牵头抓总”模式，开展第三轮“桑榆党旗红”离退休干部党建先进典型培育活动，推动离退休干部党支部改善软硬件设施，争创福建省、泉州市级示范点。2020年，老干综三和综四党支部获评首批省级“离退休干部示范党支部”，市场监督管理局退休支部、老干小教支部获评“泉州市示范离退休干部党支部”，市老干中心“老党员之家”获评“泉州市示范老党员之家”，宝源社区“老党员服务站”获评“泉州市示范老党员服务站”，蔡怀添、蔡维东、王书权、庄灿枝等离退休干部党员获评“泉州市先锋离退休党员”。

2020年，按时核拨离退休干部党组织年度运转经费18.36万元，定期发放党组织书记工作补贴14.67万元。举办第三期全市离退休干部党建培训班，对40多名离退休干部党组织书记、党务干部进行集中轮训。推进信息化建设，指定专人结合各支部主题党日活动，逐一“上门”协助下载安装“福建老干部”App，开展操作培训。

【老干部服务保障】 2020年，石狮市老干部局认真落实老干部生活待遇，抗疫初期，每周汇总梳理老干部需求，按时上门为有需要的老干部送去3批7400多个防护口罩。坚持每月15日后的第一个工作日为离休干部、“5·12”退休干部集中报销医疗费用，继续办好“医疗保健服务月”活动，于6月重启老干部“家庭医生服务”，做好困难帮扶工作，全年报销医药费27.73万元，发放解困帮扶基金3.9万元。结合疫情防控常态化要求，指导社区老干部“四就近”服务站提升软硬件设施，引导老干部就近学习，就近活动，就近接受关心照顾、就近发挥作用。2020年，下拨花园城社区、玉湖社区、宝源社区等3个省级“四就近”示范点工作经费8.55万元。出台《关于做好离退休干部工作有关事项的通知》，为原单位走访慰问、镇（街道）组织老干部开展活动、离退休干部党组织班子成员工作补贴发放等提供政策依据。坚持为离休干部、“5·12”退休干部、副科级以上退休干部免费订阅《福建老年报》《新华每日电讯》《石狮日报》，补助普通老干部每人80元订阅《福建老年报》。

【老干部文化养老】 2020年，石狮市老干部局以“我看脱贫攻坚新成就”为主题，采取“线上+线下”相结合方式，举办石狮市第14届离退休干部文化艺术节，将分时段录制的“精彩乐龄·携手奔小康”、全市基层老年学校文艺汇演节目及拍摄的“庆祝中华人民共和国成立71周年”书法作品上传至“石狮老干”微信公众号上进行展示。

【老干部正能量发挥】 2020年，石狮市老干部局组织“我看脱贫攻坚新成就”专题调研访谈；举办“脱贫攻坚决战决胜之年”专场学习。市老干中心在“石狮老干”微信公众号上举办“众志成城·抗击疫情”主题书画作品展，收录展示有关抗疫书法、摄影、美术作品105幅，并出版《使命与担当》画册。市老年书画研究会组织会员创作作品参加“书画家企业家助力福建支援湖北白衣战士捐赠活动”，通过义卖形式，为抗击疫情贡献力量。市离退休干部网宣队汇编成40余万字的《举世战“疫”秩》。市老干中心党委235名老党员响应中组部号召，捐款12万元助力疫情防控。市关工委组织“五老”助力中小学复学，协助学校制定《新冠肺炎防控工作应急预案》、帮助筹措防疫物资、举办应急演练等。市老促会于国庆、中秋“两节”期间牵头举办“磊鑫杯”首届老区村篮球友谊赛。市老科协联合市总医院，围绕公众号、网上预约就诊及健康码等信息网络应用展开培训，现场手把手地教老同志通过手机关注公众号进行网上预约就诊及学习健康码的使用等。市老年书画研究会举办“书画进万家　书写新时代”文化惠民活动；新四军研究会寻找石狮市曾参加抗美援朝的老战士，组织开展走访慰问，共同回忆峥嵘岁月，传承红色基因。

保密工作

【保密工作会议】 2020年9月17日，石狮市召开市委保密委员会扩大会议，传达贯彻福建省委、泉州市委保密委员会全体会议和省保密工作座谈会会议精神，听取2019年石狮市保密工作情况汇报，并确定下一阶段保密工作重点。

【保密监督检查】 2020年，石狮市结合新冠肺炎疫情期间加强保密工作的要求，常态化开展机关、单位保密自查自评督查工作，实地检查机关、单位38家次，计算机272台次，印发反馈意见13份，并在全市通报督查情况。

【保密工作宣传教育】 2020年，石狮市发挥党校保密教育主阵地和《保密工作》杂志及“保密观”微信公众号的宣传阵地作用，形式多样地开展保密法治宣传教育。保密干部受邀前往相关单位开展保密培训7场次。印发《石狮市党政机关工作人员保密须知》《石狮市涉密计算机安全保密提醒》，进一步提升广大干部的保密意识和保密常识。

【保密依法行政】 2020年，石狮市依法规范保密行政执法行为，梳理公开市国家保密局权责清单。推动定密工作精准化，开展2019年度全市定密事项报备工作。

机关党建

【概况】 2020年，石狮市深入实施“亮灯领航”工程，扎实推进模范机关创建，举办特色党建项目评比，开设“三表率、一模范”公微宣传专栏，1个项目被列为泉州市重点项目；2个党建项目获泉州市机关特色党建项目评展三等奖，市直机关工委获优秀组织奖；2个案例分获泉州市体制机制创新案例二、三等奖；1篇机关党建论文获福建省党建课题调研论文评选二等奖。开展党组织设置排查，优化调整党组织28个，指导推进98个党组织按期换届。召开机关党组织书记、党务干部专题研讨班，分级分层次对党组织班子成员及党务干部开展培训37期，培训4820人次。深化“四双一促”（双向承诺、双向联动、双向监督、双向评议，促机关党员到社区真报到、真服务），做细做实在职党员到社区、小区报到服务群众工作，相关经验做法被《侨区快讯》专版刊发。

【机关党建政治和思想建设】 2020年，石狮市把学习习近平新时代中国特色社会主义思想作为党委（党组）理论学习中心组的第一议题和常设议题，举办专题学习讲座、“评书荐书”、知识竞赛等活动，用好“学习强国”“福建干部网络学院”等平台，推广运用“微党课”，推动“大学习”走深走实。“七一”期间，组织市直机关党组织书记围绕“强化政治机关意识”讲专题党课186场次。

2020年，开展“作风建设年”活动，常态化开展纪律教育、政德教育、警示教育，不断增强机关党员干部的纪律规矩意识。贯彻落实《中国共产党宣传工作条例》《泉州市党委（党组）意识形态工作责任制实施细则》，守好机关意识形态阵地，落实支部谈心谈话制度，了解掌握机关党员干部思想状况和现实需求，提高思想政治工作针对性。

【基层党建队伍建设】 2020年，石狮市开展党组织设置排查，优化调整党组织28个，指导推进98个党组织完成按期换届；深化党建项目化管理，全市共确定特色党建项目19个，其中市检察院党建项目被列为泉州市机关党建工作重点项目。2020年，全市各党委举办培训班37期，培训4820人次；推动将专兼职党务干部工作经历纳入履历，推动市直各单位按党员占所在单位人数1%—2%的比例配备专兼职党务干部323人。做好分类指导，持续落实国企党建30项重点工作任务，规范市属国企集团党组织设置；探索实施“1+2+N”学校党建工作模式（强化“1”个统领，发挥“2”个作用，团结“N”种力量），力促党建工作与学校发展同频共振；制定《石狮市总医院党建工作标准化建设方案》，把党的领导融入医院治理各环节，并在泉州市公立医院党的建设工作调研会上作交流发言。

【机关党建引领工作】 2020年，石狮市落实基层党建“三张清单”制度，持续开展常态化调研指导，全年抽检支部64个，发出整改通知43份，以党建工作存在问题的整改落实带动模范机关各方面工作提升；举办特色党建项目评比，开设“三表率、一模范”公微宣传专栏，涌现出市总医院《战“疫”一线，党旗飘扬》，市检察院《创新推行“123”雁阵工作法》等优秀党建项目。结合“三会一课+主题党日”“阳光公仆”志愿服务等载体，引导广大机关党员积极投身创文管卫。深化“四双一促”，做细做实在职党员到社区报到服务群众工作，相关经验做法被《侨区快讯》专版刊发。2020年市直机关党员认领服务需求1853项，服务群众8000余人次。

2020年疫情期间，石狮市成立11个疫情防控临时党支部，抽调448名机关党员干部驻村（社区）、企业参与疫情防控。组织机关党员干部开展安全生产隐患自查自纠，签订承诺书5548份，开展专题讨论268场。

石狮市人民代表大会

综 述

【概述】 2020年，石狮市人大常委会召开常委会会议6次、主任会议6次，听取和审议“一府一委两院”工作报告12项，作出决议决定和提出审议意见11项，组织调研、视察、检查活动13项，开展专题询问1项、满意度测评3项，对2部法律法规进行执法检查，按质完成市七届人大四次会议确定的各项任务。

【信访工作】 2020年，石狮市人大常委会受理群众来信来访24件次，依法对15份规范性文件进行备案审查。

【市七届人大四次会议】 2020年1月9—10日，市七届人大四次会议在市公务大厦附楼大会议室召开，179名代表出席会议。会议听取和审议石狮市人民政府工作报告；审议石狮市2019年国民经济和社会发展计划执行情况与2020年国民经济和社会发展计划（草案）的报告；审查、批准石狮市2019年国民经济和社会发展计划执行情况的报告与2020年国民经济和社会发展计划；审议石狮市2019年财政预算执行情况及2020年财政预算（草案）的报告；审查、批准石狮市2019年财政预算执行情况的报告与2020年财政预算；听取和审议石狮市人民代表大会常务委员会工作报告；听取和审议石狮市人民法院工作报告；听取和审议石狮市人民检察院工作报告；选举石狮市第七届人民代表大会常务委员会部分委员；决定设立石狮市第七届人民代表大会社会建设委员会、监察和司法委员会，通过组成人员名单；通过有关决议。

2020年石狮市人大常委会会议一览表

表3

会次	时间	会议内容
第二十七次	2020年1月6日	1. 听取和审议市人大常委会代表资格审查委员会关于个别代表的代表资格的审查报告 2. 审议通过石狮市人大常委会关于召开石狮市第七届人民代表大会第四次会议的决定 3. 审议通过市七届人大四次会议的日程安排及各项建议名单 4. 审议《石狮市人民代表大会常务委员会工作报告》 5. 审议有关人事事项
第二十八次	2020年3月18日	1. 审议确定市七届人大四次会议代表建议重点督办件 2. 审议通过《石狮市人大常委会2020年工作要点（草案）》 3. 审议通过《石狮市人民代表大会常务委员会组成人员守则（修订稿）》 4. 审议有关人事事项

续表 3

会次	时间	会议内容
第二十九次	2020 年 5 月 14 日	1. 听取和审议市人民政府关于 2019 年度全市环境状况和环保目标完成情况的报告及市人大常委会调研组的报告 2. 审议关于调整石狮市第七届人民代表大会常务委员会代表资格审查委员会组成人员的议案 3. 听取泉州市十六届人大代表作履职报告 4. 审议有关人事事项 5. 举行宪法宣誓仪式
第三十次	2020 年 8 月 25 日	1. 听取和审议市人民政府关于《中华人民共和国野生动物保护法》《福建省实施〈中华人民共和国野生动物保护法〉办法》实施情况的报告及市人大常委会执法检查组的报告 2. 听取和审议市人民政府关于 2019 年石狮市财政收支决算草案的报告、关于石狮市 2019 年度财政预算执行和其他财政收支的审计工作报告，审查和批准石狮市 2019 年财政收支决算 3. 听取和审议市人民政府关于石狮市 2020 年上半年国民经济和社会发展计划、财政预算执行情况的报告及市人大常委会财经工委的审查报告 4. 听取泉州市十六届人大代表作履职报告 5. 审议有关人事事项 6. 举行宪法宣誓仪式
第三十一次	2020 年 11 月 19 日	1. 听取和审议市人民政府关于开展扫黑除恶工作情况的报告及市人大常委会视察组的报告 2. 听取和审议市人民政府关于国有资产管理情况的报告及市人大常委会调研组的报告 3. 听取和审议市人民政府关于石狮市 2020 年地方政府债券转贷和抗疫特别国债收支等预算调整方案的报告，审查和批准石狮市 2020 年地方政府债券转贷和抗疫特别国债收支等预算调整方案 4. 听取市人民政府关于石狮市 2019 年度财政预算执行和其他财政收支审计发现问题整改情况的报告 5. 审议有关人事事项 6. 举行宪法宣誓仪式
第三十二次	2020 年 12 月 29 日	上午 1. 听取和审议市人民政府执行《关于加快发展旅游业的决议》情况的报告及市人大常委会视察组的报告 2. 听取和审议市人民政府研究处理《关于我市养老服务事业加快发展专题询问的审议意见》情况的报告及市人大常委会检查组的报告，并对市民政局开展满意度测评 3. 听取和审议各主办单位关于市七届人大四次会议重点建议办理情况的报告，开展满意度测评 4. 听取和审议市人民政府关于市七届人大四次会议代表建议办理情况的报告及市人大常委会视察组的报告 5. 听取和审议市人大常委会代表资格审查委员会关于个别代表的代表资格的审查报告 6. 审议通过石狮市人大常委会关于召开石狮市第七届人民代表大会第五次会议的决定（草案） 7. 审议通过市七届人大五次会议的日程安排（草案）及各项建议名单 8. 审议《石狮市人民代表大会常务委员会工作报告（送审稿）》 9. 审议有关人事事项 10. 举行宪法宣誓仪式 下午：开展水务工作专题询问 1. 专题询问议程 （1）听取市政府关于石狮市水务工作的专题报告 （2）开展专题询问 （3）市政府分管副市长作表态发言 （4）市人大常委会主任上官跃进作总结讲话 2. 询问内容 （1）城市管理局：保障自来水水质、应急水源建设维护、污水管网建设维护、河道综合整治、农村 PPP 建设监管、防洪设施设备维保等方面内容 （2）自然资源局：新建小区一户一表供水方面 （3）工业信息化和科技局：工业污水整治方面 （4）卫生健康局：医疗污水处置方面 （5）农业农村局：农业面源污染整治方面 （6）财政局：水务设施运行经费保障方面 （7）法院、检察院、公安局：涉水违法行为监管方面 （8）泉州市石狮生态环境局：水污染防治统一监管方面 （9）应急管理局：水灾害应急救援方面 （10）住房和城乡规划建设局：海绵城市建设方面

2020年石狮市人大常委会主任会议一览表

表 4

会次	时间	会议内容
第二十八次	2020 年 1 月 6 日	1．研究有关人事事项 2．听取市人大常委会代表资格审查委员会关于个别代表的代表资格的审查报告 3．研究市七届人大四次会议有关事项 4．讨论石狮市人大常委会工作报告 5．研究确定市七届人大常委会第二十七次会议的召开时间和建议议题
第二十九次	2020 年 3 月 17 日	1．研究有关人事事项 2．研究关于贯彻落实全国、省人大常委会关于禁止非法野生动物交易、革除滥食野生动物陋习两个“决定”的有关事项 3．研究市七届人大四次会议代表建议重点督办件和跨年度督办件 4．研究石狮市人大常委会 2020 年工作要点 5．研究石狮市人民代表大会常务委员会组成人员守则（修订稿） 6．研究确定市七届人大常委会第二十八次会议的召开时间和建议议题
第三十次	2020 年 5 月 14 日	1．研究有关人事事项 2．听取市人大常委会调研组关于 2019 年度全市环境状况和环保目标完成情况的报告 3．研究调整石狮市第七届人民代表大会常务委员会代表资格审查委员会组成人员事项 4．研究 2019 年镇（街道）人大代表工作开展情况绩效评估结果 5．研究调整镇（街道）人大代表工作开展情况评分标准 6．研究确定市七届人大常委会第二十九次会议的召开时间和建议议题
第三十一次	2020 年 8 月 24 日	1. 研究有关人事事项 2. 听取市人民政府关于“家园清洁”工作情况的报告及市人大常委会视察组的报告 3. 听取市人民检察院关于公益诉讼工作情况的报告及市人大常委会调研组的报告 4. 听取市人大常委会调研组关于石狮市贯彻落实上级惠台政策情况的报告 5. 听取市人大常委会执法检查组关于《中华人民共和国野生动物保护法》《福建省实施〈中华人民共和国野生动物保护法〉办法》实施情况的报告 6. 听取市人大常委会财经工委关于 2019 年财政收支决算的初步审查报告 7. 听取市人大常委会财经工委关于石狮市 2020 年上半年国民经济和社会发展计划及财政预算执行情况的审查报告 8. 研究水务工作专题询问工作方案 9. 研究确定市七届人大常委会第三十次会议的召开时间和建议议题 10. 听取石狮市七届人大代表述职工作总结
第三十二次	2020 年 11 月 18 日	1. 研究有关人事事项 2. 听取市政府关于全民健身工作情况的报告及市人大常委会调研组的报告 3. 听取市政府关于城乡公共交通管理工作情况的报告及市人大常委会视察组的报告 4. 听取市政府关于 2020 年重点经济项目实施情况的报告及市人大常委会视察组的报告 5. 听取市政府关于石狮市规上企业用工情况的报告及市人大常委会调研组的报告 6. 听取市人大常委会视察组关于石狮市开展扫黑除恶工作情况的报告 7. 听取市人大常委会调研组关于国有资产管理情况的报告 8. 听取市人大常委会财经工委关于 2020 年石狮市地方政府债券转贷和抗疫特别国债收支等预算调整方案的审查报告 9. 研究确定市七届人大常委会第三十一次会议的召开时间和建议议题 10. 听取市人民政府关于石狮市 2019 年度财政预算执行和其他财政收支审计发现问题整改情况的报告

续表 4

会次	时间	会议内容
第三十三次	2020 年 12 月 28 日	1. 研究有关人事事项 2. 听取市人民政府关于石狮市优化学校布局情况的报告及市人大常委会调研组的报告 3. 听取市人大常委会检查组关于养老服务事业加快发展专题询问审议意见落实情况的报告，研究开展满意度测评事项 4. 听取各工委关于督办市七届人大四次会议重点建议的报告，研究开展满意度测评事项 5. 听取市人大常委会视察组关于市七届人大四次会议代表建议办理情况的报告 6. 听取市人大常委会视察组关于《关于加快发展旅游业的决议》执行情况的报告 7. 听取市人大常委会调研组关于水务工作情况的报告 8. 研究市人大常委会教科文卫工委关于调整年度工作计划事项 9. 听取市人大常委会代表资格审查委员会关于个别代表的代表资格的审查报告 10. 研究市七届人大五次会议有关事项 11. 讨论石狮市人大常委会工作报告 12. 研究确定市七届人大常委会第三十二次会议的召开时间和建议议题

监督工作

【经济工作监督】 2020 年，石狮市人大常委会听取审议国民经济和社会发展计划执行情况、财政预算执行情况的报告，立足国际贸易摩擦的新挑战和区域发展竞争的新态势，提出要提振信心，力争完成全年目标任务；落实政策，有效激活市场主体活力；优化支出，提高财政资金使用效益；注重创新，全面培育壮大新兴业态等建议，促进经济增长质量和效益不断提高。组织开展“十四五”规划和 2035 年远景目标纲要编制情况调研，召开专题汇报座谈会，提出意见建议，为纲要编制工作提供参考。围绕“产业攻坚年”活动部署和要求，视察重点经济项目，针对龙头项目辐射带动作用不强、部分项目推进缓慢、要素保障制约仍然存在、督促跟踪服务有待加强等问题，提出要谋划引进重大项目、督促推动项目进度、积极破解要素保障瓶颈、全程提升服务质量等工作，助推项目攻坚提速。视察《关于加快发展旅游业的决议》执行情况，针对旅游核心竞争力不强、文旅产业融合深度不够、配套服务设施仍需完善等问题，提出要进一步加快旅游核心景区建设，打造滨海旅游精品；完善旅游配套服务设施，推进文旅融合发展；推动旅游重大项目落地，带动旅游产业转型升级；健全旅游发展工作机制，形成共建共管合力。市政府组建文旅集团，宝盖山风景区、永宁古卫城获评国家 AAA 级旅游景区，实现石狮市 A 级景区零的突破。调研规上企业用工状况，针对企业“招工难”和本地劳动力“就业难”、企业“招工难”和阶段性用工“过剩”、市场人才供给增加和企业人才吸引力不足等矛盾，提出要用好本地劳动力资源，创新招工方式，引进亟须人才，增强稳岗保就业措施的针对性和实效性。调研贯彻落实上级惠台政策情况，针对对台招商引资后劲乏力、惠台政策落实落地不够、惠台政策宣传力度不足等问题，从加强招商引资、拓展交流层次、主动靠前服务、深化政策宣传等方面提出意见建议，做好“对台”文章，增强石狮对台胞台企的吸引力。

【预算审查监督】 2020 年，石狮市人大常委会贯彻落实党中央关于加强人大国有资产监督职能的部署要求，依法听取审议市政府关于国有资产管理情况的报告，推进国有资产管理公开透明、规范有序。依托预算联网监督系统，加强对预决算执行的实时审查监督，让财政资金在阳光下健康运行。听取审议 2020 年地方政府债券转贷和抗疫特别国债收支等预算调整方案，助推债券资金在统筹推进疫情防控和经济社会发展中发挥效用。听取 2019 年度财政预算执行和其他财政收支审计发现问题整改情况的报告，督促市政府及相关部门积极破解审计“屡审屡犯”问题。

【民生保障监督】 2020 年，石狮市人大常委会以人民群众的关注为关注，把人民群众关注的热点、难点、焦点问题作为常委会监督工作的重点。调研优化学校布局情况，提出要突出规划引领，科学谋划教育资源布局；围绕提升质量，推进城乡优质教育一体化发展；着力破解难题，调整优化高中阶段教育资源；紧抓项目建设，扩大公办学前教育资源等建议，为“逐梦家门口的优质教育”献策出力。视察城乡公共交通管理情况，提出要树立绿色发展理念，着力提升公交出行分担率；实施财政精准扶持，尽快完善公交应有配置；优化公交线路安排，努力提升服务保障水平；提升多元公交服务，不断丰富群众出行选择，让群众出行更加便捷舒适。调研全民健身工作情况，针对全民健身活动开展不平衡、设施建设未能满足群众就近健身需求、健身设施维护和管理不到位等问题，从完善规划布局、加大资金投入力度、提升管理水平、提高人员素质

2020 年 4 月 23 日，石狮市人大常委会视察组在鸿山镇视察农村 PPP 项目推进情况（图 / 市人大办）

等方面提出针对性建议，推动“健康石狮”建设。检查养老服务事业专题询问审议意见整改落实情况并进行满意度测评，督促完善多层次养老服务供给体系，扭转养老服务机构发展的困境，建设智慧养老综合服务平台，培育养老服务组织和专业人才，引进中高端养老项目，不断满足老年人日益增长的“老有所养、老有所医、老有所为、老有所学、老有所乐”需求。

【生态环保监督】 2020 年，石狮市人大常委会听取和审议全市 2019 年环境状况和环保目标完成情况，针对生态环保责任意识有待提升、生态环境综合整治力度需加强、生态环境修复保护亟待加快推进等问题，督促市政府及相关职能部门夯实生态环保责任，全力以赴打好蓝天、碧水、净土三大保卫战，改善生态质量、推动绿色发展。视察“家园清洁”工作情况，针对活动宣传不到位、行动成效不均衡、环卫体制不完善、“门前三包”不到位、保障机制不完备等问题，督促做好经费保障、检查考评等工作，进一步把“家园清洁”行动引向深入，提高环境卫生保洁水平，提升城市品位和村容村貌。开展水务工作专题询问，围绕应急水源保护、河道综合治理、水务设施运行维护等 13 个问题“追根问底”，并根据询问情况形成书面审议意见，要求市政府夯实水务基础，切实保障饮水安全；深化生活污水治理，促进人居环境改善；强化行业污染整治，倒逼产业转型升级；加强流域治理，提升流域水质和治理实效，助推地处“风头水尾”的石狮实现生态蝶变。

【法律监督】 2020 年，石狮市人大常委会重视法律法规宣传教育和贯彻实施，通过开展法律监督促进严格执法、公正司法，切实提高人民群众的法制观念和守法意识。检查《中华人民共和国食品安全法》和《福建省食品安全条例》实施情况，针对全链条保障衔接不顺畅、监管手段不够快速有力、安全风险隐患依旧存在等问题，督促市政府加强宣传普及，增强食品安全意识；突出主体责任，大力推进诚信体系建设；完善工作机制，有效形成监管整体合力；突出监管重点，坚决打击违法违规行为，全力保障人民群众“舌尖上的安全”。视察扫黑除恶专项斗争工作情况，针对扫黑除恶劲头有所松懈、重点行业领域“清源”有待深挖整治、部门协作机制有待完善等问题，督促提升思想政治站位，营造更加浓厚的舆论宣传氛围，建立行业专项治理和多部门协同作战长效机制，打好扫黑除恶专项斗争攻坚战，提高群众安全感和满意度。调研检察院公益诉讼工作，针对公益诉讼的社会氛围尚未完全形成、案件办理还存在诸多难点、案源结构性局限等问题，提出要健

2020 年 12 月 12 日，石狮市人大常委会视察组视察市重点项目石湖港保税物流中心建设情况（图 / 市人大办）

全完善公益诉讼工作制度，拓展公益诉讼范围，更好地保护社会公众的利益，构建共建共治共享的社会治理格局。

代表工作

【代表履职实践】 2020年，石狮市人大常委会组织1988人次各级代表走进活动室参加履职活动，梳理汇总意见建议191条，提交市政府相关部门研究办理。围绕密切联系群众、加强学习交流等内容组织开展代表活动，全年邀请代表138人次列席常委会会议，参与专题询问、调研视察检查等活动；组织开展代表小组活动133场次，参与代表2053人次。组织泉州市人大代表（石狮活动组）调研市法院工作情况，视察部分重点项目。推进代表述职工作，组织56场76位石狮市人大代表向选民述职，常委会会议听取7位泉州市十六届人大代表的履职报告。指导代表用好福建省三级人大代表履职服务平台，完善代表履职登记，健全代表履职档案。

【代表议案建议办理】 2020年，研究确定“加强中心市区停车设施建设管理”“加强交通秩序综合整治”“把观音山景区打造成石狮滨海旅游引爆点”等3件年度重点督办件；首次实行跨年度督办制度，确定“加快在湖光小区西侧架设路灯铺设人行道”“加强餐厨垃圾管理”“拓宽改造共富路（后杆柄村至沙美村路口段）”等5件跨年度督办件，完善领导挂钩重点督办、内设工委加强督办、视察调研强化督办、会议点评和督查通报跟踪督办、满意度测评和绩效考评结合督办等“五个督办”措施，做到“件件有落实、事事有回音”。改革建议办理情况反馈机制，改变由承办单位直接向代表收集反馈表的做法，调整为由各镇（街道）人大负责分发、收集和汇总，探索代表面对面“被满意”的中间“隔离带”。111件代表建议均在规定时间内得到办理和答复，其中10件建议被列入市政府常务会、专题会研究，10件建议被列为年度重点项目，5件建议被列为年度为民办实事项目。

人大组织建设

【基层人大建设】 2020年，石狮市人大常委会及时调整镇（街道）绩效考评内容，组织召开代表联系群众活动室建设现场推进会，分类指导镇（街道）人大打造特色亮点，提升全市人大工作整体水平。其中湖滨街道人大建立代表“1+N”社情民意网格联络员机制；凤里街道人大完善抖音平台“凤里人大直播间”；宝盖镇人大健全代表履职与职工维权、司法调解、劳动仲裁等相衔接的工作机制；灵秀镇人大建立人大代表网商联络站，联系服务好网商企业和网商；锦尚镇人大率先在镇侨联设立人大工作室，为侨胞侨眷排忧解难；祥芝镇人大引导代表配合做好涉渔事故和矛盾纠纷的调解工作；蚶江、永宁、鸿山等镇人大探索代表服务当地经济社会发展的新举措。

【履职能力建设】 2020年，石狮市人大常委会修订常委会组成人员守则，坚持常委会组成人员联系市人大代表、市人大代表联系人民群众制度。通过专题培训、“线上线下”相结合等方式，组织常委会组成人员、各级人大代表深入学习宣传民法典；组织部分人大代表到江浙考察学习养老服务工作，拓展助推石狮市养老服务提档升级的思路和办法。严格落实党组理论学习、中心组学习、党支部“三会一课”、主题党日等制度，坚持常委会领导轮流主持并上党课，各工委（办）主任、专职常委轮流作主题发言，不断提高党员干部的政治素质、法律素养和业务能力，巩固“不忘初心、牢记使命”主题教育成果。总结、提炼、宣传市镇人大工作创新做法和特色亮点，全年有18篇稿件被“学习强国”平台、《中国人大年鉴》《人民代表报》《人民政坛》等媒体采用，2个案例入选《新时代福建省县乡人大工作创新案例》一书，全年有45篇专题报道刊发在《石狮日报》“人大视线”专栏，切实讲好石狮“人大好故事”，传播石狮“人大好声音”。

石狮市人民政府

重要会议

【市政府常务会议】 2020年，石狮市召开市政府常务会议13次，研究讨论内容涉及全市国民经济和社会发展的重大战略、中长期规划、年度计划；全市经济社会发展、社会稳定方面的重大政策措施；市级财政预算、重大财政资金安排、重大政府投资、土地利用总体规划；对社会有重大影响的规范性文件；关系国计民生和群众切身利益的疫情防控、安全生产、社会保障、文化卫生、科技教育、环境保护、住房保障、文物保护等重大政策，确定重要奖惩事项等各方面问题。

【专题会议】 2020年，根据责任分工，石狮市召开各类专题会议120多场，形成专题会议纪要90份。

政务纪要

【决策参谋】 2020年12月中下旬，市政府办公室组织深入政府各部门、各镇（街道）、上级驻石狮等单位，听取各单位关于新一年政府工作的意见建议，形成《政府工作报告》。2020年度政务信息报送省政府办公厅373条，录用54条，全省排名第四；报泉州市政府办429条，录用220条，在泉州市各县市区排名第二，获评全省、泉州市政务信息工作先进单位，被确定为全省唯一的县级国办信息直报点。

【政务保障】 2020年，以市政府、市政府办公室名义印发的各类文件644份，比2019年下降1.8%，其中三类文件21份，比2019年下降4.5%；市直政府部门印发的三类文件80份，比2019年下降46.3%；以市政府、市政府办公室名义召开的各类会议99场次，比2019年减少5.7%；以政府部门、指挥部（除疫情防控、安全生产、房屋安全大排查大整治指挥部）名义召开的各类会议5场次，比2019年减少68.7%，完成“2020年文件、会议比2019年只减不增”的目标，落实基层减负的各项规定。

【政务公开】 2020年，石狮市印发《石狮市全面推进基层政务公开标准化规范化工作方案》，指导、督促相关业务主管部门编制完成市级26个试点领域、9个镇（街道）的基层政务公开标准目录，并向社会公布。推进全市政务决策、执行、管理、服务、结果“五公开”，在市政府网站发布政务信息8616条，访问量74.9万人次，其中政府信息公开专栏法定公开内容信息898条（下降36.3%）；设立政务公开重点工作栏目21个、涉及子目录103项；设立专题专栏12个。规范依申请公开办理工作，2020年受理群众依申请公开53件（下降35.4%），办结及时率100%。

【督促落实】 2020年，围绕市委、市政府重大决策部署抓督查，分解下达2020年度《政府工作报告》各项任务和市委、市政府2020年度28项为民办实事项目，督促做好79个“民生补短板”项目、43个民生“XIN”行动项目、66个“民生提档年”项目落实工作，并对进展情况进行通报；围绕各级人大建议、政协提案抓督查，对市七届人大四次会议111件代表建议和183件市政协七届四次会议提案进行分解交办，创新“反馈方式调整”“跨年度督办”等4项办理方式，各级建议、提案的办理办复率、见面率、满意率均100%；围绕上级交办事项抓督查，做好上级领导及市政府领导重要批示和交办事项的督查督办，以及市委、市政府重点项目建设、重大改革事项等全市性专项工作和阶段性紧急任务的督促落实。

【机关效能建设】 2020年，石狮市强化监督检查，出台四项措施，推进产业项目攻坚，重点对进度滞后、工作任务未完成、问题整改不到位的情况开展督查，重点查处工作推动中存在的主观不努力、执行不到位问题，并视情问责，2020年发出督查报告22份，督查通报1份，效能警示函16份，催办通知书6份；坚持开展两项检查（上班情况、办事窗口服务情况），对群众投诉反映或监控视频发现问题进行核实处理，保持严查、严管、严处的工作态势，2020年组织明察暗访11次，通过远程视频监督系统抽查680余次，发现2个单位存在2个问题。

2020年，石狮市严格问责问效，针对群众反应强烈的推诿扯皮、效率低下、慵懒散拖等“为官不为”问题，加大监督力度，跟踪督促整改，2020年受理投诉48起，其中，直查快办36起、转办12起；组织机关效能建设监督员参加明察暗访、投诉件调查等10余次，通过加大自查力度，推动问题解决，不断提升群众满意率。

【绩效管理】 2020年，石狮市分解下达2020年度泉州市委市政府对石狮市党委、政府工作绩效考评任务，将产业攻坚年、财政发展、高质量发展、安全生产等作为绩效考评重点，加大权重分值，发挥好绩效管理推动工作的导向作用。鼓励市场监督管理局实行二级考评，逐步寻找合适的参评单位继续试行二级考评。制定《石狮市提升群众满意度工作方案》，通过补齐弱点、聚焦重点、把握节点、破解难点等方式，加强与各类评议对象的沟通联系，不断提升群众满意度。

【电子政务】 2020年，市政府做好市政府网站各栏目内容保障，明确专人负责办理“我为政府网站找错”监督举报平台网民留言，要求在2个工作日内对转办的投诉问题进行处理、整改和回复，保证100%及时回复；健全完善网站安全管理制度，加强政府网站安全管理，开展信息安全应急演练，制定攻防演练方案，进行Web攻击测试、DDOS攻击测试、ARP网关欺骗测试等，及时应对各种突发事件。2020年9月，OA办公系统正式通过验收，同时委托测评公司进行信息安全测评，通过三级等级保护测评，全年系统安全、高效、稳定运行。

【应急值班】 2020年，市政府办理各类突发事件248件，加强对节假日、台风暴雨等重要时段的值班，进一步优化带班值班机制，强化24小时值班值守管理，发挥好上传下达的枢纽作用，确保政令畅通。严格做好值班信息研判，及时报送突发事件信息，没有出现漏报、瞒报、缓报现象，加强协调处置，有效化解各类矛盾和隐患。

人事工作

【人员招录】 2020年3月，石狮市组织公立学校公开招聘新任教师76名、6月公开招聘公立学校中学教师24名，最终聘用88名。4月，面向石狮市总医院援鄂一线编外医务人员公开招聘1名卫生专业技术人员，最终聘用1名。6月公开招聘33名卫生专业技术人员、10月公开招聘5名卫生专业技术人员，最终聘用31名。9月，石狮市组织实施事业单位工作人员公开招聘工作，聘用2名事业单位工作人员。

【干部退休审批管理】 2020年，石狮市按干部管理权限办理政府机关事业单位一般干部职工和机关工勤退休手续28人。

【事业单位岗位和职称管理】 2020年，石狮市完成137个事业单位（含109所中小学幼儿园）进行岗位设置和首次聘用工作，办理事业单位职称聘任2521件，其中，教育事业单位教师聘任1961人，含副高级385人，中级1174人，初级402人；卫生事业单位聘任379人，其中正高职称2人，副高级48人，中级230人，初级99人；其他事业单位聘任181人，其中副高级20人，中级122人，初级39人。评审各类专业技术职务502人，其中正高职称1人，副高级141人，中级253人，初级107人。2020年大中专毕业生确认初级技术职务305人。调整石狮市建筑工程技术人员初级职务任职资格评审委员会评委库，继续开展建筑专业初级职称评审工作。

【编外用工管理】 2020年3月26日，石狮市人力资源和社会保障局、中共石狮市委机构编制委员会办公室、石狮市财政局联合印发《关于市直机关事业单位编外人员工资福利有关问题的指导意见》，就规范市直机关事业单位编外人员工资福利有关问题，从严格控制人员数量、合理确定工资标准、规范工资福利项目和建立健全管理制度等方面提出相关指导意见。

【人才队伍建设】 2020年，石狮市组织各类人才参与认定评价。落实人才总量倍增计划，新增泉州市高层次人才225名，其中第一层次1名、第二层次9名，总数824名；新增省引进高层次人才5名，总数24名；新增2名省工科类人才、9名泉州市智能制造产业集群高端人才。贯彻落实人才自主评价，指导试点企业制定自主认定工作方案和人才自主认定标准，推荐石狮市卡宾服饰（中国）有限公司等11家省级（含）以上高新技术企业参选省高层次人才自主认定企业，最终6家企业确认省人才自主认定资格，企业自主认定省高层次人才3名、泉州高层次人才10名。引导高技能人才参与考评，推荐泉州太平洋集装箱码头有限公司黄尚集评选2020年度泉州市技能大师。组织推荐石狮市8名专业人员参加专项职业能力考评员培训考核认证。开展2020年石狮市技能大师工作室遴选工作。

2020年，石狮市深化产学研合作模式，组织企业前往贵州省黔西南州、云南省曲靖市和四川省凉山州与当地人社部门等人力资源输出机构签订劳务合作协议15份，在云南省曲靖市师宗县、陆良县、罗平县、贵州省黔西南州兴义市、兴仁市、晴隆县、册亨县、望谟县和四川省凉山州会理县、会东县分别建成10个异地劳务协作工作站。创新校企合作机制，推动石狮市纺织服饰产业实训基地首出成果，闽南理工学院服装与艺术设计学院和石狮新永佳创研辅料设计中心签订合作协议，通过实训活动，引导高校毕业生扎根石狮、服务石狮。聚焦创新人才、用人单位"两个主体"实际需求，推动石狮市汇星机械有限公司等8家用人单位建设首批"人才R站"，与高校、科研院所建立合作关系，引进创新人才；举办首期创新R班，组织34名青年企业家线上学习《错位竞争》思维模型及相关案例及2次线下思维训练《第二曲线》思维模型复盘活动。

2020年，石狮市拓宽人才培养引进渠道，加强政策宣传，吸引1500名泉州市产业急需高校毕业生到石狮就业创业，兑现安居补助资金266.1万元。引进国内外高水平高校毕业生182名。以5G时代为主题，收到全国86所高校选送的优秀毕业生作品734件，最终评选47件作品进入12月18日的决赛评选。举办第九届"石狮杯"人才对接会，组织伟峰服装（闪电潮牌）、古由卡等24家石狮市企业与47名参加第九届"石狮杯"大赛决赛的选手进行一对一双向交流，共有16人与石狮企业达成就业意向。12月17日，举行第三届福建省服装设计师协会理事会暨第二届石狮市服装设计师协会理事会就职典礼，选举出石狮市服装设计师协会第二届理事会，198名设计师、企业家、服装教育工作者及相关从业人员入会，同时组建时尚教育委员会等8个专业委员会，精准对接国家和省协会工作的同时，通过各专业委员会开展相关领域项目活动。

行政服务

【概况】 2020年，石狮市行政服务中心落实行政审批和公共服务"三集中"要求，实行"一窗式受理、一站式审批、一条龙服务"的运行模式，围绕公司法人和群众个人两类办事对象，采取"网上网下"同步审批同步服务方式，打造功能全、服务优、人性化的智慧政务大厅。

2020年，石狮市行政服务中心整合入驻部门34个，包括3个垂直管理部门（税务局、生态环境保护局、医保），26个市直部门及5个公共服务部门（电力、供水、燃气、自行车卡、公交卡）。入驻窗口145个，入驻的审批事项有1381项，入驻率93.5%，入驻人员330人。

【营商环境】 2020年，石狮市行政服务中心实行"保姆式"帮办代办，收集跟踪各级重点建设项目，按照投资主体、建设性质、工程进度情况实行分类管理。发挥"项目建设帮办代办中心"作用，主动提供业务咨询指导、材料整理填报、网上申报等审批服务，全年先后服务源发织造、金浩盛纺织、建新轮胎等建设项目85个。深入洋洋食品、祥芝海洋食品园、城投等企业一线，现场为项目业主提供前期咨询辅导和业务指导。

2020年，石狮市行政服务中心推行"台账式"项目管理，建立重点建设项目审批服务台账，协调各审批窗口帮助企业制定科学合理的审批时间计划，盯紧重要审批节点，主动联系业主，提供精准服务。不定期开展会商会审，配合台账管理，及时解决审批中遇到的问题，加速项目落地。全年纳入台账管理的重点项目29个。

2020年，石狮市行政服务中心试行"联合式"项目验收。出台工程建设竣工联合验收实施方案，指定住建局审批窗口作为联合验收牵头单位，组织开展规划、人防、消防、档案认可、工程质量等事项的联合验收，实行"统一平台申请、统一窗口受理、统一现场验收、统一送达确认"，社会投资类项目联合验收总时限压缩至8个工作日内。全年有君丰一力嘉广场等4个项目通过联合竣工验收，有效节省企业时间成本。

【行政审批】 2020年，石狮市行政服务中心规范"五级十五同"标准化建设，参照国家、省级标准化事项目录清单，督促各进驻窗口（单位）按照时间节点做好"五级十五同"事项绑定和发布工作。细化梳理1351个进驻事项的服务指南，明确事项类型、设立依据、申请材料、办事流程等十五项要素，凡涉及需群众填写格式表单的事项，均上传示范表单范本供群众参考。公开业务咨询电话和投诉电话供群众监督。

2020年，石狮市行政服务中心提高行政许可事项"即办件"占比，通过优化流程、压缩时限、精简材料，推动各进驻窗口（单位）、分中心、镇（街道）便民服务中心将更多行政许可"承诺件"转为"即办件"，增加行政许可事项"即办件"占比，让群众办事更高效便捷。行政许可事项"即办件"占比48.16%。

2020年，石狮市行政服务中心推行不见面审批"智能办"，依托福建省网上办事大厅，对事项进行提星升档，网上可办率98.2%，"一趟不用跑"事项占比70.6%，"全流程网办"事项占比52.5%；推广"闽政通"App，引导群众实名认证后即可在线查询医社保、公积金、城居保等个人信息，或查询办事指南并在线申报，真正实现“让数据多跑路，群众少跑腿”。

2020年，石狮市行政服务中心推进泉州市一体化平台向基层延伸，规范泉州市“互联网+政务服务”一体化行政服务平台向9个镇（街道）、128个村（居）延伸；镇（街道）便民服务中心均配置政务服务一体机，现场可办理企业信用报告查询、不动产抵押查询、公积金账户查询等16项政务服务事项，提升群众“自助办”便捷度。

2020年，石狮市行政服务中心打造15分钟便民服务圈。居住证、独生子女父母光荣证、一二孩生育登记等与群众息息相关的高频事项可到所属镇（街道）便民服务中心、村（居）服务代办点、派出所实现“就近办”；在市医院、市妇幼保健院设立医保服务站，参保患者直接在医院医保窗口办理门诊特殊病种首次申请、转外就医登记、就医即时结算等业务。

【信息化建设】 2020年，石狮市行政服务中心打造市、镇（街道）、村三级一体的网上审批服务平台。结合泉州市“互联网+政务服务”一体化行政服务平台的建设，拓展网上服务范围，将审批服务平台延伸至镇、村，实现政务服务的标准化、精准化、协同化，大幅提升群众服务体验。2020年，实现全市9个镇（街道）、128个村全覆盖。

2020年，石狮市行政服务中心推广电子证照生产及应用工作。按照省《不再重复提交电子证照》清单目录，对有效期内的存量证照全部实现电子化转化；将证照生成纳入办件环节管理，所有可生成电子证照的办件都实现电子证照100%同步生成；办件受理过程中需提供的材料，凡是电子证照库已有该电子证照材料，都要100%调用，不得再收取申请人的纸质材料。全年生成证照311047件，批文1312件，总共312359件。

2020年，石狮市行政服务中心推广“e政务”政务服务平台。在24小时自助行政服务区和各镇（街道）便民服务中心，设置“e政务”政务服务一体机，方便群众在下班时间、节假日自助、就近办理相关事务。可提供不动产证明打印、完税证明、个体工商户设立登记营业执照打印等至少8个部门28个服务事项。

【服务举措】 2020年，石狮市行政服务中心设置企业开办专窗，由市场监管局窗口人员一个窗口统一收件，相关部门同时衔接办理业务，让企业实现“跑一趟、到一窗”完成企业开办全流程，企业开办时间压缩至1个工作日内；推行企业开办“零成本”，为新开办企业免费刻印公章、免费复印、免费邮寄营业执照，节约企业开办成本。

2020年，石狮市行政服务中心开设惠企政策服务专窗，组织业务部门梳理相关惠企政策，明确不同领域分类，在中心二楼设立“惠企政策服务专窗”，由专人为企业主进行现场答疑并提供政策咨询电话。附近配套设置“惠企政策查询区”，按照政策分类提供纸质宣传材料，配备政策查询专用电脑，供企业主自助查阅政策讯息。

2020年，石狮市行政服务中心推行“一件事”集成套餐服务，围绕企业或个人办成一件事的目标，通过制定操作规程，厘清部门职权，明确办事标准，压缩办理期限，推动业务协同等方式，分两批梳理公布20个“一件事”套餐服务事项清单，“我要开便利店”“我要开水果店”等高频事项在“一件事”专窗正式运行。

【便民服务】 2020年，石狮市便民服务中心秉持“聆听民声，服务民生”的工作宗旨和“将心比心，以心换心，用心感动心”的服务理念，通过“12345”便民服务系统受理群众诉求50486件，比2019年上升9.6%，办结率100%，群众回访满意率99.6%，回复率100%。其中咨询26798件，占53.1%，投诉举报12641件，占25%，建言类3866件，占7.7%，其他7181件，占14.2%。

大数据管理

【概况】 2020年，石狮市大数据管理局统筹规范信息化项目建设，加强数字资源整合力度，提升政务服务，完善优化平台功能建设，开展三级网络化社会治理模式，推进智慧城市建设、数据汇聚应用、数字经济等各项工作。接受中国石狮政府网专访，就“推进全市5G建设”主题，与网民进行在线交流。举办“2020年石狮市产业数字化转型论坛”。

【信息化项目建设】 2020年，石狮市大数据管理局制定项目申报、审核、立项、验收、考核等流程，明确项目的分类标准、评审标准，有效避免系统重复建设，提升资金使用效益。石狮市大数据管理局征集拟建设信息化项目50余个，未通过备案项目34个，下调待建设虚高报价项目7个，至少节约资金1200万元，其中管控指挥平台下调报价约919万元，沿海视频共享系统下调报价约23万元，不动产下调报价约20万元。2020年，石狮市大数据管理局严格筛选将16个项目列入2020年石狮市智慧城市项目包，总投资额应用单位初步预估2.69亿元，后经过统筹把关，总投资金额可删减至2亿元以内，平均每个项目概算降幅超20%，至少节约财政资金投入6000万元。

拓宽资金来源。市大数据管理局对接发改局等部门，协力报送2020年中央投资重大项目库，申请不超过总投资额 30% 的资金补贴；积极对接上级部门申请不超过投资总额 50% 的低息地方债券以及相关的专项补贴资金。

【信息安全应用和管理】 2020 年，石狮市大数据管理局出台信息安全管理制度，开展信息系统安全检查，联合网安办对各信息系统应用单位开展 40 余次信息系统安全检查，建议各应用单位非必要暴露在互联网上的系统尽量切换至政务网使用，要求有信息安全问题的系统限时整改，减少信息系统被攻击的风险。

2020 年，石狮市大数据管理局配合密码局推进石狮市软硬件等相关自主可控产品使用，确保信息安全。要求各单位逐步实现国产化的硬件设备和软件的使用，采用加密的信息通道进行数据的传输，部署可信计算密码支撑平台、签名验签服务器或服务器密码机等，实现信息数据的安全管控。完成石狮市府办项目、智慧石狮管控指挥平台项目、智慧城管等多个系统的等保定级工作、密码应用工作、国产化改造工作。

【智慧石狮管控指挥平台建设】 2020 年 1 月，石狮市大数据管理局根据《智慧城市顶层设计总体规划》，启动智慧石狮管控指挥平台建设。平台建设期间，石狮大数据管理局走访调研 24 个单位，将收集到的 84 份建议融入平台建设，最终形成以“网格化”架构为基础，集数据集成、运行监测、分拨处置、指挥协同和应用评价等功能为一身的“城市大脑”。7 月平台完成第三方信息安全等级测评。12 月平台完成终验。为有效解决各系统分散及重复开发等问题，市大数据管理局基于平台打造应用统一展示门户，截至 2020 年 12 月，平台入驻信息系统 30 个，包括文明天气图管理平台、数字城管、党员 e 家、“12345”、乡镇船舶管理平台、智慧用电等系统，实现各系统间的互联链接。

【网格化治理模式】 2020 年，石狮市大数据管理局推广覆盖全市 N 个部门、9 个镇办、128 个村社区、625 个网格的“1+9+N”网格化治理模式，实现石狮市 5 个大类 15 个小类共计 284 个社会治理事项的闭环办理。实现自定义网格化子模块功能配置，打造自定义网格化应用。形成安全生产、公安海防、环卫、船舶管理、疫情防控、4G/5G 基站等一系列网格化子系统，服务于各业务部门和乡镇的具体业务，做到全过程留痕、高效流转、数据全方位共享，构建现代化治理体系，提升城市治理能力。

【县级政务数据汇聚】 2020 年，石狮市大数据管理局开展软硬件及数据资产清查，编制石狮市级政务信息资源目录。厘清全市 24 个政府组成部门的政务数据信息目录，涉及 14 个行业领域，5686 项业务，形成石狮市数据资源目录初稿。

2020 年，石狮市政务网政务云平台项目（一期）6 月落地，该项目提供统一服务器的工作模式，统一的资源管控，避免各单位重复投入资金建设机房、发生服务器资源浪费等情况。

2020 年，石狮市大数据管理局向智慧石狮管控指挥平台汇聚石狮市行政服务中心、国有资产中心、城管局、文明办、应急局等部门数据 4.6 亿条，涵盖企业监管信息、信用信息、行政处罚信息等方面信息。取得泉州市共享的 118 个数据查询接口，包括人员信息查询、信用信息查询等，为石狮市六大基础信息库建设助力。通过封装改造，向石狮市各部门开放 38 个共享应用程序（Api）接口，涵盖婚姻、机动车、人员信息等。

【政务服务和数据管理体系建设】 2020 年，石狮市大数据管理局打造智慧党建系统。以“互联网 + 党建”的模式为各级党组织提供一站式平台，采用全员覆盖的党建信息化思路，提供“一组织一码”“三会一课”等新模式，实现党建网络化、动态化，为党建工作展开注入新生机。全年完成 823 个党支部、17016 名正式党员、399 名预备党员的录入，完成“三会一课”、主题党日等组织生活 101 条数据线上化，为湖滨街道、凤里街道等多个党支部提供服务。上级党委可通过系统实时察看下级党支部组织生活开展情况，实现全程纪实监管。

2020 年，石狮市大数据管理局建设搜索引擎功能，借力泉州市数据汇聚共享平台，依托智慧石狮管控指挥平台，形成人口、法人、空间地理、宏观经济、社会信用、电子证照六大基础信息库，通过数据分析比对深入挖掘，形成网格化“云搜索”应用，实现按权限过滤显示数据，并对比查询结果的数据，打造人口画像、法人画像等多维多面数据挖掘分析图，提升基层相关部门的工作效率。

2020 年，石狮市大数据管理局落地治理云图应用，依托成熟的 GIS 引擎，通过统一的数据规范和标准，建设石狮市网格治理一张图，分类分层整合全市与地理位置相关的人、事、物数据，形成信息地图，按格、物、人、事分块在网格地图上展示，实现网格化工作的一张图展示。4—12 月，房屋图层、基站分布、事件图层、沿海监控分布、水库测站分布等专题图层 20 个，68429 条事件部件信息，通过地图可按镇办进行逐层区分展示，便于领导掌握了解相关城市部件的建设及分布情况。

【安全生产智能化监督和管理】 2020 年，石狮市大数据管理局根据安全生产指挥部的需求迅速构建安全生产系统集群，通过规范化的设计，建设包括安全员信息管理、电气火灾检查录入、沿海

2020 年 10 月 12—14 日，讲解员为观众介绍石狮市智慧石狮管控指挥平台
（图 / 市大数据管理局）

视频监控共享、乡镇船舶管理等系统。在安全生产大排查大整治期间，对 9 个镇办及相关单位进行多次的业务培训指导，帮助一线工作人员尽快熟悉系统的操作方法。

安全员信息管理系统主要用于网格员个人信息的采集和管理，实现人员档案由纸质到电子化的转变，提高人员信息的检索效率。4—8 月，完成 6453 名安全员个人信息录入。电气火灾检查录入系统主要用于分析超容、超量、超年限用户是否存在安全隐患，并形成预警报表，助力一线工作人员提升安全隐患排查效率。4—11 月，完成 6988 个用电户分析，并完成 6953 个用电户实地检查，发现隐患数 1506 项，其中 5 个镇办完成检查总数，总体检查率 99.5%。沿海视频监控共享系统主要用于查处走私、偷渡、违规下水等问题，实现对石狮市海岸线的监控。6—10 月，联合农业农村局、防汛办、打私办等单位完成石狮市沿海五镇 36 个摄像头的接入工作，形成石狮市 24 小时全海岸线的安全监控体系，为乡镇的海岸线监管提供有力的信息化手段。乡镇船舶管理系统主要用于对石狮市沿海乡镇三无船舶的日常管理，监督船舶依法依规进行安全生产作业。5—12 月，完成石狮市沿海 24 个村 1278 条小型船舶的信息化监管，从 7 月以来完成 604 船次日常检查，发现 9 船次未入港。该系统的建设，为工作人员的监管提供有效的数据支撑。

【加快 5G 网络基站建设和应用】2020 年，石狮市大数据管理局推进 5G 网络规划部署，印发《石狮市推进 5G 建设工作方案》，落实石狮市第一批 5G 建设重要场所选址工作。全年完成 5G 基站配套建设 421 个，完成率 102.4%；基站 AAU（有源天线处理单元）开通 1178 个，完成率 117.8%。

2020 年，石狮市大数据管理局结合本地产业优势，组织协调电信公司在青创城安装石狮市首个 5G 基站，为石狮品牌服装首届网上直播专卖节暨网红选品节、2020 年中国（石狮）网上直播交易会做好通信保障，助力企业复工复产，增大产业竞争优势。推动泉州太平洋码头与泉州移动签署战略合作协议，在基础通信、5G 智能应用、云计算、智慧港口、新技术研发与应用、物业设施和智慧党建等各个领域开展合作。通过新基建培育新消费、形成新的经济增长点。

【发展数字经济】 2020 年，石狮市大数据管理局提高站位为发展搭建平台，通过对全市数字经济企业的摸底、动员，组织由青创城、永信数控、通达等企业派出的 32 名代表参加数字中国峰会。石狮市智慧石狮管控指挥平台作为智慧城市创新实践成果参展峰会。协助全市 4 家企业申报数字经济百项应用场景，3 家企业入选，其中石狮市青创城电子商务园区有限责任公司受邀参加省、市两级数字经济重大项目现场项目集中签约仪式。

2020 年，石狮市大数据管理局谋划产业平台建设，与阿里云等服务商针对建设纺织服务站供应链平台等内容进行前期调研，形成《石狮市产业协同平台建设思路初步方案》。探索数字发展方向，会同华侨大学、市工信局，开展产业数字化、数字产业化课题调研，走访相关市直部门、服装产业各链条的龙头企业，形成“石狮市加快产业数字化、数字产业化的研究”。举办石狮市 2020 年产业数字化转型论坛，论坛包括理论分享与实地参观，180 余位企业代表参加。开展产业数字化、数字产业化专题调研，分析石狮市数字经济发展现状，探索未来重点发展方向。

【疫情防控】 2020 年，石狮市大数据管理局用大数据手段开展对高风险地区入石狮市人员的排查，分析预测重点人群的流动情况，为联防联控工作提供大数据支持；结合流动人口登记、交通数据和社保记录等数据，分析出后续可能入石狮的人员信息，作为人员摸排工作的重要参考。开发上线“来石人员信息管理系统”，为一线人员做好流动人员管理提供信息化工具，并顺应防控疫情工作的需求，陆续上线到石狮人员二维码登记、人员管理、隔离点入住管理、卡口登记、核酸检测登记等功能，解决到石狮人员重复登记、数据统计、核酸检测记录等问题。会同石狮市融媒体中心共同开发“口罩预约摇号信息系统”，为群众提供公平公正且价格低廉的购买渠道，解决市民口罩需求。帮助9万多名市民解决口罩购买难问题。

2020年，石狮市大数据管理局打造信息服务全链条。建设“境外入石人员管理系统”打造智慧集中隔离点，系统能及时有效地掌握旅客个人相关信息（包括入境始发地、运转车辆、家庭随行人员、目的地、紧急联系人及联系方式、既往病史、特殊病情等内容），缓解旅客长时间扎堆滞留，降低交叉感染风险，便捷办理入住与日常管理，简化压缩工作流程，提高办理入住时效性。通过系统信息共享，石狮市疫情防控工作指挥部领导可及时掌控入境人员的信息数据，保证数据的及时传递，减少中间环节提高效率。报表自动生成，自动统计，减轻一线工作人员的负担。建设“冷链集中仓管理系统”，做到人物同防。冷链企业可以提前在系统进行预约，冷链专班可以根据工作安排，进行在线派单和自动通知。消杀组和核酸检测组可以同步更新工作结果。最终，系统可以自动生成出库证明，群众可通过扫描二维码，获取该批货物的具体情况，确保每批入库冷链食品可以顺利销售。

2020年，石狮市大数据管理局配合各镇（街道）及村（社区）指定专人负责管理居家隔离监控系统，当摄像头识别到有人员进出时会自动将预警信息推送到工作人员使用的客户端上，实现对居家隔离人员的远程、实时管控。通过“人防+技防”相结合的措施，填补人力防控的疏缝，最大限度把隔离防护的措施落实到末梢。

2020年，石狮市大数据管理局加强推广“八闽健康码”，专门设立“八闽健康码”微信群，为遇到使用问题的单位提供在线咨询服务；设立专门服务咨询热线，指定专人就“八闽健康码”相关问题提供24小时在线的问答服务。制作教学视频、常见问题集合，放置在网上供群众下载查阅，提供操作手册、宣传素材、PPT简介等资料，确保有关“八闽健康码”的困难疑惑，能现场解决、立马解决。截至2020年12月底，石狮市公职人员“八闽健康码”领取率100%，石狮市“八闽健康码”覆盖率96%。

信　访

【概况】　2020年，石狮市信访局以“关口前移、源头治理”为主要抓手，以实现信访工作“三个不发生”为目标，不断深化信访工作制度改革，打造阳光信访、责任信访、法治信访。2020年，全市信访总量1666件，重信重访421批527人次，群众来访238人次，比2019年下降12.2%；网上信访占比比2019年提高102%；越级上访47批56人次，比2019年下降63.32%。全市信访事项及时受理率、按期办结率100%，信访部门群众满意率98.1%，有权处理机关满意率93.8%。全市信访工作总体形势持续平稳、向好，基础不断巩固、创新发展势头强劲有力，获评全国信访工作“三无”县（市、区）。

【完善接访机制】　2020年，石狮市信访局做好每季度市领导干部接访活动安排和接访工作。市领导全年参加接访165人次，接待来访群众24批31人次，全年党政主要领导接待来访20批24人次，办结化解18批22人次，办结化解率90%。

2020年，石狮市信访局推行网上信访，运用福建省网上信访信息系统，把信访事项办理的触角延伸到各单位、各部门，提升各职能部门处理信访事项过程中的法治意识和责任意识。2020年，群众来访157批次899人次，其中集体访33批次，个体访124批次，初访150批次，重访7批次，按期办结率100%。

【服务中心工作】　2020年，石狮市各级信访部门受理涉疫情信访事项37件，均按照“四个第一时间”要求，及时转办交办。梳理摸排涉黑涉恶线索1条，并移送市扫黑办摸排打击组。2020年，市信联办分别于8月19日、12月21日针对近期各领域集体上访较多的问题，召开专题信访工作联席会议，分析问题原因、研究方法措施、明确具体任务、压实各级责任，信联办各单位积极沟通协调，统筹配合，谋求解决方法，上述群体性信访问题均得到及时妥善解决。

2020年，石狮市开展矛盾纠纷风险隐患排查化解工作，7月20日召开信访联席会议专题部署，对重点问题进行排查化解，对因疫情防控引发的企业停工停产纠纷、劳动人事纠纷、商铺厂房租赁、集资融资、房地产征地拆迁、交通运输、劳动社保、教育医疗等重点领域存在的信访问题进行拉网式摸排，区分情况，评估风险隐患，建立不同等级的风险隐患清单，及时妥善化解。做到一般矛盾纠纷纳入“最多投一次”及时化解（日接收、五日落地、十五日办结），复杂疑难问题“双包双挂”攻坚化解。重大风险隐患“一事一专班”重点化解。

【矛盾纠纷多元化解体系推广和构建】

2020年，石狮市打造行业性、区域性多元调解组织36个，商住小区物业纠纷调委会4个，信访评理室138个，镇（街道）信访工作联席会议9个。信访评理室建设以来，市、镇、村三级信访评理室共组织开展192件信访评理，其中成功化解191件，化解率99.5%。

2020年6月4日，由市委政法委牵头，市信访局参与推动的矛盾纠纷多元化解中心正式挂牌成立，市劳动争议、交通事故、家事、消费、医疗、海上枫桥6个纠纷化解分中心也同时成立。综合运用权责管理、研判评估、说事评理、疏导教育等方式，推进信访工作与源头社会治理相融合，发动一切社会力量参与矛盾纠纷化解，自中心成立以来成功化解矛盾纠纷688起，其中化解法院委派案件221起，同时，将乡贤、企业家等1510名“评理员”纳入信访评理队伍，运用多元力量做好化解工作，涌现出蚶江镇五星级专职调解员王题忠、鸿山镇东浦三村联评理室、锦尚工业区联合评理室、蚶江镇乡村融合治理服务中心、锦尚镇矛盾纠纷化解中心等先进典型。在全社会构建矛盾纠纷化解的大网络，把矛盾化解在基层，化解在各个领域，实现“小事不出村，大事不出镇，矛盾不上交”，实现从单纯依靠政府进行管理向政府主导下的多元主体协同治理转变，排查化解矛盾纠纷2848起。9月8日，锦尚镇建立首个镇级信访联席会议制度。

2020年9月8日，锦尚镇建立首个镇级信访联席会议制度，图为锦尚镇信访工作联席会议办公室授牌仪式 （图/市信访局）

【畅通信访渠道】 2020年，石狮市推进领导干部“三固定”，做好市领导干部接访活动安排和接访工作，搭建“信”“访”“网”“电”立体式信访渠道，提高网上信访占比，落实“最多投一次”阳光信访工作机制，营造群众“多上网、少走访”模式。2020年，石狮市网上信访占比从2019年的37.1%上升到75%，信访事项“最多投一次”纳入率87.5%。夯实基层基础，创建“三无”村镇，总结推广“三访四解”“四进三解五服务”等工作经验，推动干部详细了解群众诉求，发动信访人亲友、邻里、宗族等关系，做好信访人思想疏导工作，将矛盾纠纷化解在基层，解决在萌芽状态。加强督导督办力度，全年督查整改信访事项15件。

【信访积案化解】 2020年，中央、省、泉州市信访工作联席会议部署开展集中治理重复信访、化解信访积案专项工作（以下简称“治重化积”）。石狮市在上级信访部门的指导下，严格落实“三到位一处理”要求，立足化解矛盾、力争案结事了，依法依规解决群众诉求，控增量减存量。全年各级陆续交至泉州市“治重化积”案件1896件，其中涉及石狮市60件，占泉州市总量的3.16%；办结化解信访件48件，办结化解率80%。

政协石狮市委员会

综 述

【概况】 2020年，石狮市政协履行政治协商、民主监督、参政议政职能，建言资政和凝聚共识双向发力，发扬民主和增进团结相互贯通。全年召开常委会会议5次、主席会议10次，组织视察调研35场（次），形成调研报告23篇、专项监督报告2篇、主席建议案2篇和社情民意专报件20份，委员提案立案183件（其中重点提案6件）。

【组织机构】 2020年，政协第七届石狮市委员会现有委员183名，设置29个界别，正主席1名、副主席4名、常委36名（含正副主席）。2020年12月10日，因机构改革和人事变动，经政协第七届石狮市委员会常务委员会第十九次会议审议通过，撤销教科文卫体委员会、文史和学习宣传委员会；组建农业和农村委员会、教科卫体委员会、文化文史和学习委员会；对提案法制委员会、经济资源委员会、台港澳侨民宗委员会成员人员进行调整。石狮市政协机关内设办公室、提案法制办公室、经济资源办公室、教科文卫史办公室和台港澳侨民宗办公室等5个正科级办公室和1个股级事业单位（石狮市政协委员活动中心）。

重要会议

【石狮市政协七届四次会议】 2020年1月7—9日，石狮市政协七届四次会议在石狮市公务大厦附楼大会议室举行，来自29个界别的174名委员出席会议。会议期间，全体委员听取中共石狮市委书记蔡萌芽代表中共石狮市委所作的重要讲话；听取并审议通过林自育所作的政协第七届石狮市委员会常务委员会工作报告、丁东福所作的政协第七届石狮市委员会第三次会议以来提案工作情况的报告；听取大会发言、市法院和检察院工作通报、市政协七届四次会议提案初审情况报告，列席市七届人大四次会议，听取和讨论市长黄春辉所作的《政府工作报告》和会议的其他报告；通过政协第七届石狮市委员会第四次会议决议。

2020年石狮市政协常委会会议一览表

表5

日期	次数	会议主要内容
2020年3月22日	第十六次	学习习近平总书记在中央政治局常务委员会会议和在北京、武汉考察新冠肺炎疫情防控工作时的重要讲话精神、习近平总书记关于泉州欣佳酒店坍塌事故的重要批示、全省安全隐患大排查视频会议精神以及《省委关于新时代加强和改进人民政协工作的实施意见》。听取市卫健局关于“疾病预防控制体系建设”工作情况通报。审议通过市政协2020年工作要点。部署2020年政协专题调研工作
2020年6月19日	第十七次	传达学习全国两会精神、中共泉州市委印发《关于新时代加强和改进人民政协工作的实施意见》的通知、石狮市委政协工作会议精神。听取市民政局关于“社会救助体系建设情况”工作情况通报。测评各镇（街道）与政协委员沟通联系情况

续表 5

日 期	次 数	会 议 主 要 内 容
2020 年 9 月 23 日	第十八次	传达学习全国地方政协工作经验交流会议、省委十届十次全会、泉州市委十二届十二次全会精神。听取市政府关于农村生活污水治理 PPP 项目阶段性工作通报。组织常委现场视察石狮市农村生活污水治理 PPP 项目
2020 年 12 月 8 日	第十九次	传达学习中共十九届五中全会精神。审议通过《关于组建调整政协第七届石狮市委员会专门委员会设置和组成人员的方案》。听取市政府提案办理工作通报；重点提案主办单位书面汇报并对重点提案办理情况进行测评。听取市商务局关于“汇聚海外侨胞优质资源，助力我市市场采购贸易方式试点发展”工作通报。组织常委视察重点提案办理情况
2020 年 12 月 30 日	第二十次	传达学习政协第十三届全国委员会常务委员会第十四次会议和石狮市委七届五次党代会精神。协商通过市政协七届五次会议有关工作安排。协商通过市政协七届常委会工作报告、提案工作报告等。表彰 2017—2020 年度优秀提案、优秀提案团体和提案办理工作先进单位

2020 年石狮市政协主席会议一览表

表 6

日 期	次 数	会 议 主 要 内 容
2020 年 2 月 13 日	第三十六次	研究 2020 年度重点提案及跟踪督办分工事宜。研究市政协 2020 年度工作计划事宜。研究市政协 2020 年度协商工作计划事宜。研究市政协 2020 年度专题调研事宜。研究支持市政协机关干部驻村社区防控经费补助事宜
2020 年 3 月 13 日	第三十七次	研究交通银行租赁合同有关事宜。研究召开第七届市政协常委会第十六次会议事宜
2020 年 6 月 15 日	第三十八次	研究召开第七届市政协常委会第十七次会议事宜
2020 年 7 月 7 日	第三十九次	研究《关于我市大气污染防治民主监督的报告》。研究关于委员之家大楼工程决算事宜。研究关于委员之家大楼改造消防进水管道事宜
2020 年 8 月 11 日	第四十次	研究《关于进一步做好老旧小区改造工作建议（送审稿）》事宜。研究支持精神文明单位挂钩社区（凤里华南社区）党建经费补助事宜
2020 年 9 月 16 日	第四十一次	研究关于石狮政协之友书画院理监事会换届事宜。研究召开第七届市政协常委会第十八次会议事宜
2020 年 10 月 19 日	第四十二次	研究《关于我市学前教育民主监督的报告（送审稿）》事宜。研究石狮市六胜供应链管理公司续租事宜
2020 年 10 月 30 日	第四十三次	研究《关于加大我市扬尘治理力度的建议（征求意见稿）》事宜
2020 年 11 月 27 日	第四十四次	研究《关于组建调整政协第七届石狮市委员会专门委员会设置和组成人员的方案》事宜。研究召开第七届市政协常委会第十九次会议事宜
2020 年 12 月 23 日	第四十五次	研究政协七届五次会议事项（会议议程、日程安排、邀请对象、各项建议名单、常委会工作报告、提案工作报告、大会发言材料等）。研究关于对 2017—2020 年度优秀提案、优秀提案团体和提案办理工作先进单位进行表扬通报的事宜。研究关于召开第七届市政协常委会第二十次会议事宜。研究委员履职积分情况通报事项。研究关于政协视频会议室通信电路租用服务费用事宜

重要工作

【调研视察】 2020 年，石狮市政协聚焦市委、市政府中心工作，发动全市政协系统围绕“助力‘五个年’推进高质量发展”议题，开展调研视察，形成《关于构建直播电商产业集群发展的建议》《建设石狮智慧城市 提升现代化管理水平》《加强社区医疗机构建设 提升基层卫生服务水平》《改善人居环境 建设美丽乡村》等 23 篇调研报告，就“产业转型、城市管理、基层卫生、人居环境”等方面提出建设性意见建议 100 多条。关注纺织服装产业高质量发展，提出的建议，被选送在泉州市委与市政协“加快推进泉州市制造业高质量发展”专题协商会议上作重点发言。承担市委年度重点课题调研，探索“如何促进教育、人才与产业有机衔接，推进企业转型提升”，撰写的《深化产教研融合　助力高质量发展》入编《石狮研究》。组织“社会民生保障工作”专项视察，深入了解石狮市社会救助、社工服务等方面建设情况，就落实救助保障政策、健全养老服务体系等提出建议。围绕“科技、科普与乡村旅游服务平台建设”开展专题调研，就平台建设和宣传推广等提出意见建议。开展“乡村文化”专题视察，推动石狮市文化遗产传承保护。

2020年，石狮市政协畅通民意积极发声，收集意见建议、传递社情民意，表达民众诉求。提交《关于拔除市区人行道交通护栏遗留铆钉的建议》《关于消除道路设施安全隐患的建议》《关于进一步提升花海谷公园配套工程的建议》《关于市殡仪馆规范管理及提升环境的建议》《关于加强园林绿化养护管理工作的建议》等专报件，均得到市委、市政府主要领导批示，反映问题迅速解决，成果及时转化，做到事事有落实、件件有回音。对群众关切的“提升农贸市场管理水平”“文化艺术中心选址”“规划群英中路为小商品夜市一条街”等民生问题呼吁献计，力促解决落实。

【民主协商】　2020年，石狮市政协聚焦全市改革发展重大问题协商议政，落实常委会中心发言人制度，全年开展4次专题议政性协商，分别就“社会救助体系建设情况”“汇聚海外侨胞优质资源，助力石狮市市场采购贸易方式试点发展”等主题听取部门工作通报，提出意见建议50多条。开展基层协商民主实践，助推化解联邦商业城“烂尾”问题，形成《活用协商民主　化解历史难题》在《政协天地》(2020年第12期）刊发，并在泉州市政协工作座谈会上作经验交流，省政协副主席许维泽对此给予充分肯定并作重要批示。持续关注农村生活污水治理，对落实情况开展“回头看”专题调研，组织政协常委与市政府和相关部门协商交流，就加大宣传污水治理政策、加大工程质量监督力度等6个方面提出33条建议，推进石狮市农村污水治理进程。组织开展老旧小区改造情况对口协商活动，提交《进一步做好老旧小区改造工作》主席建议案，从统筹确定改造项目、严抓工程质量监管等方面协商建言。开展“职业教育工作情况”对口协商，围绕构建现代职业教育体系、提升学徒培养成效等议题，共商务实良策。

【民主监督】　2020年，石狮市政协坚持把推进民主监督作为履职重要内容，促市委、市政府决策部署更好贯彻落实。开展大气污染问题专项监督，形成《关于石狮市大气污染防治民主监督的报告》，并采取多种形式监督视察，呈报《加大石狮市扬尘整治力度》主席建议案。开展学前教育工作专项监督，形成《关于石狮市学前教育民主监督的报告》，提出“扩大优质普惠覆盖面、合理规范布局、加大经费投入”等多条建议，为推动办好人民满意的教育积极建言。

【提案督办】　2020年，石狮市政协加大提案督办力度，重点提案由市政府、市政协分管领导领衔督办，突出实地督办，注重提办双方互动协商。督办《关于创建宝盖山AAAA级景区的建议》，推进游客服务中心建设，助力成功创建AAA级景区，部分建议被收录进《宝盖山AAAA级旅游景区创建规划》；督办《关于加强石狮市中学教育优质发展的建议》，推动教育局出台《培优强生行动方案》；督办《关于提升石狮市交通智能调度系统管理水平的建议》，促成智能交通信号控制系统（一期）项目实施，被列为石狮市申报中央重大项目库子项目。开展提案“回头看”活动，推动时限长、难度大的提案办理工作落到实处。表彰2017—2020年度优秀提案、优秀提案团体、提案办理工作先进单位，发挥先进典型示范带动作用，推动提案工作出质量、上水平。

【联谊交流】　2020年，石狮市政协推进凝心聚力工作，主动与民主党派、无党派人士互通情况、交流意见，鼓励他们通过提案、大会发言、收集社情民意和调研视察等方式，积极参政议政。持续推进台港澳侨服务中心建设，开展落实优质服务情况视察。就“如何发挥海外归国留学人才作用”开展协商，搭建平台，为家乡创新发展贡献力量。鼓励香港籍政协委员发挥积极作用，团结乡亲力量，坚决拥护“全国人大关于建立健全香港特别行政区维护国家安全的法律制度和执行机制的决定”，全力支持香港特别行政区依法施政，维护香港繁荣稳定。关心关注民族宗教工作，就少数民族村家园清洁、宗教团体自身建设等课题，组织委员实地视察，提出意见建议。

协助泉州市政协委员石狮活动组开展“加快培育壮大高新技术产业”视察活动。密切与兄弟政协之间的联络互动，配合上级及外地政协到石狮市考察交流。协助安排省政协“加大老年教育供给”“培优做强重点产业”、泉州市政协“深化产教融合助力高质量发展”调研、考察28批次，加强交流、增进感情、形成合力。

【文史工作】　2020年，石狮市政协充分发挥文史资料“资政、存史、团结、育人”的作用，广泛征集史料线索，编辑出版《石狮历史名人》。完成《石狮政协志》编纂工作，启动送审、校对工作。筹备《石狮灯谜》撰写相关工作。坚持“既要做得好，又要讲得好”，广泛宣传上级有关精神、市委市政府和市政协重点工作，全年刊发各类报道100余篇。

纪检 监察

综 述

【政治监督】 2020年，石狮市纪委监委聚焦疫情防控、安全生产、生态环保、减税降费、制止餐饮浪费、文化自然遗产保护等重大决策部署加强监督检查，督促整改问题460个，推动“两个维护”落到实处。第一时间传导疫情防控压力，牵头组建5个专项督查组，深入医疗机构等防疫一线开展监督检查，督促整改问题875个。推动落实“六稳”“六保”任务，督促职能部门靠前服务、兑现惠企政策，协助解决企业转产防疫物资等问题，相关做法获省纪委监委肯定并推广。推动房屋安全“百日大整治”行动，督促整改问题67个，对监管责任履行不到位的2个单位予以通报批评；组织对9个镇（街道）安全生产工作情况开展“1+X”全交叉专项督导，督促整改问题335个；针对重点项目建设开展联合督查8次，协调解决问题51个。

【营商环境优化】 2020年，石狮市纪委监委把“干部担当就是营商环境和发展环境”作为一项重点工作，深化“放管服”改革，制定公职人员政商交往负面清单，以“八个不准”规范政商交往行为，坚决保障涉民营企业决策部署贯彻落实。以“作风建设年”活动为契机，以治“违”、治“顽”、治“懒”倒逼作风转变，采取领导干部挂钩项目、业务骨干捆绑项目，形成项目攻坚合力。对涉企服务重点部门、重点环节及重点项目征迁时限到期、进度滞后等问题强化监督检查，保障历史遗留问题取得突破、重点项目有序推进。把握好政策策略，运用好“四种形态”，坚持“三个区分开来”，区分对待、妥善处理在推动项目建设、支持企业发展过程中出现的工作失误，保护干部干事创业积极性，推动项目攻坚“石狮速度”。

【“两个责任”落实】 2020年，石狮市纪委监委贯彻落实《党委（党组）落实全面从严治党主体责任规定》，改进主体责任考评方式，通过党员市领导带队重点检查、委托检查、交叉检查等方式，实现主体责任检查全覆盖，反馈并督促整改问题405个。印发落实“1+X”监督机制实施方案，健全专题会商、协调联动等监督制度，确保“两个责任”协同落实，实施责任追究6件，处分3人。调研课题《石狮市推动全面从严治党“两个责任”贯通协同、一体落实的实践与思考》获泉州市党建重点课题评选三等奖，相关建议被《中国纪检监察报》刊发。

【紧盯“关键少数”】 2020年，石狮市纪委监委分级分类构建对市管干部、村干部的监督网络，形成监督分工“责任树”。完善“1+6+N”信息动态更新机制（以市纪委监委为数据中心，6个协作片区为单位，全市各单位为采集终端的信息动态更新机制），建立“关键少数”职责档案、廉政档案1035份。集中对各镇（街道）和高新区开展蹲点调研，进一步推动村集体“三资”、工程建设、社会捐赠资金管理规范化。把政治监督与审查调查深度结合，优先处置违反政治纪律问题线索5件，立案3人。

【担当能力提升】 2020年，石狮市纪委监委创新实行基层纪检监察组织执纪执法重点环节由纪检监察室审核把关工作机制，对重点问题线索实时跟踪督办、提级查办，提高案件质效。推行“测试+实战”全面练兵，组织全市专职纪检监察干部进行业务测试，抽调纪检干部46人次参加巡察、“1+X”安全生产督导，推出“1+X”培训套餐，举办纪检监察业务培训7期，通过跟班学习、以案代训等实践培训，提升队伍战斗力。

【队伍监督管理】 2020年，石狮市纪委监委强化规范执纪执法、安全文明办案意识，加强“走读式”谈话场所管理，实现“零事故、双安全”。加强对镇街纪委、派驻机构的督促检查，实施年度工作绩效管理，采取召开工作推进会、“请上来”等方式，提升基层纪检监察干部能力素质。开展借款、出借资金和融资担保等专项清理，动态更新纪检监察干部个人有关事项报告，健全完善廉政档案。通过定期谈心谈话、廉政家访，加强对干部八小时以外的监督，督促纪检监察干部时刻绷紧“廉洁弦”。

纪检监察体制改革

【协同“四个监督”】 2020年，石狮市纪委监委全面推进纪检监察职能、权限、程序法定化，深化纪律监督、监察监督、派驻监督、巡察监督协调衔接。健全完善纪检监察片区协作机制，统筹调配纪检监察机关与派驻机构、巡察机构力量，运用提级办理和会商指导等机制，提升基层监督合力。向市法院、市检察院单独派驻纪检监察组，推动纪检监察信息公开，促进党内外各类监督贯通协调、同向发力。

【基层纪检组织建设】 2020年，石狮市纪委监委抓实镇（街道）纪检监察组织“五统一”规范建设，提升进村入户“五个必”针对性实效性，激活“镇（街道）纪检监察专干＋村级纪检委员＋村务监督委员会”三元监督链条。出台村（社区）干部履职负面清单、村级事务“小微权力”清单及农村集体资源市场化配置等工作规定，织密“小微权力”监督网。

巡察监督

【巡察工作】 2020年，石狮市委政治巡察向纵深推进，聚焦村级党组织作用发挥、“三资”管理等内容，对宝盖镇前园村、塘边村，灵秀镇灵狮村、茂厦村，蚶江镇莲东村、溪前村开展村“三资”管理专项巡察，发现和反馈问题161个，并梳理共性问题清单移交镇（街道）所辖村（社区）对照整改。围绕市委中心工作，对15个单位开展贯彻落实市委“五个年”活动暨漠视侵害群众利益专项巡察，发现和反馈问题142个，推动市委决策部署落地见效。在“爱石狮”小程序中增设巡察信箱，群众通过扫描二维码即可向巡察组反映问题。

【巡察整改】 2020年，石狮市委开展巡视巡察整改落实情况“机动式”专项巡察，全面检视市直单位、“两院”、镇（街道）、国有企业落实上级巡视巡察和市委巡察反馈问题整改情况，发现和反馈问题123个，巩固深化巡视巡察整改。健全巡察整改督查考评制度，扣减4个被巡察单位绩效分值。实行巡察整改报告“六联审”机制，由市委巡察工作领导小组、市纪委监委、组织部、宣传部、巡察办、巡察组共同把关，提高整改质量。截至2020年底，第九轮巡察反馈问题439个，移交问题线索27条，推动职能部门建立健全规章制度143项，前九轮巡察整改完成率超98%。

【工作制度完善】 2020年，石狮市委巡察领导小组修订《中共石狮市委巡察工作领导小组办公室工作规则》《中共石狮市委巡察组巡察工作流程》等8项制度。建立健全工作协调机制，畅通协作渠道，修订完善《关于建立健全巡察机构与纪检监察机构工作协调机制的意见》《关于建立市委巡察机构与信访局工作协调机制的意见（试行）》《关于建立健全市委巡察机构与市委宣传部工作协调机制的意见》。

【机构建设】 2020年，石狮市委配强配齐巡察骨干，新任命3名巡察组副组长，专人专职；修订《巡察组工作人员请销假纪律》，强化巡察组日常管理，严肃工作作风；总结巡察经验做法，设立“巡察展示厅”；升级驻点功能，完善巡察服务中心办公、会议、生活、档案管理、政策业务查询、问题类型参考等功能。

反腐工作

【信访举报】 2020年，石狮市纪检监察机关接收信访举报301件，比2019年下降32.05%。其中检举控告159件，经研判属于初信初访63件，比2019年下降40%。信访举报总量、检控类初信初访数量、重复举报数量均为近三年来最低，石狮市纪检监察机关认真贯彻执行《纪检监察机关处理检举控告工作规则》，修订出台《处理实名检举控告暂行办法》等工作制度，修正实名检举控告告知和受理等9个业务环节，完善集体研判审议、办理结果反馈、失实澄清等3项工作机制，部署落实检举举报平台推广应用工作，实现信访举报处理工作的全流程闭环管理，受到中纪委信访室检查调研组充分肯定。以开展“十百千”“找差距、抓落实、解难题、化积案”和纪检监察服务基层化解矛盾等专项行动为契机，持续深化“四访”活动，从“时间、内容、空间”三个维度服务基层化解矛盾，有效化解25件信访难题积案，专项行动在泉州“强基促稳”考评中获评“好”等次。

【执纪审查力度】 2020年，石狮市

纪委监委坚持抓早抓小，运用“四种形态”批评教育帮助和处理518人，其中第一、二种形态占比89.9%。紧盯重点领域、重点对象，立案104件（科级干部10人），处分106人，移送司法机关2人。加强政策感召和思想动员，一体推进追逃防逃，积极协助上级纪委开展协查工作，成功从境外劝返一名重要证人回国作证，完成找人取证任务。发挥反腐败协调小组成员单位合力，加强重点追逃案件攻坚，实现石狮市职务犯罪在逃人员“清零”。坚持办案、整改、治理协同推进，建立审查调查“五个一”工作机制（一把开启心灵的谈话钥匙、一份找准病灶的个案剖析、一例靶向治疗的精准药方、一组生态防治的综合对策、一场追求质效的复盘分析），做好个案剖析和政治生态分析，下发纪检监察建议书17份，提出乡镇政治生态建设的影响因素及优化对策。加强受处分干部跟踪回访，帮助76名受处分干部放下思想包袱，重拾干事创业信心。

【“四风”纠治】 2020年，石狮市纪委监委牵头开展“作风建设年”活动，结合石狮近年来易发多发的违规因私出国（境）、酒驾醉驾、违规使用办公用房三类突出问题开展专项整治，公开通报典型问题2批4起。开展集中整治表格填报乱象工作，清理整合各单位要求基层报送表格20份，降低表格报送频次3份，精简表格填报内容1份。组织开展中秋、国庆期间纠治“四风”明察暗访，发现并督促整改问题12个。查处形式主义官僚主义问题8件12人，处分3人；查处享乐主义奢靡之风问题13件15人，处分8人。

【专项治理】 2020年，石狮市纪委监委针对人防系统腐败、农村乱占耕地建房、教育公平等民生领域问题开展专项监督，查处侵害群众利益的不正之风和腐败问题24件26人，给予党纪政务处分13人，通报典型问题4件。深化移风易俗专项治理，引导群众喜事新办、丧事简办，累计捐资公益6000余万元。

【扫黑除恶】 2020年，石狮市纪委监委开展扫黑除恶专项斗争冲刺攻坚，严格落实“三筛三不放过”和公检法协作配合等机制，对公安机关侦办的涉黑涉恶违法犯罪案件同步跟进、逐案过筛，专项斗争以来办理涉黑涉恶问题线索17件18人，立案15件16人，其中充当黑恶势力“保护伞”问题10件11人，发现失职失责问题3件；下发纪检监察建议书5份，督促重点行业出台制度53份，持续整治行业乱象。

廉政宣传教育

【党规党纪教育】 2020年，石狮市纪委监委举办《中华人民共和国民法典》等党纪法规培训，组织开展《中华人民共和国公职人员政务处分法》宣讲，在市属国有企业开展廉洁从业“五个系列”宣传教育活动，在市委党校开设警示教育课程，开设政德教育现场教学点，市反腐倡廉教育讲师团分层分类开展廉政教育。深入剖析违纪违法问题和典型案例，组织党员干部“零距离”旁听庭审。将廉政教育与干部提拔任用相结合，组织拟提任股级以上干部300人次参加测试。

【廉政文化活动】 2020年，石狮市纪委监委认真贯彻落实《宣传工作条例》，定期进行意识形态分析研判，推出一系列党风廉政新闻报道精品，讲好反腐倡廉石狮好故事，不断增强主流意识形态的感染力、凝聚力。深化“一镇一孝廉”创建，持续推进“每月一文思勤廉”读书活动，在市政府多媒体播放廉洁宣传视频，每月推出反腐倡廉谜语、格言、漫画等，将鲜活的廉政文化“套餐”送进全市127个村（社区）。推出廉洁家风暨红色旅游路线，引领党风政风民风持续向善。

民主党派和工商联

中国国民党革命委员会泉州市石狮总支部委员会

【概况】 2020年，中国国民党革命委员会泉州市石狮总支部委员会（以下简称民革石狮总支部）下设3个支部，现有党员115人，女党员21人，本科及以上学历64人（其中硕士6人、博士2人）；高级职称14人，中级职称47人。石狮市人大代表4人（其中常委1人），石狮市政协委员6人（其中常委1人）；副处级干部1人，正科级干部1人，副科级干部4人。泉州市机关效能建设监督员1人，石狮机关效能建设监督员2人，石狮市民主党派智库成员3人，受聘各级机关单位特约人员5人。

【参政议政】 2020年，民革石狮总支部在石狮市人大七届四次会议及市政协七届四次会议期间共提交提案建议32件。提交石狮市委统战部3份调研报告。

2020年，有26篇信息被石狮市委统战部、民革泉州市委会等微信公众号采用，石狮电视台、《石狮日报》等新闻媒体对总支部及个人事迹报道17次。

党员李晓灿受聘石狮市自然资源局特约人员；党员王仁芳受聘石狮市教育局特约教育监察员；党员林张旗受聘石狮市城市管理局特约监督员。

【社会服务】 2020年，民革石狮总支部组织骨干党员、医疗界党员到婷婷儿童院开展“热心公益、关爱孤儿”慰问活动，并为福利院儿童免费体检。走进石狮市慈爱老人院，开展慰问活动为老人们送去温暖和慰问金。开展“金秋助学”，走进石狮石光中学开展“金秋助学”活动，向10名优秀准大学生派发奖学金4万元。8月15日，第三支部开展“情系老区，访贫助学”公益行活动，在三支部蔡清淳、颜胜利等企业家党员的捐资支持下，走访革命老区的困难群众，为福鼎福中、福联、环峰等村的15名家庭较为困难的群众发放粮、油等生活必需品和慰问金，向横口学校10名品学兼优的贫困学生、5名优秀教师分别发放慰问金和奖励金，并向学校食堂捐赠冰箱1台。

2020年9月5日，民革石狮总支部连续12年开展“金秋助学”活动，走进石狮市石光中学，向10名优秀准大学生发放4万元助学金　（图/民革石狮总支部）

副主委蔡清淳热心支持家乡敬老社会事业，自2005年起至2020年连续16年出资为家乡灵峰村群众缴交农村医保费，并为民革福建省委购买价值51600元的学习书刊；副主委蔡清淳、总支委员王明志分别向石狮市慈善总会捐资1万元用于新冠肺炎疫情防治；总支委员、福建永信数控科技股份有限公司总经理、蚶江村村长林旭日向蚶江教育促进会捐款20万元；党员、石狮人大代表林世雄分别向蚶江镇后垵村“垵仁”基金会捐款1万元、石狮市教育基金会捐款2万元；党员欧阳智勇向蚶江教育促进会捐款5万元；总支委员花伟磊创办的律师事务所，为弱势群体免费提供法律咨询和法律援助40件。

2020年12月18日，民革石狮总支部被评为“民革泉州市2020年抗击新冠肺炎疫情先进集体”。副主委许雄飞、党员王文泽被评为“民革泉州市2020年抗击新冠肺炎疫情先进个人”。

【自身建设】 2020年，民革石狮总支着力强化组织建设，丰富党务活动，不断提升向心力、凝聚力和影响力，重视理论学习，为每个党员订阅《团结报》一份。总支部获民革泉州市委会“庆祝中华人民共和国成立70周年”主题征文活动优秀组织奖，党员蔡世仰《一日与七十年》获主题征文活动二等奖，党员林张旗《不忘初心，再起征程》、党员杨帆《献给祖国建国70周年的赞歌》均获征文活动优秀奖。

2020年1月12日，总支部组织开展新春慰问老党员、老主委、企业界党员活动；8月15日，第三支部组织党员赴永春县横口乡开展“情系老区，访贫助学”公益行活动，参观红军哨所、郭氏家庙、朱德纪念馆等红色景点；9月26日，民革石狮总支部对接石狮市科协，与民建石狮市总支部共同承办“刺桐科学传播学者百场科普巡讲活动”，邀请泉州市海上丝绸之路申遗中心副主任黄明珍作《闽南历史文化》专题讲座；9月26日，第二支部组织党员开展“庆国庆观古城”活动，实地考察调研永宁城隍庙、橘若咖啡艺术馆、观音山；11月8日，携手民革丰泽工委、民革泉港支部开展联谊活动。

2020年，副主委蔡清淳获民革中央表彰，被评为“优秀民革党员企业家”，在其他社会活动中，副主委蔡清淳分别任石狮市蔡辉煌教育基金会副理事长、石狮市港口航运协会名誉会长、石狮市新阶联顾问；党员王仁芳、李晓灿、杨帆被评为民革泉州市委会“2019年度优秀党务工作者”；党员蔡金堤获评“全国污染普查表现突出个人”；党员王万里任石狮市新阶联副会长；党员欧阳智勇任石狮市港口航运协会监事；党员林世雄任泉州外烩餐饮行业协会副会长；党员李桦榕被任命为石狮农商银行九二路支行副行长；党员纪东炯发行《纪东炯诗词曲集》，其笔名笛子所写的诗词曲被《中国抗击〈新型冠状病毒〉网络前沿诗文典藏》收录13首、《感动中国的醉美诗文》收录16首、《中国最美爱情诗选·七卷》收录1首、《中国当代传世诗文大辞典》收录22首。党员纪荣海被评为石狮市老干局、关工委“最美五老”；党员洪亚怀参与石狮市八卦街指挥部历史文化工作，为20多个镇村学校担任公益文化顾问；党员王秋鸿被聘为福建省海峡之星吟诵学会理事。

【祖统工作】 2020年，民革石狮总支部牢牢把握两岸关系和平发展主题，充分发挥党派特色和党员血缘纽带优势，采取多种形式，推动祖统联谊。

海外新冠肺炎疫情严峻期间，副主委、石狮市总医院副院长许雄飞组织医务人员在线为海外旅菲侨亲答疑解惑，介绍防疫要点，1月26日，在其与市委统战部（侨办）的牵线搭桥下，世界石狮同乡联谊会捐赠石狮市总医院一辆负压救护车及医用防护服、口罩等价值300多万元物资；受聘为石狮台商协会常年法律顾问的党员花伟磊设立“法律援助点”，为在石狮市经商兴办企业的台商协会会员义务提供优质法律服务，维护台商合法权益；党员董发达自发创办的永宁古卫城文化驿馆，作为对台文化交流平台——永宁城隍文化节的主要活动场所，其驿馆被泉州市侨联评为“对台文化示范点”，并举办多场文化推广和交流活动。

中国民主同盟石狮市总支部委员会

【概况】 2020年，中国民主同盟石狮市总支部委员会（以下简称民盟石狮市总支部）现有盟员133人，其中女盟员52人，男盟员81人。本科及以上学历73人（其中硕士6人），高级职称49人，占总数的36.8%；中级职称51人，占总数的75.2%。其中，泉州市人大代表2人，石狮市人大常委会委员1人，石狮市政协委员7人，其中政协常委2人；受聘石狮市机关效能建设监督员2人，各单位特约人员11人；总支部委员会下设6个支部委员会。

【参政议政】 2020年，民盟石狮市总支部紧紧围绕石狮市委、市政府中心工作和人民群众普遍关心的热点、难点问题建言献策，反映社情民意，积极发挥参政党的作用。在政协第七届石狮市委员会第四次会议中，民盟石狮市总支部共提交政协提案20篇，内容涉及社会经济、教育、城市建设、民生等多个领域。其中，10篇政协提案选登在《石狮日报》政协之窗。

【组织建设】 2020年9月28日，由民盟晋江市委会、民盟石狮市总支部、晋江市文化和旅游局、新塘街道党工委共同主办的“不忘合作初心·继续携手前进”晋江·石狮民盟书画摄影联展在

2020 年 10 月 24 日，民盟石狮市总支部开展 2020 年度盟员大会暨重阳节活动
（图 / 民盟石狮市总支部）

晋江市新塘梧林传统村落举办，书画展展出作品 108 件，以创造性的艺术语言和多样化的艺术风格，展示晋石两地现代化建设的巨大变化，展现广大民盟盟员爱党、爱国、爱家乡的真挚感情；10 月 23 日，民盟石狮市总支部在石狮市宝盖山风景区召开 2020 年度盟员大会暨重阳节活动，增进盟员之间的交流互动；11 月，由主委蔡进强带队，分别拜访泉州海洋职业学院、闽南理工学院两所高校，立足界别特色，发挥高校基层盟组织作用；12 月，获石狮市“2017—2020 年度优秀提案团体”称号。

【调查研究】 2020 年，为提高政协提案质量，提升参政议政水平，民盟石狮市总支部立足实际，注重实效，深入基层调研学习。6—11 月，民盟石狮市总支部多次召开调研课题研讨会，成立两个课题研讨小组，就疫情后校园网络课程问题及电商产业集群两个课题进行研究，深入校园、企业调研，并形成高质量的提案。

【社会服务】 2020 年，民盟石狮市总支部发挥民盟自身专业优势和群体优势，积极参与各类社会服务工作，树立良好社会形象。1 月 11 日，盟员吴东洋、林天生、邱华民参加石狮市委统战部牵头开展的“迎新春·送春联”文化下乡活动；自新型冠状病毒肺炎疫情发生以来，民盟石狮市总支部响应民盟各级组织和中共石狮市委、市政府的号召，贯彻落实上级部门的安排与部署，投身到疫情防控工作中，捐款捐物 6.66 万元，共同助力一线抗击疫情。

中国民主建国会石狮市总支部委员会

【概况】 2020 年，中国民主建国会石狮市总支部委员会（以下简称民建石狮市总支部）下设 5 个支部，现有会员 133 人，其中女会员 38 人。全国政协委员 1 人，泉州市政协委员 2 人，石狮市人大代表 2 人，石狮市政协委员 9 人（其中常委 2 人）。石狮市监委第一届特约监察员 1 人，各级机关特约人员 8 人。

【参政议政】 2020 年，民建石狮市总支部围绕石狮市委市政府的中心工作，履行自身职责，深入社会基层开展调研，撰写提案、调研报告。在石狮市政协七届五次会议期间，总支部调动会员参政议政的主动性和积极性，群策群力，提交 29 件提案，提案内容涉及民营经济、城市建设、交通安全、教育事业、医疗卫生等多个领域，其中，“关于尽快修复蚶江海防官署的建议”被列为石狮市政协七届五次会议重点提案。

【社会服务】 2020 年，民建石狮市总支部助力抗击疫情。民建石狮市总支第二支部、第三支部向中华思源工程扶贫基金会捐款 8700 元；多名会员及会员企业响应各单位发起的捐款倡议，向中华思源工程扶贫基金会、石狮市慈善总会等单位捐款近 10 万元。民建石狮市总支部捐赠各类抗疫物资价值 50 多万元。1 月 31 日，民建石狮市总支第二支部向市红十字会捐赠价值 7000 元的 84 消毒液 50 桶；2 月 7 日，会员企业振牌（福建）海洋生物科技有限公司将企业储备的 40 吨漂白粉捐赠到云霄县红十字会；通过海外合作商家，从国外购买一批口罩，用货柜专柜运到福建，并第一时间向家乡石狮市及企业所在地各单位捐赠价值 30 万元的 12 万个口罩；2 月 24 日，会员企业福建北记食品有限公司向武汉市中心医院、武汉市防疫中心等单位捐赠百箱北记食品面点，价值 2.5 万元；会员企业永佳食品商贸有限公司分别慰问石狮各单位一线抗“疫”人员、石狮市消防救援大队和驻训部队、石狮 7 所高中校高三学子，累计为他们赠送价值近 7 万元的蛋糕、面包等食品。民建石狮市总支第二支部主委、石狮市总医院影像科主任侯国富，主动放弃假期，全心投入防疫一线工作，做好抗“疫”一线医生的“眼睛”，为他们提供准确的诊断治疗依据。民建石狮市总支部张应强、陈彬彬、施远志、吴佳丽、王晓珠、杜海鹏等会员一直奋斗在基层社区，承担起入户摸排、社区值守排查的工作。

2020 年，民建石狮市总支部助力企业复工复产。民建石狮市总支部第二支部协调福建化工集团属下企业将 84 消毒液原材料次氯酸钠 50% 的产能（每天约 150 吨）提供给金汇公司进行 84 消毒液的生产，并组织会员与各政府职能部门沟通，协助企业在短时间内解决政策、运输、生产等“卡脖子”问题。2 月 13 日，民建石狮市总支部主委吕锜将价值 3 万多元的爱心抗疫物资送往宝盖镇人民政府，将这 1 万只医用口罩捐赠给宝盖镇政府、宝盖镇商会用于企业复工防护。杜海鹏、杨祖杏等会员进驻企业，协助企业做好疫情宣传、联防联控、安全生产等工作，协助企业复工复产。

2020 年 1 月 17 日，民建石狮市总支第三支部先后前往蚶江、永宁和宝盖三镇，对 5 户 7 位残疾、孤寡老人和特困户进行慰问，为他们送去慰问金以及慰问品。10 月 24 日，民建石狮市总支部会员企业永佳食品商贸有限公司慰问晋江市永和镇后埔村老人会，为老人们送上礼品 295 份。10 月 25 日，振牌（福建）海洋生物科技有限公司董事长、民建石狮市总支第四支部副主委王振华为云霄县上坑村 60 周岁以上的老年居民送上 550 份慰问品、爱心款 4 万元。

2020 年，民建石狮市总支部开展爱心助学活动。6 月，民建石狮市总支部多个会员、会员企业向石狮市各街道、乡镇教育基金会（教育发展促进会）捐款，共计 368.8 万元。8 月 18 日，民建石狮市总支部第二支部连续第 9 年开展助学活动，为 2 名受助大学生颁发助学金各 5000 元。8 月 22 日，民建石狮总支第三支部开展“金秋助学”活动，向 3 名贫困大学生每人发放 5000 元助学金。10 月 23 日，民建石狮市总支部第四支部向石狮市第六实验小学捐赠电钢琴一台，用于补强学校硬件储备。10 月，会员企业振牌（福建）海洋生物科技有限公司向云霄县上坑小学捐赠办公室用品款 3 万元。11 月 30 日，民建石狮市总支第五支部向石狮市实验小学捐赠价值 1.2 万元的各类图书。

【宣传调研】 2020 年，民建石狮市总支部积极参加考察调研，提出观点方法。撰写名为《建设石狮智慧城市，提升现代化管理水平》的调研报告。6 月 22 日，全国政协委员、民建福建省委主委吴志明率调研组一行到石狮市，围绕“提升产业链现代化水平”的课题进行调研。民建石狮市总支部陪同调研，总支部会员企业家代表在座谈会上围绕调研主题踊跃发言，结合企业及行业发展现状，对石狮市产业链发展情况进行介绍，并就如何提升产业链现代化水平提出意见建议。8 月 11 日，民建泉州市委专职副主委黄军红、泉州民建民营经济研究院院长陈金龙一行走访石狮会员企业，与会员企业家座谈交流。来自通信设备、鞋服贸易、新型材料、文化旅游等行业的会员企业家代表与调研组一行交流企业运行情况、所在行业发展面临的问题，并就企业在发展中遇到的痛点、难点问题与教授交流探讨，为建言献策打下坚实基础。

【组织建设】 2020 年，民建石狮市总支部吸收企业家及体制内人员 7 人为总支部新会员。总支部以创建优秀支部为契机，落实民建福建省委“4211111”基层组织多维度量化考评制度，推动组织各项工作上新台阶。民建石狮市总支部获“民建全省先进集体”称号，民建石狮市第二、第三支部获“2019 年度福建省优秀支部”称号，民建石狮市第五支部获“2019 年度泉州市优秀支部”称号，民建石狮市第二支部获民建泉州市委会“抗击新冠肺炎疫情先进集体”称号，杨文峰、蔡少文、李盛芳获“民建全省优秀会员”称号。

2020 年，民建石狮市总支部走访会员企业、热心关爱老会员。1 月，总支部开展会员企业走访活动，主委吕锜带队走访会员企业星港塑胶包装有限公司、后街地带（中国）有限公司，了解企业发展情况。1 月，民建石狮市总支部一行走访慰问 7 位 70 周岁以上老会员，并送上慰问金和慰问品。10 月，总支部召开老会员座谈会，邀请老会员们共庆重阳佳节。对于无法参加座谈会的老会员，总支班子成员专程上门走访慰问。此外，在老会员生日当天，女工委组织会员上门慰问，为老会员送去鲜花与蛋糕。通过经常性的探望慰问，关心老会员的生活，让老会员们感受到民建大家庭的温暖。

2020 年，民建石狮市总支部开展结对共建，互相交流学习。9 月 19 日，民建晋江市委会一行 30 余人到石狮开展结对共建活动，赴会员企业辉鸿贸易有限公司举行民建石狮市总支部第四支部社会调研工作站揭牌仪式，民建晋江市委会一行参观民建石狮市总支部第四支部“会员之家”。在大帝集团有限公司举行民建石狮市总支部第四支部与民建晋江市委会城区第一支部结对子仪式。两个基层支部在庄严的结对子仪式上，互赠结对共建纪念牌及纪念礼品。

2020 年，民建石狮市总支部开展丰富多彩的活动。7 月 11 日，民建石狮市总支部举行成立 35 周年乒乓球邀请赛，民建鲤城区工委主委魏文枢应邀带队参加比赛。9 月 26 日，民建石狮市总支部与科协、民革石狮市总支部共同承办刺桐科学传播学者百场科普巡讲活动，特邀泉州市海上丝绸之路申遗中心副主任黄明珍为大家讲授《闽南历史文化》，提高会员们对闽南文化的历史、民俗的认识。11 月 22 日，总支部组织会员赴南平市政和县开展学习廖俊波先进事迹活动，教育引导会员“不忘合作初心，继续携手前进”。

中国民主促进会石狮市总支部委员会

【概况】 2020 年，中国民主促进会石狮市总支部委员会（以下简称民进石狮市总支部）下设 5 个支部，即综合支部、文化支部、教育第一支部、教育第二支部、教育第三支部。全年有会员139人，其中女会员41人，本科及以上学历83人（其中硕士1人）；中高级职称85人（66%）；职业类别中（不包含退休人员），体制内有92人（66%），非公33人（24%）；会员中，第十二届泉州市政协委员1人，第七届石狮市政协委员4人，其中政协常委1人。

【参政议政】 2020年初政协第七届石狮市委员会第四次大会召开期间，民进石狮市总支部及时召开专题研讨会，审核提交团体提案17篇，个人提案6篇，立案21篇。民进石狮市总支部提交的《关于提高学前教育质量的建议》被市政协采纳，在政协大会上进行发言。其中，黄顺治撰写的《关于优化石狮红绿灯设置的建议》同其他提案并案被政协选为重点提案。洪明芳撰写的《关于进一步完善中小学课后服务工作的建议》提案通过泉州民进渠道被省政协立案。12月，石狮市政协从2017—2020年度的提案中甄选30个优秀提案进行表彰，民进石狮市总支部3篇提案被石狮市政协评为“2017—2020年度优秀提案”，民进石狮市总支部被石狮市政协评为“2017—2020年度优秀提案团体”。民进石狮市总支部主动提交参政议政材料和社情民意信息，得到上级单位的认可和采纳。其中，通过市政协提交的《科学设置临时停车泊位，盘活沿街店面经济》《科学规划夜市一条街，拉动消费恢复市面繁荣》2篇社情民意得到石狮市委书记和市长的重视并签批相关部门落实办理。民进石狮市总支部组织会员参加上级单位组织的各项调研培训，深入基层调查研究，2020年向石狮市委统战部和民进泉州市委会提交5份调研报告。

截至12月，民进石狮市总支部有第九届石狮市机关效能建设监督员1人；各机关单位效能监督员和效能监察员5人。他们参加各项工作情况通报会，多次参与各种监督活动，发挥民主监督作用。此外，民进石狮市总支部积极开展与文体局、教育局及审计局对口联系活动，并开展对口联系单位座谈会，听取3个部门通报工作，及时提出相关建议，得到相关领导的肯定和采纳。

【服务社会】 2020年，民进石狮市总支部开展各种文化教育活动，增强组织活力。1月，响应民进中央号召，走进凤里青少年社会教育活动中心举办庚子（2020）年“春联万家”活动，支持和引导基层文化建设。组织长期参与公益活动“星期六青少年书法班”，营造“书香狮城”浓厚文化氛围。9月，开展庆祝第36个教师节活动，引导广大教师会员双岗建功，并邀请集美大学原教授、硕士生导师施茂枝作《漫谈新时代的中小学阅读教学》专题讲座。9月，组织爱好羽毛球会员组队参加泉州民进组织开展的“国庆暨纪念中国民主促进会成立75周年”羽毛球比赛，获得季军的优异成绩。10月，和市教育局联合举办2020年石狮市第四届“民进杯”现场作文竞赛。12月，邀请教育三支部副主委严祥平前往蚶江中学开展“法律进校园”专题活动，为学生解读《中华人民共和国民法典》。

2020年新冠肺炎疫情发生期间，民进石狮市总支部实时汇总会员流动及捐赠防疫物品和资金等情况，并在微信群里实时转发各级组织官方发布的信息，消除各种错误信息的误导，并组织会员坚持从本职工作做起，打赢疫情防控阻击战。此外，民进石狮市总支部积极发动会员捐资捐物。总支部班子成员带头响应民进泉州市委会号召，发起捐资活动，筹集善款15900元。总支部副主委刘永康带领旗下公司捷友汽修年检站工作人员购置300箱泡面，并逐一前往全市各村，向各村路口防疫检查工作人员发放泡面；总支部委员林清从通过各种社会身份捐资抗击疫情，捐资捐物1万多元。4月，民进石狮市总支部组织会员深入基层一线民办幼儿园调研，撰写出《关于疫情期间扶持民办幼儿园的建议》，得到市长的批示，市财政及时拨付209万元民办园纾困补助，同时，邮政银行给予8所民办园总计785万元纯信用循环贷款。10月，入会积极分子黄映治向石狮市政协提交《关于加强常态化防疫校园周边流动摊贩管理的建议》，得到相关部门的重视。

【自身建设】 2020年，民进石狮市总支部通过形式多样的学习、健全组织制度、开展考察调研等举措加强自身建设。民进石狮市总支部每季度定期召开总支部支委（扩大）会议，布置工作任务，组织学习大政方针政策，并传达学习中共十九届五中全会、民进十四届四中全会会议精神及民进各级委员会和各级统战部的会议和相关文件精神。8月，召开第二届第二次代表大会，选举增补洪明芳为民进石狮市总支部第二届委员会主委，配齐领导班子成员队伍。9月，召开专题会议研究确定领导班子成员分工和党派财务制度。民进石狮市总支部积极改善党派队伍梯队建设，吸收高素质人才加入民进队伍，至2020年12月底，经泉州民进审批，增加一名新会员，并发展5人为入会积极分子。民进石狮市总支部坚持开展春节系列慰问活动，拜访退休老干部，走访看望病困会员。

为巩固和深化“不忘合作初心，继续携手前进”主题教育活动成果，民进石狮市总支部开展考察交流活动，加强支部间横向联动。6月，组织会员前往永春县开展“红色之旅”考察学习活动；8月，组织总支会员与民进晋江市总支部开展“晋江经验——社会发展”主题学习活动，组织教育一支部到洛江开展“主题学习”调研活动；9月，教育二支部与鲤城兄弟支部在石狮市开展“探索泉州海丝历史文化和对台交流文化渊源”调研考察活动；11月，教育三支部组织会员参加由民进泉州市委会组织的南安市乡村振兴调研活动、3个教育支部到永泰开展“振兴文旅产业”专题考察活动。

中国农工党石狮市总支部委员会

【概况】 2020年，中国农工党石狮市总支部委员会（以下简称农工党石狮市总支部）有党员115人，下设医疗卫生、教育、综合支部等四个支部。其中女党员有44人，大专及以上学历有109人，副高职称有52人。农工党石狮市总支部有97人从事医疗卫生和文化教育工作，泉州人大代表有2人，石狮市人大代表3人，石狮市政协常委1人，政协委员5人。

【参政议政】 2020年1月7—9日，政协第七届石狮市委员会第四次会议召开，农工党石狮市总支部履行建言献策职能，提交提案12篇。提案涉及民生、经济、教育等方面。

2020年，农工党石狮市总支部组织党员参加市政协、市统战部、市总医院以及有关部门召开的民主协商会、征求意见会、行风评议会、民主生活会、廉政监督会，有针对性地发表意见和建议，受到有关部门的肯定。李灿新、邱清雄、洪志向、林晓文、王荣柏、尤雅丽等党员分别受聘为石狮市公安局、教育局、人力资源和社会保障局、国土规划和房产管理局等单位的党风廉政监督员、机关效能监督员、行风评议员等。邱清雄和洪志向等被人大聘为石狮市人民法院人民陪审员，正确有效地行使民主监督权，在民主监督、参政议政、建言献策发挥重要作用。

【社会服务】 2020年新型冠状病毒肺炎疫情防控期间，农工党石狮市总支部主委、石狮市总医院副院长李灿新是石狮市总医院物资保障组组长，属于防控一线在防护用品极度缺乏的情况下按需分配用品，并且到病房视察了解情况；总支部委员、石狮市总医院副院长蔡建通是负责医疗救治组组长，负责确诊病例救治、监督防控；党员施仲善是石狮市总医院专家组成员，负责儿科病人救治，党员黄金堡是隔离病区的护士长，他们恪尽职守，全力以赴。2月3日，新型冠状病毒感染的肺炎疫情牵动人心。为坚决遏制疫情扩散，更好地做好防范工作，农工党石狮市总支部积极响应市委、市政府号召，多渠道呼吁会员单位捐款捐物，为打赢疫情防控阻击战助力。在得知许多镇区需要大量消毒水的消息后，农工党石狮市总支部副主委、泉州市存心网络科技有限公司董事长王荣柏，向祥芝镇无偿捐赠价值1万元的84消毒水600千克，并向石狮市市场监督管理局、湖滨街道办事处和林边小学送去总价值近5000元的84消毒水，助力打赢疫情防控阻击战。2月18日，副主委王荣柏、洪志向联合向市红十字会捐赠防护服50件、隔离衣824件，总价值4万元。此次疫情期间，副主委王荣柏捐助防护服，口罩，消毒液和隔离衣共价值16万元；总支党员们纷纷慷慨解囊，捐款2万元。2月19日，农工党石狮市总支部副主委、泉州市存心网络科技有限公司董事长王荣柏向新冠肺炎疫情防控物资紧缺的贵州省习水县及一线防控人员捐赠价值25000元84消毒液和50副护目镜。11月4日，农工党石狮市总支部在锦尚镇健康家园新冠肺炎观察点开展“采集鼻咽拭子”讲座和慰问活动。并为观察点的医护人员和工作人员送上价值2000多元的慰问品。农工党石狮市总支部教育支部主委林其波带领支部党员到灵秀山森林公园开展“关爱环卫工人送温暖”活动。中国援非医疗队是中华人民共和国政府无偿派往非洲给予医疗支援的医疗队。9月19日，总支部党员李少鹏作为石狮市首位援非医疗队伍的医师，前往博茨瓦纳开展为期两年的援助工作。

10月1日，总支部携手新湖社区居家养老服务中心以及石狮市青年志愿者协会等单位共同举行新湖社区“浓浓邻里情　情暖夕阳红”集体生日会活动，并现场送医送药等便民惠民服务活动，为老年朋友们送上节日的祝福。在义诊现场，医生们发挥各自的专业特长，耐心细致地为前来咨询的老年朋友做健康指导，讲解老年病、慢性病、心脑血管及消化疾病等防治知识，为老年朋友免费测血压、内科、外科、儿科、五官科、皮肤科、康复针灸科等诊疗。同时，党员们免费向前来义诊的居民赠送3000多元的药品。

【组织建设】 2020年，农工党石狮市总支部深入学习贯彻中共十九大精神、2020年全国两会精神，结合“不忘合作初心，继续携手前进”主题教育，加强学习，坚持学习贯彻中共十六届五中全会精神，学习新时期统战理论政策和传达贯彻有关会议文件精神，做好宣传报道工作，完成农工党中央下达的关于党刊《前进论坛》的征订任务。

2020年，经农工党石狮市总支部严格筛选推荐并通过农工党泉州市委会审批，有5名新党员加入农工党。总支部组织党员开展健康讲座、庆祝医师节、重阳节和送医送药等活动，通过丰富多彩的形式，加强党员之间的交流和联系，坚持开展送温暖活动。平时总支部慰问过世的党员家属，春节走访历届老主委、老委员和70岁以上的老党员，增进党员间的感情，增强组织的凝聚力。6月4日，为纪念“6·5”世界环境日，围绕“美丽中国，我是行动者”这一主题，农工党石狮市总支部响应农工党泉州市委的号召，组织党员参加在祥芝镇中心渔港船舶管理站前广场举行的石狮市2020年纪念“6·5”环境日暨“船舶垃圾不落海”经验推介与全民行动启动仪式，并在现场开展生态环保宣传咨询活动。

10月21日，农工党石狮市总支部主委李灿新带领总支委员在临近重阳之际，走访慰问总支12位70岁以上的老党员。10月26日，农工党石狮市总支部选派党员张奕群和黄志攀参加中共石狮市委统战部举办的为期一周的统战、宗教、民族理论专题培训。11月11日，为加快推动生态文明建设，提升党员们环境保护意识，让更多党员了解、支持和参与环保。泉州市石狮生态环境局组织开展环保设施公众开放活动，农工党石狮市总支部组织党员先后参观石狮市环境监测站以及石狮市电能工况智能监控平台（定型机）废气工况智能监控系统平台。

2020年1月19日，农工党石狮市总支部被授予“农工党泉州市委2019年度三星级基层组织”称号。2020年8月，农工党石狮市总支部被授予“中国农工民主党福建省委员会先进基层组织”称号。

中国致公党石狮市总支部委员会

【概况】 2020年，中国致公党石狮市总支部委员会（以下简称致公党石狮市总支部）有党员75人，由7人组成总支部委员会。成员中男39人、女36人；研究生学历6人、本科学历43人，大专学历12人；具有高级职称21人，中级职称23人。成员担任泉州市人大代表1人，泉州市政协委员1人，石狮市政协委员5人（其中常委1人），受聘为石狮市监察委员会第一届特约监察员1人，第九届机关效能建设监督员1人，各单位特约人员7人。

【参政议政】 2020年，致公党石狮市总支部召开支部委员扩大会议，集思广益，认真选题，于5月下发调研课题，组成专题调研组，深入开展调查研究，形成调研报告《关于依托实体产业搭建电商平台经济 促进产业转型升级提质增效的对策建议》，报送石狮市政协与中共石狮市委统战部。

在石狮市政协七届四次会议上，致公党石狮市总支部提交《关于推进石狮市全域滨海旅游发展的建议》等14件团体及个人提案，内容涉及经济、旅游、环境保护、城乡建设等方面。其中由致公党石狮市总支部主委施文坛提交的《关于加强石狮市中学教育优质发展的建议》被评为石狮市重点提案；致公党石狮市总支部提交的《关于加强石狮市共享单车管理、助推绿色城市建设的建议》的提案内容被列入年度为民办实事项目。12月，石狮市政协授予致公党石狮市总支部“2017—2020年度优秀提案团体”称号；由致公党石狮市总支部提交的《关于加强石狮市中学教育优质发展的建议》《关于盘活石狮市闲置厂房的建议》被石狮市政协评为“2017—2020年度优秀提案”。

【社会服务】 2020年，突如其来的新冠肺炎疫情期间，致公党石狮市总支部与石狮留联联合向南平市松溪县中医院捐赠1000个日本进口医用外科口罩；致公党石狮市总支部副主委姚道锡参与到防护物资捐献行动中，捐资1万元及500瓶84消毒液，并发挥商业渠道优势、利用海外关系，为市委、市政府牵线搭桥，购买医用防护用品；致公党石狮市总支部副主委吴曙军为抗击疫情捐款3000元；第三支部副主委叶文珍向浦城县永兴镇人民政府捐赠价值5000元的进口医用口罩；致公党石狮市总支部老委员孙白薇捐赠1000个KN95口罩；致公党石狮市总支部副主委何世宁向石狮市慈善总会捐款500元；党员吕雅萍向武汉市慈善总会捐款300元；党员姚文珍向石狮市慈善总会捐款200元；党员蔡筱梅向旅菲石光中学校友会捐款200元；4月，海外新冠肺炎疫情扩散蔓延，致公党石狮市总支部以捐赠“致公爱心小包裹”的形式，为海外侨胞力所能及地提供医用防护物资，与海外侨胞抗击疫情万里同心，致公党石狮市总支部主委施文坛，第一支部主委郭清清，党员吴为永、蔡丽勉、吴章轩、邱远文积极认捐“致公爱心小包裹”，共捐赠2700元。全年致公党石狮市总支部及党员捐款捐物61900元。

【组织建设】 2020年，致公党石狮市总支部始终把加强思想建设和学习实践活动放在重要位置，注重提高全体党员思想政治素质和理论水平，多次开展理论学习会、座谈会、专题党课等多种形式的学习活动，组织党员认真学习贯彻习近平新时代中国特色社会主义思想，进一步凝聚思想共识，筑牢团结奋斗的共同思想政治基础。根据致公党泉州市委会的统一部署要求，总支部在石狮市民主党派机关服务中心致公党办公室设立“致公党石狮市总支部党员之家”，总支部力争把“党员之家”建设为“温馨、和谐、服务”的家，真正建设成为与致公党中央提出的在政治上相互关心、思想上相互帮助、工作上相互支持、生活上相互关心的“党员之家”，进一步提升党员的凝聚力和向心力。

九三学社石狮市基层委员会

【概况】 2020年，九三学社石狮市基层委员会（以下简称九三学社）发展新社员3名，现有社员58名，其中女社员15名。社员中正高职称6名，副高21名，中级30名，初级1名；主要由从事医学卫生、工程技术、电子技术、教育、艺术、经济等行业人员组成。其中九三学社泉州市委员会委员1名，泉州市政协委员1名，石狮市人大常委会委员1名，石狮政协委员2名（其中政协常委 1 名）。受聘泉州市人民检察院刑事申诉案件公开审查听证员 1 名，受聘石狮市人民法院特约人员 1 名，第九届石狮市机关效能建设监督员 2 名，石狮市检察院第十届党风廉政监督员 1 名，石狮市交通和城市建设局特约监督员 2 名，石狮市国土规划和房产管理局特约人员 1 名。

【参政议政】 2020 年，九三学社石狮市基层委员会参加中共石狮市委、市政府、市政协、统战部等有关单位组织召开的各种协商会、座谈会、通报会、征求意见会及对石狮市重点项目的调研视察和提案现场见面会等活动。深入调研围绕中共石狮市委、市政府“助力创新转型、促进实业强市”战略部署以及群众关心的热点、难点等问题，深入基层了解民生，反映群众呼声，为推动产业转型升级、促进文旅融合发展、实施乡村振兴战略、打造石狮共同精神家园等问题建实言、献良策。2020 年，九三学社撰写石狮政协提案 22 篇，调研报告 2 篇，信息 5 篇。九三学社石狮市基层委员会撰写的集体提案《关于提升石狮市交通智能调度系统管理水平的建议》及《关于完善峡谷旅游路周边配套设施的建议》，被政协石狮市委员会评为“2017—2020 年度优秀提案”，并获政协石狮市委员会授予的“2017—2020 年度优秀提案团体”称号。

2020 年，九三学社石狮市委员会向九三学社泉州市委提交 7 篇提案，其中 2 篇被确认为 2020 年九三学社泉州市委集体提案递送到泉州政协，均得到泉州市委领导的批示。

【社会服务】 2020 年新冠肺炎病毒疫情期间，石狮市总医院医务人员、九三学社石狮市基层委员会主委黄刚，社员蔡建忠、吴伟煌、王传南等人始终奋战在抗战病毒疫情防控第一线；社员邱筑江创办的福建省大宏实业开发有限公司得到疫情信息后，把企业转型为生产 N95 医用口罩，于 3 月联合武汉市致和石油制品有限公司，向武汉市汉阳区应急办捐赠 3 万个 KN95 口罩；社员戴爆木（泉州市圣吉奥服饰实业有限公司）向湖北疫情捐款 2.5 万元，还有郑海滨、王克锰、张振海 3 位社员向疫情捐款 2300 元。石狮市总医院九三学社社员何闽、陈珊珊等 5 次分别参与市医院下乡义诊施药及 2 场科普讲座等活动，发挥民主党派在社会服务中的作用。

2020 年，社员蔡建忠被福建省妇女联合会、福建省卫生健康委员会评为“福建省抗疫最美家庭”。副主委王克锰的中国画作品《万壑松风》以“网络展”的形式，参加九三学社 75 周年华诞庆祝活动。春节期间，组织参加石狮政协之友书画院及美、书协多次文化下乡为群众写春联·送祝福活动。

【组织建设】 2020 年，九三学社石狮市基层委员会组织社员开展“不忘合作初心，继续携手前进”主题教育活动，全面深入学习贯彻落实习近平新时代中国特色社会主义思想和中共十九大及十九届二中、三中、四中、五中全会精神，学深悟透《习近平谈治国理政》第三卷及九三学社十四届四中全会精神等重要精神，每年为社员征订《民主与科学》杂志等辅导读物来加强自身建设。组织社员参加统战、宗教、民族理论专题培训、统战主题教育活动及学习贯彻中共十九届四中、五中全会精神宣讲报告、《习近平谈治国理政》第三卷宣讲报告精神等。组织参加石狮政协讲堂（第一、二期），深刻了解石狮古建筑历史文化和中医中草药文化内涵。结合重要节日开展入户走访慰问老社员及患病社员，关心了解他们的身体状况和生活情况，并送上慰问金和真诚敬意。2020 年，九三学社石狮市基层委员会吸收 3 名优秀人士入社，社员总数 58 人。

台湾民主自治同盟石狮市支部委员会

【概况】 2020 年，台湾民主自治同盟石狮市支部委员会有盟员 21 人，其中女盟员 10 人，盟员中具有高级职称 4 人，中级职称 9 人，主要由从事医药、卫生、教育、金融等行业人员组成。盟员中有泉州市政协常委 1 人，石狮市政协常委 1 人，政协委员 2 人，受聘担任泉州、石狮各部门特约监督员 5 人。2020 年支部被政协石狮市委员会评为“2017—2020 年度优秀提案团体”，《关于对石狮市老旧小区严重老化的消防设施进行改造的建议》《关于保护民间古建筑的建议》等 4 件提案被评为“2017—2020 年度优秀提案”。盟员王晓艺被评为“2020 年度石狮市优秀教师”。

【参政议政】 2020 年市“两会”召开期间，台湾民主自治同盟石狮市支部委员会向泉州、石狮两级政协提交政协提案 28 件（泉州市政协 2 件，石狮市政协 26 件），政协大会发言 1 件。其中主委叶心凤提交的《关于加强全科医生队伍建设的建议》和盟员叶铿铿提交的《关于挖掘整合发展泉州海丝旅游文化产业的建议》被转化为泉州政协十二届四次会议党派提案。《关于推进石狮市农村污水处理工作的建议》《关于推进宝盖山风景区创建国家 A 级景区的建议》被确定为石狮市政协重点提案，市政协常委会专门组织视察调研活动，针对提案反映的问题及提出的建议进行实地督办，促进石狮市农村污水处理工作的推进和宝盖山景区创 A 工作的开展。支部提交的提案有 8 件先后被选登在《石狮日报》“政协之窗议政建言篇”栏目。支部认真做好每份提案办理情况的反馈，促进提案办理的落实并转化为成果。

2020 年，支部完成提交调研报告 3 篇，其中由盟员叶铿铿执笔的《推进泉州海岸带保护性开发建设的思考与建议》被台盟福建省委确定为年度重点调研课题，并被收入《第十二届海峡生态城市发展（国际）论坛论文集》和《泉州市第十二届党外人士建言献策论坛文集》。《加强社区医疗机构建设提升基层卫生服务水平》被石狮市政协大会转化为大会重点发言。在疫情防控期间，主委叶心凤、盟员叶铿铿撰写《关于疫情防控中企业复工复产面临的若干问题及对策》《关于加强出海复工复产渔船疫情防控工作的建议》《关于加强学校疫情防控工作的建议》等 5 条社情民意信息上报台盟泉州市委，为各级有关部门抓好疫情防控，统筹经济社会发展献策出力。支部领导班子成员和受聘担任泉州、石狮各类特约监督员的盟员参与民主监督活动 15 场次。

【对台工作】 2020 年，台湾民主自治同盟石狮市支部委员会密切联系台胞台企，主动关心在泉州、石狮学习、创业、就业、生活的台胞，协助其解决遇到的问题与困难，维护台胞合法权益。支部组织骨干盟员参与泉州台盟实地调研活动，深入渔家仙境休闲农庄有限公司、哈德森游艇有限公司和安鼎体育用品等台资企业和台商协会，宣传各级惠企政策和惠台政策，指导台资企业复工复产。支部为泉台合作牵线搭桥，对接台商赴洛江区虹山乡实地考察，促成咖啡体验园、钓虾场、蝴蝶谷 3 个合作项目落地建设，引入台湾精致农业发展模式，借助台湾的经验和技术，发展咖啡、花卉等产业，加强泉台农业交流合作，推动当地乡村振兴发展。组织参与“2020 泉州海峡两岸大学生设计工作坊”，两岸师生参与人数均创新高。

【社会服务】 2020 年，台湾民主自治同盟石狮市支部委员会秉承参政为民，服务为本的履职理念，结合台盟自身优势和特色，履行参政党服务社会、奉献社会的应尽职责。在抗击新冠肺炎疫情期间，医疗卫生系统工作的盟员立足岗位，取消休假，24 小时待命投入抗击疫情的战斗中。供职于市场监督管理局的盟员坚守岗位，通过现场执法检查、提醒告诫、政策宣讲等方式加强对抗疫类药物、医用口罩等药械的质量管理，规范防疫物资的市场价格行为，维护民生物资市场价格的稳定。支部响应石狮市慈善总会《关于迎战新冠疫情捐献倡议书》的倡议，发动盟员积极捐款、捐物，购置防控新冠肺炎急需的医用物资，为防控新冠肺炎疫情奉献爱心和力量。支部参与台盟中央“同心帮扶”活动，发动盟员向对口帮扶单位贵州省毕节市赫章县金银山街道捐款，捐助建设儿童活动中心，为扶贫工作献一份爱心。主委叶心凤为支持市老年大学发展，带头向老年大学教育基金会捐款，参加所在工作单位在中骏天誉小区的义诊活动，为小区居民提供药物咨询等服务。

2020 年 1 月，台盟石狮市支部委员会组织义诊活动 （图/台盟石狮市支部委员会）

【组织建设】 2020 年，台湾民主自治同盟石狮市支部委员会重视青年盟员的培养，选派骨干盟员参加市直系统和台盟泉州市委会举办的学习贯彻中共十九届五中全会精神宣讲报告会，选派骨干盟员参加市委统战部在市委党校举办的统战理论进修班的学习培训。组织盟员参加市委统战部开展的“传承家风家训弘扬清风正气”主题党日活动，不断提升盟员参政履职的能力。

石狮市工商业联合会（石狮市总商会）

【概况】 2020 年，石狮市工商业联合会（石狮市总商会）［（以下简称市工商联（总商会）］围绕“创新转型，实业强市”发展战略和“信任、团结、服务、引导、教育”工作方针，持续为民营经济服务，加强招商引资、企业服务等工作，石狮市锦尚商会获评全国工商联“抗击新冠肺炎疫情先进商会组织”称号。

【组织建设】 2020年，市工商联（总商会）召开六届四次执委会，替增补选举市工商联（总商会）第六届执行委员会副会长6名、常务委员9名、执行委员7名，吸收团体会员3家，进一步完善组织机构。召开商会秘书长联席会议，部署“四好商会”创建工作，规范商协会建设工作；指导和支持全市9个乡镇商会完成换届；指导及鼓励在石狮投资发展的新石狮人、在外投资发展的石狮人组建异地商会，推动广州市福建石狮商会成立，协助做好筹备工作；成立深圳石狮商会筹备组；完成石狮市安徽商会筹建工作；在基层商会建立人民调解委员会，实现全覆盖，发挥商会作用，服务商事调解。

【交流联谊】 2020年，市工商联（总商会）通过各种形式组织新时代中国特色社会主义思想宣传活动，宣讲中央关于民营经济的方针政策，帮助非公人士深刻领会习近平总书记系列重要讲话精神，增进企业保持发展定力；组织所属商会会长及秘书长开展民营经济人士理想信念教育活动邀请。加强非公经济人士培训工作，推荐年轻企业家参加统战、宗教、民族理论专题培训班。

2020年，市工商联（总商会）走访在石狮异地商会及行业商协会，了解运作情况；组织石狮市9个镇（街道）商会代表赴政和县开展为期两天的对口帮扶及考察调研活动；举办银企座谈会，加强政银企合作，促进金融与实体经济良性互动，帮助企业解决融资问题，扶持企业发展。联合鸿山镇政府、市检察院、鸿山商会等单位开展“法治护航企业”活动。邀请市检察院一部副主任、一级检察官许荣樟为鸿山镇辖区100多家企业主管作《企业经营中财务领域的犯罪风险》的专题辅导讲座。

2020年，市工商联（总商会）分别与政和、太湖两地工商联缔结友好工商联，签订友好协议，进一步强化两地商会间的交流与合作，共同为促进两地商贸往来提供良好服务。

【民营经济发展服务】 2020年，市工商联（总商会）走访调研22家基层商会和12家重点民营企业，及时宣传各级出台的纾困惠企政策，共同探讨经济复苏工作，引导民营企业家凝聚共识、提振信心；发挥异地商会桥梁作用，以商引商，6月24日召开异地商会座谈会，推介招商政策、探讨招商思路，7月16—18日赴江苏开展招商活动；针对酒店房屋安全隐患排查问题，发挥桥梁作用，推动旅馆业协会与市商务局当面对接沟通，分类梳理全市旅馆业经营者情况，厘清重点对象；开办“塔山学坊”互动学习平台，小班制开展创新创业培训，持续推进民营企业家素质提升。

【精准扶贫】 2020年，市工商联（总商会）在疫情期间发挥群团组织作用，组织商协会和广大民营企业家通过捐款、捐物等方式履行社会责任，累计捐款捐资超千万元。深化“百企帮百村”精准扶贫行动，引导企业履行社会责任，组织9个基层商会及8个驻石狮异地商会代表前往政和县参与山海协作对口帮扶工作，为贫困学生送去23万元的助学资金。协助蚶江市工商联挂钩帮扶对象安排至通达企业顺利就业实现脱贫；慰问困难学生，合计金额2万元。推动所属商会参与市教育促进会捐资活动，捐款58.5万元。中共共产党成立99周年迎“七一”之际，市工商联（总商会）联合东村社区党支部、石狮发展和改革局机关党支部共同开展“七一”走访慰问困难党员活动，关心困难党员们的身体和生活情况，并鼓励他们保持乐观向上的生活态度。

群众团体

石狮市总工会

【概况】 2020年，石狮市总工会紧扣石狮市委、市政府的决策部署，一手抓疫情防控，一手抓助力复工复产和城镇困难职工解困脱困，统筹推进职工思想引领、素质提升、维权帮扶、课后服务等各项工作，在推进治理体系和治理能力现代化过程中发挥优势、主动作为。举办8场“缘在工会”未婚职工联谊活动以及职工“进出口商会杯”五人制足球赛。开展“情系环卫工·爱心送健康”活动、“互联网+工会服务”系列活动。《关于“共享之家”共建共管共享模式的探索与实践》课题成果获工会理论研究优秀论文，调研报告全省二等奖、泉州市一等奖。

【推进战疫情助复工促消费】 2020年，石狮市总工会把疫情防控工作作为最紧迫的工作来抓，团结带领职工群众构筑群防群治的严密防线，关心关爱援鄂医疗队队员和隔离点医务人员、公安干警、医疗设备生产企业职工，累计慰问17.2万元；向1375家小微企业返还170多万元工会经费；主动开展“复工复产”返石狮运输补助活动，补助44家企业近45万元；发起线上9个镇办专场“春风行动”；尝试举办网络直播技巧“云”培训；组织为2000多名企业职工、500多名医护人员免费理发；推动基层工会按照每人不超过500元的标准向工会会员发放特殊慰问消费券；向各镇（街道）总工会、市直各系统工会下拨154万元2020年度工会补助经费，为基层工会开展疫情防控、助力企业复工复产创造更好的条件。

【职工心理】 2020年，石狮市总工会与石狮市委组织部联手打造全国工会系统首家干部职工心理健康中心，在抗击疫情中转换思路、主动出击，组建疫情心理危机干预志愿服务队和开通心理援助热线，接受热线（微信）咨询50多次，拍摄6个宣传视频和5个抖音小视频，处理疫情心理个案167起，举办心理讲座、团辅沙龙等线上线下活动83场，其中围绕基层一线干部、隔离点工作人员等展开心理活动15场；深入各镇（街道）、机关企事业开展29场“关注干部职工身心健康，科普心理知识，个人身心成长”心理健康宣传普及活动，服务5000多人次，帮助广大干部职工群众科学面对疫情、调适心理、缓解压力，得到福建省委组织部的充分肯定，相关信息刊发于中组部《组工信息》，福建省委办公厅《福建信息》和《福建组工信息》等。

【共享职工之家】 2020年，石狮市总工会在石狮服装城、凤里街道仁里社区、鸿山镇职工活动中心创建3个共享职工之家试点，探索通过工会指导、社区（园区）搭台、社工介入、职工参与等方式，以“会家合一”形式打造运动健身区、休闲活动区以及公共服务区，集技能培训、维权帮扶、文体活动、暑期托管等多种工会品牌服务于一体，为更多的职工群众提供多样化的活动阵地和文体活动，让职工之家从用人单位内部的活动阵地走向社区型、商圈型、园区型共建共享的会员之家。石狮服装城共享职工之家作为石狮市首个试点，建成福建省工会系统较为完善、初具规模的职工之家，得到福建省总工会的充分认可。

【“四点半”服务和暑托班】 2020年，石狮市总工会下拨200万元专项经费补助学校“四点半”课后服务的同时延伸至开办职工子女暑托班，8月10—28日全市基层工会累计开办13个班次“放飞梦想，快乐成长”职工子女暑托班服务，通过既“托”又“管”，还有“教”的方式，免费为职工子女们提供课业辅导、安全自护教育、课外知识拓展、文化研学、心理沙龙、文娱趣味课程等，帮助300多名职工子女解决暑期“看护难”问题。

【产业工人队伍建设】 2020年，石狮市总工会与石狮市人力资源和社会保障局联合出台并执行《关于推进适应高质量发展产业工人队伍建设的通知》，推荐评选表彰1名全国劳模以及5名福建省、泉州市五一劳动奖章，创建并命名3家劳模、工匠创新工作室；为职工免费提供7种职业资格鉴定、4种染整类、6种电子商务类等“菜单式”职业选课培训服务；吸引800多名专业技术人员参与第十届产业职工技能大赛十大项的职工岗位练兵、劳动竞赛；开展岗位小革新、小发明、小改造、小设计、小建议等“五小”创新活动，13个职工创新项目获得省“五小”创新大赛奖项，5个职工发明创新项目获全国发明展览会奖项（1金、2银、2铜）；在全市47家企事业单位中选拔、推荐800对“师带徒、结对子”开展传帮带活动；打造泉州纺织服装学院产业工人技能培训基地，围绕产业优化升级组织开展电商直播、针织染色、人力资源管理等培训以及补助3个农民工创业项目24万元专项资金，加强对农民工创业的金融支持和推广支持。

【“园区枫桥”维权服务模式拓展】 2020年，石狮市总工会在总结推广“一体化”基地维权模式的同时作为福建省总工会“园区枫桥”试点进行改造提升，打造“园区枫桥”维权服务石狮样本，即以“一站解决”为目标，靠前打造职工法援室、调解工作室、劳动法庭、仲裁庭的“两室两庭”工作平台，以“靠前联动、职工共治、多元服务”为建设模式，为职工提供普法、咨询、调解、仲裁、诉讼等“一条龙”服务，全力营造和谐、温馨园区。从健全完善工会法律服务体系入手，主动实施购买法律服务举措，聘请律师团队作为工会法律顾问，除每年举办不少于10场的法律宣传教育讲座及每月1次法律援助接访活动外，在微信公众号开设“每月说法”专栏，为职工提供法律咨询、普法宣传、法律援助等服务。

【城镇困难职工解困脱困】 2020年，石狮市总工会进一步完善困难职工帮扶、送温暖慰问、金秋助学、大病医疗补助等互相衔接、各有侧重的梯度帮扶体系，发放近10万元补助金帮扶63名病困职工；发放近20万元助学金帮助40名困难职工子女入学；重点对交警、邮政、物业、医生护士等苦脏累险行业进行慰问，帮助解决苦脏累险等艰苦行业职工的实际困难；关注新冠肺炎疫情对职工生活造成的影响，给予地方档困难职工发放一次性1000元的疫情生活补贴；协助做好全省困难职工解困脱困第三方评估调查（抽取15户），2020年10月底实现建档困难职工解困脱困。

【职工“精神家园”】 2020年，石狮市总工会推出两款兼具工人元素和石狮特色的石狮工会IP形象，并开发纸巾盒、帆布袋、笔记本、笔筒、抱枕被等一系列衍生形象和文化宣传品，广泛运用在活动宣传、新媒体平台与多项工会服务中。策划开展“互联网+工会服务”系列活动，石狮市总工会微信公众号每月23日持续推出送现金红包、送体检套餐费、送书店悦读卡等会员日福利活动，2020年推送工会信息246篇，阅读量259809人次，关注粉丝数37306名。举办8场“缘在工会”未婚职工联谊活动以及职工“进出口商会杯”五人制足球赛。发起“情系环卫工·爱心送健康”活动，向80名环卫工人赠送健康大礼包以及完成20个“微心愿”圆梦活动，并慰问20名困难环卫工以及现场组织免费体检、爱心义剪、灯谜游园、法律法规咨询等暖心服务。

中国共产主义青年团石狮市委员会

【概况】 2020年，中国共产主义青年团石狮市委员会（以下简称团市委）聚焦市委、市政府中心，用活“团干部+

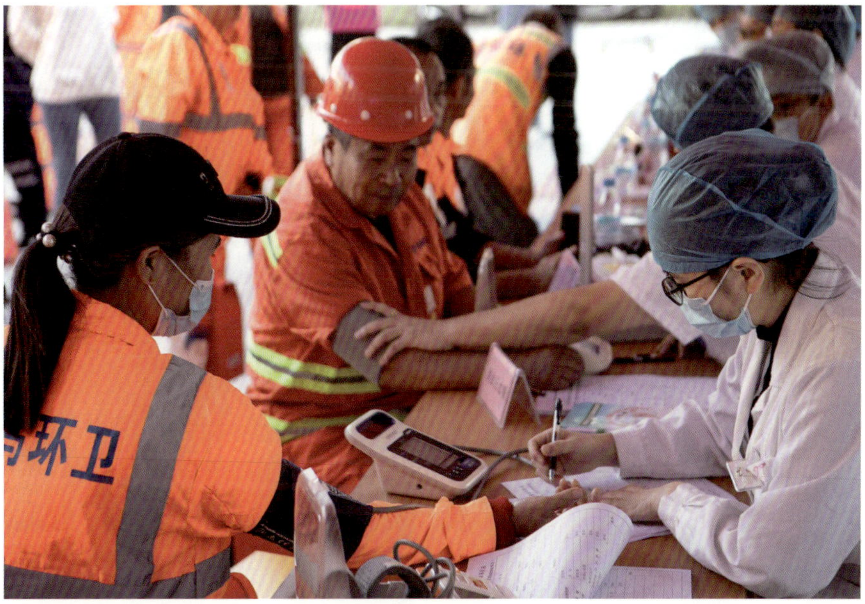

2020年10月26日，“情系环卫工·爱心送健康”庆祝2020年环卫工人节活动在石狮市职工活动中心广场举办 （图/石狮市总工会）

志愿者+社工+青商”模式，团结广大团员青年投身石狮发展大局。在各项工作中，涌现出一批创先争优的典型单位和个人，如灵秀“百灵鸟”义警队获中国青年志愿服务项目大赛铜奖，关爱“小候鸟”项目获泉州市志愿服务项目大赛铜奖，狮城青年创新创业孵化中心在泉州市人才之家积分排名中位列第一，推荐报送两个项目参加第七届“创青春”福建省青年创新创业大赛获二等奖。2020 年，各级媒体报道 174 次，其中国家级媒体 15 次，省级媒体 24 次，泉州级媒体 25 次，石狮级媒体 103 次。服务快递青年工作被《八闽快讯》刊发，拍摄短片《青春的样子》被“学习强国”平台刊播。

【中学、少先队工作】 2020 年 5 月，团市委开展“致敬‘战疫先锋’”微视频征集评选活动，收到作品 520 个，获奖作品展播阅读量 1.8 万人次。10 月，由共青团石狮市委、石狮市教育局、石狮市少工委联合主办的 2020 年石狮市“争做新时代好队员”少先队知识竞赛决赛在第七实验小学举行。11 月 19 日，团市委、市教育局、市少工委联合举办石狮市少先队辅导员培训班，全市各中小学骨干辅导员 100 余人参加培训。12 月，团市委开展石狮市中学生“爱国心·报国行·强国志”主题征文活动及演讲比赛，通过微信平台进行宣传展示。

2020 年，团市委深化“青年大学习”，组织网上主题团课 33 期，累计学习 16.4 万人次；依托“智慧团建”系统发起石狮市优秀青年（集体）事迹分享主题会议，参与学习超 1 万人次；开展“五四精神，传承有我”线上有奖知识竞答，参与答题 6049 人；开展“从小学先锋，长大做先锋”少先队知识竞赛、“争做新时代好队员”等主题宣传教育活动百余场。

2020 年，团市委组织开展宣讲活动，通过“青年讲师团”“青马之光”“微队课”等载体开展宣讲交流，采用线上线下相结合的模式，覆盖青年群体 20.6 万人次；开展“青年狮享汇”“青年说”“青年交流座谈会”“主题团日”等 8 场，围绕“后疫情时代，直播如何赋能石狮经济发展”等主题，引导团员青年充分交流、碰撞思想，覆盖返乡大学生、团干部、团员、创业青年、机关青年等 320 人次。

【服务党政中心】 2020 年，团市委组织青年主动投身抗疫，组建防疫“青年突击队”4 支共 246 人，组织青年志愿者协会、灵秀镇“百灵鸟”义警队大学生志愿者分队等参与疫情防控；开通应急心理疏导公益服务热线，由 14 名专业心理咨询师志愿者为群众提供心理咨询。发动青商会理事会通过不同渠道捐赠善款 127 万元，并向石狮市总医院捐赠无创呼吸机 2 台、空气消毒机 22 台。

2020 年 5 月，团市委举办 2020 年“甜美中国福”青少年手工艺术作品展，参展作品超千件，线上展播阅读量 12.8 万人次，为中国石狮国际食品城助力。12 月 18 日，完成石狮市青年商会第五届理（监）事会换届，启动“点石·石狮市青年企业家培养行动”，为石狮高质量发展积蓄动能。

【共青团扶贫工作】 2020 年 8 月，团市委开展“点亮微心愿，圆梦进行时”活动，发动爱心人士帮助政和县石屯镇的 39 名孩子实现微心愿。8 月，团市委开展电商扶贫，通过银团合作，借助互联网电商和直播平台开展扶贫活动，累计售出政东辣椒酱、东平小胳和政和白茶等商品近 800 笔，价值约 5.4 万元。

【青商会活动指导】 2020 年 8 月，团市委指导青商会持续开展“产业人才·育苗工程”“保学业、保实习、保就业”行动，引导贫困的优秀高中毕业生报考石狮产业发展所需的专业，形成新型助学与产业人才挂钩蹲苗培育模式，筹集 232 万元结对帮扶 116 名贫困大学生。12 月，团市委指导青商会深化“爱心图书馆”项目，筹集 25 万元在华锦小学捐建第八所爱心图书馆，八年来累计筹资 121 万元，购买 10 万册图书和 40 余台电脑，80 万册电子图书，使近 8000 名学生受益。

2020 年 12 月 23 日，石狮市青商会第五届理（监）事会就职典礼暨“点石·石狮市青年企业家培养行动”启动仪式举行 （图/团市委）

【青年就业创业引导】 2020年1月16日，团市委开展“2020年石狮市返乡大学生代表‘面对面’交流活动”，活动吸引石狮籍在外高校大学生代表30余人参加，通过参观青创城、海西电商园区、双奇电商城，介绍石狮2020年引进人才和就业创业相关政策，与企业家代表交流座谈，激发在外学生对家乡的情感认同，促进在外学子返乡创业就业。

2020年，团市委用好石狮市青年商会“人才之家”平台，持续运营狮城青年创新创业孵化中心，现有在孵项目20个，创客项目3个，涵盖互联网、高新技术、医疗健康等领域，吸纳就业人数超百人，创造营收超过2500万元。举办高层次人才交流活动25期，邀请业界精英围绕电商产业发展、纺织服装设计提升、“双一流”高校青年引流等主题建言献策。组织青商参加“学管理、助战疫”线上公益课程，发布《青商资讯》5期，增进青年企业家交流学习。在《东南早报》推出“创业故事”专题报道9期，挖掘宣传石狮青商、创业青年的创业故事与经验。

【城市文明新风倡导】 2020年，团市委组织拍摄《青春的样子》《我们给你大写的赞》等短片，营造复工复产复学氛围。团市委倡导“嫁妆莫炫·婚姻无价”行动，动员青商带头倡导践行不炫嫁妆、低调行礼，例如，副会长许志泓将简办婚礼省下来的钱用于支持“爱心图书馆”建设。团市委指导青商会深化“文明出行·利家宜业”活动，聘请原交警大队退休民警担任交通安全宣传大使，开展交通安全知识宣讲活动93期；组织全年无交通违法车辆抽奖表彰活动同比增长670%。

【青少年社会事务工作】 2020年，团市委启动“让青春再出发”石狮涉案未成年人观护帮教司法社工服务项目，累计帮扶120人次。7月，以被最高检、团中央作为试点契机，建设“石狮市未成年人检察工作社会支持体系建设示范基地”，优化资源配置，提供硬件支持。

【特殊青少年关爱帮扶】 2020年6月，团市委开展“一元捐·百分爱”活动，筹集善款70余万元，帮助家庭经济困难青少年完成学业。8月，团市委开展关爱外来工子女“小候鸟”活动，组织大学生志愿者和“小候鸟”共同制作黏土及明信片，开展传统文化科普课及安全主题宣讲；组织80余名外来工子女到闽南古早味传承基地开展游学活动。8月7日，团市委、市检察院在石狮市未成年人检察工作社会支持体系建设示范基地开展“青春自护·暑期安全”青少年自护教育活动，通过动画视频、案例讲解、互动抢答等方式为青少年讲解预防性侵知识，20余名青少年、10余名大学生志愿者及检察官参加。

【青年社会服务体系】 2020年1月19日，团市委举办“暖冬行动 迎春送福”送春联活动，在德辉广场3号门爱心小屋为外卖、快递小哥送上新春祝福。2月，团市委聚焦快递、外卖小哥群体，开展免费发放口罩的公益活动，在宝盖镇“小哥驿站”、德辉广场“爱心小屋”免费发放口罩、一次性手套等防疫用品。5月26日，团市委对标中央、省中长期青年发展规划和泉州市要求，推动建立石狮市青年工作联席会议机制，召开青年工作联席会议第一次全体会议，广泛联系、引领各类青年。7月，团市委开展高考填报志愿服务进社区活动3期，服务考生和家长近300人。

【基层组织建设】 2020年，团市委强化从严治团，树立大抓基层的鲜明导向。加强对团干部的日常监督管理，建立基层团建述职评议机制。用好“智慧团建”系统，推动基层团组织建设，录入团组织827个、团员12719名。推进互联网企业团建，用活“青年之家”综合服务平台，在建设银行、宝盖镇科技园、新湖社区商圈创设“小哥驿站”，打造提供多元服务的关爱平台。

2020年，团市委凝聚新兴青年群体，主动联系电商青年，成立青创城团工委、双奇电商城团工委，依托“青年之家”综合服务平台，多次开展电商青年头脑风暴、电商技能培训、婚恋交友、文体比赛等活动，助力打造“电商谷”。

【青少年交流活动】 2020年7月，团市委开展2020年大学生暑期社会实践活动，组织175名石狮籍大学生返乡开展以政务实践、企业见习、公益活动等为主要方式的实践活动。10月31日，团市委举办单身青年人才联谊活动，以假面舞会形式，通过互动游戏等方式促进单身青年人才交流。11月11日，团市委举办华山古民居“双十一”庭院单身交友派对，帮助青年解决婚恋交友问题。

石狮市妇女联合会

【概况】 2020年，石狮市妇女联合会（以下简称市妇联）以思想引领、巾帼建功、维权服务、家庭文明、深化改革为重点，开展抗疫、妇女儿童权益维护、妇女儿童关爱帮扶，家庭文明创建，妇女创业就业发展等工作，推进妇女儿童事业新发展，深入镇（街道）、村（社区）、企业一线、深入妇女群众开展调研、走访活动83场。宝盖镇妇联、凤里街道妇联、蚶江镇妇联、曾坑社区妇联、郭坑村妇联、祥芝美丽海岸志愿者协会妇联6个基层妇联组织获评泉州市2020年“三百四有”创建活动基层妇联组织示范单位。

【抗疫工作】 2020年，市妇联发挥妇联组织优势，组织动员全市各级妇联335名妇联干部、1723名执委、各级“三八”红旗手、“三八”红旗集体、巾帼文明岗、巾帼志愿者冲在防控一线。先后推荐4名干部驻村进企，开展“关爱返工复工人员防新冠肺炎促健康”进企业宣传等活动。动员全市各界妇女通过多方渠道捐赠爱心款、物资200余万元。开展关爱援鄂医护人员及家庭“四送”行动，为她们送去慰问信和慰问金2万元，“三八”节走访慰问石狮市总医院和石狮市疾控中心在抗疫一线的女医护人员。疫情期间“狮城姐妹”微信公众号设立5个抗疫专栏，发布新冠肺炎预防知识、各行各业妇女参与防控工作的感人事迹和防疫信息等文章200余篇。推出“‘三八’国际妇女节110周年”抗“疫”专题片《防疫攻坚她力量·巾帼有爱勇担当》，持续发布“别样‘三八’共筑芳华”“战‘役’中的狮城姐妹”“致敬她榜样”等专栏信息，突出在一线疫情防控阻击战中涌现出的优秀典型。

【妇女儿童权益维护】 2020年，市妇联发挥社工、心理咨询团队优势，开展困境妇女接待咨询、夫妻矛盾调解、婚姻家庭纠纷介入等服务。2020年，援助中心受理妇女维权案件190件次，对65名来访来电者的后续情况进行跟踪回访，帮助链接法律援助69起，心理咨询性个案34个、心理疏导深度个案3个，团辅2场，协助成功申请人身安全保护令2件。疫情期间开通心理咨询服务热线，共为16人进行心理疏导。在春节、“三八”妇女维权月、“5·15”家庭日、七夕等重要节点，线上线下开展妇女维权、婚姻家庭纠纷调解等普法宣传主题活动34场，发放资料近万份，解答咨询3000余人次。启动“走村入户·问需解难”活动，每月实地走访一镇一村，了解镇、村维权工作情况，听取意见建议，对求助对象进行实地回访。

2020年，市妇联构建部门联动机制，加强与公、检、法、司等部门的协调和合作，建立家事审判改革联席会议制度，联合市委政法委、市法院、市检察院等13个单位召开家事审判方式和工作机制改革联席会议，推进婚姻家庭纠纷化解工作，维护妇女儿童合法权益，促进社会和谐稳定。加强与“未成年人保护联盟”各成员单位沟通协作，建立信息共享机制。2020年5月完成《关于依法处理监护人侵害未成年人权益行为若干问题的意见》颁布后首例由市妇联申请撤销监护人资格的案件，实现未成年人行政保护和司法保护的有效衔接。

2020年3月8日，市妇联走访慰问石狮市总医院和石狮市疾控中心在抗疫一线的女医护人员 （图/市妇联）

【妇女创业就业发展】 2020年，市妇联持续做好妇女创业贷款“巧妇贷”推广，全市80名创业妇女获发贷款1214万元。对接复工企业用工需求，依托“春风行动”公益招聘载体，提供“点对点”信息推送，促进人岗对接，缓解企业用人短缺难题，帮助410名妇女成功就业。先后举办2020年石狮市巾帼创业营——直播培训班、石狮市电商就业技能培训班、2020年美容师就业技能培训班，为待业女性提供学习交流和技能提升的平台，拓宽女性就业渠道，实现劳动力的技能提升和有效转化。联合市总工会等单位开展产业职工技能大赛——石狮市海丝美食烹饪技能竞赛、“安全家政·服务狮城”家政服务节活动；联合石狮大数据管理局等单位开展“孕育于数字·漫步在云端”2020年石狮市产业数字化转型论坛，帮助企业转型升级。联合商务局等单位评选“2020年度石狮市十佳网红主播”。举办“姐妹齐聚·美味共享——石狮市妇联食品城专场直播”，带领近千名姐妹线上探店“寻好味”，助力食品产业发展。组织各镇（街道）妇联开展优秀女企业家走访动员工作，为女企联换届奠定基础。联合陕西省妇联举办“丝路传情”女性创新创业交流座谈会，探索为新时代优秀女性人才创新创业搭建平台。每月持续举办“狮城姐妹”公益读书会，引导女性从书籍中汲取知识，提升素质。

2020年，市妇联深入开展表扬“三八”红旗手（集体）活动，全年选树泉州市“三八”红旗手7名，红旗集体3个，石狮市“三八”红旗手30名。进一步扩大“巾帼文明岗”创建活动覆盖面，2020年组织申报2个全国级、1个省级、8个泉州市级、22个石狮市级巾帼文明岗，引导和激励女职工爱岗敬业、建功立业，助推石狮高质量发展。

【妇女儿童关爱帮扶】 2020年，市妇联持续做好“妇”字号公益项目，开展“冬日暖阳”慰问活动，为263名困难妇女儿童发放慰问金13万余元；开展“小桔灯曙光行动”关爱困境儿童主题活动，发放慰问金5000元；关爱贫困女学生，发放“春蕾助学”助学金1.2万元；落实“六稳”“六保”任务，坚持扶贫与扶志、扶智相结合，构建农村贫困母亲健康扶贫保障网，开展2020年“母亲健康1+1”暨关爱贫困妇女儿童公益活动，为47位“两癌”（乳腺癌和宫颈癌）贫困妇女发放救助款24.1万元；组织开展“妇女儿童爱心基金——关爱贫困单亲母亲行动”，为19名困难单亲母亲发放爱心基金9.5万元。

2020年，市妇联开展“关爱女性健康”活动，动员全市女性居民参保，全市投保人数4300多人，为6名患者理赔32.9万余元，增强妇女疾病预防意识和抵御风险能力，防止贫困妇女因病返贫致贫。组建52支巾帼清洁志愿服务队，结合疫情防控、“三八”“七一”等重要节点，组织开展“携手共抗疫情 守护美丽家园”“我是党员我担当——家园清洁行动”主题党日等活动上百场。联合锦尚镇开展评选“最美庭院”活动，引导广大家庭以“小家之美”助力农村人居环境提升，共同建设和谐美丽家园。

【家庭文明创建】 2020年，市妇联开展寻找“最美家庭”“五好家庭”活动，选树具有夫妻和睦、孝老爱亲、教子有方、热心公益、邻里互助等良好风尚的家庭典型，大力弘扬家庭成员在疫情防控中展现出的家国情怀，推荐省级“五好家庭”1户，省级“最美家庭”2户，省级抗疫“最美家庭”2户、泉州级“最美家庭”4户，表扬石狮市“五好家庭”和“最美家庭”各38户，并通过“狮城姐妹”微信公众号、《石狮日报》、石狮广电网络平台等媒体进行广泛宣传。发起“拒绝餐饮浪费·节约从我做起”倡议，举办“发挥我家力量带动大家制止餐饮浪费行为”签名活动，引导全市广大家庭自觉养成节约美德，争做“文明餐桌”的践行者。

2020年，市妇联持续推进“咱厝边家庭服务中心”项目，指导凤里街道、宝盖镇和蚶江镇3个“咱厝边家庭服务中心”常态化开展辖区家庭服务，举办各类活动近600场，服务群众5万余人次。宝盖镇妇联“咱厝边家庭服务中心”于2020年入选首批“全国家庭教育创新实践基地”，婚姻与家庭杂志社到石狮深入采访家庭服务与流动留守儿童关爱服务工作。

2020年，市妇联发挥家教讲师团、“故事妈妈”志愿者等队伍力量，持续举办“家教进万家”公益讲堂25场次，传播科学有效的家教知识，结合活动开展《福建省家庭教育促进条例》宣传活动22场，受益近万人次，推动条例走进千家万户。进一步做大做强“故事妈妈”志愿服务队影响力，在队伍成立三周年之际先后召开“故事妈妈”志愿者工作座谈会2次，共同探索拓宽服务载体、扩大影响力的新思路。发挥“故事妈妈”亲子阅读的引领作用，举办“故事妈妈”智慧分享会、“4·23”世界读书日“为爱朗读”亲子阅读分享会等活动20场，组织“故事妈妈”参与2020年福建省家庭教育宣讲员风采展示活动，3名“故事妈妈”作品入围。针对宅家防疫特点，发起“致敬抗疫一线最美身影”作品征集活动，组织动员广大家庭参与“阅读吧，少年”亲子阅读推广活动及“抗击疫情·祝福祖国”“故事爸妈同阅读·童心童行抗疫情”“防疫线上最美的你”等作品征集活动，征集到视频、图片、书画等作品3000余份，推荐选送51份作品参评，其中2份作品获泉州市“故事爸妈同阅读·童心童行抗疫情”亲子阅读活动一等奖，4份作品分获二、三等奖及优秀奖；2对亲子被泉州市妇联授予“小小阅读推广大使”称号。通过“狮城姐妹”、石狮广电网络平台、石狮市人民广播电台FM104.7等展播优秀作品，让孩子居家抗疫的同时，更能感受亲子相伴的快乐。

【推进“两纲”落实】 2020年，市妇联组织市妇儿工委各成员单位开展“两纲”监测统计工作，98个量化统计指标中有90个提前达标，5个预期可达标，提前达标及预期可达标的指标占总数的96.9%。组织各界妇女姐妹参与福建省和泉州市新“两纲”编制小组调研座谈，梳理汇总意见建议和可行的工作举措，为新一轮编制提供参考依据。落实妇女“两癌”筛查为民办实事项目，为全市6700名适龄妇女进行“两癌”免费筛查，维护妇女儿童身心健康。组织对9家“妇女儿童之家”管理运行情况开展实地走访察看，新培育郑厝村、金曾社区等2个泉州市级“儿童之家”，举办儿童成长关怀、课外辅导、困境儿童关爱、家庭教育指导等公益活动50多场，进一步落细落实民生实事，发挥“妇女儿童之家”示范辐射作用。

【基层组织建设】 2020年，市妇联持续推进市直机关系统妇女组织“应建尽建”，指导市直统战系统组建妇联，指导市直社保系统、宣传系统、农业系统等机关妇委会，蚶江镇、鸿山镇、锦尚镇等镇级妇联开展换届、增补替补和更名工作。坚持党建引领，按照“先建立、后完善、再提高”的原则，推进在“三新领域”（新经济组织、新社会组织、新媒体行业领域）建妇联7个、在妇女群众生产生活的最小单元建立“妇女微家”18家。围绕“互联网+妇女工作”思路，办好“狮城姐妹”微信公众平台，将组织建设、妇女维权、创业就业、家庭教育、机关党建等工作链接到网上，全年“狮城姐妹”微信公众号发布信息500多条，推动线上线下“妇女之家”紧密衔接、协调联动，使妇女群众在身边就能找到妇联组织，得到妇联服务。

2020年，市妇联召开五届三次执委会，替补市妇联执委5名，总结部署全市妇女工作，引导基层妇联执委主动作为，有效履职，推动妇联执委履职机制真正落到实处。印发《深化组织建设改革制度汇编》，举办2020年群团干部进修班，组织执委参加各级妇联履职培训班，提升执委履职能力、服务能力。推荐优秀项目参与“三百四有”创建活动，促进基层妇联改革“石狮样本”的提质扩容，宝盖镇妇联、凤里街道妇联、蚶江镇妇联、曾坑社区妇联、郭坑村妇联、祥芝美丽海岸志愿者协会妇联6个基层妇联组织获评泉州市2020年“三百四有”创建活动基层妇联组织示范单位。其中，宝盖镇妇联、湖滨街道曾坑社区“四端堂”项目获泉州市“我履职我光荣”基层妇联特色项目三等奖。林海燕、卢逢亮、李秀专、庄晓崧4位基层妇联主席被提名为泉州市“最美娘家人”。

2020年，市妇联改进妇联机关干部工作作风，落实“下基层、访妇情、办实事”“基层妇女群众需求调研”等机制。启动“走村入户，问需解难”活动，每月实地入户走访一镇一村，探讨工作情况和服务方向，提升工作实效。2020年，市妇联领导班子成员带队深入镇(街道)、村（社区）、企业一线开展调研、走访活动83场，组织机关妇联干部开展“阳光公仆”志愿服务活动27场。

石狮市科学技术协会

【概况】 2020年来，石狮市科学技术协会（以下简称市科协）紧扣团结引领科技工作者核心任务，履行“四服务”职责，助力全市做好“六稳”工作、落实“六保”任务，2020年，市科协获评2017—2019年度泉州市级文明单位、2020年“全国科普日”优秀组织单位，2个科普活动入选2020年福建省全国科普日优秀活动名单。全年争取上级补助资金128.3万元。

【创新驱动助力工程】 2020年，市科协推动创新平台建设，促成福建中科光芯光电科技有限公司与中国科学院吴新涛院士团队合作“基于硅光通信的高功率半导体激光器”的项目获第十二批泉州市院士工作站认定，争取第一批补助资金60万元；促成福建永前生态环境技术有限公司与福建省学会研究会合作，建成省级学会创新驱动服务站，征集技术需求6项，柔性引进专家11人。

2020年，市科协提升工作站服务管理水平。指导新力元、永前、好田3家专家工作站通过泉州中期审核，争取上级补助资金30万元；指导闽南理工学院、市医院、森科3家院士工作站通过泉州补助资金专家审核。并对在项目合作期的11家院士（专家）工作站开展绩效评价工作。

2020年，市科协打造“科创中国”品牌，征集“科创中国”试点城市建设企业科技服务需求6项，推动泉州市“科创中国”试点示范城市建设，8月25日，中国科协“科创中国”调研组一行深入调研中纺学服装及配饰产业研究院，并在石狮市举行调研座谈会。9月26日和11月4日分2批次组织企业对接信息、半导体、材料等专业领域的海智专家以及中国仪器仪表学会专家团队，探讨解决产业发展和企业转型技术难题。12月23日，邀请专家团队赴华宝集团、海兴凯晟2家企业进行调研对接。做强石狮市中纺学服装及配饰产业研究院，累计开展科普教育、学术交流和培训活动60余场，对接企业200余家，达成技术合作10项，为企业创造直接经济效益超亿元，11月11日，石狮市“科创中国”试点工作引起中央广播电视总台关注并到石狮采访。

【科普宣传】 2020年，市科协利用各种宣传媒体，开展科普宣传教育，在全市128个村（社区）设立科普宣传栏，定期更新科普挂图；与石狮市日报社联合开通“石狮科普”“走进院士（专家）工作站”“走进‘三长’、科协委员”专栏；设置东港路沿街户外公益宣传栏13组；“科普石狮”公众微信号每周二、五持续更新；组织开展福建省全民科学素质网络竞赛，石狮市36259人参与，答题次数471151人次，满分率40%，位居泉州各县（市、区）前列；举办“十佳科普达人”电视大赛，筹措社会资金4.5万元，用于奖励网络答题前五十名选手以及“十佳科普达人”。

2020年，市科协围绕中国科协提出的“疫情不解除，科普不掉线”部署和要求，开展防控新型冠状病毒的肺炎应急科普宣传工作，利用科协网站、“科普石狮”微信公众号，“科普e站”、科普宣传栏、《石狮日报》科普专版等科普宣传载体，宣传国家权威部门发布的疫情防控精神、防疫科普知识、疫情动态信息等，对公众疑问及时解疑释惑和科学辟谣；通过“科普中国”以及中国疾控中心等官方平台，收集疫情防控的权威信息，将疫情防控知识科学设计成2个系列的科普宣传挂图，每个系列一套6张，分别面对村（社区）以及企业发放，累计发放650套；2月10日，组织干部职工到挂钩社区——仁里社区开展志愿服务活动，宣传防疫科普知识，同时为仁里社区和杆头村送去84消毒液各5桶，总计500斤，助力基层防疫工作。

【科普活动】 2020年，市科协举办“科技三下乡”“科技活动周”“全国科技工作者日”“全国科普日”等品牌科普活动，组织开展流动科技馆巡展、公民科学素质网络竞赛、十佳科普达人电视大赛、泉州刺桐科学传播学者巡讲、科技科普助力乡村振兴座谈会、科普展览、应急救护知识进校园、土壤科普讲座进校园、公务员科学素养讲座、青少年科技创新大赛等。

2020 年，市科协引导石狮市心理学会发挥专业优势，组建一支心理辅导志愿服务队伍 22 人，设立疫情应对心理援助热线，在疫情防控期间对公众免费提供心理援助、情绪疏导等服务。6 月 2 日，邀请福建中医药大学国医堂心理科主任、省心理咨询与健康教育研究会会长教授林榕发在石狮市总医院举办“科学应对压力，维护身心健康”心理减压讲座。5 月 28 日，邀请福建师范大学心理学院教授高华录制 40 分钟“安身、安心、舒心、携爱前行”中小学生心理健康的视频讲座，通过电视台面向广大市民播出，同时联合教育局指导全市中小学生观看学习。

【科普阵地建设】 2020 年，市科协新建 21 台“科普 e 站”，结合乡村振兴计划安排，投入石狮沿海村或基层中小学使用，争取 2020 年泉州市基层科普场馆展教工程和科普服务能力建设资金 16 万元；指导开展基层科普项目，推荐新时代文明实践中心科技志愿服务试点、后湖科普示范村、仁里社区青少年科学工作室、石狮茂险王主题乐园、全国流动科技馆巡展石狮站 5 个项目申报 2020 年泉州市基层行动计划项目，争取上级补助奖金 21 万元。

【青少年科技赛事】 2020 年，青少年科技创新大赛共收到来自全市各中小学选送的学生科技作品 255 项，经过封闭答辩产生一、二、三等奖 104 项。选送参加泉州市赛获一等奖 6 个，二等奖 21 个，三等奖 22 个。5 个创新项目获评泉州市青少年贤銮科技奖“优秀少年科技创新项目奖”。选送优秀作品参加福建省、泉州市青少年科学影像作品竞赛、青少年创意编程与智能设计比赛。其中青少年科学影像赛获全国赛优秀作品奖 1 个，泉州市赛一等奖 3 个，二等奖 2 个，三等奖 5 个；青少年创意编程与智能设计比赛获省赛一等奖 1 个，二等奖 2 个，三等奖 3 个。

【科技与科普服务平台】 2020 年，市科协围绕纺织服装、海洋渔业、休闲农业、高新技术等产业特色，建设“1+10”新时代文明实践服务模式，与文明办、工信科技局联合认定科普馆、海峡两岸科技孵化基地、闽南理工学院、泉州海洋职业学院、中纺学石狮市服装及配饰产业研究院特色科普馆、永前生态环境星创天地、玉湖豆腐文化商贸园、中茂生态农庄、海洋渔文化馆、黄金海岸海洋世界等新时代文明实践中心科技与科普实践点，结合科普教育基地、科普示范村、“科普 e 站”、科普活动室、流动科技馆等载体，推动科技科普资源向村（社区）、学校、企业等聚集。截至 2020 年 12 月底，平台注册志愿者 213 名，组织重要活动 28 场，参与群众超过 1 万人次。联合文明办、工信科技局对 10 个实践点进行考评调研，拨付 10 万元对优秀及良好单位进行奖励。

【科技科普助力乡村振兴行动】 2020 年，市科协联合市委组织部、农业农村局、工作科技局和团市委等部门实施科技科普助力乡村振兴行动，遴选确定灵狮村、塘边村、莲东村、莲西村、金埭村、后湖村、邱下村、莲厝村、厝上村 9 个定点帮扶村，加强农业农村科技科普工作，提高农民科学文化素质，全面服务乡村振兴战略。举办科技科普助力乡村振兴座谈会，与会人员围绕农业发展、农业社会化服务体系等方面建言献策，邀请中国土壤学会专家赴帮扶村、校园、企业进行指导。

【“三长”试点】 2020 年，市科协在全省率先完成市、镇两级“三长”吸纳全覆盖，全市村（社区）成立科普组织，深入发现、挖掘 10 名石狮市最基层、最感人、群众最认同的“三长”抗疫典型人物，依托《石狮日报》走进“三长”、科协委员专栏，“科普石狮”公众微信号、科协网站等载体，进行多角度、立体式、全方位的报道，展现石狮市“三长”团结一心、同舟共济的精神面貌，凝聚众志成城抗疫情的强大合力，营造正能量的社会舆论环境。“三长”在各自战线上发挥积极作用，相关经验被中国科

2020 年 9 月 20 日，石狮市“童协杯”青少年科技创新大赛举行 （图 / 市科协）

协、省科协公众微信号多次宣传推广，工作经验作为福建省唯一一个县（市、区）入选中国科协“3+1”试点汇编。

石狮市归国华侨联合会

【概况】　2020年，石狮市有侨联组织139个，实现市、镇（街道）、村（居）三级侨联组织全覆盖，1个市级、9个镇（街道）侨联、11个村级侨联会、118个村级侨联小组；创建15个“侨胞之家”，有13个获省级“侨胞之家”称号，其中，6个获省级“侨胞之家”示范点称号。

【基层侨联建设】　2020年，石狮市归国华侨联合会（以下简称市侨联）推动基层侨联基础工作。1月1日，锦尚镇奈厝前村侨联会成立；1月16日，灵秀镇侨联完成换届工作；6月16日，灵秀镇钞坑村侨联成立党支部，成为全省第一个成立党支部的村级侨联；8月28日，石狮市召开石狮市侨联第六届委员会第四次全体会议，传达全国、省侨联全委会会议精神，总结回顾市侨联2019年以及2020年上半年工作，布置2020年下半年工作计划；推进石狮市村级侨联的赋码工作作为泉州市的试点，为规范村级侨联的建设打下基础；推进蚶江镇侨联联合蚶江镇商会筹建办公大楼；指导锦尚镇侨联、永宁镇侨联建设华侨历史纪念馆，锦尚镇侨史馆于2020年年底完成。

【“侨胞之家”建设】　2020年，市侨联推进创建省级“侨胞之家”及示范点工作，组织指导充实提升建设内容，作为宣传政策法规、联谊侨亲、留住华侨记忆的阵地。11月18日，省侨联确认石狮市锦尚镇侨联为省级“侨胞之家”示范点；蚶江镇侨联、鸿山镇侨联、湖滨街道侨联、灵秀镇钞坑村侨联、宝盖镇仑后村侨联为省级“侨胞之家”。

【侨胞权益维护】　2020年，市侨联完善贫困归侨侨眷“一户一表”档案，组织各级关爱资金和社会资金、海外帮扶资金122494元，走访慰问20名贫困归侨侨眷，帮助解决贫困归侨侨眷生活和子女就学学费等实际问题。

2020年，市侨联先后走访福建清源科技有限公司等19家侨资企业，了解企业的疫情防控、复工达产和经营情况。

2020年，因受疫情影响海外侨胞无法正常返乡处理事务。市侨联认真做好服务海外侨胞的关切。8月10日，市侨联受旅菲侨领蔡章作委托，对其在凤里街道新华路的一幢房产与市八卦街保护提升工程工作指挥部签订《八卦街新华路骑楼立面修缮及加固委托书》；8月15日，协助举办2020年旅菲蔡友铁助学金颁奖活动，26名学生获得奖励。

【侨情普查】　2020年9月16日，市侨联初步完成侨情普查工作，收到采集主表11358份，附表1003份，为寻根谒祖平台建设提供基础数据。

【海外联谊工作】　2020年9月，市侨联主办2020年第七届“中华情·少年梦”海内外中华青少年儿童文化交流公益活动，以弘扬中华优秀传统文化为主题，培育海外青少年的家国情怀精神，推进新侨一代增强对祖国的认同感和归属感。

2020年，市侨联做好宣传工作。以《石狮侨报》为载体，开设专栏对“一带一路”沿线的石狮籍侨亲进行采访和宣传，2020年报道23期，介绍海内外侨亲经济文化交流活动，助力服务“一带一路”建设。出版《石狮侨批故事》；展示石狮华侨华人吃苦耐劳、团结友爱、自强不息、勇于拼搏的奋斗历程，记录海外游子的家国情怀精神，也见证侨乡社会的历史变迁，留住对中华民族传统美德的记忆和华侨文化印记。

【抗疫工作】　2020年1月26日，市侨联向海外侨胞发出捐赠医用防护物品倡议书，仅两个多月时间，海外侨胞捐赠石狮市的防疫物资价值约971万元，包括救护车、呼吸机、温度计、医用口罩等，有效地缓解新冠肺炎疫情初期石狮市的疫情防控和医学救治的物资需求。

2020年3月，市侨联倡议全市各基层侨联组织向海（境）外的石狮社团捐赠防疫物资。据统计，捐赠177.59万个口罩、1000件防护服，3.58万盒连花清瘟胶囊以及0.53万盒藿香正气水、复方丹参滴丸等。组织联系石狮市总医院18名医生专家，分别挂钩9个镇（街道）的海外侨胞进行网上医学咨询，服务支持海外侨胞做好疫情防控。

2020年5月6日，市侨联组织收集石狮市海内外侨界抗击新冠肺炎疫情的实物资料，包括图片、新闻报道、海外购买防控物品发票等25件/套，成为中国华侨历史博物馆的入馆藏品，展现同心战胜疫情的信心和决心。

石狮市台湾同胞联谊会

【概况】　2020年，石狮市台湾同胞联谊会（以下简称市台联）围绕全市工作大局，开展沟通、联谊、服务、团结台胞等各项工作。2020年，召开二届二次理事会，参加福建省台联系统理事，继续开展石狮市台联的“同名（宗）村”工作。

【台胞服务工作】　2020年春节、元旦期间，组织开展走访慰问活动，慰问老、病、困定居台胞30人，发放慰问金3万元。发放2020年定居老台胞生活补贴款 56.7 万元。落实台湾籍考生加分政策，2020 年首次承接台湾籍考生中考加分的台湾籍身份认证业务，出具台籍子女证明 14 份。

【联络交流】 2020 年，市台联组织台湾籍青年参加 2020 年台胞青少年夏令营活动，通过互动交流增进了解、收获友谊，打造台胞青年互动交流"朋友圈"。

石狮市文学艺术界联合会

【文艺作品创作】 2020 年，石狮市文学艺术界联合会（以下简称市文联）把握新时期文艺工作的责任使命，以强化文联服务管理、充分发挥协会主体作用为抓手，开展全市文艺工作。出版作品集《石狮文艺 2020》，集中刊发本土作家的原创文学作品。石狮市老年书画研究会出版《苍松》诗书画摄专刊（65—68 期）。石狮市诗词学会创作诗词作品 200 多首（阙），分别发表在《石狮日报》《石狮文艺界》《石狮老干》《苍松》及全国各地微刊网络平台上。

黄成编纂的《书籍的隐喻》一书 2020 年 11 月由浙江大学出版社出版。蔡友谋、蔡丽味编纂的《石狮科学家》一书出版，入选石狮文化丛书系列。高寒编纂的长篇小说《海风拂面》2020 年 10 月由天津人民出版社出版。

高寒编纂的小说《寻找铁皮屋》发表于《厦门文学》第六期，小说《沧凉的胸膛》发表于《泉州文学》第四期；谢奎宗编纂的散文《写意天丁桥》发表于《福建文学》第三期；郑红艳编纂的 14 篇(首)散文、诗歌发表于《海丝商报》《青年文学家》《散文诗世界》等刊物上；庄华民编纂的《法律人推荐的书目》发表于《福建法治报》。

【文艺活动开展】 2020 年，市文联以各种活动为载体，通过凝聚各协会的力量，丰富群众精神文化生活。1 月，石狮市灯谜协会在石狮文化馆石狮灯谜传习中心举办第九届石狮籍在校大学生灯谜联谊赛；1 月 5 日，石狮市南音艺术家协会组团赴南安市南音研究会、南安市南音协会参加"泉州市第二届整弦排场弦管古乐会"；1 月 9 日，中共石狮市委宣传部、中共石狮市直宣传委员会、石狮市文学艺术界联合会举办学习宣传十九届四中全会精神文艺晚会，各协会以自己的文艺形式，全方位、深层次阐述宣传全会的重大意义；1 月 22 日，石狮市音乐家协会组织节目参加石狮团拜会，闽南语原创歌曲节目《来去石狮品美食》被选为石狮市旅游歌曲；4 月，石狮市舞蹈家协会组织创作抗疫 MV《你笑起来真好看》，参加中国儿童歌舞学会公益宣传片录制活动，在各媒体平台上展播，深受好评；6 月 26 日，石狮市国际标准舞协会召开年度第二次理事会，落实筹备换届具体事宜，并经充分民主讨论推荐，确定第四届理监事会组织机构候选人名单。6 月 30 日，石狮市文学艺术界联合会、民盟泉州市书画总支、石狮市书法家协会共同主办，民盟泉州市书画总支妇女支部承办的"巾帼同心竞艳 • 翰墨抒怀溢彩"泉州民盟女书画家作品展在文联大楼开幕，共展出泉州民盟 20 位女书画家的 38 件作品，展会上大家提笔用各自的方式歌颂祖国、讴歌时代、宣传抗疫；7 月，石狮市舞蹈家协会应邀参加"共叙军民鱼水情 • 砥砺海天强军梦"走进海训场义演活动，舞蹈《精彩瞬间》深受好评；8 月 8 日，石狮市国际标准舞协会组织集体舞团队参加由市全民健身领导小组主办的"我健康，我快乐"2020 年石狮市"全民健身日"体育健身展示暨全民健身志愿者活动。8 月 9 日，由中共泉州市委宣传部、泉州市文学艺术界联合会主办，石狮市文学艺术界联合会、泉州师院美院海丝视觉文化艺术研究中心、泉州市美术家协会、泉州画院、石狮市美术家协会承办的"奋进小康路 • 共筑中国梦——泉州市文化进万家文艺志愿服务活动"——2020 年泉州美术家走基层系列活动（石狮站）在文联大厦 7 楼多功能厅举办，泉州师院美术与设计学院院长蔡永辉作《画说闽南文化》学术讲座。8 月 26 日，石狮市南音艺术家协会特邀泉州市曲艺家协会主席、中国曲艺牡丹奖得主李白燕到鸿山镇洪厝鸿儒轩南音社进行艺术交流；9 月 6 日，石狮市南音艺术家协会组织参加厦门百年老馆集安堂南乐社拜馆联欢活动；9 月 30 日至 10 月 15 日，"美绘石狮——全面决胜小康社会"主题美术作品展；10 月 1 日，石狮市南音艺术家协会举行石狮市第 16 届社团南音大会唱，31 个南音社团 700 多名南音弦友参加；10 月 2 日，为庆祝中华人民共和国成立 71 周年，石狮市国际标准舞协会在石狮泰禾广场举行"我爱你中国"国庆大型主题演出，近 2000 名市民观看；11 月 15 日，石狮市楹联研究会组织到五店市参加"廉政清风"楹联书法展活动，其中蔡长泰、林再新的作品均入选并受到奖励；11 月 20 日，石狮市国际标准舞协会选送节目参加由市委、市政府主办的"石狮市第 18 届广场文化艺术节百姓大舞台活动"电视台录制，活动皆在以网络为平台，面向基层，面向群众，为城市全方位发展提供有力的精神动力和文化支撑；11 月 21 日，石狮市楹联研究会在文联大厦举行"诗钟"活动，现场创作数十首佳作；11 月 29 日，石狮市舞蹈家协会在石狮市世茂摩天城举办"2020 年超级街舞梦想营"；12 月 5 日，石狮市文联主办、石狮市摄影家协会承办、石狮市政协之友书画院协办"逐梦前行奔富裕 • 凝心贯注构新图"摄影作品展在文联大厦举行；12 月 12—13 日，石狮市灯谜协会在石狮市蚶江中心小学举办"蚶小杯"石狮市第16届校园灯谜艺术节；12月15日，石狮市作家协会召开黄成新书《书籍的隐喻》作品研讨会；12月20日，由石狮市委宣传部、文明办、文化体育和旅游局、文联、灵秀镇党委政府联合主办，石狮市灯谜协会、美术家协会、摄影家协会、南音艺术家协会等承办的石狮市第22届（灵秀）侨乡谜会暨灵秀镇第四届邻里文化节在华山古民居举办，并举行石狮市灯谜协会灵秀谜社第三届理事会就职仪式。活动以“灵韵古厝·绣美华山”为主题，包括侨乡谜会、“画说·华山古民居”写生采风、南音文艺会演、摄影采风、廉政文化巡展、滚汤圆品汤圆等丰富多彩的活动，让市民群众在归园田居中体验谜影画乐，弘扬和传承优秀传统文化；12月25—28日，石狮市摄影家协会、石狮市第三中学举办“刘观义摄影作品展”；12月26日，石狮市舞蹈家协会在石狮市世茂摩天城举办2020年“MOVE IT”一起悦动街舞剧推广活动。

【文艺创作基地建设】 2020年，市文联加强文艺创作阵地建设，采取研讨会、讲座、采风活动等形式组织文艺家带着创作任务走进基层、走进群众、创作精品，鼓励文艺家充分展示自己的才华，提升石狮文艺界的整体实力。1月1日，石狮市书法家协会举行石狮市书法家协会创作楷书骨干集训班，特邀中国书法家协会楷书专业委员会委员宋旭安及中国书法家协会会员、中国书法家协会首届国学修养与书法创作骨干刘小龙为会员授课；5月16日，石狮市作家协会举办“归园田居、美丽华山”采风活动，组织会员参观华山古民居、古厝群、田园风光。同日，参观“王起沃纪念馆”并举行石狮市作协创作基地揭牌仪式；9月19—20日，石狮作家协会到德化开展“烟雨戴云·海丝瓷都”采风活动，组织参观陶瓷博物馆、三班月记窑古遗址、大兴堡、加美陶瓷文化生活馆、百尊观音博物馆等，并与德化作家协会进行山海交流与互动；10月4日，石狮市楹联研究会会长组织参加泉州市楹联学会到安溪的“茶文化之旅”采风活动，并创作楹联作品进行交流学习；10月22—23日，石狮市国际标准舞协会组织7名舞蹈技术骨干参加泉州协会举办的教师研修班；11月13—17日，石狮市作家协会主席高寒参加福建省文联、省作协、省文学院、省文学社联合主办的“红色题材创作高研班”；11月18日，石狮作家协会组织到万祥图书馆参加叶辛主讲的“阅读与人的发展”专题讲座；11月23—27日，协会组织6名青年舞蹈教师参加全国拉丁舞教师培训班，全面提协会专业水平；11月26日，石狮市作家协会组织到泉州师院参加王干主讲的题为“小说创作的八种模式”文学公益讲座及贾兴安“对当前散文创作的一些思考”文学公益讲座；12月17日，石狮市舞蹈家协会组织会员赴晋江文化艺术馆参加福建省中青年舞蹈创作委员会理事、福建省艺术教育协会舞蹈专业委员会执行主任徐艳林老师的“舞蹈创作漫谈”专题讲座。

【协会管理工作】 2020年，市文联推进到届协会的换届。7月3日，石狮市国际标准舞协会第四次会员代表大会在市文联大厦七楼会议厅召开，会议通过协会章程修改等需要表决的事项选举第四届理（监）事会组织机构；7月28日，石狮市太阳风文化促进协会召开第三次会员代表大会，选举产生第三届理（监）事会组织机构；9月28日，石狮市声和南乐社举行建社40周年庆典活动暨新一届理事会就职典礼；12月5日，石狮市摄影家协会召开第六次会员代表大会，选举产生第六届理事会班子。

【文艺志愿服务】 2020年1月10日，在宝盖镇塘边村篮球场举行2020年石狮市文化卫生科技“三下乡”启动仪式暨新春集中服务活动，中共石狮市委宣传部、政法委、文明办、石狮市文学艺术界联合会等市直24个部门现场开展为民集中服务，并把文艺演出送到村民群众的家门口。书法家协会会员现场为市民书写春联，送出300多幅新春祝福；1月16日，石狮市老年书画研究会组织参加“2020年庚子年、春联递温情、农行送祝福”活动，为群众免费写春联；1月17日，2020年泉州市文化科技卫生“三下乡”集中服务活动在石狮市祥芝镇祥芝中心小学举行。石狮市书法家协会组织书法家到场为村民免费写春联，石狮市音乐家协会、舞蹈家协会组织表演《海上泼水结情缘》《中国新时代》等节目；1月18日，石狮市南音艺术家协会与洪厝鸿儒轩南音社组团赴祥芝古浮“慈爱老人福利院”参加由泉州市委宣传部、泉州市文联主办的“奋进小康路·共筑中华梦”下乡慰问演出活动；7月12日，石狮市曲艺家协会组织到曾坑村开展“2020年石狮市‘非遗’（闽南什音）进社区活动”，举行文艺下乡演出；7月14日，石狮市曲艺家协会组织到宝源社区开展“2020年石狮市‘非遗’（闽南什音）进社区活动”；7月18日，石狮市曲艺家协会组织到永宁北门社区开展“2020年石狮市‘非遗’（闽南什音）进社区活动”；7月18日，石狮市曲艺家协会组织到永宁城隍文化中心开展“2020年石狮市‘非遗’（闽南什音）进社区活动”；8月18日，石狮市曲艺家协会组织到宝盖上浦村开展“2020年石狮市‘非遗’（闽南什音）进社区活动”；8月20日，石狮市曲艺家协会组织到锦尚港东村开展“2020年石狮市‘非遗’（闽南什音）进社区活动”；8月26日，石狮市曲艺家协会组织到宝盖宝源社区开展“2020年石狮市‘非遗’（闽南什音）进社区活动”；9月5日，石狮市南音艺术家协会组团赴厦门参加

"我们的中国梦——文化进万家"厦门市南乐团公益惠民演出活动；9月27日，石狮市曲艺家协会组织到蚶江埭尾开展"2020年石狮市'非遗'（闽南什音）进社区活动"；9月30日，石狮市曲艺家协会组织到永宁第三社区开展"2020年石狮市'非遗'（闽南什音）进社区活动"；10月2日，石狮市曲艺家协会组织石狮"非遗"（闽南什音）在石狮市文化馆举行公益演出活动；10月10日，石狮市曲艺家协会组织到蚶江洪窟村开展"2020年石狮市'非遗'（闽南什音）进社区活动"；10月20日，石狮市曲艺家协会组织到宝盖龟湖文化中心开展"2020年石狮市'非遗'（闽南什音）进社区活动"。

【文艺作品获奖情况】 2020年1月3日，石狮市书法家协会王培行书法作品入展由贵州省书法家协会主办的"税收带来祖国美"书法、绘画、摄影展；2月11日，石狮市美术家协会蔡东红、蔡良在、蔡志育、李碧珍、蔡火金作品入选泉州市美术家抗击疫情主题美术作品网络展；2月15日，石狮市书法家协会林启猛、苏金火、黄贺东、沈恒祥作品入展由福建省书法家协会主办的福建省"同舟共济——助力'战疫'"书法作品微信展；2月17日，石狮市美术家协会蔡东红的中国画《家有兰花》、蔡火金的漫画《防控疫情•我们在行动》作品入选"坚定信心•共克时艰——福建省美术家抗击疫情主题美术作品微信展"；3月20日，由石狮市音乐家协会吴丽欣录音、邱怡颖母子朗诵的《英雄》在石狮电视台播出，此朗诵视频被"学习强国"平台选登，且在4月代表石狮参加中国宋庆龄青少年中心举办的"中国力量"公益朗诵活动；5月18日，石狮市美术家协会的蔡东红、蔡良在、蔡志育、曾育波、王鑫端、林志鸿、李碧珍、蔡火金、王昌群9人入选，由泉州市文旅局、泉州市文联主办，泉州海交馆、泉州市美术家协会、泉州画院承办的"春回大地"——泉州市抗疫美术作品展；6月4日，石狮市书法家协会沈汉波、刘玉峰、沈舒敏的作品入展江西省书法家协会主办的"品味文化庐陵•书写魅力江西"全国书法大赛作品展；6月15日，刘与群、金迪、许婉妮获准加入泉州市美术家协会；7月，石狮市灯谜协会林清富、林志攀参加《灯谜话固原》新谜材创作赛，分别获创作佳谜奖；7月5日，江西省书法家协会主办的江西省第四届妇女书法展中，石狮市书法家协会胡燕红的作品获二等奖，苏婉瑜的作品入展；8月7日，由中国书法家协会主办的2019年"中国书法•年展"全国楷书作品展中，苏金火、沈国影获奖，林明雨的作品入展；8月20日，由中国书法家协会主办的2020年"书圣故里•中国临沂"中国书法临书大会中，翁清况作品获奖；8月23日，由浙江省书法家协会主办的兰亭杯"全国农民书法大赛中，陈晓阳的作品获优秀提名奖；9月8日，石狮市美术家协会蔡良在人物画作品《远古芭莎》入选第三届 "神白山黑水•美丽四平"全国中国画作品展，并作为中国美协入会资格之一；9月8日，泉州市第30届中小学南音演唱（奏）比赛在泉州市群艺馆线上举行，石狮市南音艺术家协会获得一等奖1名、二等奖1名、三等奖2名，其中鸿山镇洪厝村鸿山小学洪梓焜总分第二名获一等奖；9月14日，石狮市书法家协会龚天益、王培行作品入展由福建省书法家协会主办的"古韵汀州杯"书法作品展；9月24日，石狮市美术家协会蔡东红中国画作品《趋势尊环保》入选由中国文学艺术界联合会、厦门市人民政府主办，中国美术家协会和中国书法家协会承办的2020年"生命至上"——"中华情•中国梦"展览活动；9月29日，石狮市美术家协会蔡良在人物画作品《好日子》入选第二届"神圣长白"全国中国画作品展，并作为中国美协入会资格之一；9月，石狮市书法家协会龚天益作品入展由河北省书法家协会主办的第三届董子杯全国书法大赛；10月21日，福建省书法家协会主办的福建省第六届书坛新人新作展，郭鹏祥、黄新闹的作品入展，邓颖欣的作品入选；10月22日，林景辉的作品参展由中国文联和中国书法家协会主办的"中国力量——全国扶贫书法大展"；11月7日，陈晓阳的作品入展由江西省书法家协会主办的南昌地铁运营五周年主题书法展；11月13日，在泉州市文联、泉州市音乐家协会举办的福建省"金钟花奖"泉州赛区，石狮市音乐家协会选派的3名年轻选手获一银二铜的成绩；11月22日，洪鸿玲的作品入展由中国书法家协会主办的全国第五届正体书法作品展；11月，石狮市美术家协会蔡东红作品《热带鱼》入选由中国美术家协会主办的"写意•苏州"（花鸟篇）中国画双年展；11月，第七届中华灯谜文化节在江苏省吴江举行，石狮市灯谜协会派出蔡东晓、卢弘焕、吕芸萍3人组队参加，获团体优胜奖，林志攀获得公开组电控铜奖，吕芸萍获得女子组电控银奖，黄松榆、纪培明、林志攀获佳谜奖，会上，纪培明、黄哲贤、黄可村分别获得金虎奖"2019年度十佳新谜""2019年度最佳射手"及第七届"雁云灯谜艺术奖——灯谜作品佳谜奖"；12月5日，陈晓阳的作品入展由江西省书法家协会主办的"八大山人"全国第二届书法展；12月12日，石狮市美术家协会蔡东红、蔡良在、蔡志育的作品入选由泉州市文化广电和旅游局、泉州市文学艺术界联合会主办，泉州画院、泉州市美术家协会、泉州海外交通史博物馆承办的"画说刺桐——泉州美术作品展"；12月，由舞蹈家协会会员李俊杰、饶永浩、赵斌创编的舞蹈《"艺"起战役》参加石狮市第18届文化艺术节获一等奖，邱多妮编排的舞蹈《为了梦想•时刻准备着》《精彩瞬间》《我不哭》及王少卿编排的《晨光曲》分别获二等奖、三等奖、优秀奖；由舞蹈家协会会员赵斌、饶永浩老师指导的舞蹈《呼唤》获得魅力校园春节大联欢上海迪士尼站金奖。由舞蹈家协会蔡燕瑜编排指导原创闽南童谣《院来去逗热闹》（吴泽荣作词、叶宏民作曲）获第四届海峡两岸（泉州）闽南童谣大赛一等奖。

【文艺抗疫】　2020 年 2 月 9 日，石狮市书法家协会、石狮政协之友书画院举行“石狮有爱·武汉加油”石狮书协防新冠肺炎主题网络书法展；2 月 15 日，石狮市美术家协会、石狮政协之友书画院举办“石狮市美术家抗击疫情主题美术作品微信展”，以国画、油画、水彩、漫画、插画等形式，讴歌抗击疫情的感人事迹，表达坚决打赢疫情防控保卫战的支持与决心；其中蔡东红、蔡良在、蔡志育、李碧珍、蔡火金作品入选泉州市美术家抗击疫情主题美术作品网络展；蔡东红的中国画《家有兰花》、蔡火金的漫画《防控疫情　我们在行动》作品入选“坚定信心·共克时艰——福建省美术家抗击疫情主题美术作品微信展”；3 月，石狮市舞蹈家协会围绕疫情主题策划、组织拍摄原创歌曲《我不哭》MV，向最美逆行者致敬，歌曲 MV 在石狮电视台、泉州电视台、福建省美育与艺术教育研究中心、中国儿童歌舞学会等公众平台展播；创作录制《防疫舞》《坚信爱会赢》《真情守望“三重奏”》等舞蹈战“疫”作品，以欢快的旋律、直白的表达、配上浅显易懂的舞蹈动作，致敬奋战一线的“最美逆行者”，致敬坚守岗位默默为疫情防控做出贡献的基层干部、志愿者；石狮市作家协会共创作现代诗 23 首、古诗体 3 首、散文 3 篇、报道通讯 430 篇；石狮市诗词学会、楹联研究会创作诗词作品 10 余首，赞赏在疫情防控中的感人事迹并发表讴歌可歌可泣的精神，在“中国石狮网”等多个公众号；石狮市灯谜协会以猜灯谜的形式宣传防疫知识及最新防疫动向，号召大家自觉行动起来共同抵御疫情；石狮市音乐家协会组织会员朗诵诗人阿紫的《英雄》诗篇和《关于在新冠肺炎疫情防控期间做好家园清洁行动的倡议书》，用基层群众听得懂、记得住、传播快的形式宣传疫情防控知识，动员全员参与家园清洁，营造“抗疫情，净家园”的浓厚氛围；石狮市南音艺术家协会组织青年南音演唱员创作《抗疫情，早胜利》南音新曲目；石狮市紫华艺术馆创作《誓死不退——致敬对抗疫情的石狮一线工作者》影视作品，展现一幕幕石狮市人民参与防控疫情的感人画面；石狮市摄影家协会组织摄影人深入石狮每个角落，秉持“统一领导、统一指挥、统一行动”的工作原则，用一幅幅真实影像记录各行各业坚守岗位、无私奉献、抗击疫情的动人事迹。

中国国际贸易促进委员会石狮市委员会

【概况】　2020 年，中国国际贸易促进委员会石狮市委员会（以下简称市贸促会）以深化贸促改革为动力，面对疫情不利影响，拓宽服务载体、加快转变服务方式、主动延伸服务领域，推动贸促事业稳中有进。

【第六届中国（泉州）海上丝绸之路国际品牌博览会】　2020 年，第六届中国（泉州）海上丝绸之路国际品牌博览会在石狮市国际食品城举办。展会围绕食品产业，累计展出面积 26000 平方米，折合国际标准展位 1650 个，设置泉州馆、国内馆、境外馆、酒类馆、服贸馆等，418 家品牌企业参展，展品覆盖马来西亚、印度尼西亚、斯里兰卡等“海丝”沿线国家和地区特色食品、进口酒类、预包装工业加工食品、泉州老字号、宁夏及闽西南地区特色产品等上万种类产品。展会期间，入场参观人数 38526 人次，专业采购商 1196 人次，现场成交 11582 万元，意向成交 4.3 亿元。展会期间结合全国首个预包装食品出口试点新政策，由福建省贸促会和泉州市人民政府主办、泉州市贸促会承办、石狮市贸促会执行的“中国食品行业国际竞争力高峰论坛暨市场采购贸易助力预包装食品出口推介会”取得良好成效，推介会通过解读试点新政策、分析食品行业发展趋势、授牌签约、央媒直播，吸引更多的国内外食品企业通过石狮贸易采购试点的形式抢抓商机，推介会现场进行 15 个项目集体签约，签约金额 6.6 亿元。

【校服市场拓展】　2020 年 12 月 18—20 日，第 23 届海峡两岸纺织服装博览会暨第二届中国校园服饰国际博览会在石狮国际轻纺城举办，展示面积超过 3 万平方米，组织百余家品牌参展企业，设有台湾馆、面料馆、辅料馆、网商馆 + 直播间、校服特装馆等，展示上万款经典校园服饰产品，2 万余名专业观众。2020 年，举办全国校服企业与石狮面辅料企业专场配对会，邀请山西久冠、辽宁顺成等国内知名校服企业与近 50 家石狮面辅料企业代表进行面对面交流、对接。通过搭建经贸交流合作平台，引领石狮面辅料企业融入校服产业链，深度挖掘校服领域发展空间。2020 年，石狮市助力构筑全方位校服产业配套体系，吸引福建省教育装备行业协会校园服饰分会落户石狮，并于 8 月 18 日召开成立大会暨第一次会员代表大会；通过举办校服展、构建全国首个校服专业市场、发布校服流行趋势等举措，3 月获中国服装协会授予的“中国校服产业创新基地”称号。

【经贸交流】　2020 年，石狮市组织多家企业参加“线上展销能力培训”、墨西哥市场及数字展览营销能力线上培训会、“2020 新外贸、新业态、共享未来（泉州站）”等活动，助力外贸企业更好利用数字展会平台了解国际市场、贸易政策及投资环境，实现营销数字化转型，促进企业提质降本增效。

【出证认证工作】　2020年，石狮市新增注册企业21家，办理1902份原产地证，其中一般原产地证1699份，优惠原产地证203份，目的国主要为德国、孟加拉国、荷兰、美国、巴西等国家。国家出口商品主要为鞋服、布料、鞋材、电子配件、机械等。

【石狮市进出口商会成立】　2020年11月19日，石狮市进出口商会成立暨第一届理（监）事会、石狮市国际商会第二届理（监）事会就职仪式举行。邱汉清任石狮市国际商会第二届理事会会长；陈汉河任石狮市进出口商会第一届理事会会长。商会成立得到中国进出口银行、中国出口信用保险公司等金融机构的支持，中国进出口银行将对商会进行30亿—50亿元的低息金融授信，中国信保将进一步降低出口信保费率，商会会员企业投保出口信保，同等条件下予以5%—10%的费率优惠。石狮各金融机构也对商会进行金融授信支持。石狮市进出口商会成立后，将更好发挥公共服务抱团取暖、聚力共赢的服务功能，聚集更多国际视野的商人到石狮，形成新的发展动能，助力石狮新一轮发展。

石狮市残疾人联合会

【概况】　2020年，石狮市登记在册的各类残疾人5771人，按照残疾类型分，肢体残疾人2381人，视力残疾人703人，听力残疾人581人，精神残疾人1053人，智力残疾人507人，多重残疾人445人，言语残疾人101人。

2020年7月，石狮市残疾人联合会（简称市残联）新设办公室和业务部等两个股室。

【残疾人社会保障】　2020年，市残联开展残疾人阳光护理补贴工作，用于补助残疾人因残疾产生的额外长期照护支出。对全市残疾等级一级、二级的重度残疾人及残疾等级三级、四级的低保残疾人发放护理补贴，每月受惠残疾人约450名、金额7.5万余元，全年共87.19万元。同时，对“一户多残”残疾户，分别按照残疾等级三级、四级残疾人50元/人•月，残疾等级一级、二级残疾人100元/人•月发放补助，共449户945人，发放补助75.215万元。落实2020年省级残疾人居家托养项目。按每人每年补助2000元的标准，向90名劳动年龄段的智力、精神、重度肢体的居家托养贫困残疾人发放18万元；对未享受省级居家托养项目的102名低保重度肢体残疾人，按照每人每年1000元标准减轻残疾人的托养负担。宣传残疾人托养补助政策，对有需要且符合条件的残疾人家庭提供托养补助服务，缓解残疾人家庭照顾压力，截至2020年有8人入托，其中4人入住泉州托养中心，4人入住石狮养老机构。2020年，市残联把全市一、二级残疾人免费纳入“新农合”的医疗保险体系，每年分别按重度残疾人200元和其他残疾人100元的标准为其代缴养老保险费，为全市残疾人购买意外伤害险，投入18.744万元，全年发生意外理赔94起，索赔资金16万多元。疫情期间，建立残疾人疫情防控情况的联系联络报告制度，对60名因疫情导致生活困难的残疾人进行帮扶，发放慰问金3万元。多次深入残疾儿童康复机构、残疾人培训机构以及盲人按摩机构实地检查，指导疫情防控工作。对全市符合条件的4家盲人保健按摩机构给予一次性场租补助，共1.15万元。选派2名干部下企业，一对一挂钩，指导企业做好复工前期申请工作及开工后疫情防控工作。

【康复服务】　2020年，市残联以“人人享有康复服务”为目标，深入了解残疾人康复服务需求，并将相关信息录入残疾人精准康复服务数据库，全市康复需求人数1944人，完成服务及录入1944人，基本康复服务率100%。其中，完成辅具适配371人，辅具适配率100%。持续实施残疾儿童康复救助工程。按照0—6周岁在训残疾儿童给予每人每年最高15000元的补助标准，通过省级项目渠道接受申请249人；按照7—14周岁在训残疾儿童每人每年最高15000元的补助标准，通过泉州级项目渠道接受申请29人；对未享受省、泉州项目的、在县级以上医疗机构进行康复训练的0—17周岁残疾儿童给予每人每年最高5000元的补助，共2人1万元。常态化受理残疾人康复补助、临时困难救助、辅助器具补贴、白内障手术项目，对服药或住院的精神类残疾人按照个人自费部分80%、最高5000元的标准发放康复补助，共213人34.82万元；对因病住院的残疾人给予最高3000元的临时困难救助，共46人5.99万元。对配备假肢矫形器、助听器等辅助器具的残疾人给予补助，共69人17.62万元；对在市总医院进行白内障手术的市民，个人负担费用给予兜底补助，共158例14.19万元。为重度精神类残疾人门诊常年服药开展绿色通道，定点在锦尚镇卫生院就诊，并对个人承担的医疗费用实行兜底补助，全年每人累计不超过3000元，共79人1.6万元。

【残疾人信息管理工作】　2020年，市残联完成残疾人基本服务状况和需求信息数据动态更新工作，采集606名残疾人信息，健全更新残疾人基本信息数据。开展残疾人证核查工作，全年核查残疾人因脱残或死亡注销的残疾人证 3657 本。启动卡式、智能化第三代残疾人证换发工作，三代证换发率 97.87%。协同市卫健局、市总医院和泉州市第三医院开展的“入户评残精准服务”活动，深入石狮市 9 个镇（街道）19 个社区（村），为 73 名疑似肢体重度残疾人进行上门入户评残办证服务。

【扶残助学】 2020 年，市残联推进融合教育，根据残疾人的残疾类别和接受能力，采取普通教育方式或特殊教育方式扶助 106 名残疾学生和残疾人家庭子女就学。对在校就读高中及以上学历的残疾学生及残疾人家庭子女给予每人每年 1000—2500 元的补助，共补助 22.25 万元。10 月 22 日，市残联主办、泉州纺织服装职业学院承办的石狮市 2020 年残疾人职业技能培训班开班，40 名残疾人参加。通过培训，提升残疾人职业技能水平，促进残疾人创业发展、就业增收、相互交流，让残疾人朋友享受“互联网 +”发展的机遇。

【文体宣传活动】 2020 年，市残联组织参加泉州市残疾人艺术作品展活动，征集参展作品 7 件。其中，2 件代表泉州参加华东地区残疾人文化创意作品大赛。“六一”儿童节、“端午节”期间，市残联联合市关工委、市公安局、闽爱志愿者协会等部门和助残组织，分别开展“礼遇抗疫勇士 关爱困难家庭”“关爱儿童成长，助力朵朵花开”庆“六一”、“款款粽香，接力助残”慰问困难残疾家庭、“暖心助困扶残”爱心活动走进青莲村等活动。7 月 10 日，组织开展“家乡蓝图我来绘”梦想彩绘宣讲活动，“励志宣讲团”讲师、国家一级美术师蔡武概走进新星儿童学习能力发展中心、星梦缘启智中心、康语儿童智能康复中心 3 家机构鼓励孩子用笔描绘梦想，进一步丰富残障未成年人的精神文化生活，助力提升残障未成年人思想道德建设水平。组织国家一级美术师蔡武概参加第十届闽台残疾人文化周，展出多张山水国画作品，并现场作画。

【就业创业帮扶】 2020 年，市残联组织 113 名残疾人参加“创翼计划”免费线上就业指导培训；委托泉州纺织服装职业学院开展项目制——电子商务培训 38 人。选送 10 名残疾人参加泉州市残联举办的培训。协助税务局做好残疾人就业保障金减免工作，全市 18 家企业申报减免 2019 年残疾人就业保障金，安置残疾人 67.25 人。入库残疾人就业保障金 1420.43 万元。依托“石狮市人才网”网站、“石狮残联”公众号等网络平台举办 2020 年春风行动暨就业援助月残疾人网络招聘会及“助残稳就业·圆梦创未来”石狮市 2020 年残疾人金秋网络招聘会 26 场，宣传动员近 100 名残疾人参会，14 家企业提供 100 多个岗位，5 名残疾人和企业达成用工意向。组织 5 名残疾人应届毕业大学生参加福建省 2020 年高校残疾人毕业生网络视频双选会，1 人入职。落实“6+1”政策，奖励超比例安置残疾人企业 3 家共 5.16 万元；补助残疾人自主就业创业社会保险 8 人共 2.76 万元。完成省级为民办实事项目扶助农村贫困残疾人就业创业工作，对开展种植业、养殖业、加工业和个体服务业等生产经营活动的 8 名劳动年龄段残疾人，按照每人每年 5000 元标准发放补助 4 万元。对开办爱心小店的 1 名残疾人发放补助 3000 元。

【助残志愿服务队】 2020 年，市残联联合市慈善总会开展“百会联百村·千贤帮千户”爱心助残活动，入户残疾人家庭进行政策宣讲、慰问帮扶等行动；石狮市关工委、市残联、闽爱志愿者协会联合举办“关爱儿童成长，助力朵朵花开”庆“六一”活动；“闽爱志愿者协会”成立至 2020 年，开展“周周必行”帮困助残活动 136 周，每周 9 个以上小组参加，开展志愿活动 216 场次，13318 多人次参加。

石狮市红十字会

【概况】 2020 年，石狮市红十字会坚持红十字“人道救助、生命救护”核心职能，参与抗击新冠肺炎疫情，做好防控物资捐赠接收工作，接收社会各界 1835 笔疫情防控捐款。推进红十字驿站建设，提升红十字会服务群众的能力。6 月、7 月、8 月、10 月、12 月在市医院开展大型公民无偿献血活动以及下乡采血活动。实现 1 例器官捐献，清明期间开展“生命回响，云上缅怀”纪念活动，弘扬遗体器官捐献志愿者的人间大爱。

【人道主义救助】 2020 年，石狮市红十字会元旦、春节期间开展“红十字博爱送万家”活动，为 245 户困难群众发放慰问物资 4 万多元；6 月开展“红十字博爱周”慰问活动，联合各镇（街道）红十字会对全市 90 户受疫情影响的困难家庭以及患重大疾病、孤寡老人、残疾人、低保户等弱势群体和困难群众进行慰问，发放慰问金 9 万元。参与上级红十字会“99 公益日”之“爱过年·情暖刺桐”网络募捐活动，累计募集资金 5868.21 元，579 人次参与。走访慰问两户“文明单位结对帮扶困难户”，帮助解决挂钩帮扶对象的家庭实际困难并给予每户慰问金 2000 元。

【红十字宣传活动】 2020 年“5·8”世界红十字日，为向广大群众科普红十字急救知识，扩大红十字精神宣传面和社会影响力，同时响应疫情防控“不聚集”的要求，石狮市红十字会将宣传阵地转移至线上，组织开展新冠肺炎疫情防控和应急救护知识有奖竞答活动。活动期间访问量15752次，3775人次参与有奖竞答活动，1762人次进行分享转发，1035人中奖。参与“携手防疫抗艾·共担健康责任”主题宣传咨询活动，向过往群众分发防艾宣传材料，介绍艾滋病的感染途径、预防措施及近年来感染艾滋病的人群趋势，提高预防艾滋病的认识。在官方微信公众号“博爱石狮”发布市红十字会相关活动信息及各类信息52条。

【红十字博爱驿站】 2020年1月，石狮市红十字会在市疾病预防控制中心一楼大厅举行红十字博爱驿站揭牌仪式。红十字博爱驿站是红十字会服务群众端口前移和下沉的重要举措，是红十字服务贴近群众的主要平台。驿站为市民提供红十字业务咨询，无偿献血、捐献造血干细胞、捐献遗体器官“三献”登记，急救技术技能培训，人道救助、应急救援、会员志愿者之家以及一系列便民利民服务。

【应急救护培训】 2020年，石狮市红十字会推进疫情常态化下救护培训工作，深入机关、企事业单位、学校等开展应急救护培训班24期，培训1544人。在市中小学生素质教育基地开展救护培训课程，全年举办培训18班次，培训人数1700多人；进企业、学校开展急救员取证培训5期，取得急救员证95人；8月，组织企业队伍参加泉州市第三届红十字应急救护技能大赛，获泉州市第三届红十字应急救护技能大赛团体三等奖，1名队员获个人综合奖第一名。

【志愿者服务】 2020年，石狮市红十字会组织红十字志愿者开展或参与“红十字博爱送万家”、无偿献血、世界艾滋病日等志愿服务活动8场次，服务群众1500余人次；依托祥芝渔港义务救援协会常年开展祥芝渔港应急救援志愿服务活动，全年开展应急救援30场次，获救20人，挽回经济损失300多万元。依托市海泳协会在红塔湾开展公共海滨浴场红十字水上救援志愿服务。参与“文明交通劝导”“文明单位结对帮扶”“我们的节日”等志愿服务活动。

【疫情防控物资捐赠接收工作】 2020年疫情防控期间，石狮市红十字会接收社会各界1835笔疫情防控捐款，累计1057857.77元。接收社会各界捐赠物资64批次，其中，口罩700460个；红外线体温计1021支；防护衣4174套；隔离衣5224件；各类消毒液23吨；护目镜155副；乳胶手套43650只。捐赠物资均移交市疫情防控指挥部物资小组并按捐赠人的捐赠意愿进行使用和公开公示；疫情防控捐款用于购买二氧化氯消毒剂和免洗消毒凝胶，助力全市校园复学工作。

石狮市计划生育协会

【概况】 2020年，石狮市计划生育协会（以下简称市计生协会）围绕新时期计生协会“六项重点任务”，加强宣传倡导、生育关怀、特殊家庭帮扶、儿童早期发展等重点工作，不断提升计生协会的服务能力和工作水平。12月市计生协会完成协会改革，印发《石狮市计划生育协会改革方案》。

【生育关怀】 2020年，安居工程：帮扶对象12户，其中家庭自建（含新建、翻建）10户，购房1户，房屋修缮1户，完成验收工作。保障工程：上半年发放9.67万元低保提升金，帮扶4279人次。意外伤害保险预计覆盖户数10350户，比2019年增长25%。致富工程：小额贴息帮扶30户，发放贷款60万元，投入贴息资金2.6万元。亲情工程：投入2500元慰问5户挂钩帮扶困难户；投入4.5万元走访慰问其他计生困难家庭90人次；投入4000元慰问8名困难基层计生协会工作者。市、镇两级投入72.7万元救助166户次近期遭受重大病灾、事故的计生困难家庭。

【计生特殊家庭扶助】 2020年，石狮市将失独家庭纳入“五加二”工程帮扶对象，全年投入6万元对新产生的2户失独家庭进行一次性慰问。石狮市出台石狮市计生特殊家庭医疗服务证，确定石狮市总医院为失独家庭成员提供优先便利服务的协议医院，为失独家庭就医开通“绿色通道”，提供挂号、就诊、转诊、取药、收费、综合诊疗等优先便利服务。让失独家庭免费享受公职人员待遇的免费体检，将失独家庭全部纳入家庭医生签约对象，建立健康档案；劳动和社会保障部门在社会保障卡中增加“特殊家庭”信息；公安、民政和社会福利院，优先为有收养意愿的失独家庭提供弃婴、孤儿信息，并在办理领养、入户等相关手续上提供方便等。建立稳定的关爱团队。为失独家庭提供一对一生活照顾、心理援助、社会融入等服务，实现帮扶全覆盖、挂钩服务常态化。免费为全市失独家庭购买意外伤害保险，投保金额每户每年100元，每个家庭意外伤害保额18.5万元、意外伤害医疗保额1.5万元。提供养老“自助餐”，年龄在60周岁以上的失独家庭可自主选择居家养老或到养老机构集中养老。愿意接受机构养老的，统一免费安排在养老院生活；入住民办养老机构养老的，每人每月补助500元；选择居家养老的，住房条件差、符合相关政策条件的，结合安居工程政策，优先解决住房问题。“两节”期间，走访慰问54户次，投入5.4万元。为49周岁以上的失独家庭办理移动“亲情通”应急专网，将失独家庭的亲属、朋友、村（社区）两委的手机联网。对失独家庭成员临终前实施人性关怀，提供免费办理遗嘱公证等服务，对终老的失独家庭成员免除基本火葬费用，所在村（社区）要协助料理后事。

【儿童早期发展项目开展】 2020年，市计生协会开展系列主题活动，与市卫健局联合印发《关于开展“关爱孕产妈妈·关注孕产健康”主题系列活动的通知》，围绕生命全周期，以孕期健康、母乳喂养、心理健康、产后恢复、儿童早期发展和特殊妈妈健康六大内容为重点开展系列宣传服务活动。开展线上线下专题活动，微信公众号增加“孕妈成长营”课程等模块，每周定期发布《孕妈成长营》孕期课程及《0—3岁育儿宝典》父母加油站39期，为孕产妈妈提供孕期护理及科学育儿知识，累计阅读量28912次。提升母婴公共服务设施。在市妇幼保健医院开设儿童心理沙盘，进一步提升爱婴哺乳室、亲子小屋，配备基本设施，完善母婴设备，建立母婴设施和亲子小屋使用登记制度，健全相关设施运行管理制度，确保母婴设施整洁卫生、功能正常。

【宣传服务】 2020年春节期间，市计生协会联合石狮市直有关部门，分别开展2020年石狮市文化卫生科技“三下乡”启动仪式暨新春集中服务活动及“迎新春 送春联”等活动，现场提供专家义诊、普法宣传、写赠春联、赠送《0—3岁儿童早期发展指导育儿宝典》书籍及扫码赠送免费通乳券等服务。“5·29”会员活动日推出系列宣传服务活动，各镇（街道）计生协会围绕“决胜全面小康、决战脱贫攻坚”“家庭健康促进”“优生优育进万家”三大内容开展线上线下宣传活动，并通过微信公众号陆续展播宣传服务视频。“7·11”世界人口日，联合永宁镇计生协会举办“巩固防控成果 保障妇幼健康”主题活动，现场设有灯谜竞猜、健康义诊等项目，360余名群众参加。开展文化作品创作。拍摄《裂缝里的阳光》计生家庭采访纪实短片，通过石狮市及泉州市广播电视台展播，受到省及泉州市计生协会微信公众号转发。

石狮市社会科学界联合会

【概况】 2020年，石狮市社会科学界联合会（以下简称市社科联）围绕石狮市中心工作，开展课题研究；加强科普宣传，拓展社会科学的普及面，加强社团管理，推进社团规范化建设等方面推动市哲学社会科学各项事业的发展。

【社会科学普及宣传活动】 2020年10月21日，以“决胜全面小康·决战脱贫攻坚”为主题的社科普及活动在湖滨街道曾坑蓉园文化长廊举行。科普周期间，石狮海峡渔文化博物馆向群众展示独具特色的“海丝”“海洋”“渔文化”辉煌的历史文化，推动石狮渔文化和海丝文化的宣传普及；开展“浮想联翩：石狮古厝楹联拓片展”，用精选优秀传统建筑（红砖古厝、华侨洋楼）镌刻的楹联作品，制作拓片，展示石狮侨乡富有时代意义的家风、家训。开展“海丝印记——石狮文化遗产保护成果展”图片展，主要选取姑嫂塔、六胜塔、林銮渡、永宁老街、永宁古卫城、华山古村落精彩的剪影，用诗意讲述石狮文化遗产的内涵。组织参加省社科联主办《习近平谈治国理政》第三卷第13期社会科学知识有奖竞答活动。

【社会科学普及基地建设】 2020年，市社科联发挥社科普及基地示范、辐射、带动作用，推进社科普及宣传活动，科普基地乡土文化协会配合泉州市社科联开展侨批家风巡回展，举办“咱厝人、咱厝话”活动，开展“游古厝、寻家风”亲子游学活动等。科普基地渔文化博物馆被评为“大学生思政实践教育基地”，进一步传承弘扬渔文化。

【社科学术研究】 2020年，市社科联制定《2020年度石狮市社会科学研究重点课题调研工作意见》，提出9个方面的课题研究方向，围绕市委、市政府中心工作开展研究；联合市三所民办高校制定《关于2020年哲学社会科学重点课题立项的通知》，立项社科研究课题80多项；编印《社科精选》12期；围绕社会建设的重点热点问题，推进专题社会科学理论研究，11月中旬，联合泉州社科联、闽南理工学院共同开展“创新驱动，智慧养老”泉州养老服务产业发展研讨会。

【社科团思想建设】 2020年，市社科联加强对下属社科社团的思想建设，邀请华侨大学哲学与社会发展学院教授薛秀军作“坚定制度自信 为中华民族伟大复兴提供制度保障——中共十九届四中全会精神解读”专题辅导讲座；邀请市博物馆馆长、副研究员李国宏作“石狮乡村文化复兴发展战略 助推决胜全面建成小康社会”主题报告会讲座；邀请市委宣传部新时代文明建设宣讲团成员、市社会科学普及讲师团成员蔡宗营作“加强法治建设 筑牢抗疫保障”专题讲座。

外事 侨务 台港澳事务

外 事

【概况】 2020年，石狮市抓好疫情常态化涉外管控，结合招商引资、项目洽谈、科技文教交流等需求，编制出国计划，规范因公出访团组和人员的审核报批，加强归国后出访总结、成果转化的管理，优化APEC（亚太经济合作组织）商务旅行卡办理流程、简化申请材料。通过预警、宣传、培训等方式，采取线上线下结合的形式，在市高校、社区、外向型企业等开展领事保护工作。与上级外办对接，加强沟通协调、信息共享，第一时间互通信息、联合派员、共同妥善处置涉外案（事）件。与新加坡、菲律宾、泰国等国驻厦门使领馆保持友好关系，提升"海丝品博会""海博会"等参展外宾接待服务水平，提升石狮国际影响力和美誉度。2020年，受新冠肺炎疫情影响，无出访团组。

【服务与管理】 2020年，石狮市按照上级关于APEC商务旅行卡申办和管理的新要求，组建"APEC旅行卡石狮工作群"，线上线下多渠道推荐APEC商务旅行卡。与国际友城菲律宾那牙市、澳大利亚伦马克·帕林加市在经贸、文化、教育等领域保持交流合作，疫情期间石狮市捐赠那牙市口罩6万只、大米100袋（5000千克）。与泉州市外办联合在第六届中国（泉州）海上丝绸之路国际品牌博览会上开展领事文化保护现场宣传。

2020年，石狮市外办联合宣传部、政法委、公安局、农业农村局等部门建立外国记者采访协调机制，妥善处置外国记者采访工作。完成第一期城市公共双语标识规范整治，服务第十八届世界中学生运动会。在防控指挥部下增设外事组，组建办公室和境外工作、境内转运、大数据分析、港口管控、海上入境防控等专班，制定出台《外事组工作方案》《石狮市打击疫情期间偷私渡行为工作方案》《海上入境管控工作专班实施方案》《关于严厉打击境外入石人员涉疫情违法犯罪行为的通告》《致在石狮外籍人士的温馨提醒》等，形成部门联动、条块共抓的工作格局，抓好疫情防控。

【经贸与文化交流】 2020年，石狮市围绕实行高水平对外开放，推动涉外经贸与文化交流合作能力稳步提升，提升城市知名度与美誉度。10月30日，第六届中国（泉州）海上丝绸之路国际品牌博览会在石狮国际食品城举办，邀请新加坡共和国驻厦门总领事馆总领事吴俊明参加。

2020年12月17日，第二十三届海峡两岸纺织服装博览会暨2020石狮国际时装周、第二届中国校园服饰国际博览会在石狮国际轻纺城举办，新加坡共和国驻厦门总领事馆总领事吴俊明，泰王国驻厦门总领事馆领事王锦霞、领事助理齐淑华，菲律宾共和国驻厦门总领事馆副领事何怡莲、翻译陈凯祥应邀参加。

侨 务

【概况】 2020年，受新冠肺炎疫情影响，石狮市联谊交流活动基本停止，全年接待到访侨团1次。1月7日，接待菲律宾石狮市同乡总会决策委员蔡友铁回国考察访问团，已举办26届的石狮市菲华青少年夏令营活动停营。2020年，石狮市侨界与石狮人民守望相助、同舟共济，共同应对新冠肺炎疫情。

【华侨捐赠管理】 2020年，石狮市接受华侨华人捐赠主要集中在基础设施、文化教育、医疗卫生等公益事业领域。办理低于50万元华侨公益捐赠确认3份。

【侨务主要活动】 2020年1月26日，石狮市委统战部发出《关于捐赠医用防护物资的倡议书》后，世界石狮同乡联谊会发出号召，以世石联名义向石狮市总医院捐赠一部带负压（并附隔离舱）救护车及急救设备仪。4月2日，由泉州市委、市政府组织市（县）两级政府以及侨办、海联会、侨联筹集的价值500多万元的防疫物资驰援菲律宾乡亲捐赠仪式在泉州市民主党派大楼举行。5月13日，经中国华侨历史博物馆确认，石狮侨界25件抗击新冠肺炎疫情实物资料入藏中国华侨历史博物馆。8月21日，世石联、侨办、侨联联合开展“一日一品尝 石狮土特产”暖心工程活动。9月23日，由石狮市侨办、石狮市侨联、世界石狮同乡联谊会、石狮市慈善总会联合主办的石狮侨商政和慈善公益行活动在政和县杨源乡举行。

台港澳事务

【经贸合作】 2020年12月18—20日，石狮市举办第23届海峡两岸纺织服装博览会暨第二届中国校园服饰国际博览会。2020年，石狮市管理石湖港台轮停泊点，接待停靠台轮台胞，服务对台小额贸易。全年石狮市接待停靠台轮94航次、台胞892人次，完成对台小额贸易1330.5万美元。

【文化交流合作】 2020年6月25日，石狮市举行“第十四届闽台对渡文化节暨蚶江海上泼水节”线上活动。该届活动继续由台湾鹿港文教基金董事会协办，设置“海上捉鸭”“海上泼水”“攻炮城”“猜灯谜”游戏环节，形式新颖，融知识性、互动性和趣味性于一体，别具风采。

【台商台胞服务】 2020年，石狮市关怀帮助石狮市定居的老台胞、困难台胞台属。春节期间，组织走访慰问32人次；走访服务台资企业，关心了解其生产经营情况，交流工作意见建议。联系走访石狮市闽台两岸青年文化产业创新创业基地内台湾商户、泉州市台资企业协会石狮市联谊会多家重点会员企业。同时，利用走访契机开展涉台扫黑除恶专项斗争工作，摸排线索，为石狮市台资企业提供良好的营商环境。

持续捐资助学。2020年9月15日，石狮市举行第十五届“两岸情•同胞心”助学金颁赠仪式。泉州市台资企业协会石狮联谊会继续秉承“两岸一家亲”理念，延续爱心捐赠传统，2020年继续捐资帮助石狮市学子30人次完成学业。截至2020年，累计募捐117.3万元，资助学生532人次。

落实惠台政策。2020年，石狮市广泛宣传及贯彻落实国家“31条措施”“26条措施”，福建省“66条”、泉州市“73条”惠台政策。统筹安排台胞子女就近入学，义务教育阶段小学招生就近免试入学，初中阶段将在石狮区域内经商或合法正常居住的台商子女纳入“照顾服务”对象范畴，2020年照顾8名台商子女就读优质中小学，办理台湾籍中考考生身份认定16份。

扶持创业就业。2020年，石狮市重视台湾青创基地建设工作，加大扶持力度，吸引台青到石狮市实习就业创业。全年下拨补助资金230万元，奖励石狮市闽台两岸青年文化产业创新创业基地获评“福建省级台湾青年就业创业基地”“福建省级台湾青年就业创业示范基地”“泉州市台湾青年就业创业示范基地”，扶持基地招商引资、举办活动、开展实习实训等各项工作；重新出台实习就业创业扶持措施，3月10日，石狮市出台《石狮市人民政府办公室关于印发〈石狮市鼓励和支持台湾青年来石实习就业创业若干措施〉的通知》，在原有扶持政策基础上，增加台湾青年实习补助相关措施，加大力度鼓励和吸引台湾青年到石狮实习就业创业。

【疫情防控宣传指导】 2020年疫情防控期间，石狮市向香港、澳门地区的石狮籍乡亲、社团及属会、校友会等捐赠口罩69万个。做好意向返石乡亲疫情防控宣传解释和沟通引导工作，设立服务热线，建立港澳乡亲医疗服务咨询微信群，畅通在港在澳乡亲疫情防控信息传达渠道。组织开展“五个一”（一包中药、一封慰问信、一份爱心礼物、一次心理疏导、一张健康服务卡）人文关怀活动，向返回石狮的医学观察人员赠送茶叶和水果。

【石狮与港澳交流】 2020年6月5日，石狮市推动香港石狮祥芝镇同乡会注册，为全市首个镇级同乡会。9月30日，石狮市举办迎中秋庆国庆茶话会，与港澳同胞畅叙乡谊。12月11—14日，石狮市组织走访澳门石狮同乡总会，召开旅澳乡亲座谈会等各种形式联络关心港澳基层社团、重点代表人士。

法 治

法治政府建设

【概况】 2020年，石狮市出台《石狮市“法治政府建设年”拓展提升项目清单》，确定2020年“法治政府建设年”的目标任务，各部门根据职责，主要围绕法治政府建设拓展提升项目清单确定的目标任务开展工作，在疫情期间，启动疫情防控应急预案，坚持科学防控、依法防控，加强企业复工法律服务和法治保障，提升法治服务保障疫情防控水平，全面推进法治政府建设。

【执法监督】 2020年，石狮市全面推行行政执法“三项制度”(法公示制度，行政执法全过程记录制度，重大执法决定法制审核制度)，将行政执法监督机制列入石狮市特色改革项目，试行聘任法治政府建设特约督察员制度，公开招聘11名法治政府建设特约督察员；对市公安局、市市场监督管理局、市城市管理局等6个部门开展行政执法案卷评查工作，评查行政处罚案卷33件；11月5—6日，对市公安局等8个重点行政执法单位的“三项制度”推进情况进行督察，并邀请8名法治政府建设特约督察员全程参与。开展行政裁决梳理工作。根据权责清单，市各镇（街道）、各行政执法机关对照司法部下发的《国务院部门行政裁决事项基本清单（第一批）》，对行政裁决事项进行全面梳理，确定4个部门有行政裁决事项，涉及9个行政裁决事项。全面推进证明事项告知承诺制。市司法局组织开展证明事项告知承诺制梳理工作，经梳理，大部分单位无证明事项清单，部分单位有证明事项清单，市自然资源局梳理第一批告知承诺制的事项目录43个证明材料，其中涉及审批服务事项31个，结果在中国石狮网政策行政执法公示的行政许可板块进行公告。

【依法决策】 2020年，石狮市坚持重大行政决策合法性审查，对政府研究的重大事项，均经过严格的合法性审查，对于涉及面广或与人民群众利益密切相关的政府决策事项，及时向社会公开，并通过召开座谈会、听证会、论证会等形式广泛征求意见，从源头上减少违法行政行为的发生，有利于预防和纠正行政机关的不当行政行为，确保政府重大行政决策依法合规。全年累计经过合法性审查的市政府决策事项210件、市政府合同25件。

【行政复议】 2020年，石狮市人民政府收结行政复议申请19件，具体案由为对市场监管具体行政行为（含消费投诉类）不服的12件，对人力资源与社会保障具体行政行为不服的2件、对人防具体行政行为不服的1件、对危房管理具体行政行为不服的2件、对环保具体行政行为不服的1件、其他1件。审理结果为维持原具体行政行为的5件，占该总数的26.31%；驳回7件，占该总数的36.84%；确认违法3件，占该总数的15.79%；终止1件，占该总数的5.26%；转送1件，占该总数的5.26%；未及时补正1件，占该总数的5.26%；不予受理1件，占该总数的5.26%。

【行政应诉】 2020年，石狮市人民政府收到各级人民法院受理的应诉案件25件（含上期结转9件），其中民事诉讼案件3件，行政应诉一审案件11件，行政应诉二审案件11件；石狮市政府工作部门及各镇（街道）收到各级人民法院受理的一审行政应诉案件53件（含上期结转11件），2020年新发生的行政应诉案件具体案由依次为行政处罚8件、行政强制4件、行政许可3件、行政确认19件、信息公开1件、行政不作为6件、其他1件。

【政府信息公开】 2020年，石狮市

推进政务决策、执行、管理、服务、结果“五公开”，在市政府网站发布政务信息8616条，其中政府信息公开专栏主动公开政府信息898条；政务公开重点工作专栏栏目21个，涉及子目录103项；专题专栏12个。制作、获取政府信息3836条。受理依申请公开53件，办结及时率100%。

2020年，启动基层政务公开标准化规范化建设工作，出台《石狮市全面推进基层政务公开标准化规范化工作方案》，制定完善《石狮市解读回应工作制度》《石狮市政府信息公开申请办理工作机制》《石狮市政府信息管理动态调整制度》《石狮市基层政务公开与村（居）务公开协同发展制度》《石狮市重大行政决策公众参与制度》等5项工作制度，完成市级26个试点领域、9个镇（街道）的基层政务公开标准目录编制，并及时向社会公布。

【法治教育】 2020年，石狮市落实“谁执法、谁普法”责任制，推动国家工作人员学法用法，实施法治宣传“百千万”计划和“新媒体法雨行动”，创新开展“新法面对面”“政策面对面”活动。在“国家宪法日”“全民国家安全教育日”等重要节点开展《中华人民共和国宪法》《中华人民共和国国家安全法》《中华人民共和国反间谍法》等法律法规和《石狮市公民和组织举报危害国家安全行为线索奖励办法（试行）》的宣传教育。开展校园法治宣传教育，调整充实全市各中小学法治副校长，组织94名政法干警兼任105所中小学法治副校长，深入校园开展法治宣传教育，注重培养未成年人法治意识。

【规范性文件管理水平提升】 2020年，石狮市开展食品药品安全领域、野生动物保护、民法典涉及规范性文件的专项清理，其中继续有效（含需要适时修改）的101件，废止和宣布失效的35件。按规定向上级政府及本级人大备案市政府及其办公室名义印发的规范性文件17件。受理市各部门报送备案规范性文件56件，未发现违法情形。市司法局依法对市直各部门制定印发的规范性文件进行事前服务指导，审查规范性文件10件。开展备案审查工作，抽查安全隐患大排查大整治领导小组成员单位发文情况，4个单位5件规范性文件漏报备案情形。

政法委及综治

【概况】 2020年，中共石狮市委政法委员会加强和创新社会治理，坚持和发展新时代“枫桥经验”，推进扫黑除恶常态化，努力建设更高水平的平安石狮建设。2020年，石狮市获评福建省第四轮第一批平安县（市、区），平安绩效考评位居泉州第一。

【服务保障提升】 2020年，石狮市法院对接“产业攻坚年”，开展民营经济服务保障行动，坚持“四个不简单”“五商五保护”，提供“一企一策”指导195次，审结涉企纠纷2459件、标的金额11.29亿元。加强破产处置府院协调联动，组建专业执破团队，建立执破直通机制，审结债权超4.43亿元新联邦公司破产重整案，释放土地资源12.73公顷、解决近1300名购房者拆迁安置补偿问题。深化互联网金融法庭“一站式、一体化、专业化”审判工作机制，与14家金融机构实现数据对接和双向联动，审结涉金融案件805件、标的金额2.64亿元。出台司法服务保障疫情期间经济社会发展12条措施，制定防范化解涉疫情合同纠纷法律指引。主动下沉服务，选派20名干警驻村入企，开展“战疫情、护民企、促攻坚”集中服务月活动，推行“一法官挂钩一行业协会（商会）”，让诉讼服务不掉线。开启云端诉讼，成立13人速裁审判专班，全面推行互联网诉讼模式，妥处涉疫案件64件，开展网上立案、开庭、调解2711件，让公平正义不迟到。保障复工复产，灵活采取执行和解、信用修复、活封活扣等善意执行方式，执结民企申请执行案件1811件、挽回经济损失1.86亿元。中央电视台《社会与法》频道、《人民日报》先后报道石狮市法院司法保障经济社会发展工作举措。

2020年，石狮市检察院依法严惩危害民营企业的敲诈勒索、侵占挪用等犯罪，起诉34人。参与打击侵犯知识产权犯罪专项行动，起诉26人。妥善办理企业经营者、管理人员、技术骨干等犯罪案件22件，依法不捕不诉8人，建议适用缓刑5人，最大限度减少对企业生产经营的影响。举办“服务六稳六保，护航民企发展”检察开放日，与税务局、商务局联合开展“检税护航市场采购贸易方式试点”活动，对接企业法治需求，为市场采购贸易方式试点保驾护航。80名党员干警挂钩联系160户社区居民，协助排查疫情风险；20名干警协同泉州市检察院干警驻村入企参与疫情防控、助力复工复产。坚持检察履职和疫情防控两手抓，联合公安局、法院出台《关于严厉打击新冠肺炎疫情防控期间犯罪行为的通告》，远程视频提审702次、开庭374次，依法惩治涉口罩诈骗、买卖野生动物等危害疫情防控犯罪，批捕7人、起诉9人。加强涉疫普法宣传，干警自创的预防新冠肺炎沙画视频被“学习强国”转发，保护野生动物公益短片被评为全国检察微视频优秀作品。

2020年，石狮市公安局做好“六稳”工作、落实“六保”任务，持续深化“放管服”改革，推动“异地办”“网上办”“一次办”等服务落地见效，构建“亲清”新型警企关系。简政放权，“放”出活力。进驻行政服务中心的34项公安行政审批事项全部实现“最多跑一次”，所有办理时限除法定在5日内或当场办结外，均缩短至法定时限的60%。其中，企业赴港澳商务备案审批时限由10个工作日缩短到3个工作日，对民用危爆物品的证照审批，符合条件且材料完整的，给予当场办结。实行身份证、出入境证件“全国通办”。通过港澳台自助签注一体机设备，群众可当场自助完成港澳团队旅游签注的所有申请手续。在全省率先推出购房落户“一站办理”，为群众减去中间环节和重复举证。依法监管，“管”出质效。依法审慎办理涉企案件，对涉案企业家、涉案企业财产慎用强制措施，减少人为干预，压缩自由裁量空间，使监管既“无处不在”又“无事不扰”。不断增强监管威慑力，快侦快办侵害企业经营者人身财产权益的刑事犯罪，快查快处涉企经济犯罪，让企业家放心投资、安心发展。吸取泉州“3·7”事故血的教训，持续强化公安环节安全生产工作，为石狮市经济社会发展创造安全稳定的环境。开展道路交通、特种行业、危爆物品、寄递物、密集场所、群租房、渔船舶等安全隐患大排查大整治工作，检查企业39328家次，整治治安安全隐患2579处，查获非法买卖枪支刑事案件1起刑拘1人、利用寄递物流渠道进行违法犯罪6起，实现生产安全检查全覆盖和隐患整治清零。优化服务，“服”出满意。2月出台《服务保障企业复工复产十条措施》，7月推行《服务经济社会发展十六条措施》。打通综治保险快速理赔通道，家庭被盗保险理赔三天内即可完成赔付。结合“百万警进千万家”活动，开展上门办证办牌、赠送口罩、纠纷调解、防诈宣传等便民服务，积极为民营企业纾困解难。改进交通信号灯设置，形成八七路、学府路、福辉路等13条通行“绿波带”，打造城市商圈、学校周边交通微循环，提升全市道路交通组织管理水平。

2020年，石狮市司法局开展简化程序办理小额继承等民生领域公证，推广线上购物等保全证据公证业务，建立公证电子档案，探索在“泉州公证网”线上公证咨询、预约和材料预审核服务新模式，实现最多跑一趟的公证案件近1000件，约占办结案件的54%。监督国有土地使用权拍卖活动4场次（涉及土地面积124614平方米，涉及成交金额7.53亿元）。为年老体弱群众上门暖心服务公证71人次，为石狮市供水公司股权确认上门集中受理公证事务67人次。截至12月，办结各类公证1770件，其中国内公证1190件，涉外公证289件，涉港澳公证245件，涉台公证46件。其中，受理线上采买保全证据公证566件，涉及26个品牌；涉及适用简易程序的小额遗产继承公证16件，涉及知识产权的公证440件。

【平安石狮建设】 2020年，石狮市加强和创新社会治理，坚持和发展新时代“枫桥经验”，加强系统治理、依法治理、综合治理、源头治理。

2020年，石狮市打造规范化三级巡防体系。通过整合石狮辖区巡防资源，强化警种联动，在全市范围内构筑“覆盖全面、反应迅速、防范严密、打击有力、控制有效”的市、镇（街道）、村（社区）三级巡防圈，达到全面提升平安建设“三率”的总体目标。日常巡逻出动8.5万余人（次），武装巡逻1850次、出动8382人（次），帮助服务群众556次，在新冠肺炎疫情防控期间出动1.2万余人（次）协助交警对十大进出石狮市卡点检查，550余人（次）到疫情防控隔离点执勤，协助刑侦、治安部门查处案件368起，抓获各类违法犯罪嫌疑人322名，其中夜间巡逻中当场抓获撬盗违法犯罪嫌疑人10名，缴获涉案车辆35部，为人民群众挽回经济损失200余万元。

2020年，石狮市持续推进“雪亮工程”建设。进一步提高公共安全视频监控的覆盖密度，依托天网让城市的安全“看得见”，并将二类视频汇聚联网，形成一张全方位覆盖、多角度寻访、立体化防控的视频监控网络，构建立体化的治安视频监控防控网。规范做好镇村公共安全视频建设与联网工作，镇村视频接入互联网视频监控综合管理平台，实现借力发展。

2020年，石狮市构建矛盾纠纷联合化解新机制。落实市委、市政府“强基促稳”工作部署，切实推进矛盾纠纷化解工作，牵头建立市矛盾纠纷多元化解中心，打造矛盾纠纷多元化解体系，畅通横向纵向、线上线下渠道，实施无差别受理、一揽子调处，构建系统、人员、案件无缝衔接的矛盾纠纷联合化解机制，推动社会治理由碎片治理转为集成治理、由突击治理转为长效治理、由单向治理转为多元治理。全市累计排查矛盾纠纷2944起，成功化解2921起，成功率99.2%。2020年9月1日，石狮法院院长在全国高级法院院长座谈会上就多元解纷工作向院长周强作汇报；石狮市总结的典型经验《流程再造集成治理构建矛盾纠纷联合化解机制》一文，被省司法厅作为创新案例在全省发文推广；石狮市矛盾纠纷多元化解工作，被泉州市《“强基促稳”信息专报》第23期发文推广，并获泉州市委书记批示肯定。

2020年，石狮市完善网格化服务管理。依托泉州市网格化服务管理信息平台，采用“1+9+N”架构，建设市级管控指挥平台，结合机构改革，明确在镇（街）事业单位加挂“综合网格指挥协调中心”牌子。按照“街巷定界、规模适度、任务相当、无缝覆盖、动态调整”原则，将全市9个镇（街道）划分为128个村（社区）级网格和625个单元网格。按照省、泉州市的指导意见，结合石狮市实际，全面整合和统筹使用镇（街道）分管领导、镇（街道）干部、村（社区）两委、村（社区）工作者等骨干队伍，首创“1+1+N”队伍构建模式。截至2020年共录入楼宇信息280961条，常住人口信息331557条，流动人口308648条，重精患者信息1496条。

2020年，石狮市实施重精患者“免费救治”。对本地严重精神障碍患者实行排查、送诊、救治、救助的全链条服务，协调市财政全额负担由公安部门日常处置强制送医患者、法院决定强制医疗患者、卫健部门危险性评估在3级以上(含3级）应当住院治疗具有石狮市户籍重精患者住院期间产生的医疗费用，指导帮助监护人履行监护责任，实时掌握患者的动态信息，保证重精患者“应收尽收，应治尽治”。2020年，全市送医救治32人，未发生严重精神障碍患者肇事肇祸致人死亡案（事）件。

2020年，石狮市社会治安综合保险全覆盖。为全市常住人口购买“综治险”，最大化发挥保险兜底风险的作用，架构事前预防和事后补偿的社会治理体系，通过及时弥补群众的人身和财产损失，提升基层社会治安防范能力。全年受理报案169起，结案169起，理赔金额46.11万元。其中，“两抢”和盗窃受案121起，理赔金额19.44万元；火灾受案11起，理赔金额9.71万元；台风、暴雨、雷击等自然灾害受案35起，理赔金额4.96万元；化解维稳案件及政法人员补助受案2起，理赔金额12万元。

【扫黑除恶专项斗争】 2020年，石狮市打掉黑社会性质组织4个、涉恶犯罪集团2个、涉恶犯罪团伙6个，破获黑恶九类典型案件575起，抓获犯罪嫌疑人633名，查封、冻结和扣押涉案财物2.6亿余元。

2020年，中央在闽督导期间交办石狮市的5条重点线索、全国“12337”平台下发的1条线索办结；本地摸排线索283条，办结率100%；2020年扫黑工作平台下发线索20条，办结19条，办结率95%。专项斗争以来，纪委监委共办理涉黑涉恶问题线索17件18人，立案15件16人，其中充当黑恶势力“保护伞”问题10件11人、组织领导参与黑恶势力问题1件1人、涉黑涉恶腐败问题1件1人、其他失职失责问题3件3人。5月，石狮市涉黑涉恶目标逃犯全部抓获归案，提前实现逃犯清零。

【对利用信息网络实施违法犯罪开展专项整治】 2020年，石狮市组织对利用信息网络实施涉黑涉恶等有组织违法犯罪开展专项整治行动，制定《关于利用信息网络实施涉黑涉恶等有组织违法犯罪开展专项整治行动的实施方案》，对接网信、工信、金融、市场监管等相关职能单位，深入重点领域、重点地区进行摸排。加强乱象治理，石狮市网安部门运用网络技术、技术侦查等手段，与网络运营商、数据储存、网络技术等互联网公司企业加强互动，全面收集固定证据。侦控案件过程中，同步经营、同步取证；集中收网时，安排网安、技侦等部门技术人员随同作战，第一时间依法扣押犯罪嫌疑人使用的电脑、手机、网络设备等作案工作，及时依法提取电子证据，防止网络、电子证据灭失。加强互联网广告监管，依法查处互联网虚假违法广告，全年立案查处互联网虚假违法广告案件65件。强化“公安提示函”发送闭环管理，全市发出公安提示函8份、司法建议6条，堵塞漏洞，倒逼补齐行业监管短板。开展涉案资产调查扣押工作，截至2020年，全市查封、冻结、扣押涉案资产2.6亿余元。开展涉诈高危手机号码排查工作，全市电信网络诈骗案件立案1352起，破案594起，破案总数排名泉州第二，抓获涉诈嫌疑人630名，挽回损失261万元。强化宣传发动，通过微博、微信公众号公布，向社会公布专门举报电话、举报地址、奖励措施，同时发布石狮市开展扫黑除恶行动日常工作情况；积极配合泉州市委宣传部组织扫黑除恶专题采访（郁某路等人涉信息网络实施黑恶“套路贷”案），联合福建电视台、《泉州晚报》《东南早报》、泉州电视台、泉州网等上级媒体都对石狮市扫黑除恶工作进行宣传报道并在多家媒体对已判决的案件和石狮市兑现扫黑举报奖励金进行集中发稿宣传，通过福建检察网、正义网、《福建法制报》等多家媒体、报刊发表信息网络犯罪案件相关文章；通过其他形式加强宣传，石狮法院自编自导小品《老赖王美丽暴力讨债记》被省法院扫黑办推荐参加“致敬扫黑英雄”主题的全国扫黑除恶题材文艺作品评选。

【加强政法队伍建设】 2020年8—12月，石狮市组织开展“打造五个过硬政法队伍”教育整顿活动，分为学习教育、查纠问题、整改总结三个环节，以党风廉政建设和反腐败工作为着力点，以队伍教育整顿为切入点，进一步提振全市政法干警精气神，激发干事创业动力，为石狮市高质量发展提供坚强的作风保证。市法院组织开展“以案释德、以案释纪、以案释法”警示教育和落实“三个规定”专项整治活动，建立个别人“一定三包”责任制；市检察院开展“受警醒、知敬畏、提素能”警示教育，出台《加强刑事办案团队案件质效管理监督的实施意见》，确保职权规范运行；市公安局开展“坚持政治建警全面从严治警”活动，制定出台《全面从严管党治警十项措施》《暖警惠警十项措施》，狠抓制度落实和问题整改；市司法局开展“一学二比”大练兵大比武活动，全力提升队伍综合能力。坚持新时代好干部标准，把政治标准放在首位，突出信念过硬、政治过硬、责任过硬、能力过硬、作风过硬，大力选拔敢于负责、勇于担当、善于作为、实绩突出的干部，2020年组织对政法各单位正股级干部进行人事考察，调整4批次105人次。

公 安

犯罪打击

【概况】 2020年，石狮市公安局发挥“快警务”机制改革优势，利用大数据、人工智能、云计算等先进技术，探索实践新形势下情报合成作战模式，推动关口前移、汇聚破案资源、加快破案节奏，提升破案打击效能。落实以“一长双责”为核心的侦破工作机制，四侦联动、同步上案，快侦快破命案等严重暴力犯罪案件。发挥“快警务”机制优势，将“小案快侦”作为进一步提升群众安全感、满意度的发力点，打造覆盖各警种、横向集成、纵向贯通的全警情研判作战模式，提升整体破案效能。2020 年，全市刑事发案实现五连降，命案连续 11 年全破，群众安全感创历史新高。市公安局经侦大队大队长李建腾被公安部授予“猎狐 2019”专项行动（缉捕境外经济犯罪嫌疑人）成绩突出个人，石狮市公安局经侦大队被评为全省公安机关“猎狐 2019”专项行动成绩突出集体。

【刑事案件侦查】 2020 年，石狮市刑事案件立案 4403 起，比 2019 年下降 18.1%，破获现行刑事案件 3171 起（以下简称现案），现案破案率 72%，比 2019 年上升 9.9%，其中八类严重暴力案件、命案、“两抢”案件破案率 100%，破获命案积案 8 起，抓获命案逃犯 8 名，起诉 2250 人，比 2019 年上升 7.8%。

2020 年，石狮市发生八类严重暴力案 99 起，比 2019 年下降 6.6%；破案 99 起，破案率 100%。其中，6 起现行命案均快速破获，平均破案周期不到 3 小时。

2020 年，石狮市发生传统“盗抢骗”案件 1140 起（传统“盗抢骗”案件是指盗窃案、抢夺案、接触类诈骗案、掩饰、隐瞒犯罪所得、犯罪所得收益案四类案件），比 2019 年下降 48.8%；破案 780 起，破案率 68.4%，比 2019 年上升 13.7%。

【扫黑除恶工作】 2020 年，石狮市打掉黑社会性质组织 1 个，破获黑恶九类典型案件 175 起，刑拘犯罪嫌疑人 146 名，查封、冻结和扣押涉案财物价值 6445.5 万元。扫黑除恶专项斗争三年（2018—2020 年）期间，全市累计打掉黑社会性质组织 4 个、涉恶犯罪集团 2 个、涉恶犯罪团伙 6 个，破获黑恶九类典型案件 569 起，刑拘犯罪嫌疑人 628 名，查封、冻结和扣押涉案财物价值 2.6 亿余元。

【经济犯罪打击】 2020 年，石狮市发生经济犯罪案件 197 起，破案 162 起，抓获犯罪嫌疑人 252 人。其中开展“猎狐”专项行动，抓获、劝投“猎狐”境外经济犯罪嫌疑人 3 名。开展打击非法集资专项行动，破获非法集资案件 9 起，其中破获非法吸收公众存款案件 3 起，起诉 11 人；破获集资诈骗 3 起，起诉 6 人，破获组织、领导传销案件 3 起，起诉 14 人。核实公安部“云端”线索 9 条，其中涉及反洗钱领域 3 条、商贸领域 2 条，侵犯知识产权 2 条、财税 1 条、传销 1 条。开展“歼击 20”打击地下钱庄犯罪专项行动，发起涉及地下钱庄非法经营案件公安部“云端”集群战役 3 起，破获省督案件 1 起。

【追逃工作】 2020 年，石狮市公安局以开展“云剑—2020”追逃行动为载体，以涉黑涉恶、命案、电信网络诈骗、历年在逃人员为重点，抓获公安机关在互联网上通缉的逃犯 681 人，其中抓获省公安厅目标逃犯 1 人、石狮市历年逃犯 16 人、命案逃犯 8 人。

【禁毒工作】 2020 年，石狮市公安局开展“飓风肃毒 2020”会战行动、“净边 2020”专项行动，破获各类毒品刑事案件 81 起，其中发案地为石狮 45 起，占 55.56% ；抓获毒品犯罪嫌疑人 107 名，其中抓获地为石狮 48 起，占 44.86%；起诉 117 名，其中发案地为石狮 79 起，占 67.52%；查处吸毒人员 134 名，其中抓获地为石狮 88 起，占 65.67%；缴获毒品 901.88 克，摧毁贩毒团伙 8 个，破获省督案件 7 起。石狮禁毒工作在 2020 年泉州市县级公安机关考评中排名第一，在 2020 年度泉州县市区平安建设（综治工作）“开展禁毒人民战争”指标考核中排名第一。

【海防工作】 2020 年，石狮市公安局坚持将常态化疫情防控和重要节点特殊管控有机结合，抓好“人、船、码头”等要素管控，开展清港清湾、海上清查，进一步落实闭环管理，实现海上通道“零输入”工作目标。设置 33 个岸线防控点（检查站 12 个、卡口 21 个），以 5 个边防派出所为构架，联合沿海各镇组建一支 300 多人的岸线巡逻队伍，强化对沿海港口、码头、滩涂等重点部位、区域的巡逻查控，24 小时盘查海岸线活动可疑船舶、车辆、人员。上线运行沿海辖区视频监控点位、探照灯、打私“电子哨兵”，加强对境外输入人员情报线索研判工作，“24 小时”接受线索举报，第一时间下指令、快处理、快核查、快核实，其间共核查举报线索 8 条，发放举报奖励 1 万元。通过发放宣传单、广播（电视）宣传、进村入户走访、悬挂横幅等形式，全方位开展宣传，发放法律宣传手册 5 万余份和小卡片 24000 余张。推动“智慧海防”建设，建立石狮市乡镇船舶管理平台，针对沿海各镇摸排的 1278 艘乡镇小型船舶，逐船生成唯一的二维码，并制作二维码船牌发放至沿海各镇进行安装，达到“一船一码”规范管理效果。运用船舶管理平台，持续抓好乡镇船舶管理，规范船舶划区域、网格化集中管理制度，严防船舶违规私自出海，坚决防止本地船舶、沿海岸线被非法入境人员利用、突破。在海岸线规划 10 个点位安装“2G+4G”电子围栏采集设备，建成 1 套智慧海防电子围栏预警防控系统。

【电信网络新型违法犯罪打击】 2020 年，石狮市公安局整合全局资源，着力打造专业战斗实体，于 5 月 27 日成立电信网络犯罪侦查大队，全年开展“云剑—2020”“断卡”“长城 2 号”专项行动，重拳严打高发类案，铲除诈骗窝点和整治黑灰产业。坚持“以防为先”理念，把宣传防范放在工作首位，通过组织开展创建全市“无诈骗社区”活动、“客户利益至上”保卫战等专题宣传；破获电信网络诈骗案 708 起，破案率 49.7%；抓获涉诈犯罪嫌疑人 912 名，侦破公安部督办的涉诈案件 4 起。其中 2020 底“9·23”特大诈骗案，抓获团伙成员 80 名，冻结涉案资金 2049.38 万元；全国开展“断卡”行动后，破获福建省公安机关首起非法买卖电话卡案，打响“断卡”第一枪。

【刑事技术】 2020 年，石狮市公安局探索新形势下刑事技术服务侦查破案的新途径，培育破案新的增长点，全年利用指纹比中案件 306 起，协助抓获 231 人；利用 DNA（脱氧核糖核酸）比中 308 起 336 人，协助抓获 244 人。其中利用 DNA 技术比中 3 名命案嫌疑人，协助破案命案积案 2 起。

【科技建设】 2020 年，按照“全市一张智慧天网”的顶层设计理念，加快推进市公安局指挥中心改造升级，完成城市安全信息系统八期建设，打造包括高清摄像头、高清视频卡口、人像卡口、车辆微卡口以及“集一库三系统”应用平台在内的城市安全信息系统，全面覆盖市各主要道路、路口、开发区、重点场所、学校、市场等区域。规划完成石狮市三层防控圈（县际防控圈、城乡接合部防控圈、海岸防控圈），海岸防控圈点位在线率 100%。利用无人机空中巡逻优势，助力疫情防控宣传和海防管控，助力交通整治和“公检法河”联合行动。与阿里、腾讯、顺丰、滴滴、美团等拥有大数据资源的企业签订战略合作协议，建立稳定的业务沟通渠道。购买“云捕”“云镜”等查询定位系统服务，新增人像前端采集设备，升级全市电子数据采集系统，引进宽光谱痕迹物证搜证系统和足迹扫描系统现勘设备，为侦查破案提供更多研判支撑手段，有效提升实战效能。

治安管控

【概况】 2020 年，石狮市公安局一手抓疫情防控、一手抓复工复产，开展“放管服”改革、特种行业秩序管理、缉枪治爆、安全生产、内部保卫、派出所工作指导、治安防控体系建设、社区融合治理等各项工作，深化“昆仑 2020”、打击“跨境赌博”等各项专项行动。制定《石狮市公安局服务保障企业复工复产十条措施》。市公安局治安管理大队先后被福建省公安厅评为“全省打击整治枪爆违法犯罪专项行动成绩突出集体”，被泉州市公安局授予集体二等功，获“全警实战大练兵第一批市级训练标兵”“泉州市银行业金融安全保卫工作先进集体”等称号。

【治安热点整治】 2020 年，石狮市公安局以“纠纷可解、命案可防”为工作理念，密切派出所与镇（街道）、职能部门、人民调解组织的沟通协作，构建优质的“内外循环”调处机制。通过市局每月、派出所每半月、社区民警每周、重要节点每日对矛盾纠纷排查化解工作开展情况进行梳理汇总，全面提升派出所民警在前端排查化解矛盾纠纷和风险隐患的能力，杜绝各类纠纷、隐患上升为社会热点的现象。10 月，市公安局会同市司法局设立行政调解委员会，在 14 个派出所设立行政调解工作室，确保矛盾能流转、纠纷快处理、问题早解决。全年排查各类矛盾纠纷 1569 起，调处 1475 起，调解率 94.01%。

【涉黄涉赌打击】 2020 年，石狮市公安局破获涉赌刑事案件 170 起，刑事拘留 173 人，查处涉赌行政案件 109 起，行政处罚 247 人；破获涉黄刑事案件 43 起，刑事拘留 25 人，查处涉黄行政案件 772 起，行政处罚 719 人。其中破获打击“黄赌”省厅督办案件 2 起，侦破公安部督办特大跨境网络赌博案 2 起。

【缉枪治爆】 2020 年，石狮市公安局收缴枪支 16 把、仿真枪 2 把、子弹 231 发、炸药 32.2 千克、黑火药 10.3 千克、烟花爆竹 50 件；查获非法买卖枪支刑事案件 1 起，刑拘 1 人；查获利用寄递物流渠道进行违法犯罪案件 6 起；查处危险物品类行政案件 33 起，拘留 33 人。

【重点行业场所管控】 2020 年，石狮市公安局加强旅馆业日常监管工作，全市 133 家旅馆 100% 纳入旅馆业信息管理系统，督促旅馆业落实住宿登记制度；开展旅馆业专项整治行动，严厉打击无证经营旅馆，查处不按规定登记旅馆 60 家次，无证旅馆 104 家次。开展娱乐场所秩序整顿行动，按照“保护合法，取缔非法”的原则，通过高频率清查整治，促进娱乐场所治安秩序稳定，全市歌舞娱乐场所 65 家，全部按照要求进行娱乐场所登记备案工作，并纳入系统管理。加强机修业的治安管理，进一步强化治安检查监督，实现全市 160 家机修厂安装使用治安信息管理系统纳入日常管理，提高机修业治安管理系统应用水平。

【保安辅警管理】 2020 年，石狮市公安局组织开展物业保安清理整治工作，进一步规范全市保安服务管理，促进保安队伍的职业化和规范化建设。受新冠肺炎疫情影响，8 月 17—19 日，开展首期保安员资格培训；协助完成第六届中国（泉州）海上丝绸之路“品博会”、第 23 届海峡两岸纺织服装博览会暨 2020 石狮国际时装周、第二届中国校园服饰国际博览会等多项安保任务。持续深化辅警队伍建设，研究制定《石狮市公安机关警务辅助人员教育整顿活动实施方案》，强化全局辅警纪律作风。统筹开展全体辅警的教育训练工作，打造辅警教官团队，以点带面，解决当前教育训练教官严重不足的问题。落实“每周一练”“每月一测”，开展“微课堂”“基层送教”等实战练兵活动，推动快培训落地见效。推行暖警惠警措施，在五险一金基础上，为全局辅警购买大额医疗保险、人身意外伤害险等商业保险。

【护校安园工作】 2020年，石狮市公安局创新校园安保警务模式，以“五项措施”严把校园安全关口。推动落实以公安机关为主导，学校保卫人员、教职员工、学生家长和其他群防群治力量共同参与的“1+N”模式“护学岗”建设，配合校（园）方做好疫情防控、秩序维护。全局87名民警挂钩全市235所校园的法制副校长，进校开展防诈骗、防溺水、防拐卖、防欺凌等安全教育，以“警官、检察官、志愿者进校园”活动形式，累计开展法制宣讲300余场，受众人数16万余人次。着手出击整治校外托管机构，先后于8月24—28日、10月13—15日联合各相关单位开展学生校外托管机构联合专项整治行动，对培训机构存在的不规范行为开展专项整顿，累计检查48家次。

公安法治建设

【执法规范化建设】 2020年，石狮市公安局建成“石狮智慧物管平台”，制定《非110接警警情信息录入指导性意见》《受立案工作指引》。组织开展接处警受立案、取保候审、监视居住案件、刑拘后未批捕起诉案件、涉案人员信息突出问题等执法突出问题专项整治，民警规范执法办案意识得到明显提升，执法行为进一步规范化、制度化。依法审慎办理涉企案件，对涉案企业家、涉案企业财产慎用强制措施，减少人为干预，压缩自由裁量空间。市公安局连续18年被省公安厅、泉州市局评为执法质量优秀单位，是福建省唯一连续6次蝉联“全国公安机关执法示范单位”的县级公安机关。

【信访化解工作】 2020年，石狮市公安局受理来信来访176件，办结化解率95.3%，减少重信重访，严防形成积案。推进领导接访包案、重点信访案件攻坚化解、专项督察等各项工作措施落地见效，全年办结化解各级公安机关交办的积案24件，完成重点信访积案办结率、息诉息访率100%。强化打击非访，转变侧重柔性治理非访思路，依法从严、从重打击非访，着力推动信访法治化，维护正常信访秩序。

【队伍建设】 2020年，石狮市公安局制定出台《全面从严管党治警十项措施》和《暖警惠警十项措施》，被《人民公安报》推介，先后有5个集体7人次受到各级表彰。出台《石狮市公安局廉政谈话提醒工作方案》，对海防大队、边防所主要领导和新提任转任的73名股级干部开展廉政集体谈话。以“坚持政治建警全面从严治警”教育整顿为契机，创新“3+1”专项整治模式，动态更新两轮整治项目，对账销号各类队伍顽症痼疾。分别给予2名民警党内警告处分和党内严重警告处分、辞退1名辅警，运用“四种形态”处理31人。组织全警集中观看《警钟》系列警示教育片，筑牢拒腐防变思想防线。通过“每日一督”机制，督导发现各类问题143起，当场责令整改60起，跟踪整改83起。优化绩效考评机制，建立机关科室与基层派出所双向互评机制。优化警力配置，将机关警力充实调整到派出所等一线岗位，派出所民警数占全局民警数的41%。研究制定《职级晋升工作规则》，形成“能者上、庸者下、劣者汰”的用人机制，让有为者有位。坚持“一切面向实战、一切为了实战”理念，举办教官培训、武器使用训练、警种岗位练兵等培训班16期，开展辅警轮训工作5期，参训1020人次。市公安局1名民警获评全省比武活动“十佳标兵”，1名民警被公安部评为训练标兵个人，2名民警和1个集体被省厅评为省级标兵个人和集体。

【执法协作】 2020年，石狮市公安局加强与检察院、海警部门执法协作配合。6月30日，与市检察院联合举办“加强检警协作提升办案质效”座谈会，检警双方形成联合调研、类案总结、同堂培训等系列合作共识。9月4日，与泉州海警局石狮工作站签订执法协作配合协议，联合出台《石狮市公安局与泉州海警局石狮工作站执法协作配合工作机制》，进一步提升有效打击涉海违法犯罪行为能力。

【执法教育】 2020年，石狮市公安局开展全警大练兵活动，采取“滴灌式”

2020年9月4日，石狮市公安局与泉州海警局石狮工作站签订执法协作配合协议（图/市公安局）

培训和教科书式执法培训，组织开展“公安机关办理刑事案件程序规定”“刑事诉讼法”“加强和规范补充侦查工作”等新法新规专题培训，不断提升一线民警执法办案能力。

公安行政管理

【户政管理】 2020年，石狮市公安局户籍窗口受理业务38191条，群众满意率100%。全面开展无户口人员登记户口“回头看”工作，2020年解决无户口人员74名；全面规范户政业务档案电子化，完成率100%，位居泉州第一。2020年，石狮市公安局户籍窗口办理准予入户10306人，受理办结变更、更正手续56351人次，删除双重户口27人，补录户口39人。办理身份证20486张，临时身份证1491张；受理省内异地办理居民身份证业务4142件，省外异地办理居民身份证5995件。受理港澳台居住证办理业务2410张，其中港澳2365张，台湾45张。开展微信户政办事工作，微信户政办事401条，办结343条。在全市范围内开展户口登记管理专项清理整顿活动，查处虚假户口信息，注销持虚假出生医学证明办理落户14人；落实无相片人员集中清理核对工作，16—18周岁无相片人员清理率100%，18周岁以上无相片人员清理率100%。2020年，清理无相片人员26名，其中采集照片1人，注销户口25人。开展出生证复核“回头看”工作，各项工作核实率100%；通过部级人口信息人像比对系统核实人像比对31人次，处理率100%。

【出入境与往返台港澳地区管理】

2020年，受新冠肺炎疫情影响，石狮市部分出入境证件申请暂停受理，出入境证件受理量大幅减少。2020年，市公安局出入境管理部门接待来访群众12万余人次，受理公民因私出国申请13257人次，比2019年下降88.9%，其中普通护照6970件，短期往来港澳证件5494件，前往港澳地区定居122件，往来台湾通行证671件。受理外国人签证证件申请768件，比2019年下降34.5%，其中居留许可501件，普通签证154件，停留证件113件。受理台胞证换发业务81件，中华人民共和国出入境通行证业务75件。组织开展“三非”（非法入境、非法就业、非法居留）外国人集中摸排整治工作2次，查处涉外案事件22起，其中“三非”案件18起28人，依法遣送出境21人。

2020年10月10日，根据国家移民管理局统一部署，正式启动内地公安机关出入境管理部门受理、审批，并由国家移民管理局制证签发，为暂住石狮市港澳居民办证提供便利，全年受理此项业务981件。

【监所管理】 2020年，石狮市新收行政拘留人员624人，司法拘留人员122人，关押被拘留人员746人，释放被拘留人员738人。

2020年，石狮市看守所着眼常态化疫情防控，把监管工作与“强管理、除隐患、保安全”专项活动、“坚持政治建警、全面从严治警”教育整顿结合起来，坚持创新驱动，突出规范执法，强化责任担当，保证监所的安全稳定。2020年，市看守所实现连续28年安全无事故、队伍无违纪。连续12年被公安部评为“一级看守所”，被省厅授予“集体二等功”。

【网络安全管理】 2020年，石狮市公安局核查处置各类舆情50余起。检查网吧200余家次，实现网吧实名登记率100%。开展网络安全执法检查，指导督促重点网站、重要信息系统建立健全安全管理制度。全年现场执法检查和远程扫描我市党政机关、事业单位和国有企业互联网网站、重要信息系统400余家次，通报督促整改安全漏洞51家次，下发《重点网站安全隐患限期整改通知书》41份。

【社会治理创新】 2020年，石狮市公安局制定出台《“双网”融合工作指引》和《社区融合治理工作指引》两个工作指引，全面推广蚶江派出所“双网融合”、宝盖鞋城“社区融合治理”、灵秀镇“百灵鸟”义警队等“融合治理”先进经验做法。2020年，石狮市融合治理网格累计建成一级网格59个，网格员107人，其中派出所领导21人；二级网格128个，网格员558人，其中社区民警68人；三级网格559个，网格员2022人，其中派出所警务人员315人。基于互联网开发“狮城e起采”“凤里微警务平台”等App软件，为群防群治队伍开展信息采集、情报上报、预警提示、巡逻规划、联防联勤提供系统支撑，全面提升群防群治队伍管理和治安防控效能。

交通管理

【概况】 2020年，石狮市交通警察大队以开展“交通整治年”为契机，整合城市公共停车空间、解决城区交通堵点和停车难问题；提升城市交通硬件基础设施，发展绿色、低碳公共交通，打造便捷、有序、通畅的公共交通文明品牌；重拳整治酒驾醉驾等违法犯罪行为，全力维护道路交通安全。全市道路交通安全形势持续平稳，总接警数17898起，一般以上交通事故551起，死亡数35人，受伤583人，直接经济损失224301元。与2019年同期相比，起数下降15.23%，死亡数下降23.91%，受伤人数下降15.63%，直接经济损失下降13.71%。石狮市交通事故和谐调处中心受理事故损害赔偿调解案件484起，成功调解结案312起，涉及损害赔偿金额1672.177万元；石狮市交通事故快处中心受理案件总数为9290起，调解率高达100%；侦破重大逃逸交通事故27起，伤人事故45起，重大案件侦破率连续五年保持在100%，伤人逃逸事故连续三年保持在85%以上。

【道路通行环境】 2020年，石狮市交通警察大队实行“一口一策”，对市区内110个信控路口全面精细优化，在市区八七路、濠江路、香江路、南洋路等主干道实施“绿波带”控制。全年完成14条道路（18个路段）、82个路口约26千米绿波控制信号配时，路口优化率74.5%，行程时间平均减少41%；对校园周边等20余个重点路口进行单点优化，提高路口通行效率。针对百德康桥小区日常拥堵现状，在百德东路实行单向交通组织，激发片区“交通微循环”通行活力。

【交通事故预防机制】 2020年，石狮市交通警察大队围绕“事故多发、绿化遮挡、照明不亮、镇管道路、校园周边”五个关注点，形成“全面排查、大力整治、资金落实、现场论证、消耗反馈”的清单式闭环风险防控体系。全年排查道路总里程99.625千米，排查各类隐患722处，整治712处，整治率达98.6%，其中，列入省委、省政府为民办实事项目8处、泉州市临水临崖路段安全隐患项目5处，全部完成整治。开展道路交通领域安全大整治，打击“摩托车、电动车自行车”“渣土车”“营转非客车”“酒醉驾”“货车”“农村道路安全”等六大类交通违法行为。全年开展统一行动291次，其中联合开展异地交叉执法11次；现场查纠各类交通安全违法行为71892起，其中酒醉驾2077起。细化“两客一危一货”重点企业检查清单以及挂钩责任民警工作清单，建立路面监管安全生产责任体系。全年发出整改通知书79份，电话告知80余次。

【交通安全宣传教育】 2020年，石狮市交通警察大队组织交通安全宣讲队“进社区、进机关、进学校、进企业、进乡村、进家庭、进公共场所”开展交通安全宣传活动。开展各类大型活动30余次，举办各类交通安全讲座100余场次，发放各类宣传资料30万余份。开展石狮市第八届“青商杯”全年无交通违法车辆（车主）表彰奖励活动，全市“全年无交通违法”车辆从2013年首届的3349 辆增长至2020年26121辆。依托交通指挥大数据管理平台，每月梳理全市机动车闯红灯、酒醉驾等交通违法行为，建立交通违法“重点人员”关注机制，展开交通安全宣传精准滴灌。针对老年人发生事故的特点和规律，开展“关爱老人，平安出行”主题宣传教育周活动。举办“送餐再忙，安全不忘”安全承诺仪式和“一盔一带”主题活动，统一发放“小马甲”2000余件，赠送安全头盔2000余个。

【交通管理便民措施】 2020年，石狮市交通警察大队推进落实公安交管“放管服”12项优化营商环境新措施，清理办理交管业务的各种证明凭证，实行便民服务电子化，落实申请材料免复印、免填表、免费拓印、免提交“四个减免”；整合原车管所各个窗口岗位职能，设置8个综合业务窗口，实现“18项简单业务一证即办”“普通业务一窗通办”“个性服务自助快办”等，提升窗口服务效率，减少群众办事等候时间。2020年，组织到沿海乡镇开展二轮摩托车驾照“下乡考试”活动3场，服务197名群众，其中152名群众通过考试。组织“上门查验”服务98批次，助力企业复工复产。

【交通安全设施建设】 2020年，石狮市交通警察大队对所有新建、扩建、改建道路工程建设配套交通管理设施设计实行道路交通管理设施专项审核，确保道路配套交通安全设施（交通信号、监控系统、交通标志标线、护栏等）与道路建设主体工程同步规划、同步设计、同步施工、同步验收等“四同步”建设。全年完成道路“四同步”审核19条，新建信号灯路口和配套电警设备25个，新建、启用不礼让行人抓拍点位6处、违停自动抓拍点位28处和闯红灯抓拍路口1个，施划机动车停车位约1900个、摩托车停车位约2000个。

检察

【概况】 2020年，石狮市检察院批捕各类刑事犯罪嫌疑人607人，起诉1720人。被评为“全国检察宣传先进单位”，干警获各级表彰44人次，1名干警被评为“全国检察机关调研骨干人才”，2名干警分别被评为“全省检察业务专家”“全省案件管理业务能手”。

【扫黑除恶专项斗争】 2020年，石狮市检察院起诉涉黑恶犯罪嫌疑人64人。王某革、黄某荣、张某等组织和领导的3个黑社会性质犯罪组织依法受到严惩，办理的高某雷恶势力犯罪案件被省检察院评为第一批典型案例。坚持“破网打伞”“打财断血”，起诉黑恶势力保护伞4人，监督执行财产刑1035万元，坚决铲除黑恶势力滋生土壤。注重源头治理，针对套路贷、高利贷等暴露出来的行业乱象，发出8份检察建议推动专项整治，其中加强车贷业务监管检察建议被评为全省扫黑除恶优秀检察建议。

【“三大攻坚战”】 2020年，石狮市检察院打好“三大攻坚战”（防范化解重大风险攻坚战、精准脱贫攻坚战、污染防治攻坚战）。聚焦防范化解金融风险，积极参与“涉信用卡、对公账户等犯罪”“断卡行动”专项治理，起诉破坏金融管理秩序犯罪44人。坚持惩防并举，加强金融犯罪治理与普法宣传，拍摄《弃信者》普法微电影，获评中国法治微电影展优秀作品。聚焦精准脱贫攻坚，在办理一起故意杀人案中，对因案致贫、生活困难的被害人家属启动司法救助程序，发放司法救助金10万元。聚焦污染防治，批捕破坏生态环境犯罪3人、起诉17人。坚持打击犯罪与生态修复并重，督促清理固体废物14325吨，增殖放流3000余万尾。

【营商环境法治化】 2020年，石狮市检察院依法严惩危害民营企业的敲诈勒索、侵占挪用等犯罪，起诉34人，让企业安心经营放心投资。参与打击侵犯知识产权犯罪专项行动，起诉26人，营造公平有序的经营环境。妥善办理企业经营者、管理人员、技术骨干等犯罪案件22件，依法不捕不诉8人，建议适用缓刑5人，最大限度减少对企业生产经营的影响。举办“服务六稳六保，护航民企发展”检察开放日，与税务局、商务局联合开展“检税护航市场采购贸易方式试点”活动，精准对接企业法治需求，为市场采购贸易方式试点保驾护航。

【刑事检察监督】 2020年，石狮市检察院批捕各类刑事犯罪607人、起诉1720人。突出保障人民群众生命财产安全，起诉绑架、故意伤害等严重暴力犯罪47人，“两抢一盗”犯罪223人，电信网络诈骗及衍生犯罪170人。积极参与反腐败工作，起诉职务犯罪案件2件2人，协助纪委监委劝返潜逃国外近7年的蔡某某投案自首。强化刑事诉讼监督，督促立案、撤案29件，追诉漏犯12人，提出刑事抗诉7件。强化刑事执行监督，纠正违法违规执行14件次，探索“海上矫正＋区块链”监督方式，有效提升社区矫正的法律效果和社会效果。

【民事行政检察监督】 2020年，石狮市检察院办理民事生效裁判监督案件30件，建议再审20件，法院启动再审13件。配合法院破解执行难问题，办理民事执行监督案件36件，起诉拒不执行判决、裁定犯罪16人，有力震慑失信者。加强对虚假诉讼的监督，从涉黑恶案件中发现线索12条，办理虚假诉讼监督案件8件，维护司法秩序和当事人合法权益。加强民法典学习宣传，组织开展专题学习培训26场次，全员通过省检察院组织的民法典知识测试。加强对行政执行、行政执法活动的监督，对办案程序不规范等问题提出监督意见18件次，促进依法行政。

【公益诉讼】 2020年，石狮市检察院办理生态资源、食品药品等民生领域诉前检察建议75件，绝大多数问题在诉前得以解决，以最小的司法投入获得最佳社会效果。建设泉州市首家“公益诉讼快速检测实验室”，检测食品药品80次，发现线索5条，破解案件线索发现难、取证难问题。坚持让违法者为受损公益买单，提起刑事附带民事公益诉讼4件，诉某公司污染环境刑事附带民事公益诉讼案，3358万元生态损害赔偿金得到法院判决支持并已执行到位，被省检察院评为全省保护海洋生态环境典型案例。

【社会治理】 2020年，石狮市检察院加强疫情防控工作。80名干警挂钩联系160户社区居民，协助排查疫情风险；20名干警协同泉州市检察院干警驻村入企参与疫情防控、助力复工复产。坚持检察履职和疫情防控两手抓，联合公安局、法院发布《关于严厉打击新冠肺炎疫情防控期间犯罪行为的通告》，远程视频提审702次、开庭374次，依法惩治涉口罩诈骗、买卖野生动物等危害疫情防控犯罪，批捕7人、起诉9人。加强涉疫普法宣传，干警自创的预防新冠肺炎沙画视频被学习强国软件平台转发，保护野生动物公益短片被评为全国检察微视频优秀作品。

2020年，石狮市检察院融入“交通整治年”部署，持续跟踪防范大货车交通肇事检察建议落实情况，推动职能部门加强交通管控、企业落实安全生产主体责任、港口码头建立货车黑名单制度等，大货车交通肇事率比2019年下降33.3%。针对酒驾居高不下问题，在严厉打击的同时，开展“五个一”警示教育（一次集中学习、一场警示教育、一次社会服务、一次真诚悔过、一次公开宣告），强化拟不起诉对象、群众对酒驾严重后果的认识，提升防范的针对性和实效性。在办理一起快递员交通肇事致人死亡案中，发现快递车辆监管漏洞，推动对全市快递车辆统一外观标识、统一购买保险、统一安全培训，促进行业有序发展。

2020年，石狮市检察院落实未成年人司法保护制度，起诉侵害未成年人犯罪35人，对29名涉罪未成年人依法不起诉并做好跟踪帮教。指导106家学校成立校级保护联盟，检察官进校宣讲48场，开展入职查询479人，开展临界预防教育210人次。紧扣校园欺凌、性侵未成年人等社会热点，创作《如果•放映厅》系列短视频。联盟被评为“全国检察品牌活动二十强”，经验做法写入最高检未成年人检察工作白皮书，被列为2020年泉州市为民办实事项目。

2020年，石狮市检察院推动公共安全隐患排查整治，结合办案建议主管部门对山体落石、房屋安全、违法占用盲道等问题及时进行处理，消除安全隐患29处。落实最高检“四号检察建议”（2020年4月28日，最高人民检察院就窨井盖安全问题向住房和城乡建设部发出第四号检察建议，从加强窨井盖管理、进一步严实安全责任、推动管理创新、提升社会参与度等方面提出具体建议），联合省、市两级检察院制作《我是井盖侠》法治宣传片，与主管部门召开协同治理推进会，推动对全市窨井盖进行排查，采取加设防坠网、编号管理、建设数字城管等措施，共同守护群众“脚底下的安全”。首创“检察官＋河长”每周一巡河工作机制，与市河长办共同开展河道“清四乱”专项行动，督促消除安全隐患35处，助力美丽乡村建设，经验做法得到泉州市、石狮市政府领导批示肯定。

【司法体制改革】 2020年，石狮市检察院推进司法体制改革各项工作，完善检察权运行机制，努力实现办案质量、效率、效果有机统一。落实认罪认罚从宽制度，发挥检察官主导作用，引导罪犯认罪悔罪、积极改造，对1700名自愿认罪、愿意接受处罚的犯罪嫌疑人、被告人适用认罪认罚从宽机制，高某等6人寻衅滋事案入选全省检察机关认罪认罚从宽制度典型案例。落实值班律师制度，在司法局的大力支持下，27名律师依法履职，共同参与认罪认罚工作，提供法律帮助，依法保障犯罪嫌疑人合法权益。与法院建立量刑会商制度，统一量刑标准，96.44%的量刑建议被法院采纳，量刑建议工作进一步精准化、规范化。开展案件质效管理，发挥示范引领作用，入额院领导带头办理重大疑难案件162件，在落实司法责任制、规范办案上做好表率。以人民群众、案件当事人的感受为基础，建立以"案一件比"（指检察机关办案质效的质检表，案子经历司法程序越多，司法资源耗费越多，办案质效就越差）为核心的案件质量评价体系，"案一件比"比2019年下降20.64%，减少诉讼环节，缩短办案时间，提升案件质效。落实"谁执法谁普法"责任制，开展释法说理、公开听证、检察宣告、刑事和解230件次，及时化解社会矛盾，增进社会和谐。组织23家重点排污企业开展"污染环境典型案例"警示教育，强化企业环保意识，落实企业主体责任。依托新媒体工作室、"检不简单"栏目等载体，开展群众喜闻乐见的普法宣传。在各级媒体刊发宣传稿213篇次，编发微信173期，获5个国家级奖项，被最高检官方微信、学习强国、人民网、正义网转发26次。

法 院

【概况】 2020年，石狮市法院受理案件19131件，办结18099件，结案率94.61%。石狮法院获评"全国法院新闻舆论工作先进集体"，湖滨人民法庭获评"全国法院人民法庭工作先进集体"，洪彦伟获评"全国优秀法官"。

【疫情防控工作】 2020年，石狮法院围绕疫情防控，出台司法服务保障疫情期间经济社会发展12条措施，制定16类涉疫情合同纠纷防范化解法律指南。主动下沉服务，选派20名干警驻村入企，开展"战疫情、护民企、促攻坚"集中服务月活动，推行"一法官挂钩一行业协会（商会）"。开启云端诉讼，成立13人速裁审判专班，全面推行互联网诉讼模式，妥处涉疫案件64件，开展网上立案、开庭、调解2711件。保障复工复产，灵活采取执行和解、信用修复、活封活扣等善意执行方式，促成执行和解734件、履行金额1.5亿元，执结民企申请执行案件1811件，挽回经济损失1.86亿元。中央电视台《社会与法》频道、《人民日报》先后报道介绍石狮法院司法保障经济社会发展工作举措。

【刑事审判】 2020年，石狮市法院审结刑事案件1395件1793人。严惩危害社会治安犯罪，审结故意伤害案件38件55人、"两抢一盗"案件206件249人、"黄赌毒"案件172件275人。开展打击电信网络新型违法犯罪及"断卡"行动，审结电信网络诈骗案件28件36人、涉"两卡"犯罪案件48件71人。开展酒驾醉驾专项整治，审结危险驾驶案件618件624人。依法维护经济秩序，审结假冒注册商标、非法经营、合同诈骗等犯罪案件100件174人。依法严惩职务犯罪，审结职务犯罪案件3件3人。坚持宽严相济的刑事政策，依法对符合缓刑条件的被告人，适用缓刑539名。

【民事商事审判】 2020年，石狮市法院聚焦"民生提档年"，构建"专门化+社会化"化讼工作机制，审理涉"医食住行"常见民生案件711件、涉"老幼妇残"弱势群体案件414件。探索"家事+少年"审判融合，落实人身保护、心理辅导、判后回访等措施，审结家事案件287件，王顺玲法官获评"福建省优秀少先队辅导员"。打造"调解+速裁"解纷模式，推进物业纠纷多层分流、多元化解、多方联治，审结物业纠纷68件。建立"多元+专业"一体平台，实现劳动争议就近办、马上办、联合办，审结劳动争议案件204件。加强"生态+文态"司法保护，成立文化遗产保护法官工作室，审结破坏环境资源犯罪案件9件18人。

2020年，石狮市法院对接"产业攻坚年"，开展民营经济服务保障行动，坚持"五商五保护""四个不简单"，提供"一企一策"精准指导195次，审结涉企纠纷2459件，标的金额11.29亿元。加强破产处置府院协调联动，组建专业执破团队，建立执破直通机制，指派专人进驻联邦商业城改造建设工作指挥部提供法律服务，审结债权超4.43亿元新联邦公司破产重整案，助力解决历史遗留"烂尾"问题。完善互联网金融法庭"线上化、一体化、专业化"审判工作机制，与14家金融机构实现数据对接和双向联动，审结涉金融合同案件805件，标的金额2.64亿元。

【扫黑除恶工作】 2020年，石狮市法院开展扫黑除恶"六清"行动，紧盯"案件清结"目标，实行院庭长主办制，审结省挂牌督办重大涉黑案件3件83人，涉黑恶案件清结率100%。聚焦"黑财清底"任务，以案件"回头看"推进"黑财"查证清楚、判罚明确、执结到位，涉黑恶案件财产刑执行到位3069.7万元、执行到位率91.45%。着眼"行业清源"要求，严格落实"一案一整治"机制，向重点行业领域发出司法建议6份，均得到采纳反馈。石狮法院扫黑除恶审判工作经验被省法院工作简报刊用推广，1篇司法建议获评全省法院扫黑除恶十佳司法建议。

【综合治理】 2020年，石狮市法院坚持诉为推动，发挥人民法庭、巡回审判点、社区法官工作室等前沿阵地作用，参与指导化解纠纷1024件，开展民法典宣讲等普法活动56场。坚持诉为规范，线上线下同步开通全国首个文明诚信诉讼宣教中心，率先运用“当庭宣誓”制度，审结不文明、不诚信诉讼案件比2019年下降11.58%。坚持诉为引领，运用钉钉、微信公众号创新线上普法模式，石狮法院官方微信公众号获评全国“四个一百”优秀政法新媒体账号、全国法院“百优新媒体账号”，原创微视频《初心》获福建法院“砥砺奋进70年”三微征集活动一等奖。

【司法品牌优化】 2020年，石狮市法院升级一站式建设，坚持“一门全清”，推进诉讼服务中心功能转型，集聚登记立案、审判辅助、涉诉信访等40余项服务，增设“协理岗”代办审批、调档等事宜，提升服务品质，石狮法院诉讼服务质效排名全市法院第一。坚持“一网通办”，成立跨域服务中心，开通材料收转、文书领取、视频辅助等8项在线跨域服务，上线法院视频咨询平台、智能法律机器人，实现全天候服务。坚持“一地解纷”，成立诉非联动中心，对接市矛盾纠纷多元化解中心，诉前调解案件2305件，民事案件收案数比2019年下降8.3%，万人成讼率比2019年下降8.43%。石狮法院作为全省基层法院在全国高级法院院长座谈会上作多元解纷典型经验介绍。

【案件执行】 2020年，石狮市法院巩固深化“一体两翼四执”执行模式，执结各类案件10311件，执行到位金额13.25亿元，执行综合质效排名全省第一。以信息化集约执行为先，驱动查人找物、财产处置、执行服务等工作，司法网拍861件次，成交金额8.51亿元。以制度化长效执行为本，率先推行执行通知程序前置、案款不见面发放、涉腾房案“预罚款”等制度，促使主动履行还款义务4660人，发放执行案款9.64亿元。以常态化执行攻坚为要，开展司法助力脱贫攻坚等执行行动，在公安检察机关配合下，拘传拘留1363人、扣押车辆223辆，以拒执罪追究刑事责任15件16人，为“打工人”追回报酬1447.6万元。

【司法改革】 2020年，石狮市全面落实司法责任制，推进诉非联动、分调裁审、以审判为中心的刑事诉讼制度等破解“案多人少”矛盾机制建设，创新推行审判辅助事务集约化、社会化改革，激发制度活力、释放程序效能。加快创建智慧型法院，以“一案一码”电子卷宗为基础，创新推行办案无纸化、裁判智能化、监管动态化，提高审判效率，石狮法院电子卷宗同步生成和深度应用项目入选全省法院首批司法协同创新项目，项目成果获福建省法院主要领导批示肯定。深化司法规范化建设，健全完善“立、审、执”制度规范17份，制定院庭长审判监督管理职责清单和审判权力运行机制工作指引，形成一整套规范化体系，确保公正高效办案。

【审判管理】 2020年，石狮市法院深化“1223”审判管理体系，推行每月收结案“两预报”和质效指标公开制度，各类案件法定审限内结案率100%。精研数助管理，运用大数据加快推进案例分析、问题研判、经验总结等审判结果的转化提升，发布典型案例13件，出台办案指导文件4份。

【审判监督】 2020年，石狮市法院精抓人案管理，坚持实事求是、有错必纠原则，发挥审判监督职能作用，健全审判监督与纪检监察衔接工作机制，做到管人管案并举，确保案件质量，启动再审案件18件，一审案件改判发回重审率2.18%。

2020年，石狮市法院自觉接受人大及其常委会监督，坚持院领导定向联络、定时走访人大代表制度，接受泉州市、石狮市两级人大代表调研视察3次。主动接受政协民主监督，办理政协提案2件。依法接受检察机关法律监督，办复检察建议75件。自觉接受纪委监委派驻政法系统纪检监察组监督指导，邀请列席“三重一大”事项决策会议。接受社会各界监督，全面深化阳光司法机制，召开新闻发布会2场，上网裁判文书16199份，直播庭审2821场。

司法行政

【概况】 2020年，石狮市司法局立足司法行政职责，以党建为引领，推进“强基促稳”三年行动，统筹抓好法治政府建设，完善推进公共法律服务体系，巩固发展“七五”普法成果，坚持发展“海上枫桥经验”，推进智慧矫正，投入疫情防控等工作，服务于石狮市“五个年”的工作部署。9月，石狮市通过泉州市“七五”普法总结验收，并作为考评点之一，迎接省委依法治省办对泉州市“七五”普法工作的考评验收。

【公共法律服务体系建设】 2020年，石狮市优化升级“12348”法律服务声讯咨询热线平台，“12348”热线平台在线在岗率、来电接听率、用户满意率均100%；完善石狮市掌上公共法律服务微信平台，组织法律顾问分批入驻“石狮市掌上公共法律服务”平台，入驻36人，入驻律师数比2019年增加24.1%。建立石狮市永宁古卫城项目提升法律服务站和蚶江镇公共法律服务乡村融合治理服务品牌，打造彰显地方特色的公共法律服务，强化基层依法治理。

【矛盾纠纷化解】 2020年，石狮市排查调处各类矛盾纠纷2183起，成功2160起，成功率98.95%。解涉疫情（含复工复产）纠纷173起，成功化解147起，引导分流26起。6月4日，由市委市人民政府领导、市委政法委牵头、市人民法院、检察院、公安、信访、司法行政等部门和单位共同参与，成立石狮市矛盾纠纷多元化解中心，内设纠纷受理组、纠纷调处组、司法保障组、联动指挥组。通过业务流程再造，实现矛盾纠纷“综合受理、集中梳理、归口管理、依法办理、限期处理”一条龙化解。2020年，受理矛盾纠纷182件，结案80件，成功调解45件；线下受理纠纷1366件，结案1133件，成功调解697件，收到群众赠送锦旗4幅。

【调解平台建设】 2020年，石狮市在镇（街道）、村（社区）以及入住人口较多物业小区建立人民调解组织，在企业、工业园区等人员密集区域发展行业性、专业性人民调解组织，形成“纵向到底、横向到边”的组织网络。健全人民调解队伍，聘请专职调解员、兼职调解员，邀请“两代表一委员”、调解志愿者、律师等法律工作者参与调解，新增忠泼个人调解室、凤里街道调委会驻凤里派出所调解室、蚶江镇调委会驻蚶江派出所调解室等石狮市级金牌调解室3个。加强行政部门人民调解组织建设。在健全完善医疗、道路交通事故等行业性调委会建设的基础上，推动人民调解工作向行业性、专业性领域延伸，针对电子商务迅猛发展以及由此带来的矛盾纠纷增多新情况，成立石狮市电子商务协会商务纠纷调解委员会。2020年，成立小区物业纠纷调委会2家、商会调委会6家、渔业协会调委会1家、百人以上企业调委会5家，截至2020年，全市成立各类人民调解组织213个，调解员1238名。

2020年，石狮市司法局推动行政纠纷量较大的行政机关实现行政调解组织全覆盖，在民政、生态环境、交通运输、卫生健康、城市管理、住建、公安、自然资源、市场监管9个重点部门成立行政调解组织。

2020年，石狮市司法局围绕法治政府建设，探索社会综合治理新模式，以把矛盾化解在基层、维护社会稳定为目标，建立矛盾纠纷联排联调大调解工作平台。全市9个司法所挂牌成立矛盾纠纷化解分中心。宝盖司法所推行“1+1+N”模式（调动各级各相关部门和社会各方力量，整合镇、村、园区、小区多方资源，发挥一家镇级调解室、一个工业园区职工法律维权一体化基地的示范作用，建设N个小区调委会），将调解力量向村居、工业园区、小区各个层面延伸，实现打通矛盾纠纷化解“最后一公里”。蚶江司法所按照省A级建设考核标准，对镇公共法律服务站进行改造提升，在全省率先成立“蚶江镇乡村融合治理服务中心”，探索出“12345”（“一站”受理，“双网”融合，“三所”联调，“四室”共建，“五组”协同）矛盾多元化解机制。锦尚镇司法所在全市成立首个社情民意化解室，建立与辖区派出所、福建协进律师事务所“三所联动”机制；成立石狮市首个镇级矛盾纠纷多元化解中心，搭建“一窗两室四组”（矛盾纠纷受理接待窗口，调解室与评理室，土地房屋事务调解组、劳动争议事务调解组、卫生家庭事务调解组、退役军人事务调解组四个专门调解组），实行矛盾纠纷“统一受理、集中梳理、归口管理、依法办理、司法保障”一条龙化解，推动矛盾纠纷高效就地解决。

【社区矫正工作】 2020年，石狮市设立石狮市社区矫正委员会，由市委常委、政法委书记任主任，分管副市长为副主任，成员单位涵盖市公安局、市检察院、市财政局等15个社区矫正工作各相关部门，形成党委政府统一领导、司法行政机关主管、各部门密切配合的社区矫正工作体制。

2020年，石狮市在册社区矫正对象378名，其中，缓刑349名，假释15名，暂予监外执行14名。对违反监管规定的社区矫正对象作出训诫15人次、警告处分14人次、提请治安拘留2人次、提请撤销缓刑2人次。2020年，对社区矫正对象心理测试378人次、心理排查216人次、心理矫正18人。组织社区矫正对象进行有针对性的职业培训，参加人社局组织的职业培训12人次，委托石狮市海阔电脑设计学校（石狮市社区矫正安置帮教基地）培训30人次。

【安置帮教工作】 2020年疫情防控期间，石狮市借助安置帮教信息管理系统，全面排查辖区内刑满释放人员，详细核查在册人员底数；落实属地管理原则，将刑满释放人员纳入当地疫情防控摸排范围，查清去向，做好信息上报、宣传引导工作。推进安置帮教基地建设，依托公司、企业、学校共建安置基地5家，做好刑满释放人员教育帮扶工作。2020年，全市接茬刑释解教人员167名，衔接率100%，安置167名，安置率100%，帮教率100%，在册安置帮教对象1576名，均纳入信息管理。当年度未发生由刑满释放人员引发的影响社会稳定的个人极端暴力案件、大规模群体性事件、重大网络安全事件等。

【法治宣传教育】 2020年，石狮市司法局开展疫情防控普法宣传，宣传传染病防治法、野生动物保护法、动物防疫法、突发公共卫生事件应急条例等法律法规以及刑法、治安处罚法等有关内容，编印《疫情防控法律责任风险告知书》1万份；结合疫情排查和入户宣传，分发《新型冠状病毒的肺炎疫情防控法律知识读本》2000本；通过石狮市掌上公共法律服务平台、今日头条、新浪微博推送普法信息356条。

开展“法律进机关”《中华人民共和国民法典》宣讲活动30余次。开展法治队伍专题学习培训编印《民法典与生活同行》系列宣传单15000份，向社会公众免费发放。结合“法律六进”活动、优化营商环境、产业攻坚等专项行动，走访企业40余家和向老百姓普及《中华人民共和国民法典》知识。制作《中华人民共和国民法典》宣传微视频，宝盖司法所邀请律师录制《中华人民共和国民法典》微视频，推送《中华人民共和国民法典》解读、解析等10余条。

开展“送法进企业”活动。依托“石狮市掌上公共法律服务平台”“石狮普法”今日头条、新浪微博号推送助企法律信息200多条。3月31日，“法治直播间”首期聚焦企业在复工复产中遇到的“不可抗力”问题，邀请福建联合信实律师事务所律师进行专业解读，关注网友6000余名。

开展“12·4”宪法宣传周活动。12月4日，市人大、市委政法委、市委宣传部、检察院、司法局、锦尚镇党委政府联合开展国家宪法日“学宪法守宪法”承诺签名及宪法进乡村法治宣传活动。开展线上宪法知识有奖问答、邮路上的普法，制作宪法微视频通过微信朋友圈进行宣传。在全市小学举办“学宪法、讲宪法”线上普法宣讲活动，参加活动学生7000多名。印制《中华人民共和国民法典》、酒驾整治、疫情防控、断卡等宣传资料10万余份，通过进村入户、宣传咨询活动等方式发放给群众。各单位、各镇（街道）、各村（社区）利用宣传栏、LED显示屏滚动宣传学习宪法、弘扬宪法宣传标语，举行宪法学习讲座25场，开展法律“七进”活动135场次。

开展国家安全普法宣传。2020年，石狮市开展《中华人民共和国宪法》《中华人民共和国国家安全法》《中华人民共和国反恐怖主义法》《中华人民共和国反间谍法》《中华人民共和国反间谍法实施细则》《福建省国家安全工作若干规定》等法律法规和《石狮市公民和组织举报危害国家安全行为线索奖励办法（试行）》的宣传教育。各村居利用广播、LED（发光二极管）宣传栏、微信微博、村居公众微信平台宣传反间谍法的宣传活动。运用石狮市掌上公共法律服务平台、今日头条、微博、户外公益广告、LED显示屏等媒体资源，开展宣传，推动媒体宣传全方位覆盖的宣传态势。2020年，在石狮市掌上公共法律服务平台推送专题9篇、综合1篇，今日头条3篇、微博2篇。

2020年，石狮市建设“法治直播间”。改变以往“摆个摊、发个单”的旧有宣传模式，建设“法治直播间”作为线上普法的聚合平台，吸收整合有关部门的普法资源，采用入驻直播或录播的形式，借助短视频社交平台拓展和发布，开展普法直播活动2期。

【律师事务】 2020年，石狮市司法局抓好各律师事务所疫情防控工作和安全隐患排查整治工作，组织开展民营企业“法治体检”活动服务疫情防控和企业复工复产专项行动，出台律师参与劳资纠纷处置应急预案，及早做好防范发生劳资纠纷相关工作；开通石狮市新型冠状病毒感染的肺炎疫情防控期间免费法律咨询服务热线，在《石狮日报》、石狮市掌上公共法律服务平台上公布四类法律服务机构服务电话；组建律师公益法律服务团，主动公开各成员联系方式，对接石狮市工商联，在线为民营企业疫情防控和复工复产提供免费法律咨询援助等等，加强疫情防控期间企业复工复产法律服务保障。严格落实律师参与扫黑除恶斗争专项工作要求，监督、指导律师依法辩护代理，全年律师代理扫黑除恶专项斗争案件54件。推进律师参与化解和代理涉法涉诉信访案件工作，全年律师参与市委、市政府和市直政法部门信访接访工作33人次。深化“一村（社区）一法律顾问”工作，持续保持村（社区）担任法律顾问全覆盖，巩固提升前三批村（社区）法律顾问示范点建设，推进第四批示范点创建活动，2020年新增示范点12个，全市累计培育示范点52个，创建率40.6%。持续深化法律服务“五在场”，推进法律服务取得实效，截至12月22日，村（社区）法律顾问参与修订村（社区）自治组织章程、村规民约等涉法文书138份，其中重大村务决策4次，重要村规民约修改审核128份；起草审查有关合同35份；处理群体性纠纷2次；接受法律咨询669人次，其中重大事项法律咨询解答61人次；参与纠纷调解44件，其中重大纠纷调解4件；举办法治讲座24场，发放宣传资料34969份，重要节点普法宣传29场，协助处理其他法律事务9次。

2020年，石狮市司法局加强各法律服务机构及人员执业监管，印发《关于公证处、律师事务所开展民间借贷案件是否涉及非法放贷经营业务、“套路贷”等问题排查整治方案》，组织各律师事务所深入开展排查整治专项行动，进一步规范律师执业行为；在律师队伍中开展违规兼职等行为专项清理活动，督促、指导各律师事务所按时有序开展专项清理活动，调查核实、汇总报送各项信息，督促整改到位；做好律师事务所及执业律师2019年度考核工作12家；做好申办实习律师证人员受理审查工作，受理12人次；开展律师事务所“双随机”抽查等日常监督管理工作2次。2020年，石狮市各律师事务所办理各类案件4450件，其中刑事案件512件、民事案件3268件、行政案件76件、非诉讼案件291件，担任法律顾问202家，业务总收入2539.94万元。

【公证服务】 2020年，石狮市公证处开展简化程序办理小额继承等民生领域公证，推广线上购物等保全证据公证业务，建立公证电子档案，推行“泉州公证网”线上公证咨询、预约和材料预审核服务新模式，实现“最多跑一趟”的公证案件近1000件，约占办结案件数的54%。监督国有土地使用权拍卖活动4场次（涉及土地面积124614平方米，涉及成交金额7.53亿元）。助力口罩定点销售，活动12天累计成功预约登记157464人，中签人数58000人。为年老体弱群众上门暖心服务公证71人次，为石狮市供水公司股权确认上门集中受理公证事务67人次。截至12月31日，办结各类公证1803件。其中，受理线上采买保全证据公证587件，涉及30个品牌；涉及适用简易程序的小额遗产继承公证16件，涉及知识产权公证440件。7月13日，为石狮市中英文学校初中招生电脑派位摇号做保全证据公证。

【法律援助工作】 2020年，石狮市法律援助中心规范窗口建设，落实疫情防控常态化工作措施，抓好临时办公场所搬迁工作，完善镇级工作站窗口建设，推行法律援助“网上办”“掌上办”“就近办”。开展“法援惠民生扶贫奔小康”品牌建设活动，加大对农民工、妇女、儿童、残疾人、老年人等弱势群众服务力度。5月，每周三指派律师进驻市和谐劳动关系服务中心窗口开展普法释法工作。推进刑事法律援助全覆盖工作，组织律师开展刑事辩护，受理全覆盖扩大案件273件；定期安排律师到检察院、看守所驻点值班，为犯罪嫌疑人、被告人认罪认罚提供法律帮助644件。围绕提升服务质量，根据《全国刑事法律援助服务规范》《全国民事行政法律援助服务规范》等规定，制作民事行政、刑事侦查、审查起诉、审判、刑事附带民事5类常用律师办案指引供承办律师查阅，助力提高服务标准。推荐参评并入选泉州市十佳法律援助典型案件1件。市司法局、财政局联合印发《石狮市法律援助补贴标准》，动态调高法律援助补贴标准，调动法律服务人员工作积极性。开展“法律援助进乡村（社区）”活动，依托各类宣传载体开展宣传活动，开展法律宣传5场次。2020年，受理法律援助案件686件，其中刑事案件437件、民事案件249件。

【法律服务专线】 2020年，石狮市“12348”法律服务热线更新接听设备2台，总体运行良好。全年接受来电、来访、网络等各类法律咨询2763人次，比2019年增加150.05%，其中来电量大幅增长。

【司法行政基层基础建设】 2020年，石狮市司法局开展“查问题、补短板”专项自查整改和司法所星级评定活动，推动基层司法所在履行职能中找准新定位、在服务大局中展现新作为。全市获评全国模范或先进司法所称号3个。

2020年，永宁司法所加强规范化镇级公共法律服务站建设，打造“窗口化、综合性、一站式”的法律服务平台。蚶江司法所对场所软硬件进行升级，建立蚶江镇矛盾纠纷多元化解机制，利用楼道、公共区域设置普法驿站，规范公共法律服务站，打造镇级基层融合治理中心。锦尚镇在全市成立首个社情民意化解室，建立与辖区派出所、福建协进律师事务所“三所联动”机制。2020年，石狮市司法行政系统持续开展“一学三比”岗位练兵比武活动，开展人民调解、社区矫正、安置帮教工作业务培训。

仲 裁

【概况】 2020年，泉州仲裁委员会石狮分会受理案件数121件，比2019年减少31件。案件类型多样化，其中最多的是商品房预售合同纠纷案件44件。2020年，受理案件标的2.13亿元，比2019年减少近1亿元。

2020年，泉州仲裁委员会石狮分会办理案件129件（包含2019年未结案件8件），结案112件，结案率86.82%。其中，调解74件，占总结案数的66.07%；裁决31件，占总结案数的27.68%；撤回申请7件，占总结案数的6.25%。当天调解结案68件，占全部结案数的60.71%。

【仲裁案件管理】 2020年，泉州仲裁委员会石狮分会立足公正办案，融入社会治理新格局，加强对仲裁案件的监督管理。严把程序关，确保从立案到裁决的每一程序都符合法律和仲裁规则的规定。严把组庭关，在当事人各选择1名仲裁员的基础上，根据案件的性质、复杂程度和当事人选定的仲裁员的专业构成，精心选择首席仲裁员，确保仲裁庭的组成结构更加合理、专业构成更有针对性。严把裁决文书质量，从实体、程序、文本格式等方面做好审核工作，裁决书质量明显提高。加强对同类案件的协调，确保裁决标准的统一。

【历史遗留案件解决】 2020年，泉州仲裁委员会石狮分会工作人员积极走访各村镇、司法所，配合村镇综治工作，解决村镇历史遗留问题的案件11件，其中，建设工程合同纠纷10件；按单位层级分，市级单位2件、镇级单位1件、村级单位8件。

军 事

人民武装

【概况】 2020年，石狮市人民武装部按照“打基础、抓全面、促提升、求过硬”的工作思路，推进军事训练、民兵建设、征兵、双拥共建等工作。加强军地协调，与交通和港口发展局、渔业执法权、海事处、海警等相关涉海部门建立协调联动机制。推进纲要试点工作，对营区政治氛围、展板、规范化建设图册等进行重新规范。组织市四套班子过军事日，多次召开会议研究涉军土地置换、双拥工作以及重大军事活动的保障等问题。2020年，市人武部被省军区表彰为正规化建设先进单位。

【军事训练】 2020年，石狮市人武部科学制订各类训练计划，狠抓军事训练工作落实。组织首长机关训练、专武干部集训、民兵营（连）长集训、应急连（防汛骨干）集训、海上民兵专业技术骨干集中训练和应急分队训练。

【征兵工作】 2020年，石狮市人武部采取入户家访、发放征兵春联、录制闽南语征兵宣传广播和精心制作线上宣传文稿、短视频，专题推送征兵宣传内容、在街头村口悬挂横幅、主要商业街电子屏滚动播放征兵宣传标语等多种方式，营造征兵宣传氛围，同时制作征兵宣传抽纸下发各镇街和高校。2020年，石狮市完成兵员征集任务，完成直招士官任务。

【安全工作】 2020年，石狮市武装部常态化组织安全形势分析、安全工作检查和安全教育。针对专项任务，专门组织参演人员进行保密教育和培训，人人签订保密责任书，并对笔记本电脑、硬盘等涉密设备进行保密技术检查。5月，组织开展保密工作集中整治活动，组织学习保密法规，观看保密教育警示片。围绕“不出事故、不出案件、不出政治性问题、不出新发的重大违规违纪问题、不出严重影响省军区形象声誉的情况”的目标，突出新型冠状病毒疫情防控和重大安全风险防范。落实军分区安全保密要求，建立问题清单，消除安全隐患8处。

【双拥共建】 2020年，石狮市人武部在新冠肺炎疫情发生以来，协调走访慰问海警、武警石狮中队，赠送医用口罩、消毒水，进一步融洽军政军民关系。

人民防空

【概况】 2020年，石狮市人民防空办公室围绕“十三五”规划目标，统筹推进人防工程建设、人防指挥通信建设，强化人防宣传教育、人防应急演练和人防队伍训练等一系列工作。2020年，超额完成“十三五”人防规划建设面积。新建防空警报器，基本实现全覆盖，超额完成泉州市“十三五”规划的要求。

【人防宣传教育】 2020年，石狮市人民防空办公室结合2020年第20次防空警报试鸣活动，开展人防宣传教育活动，通过放置人防知识展览板、分发宣传手册、拉横幅、播放人防宣传视频等方式，提高广大人民群众的人防意识。9月，对人防宣传教育展厅进行修缮，更新最新的国防人防知识。

【人防应急演练】 2020年9月18日，石狮市人防指挥部进行战时转进演练，湖滨街道、凤里街道、灵秀镇、永宁镇、祥芝镇5个镇、街道办等2000余名人员参加。

【人防队伍训练】 2020年，石狮市人防办组织人防专业队伍开展训练演练，集中力量整训医疗救护和信息防护专业队伍。5月5—6日，石狮市人防信息防护专业队伍开展人防信息防护训练。9月14日，组织石狮市防空警报管理队伍培训，配合开展防空警报试鸣暨人员疏散演练活动。

【人防指挥通信建设】 2020年3月，石狮市人防办对石狮市重要经济目标周边村（居）进行警报点建设情况和需求调研，新建防空警报器并升级警报控制系统。2020年，启动石狮市智慧人防专网及信息发布平台项目建设，联合福建广电网络集团石狮分公司，利用广电现有的“村村响”平台，组网石狮市村（居委会）。

双拥支前

【概 况】 2020年，石狮市双拥工作聚焦强军备战，服务军改新形势、新任务，作答“三个时代命题”，持续深化双拥模范城创建成果，双拥创建工作取得明显成效。10月20日，石狮市获评全国双拥模范城称号。

【双拥宣传】 2020年，石狮市开展“共叙军民鱼水情砥砺海天强军梦”文艺拥军演出活动。加大双拥宣传力度，在城区明显位置增设4处大型双拥宣传广告牌；在市峡谷旅游路至石永二路间4千米的路段设置双拥宣传灯杆广告牌；各镇（街道）在辖区主要路口设立2块以上大型双拥公益广告牌；运用沿街商铺、服务窗口LED屏幕，播放双拥宣传标语、双拥宣传片。通过报纸、电视等传统媒体，微信、微博、网站等新兴媒体开展双拥宣传工作。在国防教育日、传统节日、双拥创模、秋季征兵、重大节庆期间进行走访慰问等，广泛开展“军事日”“经济日”“征兵宣传月”“双拥活动月”等系列宣传教育活动。2020年，综合报道双拥工作动态、工作成就28篇，其中，《中国双拥》杂志3篇、中国网1篇、“福建双拥”微信公众平台1篇、福建省退役军人事务厅微信公众平台1篇、石狮市退役军人事务局微信公众平台16篇、《石狮日报》6篇（设立专版刊登《狮城绽放双拥花 军民奋进新时代》）。制作电视汇报宣传专题片《军地一亲 军地心连心》并报送到“学习强国”等网络平台发布，制作双拥宣传画册《石狮双拥谱新篇》300本，分发给各单位及双拥先进典型；借助市内16部公交车内看板开展双拥创模宣传；开展线上双拥知识有奖问答，通过石狮市退役军人事务局微信公众号推送图文，浏览量1万余人次。发挥烈士陵园和爱国主义教育基地的功能，9月30日烈士公祭日，市四套班子、社会各界代表近300人到李子芳纪念馆举行缅怀先烈活动。

【军民共建】 2020年，石狮市推进军地共建共学，开展“一村一企一学校”营连结对共建活动，覆盖机关、行业、企业、学校、村（居）等不同领域、不同层面。石光中学、第四实验小学被教育部认定为“全国国防教育特色学校”，第四实验小学还被教育部认定为“全国国防教育示范学校”。

【支前保障】 2020年，石狮市完善支前办和支前物资供应站规范化建设，及时更新支前物资潜力调查数据。编组成立拥军支前工作队伍，并组织开展石狮市2020年度支前物资供应站演练。做好支前保障工作，成立支前保障工作领导小组，召开专题部署动员会，对赛事任务进行分解、抓落实，并多次到将军山进行现场办公，解决赛事筹备中遇到的问题。

【优抚安置】 2020年，石狮市落实优抚对象抚恤补助标准自然增长制度，及时调整提高优抚对象的补助标准，优抚对象抚恤补助标准位居全省前列。开展退伍军人及现役军人家属招聘会。2020年，举办退伍军人、随军家属专场就业招聘会和技能提升培训座谈会3场，参与招聘企业单位65家。依托闽南理工学院就业创业园地建立石狮市退役军人创业孵化基地，帮助退役军人顺利走上就业岗位、成功创业，孵化创业企业。军休干部服务进一步规范化，春节、“八一”期间均组织开展座谈及慰问活动。

应急管理

综 述

【概况】 2020年，石狮市强化疫情防控和复工复产安全生产督导和宣传，制定出台《石狮市安全生产委员会关于印发＜生产经营单位安全生产管理人员建设方案＞的通知》和《石狮市安全生产委员会关于印发＜石狮市生产经营单位安全生产管理人员管理办法（试行）＞的通知》，明确安全员的配备标准、任职条件、岗位职责、日常管理、排查报告、考核评分、奖励惩处、误工补助等事项，将安全员制度执行落实情况作为生产经营单位信用等级评定以及参与评优评先活动、享受有关优惠政策的重要参考依据。开展各领域安全隐患大排查大整治及安全生产专项整治三年行动，加强安全监管及风险管控，全市安全生产形势持续保持平稳态势。2020年以来，全市未发生较大及以上生产安全事故。

【安全员队伍建设】 2020年，石狮市工业、渔业船舶、危化品、建筑施工、交通运输等行业生产经营单位配备5995名安全员，开展39期培训，各镇（街道）采取大练兵、交叉检查、考核评比等形式多样的方式，推动安全员建设落地生根，让安全员真正成为石狮安全隐患排查、落实企业主体责任的中坚力量。

【安全宣教培训】 2020年，石狮市应急管理局（以下简称“市应急管理局”）开展疫情期间复工复产安全生产宣传。以疫情防控和复工复产安全生产为主线，开展应急人“抗击疫情行动”“服务企业复工复产安全”系列宣传，发布防疫、复工安全宣传短信180万条；在“石狮应急管理”微信公众平台推出《新型冠状病毒感染的肺炎防控知识手册》《闽南四句防疫宣传来“斗阵”》《75%的酒精可有效消毒，也易引发火灾》等文章，受到大众的广泛关注和转发，阅读总量近万次。

开展各行业（领域）安全生产大排查大整治宣传。2020年，市应急管理局发挥《石狮日报》、石狮电视台、融媒体等新、旧媒体作用，形成宣传矩阵，开展全市安全生产工作、各行业（领域）安全隐患线索有奖举报，对安全生产联合惩戒举措进行集中宣传，并在主流媒体集中曝光一批反面典型案例和“黑名单”。在《石狮日报》开辟“安全生产隐患大排查大整治”和“以案释法”专栏；制作、印发“两册三信两频”（《安全生产监管暂行要点导则》《消防安全检查图册》《致全市生产经营单位安全生产隐患大排查大整治的公开信》《致全市生产经营单位从业人员的一封信》《致石狮企业的一封安全生产公开信》和《加油站安全隐患排查要点示范教学》《工贸企业安全隐患排查要点示范教学（一）（二）（三）（四）》）。

统筹开展第19个“安全生产月”活动。2020年，市应急管理局以安全隐患大排查大整治为背景，在全市开展以“消除事故隐患，筑牢安全防线”为主题的有奖征文活动；深入一线宣传贯彻习近平总书记关于安全生产的重要论述，先后在宝盖镇、锦尚镇举办“问计基层、问计一线”企业安全生产座谈会2场，倾听企业对市安全生产工作的意见建议；借助职业技能线上培训平台，组织生产经营单位负责人和安全生产管理员进行安全生产应急管理专题线上免费培训，全市有2000余人参与安全生产应急管理职业技能培训。

防灾减灾

【森林防火】 2020年，市应急管理局强化森林防火。召开全市森林防灭火专项会议4次，转发省高森林火险橙色预警7份，印发禁火通告7份，加强灵秀山、宝盖山、双髻山、方劳山、五虎山、将军山、香山及沿海防护林带等19个主要山体的监管巡查力度，重点时段全市设森林防火检查哨卡124处，出动值守干部群众1600多人次。排查全市林区及周边森林火灾隐患点47处，完成整改47处。出动森林消防灭火队员98名、护林员46名，市政府投入70多万元统一采购无人机、森林消防器材和个人防护装备。制作森林防火宣传音频（普通话和闽南语双语版），利用镇（街道）、村（社区）大喇叭进行循环播放，在《石狮日报》、电视台、微信公众号等宣传10次，LED滚动播放标语500多条、悬挂横幅310多条、制作宣传牌200多块、群发微信20万条。

【防汛抗旱】 2020年，市应急管理局启动防暴雨Ⅳ级应急响应6次、防台风Ⅳ级应急响应4次，其中6号台风“米克拉”提升防台风至Ⅱ级应急响应。根据每场暴雨、台风特点，重点防御不同行业领域，全年未发生人员伤亡及重大财产损失。2020年，各镇（街道）累计下沉干部443人次、转移危险区域人员386人次，渔船返港撤离危险海域375艘次、转移海上人员779人次。

【防震减灾】 2020年，市应急管理局加强监测，抓好台网日常运行管理。部署开展地震易发房屋设施工程加固工作。推进地震预警信息终端布设工作，超额完成泉州市下达目标任务；开展建设工程地震安全监管自查工作，完成各类建设工程检查113项；抓好地震应急避难场所升级改造工作，石狮市体育中心改造升级为国家标准Ⅱ类应急避难场所；对全市153个避灾点进行隐患排查，发现一般隐患39处，已整改39处，验收完成避灾点153个。在全市巩固提升5个自然灾害避灾点，以A类避灾点标准建设和提升。与人保公司签订2020年石狮市自然灾害公众责任保险和政策性农村住房保险工作协议，为全市农房及常住人口购买保险。开展新生入学地震安全教育活动，组织防震减灾传播师团队到第三中学、锦峰实验学校、第七中学等学校累计为1580多名入学新生举办地震安全教育专题讲座。

【应急救援】 2020年，市应急管理局对全市应急救援力量进行摸底、整合，形成综合性应急救援以市消防救援大队为主力，各重点行业领域应急救援队辅助支撑的应急救援力量。组建泉州市首支车辆事故处置救援专队，培养车辆事故救援任务专业人才5名。祥芝渔港义务救援协会配合相关单位共同参与处置扑灭渔船火灾、救助渔船搁浅倾覆、解救落水受困人员等险情140多起，挽回损失近930万元。组织开展危险化学品、大型商场消防疏散、天然气泄漏、海上泄漏突发事件等应急救援演练70场，参演人员2600多人次。

安全生产监督管理

【概况】 2020年，石狮市应急管理局（以下简称“市应急管理局”）开展各领域安全隐患大排查大整治及安全生产专项整治三年行动，加强安全监管及风险管控，出台《石狮市党政领导干部安全生产责任制实施细则》，将镇级安全生产工作均调整为综治副书记和政府一名副职领导共同分管，落实各镇（街道）安办主任专职做好本职安全监管工作的刚性要求，并在全市128个村（社区）配备171名安全生产协管员，促使各级党政领导干部切实承担起“促一方发展、保一方平安”的政治责任。同时，市直单位、部门按照“三个必须”要求，抓好各领域安全生产工作。

【安全生产三年行动】 2020年，市应急管理局制定安全生产专项整治三年行动整治方案，包括3个专题、11个专项行业领域、1个工作机制和典型措施做法，抽调24名人员集中办公、专人专盯。成立由市委书记和市政府市长为组长的三年行动领导组，市委、市政府主要领导亲自部署三年行动，市政府常务副市长定期召开20多场会商会，研究、解决排查中遇到的30多项“疑难杂症”，制定出台“周通报、月表态、依法依规处置”制度。

【重点行业领域安全专项整治】 2020年，市应急管理局结合开展各领域安全隐患大排查大整治和安全生产专项整治三年行动，深入排查危化品、烟花爆竹、道路交通、建筑施工、渔业船舶等重点领域的安全隐患，有效遏制生产安全事故发生。

危化品、烟花爆竹方面，共检查危险化学品企业197家次，开具现场检查记录120份，责令限期整改77家，整改复查77家。检查发现隐患191条，其中重大隐患2条，全部完成整改。烟花爆竹检查101家次，开具现场检查记录80份，责令限期整改21家，发现隐患29条，均完成整改，处罚4家8.2万元。

涉氨制冷及印染等行业方面。2020年，市应急管理局检查企业297家次，其中限期整改116家，专家服务80多人次，立案调查4家，检查发现隐患问题651项，已整改隐患问题651项，整改率100%，其中重大隐患15项，全部整改完成。采取“退、改、搬”工作措施，8家企业完成抽氨停产；1家企业正在对氨机房和压力管道改造；2家企业拆除液氨制冷设备，更换成中冷水制冷；1家企业易地搬迁。持续推进印染企业危化品储存仓库整改，56家印染企业危化品中间仓库整改完毕。

消防方面。2020年，市应急管理局监督指导消防工作，推进落实“三合一”整治，形成由镇（街道）组织牵头，专班主办、派出所配合、消防大队审批的“1+3”执法模式，强化“三合一”案件查处工作，2020年共检查场

所4700家，行政处罚16家，罚款金额约10万元，隐患曝光2家。

道路交通方面。2020年，市应急管理局以“交通整治年”活动为契机，先后出台《全市交通领域安全隐患大排查大整治工作方案》《渣土车百日攻坚九条措施》等方案，开展好道路交通领域安全整治工作。全年开展统一行动317次，现场查处交通违法行为78066起，约谈道路运输企业42家次，关停7家货运企业，上报纳入黑名单2家，停业整顿渣土运输企业17家，组织所属驾驶人参加学习1112课时，倒逼企业主落实主体责任。

建筑施工方面。2020年，市应急管理局开展建筑施工安全专项整治行动，检查工程项目256个次，建筑起重机械134台，排查安全隐患1294处，发出《责令改正通知书》324份，责令3台存在较大安全隐患的机械停止使用，对违规单位及违规责任人累计动态记分9732.14分。

燃气方面。2020年，市应急管理局以领导带队检查、部门联合检查、行业专项检查、企业安全生产工作督导等形式展开燃气安全专项检查，全面排查燃气企业5家及液化气供应站点，开展检查52场次，出动390多人次，发出整改通知单52份，排查液化气隐患144项，整改率100%，查处无证经营瓶装液化气“黑气点”8处，对9个因石头房结构、消防通道不足、违建等隐患问题的不符合安全条件的液化气供应点予以注销。

水上交通方面。2020年，市应急管理局派出执法人员1291人次，执法船艇160艘次，执法车辆568车次，海上巡航里程2986海里，陆域巡查16292千米；开展船舶现场监督149艘次，船旗国监督检查62艘次；开展体系内航运公司日常监督检查30次。

渔业船舶方面。2020年，市应急管理局使用微信公众号“智慧渔船”，率先推行出海人员报备制度；组织船员培训班319次，10215人参加培训，渔船普通船员持证率100%。梳理渔船管控停航处置细则，对北斗示位仪离线等渔业违法违规行为作出量化执法处罚标准，先后开展执法检查875次，出动执法人员3149人次，登船检查2391艘次，查处渔业案件64起，将两艘违规渔船列入安全生产“黑名单”，并对72艘进入重点水域、台风期间未按指令撤离或北斗示位仪离线的渔船，采取全部召回停航、立案查处、提请扣减全年油补等措施，形成威慑效应和警示教育作用。

【智慧用电安全建设行动】 2020年，石狮市制定《2020年度石狮市智慧用电安全建设考评验收工作方案》《石狮市智慧用电安全建设行动方案》，全年安装智能型电气火灾监控系统2325套（任务2320套）；电动自行车集中智能充电场所562套（任务500套）。

消防工作

【概况】 2020年，石狮市消防大队接警出动1583次（含增援），出动消防车2523辆次，消防人员14469人次，抢救被困人员50人，疏散人员8人，抢救财产价值6.2万元，完成“两节”“两会”“首届中国校园服饰国际博览会”“第23届海峡两岸纺织服装城博览会”等消防安保任务。

2020年，石狮市消防大队开展“双随机”检查497家次，督改火灾隐患208处；全面实行公众聚集场所消防安全告知承诺制度，告知承诺单位4家并通过双随机检查；畅通“96119”“12345”等举报投诉平台，受理各类关于消防违法行为和火灾隐患的举报投诉20件，案件办结率100%，举报人满意率98%，未发生因执法过错引发涉消舆情或上访事件。

【消防队伍建设】 2020年，石狮市消防大队建设镇专（兼）职消防队伍6支，企业专职消防队伍3支，队员70余人，建成灵秀小型消防站1个，消防安全重点单位微型消防站161个，社区微型消防站25个，年内开展专职消防队伍联勤联训28次，开展微型消防站拉动测试161次。

【执勤战备训练】 2020年，石狮市消防大队开展大中队级熟悉演练212次，实战拉动演练184次，举办战例研讨20余次。在车辆事故救援专业队的基础上，与本地的报废车场建立长期合

2020年6月21日，石狮市消防救援大队湖滨消防救援站处置老人意外坠井事故，并成功将被困人员救出 （图/市消防大队）

作的关系，开展车辆事故救援专业队日常训练，利用VR模拟训练系统开展车辆事故救援训练，创新训练模式，建立大队级水域救援6人小组，全员具备初级急救能力，配备新式救生衣6套、大小各式救援装备400余件，抗洪抢险小分队具有较好的作战能力。建立无人机救援分队，配备无人机2台，队员4名。

【社会火灾防控】 2020年，石狮市发生火灾96起，其中建筑类火灾68起、非建筑类火灾28起，死亡2人，受伤0人，直接财产损失约164.8万元，比2019年火灾总数下降25.6%，建筑类火灾起数下降28.4%，火灾起数整体稳步下降。2020年，联合商务、应急等部门开展大型城市综合体消防安全达标创建工作，召开大型城市综合体警示约谈会、现场会各1场，达标创建综合体2个，推动工信、市场监管、公安等部门按职责履行电动汽车、电动自行车管理责任，检查生产企业1家、经营主体213家，扣押不符合国家强制性标准排插30个，立案查处经营单位8家。

2020年，石狮市消防大队开展消防工作指导48次，帮助协调解决突出问题3个，检查单位989家次，督改隐患472处，下发责令改正通知书327份，行政处罚19家，临时查封2家，“三停”2家，罚款约32.8万元。推动社会单位落实“三自主两公开一承诺”180家，高层建筑隐患自查173家，自查隐患107处，推动重点单位开展消防安全培训720次，消防安全演练720次。推动镇街道落实消防安全网格化管理要求，持续推动公安派出所落实日常消防安全检查与宣传教育工作，年内镇街道网格人员检查10800家，督改隐患9206处，全市公安派出所检查场所12551家，督改隐患18762处。

2020年，石狮市消防大队开展电气火灾隐患专项治理，以供电公司筛选的月用电量超2000千瓦时及超载、报装年限超20年用户为排查对象，抽调市公安、市监、应急、供电等部门，成立电气火灾隐患检查小组14个，依托大数据管理局，研发“网格通”手机APP，开展为期3个月的电气火灾隐患专项整治工作，累计排查用电户6732家，发现隐患1427户，整改隐患1376户。联合应急、人社部门举办电工、电焊工培训班，培训学员130人，通过电工、电焊工资格证和操作证考试的学员，按800元／人标准给予补贴。

2020年，石狮市完成区域性、行业性消防安全突出隐患整治验收。推动灵秀、祥芝、鸿山等镇开展电商园区、电镀行业两处消防安全突出问题隐患整改，投入约700万元，整改区域性、行业性火灾隐患5处，完成整改并通过上级验收。开展印染行业专项整治。根据祥芝、鸿山、锦尚染整园区实际情况，按照“不起火、不亡人、减轻损失”的原则，研究制定染整企业火灾隐患整治六大对策，推进染整企业消防安全隐患整改，印染企业消防通道均画线、消防栓均补配58家，拆除厂房与宿舍相连简易搭盖。加强自建房“三合一”场所治理。开展自建房加工场所治理，成立工作专班，抽调公安民警2名组建办案专班，形成由镇（街道）组织牵头，专班主办、派出所配合、消防大队审批的“1+3”执法模式，为消防体制改革后派出所“三合一”案件查处工作奠定基础。2020年，检查场所4700家，行政处罚16家，罚款金额约10万元，隐患曝光2家。

【消防安全专项整治三年行动】 2020年，石狮市消防大队推进“消防安全专项整治三年行动”。下发三年行动方案，开展老旧小区消防车通道“一区一策”治理，与市住建、交警部门建立联合执法机制，推广错时停车、潮汐停车等“智慧停车”措施，标线消防车通道620个，清理消防车道障碍物662处，整改消防车通道违法行为532处，排查高层建筑175栋，推动将消防设施改造纳入2020年石狮市十个专项整治提升工程与老旧住宅小区三年提升工程中。

【“智慧”提升工程】 2020年，石狮市建设智能型电气火灾监控系统2087套和电动自行车充电桩552套，完成年度工作任务。推动鸿山镇运用“智慧消防”，建立企业、政府两级消防安全云监管平台，上线企业96家，接入智慧用电系统176套、智慧烟感579个、预警音箱31个、消防车通道监控72部、电动车智能充电桩41个。

【消防知识宣传】 2020年，市消防大队联合党校开展党政机关、行业部门消防专题培训2课时，联合教育局向幼儿园、小学家长发送《致家长的一封信》和《儿童消防安全警示片》，推动镇街道建立弱势群体帮扶对子104个，就三合一、出租房、人员密集场所等重点区域、重点场所进行针对性培训，开展镇街道网格员专题培训3次，联合石狮市印染协会开展印染行业专题培训1次，联合“火凤凰”及石狮市公共引导志愿者团队开展上门入户消防宣传约200人次，联合美团骑手走街串巷进行消防安全宣传约100人次，拍摄工业企业、群租房等消防安全检查示范片2个，线上直播消防安全讲座2场次，覆盖人员1000人次，投放微信朋友圈消防公益广告，浏览量30万次，印制《消防安全大检查大排查》指导手册500册，多场所消防宣传单2万余份。

【消防后勤保障】 2020年，石狮市拨付年度消防专项经费1623万元，比2019年增长35%，追加政府专职消防员专项经费263.5万元。投入装备经费138万元，配备正压式空气呼吸器、手持电台、防爆照明灯、水域救援头盔等装备器材，另申请2020年高层供水车辆款800万元。投入经费219.5万元开展各队站营区环境改善、新大队及永宁站入驻正规化建设，完成各队站营区外观和场室标识、蚶江站营区整体升级改造和大队及永宁站办公家具家电、公寓房、荣誉室、晒衣场、车库、游泳馆等设施建设改造，完成大队廉政室、消防教育馆、接待室及多功能厅的方案设计和招投标工作。落实指战员高危、执勤、出警、值班费、绩效、综治、平安等经费补贴379万元。加大对多种形式消防队伍建设经费保障力度，将日常运行公用经费纳入经费范畴，为全体专职队员设立每月500元的加班费，人均政府专职消防员经费由7.5万元/年提高至8.5万元/年。

地震应急管理

【概况】 2020年，石狮市应急管理局地震办公室坚持“预防为主，防御与救助相结合”的防震减灾工作方针，履行政府防震减灾社会管理和公共服务职能，确定体育中心地震应急避难场所升级改造为Ⅱ类避难场所，有效避难面积1.5万平方米，可为7500人提供10—30天的应急安置。

【地震监测】 2020年，石狮市应急管理局地震办加强地震台网监测日常运行管理，坚持每天24小时不间断值班制度和春节、“两会”等重大节假日的地震“零报告”制度，严格落实值班制和责任制。每季度开展台站仪器设备维护及巡检，确保石狮市祥芝镇赤湖村素质教育基地的赤湖井地下流体水位、地热、水温等观测站，与石狮电信公司建立互动联网，确保设施设备正常运行。采用数字化处理手段，实现全天候、高精度自动运行观测，切实做好地热、水温、水位前兆数据的收集、入库分析、上报工作，确保观测资料的准确性和完整性，健全季度震情会商制度，为上级地震部门提供震情监测、趋势分析所需的重要科学依据。

加强地震趋势会商，紧密跟踪各类地震活动走向和趋势发展，坚持周、月、年度和紧急震情会商制度，做好各类监测资料分析和震情跟踪研判，积极准备半年地震趋势会商会，对可能与地震有关的异常现象进行综合分析研究并提出相应的地震预测意见。

加强震情研判，落实滚动会商；严格执行异常跟踪落实制度和做好突发震情应急处置准备；加强地震舆情监控，及时回应社会关切和做好安全维稳工作，加强组织领导和值班值守等。

2020年8月28日起市地震办对台站进行标准化建设，至11月23日完成消防设施、监控和井口装置的安装和使用，完成台站的标准化建设。

【震灾预防】 2020年，石狮市应急管理局完善应急预案，下发《关于进一步修订编制地震应急预案的通知》《关于开展地震应急预案落实情况检查的通知》等文件，加强预案演练，组织全市各类学校和部分企业开展地震应急疏散演练。通过演练活动，各单位更加全面掌握应急资源的分布，明确应急启动程序、应急指挥与协调关系以及处置程序与保障措施，检验各单位应对突发事件的综合反应和协调能力，提升应急处置能力。

加强应急避难场所管理指导和设备巡查维护工作，督促各业主单位做好地震应急避难场所各动能设备日常维护，对各场所的应急避难场所管理机制和制度建设情况、应急配套设施的完好状况和应急避难场所周边建（构）筑物、疏散通道及周边环境保护等方面进行全面的检查。指定专人负责避难场所相关设施、设备的日常维护和保养等工作，做到场所的各功能标示牌完整无损，应急机井、应急取水点随时可以使用；所配备的应急发电机要有固定的存放处，且每季度至少启动试机一次，加强应急避难场所的日常管理工作。

【防震减灾宣传】 2020年，5月12日、7月28日、全国科普日等防震减灾重要宣传日期间，市应急局、地震办均开展宣传咨询日活动，现场宣传各类科普知识，组织开展新生入学地震安全教育活动。《石狮日报》刊登防震减灾主题公益广告，广泛营造防灾减灾的舆论氛围，普及防灾减灾知识；石狮电视台专题报道宣传防震减灾科普知识，提升群众应急避险自救技能；利用应急公微信等自媒体推送宣传《地震安全韧性城市》《疫情期间中小学生地震安全知识图解》等科普片，多渠道、多层次扩大宣传声势，增强知识普及，加深公众印象，提高社会公众防震减灾意识和应急避险技能；组织参加泉州防灾减灾知识视频讲解比赛，推荐21个优秀作品参与比赛，石狮市获得一等奖1名、二等奖3名、三等奖5名、优秀奖5名，并全部授予“泉州市防灾减灾科学传播师”称号。

【建筑抗震性能排查】 2020年，石狮市对全市各学校、医院建筑抗震性能进行全面摸底排查，分期分批进行改造加固。截至12月底，永宁、祥芝、鸿山和锦尚四镇批准房屋改造6414宗，涉及石结构房屋建筑面积98.14万平方米，拆除石结构3564宗，拆除面积74.7万平方米。

【地震救援演练】 2020年，石狮市地震办组织市救援队伍及机关、企事业单位和社区开展地震应急演练，组织中小学校依照《中小学幼儿园应急疏散演练指南》开展地震应急疏散演练，举办地震知识讲座，开辟地震科普墙板报，提高防震减灾安全意识和应对突发地震事件能力。

【地震应急救援体系建设】 2020年，石狮市加快预警系统建设，提高应急水平。截至12月底，建设地震预警信息终端的任务签约256个，安装253个，做到全市各镇、街道、村、居，中小学、医院全覆盖，以及部分政府机关、企事业单位等人员密集场所，一旦周边及台海地区发生有感地震，可为市民提供十几秒至数十秒的提前预警服务。

农业 农村

综 述

【农业生产技术服务】 2020年，石狮市推进耕地质量保护与提升行动，逐步完善耕地质量监测网络建设，新增福建省耕地质量监测点1个，累计设立省、泉州市、石狮市三级监测网络长期监测点13个。推介测土配方施肥技术应用面积3000公顷次，推广有机肥增施面积累计2000公顷次，推行水稻、甘薯、花生及胡萝卜等大宗作物秸秆还田面积累计933.33公顷次。2020年，全市耕地质量保护与提升技术推广面积5933.33公顷次，促进石狮市耕地质量提升0.2个等级。通过举办现场咨询、座谈培训、下乡指导等形式，多途径、多举措开展科学用肥宣传工作，全面推进化肥使用量零增长减量化专项行动。2020年，农用化肥使用量（折纯）1497吨，比2019年减少2.22%。

【特色现代农业项目】 2020年，石狮市持续加大泉州市级现代农业产业园（永宁镇和蚶江镇）和农业“五新”项目建设，推进产业集群发展，引导有条件的农业经营主体开展农业科普观光、农事农耕体验、果蔬采摘体验等休闲农业活动项目，实现多模式融合、多类型示范，提升特色产业产值。2020年，组织建设协力兴水肥一体化设施建设及应用技术示范项目等3个泉州市级石狮现代农业产业园项目；协盈水稻新品种全程机械种植示范项目等4个市级农业“五新”项目示范。

【农民专业合作社】 2020年，全市经工商登记设立的农民专业180家。按层次划分，国家级示范社1家，省级示范社6家，泉州级示范社1家。按行业划分，种植业99家，渔业79家，服务业3家，其他3家。2020年，全市农民专业合作社成员总数2787人，其中农民成员2750人，培训成员数870人。新增泉州市十佳农民专业合作社示范社1家（石狮市顺盛水产养殖专业合作社），福建省百佳农民专业合作社示范社2家（石狮市顺盛水产养殖专业合作社和石狮市协盈农机服务专业合作社），福建省十佳农民专业合作社联合社示范社1家（石狮市农仁农业专业合作社联合社）。

【惠民政策】 2020年，石狮市开展耕地地力保护补贴。制定《石狮市农业农村局、石狮市财政局关于印发〈2020年石狮市耕地地力保护补贴工作方案〉的通知》，全市组织申报、审核4692户，下达耕地地力保护资金120万元。落实农机购置补贴政策。根据《2018—2020年石狮市农业机械购置补贴实施方案》认真落实此项惠农政策，以购机补贴政策为契机，因地制宜开展农业机械的推广。2020年，石狮市办理农机购置补贴单位和个人20个，申请购置农业机械63台，发放补贴资金68.129万元，其中中央资金48.732万元，省级资金19.397万元，发放两批本市农业机械购置补贴市级累加补贴资金54.77856万元。

【农业执法检查】 2020年，石狮市农业立案16起，移送1起，结案15起（2起简易案件），处罚没款4.964215万元。出动农业执法检查人员1009人次，检查农资经营店56家次、饲料生产17家次、宠物诊疗62家次、农业机械65辆、生猪屠宰场52家次、农产品生产主体68家次。

【农业执法宣传】 2020年，石狮市农业农村局结合日常巡查，向农户和种植基地、农业合作社等宣传《中华人民共和国食品安全法》《中华人民共和国农产品质量安全法》等农业法律法规及相关科普知识，常态化开展放心农资下乡、农产品质量安全宣传周、新型职业农民培训等活动，利用“石狮三农”微信公众号、《石狮日报》宣传专栏等宣传媒介，进行法律法规知识宣传，提升公众安全意识。2020年，开展防灾减灾宣传咨询日、农业安全生产暨农产品质量安全宣传、农民丰收节、宪法宣传周等农业普法活动15场，参加人员2000余人次。

【乡村振兴战略实施】 2020年，石狮市加强乡村振兴宣传，制作乡村振兴宣传片《奋进新时代 砥砺谋新篇》、画册《乡村振兴 美丽石狮》，直观展现石狮市实施乡村振兴战略的情况。在农村主要路口、试点镇村设置乡村振兴宣传标语，在《石狮日报》设立乡村振兴专栏，报道乡村振兴工作进展。组织参加第13届海峡两岸农订会，设计乡村振兴特色展区永宁镇乡村振兴馆，其中正源水产、由宝网络（新零售）获“海峡两岸最受欢迎农产品服务商”称号。推进试点示范工作，制定《石狮市乡村振兴试点示范工作方案》《石狮市乡村振兴试点示范专项资金管理办法》，推进省级乡村振兴试点村、示范线路和实绩突出村建设。2020年，石狮市6个省级乡村振兴试点村实施项目21个，总投资1547万元，推进泉州市级乡村振兴示范线路建设2条，其中永宁镇1条示范线路（“农旅融合、百万村财”主题）串联后杆柄等5个村，蚶江镇、祥芝镇1条示范线路（“海丝文化 滨海风情”主题）串联厝仔村等4个村。永宁镇西偏村获评2019年省级乡村振兴实绩突出村，获奖补助资金400万元，为全市乡村振兴工作提供可复制的成功样板。

【科技兴农项目实施】 2020年，石狮市组织农产品初加工中心建设项目1个，为福建万旺泰兴农业发展有限公司胡萝卜自动清洗流水生产线；组织开展高素质农民培训81人。

【农产品安全监管】 2020年，石狮市落实市、镇两级农产品安全风险监测与预警制度，完成蔬菜、水果等种植类产品农药残留快检4769份，未发现问题产品；本级监督抽检154份，其中1份不合格，罚款0.2万元；接受上级风险专项监测35份，未发现问题产品；上级监督抽检79份，全部合格。开展农产品质量常态化监测，组织开展辖区内产地农产品质量安全监督抽检400份。推行食用农产品合格证与一品一码追溯并行制度，下乡推广151次，推广种养户552家次，建档散户数19家，印刷发放合格证975张，开具合格证的散户数14家，开具67张合格证，农产品重量146569.2千克。严格投入品监管，加强农药经营监管7家，通过省农资监管信息平台实行入市前备案、监控，落实经营购销台账制度，持续规范经营行为，不定期开展实地巡查134人次，农资监管平台巡查2545次，其中发现问题1起，整改1起；抽检农资27批次、农药21批次、化肥6批次；省级农产品质量监督抽检15份、泉州市级64份、本市级154份。加强“福建省农产品质量安全追溯监管信息平台”推广应用，将经工商登记注册并真正从事农产品生产的经营主体（农业企业、合作社、家庭农场）纳入平台监管，做到应纳入尽纳入、源头赋码及凭证销售。推进农产品“一品一码”工作，对不履行“一品一码”相关要求的，实行“一票否决制”。2020年，出动执法检查152人次，实地监督检查食用农产品生产主体68家，办理1起追溯食品未按照规定赋码并销售案，罚款0.5万元。2020年，登录查看“福建省农产品质量安全追溯监管信息系统”，监督巡查企业数日志1181次。

【农业机械化】 2020年，石狮市实施农业生产全程全面机械化推进行动。开展水稻生产全程机械化示范，全市水稻机耕109.27公顷、机播80公顷、机收105.33公顷，水稻耕种收综合机械化率87.16%。推动智慧农机示范应用，3家规模化种植单位通过安装北斗导航系统，实现作业面可统计、可监控、可追溯，提高农机作业质量与效率。推广手机App办理补贴。深入基层，进村入户，通过《石狮日报》方式，鼓励农民通过手机App申请办理补贴，减轻农民负担，让网络多跑路、群众少跑腿，手机App办理率27.6%。推进农机报废更新补贴工作。会同市财政局、市商务局制定《石狮市农业机械报废更新补贴实施方案》，鼓励老旧农业机械加快报废更新，促进农机安全生产、节能减排和绿色发展。持续开展“平安农机”示范创建活动，石狮市锦尚镇为泉州市“平安农机”示范乡镇。

种植业

【概况】 2020年，石狮市农作物粮经比37.4∶62.6，全年农作物播种总面积2955.7公顷，主要作物有水稻、甘薯、花生、大豆和蔬菜瓜果等。其中粮食播种面积1104.5公顷，总产5039吨，分别比2019年增长3.2%、4.2%；油料作物播种面积254公顷，总产557吨，分别比2019年减少10.7%、10.9%；蔬菜瓜果类播种面积1597.2公顷，总产29019吨，分别比2019年减少4.3%、5.8%。

2020年，石狮市水果年末实有种植面积113.9公顷、总产2425吨，其中可采摘面积98.9公顷。主要种植葡萄、龙眼、芒果、火龙果等其他水果，其中龙眼等热带水果种植面积68.1公顷，总产947吨；葡萄种植面积21.7公顷，总产1428吨。

【农业基础设施建设】 2020年，石狮市组织福建省帝茂农业发展有限公司高架草莓示范基地建设项目和石狮市恒顺果蔬种植专业合作社农业灌溉系统改造提升建设项目等2个种植标准化基地建设项目；围绕高标准农田建设工作，组织实施2019年鸿山镇莲厝等3个村和永宁镇沙堤等4个村高标准农田建设项目、2020年蚶江镇莲塘村和锦尚镇西港等4个村高标准农田建设项目。

【粮油作物】 2020年，石狮市粮食作物主要有水稻、薯类、大豆及其他杂粮，全年粮食播种面积1104.5公顷，总产5039吨。其中水稻播种面积113.9公顷，总产755吨；甘薯等薯类作物播种面积912.4公顷，总产4109吨；大豆（含杂豆）播种面积49.1公顷，总产101吨。2020年，油料作物以花生为主，全年播种面积254公顷，总产557吨。其中夏花生218.1公顷，总产480吨；秋花生35.9公顷，总产77吨。

【农作物病虫害防治】 2020年，石狮市坚持贯彻“预防为主、综合防治”的植保方针，围绕预警和防控重大农业有害生物灾害，开展主要病虫预警监测、综合防治和区域检疫对象调查、防控等工作，主要农作物病虫害发生面积3680公顷次，防治面积5460公顷次，其中开展统防统治面积约1706.67公顷次，占全年病虫害防治面积的54.35%；推广应用农作物病虫害绿色防控技术累计约2680公顷次，占全年病虫害防治面积的49.08%。2020年，全市农药使用量33吨，比2019年减量5.71%，有效推进农药使用量零增长减量化行动。

2020年，石狮市首次监测到草地贪夜蛾危害玉米农作物。为坚决打赢“虫口夺粮”攻坚战，石狮市农业农村局通过《石狮日报》、“石狮三农”、“12316”信息平台等媒介推送相关科普知识，提高广大农民兄弟的认知度；举办多场专题培训班，增强广大农民兄弟辨识能力和防控能力；组织农技人员深入田间地头开展监测工作等。通过虫情测报灯、单一性诱捕器等监测设备，全方位、全过程、全天候监测石狮市病情发生情况，做到“早发现、早预警、早处置”，确保草地贪夜蛾不扩散、不暴发、不成灾，有效保障石狮市粮食生产安全。

【农技推广】 2020年，石狮市组织实施2020年全国基层农技推广体系改革与建设补助项目，围绕提高基层农技推广服务水平、推广优质绿色高效技术、建设长期稳定的农业科技示范服务平台、培育农业科技示范主体、推进农技推广信息化建设等主要工作目标，推进基层农技推广体系建设。

2020年，石狮市组织33名农技人员参加各类培训。其中，组织4名农技推广骨干参加农业农村部管理干部学院基层农技推广体系改革与建设补助项目培训班培训；分批分期组织6名农技人员参加全省基层农技推广骨干业务培训；组织23名基层农技推广人员参加泉州市农业农村局举办的2020年基层农技推广人员培训班。

2020年，石狮市持续开展农业科技示范基地创建工作。围绕优势农产品和特色产业发展需求，按照示范推广到位、培训指导到位、产业引领到位的要求，通过合作方式，组织遴选建设胡萝卜、小番茄、甘薯苗、辣椒等4个示范带动效果明显、长期稳定的农业科技示范基地。各基地分别与泉州市农业科学研究所、福建省农业科学院科技干部培训中心、泉州市农业学校有效结合，建立农业技术支撑合作关系，依托基地开展集成示范先进适应技术不少于2项，开展观摩培训不少于2次，建立1个以上示范片，并配套实施100%农作物秸秆综合利用、100%农膜科学使用与回收利用等技术措施，将基地打造成农业优质绿色高效技术的展示窗和辐射源、基层农技人员开展指导服务的综合平台。

2020年，石狮市开展遴选与推介主推技术工作。立足石狮市优势农产品和特色产业发展需求，组织专家遴选确定主导产业4个，主导品种21个，主推技术9项，制定技术操作方案，印发技术明白纸。

2020年，石狮市按照任务要求和石狮优势特色产业发展需求，以各镇主导产业农业村为重点，采取乡镇推荐公示、市级审核的办法，开展农业科技示范主体遴选工作，遴选100个能力较强、乐于助人的新型农业经营主体带头人、种养大户等作为农业科技示范主体。通过指导服务、技术培训、现场观摩、物化补贴绿色农资等方式，把配套集成、简单易学的种养技术、防灾减灾和标准化生产技术传授给示范主体推广，把省工省力、节本增效的新型农机具推向示范主体，提高示范主体的自我发展能力和对周边农户，特别是小农户的辐射带动能力。依托福建省中茂农业发展有限公司建设农民田间学校，在农业生产的重要时节和关键环节，2020年组织举办培训、农产品推广品鉴、现场观摩等活动5期，对示范主体开展手把手、面对面的技术指导和咨询服务。

2020年，石狮市推进建设农技推广服务信息化。建设农业科技网络书屋，引导推动农业专家教授、基层农技人员等，通过“云上智农”App、福建“12316”、“慧农信”、微信群和QQ群等平台，在线开展问题解答、咨询指导、互动交流、技术普及等服务。

【种子】 2020年，石狮市种业发展中心实施3个福建省级、4个泉州市级、5个石狮市级的农作物新品种试验展示示范项目，引进60个以上农作物新品种进行试验展示示范，鉴定筛选出适合石狮市生产推广的优良农作物新品种3—5个。加快农作物新品种的更新换代，全市农作物良种覆盖率98.7%，优质专用率86.7%。

畜牧业

【概况】 2020年，石狮市继续执行规模化畜禽禁养区规定，全市除石狮市水禽遗传资源保护研究中心外，仍有少量农村散养畜禽。2020年，全市未发生区域性重大动物疫病。

【动物疫病防疫】 2020年，石狮市强制免疫家禽5.1万羽，群体免疫密度达到国家规定要求，累计监测家禽H5N1血清样品1211份、H7N9血清样品1211份，确保免疫抗体常年处于有效状态。送检犬猫血清35份；开展病原学监测，抽检屠宰场、市场、冻库环境样品55份，猪血液样品40份、猪肉产品10份，非洲猪瘟检测结果均为阴性，抽检禽类样品160份，禽流感H5、H7检测结果均为阴性，送检禽类双腔拭子40份。依托市区现有的12家具有动物诊疗许可证的宠物医院或诊所建立犬类定点免疫点，开展犬类狂犬病免疫工作并发放犬牌；联合两家宠物医院分别到锦尚镇和祥芝镇赤湖村试点开展犬猫狂犬病免疫公益下乡活动。落实非洲猪瘟防控常态化工作，持续做好监测排查，严格执行省、市生猪"点对点"调运要求，规范屠宰环节非洲猪瘟检测，印发《屠宰环节非洲猪瘟自检实验室建设项目申报指南》，发放省级实验室建设补助资金10万元。组队参加泉州市动物检疫、动物防疫技能竞赛，官方兽医刘伟作为福建省队代表赴山东临沂参加全国动物检疫检验员技能竞赛，获全国三等奖。

【动物卫生监督】 2020年，石狮市屠宰检疫生猪170350头，监督屠宰场无害化处理病死生猪101头；抽检"瘦肉精"6280头份，检测结果均为阴性。检查屠宰场54家/次、动物诊疗店62家。查处经营的动物未附有检疫证明案件3起，罚没款0.435215万元；动物诊疗案件3起，罚没款0.475万元；对生猪产品注水案件4起，罚没款3.324万元。

【饲料行业管理】 2020年，石狮市辖区饲料生产厂家1家。2020年，开展检查18次、66人次，督促整改4次，监督抽检饲料质量1个样品，结果为合格。

【畜禽养殖污染整治】 2020年，石狮市出动执法巡查14次、执法人员49人次，重点查看已关闭的畜禽养殖场，防止养殖回潮，未发现新的违法养殖场。

【应急物资储备】 2020年，石狮市储备消毒药9.14吨，其中烧碱3.07吨，大型动物扑杀器2台，高压电动喷雾消毒机2台，消毒喷雾器28台，疫点、疫区警示牌44个，应急灯54个、防护服780件、动物尸体袋5000个、口罩、麻袋等应急物资。2020年，下发各镇（街道）、全市各大农贸市场、活禽批发市场、屠宰场等重点场所的消毒药品3.22吨。

【水禽遗传资源保护研究】 2020年，石狮市国家水禽品种资源基因库有效保护我国鸭地方品种15个，并对保护的品种开展遗传多样性研究。承担建设的《福建省石狮市国家水禽品种资源基因库改扩建项目》正式开工建设， 2020年底，完成总投资的80%以上。

林 业

【概况】 2020年，石狮市践行"绿水青山就是金山银山"的理念，抓好生态系统恢复。以宜居环境为抓手，进一步推动"点线面"攻坚和美丽乡村、小城镇、口袋公园等项目建设，继续开展植树造林，推进国土绿化行动和水土流失综合治理，打造宜居、宜业、宜游的绿色生态新石狮。2020年，石狮市完成造林绿化、森林抚育56.8公顷，超额完成省、市任务。森林覆盖率10.87%，呈逐年小幅上升趋势。

【森林资源保护】 2020年，石狮市在林地的使用上严格遵循"占补平衡，先补后占"的原则，持续抓好保护发展森林资源目标责任制工作，森林覆盖率10.87%，森林蓄积量8.254万立方米，林地保有量1332公顷，林业自然保护区（含保护小区）403.86公顷，湿地保有量6838.31公顷。

【林业审批业务】 2020年，石狮市用林方面，完成用林项目审批1宗，林地面积1.5238公顷；上报申请延期使用林地项目27批次，林地面积186.7023公顷；新建立补充林地库27.2024公顷。

【森林防火】 2020年，石狮市加强巡山护林工作力度，组织全市护林员全面加强巡山护林工作，确保森林防火安全。全面增加巡查次数与巡查密度，及时发现和制止野外违章用火，深入排查各类火灾隐患，减少森林火灾的发生。2020年清明节期间，加强祭祀用火管理，在林区各山入口设森林防火检查哨卡124处，出动值守干部群众1300多人次。2020年，除在春季、秋冬季各开展一次森林防火宣传月活动外，通过在林区进山路口、旅游景区、镇办集市等人口密集区采取多种形式的宣传，广泛宣传森林防火常识。其中，新媒体宣传8次，LED滚动播放标语500多条，悬挂横幅310多条，制作宣传牌200多块，群发微信20万条。

【林业病虫害防治】 2020年，石狮市在灵秀山松林纯林集中区挂设70套松墨天牛诱捕器，诱捕到松墨天牛1027头；在全市154.27公顷松林施放白僵菌粉炮15000个；在灵秀山67.87公顷松林施放绿僵菌粉炮8000个，喷施噻虫啉2次，消耗药剂1.018吨。对全市154.27公顷松林进行监测和巡查工作，按照日常巡查、月巡查和季度巡查，做到"三个及时"（及时发现新出现的松枯死木、及时进行就地烧毁处理、及时对有明显致死状的松枯死木进行检测）和持续开展林业有害生物检疫执法专项行动。

海洋与渔业

海洋经济发展

【概况】 2020年，石狮市贯彻落实省委、省政府关于海洋强省的战略部署，加快推进省级海洋产业发展示范县建设工作，推动海洋经济高质量发展。发挥海洋资源禀赋和产业基础优势，做大做强临海工业，壮大港口物流，加快海洋食品园区建设，打造滨海旅游新亮点。食品药品产业平稳发展，祥芝中心渔港扩建工程完工，祥芝中心渔港提升改造、东店一级渔港、东埔中心渔港等3个项目列入省渔港建设三年行动计划。海洋食品园区累计落地海洋食品深加工项目22个，东方食品等4个项目顺利投产。港口物流体系逐步壮大，锦尚作业区新建4号泊位工程及2号泊位改扩建工程完工，石湖港保税物流中心（B型）通过验收。滨海旅游开始成型，宝盖山风景区和永宁古卫城获评国家AAA级旅游景区。花海谷公园、石狮湿地公园、橘若民宿成为新晋网红打卡点，《2020中国夜市全攻略：福建石狮》在CCTV-2播出。

【省级海洋产业发展示范县】 2020年，石狮市落实海洋强省战略部署，提升海洋产业创新能力，发展特色山海城旅游模式，构建现代海洋产业体系，推进创建省级海洋产业发展示范县。出台《石狮市创建省级海洋产业发展示范县项目和资金管理规定》及申报指南，2020年，通过专家立项评审项目44个，总投资超1.7亿元。推进省级海洋经济重大项目建设6个，完成投资超12.45亿元，完成年度计划投资的113%，共富路（沿海大通道至码头段）道路工程、世茂海上丝绸之路博物馆、普洛斯物流等4个项目完工。

海洋灾害防治

【海洋环保宣传】 2020年，石狮市以“6·5”环境日为契机，开展海洋环保宣传活动。6月4日，在石狮祥芝国家中心渔港开展“美丽中国　我是行动者”——石狮市2020年纪念“6·5”世界环境日暨“船舶垃圾不落海”经验推介与全民行动启动仪式”宣传活动，现场为石狮市祥芝美丽海岸志愿者协会

2020年6月4日，石狮市举办“美丽中国 我是行动者”——石狮市2020年纪念“6·5”世界环境日暨“船舶垃圾不落海”经验推介与全民行动启动仪式

（图/泉州市石狮生态环境局）

颁发“垃圾不落海”突出行动奖，为13艘“垃圾不落海”示范船授牌，宣读“船舶垃圾不落海”倡议书及全民行动指南，船主代表现场集体承诺。活动发出系列环保宣传手册500册、宣传笔记本300本及宣传品300余份。

【海漂垃圾整治】 2020年，石狮市在财政资金投入不变的情况下，落实《海漂垃圾治理专项资金及绩效考核管理办法》，通过增加考评频次，加大奖惩力度，提升海漂垃圾治理效能。依托祥芝美丽海岸志愿者协会，探索“海上船舶垃圾不落海”的做法。

【湿地生态保护】 2020年，石狮市继续推行和完善政府牵头、部门协作、整体联动的联合巡查执法工作机制，联合打击破坏湿地资源的违法违规行为。加强日常巡查、分工协作，及时制止、迅速查处、严厉打击涉及湿地的违法违规行为。通过开展“爱鸟周”“野生动物保护月”等系列活动，吸引更多的组织、团体、个人到石狮，深入挖掘石狮湿地生态独特内涵，打造生态名片。2020年，石狮市妥善处理永宁镇红塔湾附近海域赤潮灾害1起。

【海洋执法】 2020年，石狮市持续开展卫星遥感监测、海岸线巡查、海域海岛巡查工作，全年开展海监巡查工作74次，其中，卫星遥感监测7次，岸线巡查58次，海上联合巡查9次，出动海监执法人员186人次，行驶里程2296公里，巡航里程212海里，办结未经批准非法用海行政处罚案6宗。

渔业发展

【概况】 2020年，石狮市不断加大对渔业各项基础设施的投入，优化渔业产业结构和布局，推动渔业经济持续稳步发展。2020年，根据泉州市海洋与渔业局关于印发《泉州市贯彻〈福建省加强国内渔船管控实施海洋渔业资源总量管理的实施方案〉的实施意见》的通知，石狮市2017—2020年近海捕捞应压减总量为94535吨，其中2020年应压减量为18907吨，实际完成压减量15229吨，这是石狮市近海捕捞产量较2019年减产的主要原因。2020年，石狮市水产品总产量395187吨，比2019年减少3.22%；近海捕捞产量288151吨，比2019年减少5.02%；远洋渔业稳中有升，产量45936吨，比2019年增长1.96%；渔业产值411459万元（含远洋捕捞产值），比2019年减少0.34%。其他各项主要指标呈平稳波动态势。

【海洋捕捞业】 2020年，石狮市海洋捕捞总量334087吨，比2019年减少4.12%。其中，近海捕捞产量288151吨，比2019年减少5.02%；远洋渔业稳中有升，产量45936吨，比2019年增长1.96%。其中，鱼类252545吨、虾蟹类13351吨、贝类3840吨、藻类134吨、其他类64217吨。

【海水养殖业】 2020年，石狮市按照“政府引导、部门规划、财政补贴、群众参与”的原则，大力发展海水养殖业，持续推进水产品合格证“一品一码”全程追溯体系建设，持续推广健康生态养殖模式。2020年，海水养殖重点发展贝类养殖，主要海水养殖品种有牡蛎、花蛤、缢蛏、杂色鲍、锯缘青蟹、南美白对虾、紫菜等品种。2020年，石狮市海水养殖产量60655吨，其中鱼类45吨，虾蟹类549吨，贝类58745吨，藻类1316吨，比2019年增长2%。

【淡水养殖业】 2020年，石狮市淡水养殖方式主要以淡水池塘、水库为主，养殖品种主要有草鱼、青鱼、鲢鱼、鳙鱼、鲫鱼、鲈鱼、罗非鱼等品种。2020年，淡水养殖产量445吨。

【水产品加工业】 2020年，石狮水产加工企业91家，水产加工企业推广先进生产技术和新产品开发生产，创造新的经济增长点。2020年，石狮市水产品加工总量314530吨，产值692413万元，其中水产品冷冻品382026万元，鱼糜制品及干腌制品178071万元，藻类加工品14619万元，水产饲料（鱼粉）808万元，其他加工品116890万元。

【现代渔业转型升级】 2020年，石狮市支持鼓励渔业生产单位发展设施渔业、休闲渔业等现代渔业项目，引进推广渔业新品种、新技术、新机具、新饲料、新渔药等渔业“五新”技术，推动现代渔业转型升级。2020年，试验推广牡蛎收割机，推动牡蛎养殖产业转型升级，推广收割面积13.33公顷。支持传统养殖模式技术创新，鼓励采用帆布等新型材料发展工厂化对虾养殖，新增工厂化对虾养殖面积4000平方米。全市新造海洋捕捞渔船3艘。

【渔业执法】 2020年，石狮市开展渔业巡查934次，出动执法人员3346人次，登船检查渔船2505艘次，现场整改400次，发出责令整改通知书233份，完成整改233份。列入联合惩戒“黑名单”渔船2艘，推动渔船增强守法意识、安全意识和社会责任意识。2020年，渔业立案查处66起，结案62起，移送1起，处罚款104.724万元，以市渔业安全领导小组办公室名义通报违规渔船16艘、典型案例4起基本情况。

【加强渔船管控工作】 2020年疫情期间，石狮市率先在全省推行出海人员报备制度，要求船东船长每航次出海前，组织每位船员如实填报人员健康信息，向属地镇政府渔业安全检查站和执法中队进行报备。探索渔船管理工作新思路，开发“石狮智慧渔船”小程序，集出海船员报备、进出港报备、渔区船员雇佣信息等功能，可实现身份证拍照信息录入，一键报备，既节省渔船船东船长烦琐的办理流程和报备时间，又能通过后台数据充分了解和掌握渔区渔业船员的用工动态信息。3月，成立市农业农村局应急值班室（加挂市海上渔业应急指挥中心）。制定印发《石狮市农业农村局应急值班工作制度》，落实领导带班和正式干部值班制度，全局正式干部全部轮班，实行值班签到、交接班等制度，利用海洋与渔业应急指挥系统平台，对海上作业渔船船位实时监控。对海上发现的异常情况做提早预判，做到“早预防、早发现、早报告、早处理”，防范渔业涉台事件的发生。2020年，下发台风和敏感海域撤离指令函513份、撤离渔船8690艘次。

【渔业安全宣传与教育】 2020年，石狮市鉴于疫情期间，培训机构尚无法开班培训，要求渔船每航次出海前，集中进行“岗前安全警示教育”，接受渔业安全生产教育警示，学习安全技能、汲取事故教训，强化船员安全和责任意识。向全市渔船民发出出海守约倡议，要求共同维护海上正常生产秩序，营造平安和谐的海上渔业生产氛围。2020年，市委、市政府先后召开多次部署、推进、警示教育等会议；市领导多次带队赴沿海各镇开展专项检查；沿海各镇召开船东船长警示教育会议36场，参会船东、船员3000多人次，印发宣传材料6419份。召开全市船舶管控暨渔业安全生产警示教育会议，全市900余名船东船长及其家属参会。

【水产品安全监管】 2020年，石狮市完成水产品中禁限用药物残留快速检测76份，未发现问题产品；本级监督抽检56份，全部合格。接受上级风险专项监测28份，9份样品不合格；上级监督抽检16份，全部合格。

2020年，石狮市加强渔药使用管理，推进水产品“一品一码”工作，开展水产养殖检查36次、94人次，抽查水产品养殖单位108家次，督促建立渔药使用台账，严防渔药乱用和滥用，确保水产品质量安全。办理未按照规定实施源头赋码管理案件1起，罚款0.75万元。

【水产养殖科技培训】 2020年，石狮市通过组织参与异地培训、渔业科技下乡服务等多种方式，组织开展渔业“五新”技术、水产健康养殖技术、水产养殖安全用药技术、水产品质量安全管理、水产品质量安全“一品一码”推进会等水产养殖科技培训。全年组织培训3场，参训水产养殖户60人次。

【渔船渔工保险】 2020年，石狮市承保760艘渔船、11466名渔工，累计签单会费4900万元，其中远洋渔船13艘、远洋渔工246名，远洋签单会费284万元。

【机动渔船油价补助】 2020年，石狮市坚持应发尽发，发放840艘渔船2019年度油价补助资金11652.9985万元。

【渔业船员培训】 2020年，石狮市按照《2020年石狮市渔业船员培训方案》，对经考试、考核后取得渔业船员证书的普通船员，给予300元/人的财政补助。全年发放四批渔业普通船员培训补助资金272.37万元，培训10215人，其中普通船员培训262期，培训9503人；职务船员培训57期，培训712人，培训人数创历史新高。

【涉渔“三无”船舶整治】 2020年，石狮市印发《石狮市整治涉渔“三无”船舶专项行动方案》，成立以市长为组长的石狮市整治“涉渔”三无船舶领导小组，将开展涉渔“三无”船舶清理取缔工作列入镇人民政府年度绩效考核指标，实行“市领导包镇、镇领导包村居、镇村干部包船包人”的工作机制。12月1日，在祥芝镇举行涉渔“三无”船舶集中拆解活动。2020年，拆解涉渔“三无”船舶11艘，完成整改纳入乡镇管理1艘。

工业与建筑业

工业运行管理

【概况】 2020年，石狮市统筹推进疫情防控和经济社会发展，做好“六稳”工作，全面落实“六保”任务，开展“五个年”活动，实现疫情防控向好形势持续巩固，工业经济运行态势持续回暖。2020年，全市规模以上工业增加值比2019年增长3%，规上工业产销率98.73%，规模以上工业总产值1255.56亿元，比2019年下降2.7%，其中纺织服装服饰业（含辅料）完成产值649.1亿元，增长7.7%，占规模以上工业总产值51.7%。工业投资和技改投资分别增长10.9%、20.9%。工业用电量5月起连续8个月实现增长，全年工业用电量261692万千瓦时，比2019年增长0.2%；工业用水量6068万吨，比2019年下降6.6%；但用水用电呈现逐步恢复态势。

【产业发展】 2020年，在国内市场加快恢复和打通国内大循环的持续利好影响下，石狮市27个主要行业中13个行业实现正增长，增长面为48.1%。其中，纺织服装、智能制造、海洋食品等支柱行业成功实现“转正”，占全部行业产值比重83%。骨干企业支撑有力，亿元以上企业226家，数量与2019年同期持平，实现产值1172.7亿元，比2019年增速10.4%，占全市规模以上工业比重93.4%。加大规模以上工业企业培育，全年新增68家规模以上工业企业，为工业经济发展储备新的发展后劲。

2020年，石狮市深入开展“产业攻坚年”活动，产业转型升级步伐不断加快，获“中国纺织工程学会突出贡献奖”。推进复工复产。建立订单、资金、外贸等对接机制；出台六条转产鼓励政策，11天建成防疫物资生产链。2月起，坚持一月一盛会，举办一系列线上直播销售活动，被国务院新闻发布会点赞肯定。推进项目攻坚。组建专项招商小组5个，多方联动、条块齐抓推进招商选资，累计签约开工项目106个、总投资245.8亿元，实施工业提质项目178个、三产增效项目165个，一季度在全省“五个一批”项目竞赛中位居第六位。推进制造业提质。引导童装行业加快向校服方向延伸，推动中国纺织工程学会校园服饰标准技术工作组秘书处落地，建成五金水磨加工中心，获评中国校服产业创新基地。通达四期、九牧卫浴、建新轮胎、美佳爽新生产基地、特步一体化、信泰科技、兴迅新材料等项目加快建设，智能制造产业完成规上产值195亿元、比2019年增长10%，成为全市第二大支柱产业。海洋食品园提速建设，累计落地海洋食品深加工项目22个，建成投产项目4个。

【企业扶持政策落实】 2020年，石狮市先后出台六条转产鼓励政策、支持印染高质量发展、五金辅料提质增效、校服优化升级、纺织服饰创意设计发展等产业扶持政策，全年兑现各级惠企资金7.2亿元、减免税费6.4亿元，帮助企业新增贷款50亿元、争取纾困贷款10.6亿元。

【企业获得荣誉称号】 2020年，石狮市获2020年福建省产业龙头企业称号的企业3家，分别是福建省石狮市通达电器有限公司、福建省鸿山热电有限责任公司、神华福能发电有限责任公司；获2020年泉州市龙头企业荣誉称号的企业福19家。2020年，卡宾服饰（中国）有限公司《卡宾迅速转产疫情防控应急物资项目》案例入选全省军民融合系统加强疫情防控统筹推动企业和项目复工复产先进典型案例。石狮市振富针纺机械有限公司的双面针织纬编机、石狮市汇星机械有限公司的高速精密型单面数控纬编机等13个产品入选2019年泉州市“数控一代”示范项目产品。福建中益制药有限公司、福建省海兴凯晟科技有限公司和福建省炎英包装科技有限公司3家被认定为省级“专精特新”中小企。石狮市青灿兴五金工艺品有限公司等14家企业入选2020年省科技小巨人领军企业。

城镇集体经济发展

【改制后工作情况】 2020年，改制后，石狮市重点做好石狮市二轻系统14家国有、集体企业(879名)职工退休社保、医保和379名退休员工养老金等后续服务工作。做好258名（含调档）无力参保人员登记上报和发放工作，进一步落实老职工福利。关心弱势困难职工，做好联社下属企业重病困难职工及特困家属的慰问工作。

【工艺美术产业发展】 2020年，石狮市城镇集体工业联合社加强工艺美术行业管理，落实《泉州市传统工艺美术保护发展规定》等文件精神，协助进行工艺美术作品的巡展工作，加强对吴小锦大师工作室的日常指导和管理，推动工艺美术产业健康发展。加强对“吴为家艺术展览馆”的宣传。把工艺美术行业作为“文化产业”来抓，按照职责分工，摸清产业家底，有的放矢引导行业企业参加博览会，引导企业做强做大。

建筑业

行业管理

【概况】 2020年，石狮市有建筑业企业 91家，有总承包资质的企业39家，其中有一级总承包企业1家、二级总承包企业8家、三级总承包企业30家；有专业承包资质53家，其中有预拌混凝土资质企业5家、起重设备安装工程资质企业5家；有施工劳务资质的企业 32家。

2020年，石狮市有工程勘察资质企业1家、工程设计资质7家、工程监理资质2家、质量检测资质2家、工程造价咨询资质企业2家。

【审批服务】 2020年，石狮市办理施工许可项目145项，建筑面积222.69万平方米，工程造价57.34亿元，其中房地产项目11项，建筑面积95.1万平方米，造价24.01亿元；工业项目50项，建筑面积63.47万平方米，造价9.13亿元；市政项目29项，道路长度147.45千米，造价8.13亿元。办理竣工验收备案项目43项，建筑面积201.2万平方米，工程造价37.94亿元，其中房地产项目14宗、建筑面积145.04万平方米，造价27.97亿元。

2020年，石狮市新增建筑业企业8家，其中，申报施工劳务不分等级资质企业7家，申报钢结构工程专业承包三级资质企业1家。2020年，申报建筑业资质增项企业3家，变更资质证书内容企业12家，注销资质企业1家。

【建筑行政管理】 2020年，石狮市依照建筑施工有关法律法规，打击非法违法建筑施工活动，全年立案办结违法违规案件8件，处罚金额64.4万元。其中，未按国家规定办理工程质量监督手续的违规行为为2起，处以40万元罚款；未依照《中华人民共和国消防法》规定在验收后报住房和城乡建设主管部门备案的违规行为1起，处以5000元罚款；伪造检测数据，出具虚假检测报告或者鉴定结论的违规行为1起，处以3万元罚款；违反《中华人民共和国大气污染防治法》规定的2起，分别处以1万元罚款；违反《中华人民共和国招标投标法》规定的2起，分别处以9.45万元罚款。

【招标投标管理】 2020年，石狮市房建市政项目完成公开招标项目62个，工程最高控制价18.76亿元，中标价17.23亿元，节约资金1.53亿元，下浮8%。

【工程质量监管】 2020年，石狮市开展住宅工程质量常见问题专项整治。结合群众投诉反映较多的厨（卫）间、屋面渗漏、墙体裂缝等质量问题进行梳理、分析、归纳总结工程质量常见问题类别，编制《石狮市住宅工程质量常见问题防治宣传图册》，加强常见质量问题治理的过程控制和中间环节验收，动员建设、监理、施工单位做好质量安全生产工作，落实工程施工质量主体责任，提高建设各方工程质量管理水平。持续加强节点砼的强度监管、现浇框架节点区箍筋和砼、砌体拉结钢筋监督，加大结构抗震监管力度，2020年针对质量常见问题发出责令整改通知单255份，涉及工程项目157个（次），督促整改质量隐患794条。

【城建档案管理】 2020年，石狮市档案馆持续推动城建档案信息化，保证石狮市城建档案完整、准确、安全保管和有效利用。2020年，城建档案馆接待档案利用645人次，接收57个工程档案1891卷。出具工程档案认可44个。

施工管理

【概况】 2020年，石狮市按照疫情防控和安全生产工作的部署要求，排查治理石狮市建筑施工安全生产隐患问题，全年石狮市工程质量安全整体处于平稳受控状态，有序推进标准化及文明施工管理工作，建筑施工安全生产形势稳定。2020年，石狮市辖区受监在建工程项目213个。其中房建项目179个，总建筑面积约473万平方米；市政项目34个，总长度约91千米。完成竣工验收项目77个，其中房屋建筑工程55个，总建筑面积约188万平方米；市政工程

22个，总长度约63千米。2020年，被评为泉州市级安全生产标准化优良项目的工程项目7个，被评为福建省级文明工地的工程项目1个，获泉州市“刺桐杯”优良项目称号的工程项目4个。

【双随机检查】 2020年，石狮市严格实施“双随机”动态监管机制，强化事中事后监管，定期组织“双随机”动态监管交流点评。 2020年，开展双随机检查293个（次），累计完成评价工程项目293个（次），评价率100%。通过动态监管系统累计下发监督执法检查整改单478份，发现质量安全隐患1431条。对违规单位累计动态记分5287.02分，其中施工单位3009.02分，监理单位2278分。对违规责任人累计动态记分5287.02分，其中项目经理3009.02分，总监2278分。

【质量监督检测】 2020年，石狮市推进工程检测管理，开展预拌混凝土、工程质量检测专项整治，规范检测机构的检测行为，提高检测水平。强化对建设工程质量检验检测机构的监督管理。对辖区内2家工程检测机构及3家外来检测机构驻本地办事处，开展全覆盖检查2次，发出整改通知书6份。开展预拌混凝土企业专项检查。对辖区内宏基、中远、兴邦、百城等四家预拌混凝土企业，开展全覆盖检查2次，重点检查企业资质、质量管理过程、试验室管理及原材抽查抽测。发出整改通知书8份，抽检水泥2组、粉煤灰掺合料2组、混凝土试块质量8组、混凝土用砂30组、外加剂2组及预拌混凝土拌合物8组，检测结果均合格。对在本地承接业务的非辖区内预拌混凝土企业，抽检混凝土试块质量5组、预拌混凝土拌合物氯离子检测3组，检测结果均合格。强化混凝土质量管控。对石狮市78个在建工程混凝土构件强度进行回弹，回弹混凝土构件258个，其中回弹推定值合格构件258个，合格率100%。

【渣土与扬尘治理】 2020年，石狮市结合渣土运输管控和施工扬尘治理工作，制定《石狮市建筑施工安全生产标准化提升专项行动实施方案》《石狮市房屋市政工程安全生产标准化宣传图册》，开展安全生产标准化提升专项行动，集中整治工程安全行为、实体安全、文明施工三个方面突出问题，加强石狮市建筑施工安全生产管理。2020年，检查在建房屋建筑项目122个，出动检查人员责令整改违规行为35起，责令10个项目设置封闭围挡，督促25个项目设置洗车台及冲洗设施，发出《责令改正通知单》35份，对施工扬尘措施不到位的责任单位及责任人依据《中华人民共和国大气污染防治法》予以立案查处，开具处罚决定书1份，处罚金额1万元。

质量安全教育

【安全教育及培训】 2020年6月，石狮市开展以“消除事故隐患，筑牢安全防线”为主题的“安全月”活动，对在建工程施工安全重大危险源、消防及工地扬尘防治进行专项督查。6月1日，在福建中益制药有限公司生产基地——中试车间、丙类车间、丙类仓库项目施工现场举办2020年度住建系统“安全生产月”启动仪式，开展学习交流。6月20日，联合石狮金辉城A区一期项目，举办坍塌事故、火灾事故、触电事故3项应急演练，进一步完善项目应急管理机制，提高工程项目管理人员、施工人员的责任意识、安全意识及安全技能，以点带面推动企业切实做到安全责任、管理、投入、培训和应急救援“五到位”。6月23日，开展安全生产知识再培训再教育活动，石狮市建筑企业安全负责人、在建项目的项目经理和安全员60余人参加。

【建筑工地现场检查】 2020年，石狮市住房和城乡建设局持续推进工程质量提升行动。以开展工程现场观摩、推行工程质量安全手册、开展检测机构和预拌混凝土企业巡查工作等监督检查及开展质量月宣传活动等为主要内容，加强工程材料质量管控，加大建筑原材料、主要受力构件及梁柱节点混凝土强度的抽检力度，全年检查在建项目293个，发出责令整改通知单260份，排查质量隐患803条。

2020年，石狮市住房和城乡建设局强化建筑施工安全隐患排查，推进建筑施工安全生产专项整治三年行动。先后组织开展脚手架、模板支架、建筑起重机械、火灾隐患排查、汛期安全隐患排查、建筑渣土运输等专项整治行动，重点检查安全生产责任落实、危大工程管控、安全专项施工方案编制、消防安全管理、班前安全交底、安全教育等落实情况，严厉打击各类建筑施工安全生产违法违规行为，累计检查工程项目256个，出动检查人员1600余人次，检查建筑起重机械134台，排查安全隐患数1294条，责令3台存在较大安全隐患的机械停止使用，发出《责令改正通知书》256份。

【防台风应急救援预案演练】 2020年，石狮市住房和城乡建设局结合“双随机”动态监管，开展防汛安全隐患排查治理。重点检查各在建项目防汛应急预案修订、防汛培训和演练、应急救援队伍建立、应急抢险物资及设备准备情况等防汛减灾措施落实情况。2020年，检查在建房屋建筑项目73个，排查安全隐患53处，督促建设、施工、监理单位随时观测边坡基坑及毗邻建筑物、构筑物的变化，发现险情应及时采取措施，防止造成次生灾害；加强临时工棚、简易宿舍等部位以及建筑起重机械、脚手架、模板工程等重大危险源安全检查，对存在隐患督促立即采取措施整改，确保隐患排除到位。

电 力

【概况】 2020年，国网石狮市供电公司售电量再次突破40亿大关，完成42.84亿千瓦时，比2019年增长5.9%。

2020年，石狮市实现全社会用电量电43.17亿千瓦时，比2019年增长1.17%；净增用电量0.5亿千瓦时；工业用电量26.17亿千瓦时，占比60.62%，比2019年增长0.21%；农业用电量351.63万千瓦时，比2019年增长39.17%；城乡居民生活用电总量9.28亿千瓦时，占比21.50%，比2019年增长2.74%；地区最高负荷79.9万千瓦，比2019年增长4.58%；最大日用电量1667.25万千瓦时，比2019年增长5.08%。现投入运行220千伏变电站5座，主变压器9台，总容量162万千伏安；投入运行110千伏变电站15座（含佳龙石化），主变压器33台，总容量169万千伏安；投入运行110千伏输电线路31条165.05千米，10千伏配电线路360条2098.8千米。配电变压器6284台，总容量343.5万千伏安。全年用电环境总体良好，未出现大面积停电事件和各类电力安全事故。

【电网建设】 2020年，石狮市完成固定资产投资1.07亿元。完成“十四五”中低压配电网规划，完成辖区内第一组双环网示范建设。投产110千伏鸿山输变电、110千伏石狮热电厂线路、110千伏石湖变电站2号主变扩建工程等输变电工程3个，线路长度15.1千米、变电容量63万千伏安。围绕全面建成石狮全域城乡一体化供电保障体系，推进500千伏石狮输变电工程前期属地协调，完成站址确定。新建10千伏出线39条，新增10千伏架空线路32.32千米、电缆线路59.57千米、电缆管沟12千米、环网柜171台、柱上开关182台；新建台区93个70200千伏安。落实负面清单整治，更换科力电缆分支箱55个，完成投运超年限的断路器更换17台。高故障线路彻底消除，停电时户数比2019年下降19.5%，10千伏线路百公里故障率压降24.8%，配电变压器停运率压降40.5%，频繁停电台次压降75.4%，配电网网架结构进一步优化。220千伏容载比1.96，110千伏容载比2.48，综合电压合格率99.99%，供电可靠率99.957%，配网线路绝缘化率98.52%，缆化率83.78%，“N-1”率91.78%，互联率100%，电网容载比、供电可靠性、抵御自然灾害能力位居全省前列。

【供电安全生产】 2020年，石狮市实现连续安全生产3764天。开展安全生产专项整治三年行动，推动13个专题、45个方面、165条重点任务落地落实。配合地方政府开展安全隐患大排查大整治，开展森林火灾、防汛防台、冶金电镀企业、小作坊小加工厂电气火灾治理等专项安全隐患排查工作，排查隐患269处，推动整改落实196处，整改率90.74%。划定28条110千伏输电线路保护区及14条10千伏线路保护区。2020年，保持无发生高故障线路，配电网停电故障次数比2019年下降40.5%。坚持“能带不停，一停多用”，停电时户数比2019年下降19.5%。完成福厦高铁工程迁改三级电网风险、中高考、海博会等10多项重要保供电任务，出动应急电源车55天，发电总时长686小时。开展全市9所中学、64所小学、152所幼儿园安全用电检查。

【供电优质服务】 2020年，石狮市不断优化电力营商环境，助力企业复工复产。服务助“六稳”促“六保”，落实企业电价“九五折”优惠政策、基本电费减免政策，惠及全市4.789万电力用户，减免金额8728.8万元，减轻企业用电成本。石狮市“获得电力”时间大幅缩短，高压业扩时长从2019年的23.4个工作日下降到21.7个工作日，低压业扩时长从3.78个工作日下降到2.9个工作日。全面推广不见面办电服务，推广应用“网上国网”App，实现业务线上“一证通办”、小微企业客户“不见面”办电、一般业务“一趟不用跑”，业扩线上办电率99.37%。全面落实党中央、国务院优化电力营商环境部署，践行“人民电业为人民”的企业宗旨，将2018年以来历次电价降价政

2020年7月21日，灵秀镇供电所到金相夜市为用户检查用电设备，服务地摊经济
（图/国网福建省电力有限公司石狮市供电公司）

策传导到终端用户，降低企业用电成本。贯彻绿色发展理念，完成2处充电站16个快充桩投运，全年累计完成电能替代电量2.36亿千瓦时。完成新装、增容16.15万千伏安，比2019年增长1.5%，其中以泉州纺织服装职业学院、福建晋晖科技有限公司、泉州市百丝达无纺布有限公司等为代表的一般工商业用户122家，报装容量4.25万千伏安；以福建省石狮市通达电器有限公司、美佳爽（中国）有限公司、信泰（石狮）科技有限公司等为代表的大工业用户48家，报装容量11.9万千伏安。

中小企业服务

【概况】 2020年，石狮市中小企业在石狮市国民经济和社会发展中占据着举足轻重的地位和作用，占全市企业数量90%以上。

【惠企政策】 2020年7月，石狮市出台《石狮市促进中小企业平稳健康发展若干措施》，从强链补链、金融支持、增产增效、市场开拓、梯度培养、服务保障等六大方面入手，贯彻落实福建省、泉州市关于促进中小企业平稳健康发展、一二三产业“百千”增产增效行动、深化服务民营企业“三个一百”活动等，发挥石狮市促进中小企业发展工作领导小组及其办公室综合协调作用，支持石狮市中小企业平稳健康发展。

【公共平台建设】 2020年，石狮市有国家中小企业公共服务示范平台1个、国家小型微型企业创业创新示范基地1个、福建省中小企业公共服务示范平台3个。2020年，持续深化与中国纺织工业联合会的合作，共建“一馆一院二中心”（国家纺织面料馆石狮分馆、中国纺织工业联合会检测中心石狮实验室、石狮市中纺学服装及配饰产业研究院、国家纺织信息中心石狮分中心），推进石狮纺织产业链优化重构和延展链接。持续推进石狮高新技术产业开发区1400公顷“智能产业园”建设、全国首个县级智能产业技术创新战略联盟和厦门大学智能制造工程中心、四川大学先进高分子材料研究中心等产学研平台落地石狮市海峡两岸科技孵化基地。加快推进异地孵化器建设，深化石狮（厦门大学）创新创业基地、石狮厦门云创智库科技离岸创新创业基地建设。

2020年，依托石狮纺织服装产业联盟，深化构建全产业链公共服务平台，搭建政企互动的桥梁，形成“政府—产业联盟—企业”的良性互动，持续开展闲置厂房对接、外贸服务平台搭建、纺织服装法庭等特色业务，受石狮市政府委托开展石狮市纺织服装产业质量提升行动、扶持100家纺织服装企业进行管理提升。石狮市教育局与石狮市儿童产业联合会共同推进石狮市校服订制生产服务项目，依托石狮童装资源优势创新校服订制模式，出台《石狮市校服订制生产服务企业订制生产实施细则》等文件，建立石狮校服订制生产服务企业备选库并组建项目运营公司。

【企业管理工作】 2020年，石狮市组织开展纺织服装产业质量提升行动（以下简称“质量提升行动”），构建“政府+行业协会+咨询机构+企业”联动机制，扶持100家纺织服装企业开展精益管理提升工作。

质量提升行动以政府购买服务形式委托石狮纺织服装产业联盟（以下简称“产业联盟”）具体承办，产业联盟经调研后选定泉州国信企业管理咨询有限公司（以下简称“国信公司”）作为合作单位，从而构建起“政府+行业协会+咨询机构+企业”联动机制，形成共同推进、互利共赢的公共服务供给模式。

城乡规划建设与国土资源管理

城乡规划

【概况】　2020年，石狮市落实规划先行，持续构建 空间规划体系，启动石狮市国土空间总体规划、村庄规划、地块控规、专项规划等编制工作，开展地形图修测和数字石狮地理空间框架项目建设工作、规划设计条件调整论证编制工作。

【规划编制和城市设计】　2020年，石狮市启动国土空间总体规划，基本完成规划实施评估、国土空间发展战略、人口与城镇化、海洋空间保护开发和陆海统筹、土地节约集约利用、国土综合整治与生态修复、乡村振兴战略与村庄布局、国土空间规划大数据支撑8个专题研究。完成石狮市生态保护红线评估论证和国土空间开发保护现状评估工作。加快控规、专项规划、城市设计等各层次规划的编制，完成城北控规、鸿山镇区控规、溪前工业片区控规及17个地块控规批复，组织高铁新区控规、循环染整园控规、龟湖片区控规、城东片区控规等编制工作。完成绿地系统专项规划及绿线控制规划、中心城区海绵城市专项、加油站布点等专项规划编制，完成厝仔村、洪厝村、新沙堤村、郭坑村、后杆柄村、前埔村等6个省级乡村振兴试点村庄的规划编制报批工作，开展东店村、青莲村、龙穴村等12个村庄规划编制工作。

市政建设

【概况】　2020年，石狮市道路总里程833.49千米，其中公路里程663.49千米，城市道路里程170千米，纳入市政公用事业处管辖公路83千米、城市道路170千米，其余均属各乡镇、办事处和公路局管理。石狮市对农村公路养护及安保设施完善、城市道路及附属设施维护、道路沥青路面养护均实行政府购买服务方式公开招标采购一年一标养护管理模式运作，通过社会化管养运作模式，加强道路日常管养巡察维护完善配套设施，让“专业的人做专业的事”，推动农村公路养护安保设施完善、城市道路及附属设施日常维护工作，提高养护管理专业水平。

2020年，对由市政公用事业处管辖的桥梁92座，继续实行社会化管养模式，推向市场，采取日常巡查、定期检测、维护养护、资料收集、信息系统录入的“桥梁检测维养一体化”管理模式。

2020年，石狮市市级路灯维护范围内涉及管理231条道路、长达334千米的路灯维护工作，输电线路长648.985千米、变压器244台；路灯杆（钢杆、寄杆）17310杆，路灯高度以12米灯杆为主，路灯共38726盏，路灯主要以钠灯为主，节能灯和LED为辅。由石狮市电力工程有限责任公司负责对石狮市辖区内路灯进行日常维护。

【市政公用设施建设】　2020年，石狮市继续推进断头路打通工程，完成嘉禄路（群英南路—花园路）、金盛路（南洋路—北环路）等项目，九二东路（濠江路—回兴路）完成雨污水管施工及碎石稳定层铺设。优化城市街坊支路，提升城市支路通行能力，完成凤里街道辖区、湖滨街道辖区、灵秀镇辖区、宝盖镇辖区等街坊支路整治提升项目。实施城市道路及重要节点景观建设，配建便民场所，美化城市环境，完成共富路（石锦路至沿海大通道段）锦蚶路（石祥路至锦尚外线段）绿化景观提升工程、2020年市区街头绿地及口袋公园建设工程、花园路人行过街天桥节点景观工程、古浮湾景观改造工程等项目。继续完善宝盖山万亩城市中央公园建设，完

2020 年，金盛路（南洋路—北环路）项目建成实景　（图 / 市住房和城乡建设局）

成宝盖山风景区核心区游步道、宝盖山旅游路提升改造工程、环梧园水库漫游道、瀑布广场景观工程、花海谷绿化景观整治工程等景观提升项目。推进城市综合性公园建设，实施石狮市军事主题公园、灵秀山公园绿化景观提升工程等项目建设。

【市政公用设施管理养护】 2020 年，石狮市修复人行道 8255.84 平方米、挡车石 352 根、水泥路面 4099.46 平方米、路缘石 1156.41 米、沥青路面 7550.56 平方米，更换井盖 21 套。对全市公交亭、临时站牌进行维护、更新、拆除，其中，临时站点牌维护、加固、拆除 84 块，更换户外写真灯布 36 块 934.09 平方米，更换亚克力板 73.99 平方米，公交灯箱维护 22 座，更换、安装路名牌 10 支，路名牌、路名灯箱调正电焊、氩焊加固及辅料装 58 块，更换阳光板 33.36 平方米，灯布加固 5 块，更换写真背胶 90 平方米，不锈钢公交亭维护 8 座，公交亭更换整座顶棚 15 座，顶棚阳光板 300 平方米。

2020 年，石狮市推进照明设施亮化提升，完成市委、市政府“城市提质年”中路灯亮化改造项目 5 个，建设绿色节能 LED 路灯 350 余杆；完成人民广场周边高层建筑、两个高速出入口的夜景亮化提升，构建明亮、层次分明、富有特色的城市夜景名片。2020 年，完成“12345”报修工单、城管通报修工单、“95598”报修工单及市民电话报修 520 单，维修路灯 4986 盏，处理路灯杆漏电跳闸 704 处，路灯控制箱故障 120 处，查找及隔离电缆故障 115 处，完成路灯抢修工程 146 单。开展八七路及市政府周边夜景维护工作，全年巡查 336 天，出勤维修人工次数 1150 人次，更换故障变压器 141 台，更换洗墙灯 75 套、投光灯 85 套、灯带 150 米、点光源 181 套、T5 灯具 75 套、电缆长度 1105 米。

2020 年，石狮市增设减速带 444 米、太阳能爆闪灯 18 套、施划标线 9565.3 平方米、百米桩 148 个、里程碑 18 个、标志、标牌 60 个，修复混凝土护栏 774 米、反光柱 377 根、安装突起路标 150 个、防撞桶 32 个、修复路缘石 362 米、清理水沟杂草渣土约 3100 平方米。对石狮大道、港口大道、石祥路等农村公路破损路面进行修复水泥路面约 13415 平方米，沥青灌缝约 39448 米以及更换雨水井盖 94 套，整治交通隐患点 39 处。

园林环卫

【概况】 2020 年，石狮市市政公用事业处辖内道路清扫保洁、园林绿地养护继续推行 1+N 项目、PPP 项目同步运营的方式。“1+N”项目即《2016—2020 年城镇道路清扫保洁及绿地养护项目》，项目实施范围包含约 536 万平方米的城镇道路清扫保洁和 148 万平方米的绿地养护（含永祥路），市政道路护栏、隔离栏、花箱、路灯杆、公交亭、报栏、市政道路两侧立面小广告清洗及内沟河卫生保洁，采取市场化运作的方式，由 5 家公司承包，一线作业人员 745 人，机械清扫率 89%。PPP 项目即《石狮市环卫一体化 PPP 项目》，项目实施范围包括中心城区 48 平方公里，涵盖两镇两办的垃圾清扫保洁服务、绿化管养服务、公厕维护服务，以及全市中转站的运营维护及转运服务，避免辖区间、服务商间的推诿扯皮，消除“三不管”地带，实现大环卫服务区域全覆盖。

2020 年，全市有垃圾中转站 26 座，市管公厕 32 座，配备各型环卫作业车辆 144 辆，每天转运城乡生活垃圾约 829 吨。生活垃圾末端处置采用焚烧处理的方式，实现生活垃圾的日产日清，生活垃圾无害化处理率 100%。

2020 年 5 月，石狮市将军山垃圾填埋场存量垃圾治理项目完工并完成验收，累计挖掘处置存量垃圾 49.26 万立方米。7 月 2 日，中央环保督察第一轮信访件完成销号工作。11 月，《中国环境报》对石狮市存量垃圾治理举措进行专题报道。

【园林景观提升】 2020 年，石狮市按照“先易后难，突出重点，循序渐进，稳步拓展”的原则，继续推进绿化养护市场化运作。按照一级绿地每 5500 平方米配 1 名日常养护人员、嵌草砖每

5500平方米配1名日常养护作业人员、硬地每7000平方米配1名日常养护作业员要求落实人员配备，每天工作不少于8小时，浇水车辆作业采取GPS卫星定位系统进行管理，实现城市园林绿化管理"全面覆盖、不留死角、长效管理"的工作机制。2020年，石狮市实施明珠广场改造提升、狮标公园改造提升、海豚街头公园改造提升、幸福街心公园改造提升等绿化景观提升项目，提升城市园林景观风貌。

【公园管理】 2020年，石狮市落实公园绿地市场化养护保洁管理机制，加大考评力度，提升园区环境卫生质量。持续抓好园内各类设施管理维护，重点做好公园应急避难场所设施的日常管理、检查、维护，对老、旧、损坏等影响使用功能的设备及时更换维修，完善标志、标识牌、文明宣传标语等。制定公园突发事件应急预案，明确抗震防灾工作要点内容，配合相关单位普及抗震救灾应急避险知识和宣传工作。聘请专业的有资质的公司开展水电设施巡检工作，定期开展安全隐患排查并出具水电检查工作报告，提高公园水电安全管理水平。开展公园管理员履职专项行动，对管理员日常工作、园内环境卫生保洁、园林绿化景观、流动摊点整治、停车场管理等进行检查。

【宝盖山风景区管理】 2020年，石狮市宝盖山风景区结合城市管理的现状，优化公园管理方式方法。继续采取直接委托的方式，由石狮市物业管理有限公司负责景区环卫保洁和绿化管养。聘请专业保安，负责日常巡逻、秩序维护、车辆管理、文明劝导、安全检查等安全管理工作。设置安全警示牌，定期开展安全隐患排查、消防检查，组织消防知识培训和消防应急现场演练。通过劳务派遣的方式，成立考评督查队伍，每日对各服务企业的服务质量进行考评。2020年，除在景区持续开展疫情防控工作外，还开展公厕、广场等重点卫生死角消杀，开展灭红火蚁、灭蚊、灭"四害"、防治"登革热"等工作，净化环境卫生。12月25日，石狮宝盖山景区获评国家AAA级旅游景区，实现石狮市A级景区零的突破，摘掉全省唯一没有A级景区县市区的帽子。

【环卫保洁管理】 2020年，石狮市市政公用事业处定期组织养护公司项目负责人和管理人员，采取以会代训的形式，指导公司规范日常管理制度，提升管理水平；设立专职检查考评小组6个，对保洁养护公司的环卫清扫保洁、园林绿地养护水平和质量进行检查、监督和考评，通过每日保洁成效巡检、抽检工人在岗数量、卫生死角专项督查等方式，结合"12345"便民服务中心、群众来电、"110"联动等社会监督的作用，推动城市环境卫生工作的进一步提升。

【保洁经费投入】 2020年，石狮市保洁经费投入16407.41万元，其中，沿海五镇清扫保洁经费3315.83万元，沿海五镇垃圾运输补贴161.68万元，2016—2020年城镇道路清扫及绿地养护项目经费5118.19万元，环卫一体化PPP项目经费7811.71万元。

【城乡环卫考评】 2020年，石狮市市政公用事业处完成6个专职检查考评小组调整。2020年，采取日常检查考评、专项检查考评、内业资料考评和城镇道路数字城管信息采集考评相结合的方法，每月对"1+N"项目中标供应商的承包业务进行检查考评。采取市、镇（街道）、村（社区）三级巡查考评机制，进一步提升PPP项目范围内的管理水平和保洁管护质量。2020年，各级管理人员考评发现问题74420处，通过"易+环卫云"智能环卫系统及时通知项目公司整改，整改率达100%。定期对垃圾转运站、转运车辆、公厕公园等设施设备开展安全作业检查，要求项目公司按时整改到位，筑牢安全隐患事故防线。

【环卫队伍建设及设施建设】 2020年，石狮市市政公用事业处在环卫队伍建设方面，落实环卫工人基本工资、岗位津贴、高温补贴、节假日加班补贴标准并建立长效增长机制；将环卫工人"五险"列入项目预算资金，对企业采取实报实销的方法，督促企业与环卫工人签订劳动合同、办理各项社会保险、补充意外伤害商业保险等；改善环卫工人居住条件，要求保洁公司为环卫工人提供安全固定的居住场所，且人均不少于10平方米，严禁环卫工人居住临时搭盖等不安全场所。2020年，有一线环卫工人745人。

2020年，在环卫设施建设方面，建设石狮市城北片区垃圾综合处理站，主体工程建设基本完成；石狮市餐厨垃圾预处理项目、石狮市大件垃圾（含园林垃圾）综合处理站完成厂房建设及施工图设计，相关处理服务引入社会资本投资、运营，完成招标工作。推进中央环保督察整改任务配套设施建设。建成石狮市应急填埋场，完成配套渗滤液处理站改造提升，开始试运行。督促石狮市鸿峰环保生物工程有限公司加快石狮市垃圾综合处理厂提级改造项目建设进度。12月10日，6号炉进行点火低温烘炉，正在调试中，7号炉正在建设中。

土地管理

【概况】 2020年，石狮市总供地79宗，总面积229.8公顷，总价款221367.26万元。其中出让方式供应55宗，面积126.57公顷，价款218698.47万元；划拨方式供应19宗，面积99.03公顷，价款2640.71万元；使用集体土地5宗，面积4.2公顷，价款27.7万元。

2020年，石狮市坚持保护优先，

提升国土资源管控能力。2020年，持续开展批而未供、闲置土地清理工作，其中，处置批而未供面积75.42公顷，处置率24.7%；推动闲置土地管理和盘活工作，其中，取得施工证并动工建设2宗，面积34.49公顷；被司法查封的2宗，面积2.93公顷；正在整改的5宗，面积23.88公顷，处置率56.27%。

2020年，石狮市开展并初步完成全国第三次国土调查工作，成果质量较好，通过国家和省三调办的检查。持续推进泉州市农村地籍与房屋调查及房地一体不动产登记工作试点县市工作，开展地籍和房屋调查工作。完成全市农村部分的宅基地调查工作，全年完成调查宗地数53516宗，涉及93个村，建库100%；完成93个村的市级验收对接工作，11月7日，完成全部县级互检工作。在登记衔接工作上，已经开展登记先行村（鸿山镇郭厝村、湖厝村）的登记工作。

【土地规划管理】 2020年，石狮市合理调整使用有条件建设区，完成规划调整3个批次，涉及土地面积21.05公顷，其中农用地17.57公顷，耕地3.54公顷。

2020年土地利用现状汇总情况表

表7　　单位：公顷

行政区域	行政区域面积	耕地	园地	林地	草地	城镇村及工矿用地	其他建设用地	交通运输用地	水利及水利设施用地	其他土地
石狮市	18802.02	2444.15	71.53	2364.54	585.03	5593.82	4620.23	2109.45	708.78	304.49
宝盖镇	2140.56	194.64	8.54	310.14	74.56	765.29	305.45	330.06	104.01	47.87
凤里街道	441.85	1.56	—	3.08	2.03	246.31	95.08	86.61	6.44	0.75
蚶江镇	5173.37	926.54	11.43	437.55	110.93	1059.12	1820.33	482.88	281.23	43.35
鸿山镇	1716.05	237.84	1.70	208.67	85.64	720.31	212.00	171.02	57.08	21.78
湖滨街道	595.47	1.49	0.58	10.98	2.33	333.17	132.86	106.50	5.38	2.17
锦尚镇	1556.23	254.19	1.68	162.02	47.80	485.49	287.68	209.36	45.12	62.90
灵秀镇	1647.78	79.53	12.20	357.98	49.35	600.18	290.37	215.97	27.64	14.56
石狮海滩	750.38	6.93	—	1.37	29.56	3.81	697.70	5.15	1.90	3.95
祥芝镇	1670.27	336.71	3.62	163.67	42.73	569.29	282.70	227.33	25.73	18.50
永宁镇	3110.05	404.73	31.79	709.06	140.09	810.86	496.05	274.59	154.23	88.66

【土地利用特点】 2020年，石狮市建设用地占土地总面积58.85%，土地开发利用强度大，建设用地数量大，比重高，但用地相对粗放。耕地总量占土地总面积的13%，人均耕地0.0093公顷。耕地后备资源有限，分布零散，沿海滩涂面积大，但可围垦为耕地数量少。

【耕地保护】 2020年，石狮市执行最严格的耕地保护制度，年初市政府与各镇签订《耕地保护目标责任书》，对各辖区的耕地和永久基本农田的面积提出严格要求，建立考核机制，明确镇、村、组各级职责，确保全市耕地保有量不低于2260公顷，永久基本农田不低于1108.07公顷。2020年，石狮市耕地保有量为2328.33公顷，永久基本农田面积1108.2 公顷。

2020年，石狮市自然资源局结合季度卫片和不定期巡查，建立违法行为发现机制，对耕地特别是永久基本农田进行动态监测，与各镇密切配合，依法从严、从重查处违法违规占用、破坏耕地特别是永久基本农田的行为。协助各镇制定辖区耕地保护执法检查全覆盖路线图，明确片区执法检查责任人、巡查周期、违法案件查处要求，在村（居）委会公开栏和村落明显处公布片区执法检查责任人、联系电话，便于群众举报违法案件。

【国土资源市场配置】 2020年，石狮市总供地79宗，总面积229.8014公顷，总价款221366.884万元。其中，出让方式供应55宗、面积126.573公顷、价款218698.4731万元其中，挂牌工业用地27宗、面积81.2015公顷、价款41497万元；挂牌商服用地15宗、面积26.2574公顷、价款99189万元；拍卖商住用地3宗、面积12.2114公顷、价款73250万元；挂牌其他用地2宗、面积 0.5833 公顷、价款 1030 万元；协议出让工业用地 5 宗、面积 2.2603 公顷、价款 1455.7692 万元；协议出让教育用地 1 宗、面积 0.3269 公顷、价款 290 万元；补办出让 2 宗、面积 3.732 公顷、价款 1986.7039 万元。划拨方式供应 19 宗、面积 99.0256 公顷、价款 2640.7074 万元；使用集体土地 5 宗、面积 4.2028 公顷、价款 27.7035 万元。

【土地收购储备】 2020 年，石狮市土地储备计划新增储备用地 197 公顷，计划完成前期开发土地面积 153 公顷，计划供应储备用地 173 公顷。2020 年，实际完成新增储备用地 136 公顷。全年组织举办 21 次土地招拍挂出让活动，成交 48 宗 123.6 公顷，成交金额 21.67 亿元。2020 年，未新增土地储备专项债券，截至 2020 年年底土地储备专项债券余额合计 17.09 亿元，无其他储备项目融资贷款。

【被征地农民权益维护】 2020 年，石狮市实施“两公告一登记”制度，做好国土资源申请听证工作，规范征地程序，采取多种形式继续妥善处理回批地历史遗留问题。结合工业园区规划和城市规划片区改造，探索以集中商场等物业形式安置为主的多种征地补偿安置方式。

2020 年，石狮市依照有关法律法规，规范征地拆迁工作，推动建立科学完善的征地补偿机制，推广应用“和谐征地工作法”，规范全市的征地程序，以批前告知、批后信息公开为主线，抓好征地信息公开工作，完善被征地农民合理、规范、多元保障机制。持续开展被征地人员养老保障工作，截至 2020 年年底，全市启动被征地人员养老保障工作 74 个村，涉及人数 23307 人，发放标准分别为 447 元和 178 元。

【地质灾害防治】 2020 年，石狮市没有地质灾害点及隐患点，地质灾害防治工作重点主要是防范辖区内所有可能存在人为造成的地质灾害点的建筑垃圾、工程弃土渣场、挡土墙、边坡工程、水塘进行排查整治。2020 年，永宁、蚶江两镇对废弃石窟山体稳定性重点检查，对关闭矿山存在着垮塌危险的边坡和岩墙、岩柱，加强监测监控并严格落实安全防范措施。

【建设项目用地报批】 2020 年，石狮市农用地转用及土地征收获批 6 个批次，总面积 42.31 公顷，其中新增建设用地 19.6 公顷（涉及耕地 5.64 公顷）。

【土地预审】 2020 年，石狮市规范建设项目用地预审，所有用地预审统一到行政服务中心窗口受理，完成本级计划部门立项的建设用地项目预审 32 件，用地总面积 218.53 公顷，保证土地利用总体规划的有效实施。

【房屋所有权登记】 2020 年，石狮市不动产权属登记 22003 宗，不动产抵押登记 18700 宗，不动产发证 28643 件（其中权证 16982 件，登记证明 11661 件）；不动产查询 44148 宗（包括人工查询 12888 宗，自助查询 28770 宗，档案查询 2490 宗）；2020 年收费 3680.75 万元（其中代征土地出让金 2612.04 万元，代收罚款 705.26 万元，登记费 363.45 万元）。

【国土资源执法监察】 2020 年，自然资源部下发石狮市的 2020 年度前三季度遥感监测图斑 33 个，总面积 45.55 公顷，其中耕地面积 0.23 公顷。核实后石狮市合法 29 宗，面积 43.01 公顷，其中耕地 0.23 公顷。伪变化 2 宗，面积 0.78 公顷，没有占用耕地。违法用地 2 宗，面积 1.76 公顷，没有占用耕地。全市初始违法用地比例 3.86%。

石狮市结合 2020 年度遥感监测图斑和 2020 年度土地变更调查成果，对违法用地行为抓紧进行查处整改。石狮市违法案件 2 宗，应立案 1 宗（已立案查处 1 宗，面积 0.72 公顷，没占用耕地）决定没收违法建筑物面积 2.09 万平方米，已没收违法建筑物面积 2.09 万平方米。非立案查处 1 宗，面积 1.04 公顷，没占用耕地。决定拆除违法建筑物面积 1.04 万平方米，已拆除面积 1.04 万平方米。石狮市立案率 100%，履职到位率 100%，查处整改到位率 100%。

【闲置土地处置】 2020 年，石狮市完成 13 宗闲置土地处置，总面积 629815 平方米（62.98 公顷）。其中蚶江镇 2 宗，锦尚镇 2 宗，祥芝镇 7 宗，灵秀镇 2 宗。该 13 宗均按延长动工开发处置。截至 2020 年年底，延长动工开发的 13 宗中的特步、九牧卫浴、明泰船舶、海益水产品、振荣水产品、益鸿冷冻、祥海水产、天球等已动工建设。

【矿产管理】 2020 年，石狮市采取多种模式综合治理，除个别采取“青山挂白”外，还进行回填并单体复绿治理；结合公园建设进行景观治理；结合宝盖山风景区规划，建设休闲驿站、林下茶座等休闲设施项目；利用废旧矿区生态修复作为飞灰填埋项目；利用废旧矿区填埋修复作为“公益墓园”项目；利用废弃石窟进行建筑垃圾填埋；利用废弃石窟平整治理为工业用地和建设用地；平整回填建设为乡村公园等。

【测绘信息管理】 2020 年，石狮市规范测绘市场管理，定期对测绘中介队伍和测绘市场加强日常监管检查，建立健全测绘单位的信息档案，促进测绘活动规范化，全市备案的共有 18 家（本地 7 家、外地 11 家）测绘单位。2020 年为更好地实现各类信息互联互通，为政府科学决策、公共服务、社会管理、综合监管能力等方面起到积极作用，石狮市启动地形图修测和数字石狮地理空间框架项目建设工作，项目总投资1500万元。4月完成项目建议书并报送泉州市自然资源和规划局立项。7月完成项目设计书编制，8月方案设计书通过专家评审，9月移交城投公司，进入招投标工作。

【土地测绘】 2020年，石狮市继续组织实施农村房屋调查工作，在石狮市行政辖区内开展农村宅基地、集体建设用地、农房（含测区内的国有土地）地籍及房屋调查。截至2020年，完成93个行政村农村地籍房屋调，为农村集体土地确权登记发证工作提供基础资料，为实施农村集体土地房屋不动产统一登记奠定坚实的数据基础。

住房保障

【概况】 2020年，石狮市制定公租房分配方案，多举措加快提高公租房配租率，截至12月底，配租4911套，配租率67.31%；全年实施廉租住房租赁补贴保障89户，185人，发放补贴资金53.96万元。审核完成2019年度新市民、民办高校人才及新闻行业人才积分入住申请购房补贴对象70户，完成配租公租房对象5户。10月，出台《2020年新市民及民办高校人才、新闻行业人才“积分入住”保障实施细则》，提供购房补贴指标100套，申请公租房指标35套，将按计划开展受理审核工作。

【物业服务与管理】 2020年新冠肺炎疫情初期，石狮市住房和城乡建设局开展住宅小区摸排检查，指导督促住宅小区物业管理单位开展公共部位消毒、疫情排查登记和做好防控措施。开展“双随机”检查，随机抽取8个物业管理小区进行“双随机”检查，对检查中发现存在的问题，责令物业服务企业限期整改，并书面反馈整改结果。印发《石狮市物业服务质量评价暂行方案》，组织物业管理专家对104个住宅小区进行2轮物业服务质量考评，并督促物业服务企业限期进行整改。开展物业行业培训与指导，与物业企业签订《物业企业诚信经营承诺书》33份，开展物业行业职业技能竞赛、《中华人民共和国民法典》与物业管理的法规培训等活动，规范和提升物业管理业务水平。

开展创城创卫工作，累计派出工作人员开展检查100余人次，做好物业小区日常清洁和垃圾清运工作。

【物业行业安全生产】 2020年，石狮市开展物业行业安全隐患排查，结合安全生产大排查大整治、“双随机”检查、物业服务质量考评等工作开展消防安全、地下室防涝两项重点隐患排查，针对发现的消防设施破损、缺失等问题逐一列出清单，督促物业企业及时落实整改，消除安全隐患；督促物业企业开展高层建筑消防安全自查自纠工作，并向物业企业发放《高层建筑消防安全主体责任告知书》，要求物业企业张贴高层建筑消防安全主体责任公示牌；累计开展检查200余人次，发现安全隐患34处。联合消防大队、所在街道等单位组织消防培训、消防演练22场，提升物业管理人员消防安全素质和抵御灾害能力。开展“生命通道”集中治理专项行动，制定《“生命通道”集中治理行动方案》，指导和督促77个物业小区完成消防通道划线和设置消防标志牌。指导、督促有物业管理的77个物业管理服务区域建设电动车智能充电桩系统，截至2020年完成建设智能集中充电场所166个。

【房地产市场】 2020年上半年石狮市受疫情影响较大，商品房销售面积30.35万平方米，比2019年同期减少12.05%，销售金额27.19亿元，比2019年同期减少15.72%。下半年，特别是9月房交会后，商品房的销售情况出现回暖现象。全年销售面积75.37万平方米，比2019年增长10.69%，销售金额67.82亿元，比2019年增长9.37%。

【房地产政策】 2020年12月31日，石狮市出台《石狮市房票补偿实施细则（试行）》，推出的房票补偿细则，有意购进房屋和安置的，可选择房票补偿。房票可选择购买一手房或者二手房。

住房公积金管理

【住房公积金归集】 2020年，石狮市新增归集职工3590人，新增归集住房公积金5.78亿元，比2019年增长8.44%。截至12月底，全市累计有2280个归集单位42607名职工缴存住房公积金，分别增长15.21 %和3.37%，历年累计归集住房公积金51.17亿元，归集余额16.96亿元。

【住房公积金提取】 2020年，石狮市批准74524人次提取住房公积金，提取金额51846.29万元，其中，购房支取1167人，支取金额15977万元，建房支取15人，支取金额221.8万元，还贷支取70983人，支取金额28834.1万元，离退休支取218人，支取金额3190.5万元，其他支取2141人，支取金额3622.89万元。

【住房公积金贷款】 2020年，石狮市新增发放个人住房公积金贷款506户，发放贷款金额2.4亿元，历年累计发放个人贷款6662户，累计发放贷款金额26.16亿元，12月底贷款余额14.46亿元。

【住房公积金增值收益】 2020年，

泉州市住房公积金管理中心石狮市管理部完成业务收入4890.86万元，实现增值收益1815.17万元。

【住房公积金专项整治】 2020年，泉州市住房公积金管理中心石狮市管理部利用扫黑除恶及骗提专项整治行动的重要契机，加强与住建、税务、购房地管理部等部门和单位的沟通衔接，建立完善核查机制，采取灵活多样的方式，重点对以租房、购房、建房、偿还商业住房贷款为由申请提取公积金的业务进行精准核查，确保提取业务要件真实准确、提取资金切实用到解决职工住房问题的“刀刃”上。2020年，协助核实购房信息114笔，其中异地购房提取业务23笔。

城市管理

【概况】 2020年，石狮市在健全完善城市治理体制机制上积极探索实践，聚焦解决群众反映强烈的发展不平衡不充分的问题，从“美节点、留空间、整小区”为抓手，紧紧围绕“两违”综合治理、市容环境卫生整治、完善市政基础设施和创新水利水务等中心工作，以提升城市管理水平为主线，为推进石狮高质量发展提供有力保障。

【城市管理执法】 2020年，石狮市开展“2020年春季攻坚战”，结合房屋安全隐患排查整治、自建房临时搭盖整治、人居环境整治为重点，全面攻坚，深入开展，进一步巩固“两违”专项治理成果，年度拆除“两违”455宗，面积26.86万平方米，完成年度进度122.09%。

【市容环境管理】 2020年，石狮市城市管理局查纠占道经营15591起、清理“牛皮癣”8785张、架空管线22423.5米，拆除户外广告537块，查扣共享单车152部，教育劝导占用主次干道及消防通道占道搭棚及拱门行为82起；拆除围墙、围挡35处、1980米，修缮、美化围墙围挡5处，拆除临时搭盖89处、13169平方米，平整、美化、改造原有空地54处10126.7平方米；立案查处“滴洒漏”案件232起。

2020年，石狮市城市管理局组织开展“家园清洁”百日行动，做到“扫清楚、拆清楚、摆清楚”。自2月中旬开展以来，全市“扫清”门楼内外、房前屋后等卫生死角13万余处，“拆清”简易搭盖、鸡鸭猪圈、废弃农村厕所3069处37万平方米，“摆清”乱堆乱放问题16.7万余处。通过拆除简易搭盖、清理堆物堆料腾空土地2857块，面积38.7万平方米，利用腾空的土地，因地制宜，进行环境的绿化美化、土地复耕、建设口袋公园、休闲场所等599处，面积7.56万平方米。

【市民投诉案件处理】 2020年，石狮市城市管理局坚持受理“110”24小时投诉举报，及时处理“12345”便民服务热线反映的各类城市管理问题。全年受理群众来电、来信、来访240件，均得到及时调查、处理和反馈；承办信访件、领导批示、部门转办件71件，均已办结反馈。

【数字城管】 2020年，石狮市数字城管进一步完善系统建设，完成与石狮市大数据局智慧石狮管控平台对接，打通与“12345”热线的数据互推通道，实现数据共享共用。加强采集员队伍管理，通过实行网格划分、灵活考勤、出行车辆自配的方式，提高信息采集的数量和质量。积极与专业部门沟通，督促各单位解决问题，促进城市管理水平的提升。2020年，系统受理47277件，实际有效案件43825件，其中自行处置案件31335件，结案率100%；向各镇（街道）及专业部门派遣12490件，结案12340件，结案率98.8%。

燃　气

【燃气供应】 2020年，石狮新奥燃气有限公司日均用气量12.05万立方米，其中商业福利户1.2万立方米/日，工业户9.4万立方米/日，民用户1.5万立方米/日。用户类型包含石油化工、漂染行业、纺织服装、酒店、餐饮、五金、食品、电子、综合体等。2020年，石狮新奥燃气有限公司完成气量销售4395万立方米。

2020年，石狮新奥燃气公司完成民用户安装6525户（其中，老户452户，新户5981户），工商户发展46000立方米/日，工商户接驳36800立方米/日。

【管网建设】 2020年，石狮新奥燃气有限公司管网总长度达666.87千米，其中中压管网256.17千米，低压管网410.03千米，管网基本覆盖整个石狮市区并延伸至各乡镇主要工业区、重点工业户。通气民用户4.8万户，工商户460户。

【安全供应燃气】 2020年，石狮新奥燃气有限公司开展全员安全培训25余次，安全活动42次，应急演练8次，安全宣传25次。深入隐患排查，全年完成民用户隐患整改122户，工商户隐患整改156处。加强第三方施工监控，通过对外部施工队、各类挖掘机械施工动态的把控，借助GPS智能巡检系统的推广应用，提高管网巡查效率，全年进行施工监护44处；确保安全稳定供气。

2020年，定期开展服务规范培训、实操练习、典型服务案例学习与服务自查，提升服务人员的服务意识与服务技能。开展“进校园、进企业、进社区”三进宣传活动，普及安全用气知识，聆听客户心声。主动对接石狮市便民服务热线，自觉接受社会监督，及时了解客户需求并限期办理反馈，提升服务响应效率。开展客户痛点梳理与专项改进工作，从提升服务效率、满足客户需求等方面着手，持续优化，提升服务质量。

水务与水利管理

【概况】 2020年，石狮市用水总量2.130亿吨，万元GDP用水量和工业增加值用水量分别比2015年下降25.1%、28.2%，农田灌溉水有效利用系数0.69，全部达标。全年安排水务项目21个，年度计划投资约5.57亿元，完成年度投资约5.62亿元。

【防汛防台风】 2020年，石狮市降雨量514.8毫米，比2019年减少674.7毫米；成功防御6场暴雨袭击，6号台风正面袭击，4号、9号、17号台风的外围的影响，其中第6号台风“米克拉”提升防台风应急响应等级为Ⅱ级。风雨的影响是造成严重灾情的主要因素，防汛抗旱指挥部严格执行24小时值班和领导带班制度，全年累计启动10次应急响应，无险情及重大损失和人员伤亡。

2020年5月1日起，市防汛抗旱指挥部职能转隶至应急局，明确防汛抗旱指挥部的人员由应急局和水务处合署办公。修订《石狮市防洪防台风应急预案》，落实全市9个镇（街道）、128个村（社区）和11座水库防汛预案修订工作。排查全市208座550人危险区转移对象建立明白卡。及时梳理21支防汛防台风应急抢险与灾后重建技术队伍、施工队伍的变更。对防汛储备物资进行检查维护，及时修复受损设备。市防汛办召开2020年防汛工作部署动员会，市、镇、村级通过高清视频会议系统分别召开全省、泉州市、石狮市三场脱贫攻坚暨防汛抗旱工作专题业务知识培训会，共计800人次参加；协助开展福建省常态化疫情防控下防台风船舶锚泊与人员安全转移演练任务；开展全覆盖村级危险区域群众自主转移避险演练，及石狮市常态化疫情防控下防台风船舶锚泊与人员安全转移演练。完成石狮市农村基层防汛预警预报体系建设体系项目，并验收后投入使用。全市45处雨水风潮情监测预警、28处远程视频监控点等设备通过外包和以租代建（承建方负责维护）的方式，加强日常巡检和维护，进一步完善提升防汛科技化水平。提高基层防灾减灾水平，确保度汛安全。

【污水管网建设】 2020年，石狮市结合道路建设、河道治理及污水管网修缮等同步建设污水管道，实施嘉禄路（群英南路—花园路）污水管道工程、市中心区污水收集系统完善工程（二期）、市区雨污水管道缺陷改造工程（二期）、西岑溪生态安全综合治理工程等污水处理厂配套管网改造建设，2020年建设污水管网约15.99千米，投资约4063万元。推进农村生活污水治理PPP工程，完成管道敷设145.83千米，完成投资约14129万元。

【河道整治】 2020年，石狮市实施水头排涝枢纽工程、灵山沟截污改造工程、东沟上游污水收集工程、西岑溪生态安全综合治理工程、下宅溪下游河道整治工程、伍堡溪河道整治工程、厝上溪综合治理提升工程、市区污水管、内沟河清淤工程、永宁污水厂尾水回用冲沟工程9个河道整治工程。河道建设主要内容为沟底清淤疏浚、生态挡墙砌筑、雨污分流改造及景观提升工程等。

2020年，石狮市开展河道水质监测工作，召开河湖水质会商暨河长制工作联席会，分析河道存在的问题，提出并落实河道整治意见；与晋江市进一步落实晋石跨境流域管理保护协作机制，解决具体问题7项；组织工作人员前往永春河长办、泉港河湖管养中心参观学习，交流经验。

2020年，石狮市开展新一轮“清四乱”专项行动，排查整治问题29处；对省河长办“96133”呼叫中心转办的群众监督举报问题的4个进行转办，并完成整改反馈；联合开展厝上溪、子英溪、梅港沟、南低渠、灵山沟督导检查，都宫溪、大厦溪巡河暗访和夜间巡河等工作，督促整改问题99个；立案查处涉水环境违法行为5起，处罚金额70万元，刑事1起。

【河湖长制管理】 2020年，石狮市落实河（湖）长制工作要求。市级双河湖长共同签发石狮市2020年1号河长令，部署河湖长制工作，解决河湖问题。市河长办落实上级决策部署，完善工作机制。做好市级主要河湖长名单和河道专管员目录的更新、河湖长制公示牌更新设立、巡河App使用、召开河湖水质会商暨河长制工作联席会等基础性工作；开展每月河道环境卫生考评，对发现的511个问题进行整改，开展日常巡河检查工作，对发现的211个问题进行分办整改；完成河（湖）长制公示牌更新、河湖长名单公告、河长制工作培训、“一河一档一策”修编工作。

2020年，石狮市推进水环境综合治理，河道水环境改善显著。2020年度共安排水环境治理项目15个。其中灵山沟截污改造工程、东沟上游污水收集工程、西岑溪生态安全综合治理工程、下宅溪下游河道整治工程、伍堡溪河道整治工程、城市积水整治工程（三期）、市区污水管、内沟河清淤工程（续）、市区雨污水管道缺陷改造工程（二期）、市中心污水收集系统完善工程（一期）—塘园溪流域污水管网完善改造清淤工程、市中心区污水收集系统完善工程（二期）、永宁污水厂尾水回用冲沟工程11个项目完工，其余4个项目有序推进中。

【河长制宣传工作】 2020年，石狮

市通过各种媒体宣传河长制工作，应用“石狮河长制”微信公众号平台，编制石狮市河长制工作简报，开展“清明上河图”巡河活动、“世界水日”“中国水周”活动、河湖管理保护知识专题和“争当‘河小禹’，建设幸福河湖”等系列专题宣传活动，推动节水公园、河长制主题公园建设，建成9个河长制主题公园，成立9支民间河长志愿服务队，组织百姓河长、企业河长、河小禹、巾帼河长、党员河长、记者河长开展志愿活动等营造河长制工作氛围。

【水土保持工作】 2020年，石狮市鸿山镇洪厝村对28.67公顷山林实施水土流失封禁治理，委托洪厝村委会承担封禁立界，水土宣传，日常巡山，树林打枝，除草灌肥等水土治理任务，完成水土流失治理投资12万元。落实水保“三同时”制度。2020年，审批水保方案报告书35件，报告表47件，登记表3件。

【福建省石狮供水股份有限公司】

2020年，福建省石狮供水股份有限公司自来水供应及服务覆盖石狮市城乡所有村居，做到“同网、同质、同价、同服务”。全年供水总量12582.22万立方米，全市平均日供水量34.38万立方米，管网漏损率8.34%，水质综合合格率99.96%，全年安全生产无事故，公司蝉联“泉州市文明单位”称号，客服中心被授予“泉州市工人先锋号”称号。

2020年疫情期间，福建省石狮供水股份有限公司实行“欠费不停供”“停水暂复水”“暂停居民用水阶梯式计量水价”等利民措施，义务为全市近200家学校进行水质检测，助力复工复学，确保生产、防疫、安全和服务“四不误”。强化安全生产管理，组织开展“生产运行、水质、危险化学品、房屋建筑、建设项目、施工、信息、交通、消防”9个方面的安全专项整治，组织16场次安全教育培训共607人次参与；开展防洪度汛、失电事故、消防、反恐、突发环境事故等10场次综合应急演练。开展查漏测漏，通过常态化的管道巡查和测漏，发现管道漏水627处，并在供水高峰来临前委托第三方探漏机构对全市供水管网进行漏水探测，共挽回漏水量约580680立方米。完善测流、测压、测质系统，升级分区软件，强化实时在线监控能力。通过供水管网巡检纠正GIS系统错误信息共536处。加强供水管网巡检力度，确保管线运行安全，加强管网抢维修效率。

2020年，福建省石狮供水股份有限公司加强生产部门电耗、药耗和生产调度等数据分析，科学指导生产，促进节能降耗；强化欠费催缴措施，通过法院催缴平台发布欠费短信提醒，开通24小时催缴专线咨询电话，全年追缴结清1303个用户拖欠的水费26.49万元；申请农村用水增值税减免工作，全年减免税额约90万元；利用融资市场基础利率下调的等优惠政策，合理安排融资进度，与银行洽谈争取，做到下柜资金利率均低于市场利率；加快公司上市步伐，供水公司向海峡股权交易中心进行股权托管，托管股本10530万股，其中确权10023.62万股，占总股本95.19%。持续推进“五清理”工作，推动历史遗留问题解决，完成20万吨水厂清产核资工作、石永泵站土地确权、20万吨水厂扩建工程决算等工作。

生态建设与环境保护

生态建设

【生态文明建设】 2020年，泉州市石狮生态环境局牢固树立绿色发展理念，启动国家生态文明示范县规划编制工作。成立推进“三线一单”编制工作领导小组，向泉州市提出10条“三线一单”修改意见。探索地方特色绿色金融新模式，首创以污水排放量为融资质押标的，帮助5家印染企业解决技改和生产经营贷款2550万元，实现污水排放量资产化、价值化。推进“绿盈乡村”创建工作，完成62个（占比61.39%）初级版和3个（占比2.97%）中级版“绿盈乡村”认定工作，尚有7个（占比6.93%）中级版和6个（占比5.94%）高级版“绿盈乡村”在申请上级认定。督促各镇推进绿盈乡村信息平台录入工作，并征集上报补短板项目8项。开展“绿盾”自然保护地强化监督，成立生态环保监察专业队伍，制定相关工作方案，组织相关部门开展遥感监测核查工作，核查深沪湾海底古森林遗迹国家级自然保护区和泉州湾河口湿地省级自然保护区，遥感发现问题均完成整改，未发现新增人类违法行为。2020年受理“12369”和环保“110”环境投诉事项375件，“12345”便民服务热线转办件369件，均按期办结。

【“洁净蓝天”工程】 2020年，泉州市石狮生态环境局实施“洁净蓝天”工程，强化轻微污染天气应对，启动应急响应20次，加强全市工业企业、露天餐饮、渣土车、禁炮等污染整治工作的应急监管调度。深化燃煤锅炉整治，推进高污染燃料禁燃区燃煤锅炉清洁能源替代，停用（拆除）工业锅炉6台；推进65蒸吨以上燃煤锅炉超低排放改造，石狮热电公司完成3台共295蒸吨锅炉超低改造，清源科技公司完成主体工程改造。开展非道路移动机械摸底调查和编码登记，摸底调查非道路移动机械795辆并进行编码上牌。推进大气臭氧源解析及清单编制工作，完成项目验收报告并指导石狮市臭氧污染防控。完成染整行业定型机废气工况智能监控系统硬件设施建设及平台试运行，实时监测掌握全市51家印染企业定型机及配套治理设施运行情况。

【“碧水清源”工程】 2020年，泉州市石狮生态环境局开展“碧水清源”专项行动，持续推进厝上溪综合治理提升工程、市中心污水收集完善工程等4个精准治理项目建设，完成投资4417万元。推进碧水攻坚“三巩固”。开展城镇污水处理提质增效，完成石狮市中心区污水处理厂“一厂一策”方案编制。首创跨镇街相邻区域河湖治理保护协调联动机制，打破地域界限，共治跨境河流；推行“一镇（街）一河长制主题公园”建设，促进河湖长制宣传工作。持续推进城镇生活污水治理。推进污水处理厂配套管网项目建设，2020年度完成管网建设15.9千米；推进石狮高新区污水处理厂提标改造工程并于2020年年底完成建设，执行一级A出水标准。

【“清洁土壤”工程】 2020年，泉州市石狮生态环境局完成全市20家土壤重点监管企业土壤自行监测备案以及“守护净土”专项排查整治。完成全市60个工业污染源及1个危险废物处置场的地下水调查工作。强化固废危废监管，开展重点行业企业一般工业固体废物专项排查整治行动，2020年检查企业17家，发现并整改问题7个。对危险废物经营单位、产废单位开展规范化考核检查，考核企业117家，考核结果均为达标。开展危废收集试点。积极推动培育本地危险废物收集试点企业，对区内61家染整（水洗）企业的危险废物开展收集、贮存、转移工作。

【生态环境保护督察整改工作】 2020年，泉州市石狮生态环境局完成第一轮中央环保督察反馈意见、省委省政府环保督察反馈意见整改任务，完成梧垵溪流域水环境、将军山垃圾填埋场综合治理。完成中央生态环保督察交办信访件第一轮22件、第二轮29件整改，办结率、销号率均100%。2020年8月，全面启动第二轮中央生态环境保护督察反馈意见整改工作，出台《石狮市贯彻落实第二轮中央生态环境保护督察反馈意见整改方案》，成立第二轮中央生态环境保护督察反馈问题整改工作第三方监督评估组，对思想认识不到位等8个全省共性问题共5份整改方案进行监督评估，同步抓好各项整改工作落实。

环境质量

【概况】 2020年，石狮市环境质量总体保持良好，按照生态环境部制定的环境监测技术规范，全年完成3个城市空气质量点位（含1个清洁对照点）和2个降水点位（含1个对照点）的监测；完成1个地表水水质监测断面和1个集中式生活饮用水源地的水质监测；完成全市19个交通路段，100个城市区域噪声监测点和3个城市功能区的噪声监测。

【城市环境空气质量】 2020年，石狮市空气质量达标天数比例为99.2%，比2019年上升4.3个百分点。主要空气污染指标二氧化硫（SO_2）平均浓度为0.004毫克/立方米、二氧化氮（NO_2）平均浓度为0.02毫克/立方米、可吸入颗粒物（PM10）平均浓度为0.040毫克/立方米、细颗粒物（PM2.5）平均浓度为0.016毫克/立方米、一氧化碳（CO）24小时平均第95百分位数为0.8毫克/立方米、臭氧（O_3）日最大8小时滑动平均浓度为0.118毫克/立方米，比2019年分别下降33.3%、0%、16.7%、30.4%、0%和18.1%，实现“四降两平”，主要污染物浓度指标均达到《环境空气质量标准》（GB 3095-2012）规定的二级标准要求。超标3天，其中臭氧（O_3）超标2天，PM2.5超标1天。2020年空气质量综合指数为2.54，同比改善0.51，首要污染物为臭氧（O_3）。

2020年石狮市城市环境空气质量年报表

表8

空气质量	优	良	轻微污染
天数（天）	239	124	3
百分比（%）	65.4	33.8	0.8

2020年市区环境空气主要指标浓度变化情况

表9

监测项目	二氧化硫（毫克/立方米）	二氧化氮（毫克/立方米）	细颗粒物（毫克/立方米）	臭氧（毫克/立方米）	可吸入颗粒物（毫克/立方米）	一氧化碳（毫克/立方米）
2020年浓度均值A	0.004	0.020	0.016	0.118	0.040	0.8
2019年浓度均值B	0.006	0.020	0.023	0.144	0.048	0.8
变化情况（(A-B)/B×100%）	-33.3%	0%	-30.4%	-18.1%	-16.7%	0%

【水环境质量】 2020年，石狮集中式生活饮用水水源地南高干渠取水口（省控评价点位）水质达到《地表水环境质量标准》（GB 3838-2002）规定的水质Ⅲ类标准要求，达标率100%，同比持平；取水量为11032万吨，比2019年减少405万吨。2020年石狮地表水龟背闸（省控评价点位）水质平均浓度为劣Ⅴ类，主要超标因子为氨氮、总磷。近岸海域水质年均浓度达到第一类水质标准，符合海水水质标准要求。

【声环境质量监测】 2020年，石狮市19个路段城市道路交通噪声昼间平均等效A声级为72.4分贝，为《环境噪声监测技术规范 城市声环境常规监测》（HJ 640-2012）声环境质量等级划分“四级”标准，呈“较差”水平，较

2019年上升1.3分贝。全市监测路段总长为23.1千米，其中昼间超过70分贝的路段长度占监测路段总长的93.2%。

2020年，石狮市城市区域环境噪声昼间平均等效A声级为60.3分贝，较2019年上升0.7分贝，为《环境噪声监测技术规范 城市声环境常规监测》(HJ 640-2012)声环境质量等级划分“四级”标准，处于“较差”水平。

2020年，石狮市3个城市功能区(新湖村委会、古宅农贸市场A栋、动植物检验检疫站)噪声均符合《声环境质量标准》(GB 3096-2008)，昼间达标率100%，夜间达标率100%。

环境监管

【概况】 2020年，石狮市完成污染减排、污染源普查任务，推进排污许可证核发和企业自行监测工作，加大环境执法监管和环保网格化监管力度，推动监管执法全覆盖，对各类环境违法行为“零容忍”，加快解决损害群众健康的突出环境问题，着力推进环境质量改善。

【污染减排】 2020年，石狮市巩固超低排放成果，稳定运行神华福能和鸿山热电两家超低排放技术改造燃煤机组，推动石狮热电和清源科技完成超低排放技术改造，超额完成年度大气减排任务。完成高新区污水厂一级A标准提升改造，锦尚镇、鸿山镇2家生活污水厂工程建设。根据年度减排核算数据统计，石狮市化学需氧量、氨氮、二氧化硫、氮氧化物等四项主要污染物2020年相比2015年分别削减1750吨、70吨、5500吨、2500吨，完成“十三五”累计总量减排目标任务。2020年石狮市涉重金属企业重点重金属指标排污许可量471.4千克，较2013年削减81%，完成目标任务。

【污染源普查】 2020年，石狮市完成第二次污染源普查工作并通过泉州市第二次污染源普查领导小组办公室的验收。泉州市石狮生态环境局被国务院第二次全国污染源普查领导小组办公室评为“第二次全国污染源普查工作表现突出的集体”，2名工作人员获“表现突出的个人”称号。

据普查统计，石狮市有工业污染源4822个（其中涉及废水327个、废气1841个、固废和危废3926个）、农业污染源0个、集中式污水处理厂8个、生活垃圾集中处置场1个、危险废物集中处置厂1个、工业锅炉341台、非工业锅炉4台、储油库3个、加油站36个、入河排污口332个，行政村102个，填报各类普查表5312份。通过此次污染源普查，全面掌握石狮市各类污染源的数量、行业和地区分布情况，了解主要污染物产生、排放和处理情况，建立健全重点污染源档案、污染源信息数据库和环境统计平台，有利于准确判断全市环境状况，科学制定实施有针对性的经济社会发展和环境保护政策、规划，推进国家生态文明试验区建设。

【排污许可证核发与企业自行监测】 2020年，石狮市总计完成排污许可证登记4142家，发证67家，下整改通知21家。督促纳入自行监测系统的企业按时、保质开展自行监测工作。针对175家取得排污许可证的企业进行自行监测监督抽查并录入18家，抽查比例10.3%，完成上级下达的10%的检查要求。

【环境监管执法】 2020年，泉州市石狮生态环境局组织开展“清水蓝天”、环境执法大练兵、百姓身边突出环境问题整治集中攻坚等专项执法，落实污染源日常环境监管随机抽查制度，充分利用错时执法、交叉执法、联合执法等手段，加强环保行政执法与刑事司法的沟通衔接工作，严厉打击环境违法行为。加强疫情环境监管，开展医疗废物环境管理专项检查，督促医疗机构规范医疗废弃物收集、贮存、处置，出动执法人员95人次，现场检查29家次，远程监管16家次。督促医院、隔离点、生活污水处理厂等加强对排放废水的杀菌消毒，强化余氯应急监测，出动141人次。2020年，立案查处24起，处罚金额3485424元，查封扣押3起，移送4起（行政拘留3起，刑事案件1起）。

【网格化环保监管】 2020年，石狮市通过网格化监管系统上报日常巡查信息10216条，环境事件信息2330条。《环保有了“千里眼” 企业不敢“躲猫猫” 石狮市推进智慧监管助力环保网格化》典型做法被《中国环境报》推介。在泉州市2020网格化环保监管工作考核中，石狮市名列各县（市，区）第一，网格化环保监管工作实现“四连冠”。

商贸

招商工作

【概况】 2020年，石狮市新批及增资外资项目95个，合同外资167115万元，比2019年增长42%。2020年，外商实际到资64818万元，比2019年增长3.9%，完成全年计划的100.5%。

【外商投资企业情况】 2020年，石狮市新设立外商投资企业84家。投资行业主要为商贸服务业，还涉及五金电子制造、服装制造、食品生产等。

【招商引资】 2020年，石狮市依托厦洽会，在2020年泉州市外资项目集中签约活动现场签约项目3个，分别为铭宝食品项目、祥华高端纺织项目、双奇电商城二期，投资总额5.2亿元，拟利用外资4.4亿元。

2020年，石狮市落谈项目8个。其中水路运输招商项目方面，7月与永益船运、鼎盛船务、鼎鑫海运、奥通商运、祥展航运、鑫嘉源海运、弘兴船务7家水运企业的集中签约工作，7个招商项目总投资额13.242亿元，新建或迁入船舶14艘共489900载重吨。2020年，新建1艘集装箱船11000载重吨，投资3500万元；9月2日福建卡车集市互联网货运平台项目落地，取得网络平台货物运输许可证，并投入运营；截至年底中国石狮国际食品城，选铺251户，共526间商铺；千玺文化直播基地拟投资0.5亿元，集娱乐直播、电商直播、网红孵化、主播培训、抖音运营为一体，通过线上主播资源引入实体店面，打造线上线下同步发展直播基地，已签订协议；中国网批原创设计基地拟投资0.3亿元，利用灵山灵峰安置房商场，引进广东、武汉等地的电商服饰企业入驻；城众创直播生态圈坐落于石狮市国际商贸城，现轻纺城AB两个区打造直播基地，占地5万平方米，入驻率100%，共计200多个直播间。双奇电商园二期目前正在办理施工许可证、青创城西城（二期）正在进行5层主体施工；铭宝食品、旺臻食品项目也已签约落地。

对外贸易

【概况】 2020年，石狮市对外贸易经营者备案新登记企业339家，比2019年增长9.4%；对外贸易经营者备案变更登记企业250家，比2019年增长34.4%。全市有514家企业开展自营出口业务，生产型企业139家，贸易型企业375家。

【出口行业】 2020年，石狮市自营出口预计4180000万元（含市场采购贸易出口2680000万元），完成年度计划119.23%，比2019年增长25.19%；进口预计70000万元，比2019年减少28.17%。

2020年，石狮市纺织服装出口1546600万元，比2019年增长0.48%，占全市出口总额的37%。其中成衣出口1252746万元，比2019年减少9.04%，占纺织服装出口总额的81%，占全市出口总额的29.97%。面料出口123728万元，比2019年增长67.29%，占纺织服装出口总额的8%。化纤等织物出口69597万元，比2019年减少20.81%，占纺织服装出口总额的4.5%。口罩出口108262万元，比2019年增长1300%，占纺织服装出口总额的7%。

2020年，石狮市建材出口710600万元，比2019年增长61.66%，占全市出口总额的17%。

2020年，石狮市日用百货出口627000万元，比2019年增长106.6%，占全市出口总额的15%。

2020年，石狮市机电产品，机器、机械类制品及机器附件出口额334400万元，比2019年增长71.72%，占全市出口总额的8%，主要出口国为越南、菲律宾。

2020年，石狮市鞋类出口额271700万元，比2019年减少38.19%，占全市出口总额的6.5%。其中橡胶或塑料制外底及鞋面的其他鞋出口157043万元，比2019年减少43.48%，橡、塑或革外底，纺织材料鞋面的休闲鞋出口66105万元，比2019年减少43.08%。

2020年，石狮市水产品出口146300万元，比2019年减少10.94%，占全市出口总额的3.5%，主要出口的国家为菲律宾、泰国、马来西亚等。其中冻鱼出口114114万元，比2019年增长11.33%；水产品加工品出口32186万元，比2019年增长67.88%。

2020年，石狮市纺织机械出口10450万元，比2019年增长4.71%，占全市出口总额的0.25%。

【对外贸易工作】 2020年，石狮市开拓国际市场，推进市场多元化，组织170家（次）企业：第324个展位参加美国MAGIC，第127届、128届网上广交会，及第三届进博会、福建省外贸云展会（第一批）、福建省外贸云展会（第二批）等16个境内外线上线下重点展会。举办外贸云展会专题培训，帮助外贸企业通过网上平台拓市场、抢订单、稳出口。进行跨境电商相关培训累计26场，参加人数1000余人，提高企业外贸跨境电商运营能力，多渠道孵化跨境电商卖家。缓解企业资金压力，向省进出口银行申请授信30亿—50亿元低息中长期贷款，缓解外贸公司、商户资金压力。

2020年，石狮市助推卡宾、美佳爽获批医疗器械生产证，加快无纺布、熔喷布项目落地，筹划建设应急医疗救治设备储备项目，探索发展防疫物资新产业。美佳爽、卡宾、大宏、华绿等11家企业口罩日产能600万个以上；卡宾形成日产1万件医用防护服的生产能力。动员一批生产设备、配套原材料以及其他防疫物资生产企业（包括口罩设备、防护服面料、防护服胶条、防护服缝纫线、口罩绳、消毒水等），形成较为完备的应急物资产业链。共有6家企业9项产品取得商务部防疫物资出口白名单，全年防疫物资出口额约8亿元。

2020年，石狮市优化市场采购贸易方式试点通关监管机制，将石狮服装城市场采购贸易出口商品采用通关一体化模式办理通关手续的范围扩大至厦门所有口岸以及福州关区马尾、江阴、机场、宁德罗源湾、秀屿港口岸，向全省外贸企业开放参与石狮服装城市场采购贸易试点。首创预包装食品集拼共享，开辟食品出口“阳光大道”。探索食品出口特殊政策，成为全国首个市场采购预包装食品出口试点。新增开展自营进出口企业110家（含流通型），新增量35亿元。

【出口地区】 2020年，石狮市出口遍布六大洲168个国家和地区，其中，对亚洲出口2820000万元，比2019年增长20.43%，占全市出口总额的67%；对非洲出口270000元，比2019年增长21.52%，占比6%；对欧洲出口395000万元，比2019年增长10%，占全市出口总额的9%；对拉丁美洲出口230000万元，比2019年增长17.45%，占全市出口总额的5%；对北美洲出口358000万元，比2019年增长87.77%，占全市出口总额的8%；对大洋洲出口107000万元，比2019年增长239.14%，占全市出口总额的2%。

2020年，石狮市对“一带一路”沿线国家出口226.71亿元，比2019年增长5.73%，占全市出口总额的54.24%；出口金砖四国累计169783万元，比2019年增长19.34%，占全市出口总额的4.06%。

2020年石狮市出口地区一览表

表10

序号	国别地区		2020年出口预计（万元）	2019年出口（万元）	同比增长（%）
1	亚洲	东盟	1753819	1563683	12.16
2	非洲		270000	222194	21.52
3	欧洲	小计	395000	359065	10
		其中：欧盟	277539	245641	12.99
4	拉丁美洲		230000	195828	17.45
5	北美洲		358000	188650	89.77
6	大洋洲		107000	31554	239.1

【外贸政策扶持】 2020年，石狮市制定出台《2020年度促进外贸发展若干措施》，走访重点外贸企业，进行“一对一”各级扶持政策宣讲。加快兑现2019年以来各级补贴10273万元。其中一般贸易企业申请、兑现石狮市各类补贴358家（次），金额2555.743万元；申请、兑现省、泉州市各类补贴743家（次），金额3590.58万元。

2020年，石狮市组织开展各类业务培训会、政策宣传会和座谈会、对接会28场，参加人数1400余人。引导积极应对外贸风险，开展多种形式的送政策送信息服务活动，指导企业在疫情下积极应对外贸危机。

2020年，石狮市指导175家小微企业通过“单一窗口+出口信保”平台申领政策性保单承保金额1.4亿美元，小微企业统保承保渗透率位居全省前列，全年出口信保赔付12起约520万元。

对港澳台贸易

【概况】 2020年，石狮市对港自营输出预计9669万元，比2019年减少32.97%，输入额为238.75万元，比2019年增长0.51%。对港主要输出商品为纺织原料及纺织制品，对港主要输入商品为食品、饮料。

2020年石狮市对台自营输出预计248786万元，比2019年增长35.27%，输入额为17500万元，比2019年增长30.75%。石狮市大量生产用的原辅材料、电子元器件从台湾输入，石狮与台湾之间的产业链配套较为紧密。对台主要输出商品为纺织原料及纺织制品；主要输入商品有机电、音像设备及其零部件，纺织原料及纺织品，塑料及其制品，贱金属及其制品，矿物材料及其制品，咖啡、茶饮。

【对港澳台经贸合作】 2020年，石狮市组织企业参加香港贸发局举办的“福建品牌（香港）线上展览”活动，精准推送石狮市企业及产品信息。2020年，石狮市对台小额贸易（石狮市盛源闽台贸易有限公司、福建省天源闽台贸易有限公司、泉州亿邦商贸有限公司）输入8095万元，比2019年增长-21.84%，占全市输入总额的11.56%。主要输入商品为机械器件，塑料及其制品，贱金属及其制品，食品、饮料、茶，纺织原料及纺织制品。

商业贸易

【社会消费品零售额】 2020年，石狮市累计实现限额以上商业销售额1524.2亿元，比2019年增长7.6%，实现社会消费品零售总额735.1元。全市限上电商企业114家，全年销售额136.6亿元，增幅5.76%。

【“菜篮子”工程建设】 2020年，石狮市5家企业申报“菜篮子”体系建设资金，石狮市绿清果蔬种植专业合作社、石狮市海狮果蔬种植专业合作社等2家企业获得“菜篮子”体系建设资金补助合计10万元。

【农贸市场改造建设】 2020年，石狮市加大与各镇、街道及产投集团等单位的协调督促力度，推动湖滨综合市场、钞坑综合市场等新型标准化市场建设。2020年湖滨综合市场投入使用，并获省级商品交易市场项目资金补助200万元；钞坑综合市场于5月动工建设正在稳步推进；8月启动玉湖果蔬市场、大仑农贸市场、古宅蔬菜市场和中心农贸市场等4个农贸市场的改造提升。

【消费市场】 2020年，石狮市积极应对新冠肺炎影响，适时推出多项举措提振消费信心，激活市场需求。开展“狮城红五月、全城大放价”主题促销系列活动，线上线下同时联动，并筹集超1亿元消费让利“大礼包”和发放平价超市“购物红包”114.45万元激活市场需求，拉动5月上旬全市社会销售额超33亿元，主要商圈、街区、品牌鞋服以及线上品牌专卖店的销售额均大幅上涨；举办石狮云展直播美食嘉年华活动，邀请多名美食网红、12位厨艺大咖、50余家闽南特色美食创新打造“网红狮城 抖趣端午”云展直播美食嘉年华，展现本土民间美食技艺、闽南古早办桌文化和名匠技艺传承，推介闽南特色美食；同时向群众派发315万元餐饮消费券助力餐饮行业复工复市；推进“全闽乐购”行动。8月以来先后举办“全闽乐购嘉年华”启动仪式、休闲食品直播节及选品对接活动、首届石狮购房节暨第八届婚庆文化博览会活动、八闽美食嘉年华（石狮分会场）、“乐游石狮精彩网红城”文化旅游节等活动，并在德辉、世茂、泰禾、狮城国际等重点商圈举办“乐购石狮 商圈消费节”等联合促销活动，10月起开展为期半年的“全闽乐购 嗨购石狮”暨石狮市消费券发放活动，发行500万元乐购券涵盖汽车消费和食品城购物，通过乐购券消费杠杆刺激群众到店消费，拉动消费1.2亿元。

【夜间经济】 2020年，石狮市出台《关于加快推进夜间经济发展的实施意见》，积极推进“小商品市场”“夜市”等夜间经济形态发展，策划生成17个夜间经济项目，出台放宽特定区域摆摊限制、提升城市交通管理水平、营造宜商宜游的消费体验环境等相应配套措施，首批金相夜市等6个项目陆续落地实施，其中金相夜市获泉州市级夜间经济示范区项目扶持资金20万元，有效激发城市活力，吸引人流拉动消费。

【家政市场】 2020年，石狮市商务局组织家政服务企业座谈会，推动成立石狮市家庭服务业协会，开展第二届家政服务节活动，宣传家政服务诚信、安全的重要性；组织育婴师公益培训，47名妇女受训并领证；规范家政市场秩序，加强行业自律管理和交流联系，促进家庭服务业健康持续发展。

【第23届海博会暨2020石狮国际时装周、第二届中国校园服饰国际博览会】 2020年12月18—20日，第23届海峡两岸纺织服装博览会（简称“海博会”）暨2020石狮国际时装周、第二届中国校园服饰国际博览会在石狮国际商贸城举办。海博会以“融合创新·共享时尚新生活”为主题，与校服展、时装周联动，从面料、辅料到设计再到成衣，最后到电商销售的纺织服装全产业链展出，全方位展现纺织服装行业的新技术、新产品，打造闽派服饰交流展示平台。海博会主展区设在石狮国际轻纺城，以市场为主，结合实体店，设置有面料馆、辅料馆、裤业馆、校服馆、台湾馆、网商馆等6个专业馆，展出面积超3万平方米；分展区服装城展览艺术中心二号馆展出纺织机械。本届海博会以国家级市场采购贸易方式试点、国家跨境电子商务综合试验区为契机，搭建进出口交流平台和电商交流平台，拓展国内国际视野，紧抓后疫情时代市场机遇，推动市场、产业、企业、商户合作共赢，形成国内国际双循环相互促进的新发展格局。

2020年，石狮国际时装周则以“闽派传奇·引领时尚”为主题，在石狮服装城展览艺术中心一号馆举办。主办方邀请武学伟、武学凯、计文波、李小燕、杨紫明、王玉涛、曾凤飞、刘薇、陈闻、刘勇10位“金顶奖”设计师以及15名本土新锐设计师，共同打造“闽派传奇日”“原创品牌日”“校服童装日”“时尚潮牌日”。闽派服饰品牌的“新生代力量”、福建省十佳设计师评选终评、第九届“石狮杯”全国高校毕业生服装设计大赛等系列活动也在时装周增添光彩。

2020年，第二届中国校园服饰国际博览会以“健康引领、美丽校园”为主题，在石狮国际轻纺城A区举办，其中设有校服特装馆，校服专业市场有100多个品牌企业共同参展，展览内容包括幼儿园园服，小学到大学的校服制服、休闲服、运动服、民族服装等。2020年，石狮市出台《石狮市校服订制生产服务企业订制生产实施细则》，在全国首次通过细则规范校服市场。3月，中国服装协会授予石狮市“中国校服产业创新基地”称号。

电子商务

【概况】 截至2020年12月，石狮市有淘宝镇7个、淘宝村32个，网络零售总额775.35亿元（预计全年实现超800亿元），比2019年增长53.7%；6月，农业农村部发布“2019年县域网络零售TOP100排名”，石狮以网络零售额占比2.41%排名全国第四，位列福建省第一。石狮市有良性活跃经营卖家（网店）超过3.8万家，从业人员超过15万人；“6·18”购物节期间，石狮市网络零售额60.5亿元，占泉州市网络零售额的33.9%，位居福建省第一；“双十一”购物节期间，石狮市网络零售额57.83亿元，占比福建省网络销售额13.2%，占比泉州市网络零售额34.9%，其中“双十一”当天约32.8亿元，较2019年“双十一”当天27.17亿元，增长21%，位居福建省第1位。2020年，石狮市举办44场平台招商培训会，涉及八大平台，7268家中小卖家参加。

2020年9月10日，厦门国际会展中心举行的第六届新兴产业投融资大会暨中国直播电商大会上，石狮市被大会授予“中国直播电商发展示范城市”称号；10月18日中国纺织工业联合会、中国服装协会授予石狮市“中国服装网商创新示范基地”称号；9月推动青创城国际网批中心获“国家电子商务示范基地”称号。

【直播节系列活动】 2020年2月22日至3月22日，举办“2020石狮品牌服装网上直播专卖节暨网红选品节”，16个直播间同时开播，40多位网红达人连麦直播。石狮市委副书记、市长黄春辉化身主播，活动汇聚石狮本地服装产业的150多个品牌、上万款服装好货，服务105家企业，对接网红机构和网红团队逾500家，线上链接8个直播平台，促成36家本地服装企业与直播机构签订意向采购金额1.5亿元，直播销售1.19亿元。全市服装企业通过直播带货或引流销售的经营额突破10.8亿元。在3月13日举行的国务院新闻发布会上，工业和信息化部副部长辛国斌点赞石狮直播节。4月18—22日，举办2020中国（石狮）网上直播交易会，与抖音、快手等各大直播平台、网红大咖合作共同打造“1+N”“一十百千万”的直播云会。市长黄春辉再次走进直播间，为石狮“带货”，石狮国际商贸城、中国石狮国际食品城、石狮校服专业市场、双奇网批中心等十几个分会场同时举办线上直播活动，活动关注浏览量超过8.5亿元，全市电商在各平台的交易额超过10亿元。4月23日在拼多多举办“泉州线上产业直播节——石狮分会场”活动现场，石狮市委副书记、市长黄春辉再次“变身”网红主播，带领石狮本地10个服装品牌，走进拼多多直播间，为石狮城市“代言”，为石狮服装“带货”，并与主持人互动，送出石狮伴手礼。5月18日举办“5·18”天猫男装石狮产业带直播峰会，副市长邱永丰与福建省十佳服装设计师、GUUKA品牌主理设计师陈枫捷作为主播，活动以“潮向石狮 有品设计”为主题，语克、古由卡、斯得雅、闪电潮牌、传奇保罗、KXP、牧人鲨、Uns、mmoptop等品牌旗舰店参与。7月5—10日，举办“直播

狮城名品 决战春夏备战秋冬”第五季直播活动，活动为期6天，知名网红锦州小伙巴扎黑、辽a俄罗斯优优、一路格桑花、汤潮及双奇共72位百万粉丝级主播，分别在石狮国际轻纺城、中国石狮国际食品城、泉州纺织服装学院盟眺、青创城、双奇电商园、八号人供应链等6个直播基地开播，实现多产业、多商家开播，全天候、多场次直播带货。八号人供应链直播基地仅一场直播就销售8000多单。8月18—22日举办石狮“8•18”直播节。分别在狮城众创直播基地、青创城国际网批中心、百德跨境电商生态园、石狮国际食品城等地同步举办专场活动，四大直播基地各有亮点，合力助推石狮好货热销、打响网红城市品牌。9月18—20日举办第七季“全闽乐购”系列活动，在石狮服装城艺术展览中心启动，青创城、双奇电商城、狮城众创直播生态圈作为分场同步开展线上线下专场活动，首次推出购房节，实现全市17个楼盘项目联动热销以及双奇电商城Fun肆秀暨“9•19”石狮服装电商夜。10月18日，2020网商之夜——首届中国电商品牌联合发布会在石狮服装城展览艺术中心开展，传奇保罗、喜登吉普、泰王、都市王牌、比尔齐户外、迈特优、8090牧亦扬、古由卡、vuug、凯鑫凯烨、语克等品牌服饰联袂展现石狮网商新风尚，活动运用线上直播平台，展现多元的品牌文化和层出不穷的全新创意，精彩的“双舞台”形式创造内容直播的新模式。10月30日，海丝品博会首次尝试“双线会展”模式，将直播间“搬”进会场。首次尝试“双线会展”模式，将线下海丝品博会进行“云上延伸”，搭建永不闭幕的线上展会平台，为参展商和上下游企业链品牌企业提供云展示、新品云发布、商贸云对接、云分享等在线服务功能，力求促进更多实质性的交易与合作。“双十一”石狮市直播场次数3372次，位居泉州第二位，占泉州市直播场次数比重为19.8%。第十届直播节于12月18—20日与海博会、时装周同期举行，由年度十佳主播评选与颁奖、百人千店直播销售PK赛、“全闽乐购 魅力泉州”商务局局长直播带货、青创城、双奇电商城转场等五大主题配套活动组成。

【电商培训】 2020年，石狮市举办网红培训班与电子商务技能培训班9期，培训电商从业人员716人。2月22日至3月22日，在青创城举办网红培训班3期，共90人；3月4日，举办“石狮第一期网红主播培训班石狮服装城专场”，100多名“准网红”参加培训；5月13日，在青创城举办“抖音网红培训会”，200名网红参加活动；5月15日，在双奇电商城举办“非红不可”快手专场培训，由网红讲师容姐围绕5G短视频的发展和趋势短视频、直播运营技巧、涨粉技巧和变现思路等内容讲解，80人参加活动；6月8日，举办“中国石狮国际食品城直播电商沙龙”，沙龙邀请北京众享秀够科技有限公司创始人屈斌、合伙人姜涛，2014环球小姐中国区冠军胡彦良等资深从业人员，与100多位食品城入驻商户，分别就直播电商行业概况、如何做好直播电商、直播电商团队建设等主题进行分享和探讨，为进军直播电商的商户指明方向；9月5日，举办“2020巾帼创业营直播技能培训”，石狮妇联创业女性30余人参加活动；9月、10月分别举办3场“2020年电子商务师就业技能培训班”，两班培训学员146名。

【电商直播平台建设】 2020年，石狮市落地18个直播基地，5个官方平台服务中心，2个网批市场。

2020年，石狮市1—6月落地13个电商直播基地，分布在食品城、国际轻纺城、海西电商园、双奇电商园、福子哥、木林森、千玺、狮城众创直播基地、鼎盛、青创城、八号人、典量、印象空间等；6—11月增加5家，分别为泉纺学院直播基地以及狮城众创引进广州、杭州省外4家落地石狮市。落地5个官方服务中心，分别为1688商+直播服务中心落地青创城，天猫石狮产业带服务中心落地双奇，快手服饰产业带服务中心落地双奇，抖音服饰产业带服务中心落地青创城，快手好物直播基地落地八号人供应链直播基地。新增2个网批市场，其中1个为中国原创网批基地，于4月18日落地石狮，项目总投资3000万元，规划面积8000平方米；另一个为下半年新增园区，由原蓉芳工业园改造而成。

【直播扶持政策】 2020年6月5日，石狮市发布《石狮市支持直播电商的若干措施》。政策以深入开展“产业攻坚年”活动，实施“一十百千万”工程（“一”是指致力打造石狮“网红城市”；“十”是指扶持发展十家重点直播基地，发挥示范带动作用；“百”是指扶持百家直播机构，形成行业集群效应；“千”是指链接千家生产企业，打通线下产品供应链；“万”是指培育万家直播商铺、带货达人、档口主播等），助力石狮“网红城市”建设。

【网商协会】 2020年，石狮市推动石狮市网商协会换届工作，新一届会员突破1000家。10月18日，在以“网联世界，商赢未来”为主题的2020中国（石狮）网商大会暨石狮市网商协会就职典礼仪式上，石狮市电商协会升格为“石狮市网商协会”，中国纺织工业联合会、中国服装协会授予石狮市“中国服装网商创新示范基地”称号。林志成任石狮市网商协会新一届理事会会长。石狮市网商协会新会员突破1000家，同期2020网商之夜——首届中国电商品牌联合发布会在石狮服装城展览艺术中心开展，传奇保罗、喜登吉普、泰王、都市王牌、比尔齐户外、迈特优、8090牧亦扬、古由卡、vuug、凯鑫凯烨、语克等品牌服饰联袂展现石狮网商新风尚，为石狮打造自主品牌、引领区域网商产业、发展闽派特色产品树立鲜明旗帜。

粮食管理

【地方储备粮轮换】 2020年，石狮市地方储备粮轮换12255.663吨，轮换工作全部委托福州国家粮食交易中心通过远程交易实现，交易过程严谨规范，确保公开、公平、公正。

【粮食监督检查】 2020年，石狮市督促储备粮承储企业严格执行出、入库及半年储粮质量检测制度。加强粮食质量安全监督抽查工作，2020年完成政策性粮食送检样品数80份，其中原粮56份、大米16份、面粉6份、食用油2份，合格率100%。在元旦、春节、中秋、国庆等重大节庆期间组织深入企业实地监督检查，重点检查米、面、粮食制品等需求量较大的产品，督促企业落实食品质量安全主体责任，监督粮食生产加工企业严格执行进货检查验收制度，严禁使用不合格原粮或添加非食品物质加工食品，监督流通企业严格落实索证索票制度。

【仓储设施建设】 2020年，石狮市粮食储备总仓容66104吨，满足石狮市粮食收储和物流需要。推进智能化粮库升级改造，实现与省级平台互联互通，并将完整数据接入省级平台。

【粮食市场管理】 2020年，石狮市组织开展应急预案演练，加强粮油应急加工、销售网络、应急体系建设的监督，规范应急成品粮油管理工作，完成1600吨应急成品粮和400吨食用油储备工作。构建放心粮油销售网络，确定粮油应急加工企业4家、应急供应网点11家。对粮食应急加工企业、粮食应急供应网点以及省、泉州市放心粮油经销店进行奖励，2020年共拨付奖励资金5.5万元。组织企业参加“10·19”福州·中国粮食交易大会，引导企业通过产销交易会与产区粮食企业签订合作协议，开展粮食产销贸易，拓宽合作渠道。

烟草专卖

【概况】 2020年，石狮市销售卷烟3.1万箱，卷烟销售额约11.5亿元，实现税利3.1亿元。查获各类案件111起，涉案卷烟756.1件，案值总计704.6万元。

【烟草专卖市场管理】 2020年，石狮市烟草专卖局强化多部门协作，与海警、海关部门分别就防范和打击海上涉烟违法活动、跨境走私涉烟违法犯罪行为形成联合监管机制，查获走私烟19.4件，案值20万元。推行新机制，建立所队日常巡查、现场勘察，采取两人以上小组工作制，改变签到式走访，确保能够快速处置涉烟违法违规行为。以现代智能化管理为手段，提升精准监管水平，运用“五要素”市场监管模型筛查异常零售户605户次，其中176户存在不规范经营行为，命中率29.1%。运行“三统一”监管模型325次，识别异常名单7561户次。

2020年，石狮市烟草专卖局严控内部监管，狠抓大户治理，实行名单分类监管，查获大户案件25起，取缔大户11户。严防真烟异常流动，全年查获非法流通真烟656.4件，案值561.5万元。严格执行“一案双查”制度，制定《真烟流出责任追究处理办法实施细则》。推动内管外打，将所有案件信息录入精准监管数据库，作为精准监管对象的分析研判依据，实现内管工作与市场监管、案件查处的全程融合。

【网络建设】 2020年，石狮市烟草专卖局完善客户分类管理，将辖区客户依照档级、星级划分标准进行分类，便于后期统筹管理、服务。着力现代终端建设，围绕年度建设目标，完成640户现代终端建设，当前现代终端占比18.56%，优质客户占比3.78%，精英客户占比0.15%，为下一步的现代终端分层体系建设以及流通品牌建设夯实客户基础。构建诚信体系建设，通过线上线下方式为零售客户开展经验分享、专销规范经营培训等活动，累计建设诚信互助小组244个。开展零售客户集中培训13场次，覆盖客户数684人。发力新零售建设，试点推广建设36户“e福通智慧收银系统”客户，从活跃度、日均扫码笔数、日均移动支付扫码笔数等维度提升系统运用水平，不断总结拓展经验，储备潜力客户，为数据化营销发展注入终端动力。

【假烟市场整治】 2020年，石狮市烟草专卖局查获涉假烟80.3件，案值123.1万元。强化运输环节管控，联合交通管理部门开展专项行动，查获物流寄递渠道违法违规卷烟207.1件，总案值220.7万元。推进重大案件联办，强化案件线索追溯，全年查获两起涉假国际网络案件。

【涉烟违法案件处罚】 2020年，石狮市烟草专卖局查获各类案件111起，比2019年增加42.3%，其中5万元以上大要案34起；涉案卷烟756.1件，比2019年增加75.7%；案值总计704.6万元，比2019年增加50.7%。其中，真烟案件102起，查获乱渠道真烟656.4件，案值561.5万元；查获涉假案件15起，假烟80.3件，案值123.1万元；查获涉私案件7起，走私烟19.3件，案值20万元。

供销合作

【概况】 2020年，石狮市供销系统实现商品销售总额、消费品零售额、农产品购进额、连锁销售额等统计指标均全面完成上级下达计划，比2019年增长20%左右。全系统实现利润280万元，比2019年增长54%。2020年，建设完成农村综合服务社2个、农民专业合作社3个、新建连锁网点4个。新冠肺炎疫情期间，按照实际用途分别采取半个月到一个月不等出台租金减免办法，全系统共完成抵减租金36.98万元。系统企业采取购买理财产品的方式投资，盘活闲置资金420万元。2020年，祥芝供销社获“全国供销总社标杆社”称号，何桂扬获“全省供销合作社系统先进工作者”称号。

【农资管理工作】 2020年，石狮市供销系统制定《石狮市供销社抗疫情保春耕农资供应应急预案》，组织农资公司落实疫情期间化肥、农药等农资物资储备、调运，发挥农资供应主渠道作用。截至3月底，全系统完成化肥储备664.204吨（其中优质肥608.204吨、小化肥56吨），超额完成32.84%。

2020年，石狮市供销系统督促农资公司每月对所属的农资经营网点进行农资质量自查，严禁销售假冒伪劣商品和剧毒、禁用农药。不定期对农资公司化肥仓库、新型庄稼医院进行抽查，督促网点自觉维护供销社庄稼医院的农资经营品牌，维护农资市场的稳定。严把农资进货关，督促农资仓库配送中心和新型“庄稼医院”联网全省农资监管一体化平台，保证销售的农资商品可以溯源，确保农资商品购销在阳光下运行。

【直属企业吸收合并】 2020年，石狮市供销系统针对部分直属企业经营规模偏小、经营业务相近，资产布局分散、管理成本大的实际，研究制定出台《直属企业吸收合并实施方案》，将石狮市综合贸易公司、石狮市供销社大厦和石狮市万联新丰电子商务有限公司三家直属企业合并，组建完成新的石狮市综合贸易公司。

【业务拓展工作】 2020年，石狮市供销系统理顺烟花爆竹批发经营管理，调整股权占比，增加经济效益。督促烟花爆竹仓库从正规生产厂家进货，加强烟花爆竹买卖合同和产品流向信息化管理，配合应急、公安等部门加大打击和取缔非法销售烟花爆竹违法行为力度。截至12月底，烟花爆竹仓库销售各类烟花580万元，实现经营利润35万元。

2020年9月25—27日，石狮市组织企业参加省供销社举办的“一县一周”农副产品展销活动，现场销售额6.5万元，线上销售额1.8万元，对接采购意向客户和产品进入福建供销商超系统销售，促进石狮国际食品城融市。

2020年11月，石狮市积极争取省供销集团到石狮国际食品城投资福建供销名特优农产品展示展销中心；对接宁夏、新疆和福建省政和等不发达地区的产品销售，建立国家贫困地区农副产品网络销售平台（832平台）线下销售馆，提供政府采购和工会会员购买，助力消费扶贫；通过这个平台将石狮产品主要是海产品引入供销商超系统，促进流通内循环。对接石狮食品城的全省食品预包装政策，带动农副产品走向海外。

金　融

金融服务与保障

【概况】　2020年，石狮市现新三板挂牌企业1家，海峡股权交易中心挂牌企业80家。辖内1家小额贷款、2家融资担保、3家典当行、2家票据服务公司等准金融机构。全年处置不良贷款近15亿元，不良率1.23%。移送5条金融领域的涉黑涉恶线索至市扫黑办，其中4条线索被接收并由市公安局开展侦查。

【金融保障机制】　2020年，石狮市出台《石狮市人民政府关于印发石狮市支持企业挂牌上市若干措施的通知》，加大企业股改、挂牌上市、发行债券再融资、股权登记托管等扶持奖励力度，引导企业根据自身情况理性到境内外资本市场挂牌上市。出台《石狮市人民政府关于印发石狮市政府投资基金管理规定的通知》，引导社会各类资本采用股权投资等市场化方式，投资石狮市经济社会发展的重点领域和薄弱环节。

2020年，石狮市利用国有资本运营公司对相关产业进行投资，推动机构对接，为企业发展筹措资金提供保障，实现股权融资和债权融资“双轮驱动”。国有资本运营公司现已投资申泰锂电池隔膜、领顺锂电池电机电控、中石光芯、丰华纺织、中益制药5个项目，项目总投资额约10亿元。其中中石光芯项目引入其他战略投资者，石狮市股权投资部分退出。

2020年，石狮市组织企业参加债券发行专题培训会、拟上市公司董秘培训班、科技型企业股改培训会、注册制改革论坛、境内外资本市场研讨会等约20场次；邀请专家领导释疑解惑，宣传引导规范上市，帮助企业客观评价企业上市成本与风险。发挥桥梁作用，加强企业与证券监管机构、中介机构的沟通协调，并对企业改制上市过程中遇到的历史问题和困难一企一策予以协调解决。

【金融服务】　2020年，石狮市出台《石狮陆胜转贷周转基金管理规定》，发挥陆胜、外贸进出口、祥腾等转贷周转基金作用，全年为企业办理转贷近25.42亿元。2020年，在福建省两期百亿元纾困专项资金申贷中，石狮市纾困贷款落地金额10.6亿元，419家企业通过福建省金服云平台申请被列入支持名单，申请获得率47.25%，纾困贷款占总贷款比重位居各县（市、区）第一。

2020年，石狮市鼓励辖区内银行给予贷款利率优惠、减免服务收费等减费让利举措，截至12月底，银行为2343家企业（含个人经营性贷款）降低利息，涉及贷款金额61.03亿元；出台《石狮市金融扶持供应链公司支持实体经济的若干措施》，进一步发挥供应链金融模式作用，加大供应链金融支持实体企业力度，石狮市六胜供应链管理公司在2月1日至12月31日期间对新增业务降低部分利息费用，全年累计带动近25亿元，对有订单、有市场的实体企业加大资金支持力度，增加企业流动性，稳定企业生产经营，支持企业复产稳产；石狮市狮城融资担保公司通过弱化反担保措施，放宽抵押物限制，扩大覆盖面，达到降低中小微企业融资成本，年底在保余额4.37亿元，超过注册资本金2倍以上；用好用足银行专项贷款服务，兴业银行与石狮市签署10亿元综合金融服务战略合作协议，重点支持规上企业复工复产中资金周转困难以及满足企业长远发展的资金需求。

2020年，石狮市成立金融服务企业专业小分队开展“金融助企”专项行动，提高中小微企业经营管理人员和职工的金融法治观念，帮助其建立自律机制，促进守法经营。完成走访调研、协调服务超100家企业，着力为企业解难题、办实事，增强企业抗疫发展信心。

2020年，石狮市利用大数据、云计算等金融科技，提供智慧化金融服务，实现平台8个主要核心板块功能，全面升级“小微融资对接”平台。平台通过“线上＋线下”金融服务模式，进一步完善金融机构与中小微企业的信息对接机制，缓解银企信息不对称、企业信用不充分问题。截至2020年年底，平台上架20家金融机构46个金融产品，助力小微企业成功获得银行贷款84笔、授信4.17亿元。

2020年，石狮市在原有的污水排放量质押贷款基础上，协调引入政策性融资担保公司，将业务流程标准化，担保费率仅为0.8%，政银企担四位一体，降低染整行业中小微企业融资难度，为石狮市染整企业提供一条新的融资渠道。现办理污水排放量质押贷款6笔共3550万元。

【打击和处置非法集资】 2020年，石狮市金融局组织镇（街道）和成员单位联合开展各项非法集资风险隐患排查、企业集资风险排查及以“虚拟货币”“股权众筹”等为名义集资活动的各类排查。建立以市处非领导小组统筹部署，宣传主管部门协调推动，行业主管、监管部门指导落实，相关部门积极参与，各镇（街道）全面落实的常态化宣传教育工作机制。实现防范和打击非法集资宣传教育工作下基层、进社区、广覆盖，引导广大群众对非法集资不参与、能识别、敢揭发。在辖内20条城乡公交线路进行手拉牌的非法集资举报奖励宣传及非法集资标语宣传，曝光度约为40万人次。通过针对各类人群特性，共发送总量达40余万条宣传短信。

【金融信用工作】 2020年，石狮市金融工作局发挥金融服务中心作用，中心接待群众38845人次，受理人行个人征信查询37952笔，企业征信查询893笔；受理民间融资成交登记633笔，融资金额25.14亿元；受理存量房交易资金监管480笔，成交资金3.7亿元，监管资金2.9亿元。市矛盾纠纷多元化解中心于6月入驻金融服务中心。

银行业

【概况】 2020年12月末，石狮市本外币各项存款余额803.17亿元，比年初增加75.35亿元，比2019年增长10.35%，本外币各项贷款余额748.66亿元，比年初增加46.01亿元，比2019年增长6.55%。各项外汇存款余额6478万美元，比年初减少625万美元，下降8.8%，各项外汇贷款余额1016万美元，比年初减少537万美元，下降34.58%。

2020年，石狮市企业存款同比上升，住户存款弱势增长。企业存款同比上升17.22%，全年上升22.33亿元，同比少增8.31亿元。住户存款同比上升9.09%，全年上升44.78亿元，同比少增9.48亿元。

2020年，石狮市主导产业贷款增速持续下滑，新增贷款投向较为集中。从结构来看，投向主要集中住户贷款特别是个人住房贷款上，从行业来看，投向主要集中在制造业、租赁和商务服务业、电力、热力、燃气及水生产。

2020年，石狮市银行机构不良贷款余额14.94亿元，不良贷款率2%，比年初上升0.26个百分点。

【中国人民银行石狮市支行】 2020年，中国人民银行石狮市支行重引导，支持实体经济发展，精准加大1万亿元再贷款政策资金投放，提高普惠小微贷款延期率和信用贷款占比。截至12月31日，发放符合政策支小贷款75154万元，办理延期还本付息64768.62万元，延期率78.49%，提供纯信用贷款支持16343万元，占普惠小微企业贷款总额的1.69%。推进LPR利率改革，引导2家法人机构有效落实LPR改革，畅通货币政策传导，辖区2家法人均正式采用LPR贷款定价，除特殊情况无法转换外，石狮农商行企业贷款全部转为参考LPR的贷款。12月末，石狮市制造业贷款余额141.65亿元，比2019年增长4.67%。

2020年，中国人民银行石狮市支行引导辖内2家法人银行做好二代接口数据报送和信息查询，辖区接入机构有序推进二代征信系统数据报送接口程序升级工作，开展数据质量管理与征信合规与信息安全自查自纠，防范征信信息泄露风险。拓展央行内部（企业）评级范围，引导辖内金融机构落实执行央行内部（企业）评级制度要求，加强评级企业名单的推荐筛选，进一步增加小微、“三农”企业央行内部（企业）评级覆盖面，至2020年12月末，辖内金融机构上报系统112家参评企业。实施“双平均”考核存款准备金，严格执行差别化的存款准备金率政策，加强对流动性形势跟踪监测，完善流动性监测指标体系，指导金融机构合理配置和管理流动头寸。将银行外汇服务民营企业发展专项行动纳入2020年银行外汇业务合规与审慎经营评估内容，督促银行完善内部绩效考核制度及外汇管理政策传导应对机制，提高各银行支持配合外汇管理工作的执行力。

2020年，中国人民银行石狮市支行建立和完善假币收缴监测工作机制，加强假币收缴信息实时监测，强化与公安机关的沟通协作，截至12月末，银行收缴假币3.39万元，比2019年减少82%。加强银警合作，对重点可疑交易线索审查分析，甄别筛送与上报研判，2020年报送15条重点可疑交易线索；与石狮市人民检察院、石狮市人民法院领导进行会商，加强在反洗钱、反恐怖融资等领域信息共享。加快推进紧急贷款债权项目处置，依法依规妥善处置紧急贷款债权。10月21日，委托福建瀛同律师事务所向泉州市中级人民法院提交诉状，对相关债务人、保证人提起诉讼。完善外汇收支常态化核查机制，加强对重点银行、企业、业务、国别和大额可疑交易的监测核查，开展对辖内5家企业收汇资金去向进行调查，调查其交易背景资料、境外汇入资金来源以及结汇人民币资金流向。

2020年，中国人民银行石狮市支行联合石狮市商务局等7家联席会议单位成立“石狮市服装城采购贸易方式试点党建联盟”，签订“扩面提质增效”党建联盟合作协议，助力全省市场采购共享模式。建立部门协调联动机制，延长市场主体收汇考核期，推进人民币国际化战略，允许外汇现钞用于市场采购，创新供应链金融，为中小外贸企业提供授信融资打通“最后一公里”。2020年石狮农行和石狮兴业分别为石狮汇立通国际贸易有限公司授信1000万元市场采购贸易专项贷款。完善跨境资本流动管理，开展直接投资存量权益登记，扩大外汇现钞结汇渠道，推动人民币国际化，实现企业层面韩币与人民币直接贸易结算，加快推动菲律宾比索与人民币贸易结算。开设“云课堂”，通过“建行大学”网络直播平台开展市场采购贸易外汇政策“云宣讲”，介绍并推广石狮服装城市场采购贸易方式全省共享模式。

2020年，中国人民银行石狮市支行辖区1元及以下小面额现金投放456万元。截至第四季度末，对建档新型农业经营信用主体贷款余额3.1亿元，比2019年增长3.08倍。开展涉农信贷政策导向评估，截至12月末，石狮涉农贷款余额为526.26亿元，比2019年增加4.94%。推进绿色金融与污染防治攻坚战紧密结合，组织召开绿色金融与项目对接推进会，研究推动排水权、排污权、碳排放权抵押融资业务的增量扩面工作，截至12月末，辖区2家银行创新发放排水权贷款5笔，金额2550万元。推进金融课程与石狮市中小学教育实践基地常态化教学，截至12月末，共开展六期课堂，学生人数7426人。4月被福建省分库授予“省级国库县支库示范库”称号。

【中国银行股份有限公司石狮支行】 2020年，中国银行股份有限公司石狮支行各项存款（含结构性存款）余额40.63亿元，比年初增加0.53亿元。其中，公司人民币存款余额为11.43亿元（含结构性存款），比2019年减少约1.46亿元，公司人民币日均存款余额约12.84亿元，较年初增加0.76亿元；个人人民币存款（含结构性存款）余额为27.83亿元，比2019年增加1.52亿元；人民币储蓄（含表内理财、结构性存款）日均存款27.79亿元，比年初增加1.67亿元；时点存款27.83亿元，比年初增加1.51亿元。各项贷款余额折合人民币28亿元，比年初增加1.87亿元。其中，人民币狭义公司贷款余额158213万元，比2019年增加17639万元；零售贷款余额106896万元，比2019年增加3730万元；信用卡透支余额25985万元，比2019年减少2264万元。外币贷款5万美元，比2019年减少55万美元。不良贷款余额2692万元，不良率0.96%，比年初减少1.41个百分点。实现净收入10237万元，比2019年同期增加680万元，其中中间业务收入2970万元，比同期增加20万元，拨备前利润为6294万元，同比增加592万元。

2020年，中国银行股份有限公司石狮支行加强对疫情防控相关项目的营销和跟进，最短时间内批复疫情防控重点保障企业卡宾5000万元、华用新材料200万元，并在3月投放；第二季度开始，紧跟国家政策，加大对企业复工复产金融扶持力度，发展普惠金融业务，特别是与石狮市政府联合推出的污水排放量质押贷款，获得泉州市金融产品原创奖，并投放泉州全辖第一笔企E贷，到12月底银保监口径普惠贷款较年初新增1.31亿元，完成全年任务的104%；人行口径新增1.42亿元，完成全年任务113%。

2020年，中国银行股份有限公司石狮支行践行企业社会责任，参加人民银行、银行业协会组织开展的2020年“普及金融知识·守住‘钱袋子’活动”、“共克时艰·抗击疫情”主题征文比赛等。与华南社区党委联合开展“共驻共建同携手·文明创城聚合力”党建共建活动等；联合石狮市公安局经济罪犯侦查大队党支部开展“扶贫济困担使命”主题党日活动。

【中国工商银行股份有限公司石狮支行】 2020年，中国工商银行股份有限公司石狮支行各项存款余额94.83亿元，在2019年增加21.21亿元的基础上，再次增加21.35亿元，增幅29.06%，时点、日均、月均增量同业第一，全部存款站上90亿元新高点，实现历史性突破，储蓄存款余额达63.33亿元、对公存款余额达31.5亿元，较年初分别增长9.55亿元、11.8亿元，余额同业占比分别为20.82%、32.15%，较年初分别增加1.72个、7.97个百分点。2020年，新增投放公司贷款13.85亿元，新增投放普惠贷款6.23亿元，新增投放纾困贷款8639万元，新增投放个人贷款7.24亿元，各项贷款时点余额较年初增加4.82亿元，增幅7.08%。2020年，实现中间业务收入1.18亿元，同比增加1537万元，增幅14.97%，增量系统、同业双第一，收入规模保持系统领先且大幅缩小与先进同业差距，同业占比32.04%，较同期提升3.5个百分点。

2020年，中国工商银行股份有限公司石狮支行增强队伍活力，2人入选泉州分行副经理级备用人才库，其中1人被提拔至副经理级岗位。4人被支行予以提拔任职，1人改聘为重点网点支行行长。落实“拓户一号工程”，坚持抓好客户基础拓展和挖潜提质文章。

零售端，截至2020年末，全量客户、月日均金融资产5万元以上的中高端客户、100万元以上财富客户均比年初显著增长；私人银行达标客户达137户，较年初增加29户，创历史新高；对公端，法人客户、普惠业务、机构客户、日均金融资产1万元以上公司客户均超额完成上级行下达的任务。获2020年度泉州分行“零售业务营销先进单位”“服务管理先进单位”“党风廉政建设工作先进单位”称号，支行营业部获评“中国银行业文明规范服务千佳示范单位”。

【中国农业银行石狮市支行】 2020年，中国农业银行石狮市支行本外币各项存款余额112.23亿元，比年初增加2.85亿元。各项贷款余额106.85亿元，比年初增加5.26亿元，增幅5.18%。累计不良贷款处置2.13亿元，超额完成全年的不良贷款处置及已核销贷款清收任务。2020年，实现国际结算量20.28亿美元，同比净增2.67亿美元，同比增幅15.23%；境内结售汇业务量18.79亿美元，同比净增1.89亿美元，同比增幅11.17%，结算量和结售汇业务量均居同业首位。在2020年度石狮辖内外汇业务合规与审慎经营情况评估定级中获评A类银行首位。

2020年，中国农业银行石狮市支行普惠小微企业有贷客户267户，比年初增加79户；贷款余额6.2亿元，比年初增加1.45亿元，增幅达30.53%。通过介入纳入石狮政府信贷风险补偿资金池和政府增信担保机构的白名单小微企业客户，加强已准入狮城担保公司的合作；利用“石狮小微融资对接平台”和石狮税务“银税互动”平台等方式，主动积极支持小微企业发展。自银税合作以来，成功对接税务平台客户58户，并给予授信6250万元。

2020年，中国农业银行石狮市支行助力乡村振兴，对“惠农e贷”客户给予利率优惠，减轻渔民等“三农”群体的利息负担，截至2020年12月31日，石狮农行“三农”贷款余额15.37亿元，惠及2000户农户渔民，其中惠农E贷余额11.88亿元，比年初增加4.46亿元。为乡村振兴带头人、渔民、烟商等特色群体提供金融服务支持，2020年，新增乡村振兴带头人63户，授信金额1700万元；快农烟商68户，授信金额554万元；渔民19户，授信金额570万元。

2020年，中国农业银行石狮市支行助力企业复产复工，支持实现纾困企业29户，授信金额2.1亿元，贷款投放1.43亿元。采取线上纯信用支持小微企业78户，金额1785万元；办理受困企业减费让利76户，金额525.23万元。

【中国建设银行石狮分行】 2020年，中国建设银行石狮分行一般性存款日均余额147.99亿元；日均新增10.52亿元；一般性存款时点余额157.42亿元；较年初新增14.19亿元；2020年，本外币各项贷款余额126.8亿元，实现账面净利润3.45亿元，同比增加4584万元，同比增幅15%。不良贷款率0.47%，2020年年末逾期贷款额、表外垫款、关注类贷款指标完成年度综合经营计划控制目标。中国建设银行石狮分行获石狮市和泉州市银行业金融机构安全保卫“先进集体”称号，在全省建行2020年安全保卫工作年度考核中名列全省第一名。

2020年，中国建设银行石狮分行开展预案演练198次，参与员工2300多人次，提升员工的应急处置能力。发挥防范诈骗“桥头堡”作用，对客户办理业务异常要主动介入，主动防范电信网络诈骗，2020年协助公安查询201笔，涉及金额546.37万元，快速冻结10笔，涉及金额1.84万元。9月8日，所辖的南洋支行协助客户成功堵截一起电信网络诈骗案件，为客户挽回168万元的巨额财产损失，该案例在地方媒体（《石狮日报》、石狮电视台）进行刊播，并通过多家线上媒体（东南财经网、新浪新闻、今日头条、网易新闻、金融时报）传播，并于9月15日晚在“央视新闻直播间”刊播，进一步延伸诈骗防范宣传触角。

【兴业银行股份有限公司石狮支行】

2020年，兴业银行股份有限公司石狮支行完成机构整合，由原来4个企业务部、6家零售支行、3家社区支行，整合成为6家综合型支行、2家社区支行，自助ATM设备23台。2020年，兴业银行股份有限公司石狮支行时点本外币总存款余额71.17亿元，市场占比8.88%，新增市场占比-2.46%；其中本外币对公存款余额28.96亿元，市场占比12.47%，新增市场占比14.34%；本外币各项贷款余额89.21亿元，市场占比11.92%，新增市场占比19.77%；代理本外币理财资金日均73.4亿元。

2020年，兴业银行股份有限公司石狮支行配合政府部门出台支持实体经济、发展普惠金融，扶小微、支“三农”、助民企的各项措施。强化“政银企”协作，为石狮政府提供10亿元综合金融服务方案，对符合要求的石狮企业建立“信贷合作绿色通道”，为企业打通“企业用工难、疫情防控难、交通物流难、供应链协同配套难、市场拓展难”等五难操作链提供“金融利器”。

2020年，兴业银行股份有限公司石狮支行利用“兴智汇”等掌上载体，搭建同客户线上沟通桥梁。推出“兴E付”“兴业管家”，继“易速贷”“连连贷”“流水贷”等小微“三剑客”专属产品的基础上，又推出信用免担保“交易贷”及网上自助“循环贷”“三板贷”等金融创新产品，破解小微企业融资痛点。对于“转产企业”和“新建企业”，积极推介省技改基金业务，支持有潜力的企业加快技改、快速转产扩能。

【中国邮政储蓄银行石狮市支行】

2020年，中国邮政储蓄银行石狮

市支行各项存款余额221242万元，年净增31305万元；各项贷款结余320066万元，年净增33688万元；不良金额2561万元，年净增-1336万元，不良贷款率0.8%。

2020年，中国邮政储蓄银行石狮市支行贯彻落实“服务三农、服务小微、助力乡村振兴”的发展战略以及市政府“增贷化险”要求，为全市3000多户居民、农户、中小企业提供综合金融服务，覆盖农业、纺织、鞋帽、食品、五金、电子等多个行业。疫情期间，中国邮政储蓄银行石狮市支行成立“疫情防控金融服务进企业”项目组，全年各项贷款投放17.3亿元（包括转贷）。持续开展“三区一链”走访营销，助力民企转型升级。坚持走访高新产业区、纺织服装基地、灵秀创业园、宝盖鞋城、宝盖科技园等工业园区管委会，获取园区内客户名单进行走访。对接经济局、工商联合会、各镇企业办等政府平台，获取技术改造企业、龙头企业、成长型企业名录，并与政府人员一同进行企业走访营销。2020年，支行分别与石狮邮政管理局、石狮高新区、石狮新阶联签订战略合作协议。

【泉州银行石狮支行】 2020年，泉州银行石狮支行各项存款余额25.95亿元，比2019年增加5.21亿元，其中对公存款余额13.61亿元，比2019年增加0.94亿元，个人存款余额12.34亿元，比2019年增加4.27亿元。各项贷款余额25.67亿元，比2019年增加3.85亿元，其中对公贷款余额21.35亿元，比2019年增加2.34亿元，个人贷款余额4.32亿元，比2019年增加1.51亿元。

2020年，泉州银行石狮支行推动普惠金融业务，主动对接内外部推送的企业融资需求，推广“复工助力贷”和纾困专项贷款等抗疫专项贷款，超额完成总行下达的纾困专项贷款任务；组织开展“稳企业保就业”宣传工作，推进落实人行两大政策工具相关工作，改变机构原有思维模式，引导加大非自助类信用贷款投放，加强到期贷款跟踪维护，做大应延尽延贷款规模。持续推动泉州银行石狮支行产品“无间贷”。2020年，石狮区域全年发放98笔，金额合计23705万元，惠及客户77户。

2020年，泉州银行石狮支行布料行业不良贷款基本出清，账面风险贷款呈现实质性向好转变。在推进不良清收处置的同时，差别授权与评审机制并驱，强化审批质效；严格执行授信评审会制度，对存在风险客户或不符合准入要求、不合规客户不因受业务发展或指标达标需要而盲目放行或打制度“擦边球”。持续加强贷后管理工作，特别针对大户授信，建立台账，动态掌握用信大户经营信息，及时分析各类潜在风险，审慎制定支持、维持、压缩、退出等差别化信贷方案，确保信贷业务不断优化。

2020年，泉州银行石狮支行开展“审慎文化建设”为契机，开展市场乱象整治“回头看”工作及多方位业务合规性检查，及时查找风险隐患，落实整改，规范业务办理。加强员工异常行为排查与培训，通过按季定期开展员工异常行为排查与警示教育工作，进一步将合规理念与合规管理要求传导至经营机构和广大员工，有效增强各机构、人员合规经营意识，提升合规管理水平。

【石狮农商银行】 2020年，石狮农商银行各项资产总额254.49亿元。各项存款余额201.38亿元，比年初增加14.87亿元，增幅7.97%；各项贷款余额143.08亿元，比年初增加13.72亿元，增幅10.6%；存款市场份额、贷款市场份额分别为22.17%、15.59%。

2020年，石狮农商银行出台八项纾困政策，依托“金服云”平台，统筹运用央行再贷款、再贴现、转贷款等资金，采取主动降低贷款利率、无还本续贷、延期还本付息等措施，支持小微企业复工复产。截至2020年年末，申请人民银行专项支小贷款政策专用额度8.96亿元；办理延期还本288笔、金额6.01亿元；发放普惠小微信用贷款579笔、金额1.63亿元；发放“纾困贷款”85户、贷款金额3.19亿元。落实减费让利，减轻企业负担，发放普惠型小微企业贷款年化收益率比年初下降1个百分点。

2020年，石狮农商银行落实石狮市政府海洋经济战略部署，因地制宜调整信贷策略，为渔业产业链上下游农户和企业提供如阳光信贷、资金结算、代收代付、电子银行、财务增值、个性金融等专业化金融增值服务，实现金融服务与海洋产业的直接对接。截至2020年年末，累计发放各类涉海信贷7165笔，贷款金额42.5亿元。

2020年，石狮农商银行坚持“服务三农、服务小微、服务民生”的市场定位和“小额、流动、分散”的经营原则，围绕监管部门提出的回归支农支小本源要求，通过强化对小微企业、民营企业、涉农贷款等重点领域的信贷支持，将有限的信贷资源投向“三农”和小微企业，有效实现小微企业“两增两控”及普惠型涉农贷款的持续增长，支农支小定位进一步凸显。截至2020年年末，涉农贷款余额125.52亿元，占各项贷款比重达87.73%，比年初增加7.83亿元，增速6.65%；全辖普惠型小微企业贷款余额96.40亿元，比年初增长9.58亿元，增长11.04%，高于各项贷款0.43个百分点，贷款户数29060户，比年初上升409户；2020年，发放普惠型小微企业贷款年化收益率比年初下降1个百分点，贷款不良率2.09%，比各项贷款高0.35个百分点，控制在不超过2个百分点以内，较好完成“两增两控”监管指标。绿色贷款余额近1.98亿元，年内增幅超过20.91%，绿色信贷增速、增量和户数增幅三项指标均顺利达成。

2020年，石狮农商银行创新信贷产品，修订大学生“农e贷·助力青春”金融计划，优化准入门槛、贷款额度及贷款利率，满足大学生就业创业融资需求；推出《石狮农商银行“青年创业”专属融资方案》，适应电商个人创业趋势融资需求；推出小微企业“守信增值贷”，创新5个“2”（经营2年以上、近2年无不良记录、授信机构不超过2家、抵押额度20%、贷款额度200万元）满足信用良好企业融资需求。打造市民服务新方式，依托客户个性化和差异化需求，探索推出“儿童主题银行”“宝宝卡”及专题主题活动等服务新举措，营造场景化服务环境。

【招商银行股份有限公司泉州石狮支行】 2020年，招商银行股份有限公司泉州石狮支行全折人民币自营存款余额12.11亿元，比年初增加1.13亿元；全折人民币自营贷款余额11.92亿元，比年初增加0.86亿元；贷存比101.59%，比年初增加8.83个百分点。

2020年，招商银行股份有限公司泉州石狮支行加深与三大国有集团合作，组织开展各种金融活动，包括携手石狮市电力公司、通达集团，将招行的个人贷款、信用卡、代发业务等金融产品与服务带到单位中进行现场办公，践行金融便民服务；参与石狮市金融局在石狮市金融服务中心进行中小企业对接等金融服务。

2020年，招商银行股份有限公司泉州石狮支行为贴现企业办理在线贴现金额超过5亿元，并且大力拓展供应链业务，支持企业的生产经营资金周转。

2020年，招商银行股份有限公司泉州石狮支行小微企业贷款余额23325万元，比年初新增3247万元，贷款增速16.17%，小微企业贷款不良率0.67%，比年初增加0.14%。个人贷款方面，运用互联网、大数据、人工智能等技术，推广招贷App，实现全流程一站式服务，解决小微贷款审批进度不透明、无法预知审批是否通过等痛点，缩短贷款审批时间。小微企业金融服务产品不断创新，持续积极完善优化贷款产品，推出小微双主体贷款，实现个人、公司均可贷款，满足小微企业客户开票场景。持续发展轻型贷款业务，加大力度发展小微闪电贷业务，利用金融科技战略下不断增长的线上经营能力，推动业务持续发展。基于大数法则打造决策引擎系统，运用风险识别和量化技术，对小微企业客户实现批量化风险管理策略。

【民生银行股份有限公司石狮支行】

2020年，中国民生银行股份有限公司泉州石狮支行各项存款余额206387万元，各项贷款余额169741万元。

2020年新冠疫情期间，民生银行股份有限公司石狮支行根据客户复工管理安排制定差异化服务策略，开展交叉营销工作，深化银企合作，活动包括但不限于小微贷款客户赠送10万元光大永明“新冠”保险保障、收单客户赠送1000元手续费、购买团险返还50%小微红包等，在具备复工条件的商圈或优质小区，联合管理方，协助其设计、制作及张贴相关宣传物料（如“佩戴口罩进入”“复工须知”等），同时采购一批防疫物资（免洗洗手液、酒精等）赠送给客户，助力小微客户尽快恢复生产发展。加快储备代项目的落地，结合企业的实际情况，综合运用各条线产品包，满足客户金融及非金融需求，确保企业“复工复产”业务有序进行，实现银企共赢。

2020年，中国民生银行股份有限公司泉州石狮支行执行小微贷款内部资金转移价格倾斜（FTP），增强小微信贷投放动力。在贷款基准价格基础上，对新发生小微贷款业务给予利率优惠，通过降低小微企业贷款内部筹资成本，增强小微信贷投放动力。保证信贷额度供给，对小微贷款规模投放不设规模管控目标，不受新增存贷比指标考核约束，保障对小微贷款的投放力度。加大贷款转期服务，缓解贷款到期“过桥资金”筹集难度大、费用高的问题。推出小微企业“云账户”，可以做到3分钟线上申请、3小时审核通过、30分钟网点交付，为小微企业提供低成本、便捷化开户服务。推广移动运营IPAD终端受理，客户经理上门拍照客户资料，系统直接传送后台进行录入审批，落实小微金融“小、快、灵”的特点。为小微客户提供二维码收银台、智能POS机等小微专属支付结算工具，提供“校付通”等行业结算应用，满足小微客户结算及财务管理需求。

【中信银行股份有限公司泉州石狮支行】 2020年，中信银行股份有限公司泉州石狮支行存款余额82938.31万元，其中，单位存款59978.33万元，个人存款22928.68万元。贷款余额73259.85万元，存贷比138.28%。

2020年，中信银行股份有限公司泉州石狮支行继续深化“党建+业务”经营模式，稳定核心存款，在优质资产、普惠金融、交易银行业务方面加大投放力度，在客户数、有效客户、国际业务结算方面进一步夯实。零售条线不断完善贵宾和大众营销服务体系，搭建私人银行服务体系分层管理，深化客户经营，在厅堂为客户提供良好服务，“走千家万户”上门办理业务，提升员工专业素养及服务意识。通过党建引领业务发展，中信银行石狮支行大力拓展政府重点项目，优化信贷资产结构；努力实现投行业务突破，积极拓展同业客户，夯实客户基础及储蓄存款结构；设置个贷专员开展房贷业务，积极营销国有企业；加强政银企合作，服务重点项目建设，支持当地小微企业发展。

【交通银行泉州石狮支行】 2020年，交通银行泉州石狮支行各项存款余额10.16亿元，各项贷款余额34.71亿元。

2020年，交通银行泉州石狮支行开展重点抗疫企业摸排，主动与合作客户联系为其提供金融服务，2月13日投放1000万元防疫专项贷款。在推动债权融资计划、新增优质授信业务合作的前提下，进一步寻求更多领域业务合作，同时保持营销敏感度，坚定不移开账户、拓渠道，让更多财政资金、国企资金在支行结算，努力提升低成本负债业务发展。

2020年，交通银行泉州石狮支行针对石狮作为全国经济百强县，民企众多、产业布局较完整、贸易集散地等区域优势，以现有客群为基础，进一步辐射企业上、下游和关联企业，筛选一批资信好、产销平稳的知名龙头企业，加大信贷合作，回归实体本源。利用石狮当地优势和政策，与狮城担保多方位合作，积极介入石狮近年来重点发展的市场采购和电商行业，做好中小微企业拓展和合作，提高市场知名度。

【平安银行股份有限公司泉州石狮支行】 2020年，平安银行股份有限公司各项存款余额136840.92万元，日均存款余额107734.88万元，其中，公司存款1379.741万元，个人存款135461.2万元；各项贷款余额47017.68万元，其中，短期贷款17955.99万元，中长期贷款29061.69万元。

2020年，平安银行股份有限公司泉州石狮支行围绕全面向零售银行转型的战略目标，通过"综合金融+物联网"和"互联网+综合金融"两个模式，整合客户和产业链上下游资源，向客户提供一站式、多样化的金融服务。推出宅抵贷等产品，向拥有稳定连续性经营收入具备特定条件的小企业客户发放的，在合理测算经营主体所需流动资金的前提下，自有住房作抵押，贷款用于经营主体正常经营周转，具备简便、快捷等特点和为中小企业提供经营周转资金，缓解融资困难，降低企业融资成本的服务特色。零售业务方面，服务石狮区域广大的个人客户，提供便利的个人结算，结合中国平安的综合金融平台优势，提供合法合规有竞争力的理财产品，为石狮市民提供更多的银行产品与更优质的服务体验。

【上海浦东发展银行股份有限公司泉州石狮支行】 2020年，上海浦东发展银行股份有限公司泉州石狮支行本外币各项存款余额7.71亿元，其中对公存款余额4.53亿元，储蓄存款余额3.17亿元；各项贷款余额21.17亿元，其中，对公贷款余额14.94亿元，比年初新增2.09亿元，个人贷款余额6.23亿元，比年初新增1.95亿元；制造业贷款余额11.93万元，比年初新增1.78万元。2020年，为22户企业减费让利，为17户企业降息；累计减费金额280.65万元，累计减少利息305.65万元。

2020年，上海浦东发展银行股份有限公司泉州石狮支行重视账户风险防控工作，在客户准入关口加强开户审核，在账户存续期内做好可疑交易监测的交叉验证和背景调查，提高账户全生命周期管理水平。做好全面排查存量涉案风险银行账户、反查可疑涉案银行账户以及多渠道反诈宣传工作。做好风险家底客户风险监控和化解工作，进一步细化风险家底客户管理，实行分类监管，确保信贷资产平稳运行。推动信贷资产结构优化，在保持整体信贷规模稳中有升的基础上，通过项目带动优化信贷资产结构。做好核销资产和后四类贷款清收处置工作，截至2020年12月底，全年累计处置各类不良贷款1214.8万元。

2020年，上海浦东发展银行股份有限公司泉州石狮支行加快零售信贷转型，推动三极贷款业务发展，以商用房贷款、经营性贷款、线上信用类贷款等三极贷款为主要方向，与重点楼盘建立合作关系，满足客户置业融资需求，2020年新增个人贷款投放19525.56万元。推进网点创新转型和厅堂一体化经营，以更高标准构建"轻、强、稳"运营新模式，聚焦客户服务需求，优化服务流程，提升服务效率。

2020年，上海浦东发展银行股份有限公司泉州石狮支行优化"房抵快贷""科技贷""银税贷"等小微金融产品，运用小微批量授信方案，着力解决小微企业融资需求。发展"1+N"供应链业务，依托核心企业、电商平台，打造"场景化、平台化、批量化、N+1+N"的经营模式，为核心企业的下游经销商提供纯信用的线上融资服务，助力小微企业发展。增加票据贴现额度，支持小微和民营企业的融资需求，降低中小企业财务费用。对小微企业票据直贴予以价格优惠，鼓励小微企业进行票据贴现。优化信贷流程，对票据贴现等资金周转要求高的业务品种，加强流程整合，提升办理效率。

【中国光大银行股份有限公司泉州石狮支行】 2020年，中国光大银行股份有限公司泉州石狮支行本外币各项存款余额10.7亿元，2019年增长584%；本外币各项贷款余额3.7亿元。

2020年，中国光大银行股份有限公司泉州石狮支行走访各行业龙头企业，与其建立合作关系，培育核心客户，并以此为依托，沿供应链和产业链拓展其上下游客户，发展和创新供应链金融产品、现金管理产品、结算型产品，推动中小微有效客户数量的增长；加强公司、投行、资金、租赁、托管等条线联动，推进核心客户的投行业务合作，加强资源整合；加大对投行业务、票据和普惠金融的推动和投入，在贷款资源紧张的情况下，多方拓宽企业，特别是小微企业融资渠道，包括信托类、企业债、公司债、中票和保险投资计划等资金来源，提升对中大型项目，包括土地储备、安置房等政府性基础设施建设项目、行业重点建设项目、重点民生项目的资金支持力度。丰富业务产品线，加大对进出口企业的贸易融资支持力度，促进泉州外贸型经济发展，通过信保融资、代付融资等渠道提升增加资金支持。在加强对贸易背景审查的前提下，推动票据融资业务发展，提升金融服务能力和盈利能力。以中国光大银行股份有限公司泉州石狮支行ETC生活卡配合大额存单月息宝为特色业务，提高个人和企业的卡使用率。加强跨境投资金融、养老金融、卡行业应用新业务创新力度，通过新的合作渠道、业务创新，寻找新的业务增长点。

【福建海峡银行石狮支行】 2020年，福建海峡银行石狮支行新增贷款投放55笔，贷款金额26368万元；降低利息2笔，降低利息金额8.22万元；应延尽延3笔，金额2125万元；纾困贷款投放4笔，金额2370万元。

2020年，福建海峡银行石狮支行服务小微，服务实体。在支持小微信贷与加强风险防控过程中，支行探索由政府风险补偿金和泉州市中小企业融资担保有限责任公司担保共同作为增信手段的小微企业融资新模式，开发落地泉州市小微企业银政担联动组合贷款（助保贷）产品。2020年年末，石狮支行普惠小微余额2.38亿元，完成普惠型小微企业贷款“两增”要求。

【泉州农商银行石狮市支行】 2020年，泉州农商银行石狮市支行各项存款余额18012万元，较年初增加2420万元，增幅15.53%，其中储蓄存款14286万元，较年初增长472万元，增幅为3.4%，贷款余额45293万元，因压降大额授信12000万元，比年初减少8708万元，降幅16.12%。2020年以小额标准贷产品及抵押贷款作为投放主线，增户扩面工作取得一定成效，全年新增小额标准贷产品授信14440.96万元。截至2020年12月末，1000业万元以下小微企户均贷款11.02万元，比年初减少1.13万元，降幅9.37%。各项存贷款实现稳步增长，基本实现预定目标。

2020年，泉州农商银行石狮市支行配合金融局等有关部门开展以支持实体经济发展为主题的各项工作，截至12月31日新增贷款投放6675.4万元，并同时为存量贷款客户办理延期还款1324.18万元、办理降息业务1939万元、办理无还本续贷2778.91万元。

2020年，泉州农商银行石狮市支行积极营销存贷款，推动业务提质转型，紧跟总行步伐，依托“小额标准贷”产品，实现线上办理，积极营销各项新产品。注重开源节流，增收节支提高经营效益。以案件防范为抓手，构建合规文化长效机制。加强稽核监督，认真开展合规经营、合规操作检查，充分发挥监督制约作用，为案件防控提供更好的技术保障。

【中国农业发展银行石狮市支行】

2020年，中国农业发展银行石狮市支行各项贷款余额29.19亿元，实现贷款日均余额27.79亿元，较年初同比增幅14.41%；对公存款余额4.28亿元，日均存款5.25亿元；实现账面利润2194.47万元，人均创利137.84万元，无新增不良贷款。

2020年新冠肺炎疫情期间，中国农业发展银行石狮市支行各项营销获批2家企业5500万元应急贷款，保障当地防疫物资市场供给。加大对石狮当地民生短板项目信贷支持力度，保障猪肉“菜篮子”市场供应，获批石狮市食品有限公司肉品加工厂中长期项目1亿元，实现投放2500万元；获批石狮市港口建设有限公司石湖港停车场项目1.15亿元，建成后可提供车位约1522个。加强与政府融资担保机构狮城担保公司合作，破解小微企业担保难的问题，2020年新增小微企业贷款余额1400万元。生猪和小微企业贷款投放量在2020年全市完成省分行新增任务数占比高达50%。探索落实信贷模式，成功获批全省首个EPC项目1.3亿元并投放0.89亿元，获批全市系统首个产城融合资产收购项目5.2亿元并投放贷款1.6亿元，获批石狮保税物流中心项目2.5亿元并投放0.2亿元，石狮航运中心项目2.15亿元已上报信贷审查中心审查完毕待上会。聚焦保险代理及国际业务结算，办理保险代理业务2笔，取得代理保险收入2.98万元；营销美佳爽公司开立国际业务结算账户，实现国际业务结算60万美元，完成国际业务任务目标，保险代理及国际业务均实现支行成立以来零的突破。先后参与疫情防控、脱贫攻坚、“99公益日”、总行特困救助等各级公益捐款，金额达9750元。

2020年，中国农业发展银行石狮市支行提升信贷管理基础，落实各项信贷政策要求，将项目调查工作做实做细。做好项目贷款定价基准利率转换及PSL贷款利率转换管理。加强与借款企业及担保企业沟通协调，将原执行基准利率模式的项目贷款全部转换为执行LPR利率，同时于6月底前签订PSL贷款利率转换协议，提前完成上级行下达3000万元转换任务，完成率104%。做好贷款承诺清理。积极协调沟通企业，同企业保持充分联系，从速收集认定清理所需的资料，6月底前完成3家企业23000万元的贷款承诺清理，避免产生声誉风险。推进贷后管理工作做细做实。做好CM2006系统贷后管理工作，做好贷款评审跟踪管理系统和贷后检查尽职管理系统日常维护，做到贷款评审直观化和贷后管理痕迹化管理，加强信贷风险排查，严格执行贷后管理例会制度。

2020年，中国农业发展银行石狮市支行推广网银及电子对账业务，累计开立网银企业28户，电子对账签约数26户，办理网银业务6457笔，12月网银替代率高达99.59%。加强反洗钱管理日常工作，规范反洗钱系统录入工作；建立反洗钱例会制度，分析反洗钱工作存在问题，协调推进反洗钱工作；开展反洗钱“一把手”授课、内控合规和反洗钱培训，增强全行员工反洗钱意识及技能。

【厦门银行股份有限公司泉州石狮支行】 2020年，厦门银行股份有限公司泉州石狮支行存款余额33809万元，各项贷款结余136788.05万元。

2020年，厦门银行股份有限公司泉州石狮支行推广“小企业标准化授信”产品，针对小微企业、农户、个人工商户助业等提供金融融资渠道，额度多、审批快、服务好、利息省、期限长，提供较大便利；推广“税E融”“接力贷”等相关产品。“税E融”主要面向纳税记录良好的优质小微企业及个体工商户，根据纳税情况放大一定倍数后核定贷款金额；“接力贷”不还本，接着贷，省却倒贷成本，降低客户压力。

2020年，厦门银行股份有限公司泉州石狮支行加强员工合法合规意识，重视案件防控，禁止员工参与非法高息借贷、融资或集资活动。落实安全工作责任制，开展员工日常行为排查，特别是员工是否参与非法高息借贷、融资或集资专项排查，从源头堵塞漏洞。开展“三八”节活动、周年活动，为支行员工送上生日祝福；参与协会行业、总分行的猜灯谜游园活动、养心品禅、插花油画活动、素质拓展、职工趣味运动会等文体活动，丰富职工文体生活，减轻员工工作压力。开展家访活动，增强企业的凝聚力和向心力。

【石狮渝农商村镇银行】 2020年，石狮渝农商村镇银行各项存款余额8080万元，全年累计投放各类贷款1.66亿元，各项贷款余额突破2.17亿元，比年初净增6251万元。

2020年，石狮渝农商村镇银行创新信贷产品，针对电商企业不同的客户需求，推出“增值贷”“便捷贷”等互联网特色贷款，为淘宝镇、淘宝村的商户定制“农户电商贷”等纯信用产品；对受疫情影响的普惠电商企业到期贷款实现“应免尽免”“应延尽延”，保护市场主体，努力帮助企业解决资金链问题。落实再贷款再贴现政策，确保普惠型电商企业贷款利率持续下降，做好“稳岗保就”工作。

2020年，石狮渝农商村镇银行线上创新推出自助续贷、自助支用等线上金融服务功能，将电商客户贷款申请、审批、放款流程嵌入手机银行，让客户“足不出户”即可自助办理贷款业务。线强化银政合作，创新运用“增值贷”“便捷贷”等弱担保信贷产品，为电商供应链企业和个体工商户提供成长周期的融资服务，扩大小微金融服务覆盖面，让更多电商背后的制造企业可以分享小微信贷帮扶的“雨露甘霖”。截至2020年12月末，石狮渝农商村镇银行支农支小贷款占比超过90%。

保险业

【概况】 2020年，石狮市有33家保险业金融机构，其中财产保险机构有12家、从业人员708人，全年保费收入5.37亿元，赔付支出2.53亿元；人身保险机构有14家，从业人员3799人，保费收入16.94亿元，赔付支出1.12亿元；保险中介机构7家。

【保险公司保费收入】 2020年，中国人寿保险股份有限公司石狮市支公司累计完成保费收入37762万元，比2019年增长6142万元，增长率19.42%，其中寿险32006万元，占比84.76%，健康险4528万元，占比11.99%。赔款支出1565万元。

2020年中国平安人寿保险股份有限公司泉州中心支公司石狮营销服务部累计完成保费收入92206万元，比2019年减少5896万元，增长率-6.01%，其中寿险70082万元，占比76.01%，健康险22124万元，占比23.99%，赔款支出6891万元。

2020年，中国人民人寿保险股份有限公司石狮市支公司累计完成保费收入911万元，比2019年减少4731万元，增长率-83.85%，其中寿险375万元，占比41.16%，健康险447万元，占比49.07%。赔款支出3万元。

2020年，中国太平洋人寿保险股份有限公司泉州中心支公司石狮营销服务部累计完成保费收入8810万元，比2019年增长1031万元，增长率13.25%，其中寿险6376万元，占比72.37%，健康险2434万元，占比27.63%。赔款支出1609万元。

2020年，新华人寿保险股份有限公司泉州中心支公司石狮支公司累计完成保费收入19690万元，比2019年增长1279万元，增长率6.94%，其中寿险8795万元，占比44.66%，健康险10688万元，占比54.28%。赔款支出207万元。

2020年，泰康人寿保险有限责任公司福建泉州石狮营销服务部累计完成保费收入3348万元，比2019年减少56万元，增长率-2%，其中寿险2645万元，占比77%，健康险798万元，占比23%。赔款支出256万元。

2020年，中英人寿保险有限公司福建分公司泉州石狮营销服务部累计完成保费收入201万元，比2019年增长19万元，增长率10.33%，其中寿险90万元，占比44.88%，健康险110万元，占比54.89%。赔款支出2万元。

2020年，民生人寿保险股份有限公司泉州中心支公司石狮营销服务部累计完成保费收入2365万元，比2019年减少197万元，增长率-7.69%，其中寿险1475万元，占比62.37%，健康险890万元，占比37.63%。赔款支出154万元。

2020年，英大泰和人寿保险股份有限公司泉州中心支公司石狮营销服务部累计完成保费收入493万元，比2019年减少203万元，增长率-29.12%，其中寿险306万元，占比62.06%，健康险186万元，占比37.72%。赔款支出20万元。

2020年，富德生命人寿保险股份有限公司福建分公司石狮营销服务部累计完成保费收入916万元，比2019年减少 62 万元，增长率 -6.32%，其中寿险 490 万元，占比 53.53%，健康险 425 万元，占比 46.38%。赔款支出 64 万元。

2020 年，幸福人寿保险股份有限公司石狮支公司累计完成保费收入 353 万元，比 2019 年增加 36 万元，增长率 11.36%，其中寿险 174 万元，占比 49.29%，健康险 179 万元，占比 50.71%。赔款支出 0.46 万元。

2020 年，太平人寿保险有限公司石狮营销服务部累计完成保费收入 1419 万元，比 2019 年减少 65 万元，增长率 -4.38%，其中寿险 820 万元，占比 57.79%，健康险 566 万元，占比 39.89%。赔款支出 160 万元。

2020 年，百年人寿保险股份有限公司石狮支公司累计完成保费收入 273 万元，比 2019 年减少 14 万元，增长率 -4.88%，其中寿险 186 万元，占比 68.13%，健康险 87 万元，占比 31.87%。赔款支出 62 万元。

2020 年，农银人寿保险股份有限公司泉州中心支公司石狮营销服务部累计完成保费收入 528 万元，比 2019 年增长 150 万元，增长率 37.87%，其中寿险 396 万元，占比 75%，健康险 132 万元，占比 25%。赔款支出 248 万元。

2020 年石狮市各寿险公司年度保费收入及赔款支出情况表

表 11　　单位：万元

公司	保费收入		赔款支出	
	累计	同比增减	累计	同比增减
中国人寿保险股份有限公司石狮市支公司	37762	6142	1565	301
中国平安人寿保险股份有限公司泉州中心支公司石狮营销服务部	92206	-5896	6891	136
中国人民人寿保险股份有限公司石狮市支公司	911	-4731	3	-22
中国太平洋人寿保险股份有限公司泉州中心支公司石狮营销服务部	8810	1031	1609	672
新华人寿保险股份有限公司泉州中心支公司石狮支公司	19690	1279	207	44
泰康人寿保险有限责任公司福建泉州石狮营销服务部	3448	-56	256	-100
中英人寿保险有限公司福建分公司泉州石狮营销服务部	201	19	2	1
民生人寿保险股份有限公司泉州中心支公司石狮营销服务部	2365	-197	154	-16
英大泰和人寿保险股份有限公司泉州中心支公司石狮营销服务部	493	-203	20	-29
富德生命人寿保险股份有限公司福建分公司石狮营销服务部	916	-62	64	-9
幸福人寿保险股份有限公司石狮支公司	353	36	0.46	-1
太平人寿保险有限公司石狮营销服务部	1419	-65	160	-1
百年人寿保险股份有限公司石狮支公司	273	-14	62	24
农银人寿保险股份有限公司泉州中心支公司石狮营销服务部	528	150	248	95

【产险市场】　2020 年，中国人民财产保险股份有限公司石狮支公司累计完成全险种保费收入 20121 万元，比 2019 年增长 985 万元，增长率 5.15%，其中机动车辆保险 15297 万元，占比 77.03%。赔款支出 8888 万元。

2020 年，中国平安财产保险股份有限公司石狮支公司累计完成全险种保费收入 19794 万元，比 2019 年减少 837 万元，增长率 -4.05%，其中机动车辆保险 17118 万元，占比 86.5%。赔款支出 9597 万元。

2020 年，中国人寿财产保险股份有限公司石狮市支公司累计完成全险种保费收入 3742 万元，比 2019 年增长 227 万元，增长率 6.45%，其中机动车辆保险 3386 万元，占比 90.49%。赔款支出 1971 万元。

2020 年，中国太平洋财产保险股份有限公司石狮支公司累计完成全险种保费收入 3366 万元，比 2019 年增长 245 万元，增长率 7%，其中机动车辆保险 2562 万元，占比 76.11%。赔款支出 1308 万元。

2020 年，华安财产保险股份有限公司福建分公司石狮营销服务部累计完成全险种保费收入 1068 万元，比 2019 年减少 132 万元，增长率 -11%，其中机动车辆保险 996 万元，占比 93.26%。赔款支出 598 万元。

2020 年，中华联合财产保险股份有限公司泉州中心支公司石狮营销服务部累计完成全险种保费收入 1087 万元，比 2019 年增长 69 万元，增长率 6.81%，其中机动车辆保险 834 万元，占比 76.75%。赔款支出 484 万元。

2020年，太平财产保险有限公司石狮支公司累计完成全险种保费收入959万元，比2019年增长237万元，增长率32.82%，其中机动车辆保险572万元，占比59.64%。赔款支出290万元。

2020年，大家财产保险有限公司泉州中心支公司石狮营销服务部（原安邦财产保险公司重组更名为大家财产保险公司）累计完成全险种保费收入7万元，比2019年减少135万元，增长率-95%，其中机动车辆保险5万元，占比63.77%。赔款支出0.1万元。

2020年，长安责任保险股份有限公司泉州中心支公司石狮营销服务部累计完成全险种保费收入556万元，比2019年增加71万元，增长率12%，其中机动车辆保险410万元，占比73.74%。赔款支出172万元。

2020年，亚太财产保险有限公司石狮支公司累计完成全险种保费收入637万元，比2019年增长50万元，增长率8.5%，其中机动车辆保险609万元，占比95.66%，赔款支出321万元。

2020年，中国大地财产保险股份有限公司石狮支公司累计完成全险种保费收入1686万元，比2019年减少86万元，增长率-5.1%，其中机动车辆保险1106万元，占比65.6%。赔款支出1441万元。

2020年，紫金财产保险股份有限公司泉州中心支公司石狮营销服务部累计完成全险种保费收入679万元，比2019年增长163万元，增长率31.7%，其中机动车辆保险672万元，占比98.97%。赔款支出238万元。

2020年石狮市各产险公司年度保费收入及赔款支出情况表

表12　　　　单位：万元

公司	保费收入		赔款支出	
	累计	同比增减	累计	同比增减
中国人民财产保险股份有限公司石狮支公司	20121	985	8888	574
中国平安财产保险股份有限公司石狮支公司	19794	-837	9597	-981
中国人寿财产保险股份有限公司石狮市支公司	3742	227	1971	147
中国太平洋财产保险股份有限公司石狮支公司	3366	245	1308	-79
华安财产保险股份有限公司福建分公司石狮营销服务部	1068	-132	598	56
中华联合财产保险股份有限公司泉州中心支公司石狮营销服务部	1087	69	484	-4
太平财产保险有限公司石狮支公司	959	237	290	30
大家财产保险有限公司泉州中心支公司石狮营销服务部	7	-135	0.1	-33
长安责任保险股份有限公司泉州中心支公司石狮营销服务部	556	71	172	-80
亚太财产保险有限公司石狮支公司	637	50	321	92
中国大地财产保险股份有限公司石狮支公司	1686	-86	1441	626
紫金财产保险股份有限公司泉州中心支公司石狮营销服务部	679	163	238	44

证券业

【概况】　2020年，石狮市有8家证券公司。2020年，各证券公司客户总资产106.33亿元，市值99.64亿元，沉淀资金6.67亿元，客户总数16.74万户，实现交易金额2332.54亿元，营业收入7178.43万元，手续费净收入5316.62万元，利润总额3479.52万元，比2019年增长113.26%。与2019年相比证券公司的业绩增长显著，主要来源于交易量同比放大带来的经纪业务增长，受益于政策红利和2020年A股市场回暖。2020年，石狮市证券业从业人员110人，较2019年减少32人，主要在于东海证券退出，同时科技的进步、人工智能对证券行业的渗透和冲击，整体从业格局减少。

【证券行业营业情况】　2020年，东兴证券石狮营业部总资产44100万元，净资产23400万元，营业收入2066.77万元，手续费净收入2139.31万元，净利润1452.56万元。

2020年，光大证券石狮营业部总资产819.31万元，股基交易量235.59亿，营业收入406.66万元，手续费净收入129.83万元，利润总额13.19万元。

2020年，华福证券石狮营业部总资产17158.88万元，经营收入2050.27万元，手续费净收入1118.38

万元，净利润 1214.11 万元。

2020 年，申万宏源证券石狮营业部总资产 2421.96 万元，营业收入 258.11 万元，手续费净收入 188.54 万元，利润总额 -93.05 万元。

2020 年，太平洋证券石狮营业部总资产 13917.59 万元，营业收入 69.52 万元，手续费净收入 52.88 万元，利润总额 -41.61 万元。

2020 年，万和证券石狮营业部总资产 7232.03 万元、营业部营业收入 19.97 万元、手续费净收入 12.66 万元、利润总额 -70.49 万元。

2020 年，中国中金证券石狮营业部总资产 670.69 万元，营业收入 159.13 万元，手续费净收入 90.02 万元，利润总额 41.81 万元。

2020 年，兴业证券石狮营业部总资产 21905 万元、营业部营业收入 2148 万元，手续费净收入 1585 万元，利润总额 963 万元。

2020 年石狮市证券业客户总资产、市值、交易等情况表

表 13

证券公司	客户总资产（万元）	市值（万元）	沉淀资金（万元）	客户总数（个）	交易成交金额(万元）
东兴证券	273792.46	253123.66	20722.99	41612	6208995.88
光大证券	43894.57	40773.25	3121.32	3339	2363417.04
华福证券	288856.56	272240.19	16616.38	55501	6439929.00
申万宏源证券	24286.19	22037.28	2248.91	2135	879535.71
太平洋证券	16350.2	13960.79	2189.23	2164	460794.27
万和证券	7232.03	6657.90	574.13	372	167707.98
中金证券	11407.47	10767.43	638.36	3262	451663.04
兴业证券	397456	376844	20611	59058	6353382
合计	1063275.48	996404.5	66722.32	167443	23325424.92

期货业

【概况】 2020 年，石狮市有 1 家期货公司为瑞达期货石狮营业部，年末权益 17068.08 万元，利润 230 万元，净入金为 11180.04 万元，交易客户数 509 个，新开户数 266 个，手续费留存 382.56 万元，手续费转化率 2.24%。收入 1153.85 万元。

【期货业经营情况】 2020 年，瑞达期货股份有限公司石狮营业销售金额为 6190 万元，客户数 38 个。2020 年，采取线上方式，携手银行和券商渠道围绕不同主题举办大中小型客户营销活动共 17 场活动，分别是 8 场报告会（包括商品期货、金融期货、商品期权、金融期权）、9 场资管路演（包括高净值客户路演和券商机构路演）、同时参与泉州区域组织的期权培训班，全年活动量参与的客户人数在 1000 人以上。

2020 年石狮市期货公司经营数据一览表

表 14

净入金（万元）	新开户数（个）	有交易客户数(个）	留存手续费(万元）	年末权益（万元）	手续费转换率（%）
11180.04	266	509	382.56	17068.08	2.24
年初居间人数(人）	年末居间人数(人）	人均产能（万元）	2020 年业绩(万元）	业绩完成率(%）	权益峰值
72	61	6.27	230	176.92	20587.79

港口建设与口岸管理

港口管理

【概况】 2020年，泉州湾港务站上报船舶抵离港2886艘次。配合开展海上入境管控工作，全年组织到码头企业进行人员管控巡查40次/103人次。泉州湾港务站共审核企业港口经营许可证延续10家，审批危险货物船舶作业57艘次，达到审批便捷化、管理精细化和台账规范化的效果。

2020年，石狮港口包括石湖、锦尚和梅林三个作业区。其中，石湖作业区是泉州港内贸集装箱枢纽港，东南亚地区最大的石材交易市场，重点发展集装箱运输，巩固沿海内贸集装箱地位，逐步拓展近洋外贸航线，打造区域性现代商贸物流中心。锦尚作业区拥有泉州港唯一的10万吨煤炭专用泊位，服务于腹地经济社会所需干散货及件杂货运输，适度布局集装箱运输。新建4号15000吨级通用泊位1个（结构按35000吨级预留）及配套生产、装卸设施，设计年吞吐能力115万吨。2号泊位为5000吨级通用泊位，结构已按3.5万吨级预留，现提升码头规模为2万吨级泊位，年设计吞吐量提升为120万吨。梅林作业区作为城市旅游客运岸线，重点发展游艇、客运码头，从而带动配套的维修制造、水上娱乐、餐饮服务等相关产业发展，推动市级经济产业的进一步转型升级。

【港口建设】 2020年，石狮港口包括石湖、锦尚和梅林3个作业区。2020年，泉州太平洋集装箱码头有限公司经营的石湖作业区完成年度投资1.45亿元。截至2020年，石湖作业区5号、6号泊位工程项目累计完成施工工作量4.3亿元，占施工合同总价6.5亿元的66%；累计完成总投资5亿元，占总投资17.6亿元的28.4%。完成石湖港3号、4号泊位胸墙及系船柱基础裂缝修复工作。

2020年，石狮市华锦码头储运有限公司经营的锦尚作业区累计完成投资8029.12万元。锦尚作业区口岸开放设施建设方面，完成海关检疫楼外部装修，增配的口岸单位业务技术用房；查验单位监管信息系统、视频监控系统、无线网络覆盖调试基本完成；货物查验平台主体完工，新闸口完工拆架；口岸开放验收相关文件汇集和制度汇编修订基本完成。锦尚作业区4号泊位工程方面，完成投资9400万元，完成预算的121.57%。完成水工主体、护岸、陆域形成工程、道路堆场；完成新闸口、消防水池工程下部通道，满足通行及口岸开放要求。水域疏浚工程倾废物检测完成。开展项目环保设施、职业卫生、安全验收等工作。4号泊位扩建工程方面，将4号泊位由15000吨级泊位扩建为35000吨级泊位，完成工可审查、用海预审、社会稳定分析评估，项目核准已被受理。航道拓宽工程和3号泊位加固改造提级工程方面分别完成锦尚作业区锦尚航道180米拓宽至210米、完成3号泊位加固改造提级工程现状检测、评估，并按检测评估意见更换护舷及修补基床。

【港口生产效益】 2020年，石狮市港口货物吞吐量3675.7万吨，下降9.4%；全市港口集装箱吞吐量175万标箱，下降12%。其中：石湖港口货物吞吐量2703.7万吨，下降12.2%，石湖港口集装箱吞吐量133.2万标箱，下降16.1%；华锦码头货物吞吐量972万吨，下降0.7%，华锦码头集装箱吞吐量41.8万标箱，增长4.7%。

【港口安全管理】 2020年，石狮市联合相关部门开展联合执法，强化辖区集装箱转运、仓储环节的安全监督管理；持续推进港口危险货物安全监管平台使用情况及对普货企业的扩展应用；利用省级危货监管平台对危货码头作业进行视频监控抽查，视频抽查28次/56人次；启动配合建设防污染应急基；助推绿色低碳港口可持续发展，鼓励到港船舶使用岸电、港口机械“油改电”“油改气”，提高港口清洁能源使用比例和码头船舶大气污染防治水平；6月鸿山热电厂完成码头岸电系统电缆提升装置改造工程，顺利通过联船测试验收和并网供电；开展环保工作专项督查，指导辖区码头企业和船舶污染物接收单位对塑料垃圾接收建立专门分类以及对“船舶污染物接收联单制度”执行情况进行督查。

口岸与海防管理

【口岸管理】 2020年，石狮市重视口岸发展事业，从培植外贸航线、推进港口项目、优化通关环境、做好港口疫情防控等方面推进口岸开放发展工作，积极融入“丝路海运”，打造泉州港中心港区。

培植外贸精品航线。2020年，石狮市以“一线一策”方式扶持骨干外贸航线发展，巩固6条外贸航线和35条内贸航线培植成效，通过石狮—厦门外贸内支线共享厦门港国际航线资源，降低中小微企业组货拼柜和航运成本，逐渐完善石狮与“海丝”沿线国家（地区）的航线网络覆盖，为“买全国、卖全球”市场采购贸易方式和石狮市外向型经济发展提供便捷的海上运输通道。

推进泉州石湖港保税物流中心（B型）建设验收。2020年3月，泉州石湖港保税物流中心（B型）完成勘察设计招标，7月底一期进场动工。整个项目占地17.05公顷，总投资额约7.27亿元。其中一期用地10.39公顷，主要包括建设1号保税物流仓库、2号跨境电商物流仓库、3号文化产业库、4号保税冷库、5号保税物流仓库，以及办公楼、门卫和卡口等配套。二期6.67公顷地，将继续建设6号自动化物流仓库、7号自动化物流仓库、8号及9号保税物流仓库。项目建成后，物流中心仓储面积将超7.5万平方米，年货物周转量预计可达200万吨，集保税仓储、流通性简单加工和增值服务、全球采购和国际分拨配送、转口贸易和国际中转等多功能于一体，可为泉州市服装纺织、鞋业、建材家居、食品饮料、工艺美术等多个千亿产业集群转型升级提供贴合的新型国际业务服务支撑，推动传统企业和跨境电商融合发展。

推进锦尚作业区口岸开放验收。2020年，石狮市持续推进锦尚作业华锦和鸿山热电码头各项软、硬件基础设施建设工作有序开展。口岸开放验收后将谋划开通华锦至厦门港的外贸内支线，主动承接厦门港国际航线资源；鸿山热电码头将开展进口煤炭业务，对税收增长具有一定拉动作用。

推进泊位建设。2020年，石狮市加快推进石湖港区5号、6号泊位（2个10万吨级集装箱泊位）省重点建设项目工程进度，该项目总投资约15.5亿元，建成后石湖港区集装箱年吞吐能力将超300万标箱；加快推进华锦港区4号泊位建设（含锦尚航道拓宽工程），总投资3亿元，设计吞吐能力115万吨/年（含

2020年，华锦码头3号、4号泊位 （图/市商务局）

3 万标箱 / 年）。

开展泉州港石狮航运中心项目前期工。2020 年，泉州港石狮航运中心完成施工图设计、施工图审查、预算编制及审核工作、施工招标文件。泉州港石狮航运中心项目将打造集口岸联检、通关服务、物流企业运营、楼宇商务配套等功能于一体的综合服务大楼，实现“一站式”通关服务。

开展石湖港区停车场项目前期工作。2020 年，石湖港区停车场完成施工图审图，预算编制及预算审核，正在编制施工招标文件，石湖港区停车场项目将建设停放 1200 辆的停车场以及汽修等配套设施。

【海防管理】 2020 年，石狮市加强海域管控能力，构建“陆上查、岸上堵、海上截”的全方位防控格局，做好应对境外新冠肺炎输入工作，实现海上通道“零输入”工作目标。涉海职能部门及各沿海镇实行“网格化”管理，网格工作组进村入户进行排查；运用船舶管理平台，持续落实海上交叉巡查、船舶登临检查以及定位系统 24 小时开机监控制度。

2020 年，加强联合执法，开展“封港清查”清查行动，对停靠在辖区及前期排查的涉渔“三无”船舶进行登临核查。出动 467 人次，船艇 19 艘，车辆 67 辆次，登船检查 498 艘次。联合相关部门开展打击海上非法采砂执法检查工作，开展海监巡查工作 63 次，其中卫星遥感监测 7 次，海岸线巡查 47 次，海上联合巡查行动 9 次。派出车辆 58 车次，行程 2116 千米，出动人员 166 人次。派出船舶 9 航次，行程 212 海里。查处 6 起非法用海案件，未发现海上非法采砂行为。

海 关

【概况】 2020 年，泉州海关驻石狮办事处审核进出口报关单 71328 份，比 2019 年增长 75.14%。监管进出口总量约 429.72 万吨，比 2019 年增长 34.46%。其中，以市场采购贸易方式共放行出口报关单 60716 票，货值 348.91 亿元。监管进境快件 90856 件、重量 154.1 吨、货值 2079.2 万元，征收税款 89.1 万元。监管放行首票跨境电商出口货物，共 896 件，重量 11 吨、货值 16.3 万美元。全年泉州海关驻石狮办事处税款入库人民币 3.65 亿元，比 2019 年下降 11.84%，主要税源商品花岗岩荒料石。

【服务创新】 2020 年，泉州海关驻石狮办事处落实“去繁就简”压缩通关时间的部署，努力压缩通关时间，确保口岸通关便利化水平不断提高。积极协调口岸各部门，确保关区荒料石等特色商品进口的良性发展；加强对口帮扶力度，召开企业座谈会十余次，深入企业调研十余次，关注和解决辖区内重点企业的困难。积极推动口岸扩大开放，强化港口外贸功能。支持石湖码头新增日本、越南、泰国等航线，加厚菲律宾马尼拉航线，开辟直通厦门内支线，方便企业属地通关。协同推进锦尚作业区口岸开放工作，靠前指导华锦码头、鸿山热电煤码头按照海关总署 68 号、69 号公告要求高起点建设。支持深沪湾梅林远洋渔业码头建设一类码头新增作业点，服务辖区发展海洋产业战略。全程跟进石湖港保税物流中心（B 型）建设，从政策指导、规划设计、调查研究和上级工作对接等方面协同配合。认真落实厦门海关“防疫情、稳外贸”十四条举措，主动作为、主动靠前、积极作为，加强进出口防疫物资通关监管，促进泉州地区有序扩大防疫物资快速出口。组织多场政策宣讲及业务培训会，重点解答企业出口困惑，支持企业防疫物资合规经营、有序进出，促进外贸稳增长。落实退税政策，主动指导帮助辖区企业退税 530.76 万元；帮扶辖区多家水产企业对美对欧注册，帮助泉州海洋产业应对疫情影响，实现出口量大幅回升；深入推进市场采购贸易试点，帮助石狮服装城 10159 家经营主体复工复产，出口货值 50.02 亿美元，比 2019 年增长 98%，为全省外贸增长贡献约 4%；获批全国首个市场采购贸易方式出口预包装食品试点后，促成石狮市国际食品城扩区开馆，全年实现出口预包装食品货值 1839.31 万美元。

【市场采购】 2020 年，泉州海关驻石狮办事处在市场采购监管“采购地一站式通关模式”和“采购地申报、口岸验放”并行模式的基础上，5 月 29 日推行全省通关一体化。成立工作专班，实行“每日跟踪，每周监控，每月审核”制度，开展通关时效监控，及时了解问题，排查影响通关时效堵点，做好后续处置。2020 年以市场采购贸易方式共放行出口货值 348.91 亿元。市场采购预包装食品试点以来，全年出口市场采购预包装食品货值 1.19 亿元。石狮国家级市场采购试点成为福建省稳外贸促增长的新引擎。

【打私工作】 2020 年，泉州海关驻石狮办事处加强进口走私“洋垃圾”、象牙等濒危物种、出口侵权和夹藏违禁品等走私违规行为的查缉力度。落实和推进“国门利剑 2020”“蓝天 2020”联合专项行动，进一步提高关区打击走私整体效能，规范进出口贸易秩序。发挥石湖港作为泉州港区主港地位的优势，全面落实总体国家安全观，依法行政，严格落实各项监管要求，强化风险分析，加强正面监管。

【出入境检验检疫】 2020 年，泉州海关驻石狮办事处贯彻落实进出口食品安全各项工作措施，对 8 家企业开展进出口备案企业核查和定期监管，督促企业质量管理、兽医防疫体系运行持续符合要求。2020年，完成进出口商品目的地查验61批次，完成出口动物源性水产品风险监测任务13个样品，对进出口食品实施监督抽检，检测食品24个样品，完成2020年市级食品抽检350个，未发现不合格产品。

海 事

【海上安全监管】 2020年，由石狮市交通和港口发展局牵头，石狮市公安局、石狮市农业农村局及石狮市沿海各乡镇共同参与联合开展内河船整治行动。排查疑似内河船186艘，船舶证书信息收集138艘，现场勘验122艘次，对船证一致的111艘船舶实施海事行政处罚，推动地方政府落实属地管理责任。

2020年，石狮海事处强化恶劣天气预警工作，多渠道、多样式开展安全宣传，为船舶提供信息和助航服务，强化水上监管力度。深化“打非治违”和“隐患排查”专项行动，结合辖区实际，深入开展全方位、多样式的检查打击行动，控制海上事故发生的苗头，形成水上安全生产领域打非治违常态工作机制，排除大批安全隐患。重视航运公司源头管理，发挥海事部门专业优势，强化服务，通过采取完善日常跟踪检查制度，及时掌握航运公司安全管理体系运行情况；为航运公司提供业务咨询指导服务，提升公司安全与防污染管理水平，采取靠前服务、上门走访、安全约谈等方式，帮助公司查找问题，解决困难，促进航运公司安全发展，助推地方经济发展。

【搜救应急保障】 2020年，石狮海事处强化应急演练，提升应急实战能力和水平，全年组织3次应急演练，内容涵盖新冠肺炎疫情防控应急处置、搜救落水人员、应急出动、溢油应急、船舶搁浅等，及时处置水上突发事件。及时处置“建工8”轮主机失控船舶走锚、台湾海峡一艘无名船舶沉没5名人员落水等险情事故处置工作，并组织人员进行事故调查。

【服务港航经济】 2020年，石狮海事处便利通关运输，优化服务举措，开辟煤炭、石油等民生物资运输船舶绿色通道，实行全天候业务办理预约制度，为辖区船舶、船员业务办理提供便捷，提升通关运输效率；支持华锦港区口岸开放工作，持续推进口岸通关便利化举措，促进地方港口经济的发展壮大；将航运公司日常监管作为提升船籍港管理的重要举措，落实定点联系人制度，抓好源头管理，督促落实安全生产主体责任。通过定点联系、定向帮扶、送法上门、“创立标杆船舶”等举措，不断深化航运公司安全诚信培育机制，辖区航运公司安全诚信品牌建设走在前列，目前辖区共有安全诚信公司1家，安全诚信船舶3艘。

【危险品监管与防污染治理】 2020年，石狮海事处和海关加强拟装船货物查验，打击危险货物谎报瞒报的同时消除装船运输的安全隐患；加强危险品案件的研究，总结经验，依托现场综合执法系统、规费征稽系统、船舶管理系统等管理手段，提高疑似危险集装箱开箱检查的准确率；督促承运人加强对集装箱货物管理，加强对船舶载运货物清单中货名与实际货物是否一致核查，落实货物装船前源头把关。2020年，石狮海事处与海关联合查处拟出口瞒报集装箱危险货物1起，罚款5.45万元；查处到港内贸集装箱危险品匿报谎报行为5起，罚款28.4万元。

2020年，石狮海事处加大船舶大气污染物排放监管力度，全年共对到港船舶实施燃油含硫量快速检测125艘次，查处含硫量超标3艘次，罚款10.5万元。

交通 邮政 通信

交通运输

【概况】 2020年，石狮交通运输系统发生6起亡人事故，死亡6人，受伤1人。其中普通货运、冷链运输各发生1起事故，各死亡1人；1起出租汽车车辆事故，死亡1人；渣土运输发生3起事故，死亡3人、受伤1人。石狮市交通和港口发展局行政审批服务事项共办理11228件，其中承诺件36件，即办件11192件。

2020年，石狮市运输结构逐步转型升级，加大更新老旧船舶力度、降低平均船龄，淘汰吨位小、船龄高，技术落后、单位能耗高、对环境污染大的船型，鼓励发展万吨以上运输船舶。2020年，冷链、甩挂运输迅速发展，新增货运企业8家，注销企业8家，新增专业运输车辆493辆。福建羊程冷链物流公司连续6年获评“中国冷链物流百强企业”，有AAAA级物流企业3家、AAA级物流企业31家；2020年全市水路完成货运量4388.93万吨，比2019年增长12.81%；货运周转量6586345.52万吨千米，比2019年增长16.29%，增幅居泉州市第一位。石狮市首家网络货运平台企业—福建卡车集市科技发展有限公司取得网络货物运输经营许可证正式投入运营。

【交通基础设施建设】 2020年，石狮市攻坚重点交通项目18个，总投资40.6亿元，截至12月累计完成投资7.2亿元。

2020年，石狮市7个项目完工。共富路（石锦路至石狮大道）拓宽改造工程、共富路（石狮大道至沿海大通道）拓宽改造工程、锦蚶路工程、沿海大通道与祥鸿大道交叉口改造工程、祥芝外线修复工程、共富路（沿海大通道至码头段）道路工程和高新区公交站等项目按进度要求完工。

2020年，石狮市7个在建项目按进度要求完成。锦江外线、锦尚外线主线通车；永宁外线（红塔湾旅游公路至梅宁路）项目完成总工程量40%；锦江外线南侧与湿地公园连接段工程完成总工程量25%；锦尚外线下穿道工程完成总工程量25%；沿海大通道（石湖疏港路段）改线工程进场开工；泉州环湾快速路石狮连接线（二期）工程进场开工。

2020年，石狮市6个前期筹划项目在有序推进。泉厦漳城市联盟高速石狮连接线纳入福厦高速彭田出入口工程项目内，正在方案设计；外西环高铁连接线项目正在施工图设计；泉州二重环湾快速路匝道工程（狮城大道至晋江）完成初步设计及工可编制工作；共富路（石永二路至石锦路）改造提升工程完成工可编制；共富路（石永路至石永二路）进行挂网招标工作。

【交通运输审批】 2020年，石狮市交通和港口发展局行政审批服务事项办理11228件，其中承诺件36件，即办件11192件。主要包含路货物运输经营许可及变更（含换发）49件（新增8家货运企业），农村公路建设项目施工许可2件，农村公路招标文件、补遗书、招标结果备案5件，农村公路建设项目初步设计（或一阶段施工图设计）审批3件。道路客运站（场）经营许可证件换发1件，道路客运企业审批1件，道路客运班线审批11件，普通机动车驾驶员培训经营许可1件，道路客运经营期限届满重新许可2件，旅游包车运力投放许可2件，道路运输从业资格证相关业务310件，营运证相关业务10557件，教学车辆业务67件，机动车维修经营备案业务217。

2020年新冠肺炎疫情期间，石狮市交通和港口发展局推进“互联网+政务服务”应用，进一步梳理“一趟不用跑”“最多跑一趟”清单，通过邮递收取邮递送达、网上预审等方式实现全部审批事项“最多跑一趟”，70% 以上审批事项 “一趟不用跑”，“五星级”全流程网办率 55% 以上。

【道路旅客运输】 2020 年，石狮市道路客运企业 6 家，客运车辆 254 辆 /10957 座位，其中省际班车 59 辆 /3020 座位、市际班车 45 辆 /1936 座位、县际班车 22 辆 /493 座位、省际旅游包车 128 辆 /5508 座位，均为中高级客车，驾驶员 352 名。全市客运站 3 个（其中一级站 2 个，二级站 1 个），石狮道路客运企业经营的省际、市际、县际班线 83 条，其中省际班线 13 个省 45 条，市际班线 29 条，县际班线 9 条。

【节假日旅客运输】 2020 年春运期间，石狮市发送省际班车 1694 班次 4.08 万人次（其中加班 710 班次，包车 69 班次），发送市际班车 2554 班次 2.15 万人次（其中加班 128 班次，包车 2 班次），发送县际班车 2264 班次 0.91 万人次；旅游包车发送旅客 3.41 万人次，春运工作安全平稳有序。

【道路货物运输】 2020 年，石狮市有货运车辆 3263 辆 /77977.06 载重吨，其中单户个体车辆 917 辆 /6988.06 载重吨。货运企业 109 家，其中普通货运企业 41 家，集装箱运输企业 40 家，冷链运输企业 15 家，渣土运输企业 13 家，拥有营运货车 2346 辆 /70989 载重吨（其中牵引车 1672 辆 /62439 载重吨，普通货车 674 辆 /8550 载重吨），挂车 2355 辆。

2020 年，石狮市新增货运企业 8 家，注销企业 8 家，新增专业运输车辆 493 辆（其中牵引车 143 辆，挂车 160 辆，普通货车 190 辆）。全市拥有牵引车 1672 辆 /62439 载重吨，挂车 2355 辆，甩挂比 1 ∶ 1.40；冷链企业数、车辆数居泉州市首位，福建羊程冷链物流公司连续 6 年获评“中国冷链物流百强企业”，有 AAAA 级物流企业 3 家，AAA 级物流企业 31 家。

【水路运输管理】 2020 年，石狮市市有水路运输企业 27 家，主要从事国内沿海及长江中下游各港间普通货船运输，另有水路运输辅助业 16 家。全市拥有普通货船 73 艘 /114.15 万载重吨 /50216 标箱，其中，5000 载重吨以下船舶 5 艘 2.253 万载重吨；5000—10000 载重吨船舶 25 艘 16.784 万载重吨；1 万—2 万载重吨船舶 24 艘 33.463 万载重吨；2 万载重吨以上船舶 19 艘 61.653 万载重吨，以集装箱（多用途）船舶为主要运输船型。单船最大载重吨位达 74618 吨位，平均单船 15637.50 载重吨。

2020 年，石狮市完成水路运输货运量 4827.83 万吨，比 2019 年增长 12.74%，水路运输周转量 7147042.99 万吨千米，比 2019 年增长 15.2%，增幅居泉州市第一位。

【城市公共交通】 2020 年，石狮市有公交公司 1 家，常规公交车辆 199 辆（其中新能源公交车 186 辆），社区巴士 18 辆，公交车驾驶员 198 人（含社区巴士 22 人），公交营运线路 26 条，其中市区线路 5 条，城乡线路 15 条，公交专线 3 条（老干专线、拥军旅游专线）、高新区夜间线路 1 条、社区巴士 2 条。常规公交运营线路总长度 728 千米，日发班次 1612 班次，日均客运量约 1.5 万人次；社区巴士运营线路 15.8 千米，日发 342 班次，日均运量 1100 人次。出租汽车企业 2 家，其中巡游出租汽车企业 1 家（泉州石狮闽众出租汽车公司），巡游出租车 294 辆；网络预约出租车平台企业 1 家（万顺叫车平台）。2020 年，石狮市加强公交客运行业管理，提高服务质量；根据公交线路优化调整，完成新建公交站牌 110 余座及更新全市公交站亭线路图。

【机动车维修业管理】 2020 年，石狮市有机动车维修企业 274 家，其中一类维修企业 4 家、二类维修企业 16 家、三类企业 254 家。A 级机动车综合性能检测站 3 家。

【机动车驾驶员培训管理】 2020 年，石狮市有机动车驾驶员培训机构 12 家，教学车辆 698 辆，理论教练员 83 人，实操教练员 824 人。2020 年培训结业学员 13565 人，在学学员 16958 人。2020 年结业学员 13565 人，在学学员 16958 人。

【交通运输安全监督】 2020 年，石狮市交通和港口发展局加强对企业车辆动态监控工作管理，组织辖区石狮市 50 辆以上重型货车运输企业及从事渣土运输企业负责人参加车辆动态监控培训，每日通报车辆在线率、轨迹完整率等情况，每月对重点企业车辆动态监控工作进行考核并通报，督促企业及时对车辆动态监控存在问题进行整改反馈，每月不定时对辖区客运企业车辆动态监控人员值班情况进行 2 次抽查，规范企业车辆动态监控工作。轨迹完整率由 2019 年的 98.71% 提升到 2020 年的 99.41%，疲劳驾驶分钟数由 2019 年的 1.82 分钟降低到 2020 年的 0 分钟，实际超速由 2019 年同期的 45 辆次降低到 2020 年的 1 辆次。

2020 年，石狮市交通和港口发展局利用标语、墙报、宣传单、微信、举办培训班等形式开展安全生产宣传教育活动。召开季度安全例会、安全知识培训会，对辖区各企业负责人进行安全教育和培训 200 多人次。结合日常安全生产检查工作，组织各股室人员送法进企业，发放安全生产宣传品 150 多份。组织辖区石狮市 50 辆以上重型货车运输企业及从事渣土运输企业负责人共 20 多人参加车辆动态监控培训。通过《中国交通报》、人民网、泉州广播电视台、石狮广播电视台、《石狮日报》等媒体及时向社会公众宣传交通执法好故事，推出30篇正面报道，为交通执法工作创造良好舆论环境。

【交通运输综合执法】 2020年，石狮市交通执法大队开展“拉网式、起底式”的安全生产执法检查，以“大排查整治”、疫情防控工作、扫黑除恶工作为重点，出动执法人员5506人次，检查各类车辆10259辆次，查处违法违规案件595起，行政罚款222.8991万元，其中危货、货运物流、维修行业等案件均位泉州市前列。春运期间，出动执法人员848人次，出动执法车辆122辆次，检查车辆4351辆次，开展联合执法38次，立案查处各类违法违规案件16起。2020年，累计各疫情防控检查点共查验车辆91885辆次、检测驾乘人员194085辆次，检查出体温异常人员3人次，均按程序移送市医院进行进一步检查处置。

公路养护与管理

【概况】 2020年，泉州市公路局石狮分局承担石狮市境内2条国道G228、G358线总计40.544千米专养公路的养护和管理工作，全年完成投资1673.69万元，其中公路小修保养849万元，专项工程824.39万元，干线公路优良率100%，2020年平均路面使用性能指数值90.6。

【公路养护】 2020年，泉州市公路局石狮分局完成路面清灌缝16500米、路面修补及啃边修补5500平方米、路肩平整4.79万平方米、积水点整治3处、更换破损雨水口井盖98个、路缘石修复3000米。

2020年，泉州市公路局石狮分局以抓好卫生保洁为中心工作，加大资金投入购置养护设备，提高卫生保洁机械化程度。利用微信、路网监控平台，将路上发现的问题及时反馈给公路站，责令公路站限时整改。依托“12345”便民服务系统、石狮市文明天气图、石狮市数字城管等平台解决群众反映问题，及时解决群众反映诉求，满意率100%。

【路产路权管理】 2020年，泉州市公路局石狮分局纠正制止损坏污染公路112起，清理堆积物3010平方米，拆除违章214平方米，办理许可案件2起，收取公路赔（补）偿费6.67万元。

2020年，泉州市公路局石狮分局加强路政巡查，增加巡查频率，落实与工程部门、公路站联合巡查，与地方政府相关执法机构（交通综合执法、城管局、交警部门）协同协作机制，及时有效处理公路上违法行为，全年进行公路巡查786人次，组织宣传活动等23次，设置宣传标语12面，发放宣传材料210份，微信公众号发布宣传简讯31篇。

邮 政

【概况】 2020年，中国邮政集团公司福建省石狮市分公司（以下简称“中国邮政石狮分公司”）担负着石狮市邮政普遍服务、党政军机要通信、应急通信等重要任务的公众通信服务企业，主要经营邮政储蓄、物流速递、集邮、函件、包件、汇兑、报刊发行、电子商务及代理、商品分销等业务。公司下辖九二路、香江、祥芝等13个支局、11个邮政储蓄网点、22个多功能代办所、72个委代办点、27个海西书报亭，以及220个便民服务站，形成遍及城乡的邮政服务通信网。中国邮政石狮分公司全年实现业务收入9154万元。

【邮政业务活动】 2020年，新冠肺炎疫情期间，中国邮政石狮分公司开通防疫捐赠物资寄递绿色通道，为415单寄往武汉的医疗捐赠物资提供全程免费运输和配送服务。

2020年，中国邮政石狮分公司电商扶贫项目持续推进，邮政电商扶贫效果初显。全年累计培训农户102户，完成农民创业者10户，培养电商扶贫能手1人，完成率超100%。

2020年中国邮政石狮分公司参与“4·18”海博会宣传、食品城招商宣传、第七次人口普查宣传、人社局新春招工宣传、消防安全宣传、“12·4”司法宣传日等项目，助力社会经济发展。

【快递物流类业务】 2020年，中国邮政石狮分公司寄递事业部持续推动法院集约送达项目、驾驶证期满换证“容缺办”项目，学校教材、教辅、学生包裹以及房地产不可抗力函、通知书、宣传材料的标件寄递工作，疫情期间累计投递150万件包裹，配送2.3万套教材书籍，有效保障当地通信物流保障。

中国电信股份有限公司石狮分公司

【概况】 2020年，中国电信股份有限公司石狮分公司营业收入累计2.57亿元，电信固定电话用户12.47万户，宽带用户20.69万户，天翼用户26.05万户。中国电信石狮分公司坚持“用户至上，用心服务”的服务理念，以市场需求为导向，开展优质服务，连续6届获“福建省文明单位”称号，连续13届获全国“安康杯”竞赛优胜企业，并三度获得“安康杯”连胜杯。

【5G网络建设】 2020年，中国电信股份有限公司石狮分公司通过加强设备厂家的供货协调、加强与优佑的共建共享协作、组织多支队党（团）员突击队等举措，集中力量加快5G网络建设，完成198个基站、594台有源天线单元

（AAU）的开通入网开通率 100%。

【信息科技力量助力疫情防控】　2020 年年初，中国电信石狮分公司履行国企责任，成立党（团）员青年突击队，发挥云网融合优势，推出天翼智能音响、天翼看家、天翼云课堂、天翼云会议、来电名片、天翼高清等多项服务，全力保障疫情期间各类应急通信需求。

2020 年疫情发生初期，中国电信石狮分公司保障多场防疫紧急视频会议、将疫情防控定点医院接入省卫健委卫生应急指挥系统。在全市多个隔离区安装开通超千部天翼看家视频监控，帮助疫情防控部门实时、动态掌握隔离区的现场情况，远程开展各项监护工作。

2020 年疫情期间，中国电信石狮分公司配合教育系统要求，全力保障各级中小学教学工作的正常运作需求，免费提供在线教育天翼云课堂服务，让老师和学生实现在家直播互动教学，并在永宁中学率先成功测试，做到疫情期间教师“停课不停教”、学生“停课不停学”。同时在多个学校安装视频云监控，在不涉及隐私的情况下，实现校园 24 小时不间断监控，针对性改善校园治安环境，进一步保障师生复学后的校内生活安全。中国电信石狮分公司助力企业复工复产、学校复学，通过 5G 技术支持首个电商网红直播专卖节，助力产业在疫情影响下寻找新的契机，复工复产。

【5G 网络助力经济发展】　2020 年，中国电信石狮分公司发掘本地品牌服装及电商经济优势，以 5G 优势助力石狮市电商网红直播专卖节、2020 中国（石狮）网上直播交易会、“海丝”品博会、海峡两岸纺织博览会等，提供高速率、大连接、低时延的优质 5G 网络服务。

2020 年，助力石狮网红经济“加速”，中国电信石狮分公司以 5G 为切入，及时沟通需求，设计现场 5G 网络覆盖方案，推进 5G 基站设备运送、供电协调、设备架设、光缆开通、信号调测等施工工作，及时完成直播现场 5G 网络覆盖。直播期间，从覆盖、流量、感知等多种维度，实时监测 5G 网络，动态做好扩容优化调整，圆满呈现稳定顺畅的 5G 直播效果。

2020 年 2 月 28 日，中国电信石狮分公司网络保障人员安装调测 5G 基站
（图 / 中国电信石狮分公司）

【智慧消防平台】　2020 年 4 月，中国电信石狮分公司运用物联网远程监控和大数据云平台技术，打造石狮市智慧消防平台，加强石狮各镇办安全生产管理。截至 12 月，石狮市有 436 个单位加入平台。

2020 年，中国电信石狮分公司充分应用运用 NB-IoT、云计算、大数据等技术，将电气火灾监测装置、智能烟感、智慧音箱、视频监控设备、智能充电桩等设备，接入综合管理平台，进行统一监测、统一管控、统一分析，实现多消防场景“一张图”综合管理。一旦发现消防隐患，平台将自动通过 App、电话、短信等方式同时告警，使安全员及时准确处理突发事件，有效降低风险。聚焦镇政府、企业、监管部门三个服务对象，提供电脑、微信方式登录智慧消防管理平台，并可通过 LED 屏直观展示并查看设备运行状态、告警事件、预警通知、故障处理、安全培训、隐患排查、安全打卡、统计报表等数据运行，实现对企业安全生产的立体监管。同时，平台还可根据隐患排查、安全打卡等数据生成统计报表，企业通过报表针对性开展整改。

中国移动福建公司石狮分公司

【概况】　2020 年，中国移动福建公司石狮分公司（以下简称“石狮移动”）运营收入 5.94 亿元，比 2019 年增长 0.4%；5G 网络实现主城区及乡镇主干道的全面覆盖，5G 用户规模到达 12.1 万户，占客户规模总数的 18.2%。

【通信网络建设】　2020 年，中国移动福建公司石狮分公司开通 5G 基站 260 个，实现石狮市区及重点集团客户的全覆盖。2020 年，中国移动福建公司石狮分公司提升网络质量，百万用户投诉比3.64，始终保持在较低水平；在客户满意度调查得分85.14（省调值），在运营商排名首位，领先值0.66，较2019年提升8.99PP。

【宽带端口建设】 2020年，中国移动福建公司石狮分公司完成宽带端口建设投资1260万元，新建光纤端口3.36万个，总端口数34.37个，端口数与石狮电信接近，行政村覆盖率100%，公安地址覆盖率93%，排名全市第三。同时，争取泉州分公司资源，完成石狮服装城区域、旧城区铁通端口改造等，累计改造6800个光纤到楼（FTTB）端口，有效提升宽带品质。截至2020年，石狮移动宽带用户到16.5万户，三家市场份额41.8%，较2019年提升2.3个百分点，其中家庭宽带用户数14.73万户。

【信息安全】 2020年，中国移动福建公司石狮分公司配合公安部门落地开展“断卡行动”，将新入网规范要求、宣传布置等工作地落到实处。协助公安机关，关停涉案号码60例。与市公安局联合开展“防诈骗”网上直播，累计在线观看人数1.3万人次，点赞10万人次。

【便民服务】 2020年新冠肺炎疫情期间，中国移动福建公司石狮分公司做好2个医学观察点165间隔离病房通信保障任务。为防控办提供进入石狮区域的移动客户提供漫游信息，借助大数据支撑，快速识别中高风险区域人员；面向全市人民发送疫情防控宣传短信583万条；为石狮2名赴武汉支援医护人员申请免停机及赠送话费1000元；助力在线授课，为石狮459名贫困生送上流量关怀优惠及名师线上资源。2020年，为石狮市政府搭建市、县、镇三级云视讯会议平台，打造全市首个镇村全域覆盖云视讯项目，新增硬终端34台，发展量全市第一，为企业提供5G热成像测温、移动云软件、员工漫游行程查询、超级短信等服务，助力辖区企业开展招聘宣传、生产管理。

中国联合网络通信有限公司石狮市分公司

【概况】 2020年，中国联合网络通信有限公司石狮市分公司下辖1个部门（办公室），3个BU（消费支撑服务BU、产互市场支撑BU和企业与家庭业务BU），5个网格（其中2个社区网格、2个政企网格、1个建维网格）。2020年，中国联合网络通信有限公司石狮市分公司聚焦“教育、生态”行业做规模，自上而下连片进行突破，创新收入比2019年增长4.3%，主营收入占比由9.5PP提升至13.1PP，成为带动整体收入提升的主力军；重大及协同项目全年签约占总签约比85%。

【客户服务】 2020年，中国联合网络通信有限公司石狮市分公司聚焦客户感知，以问题为导向，坚决穿透关键痛点问题，不断完善服务机制，加快推进服务问题标本兼治，不断提升公司及客户口碑。2020年，公司移网客户口碑全省第一，比2019年提升33.7%；宽带客户口碑全省第二，比2019年提升0.5%。

【网络建设】 2020年，中国联合网络通信有限公司石狮市分公司网络质量提升显著，MR良好覆盖率98.06%，排名全市第一；4G人口覆盖率、行政村覆盖率100%。与电信共享建设5G基站198个，实现市区5G基本面覆盖。

2020年，中国联合网络通信有限公司石狮市分公司建设100多个互联网专线项目，508个公安监控点位。10月30日至11月1日，对第六届中国（泉州）海上丝绸之路国际品牌博览会进行通信保障，提前进行网络优化，保障联通网络正常使用。

【体制机制改革】 2020年，中国联合网络通信有限公司石狮市分公司产业互联网公司进行体制外创新，实行垂直化、专业化管理体制和运作模式。消费互联网BG实现1.0到3.0迭代优化，进一步减少部门壁垒，强化支撑。推进运营组织体系变革，以客户为中心，逐年完成产互公司，消互专业、云网专业的专业化改革。承接省级人财物法四大共享中心，共享角色模式转换，服务支撑效率提升。在内部实施互联网化运营，实现组织的去行政化，削减本部的机构、职能、人员，机构为1个部门+3个专业BU+5个专业网格，进一步打造协同敏捷运营体系。纵深推进划小改革，以激发最大活力为目标，完成消互专业3.0版本组织机构优化调整，整合优化社区网格，原来的3个优化整合为2个。

经济管理

发展和计划管理

【概况】 2020年，石狮市编制第三产业提升年、“六稳”“六保”、新经济产业链建设等一批政策性文件。编制完成“十四五”规划纲要（草案），推动城乡全面协调发展。密切关注经济运行监测，持续推进重点项目管理工作，开展产业转型升级、战略性新兴产业、新型城镇化、民生补短板等方面调研。对接上级各类产业扶持资金，推动现代农业、海洋产业、智能产业、现代服务业等各类产业加速发展。

【年度目标编制与实施】 2020年，石狮市完成《关于石狮市2020年国民经济和社会发展计划执行情况与2021年国民经济和社会发展计划（草案）的报告》，总结“十三五”时期以及2020年国民经济和社会发展情况，并提出“十四五”时期经济社会发展主要目标以及2021年预期目标。开展2021年经济增长点摸底调研，深入各镇、街道了解企业发展状况，从存量和增量角度分析一、二、三产业增长的支撑点，为完成年度主要经济指标计划任务提供支持。

【基建项目投资管理】 2020年，石狮市城乡基础设施建设持续加快，城市品质稳步提升。2020年，基础设施类项目新开工13个、建成18个；城建环保类项目新开工18个、建成27个。其中，石湖港5号6号泊位、锦尚作业区新建4号泊位工程、锦江外线、锦尚外线等基础设施类项目完成年度投资23.27亿元；石狮垃圾综合处理厂提级改造项目、环湾生态公园、永宁古卫城保护提升工程等城建环保类项目完成年度投资16.77亿元。

【重大项目建设】 2020年，石狮市项目攻坚加快推进，重点项目抢回建设进度，13个省级、54个泉州市级、305个本级在建重点项目分别完成年度计划115.2%、112.6%、96.4%，风炉山山体公园、红塔湾海岸公园、城市积水整治工程（三期）等一批项目顺利完工。全市421个项目纳入省“五个一批”项目管理，总投资2702.4亿元，第一季度全省“五个一批”正向激励综合考评名列各县市区第六名。

【经济运行监测】 2020年，石狮市加强全市经济运行的监测和分析，全面掌握国家、省、市经济发展的政策动向。每月召开一次分析点评会、每季度编制经济运行分析报告，强化经济运行监测，及时发现经济运行中存在的困难和问题，有针对性地提出对策建议供市委、市政府参考。2020年，全市经济实现平稳增长，完成生产总值937.2亿元，增长2.9%；公共财政总收入（不含基金）56.7亿元，下降3.6%；限额以上商业销售额1542.9亿元，增长7.1%；社会消费品零售总额821.5亿元，下降2.5%；全社会固定资产投资下降16.5%。全体居民人均可支配收入56947元，增长3.5%，农村居民人均可支配收入29023元，增长6%，城镇居民人均可支配收入64830元，增长3.1%。三次产业比重为2.6∶45.1∶52.3。

【主要课题研究】 2020年，石狮市以产业规划和项目管理为抓手，立足石狮市发展状况和产业基础，编制《石狮市国民经济和社会发展第十四个五年规划和二〇三五年远景目标纲要（草案）》，并通过市七届人大五次会议审议，提出建设现代化工业强市、商贸之都、旅游休闲名城。确定“十四五”规划重点课题《打造一流营商环境 助力经济高质量发展》，聚焦重点领域改革，总结“十三五”期间优化营商环境的工作成效，从优化服务的视角，提出“十四五”期间优化营商环境的重点工作举措。同时，配合上级开展“十四五”规划编制、“六稳”“六保”、新型城镇化、战略性新兴产业、投资增长等方面的调研工作。

【政策项目对接】 2020年，石狮市对接上级各类扶持政策，争取中央、省、市各级各类扶持资金，2020年获得上级资金8835.5万元。福建省财政厅、福建海洋与渔业局下达2020年海洋经济发展专项资金3000万元，支持省级海洋产业发展示范县创建工作。石狮市种业发展中心获得2020年农业项目中央预算内投资计划1790万元，石狮市中医院获得2020年卫生领域中央预算内投资计划600万元，石湖港保税物流中心（B型）获得2020年第一批省级服务业发展引导补助资金200万元，福建省光芯片工程研究中心获得2020年创新平台建设补助资金80万元，美佳爽（中国）有限公司获得泉州市级医用口罩产能储备企业补助经费30万元。

【统筹城乡发展】 2020年，石狮市城市品质持续提高，有序推进国土空间规划工作，节约用水工作纳入城市建设总体规划。完成老旧小区改造项目15个，狮子山片区建设、联邦商业城改造等城市更新改造项目加快建设。共富路、锦蚶路、锦江外线、泉州一重环湾快速路石狮段（一期）等路网项目顺利完工，锦尚外线、永宁外线等项目加快推进，福厦高速彭田出入口、外西环路高铁连接线、二重环湾狮城大道匝道工程等一批重大互联互通项目抓紧开展前期工作，水头排涝工程开工，应急水源工程、永宁污水厂尾水回用冲沟工程基本完工。建成5G基站421个，开通5G站点设备1178个，实现中心市区5G信号连续覆盖。推动两轮“家园清洁”行动及“三清五绣”活动，实施环卫一体化PPP项目。乡村振兴战略全面实施，组织编制13个村的村庄规划。前埔村、郭坑村被省生态环境厅认定为高级版“绿盈乡村”，策划生成“农旅融合 百万村财”和“海丝文化 滨海风情”两条泉州级乡村振兴示范线。

环境治理成效显现，集中式生活饮用水水源地达标率100%，空气质量优良天数比例99.2%，重点重金属指标排污许可量较2013年削减81%。完成将军山垃圾填埋场存量垃圾治理项目，成为住建部推广案例。下宅溪河道整治工程、伍堡溪河道整治工程、市区雨污水管道缺陷改造工程（二期）以及鸿山镇、锦尚镇生活污水处理设施建设项目等一批项目完工，西岑溪生态安全综合治理工程、垃圾综合处理厂提级改造项目、农村生活污水治理PPP工程等项目加快实施。

国有资产管理

【概况】 截至2020年年底，石狮市属国有企业资产总额499.8亿元，实现营业收入25.22亿元；石狮市参股4家金融企业资产总额1615.28亿元。产投集团、城建国投集团、文旅集团（以下简称“三大集团”）承接项目建设144个，完成投资额33.54亿元。

【国资国企改革】 2020年，石狮市按照“资产同质、经营同类、产业关联”原则，推进市属国有企业股权、资产资源要素科学调配。成立文旅集团，整合全市文化旅游优势资源，推进全域旅游发展；城投集团、国投集团合并为城建国投集团，建立符合资本市场要求的资产规模和业务模式；市场类、生产类和园区配套类的资产资源划转产投集团，实现优势互补、协同发展。持续推动大宗优质经营性国有资产注入国企，市商务局店面、电影发展中心房产、海峡两岸科技孵化基地等7宗资产划转市属国企。完善公司治理，畅通用人渠道，首次推动9名行政事业单位干部到国企任职，开展企业负责人薪酬制度改革，坚持薪酬与风险、责任一致，与经营业绩紧密挂钩。印发《石狮市国有企业退休人员社会化管理工作方案》，完成国有企业退休人员社会化管理1243人。进一步推进违规经营投资责任追究工作体系建设，将违规经营投资责任追究工作与国有资产监督工作相结合。

【国资监管】 2020年，石狮市深入摸清国有资产信息，升级国有资产平台，健全资产数据库，增加“已使用未转固定资产”模块，要求将在建、代建未移交工程录入平台，形成登记台账，实现未入账房产动态监管；利用平台房产管理模块，组织三大集团录入所属房产，为国有资产调配使用提供基础数据。强化监督管理，建立分级管理体制，实现国有资产分级管理；开展审计整改“回头看”专项行动，通过建立被审计单位“问题清单”和“整改清单”，逐条落实整改结果。调整优化市属国有企业架构，通过建立符合监管政策、资本市场和评级机构要求的资产规模及业务模式，优化企业财务报表，提升国企市场化水平，2020年4家公司达到AA主体信用评级；完善配套措施，推行职业经理人制度，加快企业高级管理人才引进，狮城融资担保有限公司采用公开招聘方式引入职业经理人。2020年石狮市审批资产处置88宗，审批资产公开招租60宗；出台《石狮市（街道）财政体制管理规定》，鼓励盘活闲置资产；开展八七路沿街店面闲置情况调研，对国有店面闲置原因逐一分析，提出解决方案，形成调研报告上报市政府。督促各行政事业单位和国有企业落实租金减免政策，开展全市行政事业单位和国有企业公有房产和国有土地突出问题专项清理工作，通过自查自纠、随机抽查、实地核实等方式发现问题并下发整改通知。

价格管理

【概况】 2020年，石狮市实施收费情况报告制度，在核实收费单位报送的信息资料的基础上，每年把本级涉企收费、行政事业性收费及经营服务性收费目录清单向社会公布，接受社会监督，实现收费监管模式由事前监管向事中事后监管转变。做好成本调查工作，根据市长办公会要求，启动对全市沿海五镇污水处理成本调查，对全市污水处理扩增提供成本参考。对自然门及行实小学学费进行成本监审工作，为学费核定提供成本依据。发挥价格公共服务职能，核定中低压蒸汽供热价格、石狮市公益性墓园墓地及安装费、做好自然门行实小学学费及住宿费核定等收费标准。

2020年，石狮市居民消费价格指数（CPI）2.3%，控制在年度目标范围内。

【价格监测】 2020年，石狮市加强价格监测预警与分析，疫情防控和寒潮期间以居民生活必需品和重要生产资料为重点，每日采集4家大型超市和2家农贸市场两大类36种主副食品和日用品民生价格“价比三家”信息，加强价格实时监测分析和成本调查。做好市场价格异常波动快速预警与跟踪调查分析报告，增强政府价格调控决策的时效性和科学性。同时通过中国石狮网站和《石狮日报》公布相关信息，引导经营者合理定价和消费者理性消费，促进市场价格稳定。

【价格检查】 2020年，石狮市市场监督局做好泉州市委交办的公立医疗机构服务价格违法行为以及其他医疗机构服务价格违法行为线索核查，对湖滨社区卫生服务中心、蚶江镇卫生院违规收费行为立案查处；加强与卫健、医保部门联动配合，对全市公立医疗机构开展检查，对涉嫌存在违规收费的5家进行立案。开展涉企收费清理整治复核检查工作，联合发改、财政等多部门开展涉企行政事业性收费、行业协会、商会收费及保留为行政审批必要条件的中介服务事项收费自查自纠，并进行复核抽查，抽查单位10家。开展清理规范转供电环节收费行为，分发提醒告诫书44份，与省、泉州市场监管局价监处联合开展清理规范转供电环节收费行为复核检查，复核检查2家，立案查处1家。

【平价销售机制适时启动】 2020年1月1日起，因两节及疫情影响扩大平价商品种类，销售包括肉、米、油、蛋、菜等11种商品。维护全市农副产品价格稳定，保障困难群众的基本生活。经统计，销售平价商品39.4371万千克（其中猪肉8.6018万千克），发放补贴73.0227万元。

统　计

【统计监测分析】 2020年，石狮市统计局适应衔接GDP核算改革，针对影响GDP核算的重点行业指标强化预测预警，增强统计预警分析能力，定期形成经济运行分析报告，为市委、市政府决策提供参考。2020年，全市经济运行总体保持平稳。完成石狮市生产总值937.16亿元，增长2.9%。联系数据主管部门，及时掌握行业发展动态。联合市发展和改革局召开经济分析会，与市工业和信息化局、商务局、住房和城乡建设局等部门加强沟通联系，预判经济发展形势，加强行业监测，努力形成部门工作联动。

【联网直报】 2020年，石狮市统计局把好“四上”企业（规模以上工业企业、资质等级建筑业企业、限额以上批零住餐企业、规模以上服务业企业等这四类规模以上企业的统称）和固定资产投资项目进库入口。本着“先入库后有数”原则，执行“四上”企业和固定资产投资项目进库申报条件、要求和流程，摸底排查符合标准的企业和项目，全年新增“四上”企业135家。做好2019年年度及2020年月度入库申报，严格把关，确保入库申报资料齐全完整。实行数据上报动态监控。坚持“即报即审、即审即验”原则，每月数据上报期间，要求各专业人员加大对联网直报平台数据的跟踪掌握力度，做到发生异动立即过问、立即纠正，确保源头数据质量。

【统计机制建设】 2020年，石狮市统计局每月严格按照统计调查制度通知调查对象在规定时间内通过联网直报方式自行报送数据，并由专业人员对报表进行审核、验收，对错误或异常报表进行核实，退回调查单位重新上报。待审核、验收后，由上级统计部门逐级向下反馈数据。同时搜集各部门统计数据，核对无误后撰写统计分析，并编印《石狮统计月报》对外公布。

加强统计人员培训，全年开展统计业务培训9场次，培训人员500余人次，确保统计人员素质整体提升。

【统计信息服务】 2020年，石狮市统计局加强统计信息咨询服务。加强指标体系的研究，规范做好统计数据管理、发布与提供工作，编印《统计月报》小册，每月通过石狮市政府门户网站、石狮政务网单位站点、石狮统计微信公众号向社会公布月度数据，为石狮市各项指标、数据的参考、查询提供权威资料。

【普查与专项调查】 2020年，石狮市统计局推进第七次全国人口普查工作。按照国家的普查方案开展工作，全市选聘“两员”4000多人，组织普查指导员和普查员开展实地走访与勘察，明确区域边界，手持PAD进村入户细致开展入户登记；市人普办成立质量控制小组，按照省、市文件精神落实数据质量控制工作的各项要求，确保入户登记数据质量；每周定期收集整理各镇（街道）人口普查工作中短板问题台账，以问题为导向，提出解决方案，着力补齐工作短板。在正式登记过程中，及时了解和掌握登记进度及存在问题，深入村（社区）进行普查督导检查，确保登记对象不重不漏。组织数据审核工作，市人普办聚焦重点查遗补漏，对发现的各类问题逐一与普查员跟进、核实，确保上交高质量答卷。

2020 年，石狮市统计局完成各项专项调查 27 项。农业统计、工业统计、能源消耗统计、建筑业统计、批零住餐统计、服务业统计、房地产业统计、固定资产投资统计、文化产业统计、R&D 统计、劳动工资统计、县域社会经济基本情况统计等各项常规统计工作。抽样调查 13 项，工业生产者价格调查、住户收支与生活状况调查、劳动力调查、规模以下服务业抽样调查、设立小微企业抽样调查、规模以下工业抽样调查、采购经理调查、限下商业抽样调查、亿元以上商品交易市场成交情况调查、水路运输企业能源消费抽样调查、服务零售结构抽样调查、部分行业事业单位统计调查、工业产品市场占有情况抽样调查。

审 计

【概况】 2020 年，石狮市审计局完成审计项目 19 个，查出管理不规范金额 171875 万元，违规金额 824 万元，提交审计综合报告和调查报告 15 篇，审计信息 34 篇。督促上缴财政资金 824 万元，归还原渠道资金 18538 万元，调整处理资金 143565 万元。通过开展政府投资项目结算复核、备案及抽查工作，核减不合理造价 3259.46 万元，核减率 7.73%。

【政策跟踪审计】 2020 年，石狮市持续推动重大政策措施落实，做到党委政府的重大决策部署推进到哪里，审计就跟进到哪里，做好政策落实的“督察员”。围绕疫情“六稳”措施及“三促进”政策落实，把全市实际情况和政策的核心相结合，对新冠肺炎疫情防控资金和捐赠款物开展专项审计，重点审计本级用于疫情防控的 5819.3 万元财政专项资金 1156.76 万元捐赠资金、疫情隔离点建设、收取隔离人员餐费使用管理情况、医用防护服和口罩等各类捐赠物资，延伸审计石狮市红十字会、石狮市慈善总会，石狮市财政局、石狮市卫生健康局等 18 个政府机构和单位。

【经济责任审计】 2020 年，石狮市审计局加强经济责任审计规范化建设，拓展经济责任审计的领域，深化经济责任审计的内容，对市人力资源和社会保障局、自然资源局、市场监督管理局等 3 个单位的主要领导开展经济责任审计工作。根据审计查出的问题客观评价领导干部应负的直接责任或者领导责任，促进领导干部守法守纪守规尽责。

【自然资源资产离任审计】 2020 年，石狮市制定《石狮市领导干部自然资源资产离任审计工作规划（2020—2024 年）》，围绕服务权力健康运行，统筹推进领导干部自然资源资产离任审计，明确在五年内实现自然资源资产离任审计全覆盖。按照中共中央办公厅、国务院办公厅《领导干部自然资源资产离任审计规定（试行）》和福建省实施方案的要求，市审计局组织对自然资源局主要领导开展自然资源资产离任审计工作。重点检查自然资源局对土地资源管理责任、高标准农田建设责任、废弃石窟综合治理修复责任，以及落实市政府有关自然资源资产管理和生态文明保护政策执行情况。通过审计，进一步探索开展领导干部资源资产离任审计的工作思路、组织方式和技术方法，加强资源环境审计理论研究。

【政府投资审计】 2020 年，石狮市审计局组织开展两江流域生态保护和修复专项审计调查。重点调查上级资金专项资金管理使用情况、市生活污水处理费及垃圾处理费筹集管理使用情况、塘园溪流域排污口整治情况及市重点小流域水质监测情况，提出加大对入河排污口的整治力度，严格落实入河排污口设置审批和监督管理、及时下达专项资金、提高污水处理费标准，减轻财政资金压力等审计建议。组织开展石狮市化解投资趋缓堵点痛点难点专项审计调查，主要对教育基础设施 PPP 项目及锦尚外线道路工程投资进度进行审计，发现部分项目工程变更手续不完整、部分建设项目进度滞后等问题，建议建设单位建立健全工程建设管理制度，规范建设工程设计变更及现场签证行为，保证国有资金投资使用效益。

【民生资金审计】 2020 年，石狮市审计局重视民生及各类专项资金的使用效果，加大与群众切身利益息息相关问题的审计力度。开展乡村振兴战略实施情况专项审计调查，重点审计石狮市 2019 年度生态宜居重点村“十个一”建设项目及城乡公厕新改建项目目标任务完成和资金使用情况，针对性地提出加强对工程建设项目的管理与监督、建立健全乡村振兴项目资金的绩效管理机制、提高资金使用效益等审计建议。开展 2019 年残疾人事业发展情况审计调查，重点审计石狮市 2019 年度残疾人事业发展金的资金管理和使用情况，发现未按规定对残疾人进行投保、个别残疾人死亡未获赔身故保险金等问题，提出及时修订规章制度、加强系统维护及时更新数据、建立信息共享机制、加强惠民政策宣传力度等审计建议。

【政府投资结算项目复核】 2020年，石狮市审计局围绕“政府投融资服务结算管理，服务政府行政”的评审理念，加强结算项目，规范项目送审程序，促进结算送审复核、备案的规范性和便利性。复核项目已审核23个，送审总金额385465938元，审定总金额354283027元，核减31182911元，核减率8.08%；备案项目已审核11个，送审总金额36230752元，审定总金额34818974元，核减1411778元，核减率3.9%。

【审计整改跟踪检查】 2020年，石狮市审计局制定《石狮市审计局审计结果整改落实情况跟踪检查工作办法（试行）》，建立审计备案管理常态化制度，对属于历史遗留、涉及体制机制等需长期整改问题采取备案管理跟踪督促，同级审计问题清单列出33条问题，已整改32条，部分整改1条。

开展审计整改“回头看”，通过建立被审计单位“问题清单”和“整改清单”，逐条逐项夯实近两年审计查出的问题整改结果，对审计未整改到位问题，摸清原因，督促被审计单位明确责任单位、整改计划及时限。本次审计整改“回头看”，跟踪涉及275个问题，已整改234个，正在整改25个，未整改16个，审计整改率85.09%。

市场监督管理

【概况】 2020年，石狮市新增市场主体37736户，比2019年上升48.95%；其中企业新增10669户，个体工商户新增27061户。全市有各类市场主体141033户，其中内资企业42147家，外资企业1124家，个体工商户97762家，农民专业合作社182户，市场主体首次突破14万户。截至2020年12月24日，各类市场主体年报率为：内资企业89.33%，外资企业91.15%，个体工商户63.07%，农民专业合作社95.29%。推行“绿色通道”“容缺预审”“直通直达”等服务举措，服务重点企业864户。

【商事登记制度改革】 2020年，石狮市市场监督局（以下简称“市市场监督局”）深化商事登记制度改革。全面推开“证照分离”改革，继续规范和完善“多证合一”改革，持续落实“住所（经营场所）申报制”，推广个体工商户全程智能化登记和开业登记、食品经营许可证（仅限预包装食品销售）合并办理。推行企业开办“一窗通办”服务。在企业开办专窗推行“一窗通办”套餐式服务，让企业实现“跑一趟、到一窗”完成开办全流程；不断压缩企业开办流程和时间，将企业开办时间压缩至1个工作日内。

【市场规范管理】 2020年，市市场监督局落实公平竞争审查制度，按照部署清理现行排除限制竞争政策措施，经审查，全市涉及公平竞争审查清理范围和内容的相关文件不存在需要废止和修改的情形。严厉打击利用商业混淆和虚假宣传等手段从事不正当竞争的违法行为，排查价格垄断、滥用市场支配地位等垄断违法线索，全年立案查处不正当竞争案件4件。通过接受社会举报、明察暗访、重点抽查、监测网络舆情等方式多渠道、多途径梳理摸排滥用行政权力、限制竞争行为线索。组织清理整治含有“软色情”等低俗庸俗媚俗广告和使用领导人形象进行商业营销活动行动，召开房地产企业广告约谈会，约谈房地产企业22家，全年查处广告违法案件86件。开展网络送餐平台监管，联合市公安局约谈美团、饿了么、同城快送经营者，要求切实履行主体责任，加强人员安全教育，落实“一人一车一证一码”管理制度；做好“6·18”及“双十一”等重要节点网络监测，检查淘宝及京东网店20家，未发现违法行为。

【查处治理无照经营】 2020年，市市场监督局加强无照经营查处力度，将查处无照经营工作列入安全生产工作计划，加强领导，明确职责，同部署、同协调，严厉打击无照经营违法行为，全年查处无照经营案件89件，向市应急管理局、卫生健康局等部门发出抄告函10份。

【企业质量提升工作】 2020年，市市场监督局开展产品质量专项整治，对163批次抽查不合格的产品开具责令整改通知书，立案11件；开展校服产品质量监督抽查。受检单位为27家校服订制生产备选入库企业。

【“双随机一公开”抽查】 2020年，市市场监督局组织开展2020年双随机抽查，抽取市场主体1869家，未发现异常的企业897家，被列入经营异常名录的企业583家。

【安全监察特种设备】 2020年，市市场监督局出动检查人员2050人次，检查各类特种设备生产及使用单位1003家，发出《特种设备安全监察指令书》695份，查封问题特种设备96台，立案21件。

*拓展安全监察覆盖面。*市市场监督局以学校、幼儿园以及医院、商场等公众聚集场所的特种设备以及危险化学品生产企业、涉氨制冷企业、大型游乐设施、公用燃气管道等危险性较大的特种设备使用单位为重点，将269家特种设备使用单位列入年度特种设备日常监督检查计划，比2019年增加131家，拓展日常安全监察覆盖面，6月底提前完成年度计划内全部使用单位的现场安全监督检查。

*突破监管难点。*市市场监督局通过分级分类推进整改、强化部门沟通协作、优化整改方案、行政约谈督促等多措并举解决监管难点，全面完成印染企业中、低压蒸汽管道未检验未登记问题整治，其中中压蒸汽管道整治较既定时间提前

两个月完成；创新整改方案，消除企业畏难情绪，提升改造积极性，全面完成未检验未登记涉氨制冷压力管道整治，共督促7家企业完成问题整改，并在泉州市级工作会议上作经验交流。

开展专项整治。市市场监督局部署开展叉车、锅炉附属压力管道、安置房小区电梯等专项整治，督促31家使用单位申报检验并登记叉车51台、14家锅炉使用单位申报检验并完成锅炉附属管道登记14条，平均闭环时效23.59天，较机构改革前的46.1天，缩短22.51天。

督促使用单位落实隐患整改。对泉州特种设备检验研究院通报的特种设备检验不合格或超期未检验423项逐一进行监察，责令相关单位进行整改，全年完成整改398项，整改闭环率94.1%。

建立特种设备安全违法行为线索举报奖励制度。对8类具有较大安全风险的特种设备安全违法线索，每条线索奖励1000元，鼓励社会公众积极举报特种设备违法行为，受理举报10件，核查属实4件，督促拆除非法制造特种设备4台。

【安全检查计量器具】 2020年，市市场监督局开展2020年元旦、春节期间计量监督检查工作，检查商超37家、集贸市场12个、加油站19家，发现6台不合格电子秤，发出责令整改通知书3份，立案查处3家；开展眼镜配制场所计量专项监督检查和“回头看”，检查眼镜配制场所25家，未发现计量违法行为；开展集贸市场计量专项检查，检查集贸市场及集贸市场经营者490家，检查计量器具386台，责令整改62家；开展重点用能单位能源计量专项检查，检查23家；开展强制管理计量器具备案审核，审核各类强检计量器具备案8204件及计量器具检定不合格后处理159件。

【食品安全监管】 2020年，市市场监督局结合节假日、开学等重点节点，农贸市场、商超、校园、冷藏冷冻、配餐单位等重点场所，强化抽检检测。委托第三方检测机构实施年度常态化食品安全监督抽检，完成食品安全监督抽检2248批次；开展元旦、春节节前食品抽检70批次、端午节前粽子22批次、中秋节前月饼40批次，合格率100%；推动自身及经营主体检验能力建设，累计开展食品安全快检7552批次，局机关及7个基层所、9个镇办完成快检室建设，农贸市场或商超完成快检室建设25家，186家学校食堂快检室全覆盖。开展网络订餐食品专项监督抽检180批次，责令整改11家，督促下线入网餐饮服务提供者11家，抄告第三方平台所在地市场监管局信息24条，结合日常巡查指导外卖经营者及配送员正确使用食安封签，累计发放食安封签290万张。开展固体饮料、压片糖果、代用茶、冷藏冷冻食品、食盐、肉制品、小作坊、小型餐馆、餐饮具清洗消毒等食品专项整治，落实食品安全“四个最严”要求，重拳惩处食品“两超一非”、无证、经营过期食品等违法违规行为，共立案查处132件，罚没款130.21万元。加强小作坊小加工厂安全隐患排查，摸排检查1316家，发现隐患398处，全部整改完成，无照处罚41件。

【加强药械化妆品监管】 2020年，市市场监督局加强药械化妆品专项治理，出动执法人员2750人次，检查药械经营使用单位1100家次，查处药械化妆品案件99件，完成药品监督抽检55批次、化妆品监督抽检16批次、医疗器械监督抽检3批次。加强疫情相关产品监督检查。开展新冠病毒诊断试剂使用单位监督检查，对进货验收台账不完整等问题督促整改；建立疫情防控医疗器械经营企业清单，检查医疗器械经营单位120家次，核查出口物资13批次，暂未发现违法违规行为。开展药械化不良反应/事件监测和上报，联合市卫生健康局下达2020年监测任务指标，同时通过走访、电话、微信等沟通方式，加强与监测人员的联系，鼓励引导监测人员开展监测工作。全年上报药品不良反应399例，医疗器械不良事件92例，化妆品不良事件46例。探索药品监管新机制。在全省范围内率先聘请第三方药品职业调查队伍开展药品零售企业摸排检查和安全评级，此项工作被列入2020年市重点特色改革项目。以C级及以下企业为重点监管对象，以未凭处方销售处方药、买药赠药、未按规定储存药品、从业人员未进行年度体检等为重点问题，加强现场核查，依法查处违法行为，初步形成第三方检查机构规范提升和政府监管部门违法行为靶向查处的协作方式；同时推进药品连锁化经营，新增药品零售连锁企业10家；推进药品追溯管理工作，督促药店对血液制品、国家集采药品开展扫码追溯，对未开展追溯管理的依法查处。

【维护消费者权益】 2020年，市市场监督局强化投诉、举报线索的靶向引导作用，分流、转办、反馈、答复各类消费者投诉、举报、咨询件15666件，其中投诉4777件、举报8492件、咨询2397件。围绕“凝聚你我力量”消费维权主题，组织开展“3·15”国际消费者权益日系列活动，以食品药品安全宣传为重点，在各小区电梯投放“3·15”食药安全公益宣传，投放723个点位；在各类媒体、电视上刊登、播发相关宣传报道及典型案例、消费警示20余篇次。健全多元纠纷化解机制，联合法院成立石狮市消费纠纷诉讼调解和非诉调解衔接及司法确认工作领导小组，办公室设在市场监管局投诉举报指挥中心，自成立成功调解并进行司法确认消费纠纷2件，为消费者挽回损失87500元，同时设立石狮市矛盾纠纷多元化解中心消费纠纷化解分中心。

【推进市场采购贸易方式试点】 2020年，石狮市推进市场采购贸易方式试点，新增市场主体5404户，其中市场采购贸易试点范围新增1149户、虚拟产业园新增市场主体4255户。

市市场监督局以新业态新模式为抓手，推进国家级市场采购贸易方式试点复工复产，主动服务，采取邮寄送达、网络申报、预约办理等方式办理业务；深化重点企业（项目）服务，针对国际食品城、“东南亚集散中心”和服装城2号馆等集体入驻项目，开通绿色通道，批量处理；梳理申报清单，指导急需出口企业规范申报医疗器械经营备案/经营企业许可证，合法合规出口医疗器械。创新市场采购监管模式，通过前置监管、集货监管、随机抽检等方式，把好市场采购贸易出口质量关；指导拟采用市场采购方式出口预包装食品的经营户做好预包装食品资质备案、产品送检、申报录入等准备工作，新增备案出口预包装食品资质单位10家，指导企业产品送检、规范申报262家次，审核通过预包装食品出口1008单，涉及金额1730.43万美元，涉及品类20余种，随机抽检56批次；开展市场采购贸易试点产品质量风险监测抽检，抽检羽绒服、儿童服装、旅游鞋、休闲鞋、床上用品四件套各4批次，受检供货商20家。

【新冠肺炎疫情防控工作】 2020年，市市场监督局启动重大事项应急程序，以“重监管，保安全，保稳定”为疫情防控主线，采取“五＋二”“白＋黑”高强度全方位监管模式落实疫情防控各项工作任务。以餐饮单位、医疗用品经营单位、农贸市场、商超等为重点检查对象，突出打击价格违法、虚假广告和经销假冒伪劣防疫用品行为、严禁野生动物违法违规交易、督促农贸市场和餐饮服务单位落实主体责任等，出动执法人员1.4万人次，检查3万多户次，累计接收消费者举报、投诉、建议267件，立案17件。

配合各镇办和商务局、应急管理局、城管局等相关部门开展“五小”管控联合执法行动，检查小餐馆、小食品店、小药店1万多家次、督促改正228家，接收并核查举报线索10条。建立疫情防控期间零售药店购买感冒、咳嗽、发热类药品人员信息登记报告制度，开发登记小程序供药店使用，累计实名登记62905人次。加强口罩、防护服、额温枪、熔喷布、无纺布等防护产品及原辅材料专项综合监管，组织召开防疫用品生产企业行政约谈会，开展非医用口罩等防疫用品生产企业检查227家，向公安部门移送口罩产品不合格案件1件。加强医学观察场所及复学校园食品安全监管。提高医学观察场所供餐单位检查频率，在全市明确由民祥公司统一供餐后，成立供餐安全保障组督促落实每日食材快检、温度监测和留样管理等过程控制要求，开展供餐及副食品供应单位监督抽检34批次。联合市教育局开展春季（含疫情期间）校园食品安全监管，根据各学校复学进度，分阶段、分批次召开食品安全工作培训和快检实操培训5场次，并多次组织联合检查，检查学校食堂181家，检查校园周边食品经营单位870家次，对发现的55个问题均督促整改到位，立案1件，约谈7家；实施校园及周边食品安全抽检监测3次434批次，快检80批次。重点抓好冷藏冷冻食品安全排查。建立冷藏冷冻经营单位花名册并实施动态管理164家，督促做好进货查验和索票索证，配合市冷链专班督促进口冻品经营企业落实“四证”防控要求，及时开展督查排查工作。开展专项抽检87批次，立案查处未按规定从事冷藏冷冻食品经营单位3家，警告4家。配合开展新冠病毒核酸检测。与各镇（街道）通力协作，摸排并配合卫健部门组织餐饮单位从业人员参加核酸检测10177人次；累计配合卫健部门开展冷链从业人员核酸检测4358人次、外卖从业人员核酸检测812人次，对重点冷链食品生产单位开展外环境（含食品）新冠病毒核酸检测，共采集样本1245个。优化服务，全力保障企业复工复产，组成工作专班，全力指导卡宾、美佳爽等防护服、口罩生产企业开展产品注册、生产许可证申报、洁净车间提升改造、空气洁净度检测以及试产产品送检等，卡宾公司成为福建省首家获批医疗器械生产许可证（正式）的转产防疫物资企业。

高新技术产业

【概况】 2020年，石狮市高新技术产业开发区（以下简称“高新区”）实现规上工业产值345.6亿元，共实施重点项目42个，完成投资29.27亿元。其中基础设施固投完成1.27亿元，社会投资固投完成28亿元。

【服务与管理】 2020年，高新区抓好疫情防控，深入企业做好防疫安全宣传，了解企业口罩、温度仪、消毒液等防疫物资的储备情况，强化疫情防控复工复产服务保障，购买口罩免费发放，协助企业缓解防疫物资短缺的压力。协助企业转产。利用园区企业资源，协助园区内美佳爽、佳南、大宏、华绿、华联、永信数控、爱星环保等十多家企业，转产口罩、额温枪、口罩机、消毒水等防疫物资。其中，美佳爽和大宏实业被列入商务部出口“白名单”。助力企业复工。组织开展线上线下多方位多渠道招工，赴贵州与当地劳务部门签订劳务合作协议、“点对点”专车接回外省复工人员、推出“2020年石狮市‘春风行动’线上公益招聘会高新区专卖活动”，开展“全家总动员”，组织全体干部职工遍散“英雄帖”为中石光芯“招兵买马”等多项举措，累计为园区企业解决用工需求上千名。落实惠企政策。联合市金融局、市国投集团、狮城融资担保公司以及多家银行召开“政策性融资担保银企对接会”，对接落实惠企政策，先后帮助10多家企业融资上亿元资金，及时助力企业纾困解难。

规划园区集中供热。2020年，高新区配合鸿山热电公司完成园区集中供热项目建设，该部分供热管网的建成，将服务入驻投产的用热企业16家，淘汰自备天然气、燃煤等小锅炉16台。海洋科技园供热管道工程项目进入施工建设阶段。

生态环境专项整治。2020年，高新区制定《泉州高新技术产业开发区（石狮园）生态环境专项整治方案》，开展园区基础设施建设、环境监测、环境风险防范、园区企业等排查工作，发现解决园区基础设施建设方面存在的问题1个、园区环境监测方面存在的问题1个、园区环境风险防范方面存在的问题2个，以及18家企业存在的日常环境管理问题。制定《泉州高新技术产业开发区（石狮园）突发环境事件应急预案》，根据园区规划环评监测计划，委托第三方单位完成2020年的园区环境监测。

【项目建设】 2020年，高新区实施并完成"高新区绿化美化提升项目""高新区环境综合整治项目""高新区交通综合提升改造项目"3个项目。基础设施项目方面，计划投资2.14亿元，已完成投资约1.27亿元。其中，高新区电力基础设施提升、后湖一路污水管道、1号泵站周边雨污管网系统改造工程、海洋生物食品园污水处理厂等10个项目已完工；后湖职工配套区、邻里中心等5个项目正在施工；高新区污水处理厂提标改造项目于12月25日竣工验收。

社会投资项目方面。2020年，高新区计划投资29.64亿元，完成投资约28亿元。其中，永信智能机械二期、隆鑫铁路配件、千宏机械、领顺新能源、长发其祥、东升冷冻、汇星机械扩建7个项目已建成；汉视高端镜头项目、建新轮胎、通达手机3D玻璃、光芯片项目、中益制药二期、新启兴防伪科技、振富机械、胜宏水产、海益冷冻、明泰船舶、振荣水产、益鸿冷冻、鑫盛水产、祥海水产等14个项目正建设中；得宝染料二期、晋坤科技、鑫源海胜、瑞奇海产品、海日丰水产品等5个项目正进行前期方案设计和手续办理。2020年，高新区有领顺新能源电池、炜悦纺织科技、新辉盛智能门窗、恩乐饮料、洋洋食品、长发其祥、东升冷冻等企业顺利投产。此外，特步现代化智能物流仓储及生产车间项目正进行主体建设，信泰新材料项目正进行厂房装修。

2020年12月25日，石狮高新区污水处理厂提标改造项目竣工（图/石狮高新区）

【招商选资】 2020年，高新区重点围绕智能制造、海洋生物医药和光子技术产业开展招商引资，在深度挖掘本地项目资源的同时，多次组织前往广州、深圳、上海、江苏、福州等地进行招商考察，先后落地中科光芯二期、辰亿涛水产、卡车集市、通达真空镀膜配套项目、天保益可穿戴式医疗设备、信泰谢飞新材料等20多个项目，总投资40多亿元。其中，14个项目顺利取得用地，包括通达精密手机项目、信泰、晋晖科技、旺洋水产品、辰亿涛水产、强兴水产、祥盛水产、佰旺五金、中科光芯二期、百川熔喷纺织品、圣洁卫生用品、库西水产项目、汇星机械及香港富汇合作项目、佰隆包装新项目。此外，鸿日光学镜头项目已落地，正在进行装修。

【鼓励企业科技创新】 2020年，高新区重视做好园区企业知识产权申报服务工作，提高园区企业专利申请量、专利授权量和有效发明专利数量，截至2020年年底，园区累计专利申请量3094件，专利授权量2197件，有效发明专利216件；加强园区知识产权运营服务体系建设，2020年，高新区智能移动终端产业专利导航获批泉州市立项项目；园区现有国家高新技术企业40家，国家知识产权优势企业2家，博士后科研工作1个，省工程技术研究中心6家，省级星火行业技术创新中心3家，省科技小巨人领军企业21家，省创新型企业9家，省知识产权优势企业5家，泉州市高层次人才50多人。

财 政

【财政收支概况】 2020年，石狮市一般公共预算总收入56.7亿元，比2019年下降3.6%。一般公共预算收入36.03亿元，比2019年下降2%。一般公共预算支出完成61.42亿元，比2019年增长42%。

【疫情防控保障】 2020年，石狮市持续保障防控需要。建立应急保障机制，开通资金支付和政府采购两个“绿色通道”，投入1.42亿元，用于患者救治、物资购置、医疗场所改建、医护人员激励等。全力支持市场主体。顶格落实减税降费、鼓励科技创新、吸引高端人才、促进出口增长等惠企扶持政策，全年落实减税降费6.4亿元(其中留抵退税2.4亿元)，清理兑现各类惠企资金7.22亿元。扩大就业岗位供给。落实就业优先政策，推动高校毕业生、退役军人、下岗失业人员、农民工等重点群体就业。支持用工调剂、“点对点”包机、“用工扶持”等活动，助力稳岗就业，发放稳岗补贴1.15亿元。

【“六稳”“六保”】 2020年，石狮市以“民生提档年”为切入，落实“逐梦——家门口的优质教育”部署，教育财政性资金全口径投入16.12亿元，增长21.3%。投入3.55亿元，推进国家级紧密型医疗卫生共同体试点，形成“8分钟医疗卫生服务圈”。投入对口帮扶资金0.31亿元，支持脱贫攻坚。投入0.46亿元，发放特困供养、困难家庭、孤残儿童、残疾人等补助，强化社会兜底。按照“城市提质年”“交通整治年”活动部署，保障推进城市精细化管理、水环境和产业园区综合治理、老旧小区改造提升等项目建设，优化生态环境。重点项目建设方面按照“产业攻坚年”活动部署，强化“资金跟着项目走”原则，会同相关部门谋划、储备项目，制定资金筹措方案和运作清单，争取专项债券、抗疫特别国债、特殊转移支付等资金15.14亿元。

【收支管理】 2020年，石狮市财政局按照“作风建设年”活动部署，科学研判收支形势和运行情况，提前谋划收入筹措方案，选派业务骨干主动服务市招商选资工作专班、重点企业、行业及域外税源，及时组织非税收入入库，总收入及地方级收入较降幅最高月份分别收窄24个、20.4%。争取上级支持，免抵调增增值税3.65亿元，增幅231.82%。调整优化支出结构，树立“过紧日子”思想，动态监控“三公”经费，大力压减一般性支出和非急需、非刚性支出，优先保障“三保”支出。全市一般性支出压减19.7%。加大资金盘活力度。统筹调入政府性基金、国有资本经营预算、预算稳定调节基金等16.81亿元，对2019年年底的结转结余资金清理回收5.41亿元，优先保障基本民生运行。

【优化财政管理】 2020年，石狮市财政局规范预算编制，实施零基预算，科学合理制定中期财政规划，建立专项支出项目库，厘清项目设立目的、推进计划，压减支出水分。制定出台项目库滚动管理、项目预算评审、新增资产配置预算编审等系列制度，提高预算编制精细度。持续推进事前绩效评估、绩效跟踪、绩效评价的全过程管理体系建设，对各部门报送的专项项目进行事前绩效评估，结合部门绩效总体评价对项目资金保障提出编制建议，调整对项目资金的分配结构，把资金集中用在刀刃上。建立健全库款现金流预测机制，保持库款合理规模，严格防范支付风险，制定库款应急预案，细化库款保障顺序，提高调度管理前瞻性。加强“物有所值”论证，规范政府采购和购买服务内部审核流程，严格审核财政性投资项目的必要性、可行性、经济性。

【强化国资国企管理】 2020年，石狮市财政局全面摸清国有资产家底，形成资产管理报告并提请市人大常委会审议。加大资产监管力度，建立闲置国有房产信息库，对接招商需求，推动盘活闲置资产5宗、盘活金额0.5亿元。加强资产配置，调整办公设备和办公家具配备标准和审批流程，推进资产管理和预算有效衔接。优化国有资本布局，推动国有企业专业化整合，合并城投集团、国投集团组建城建国投集团，成立文旅集团，并进行资产、项目、人员划转，促进国有企业优势互补、产业协同。

税务管理

【概况】 2020年，国家税务总局石狮市税务局组织收入57.79亿元，比2019年减收4.73亿元，下降7.57%。其中税收收入累计入库47.28亿元，比2019年减收3.02亿元，下降6%；社保费收入8.61亿元，比2019年减收1.41亿元，下降14.09%；非税收入1.89亿元，比2019年减收0.3亿元，下降13.59%。

【税收运行】 2020年，国家税务总局石狮市税务局加强收入预测分析，及时掌握重点税源的收入变化情况，对全市纳税100万元以上企业建立规模数据台账，加强与政府相关部门的联系，了解经济发展态势，结合全市的工业用电量、地区生产总值、工业增加值、出口商品总额、全社会商品零售额等主要指标对全局税收收入进行分析，掌握税收收入发展规律。落实减税降费政策，围绕新出台的税费优惠政策，集中力量对企业加大宣传解读和税费辅导，让纳税人、缴费人早知晓、早享受、早受益，引导纳税人享受各项税费优惠6.05亿元。推进个税年度汇算，按照精细分类、科学分批、有效分策、严格分责的“四分”方案稳妥推进汇算。个税改革首次汇算补退税总体进度完成率110.68%，涉及扣缴单位4948户，纳税申报人数6.04万人。开展土地增值税清算工作，组建4个清算审核小组，完成清算项目6个、指导在清算项目5个、补税2638万元、退税5476万元。

【依法治税】 2020年，国家税务总局石狮市税务局推进“三项制度”的落实，规范税收执法全过程。督促局内各单位将执法公示制度、重大法制审核制度、执法全过程记录制度的相关事项落实到位，确保执法的公正性、公平性。从行政征收、行政强制、行政检查、行政处罚、行政许可、行政确认、其他事项7个方面，编制县局、分局所的权责清单，做到权责明晰，流程明确；加强重大执法事项审核，有效防止职权滥用；规范建设税务约谈室建设，应用省税务局执法音像记录系统，有效地规范税收执法。成立走逃（失联）企业涉嫌虚开增值税专用发票专案组，全方位维护健康营商环境。与公安、司法、市监等部门多次开展联席座谈和情况交流，共享扫黑除恶工作信息和涉黑涉恶线索，力争对涉税违法问题查深查透。强化第三方数据分析严控风险，通过第三方平台定期提取水、电、气和排污费等数据，比对审核，分类评估，约谈举证，实地核查，及时进行评定处理。2020年，完成风险应对5328条次，组织入库税费及滞纳金2958万元。

【出口退税】 2020年，国家税务总局石狮市税务局以服务市场采购贸易方式试点为契机，持续以“互联网+退税”“巡察+退税”“法治+退税”等方式，实现出口退税迭代升级目标。从“月月退”到“周周退”，开展“问诊式”一对一辅导，全面推行无纸化申报，压缩函调处理时间，有效缩短退税时间。加强退税服务管理，动态调整出口退税管理类别，为退税一类企业开设绿色服务通道。2020年，办理退税手续68批次，退库18.34亿元，平均退税时间4.6天，比2019年节省0.8天。

【税收征管】 2020年，国家税务总局石狮市税务局继续强化征管“十条”措施，税务法院协调机制走在石狮市前列。严格比对征管户数与市监局差异户数，加强对零申报户、停歇业户、非正常户和注销户比对和检查力度，对难以执行的走、逃、失踪企业，建立清理欠税台账，对992户欠税户依法进行公告。继续深化与法院的协作共享渠道，协调机制走在全市前列。积极参与法院破产清算（重组）案件税收债权申报工作，共参与9户破产企业债权申报，涉及欠缴税费1700万元；协助法院做好拍卖变卖标的价格函询，建立函询价格机制，答复法院询价函340份涉及不动产142宗；参与法院拍卖欠税分配，全年申请分配10户次，入库税款1707万元。加强房产、土地税收源泉控管。全年征收企业拍卖项目54个、征收土地增值税2690万元。加强房产、土地相关信息数据的交换，取得全市各单位和房产土地数据，开展房产、土地相关信息数据比对，补税56户增收705万元。

【纳税服务】 2020年，国家税务总局石狮市税务局着力提升满意度，多次召开优化税收营商环境推进会，制定五大方面18条具体措施，明确职责分工。邀请第三方培训机构开展满意度提升培训，打通纳税服务工作落实的“最后一公里”。推广“非接触式”办税，广泛宣传“非接触式”办税，全年纳税人通过网上提交的业务审批量首次突破10万笔，比2019年增长47.41%，各征期纳税人电子申报占比98.2%，涉税审批业务线上办理户次占比达81.05%；累计2.2万人次通过服务热线进行咨询，办税服务厅接受电话咨询日均达92户次；超6.9万户次纳税人通过微信、QQ、电话等方式向税务人员进行涉税咨询和协助。打造“智慧税务”提质效，拓展多元办税服务举措，实现一趟不用跑、全程网上办。逐步建立纳税人需求常态化、快速化、个性化响应机制、税收咨询服务机制和纳税信用评价机制。在福建省内率先推动“交房即交证”工作，真正实现涉房交易“最多跑一趟”，2020年受理契税申报1400笔，涉及税款2107万元。全新升级“政税银企”云平台，举办“政税银企”云平台启动仪式，将“政税银企”宣讲活动由线下推广到线上，纳税人不出门、不聚集就能参加政策宣讲和咨询，通过“腾讯会议”“钉钉”多群联播等形式开展12期线上宣讲会，宣讲培训纳税人超过3400人次。开展“税银互动”，合作银行增加到7家，累计发放信贷产品1304笔，授信金额3.98亿元。

【税收文化】 2020年，国家税务总局石狮市税务局倡导中国税务精神，结合石狮特色，结合第七届全国文明单位培育对象创建，搭建载体，拓展外延，积极践行。开启“税务+社区”共建模式，深入定点扶贫村和五星社区支部扶贫帮困，组织开展帮扶留守儿童、植树绿化、无偿献血等志愿活动，树立良好的新税务新形象。借助石狮市“政税银企”云平台开展“五四”青年节直播活动，青年干部以第一视角为观众介绍办税服务厅各功能区运作情况，体验办税服务厅各项便民服务，感受青年干部在一线主动作为、勇于担当的精神风貌。积极推行纪检联络员工作制度，组织纪检联络员参与疫情防控、减税降费、职级晋升、违规收送礼品礼金、私车公养专项整治等重点工作监督。

科学技术

科技规划与创新发展

【概况】 2020年，石狮市新增52家高新技术企业、46家省级高新技术企业备案、14家省科技小巨人领军企业、5家泉州市瞪羚企业培育库入库企业，47家企业入库科技型中小企业。

【创新创业平台建设】 2020年，石狮市工业信息化和科技局推动福建省劲安节能监测技术有限公司被认定为第五批省级新型研发机构；福建中科光芯光电科技有限公司、石狮市中纺学服装及配饰产业研究院、福建中益制药有限公司、闽南理工学院4家单位被认定为泉州市新型研发机构；闽南理工学院创客园被认定为国家级众创空间；石狮青创城众创空间被认定为泉州市级众创空间。闽南理工学院技术转移转化中心获得2020年省级技术转移机构；依托海洋生物产业化中试技术研发公共服务平台成功举办“海洋生物资源开发新技术推介会”及“常用的食品安全国家标准解读及应用”的线上培训；鼓励企业购买高校、科研院所科技成果、专利技术及技术输出服务，2020年全市技术合同认定登记54项，合同成交总金额2002.95万元。

【创新研发】 2020年，1家企业获得2020年度企业研发经费预补助资金；8家企业获得2020年度科技小巨人领军企业研发费用税前加计扣除奖励并获得补助；4家企业获得2020年度泉州市瞪羚企业培育库入库企业银行贷款贴息补助；12家企业获得2020年度福建省科技创新券补助项目。

【海峡两岸科技孵化基地建设】 2020年，石狮市推动海峡两岸科技孵化基地建设，新增入孵企业6家，累计在孵企业和科技服务机构/公共服务平台24家；为在孵企业申请减免房租总计122010元。2020年，石狮市国家级众创空间、星创天地及省级孵化器新增入孵企业47家；闽南理工学院获得福建省科技企业孵化器（众创空间）新增孵化用房补助项目。

【科技项目管理】 2020年，福建飞通通讯科技股份有限公司获得国家科技助力经济2020年的重点专项项目立项；中纺协检测公司获得2020年省科技计划项目立项；福建永信数控科技股份有限公司等单位10个项目获得2020年度泉州市科技计划项目立项；组织专家对科技项目进行验收结题，其中省项目验收2个；泉州项目验收8个；石狮项目验收6个。

科技交流与宣传

【企业与高校开展产学研合作】 2020年，石狮市鼓励企业购买高校、科研院所科技成果、专利技术及技术输出服务，组织推荐安元公司等3家企业申报2019年度泉州市级技术交易奖励，截至12月31日，全市完成登记技术合同54项，成交总金额2002.95万元，比2019年增长79.37%，其中技术交易额1616.06万元；闽南理工学院技术转移转化中心获评2020年省级技术转移机构。

【产业联盟协调创新】 2020年，石狮市打造“政府—联盟—企业”新型模式，推行行业协会联署办公机制和秘书处挂钩企业精准服务模式，按照工作标准协调帮扶解决企业存在的困难和问题。

构建“亲”“清”新型政商关系，联盟与石狮法院共同打造全国首个“纺服法庭”，提供涉诉纠纷立案、调解、审判“一条龙”服务；成立“商务纠纷人民调解委员会”，通过“双专业”（行业专家+专业调解员）相结合，为当事人提供高效优质法治服务；与石狮检察院、石狮公安局共同成立全省首个“反商业贿赂联动办公室”，为会员企业提供法律咨询和商业贿赂犯罪及其他经济领域违法犯罪预防、商业贿赂人员档案查询等服务；截至2020年，累计为纺服企业提供现场立案咨询56件次，受理涉纺服企业案件2159件，涉案金额达12.86亿元，现场开展巡回审判94件。

创新线上营销模式，瞄准直播带货，联盟成立直播小组，选派3名秘书入驻青创城，组织会员企业积极参加“服装直播节暨网红选品节”，推动传统服装企业布局直播电商，实现压缩中间环节、重塑交易方式、线上线下融合互动的新零售营销变革。通过网红经济，带动上下游纺服企业加快复工复产，深度对接直播渠道去库存，推动石狮电商实现开门红，2020年网络销售额879.4亿元，比2019年增长43.4%；创新线下营销模式，联盟承办或参与“海丝品博会”，负责石狮品牌馆和童装、男装、纺织机械等五个展位招展、布展工作，助力纺服企业对接国内外产业要素；整理国内外知名纺服展会目录及补贴标准，并为缺乏外贸出口资质或不会开展外贸出口业务的小微型纺服企业提供参展协助，鼓励会员企业在双循环相互促进的新发展格局中勇于转型；配合申报市场采购贸易方式试点，协助运营和市场调研推广工作，为从事市场采购贸易的供货商、代理商和采购商提供“一揽子”解决方案。

注重“请进来”，举行“融合共享、共铸辉煌”共享大会，举办“直播新零售”培训会及“品牌的力量”“专注的力量”“创造高收益—阿米巴经营与哲学”“法律实务”系列讲座，持续提升会员企业规避风险能力；构建“政府+行业协会+咨询机构+企业”四方联动机制，开展纺织服装产业质量提升行动2期，完成诊断及课程的企业数达60家，立项140个，验证改善项目预计收益586万元，推动会员企业完善管理机制；注重“走出去”，组织企业参与“中国服装关联产业年度创新项目——创新沙龙（厦门站）”，推动新技术、新产品与石狮纺服企业零距离接触，助力创新项目实现商业价值转化；与上海时尚工业园对接，组织会员企业入驻，促进产业链上下游企业交流与合作；组织会员企业前往山东考察交流，进行面料、代工等业务对接，参观韩都衣舍、希努尔男装等企业，开拓本地企业家视野。

【科技宣传培训活动】 2020年，石狮市工业信息化和科技局参与2020年石狮市文化卫生科技“三下乡”活动，开展科技惠企政策解读及咨询，支持塘边村科技宣传活动，提高广大农民群众的科学文化素质。在石狮市海峡两岸科技孵化基地开展以“科技战疫 创新强国”为主题的石狮市2020年科技活动周及科技战疫成果展。活动展示卡宾服饰（中国）有限公司、美佳爽（中国）有限公司、福建优净星环境科技有限公司、威洁（石狮）中水回用技术有限公司、福建永信数控科技股份有限公司等11家企业科技战疫成果的同时，还开展科普知识及科学识疫、科学防疫知识灯谜竞猜。大力普及科学知识，弘扬科学精神，提高全民科学素养。

【科技特派员工作】 2020年，邱勇等17名科技人员获得2020年省级科技特派员选认和工作经费补助，闽南理工学院获得2020年省级法人科技特派员选认；吴毅楠19名科技人员获得2020年度泉州市自然人科技特派员选认。

知识产权运用和保护

【知识产权发明创造】 2020年，石狮市专利申请量3307件，比2019年增长18.83%，专利授权量2506件，比2019年增长27.53%，每万人发明专利拥有量6.35件，比2019年同期增加0.69件；全年全市新增注册商标23173件，累计申请商标129470件，其中有效件数97627件。全市共有国家知识产权优势企业5家，省级知识产权优势企业6家，在石狮市注册的专利代理机构1家。鼓励企业利用专利权进行质押贷款，截至2020年，累计27家企业通过专利权质押融资方式获得贷款金额近5亿元。

【知识产权保护】 2020年，石狮市立案查处知识产权侵权案件88件，罚没款306.87万元。组织企业专职知识产权工作人员申报2020年度福建省知识产权专员。

防震减灾

【概况】 2020年，石狮市应急管理局地震办公室坚持“预防为主，防御与救助相结合”的防震减灾工作方针，履行政府防震减灾社会管理和公共服务职能，确定体育中心地震应急避难场所升级改造为Ⅱ类避难场所，有效避难面积1.5万平方米，可为7500人提供10—30天的应急安置。

【地震监测】 2020年，石狮市应急管理局地震办加强地震台网监测日常运行管理，坚持每天24小时不间断值班制度和春节、“两会”等重大节假日的地震“零报告”制度，严格落实值班制和责任制。每季度开展台站仪器设备维护及巡检，与石狮电信公司建立互动联网，确保设施设备正常运行。采用数字化处理手段，实现全天候、高精度自动运行观测，切实做好地热、水温、水位前兆数据的收集、入库分析、上报工作，确保观测资料的准确性和完整性，健全季度震情会商制度，为上级地震部门提供震情监测、趋势分析所需的重要科学依据。

加强地震趋势会商，紧密跟踪各类地震活动走向和趋势发展，坚持周、月、年度和紧急震情会商制度，做好各类监测资料分析和震情跟踪研判，积极准备半年地震趋势会商会，对可能与地震有关的异常现象进行综合分析研究并提出相应的地震预测意见。

加强震情研判，落实滚动会商；严格执行异常跟踪落实制度和做好突发震情应急处置准备；及时回应社会关切和做好安全维稳工作，加强组织领导和值班值守等。

2020年8月28日起市地震办对台站进行标准化建设，至11月23日完成消防设施、监控和井口装置的安装和使用，完成台站的标准化建设。

【震灾预防】 2020年，石狮市应急管理局完善应急预案，下发《关于进一步修订编制地震应急预案的通知》《关于开展地震应急预案落实情况检查的通知》等文件，加强预案演练，组织全市各类学校和部分企业开展地震应急疏散演练。通过演练活动，各单位更加全面掌握应急资源的分布，明确应急启动程序、应急指挥与协调关系以及处置程序与保障措施，检验各单位应对突发事件的综合反应和协调能力，提升应急处置能力。

加强应急避难场所管理指导和设备巡查维护工作，督促各业主单位做好地震应急避难场所各动能设备日常维护，对各场所的应急避难场所管理机制和制度建设情况、应急配套设施的完好状况和应急避难场所周边建（构）筑物、疏散通道及周边环境保护等方面进行全面的检查。指定专人负责避难场所相关设施、设备的日常维护和保养等工作，做到场所的各功能标识牌完整无损，应急机井、应急取水点随时可以使用；所配备的应急发电机要有固定的存放处，且每季度至少启动试机一次，加强应急避难场所的日常管理工作。

【防震减灾宣传】 2020年，5月12日、7月28日、全国科普日等防震减灾重要宣传日期间，市应急局、地震办均开展宣传咨询日活动，现场宣传各类科普知识，组织开展新生入学地震安全教育活动。《石狮日报》刊登防震减灾主题公益广告，广泛营造防灾减灾的舆论氛围，普及防灾减灾知识；石狮电视台专题报道宣传防震减灾科普知识，提升群众应急避险自救技能；利用应急公众号、微信等自媒体推送宣传《地震安全韧性城市》《疫情期间中小学生地震安全知识图解》等科普片，多渠道、多层次扩大宣传声势，增强知识普及，加深公众印象，提高社会公众防震减灾意识和应急避险技能；组织参加泉州防灾减灾知识视频讲解比赛，推荐21个优秀作品参与比赛，石狮市获得一等奖1名、二等奖3名、三等奖5名、优秀奖5名，并全部授予“泉州市防灾减灾科学传播师”称号。

【建筑抗震性能排查】 2020年，石狮市对全市各学校、医院建筑抗震性能进行全面摸底排查，分期分批进行改造加固。截至12月底，永宁、祥芝、鸿山和锦尚四镇批准房屋改造6414宗，涉及石结构房屋建筑面积98.14万平方米，拆除石结构3564宗，拆除面积74.7万平方米。

【地震救援演练】 2020年，石狮市地震办组织市救援队伍及机关、企事业单位和社区开展地震应急演练，组织中小学校依照《中小学幼儿园应急疏散演练指南》开展地震应急疏散演练，举办地震知识讲座，开辟地震科普墙板报，提高防震减灾安全意识和应对突发地震事件能力。

【地震应急救援体系建设】 2020年，石狮市加快预警系统建设，提高应急水平。截至12月底，建设地震预警信息终端的任务签约256个，安装253个，做到全市各镇、街道、村、居，中小学、医院全覆盖，以及部分政府机关、企事业单位等人员密集场所，一旦周边及台海地区发生有感地震，可为市民提供十几秒至数十秒的提前预警服务。

气　象

【概况】 2020年，石狮市气象局（以下简称市气象局）制作重要气象信息专报66期、气象灾害预警信号238期，重要天气预警报告18期、启动应急预案12次，短时强天气报告8期，发送各类气象预警短信330条，接受超318780人次。

【气象防灾减灾及科普宣传】 2020年，因疫情防控需求市气象局主要采取线上形式开展气象防灾减灾及科普宣传。3月23日，市气象局微博开展世界气象日防灾减灾宣传活动。4月23日，石狮市防汛抗旱指挥部组织全市各有关单位负责人200余人通过视频召开防汛减灾暨河长制业务培训班。5月12日，市气象局联合石狮市第五实验小学开展气象防灾减灾周科普宣传活动，通过石狮市第五实验小学微信公众号发布防灾减灾科普知识。6月，市气象局利用第19个“安全生产月”开展气象防灾减灾科普宣传及知识问答等系列活动。9月28日，市气象局组织开展全国科普日线上宣传活动，组织人员观摩石狮市“全国科普日”主场活动暨2020年石狮市科普达人赛决赛。10月21日，市气象局组织召开持续大风新闻发布会，得到《石狮日报》、福建气象网相应报道。

【防雷安全监管】 2020年，市气象局在全国防雷减灾综合管理服务平台更

2020 年 6 月 11 日，石狮市气象局检查危化品经营单位防雷防静电工作
（图 / 市气象局）

新 39 家防雷重点单位信息录入监管。成立领导小组组织开展易燃易爆危险化学品防雷安全生产专项整治百日行动、安全生产大检查、安全生产月等专项检查。按照《易燃易爆危险化学品防雷安全专项整治自查表》要求相关企业按照“企业自查、行业检查、政府督查”方式开展，对自查中发现的防雷安全问题及隐患立行立改，及时消除防雷安全隐患，相关检查信息录入“互联网 + 监管”平台进行监管。

【人才培养】 2020 年，市气象局参加泉州市气象部门人工影响天气作业技能竞赛获得团体第三名，陈志泉获得第十五届全国气象行业职业技能竞赛选拔赛通报表扬、福建省气象部门人工影响天气作业技能竞赛个人全能第五名、泉州市气象部门综合业务竞赛个人全能第四名（三等奖），吴毅楠获 2020 年度泉州市科技特派员称号和“泉州市防灾减灾知识视频讲解比赛”优秀奖。

【海洋渔业气象综合服务能力建设】 2020 年，石狮市完成鸿山镇、锦尚镇、永宁镇三个自动气象站的落地选址和祥芝镇自动气象站升级改造。紧扣服务需求，量身定制海洋渔业气象服务产品方案，建设梅林、东埔水质监测设备，构建海洋渔业环境监测网；建设基于手机 App、微信等海洋渔业气象服务平台技术开发，完善海洋渔业气象服务体系；结合研究型业务成果应用，利用水质监测数据进行紫菜、牡蛎养殖关键期的气象灾害影响因子研究分析，利用智能网格预报产品开展特色水产品生长期的气象条件影响预报预警服务，开展渔港码头作业气象灾害风险指标收集，增强核心业务能力；助推永宁镇获 2020 年“清新福建 • 气候福地”首批福建省滨海休闲度假福地称号；为石狮渔港生产、海洋捕捞、重点水产品养殖、滨海旅游等提供高效的安全生产气象保障，相关报道在光明网、中国气象局官方网站上刊载。

教 育

综 述

【各级各类学校基本情况】 2020年，石狮市各级各类全日制学校239所，其中，小学65所，九年一贯制学校4所，完全中学7所，初中5所，特殊教育学校1所，幼儿园150所（公办26所，民办124所），中等职业学校1所，高等职业学校3所；教师进修学校、素质教育实践基地、青少年学生课外活动中心各1所。全市公办学校教师7241名，其中公办在编教师4681名，合同制教师2560名。全市有中职、中小学、幼儿园学生139762名。其中：幼儿园32306名，小学67056名，初中25999名，高中11894名，中等职业学校学生2507名，特殊教育学校学生162人。

【硬件建设】 2020年，石狮市加大学校设备设施投入，完善中小学办学条件。全年采购多媒体238套，共463.62万元；电脑1100台，共288.12万元；交换机51台，共77520元；全部固定资产划转到42个基层学校。投入278.98万元免费向全市义务教育阶段学生提供作业本。2020年秋季学期全市新增班级44个班级，添置44套多媒体、1514套课桌椅及部分幼儿园教玩具，投入230万元。新冠肺炎疫情防控期间，联系上级申请物资，统一接受社会各界意向捐赠全市学校的物资，对全市学校物资进行分配，加强储备管理使用。配分口罩105万个，红外线体温计1298支，二氧化氯消毒液50吨，应急包2608个，一次性手套30060副，免洗手消毒液12827瓶。

2020年，石狮市加快46个教育类项目建设，年度计划总投资7.61亿元，完成投资5.72亿元，世茂实验小学、龙渊中心幼儿园等16个项目完工，石狮三中改扩建等19个项目开工建设，中英文学校改扩建等11个项目办理前期手续。PPP项目15个，2020年开工的8个项目已完成7个：大仑中心小学改扩建、永宁中学艺术楼、新湖中心小学改扩建、鹏山工贸实训大楼、三中改扩建等项目。灵秀五幼、锦尚三幼等2个项目进行前期手续。承建项目18个，城投承建项目开工15个完成6个，前期手续2个。产投承建项目1个，即服装城幼儿园。代建项目3个，八小、塔前小学改扩建进行基础施工；祥芝中心小学改扩建完成方案设计，进行前期手续。学校自建6个，开工3个完工2个，包括教师进修学校、第八中学校园综合改造（含2个项目）、运动场二期工程、石光中学体育馆、厦外石狮分校尾款结算等，年度计划总投资7600万元。截至12月，教师进修学校完工进行设备采购；第八中学校园综合改造项目已动工；第八中学运动场二期工程食堂部分完成工程量预算，进行审核阶段；石光体育馆正在进行方案设计；厦外石狮分校完工进行工程结算。社会投资4个，曙光中心幼儿园（联邦）完成方案设计进行场地平整；世茂小学完工投入使用；恒大悦龙台幼儿园完成主体建设未装修，正协调移交事宜；中英文改扩建项目通过方案比选已确定设计单位进行方案深化设计。

【德育工作】 2020年，石狮市深入开展“扣好人生第一粒扣子”系列主题教育活动，在清明节、“六一”节和国庆节等重要时间节点分别开展“清明祭英烈”“做美德少年”“向国旗敬礼”网上签名寄语等活动，开展“童心向党”歌咏活动。继续开展“移风易俗·弘扬时代新风”主题活动，引导师生积极参加“过文明十六周岁生日”“讲文明·树新风”“公共生活好言行”“节俭养德”“诚实守信”“文明餐桌”宣传教育实践活动，自觉遵守“八不”行为规范，传承良好家风，主动抵制各种不良社会现象。组织教育系统干部职工认真开展“看视频、学案例、做承诺、抓共建”移风易俗活动。共同学习《泉州市移风易俗典型案例汇编》及观看移风易俗专题片。组织开展石狮市第二届“新时代好少年”评选活动，全市15名学生获此称号。组织开展优秀童谣传唱活动，以未成年人喜闻乐见的通俗形式，进行社会主义核心价值观宣传教育。

开展“辉煌七十年·奋进新时代”第27届爱国主义读书教育活动，传承中华民族优秀文化，培养学生的爱国情感。组织参加泉州市“辉煌七十年·奋进新时代”爱国主义读书教育活动征文比赛，14名学生获奖。2020年，开展新时代文明实践活动约400场，搭建文明校园创建、学校少年宫与课外教育服务、家长学校、未成年人心理辅导站、水上安全宣教服务、研学与校外教育服务、“阳光少年”志愿服务、“孝道感恩”夏令营等八方面活动平台，在社区文明宣讲、学生素质提升、家庭教育、安全教育、研学实践、心理健康教育等方面，服务群众30万人次。举办“家教进万家”公益大讲堂活动14余场，3800多名家长参加。组织开展“千师进万家·携手共逐梦”家访周集中活动，6007名教师参加集中家访，家长群众满意率100%。全面贯彻落实习近平总书记关于制止餐饮浪费行为的重要指示精神，开展“节俭养德·珍惜粮食”主题教育活动150余场。利用“3·12”植树节、“6·5”环境日、“6·15”低碳日等时间节点，组织开展“线上为主·线下为辅”的节水宣传周宣传模式，提高学生节水意识，带动家庭节约用水，共创省级森林城市。

2020年，辅导站接待现场个案咨询逾63人次，通过热线电话和微信线上咨询60人次。疫情期间，辅导站发挥专业优势，派出3名志愿者到医学观察点对留观人员进行心理辅导，录制4节心理调适公开课通过电视网络播放，发动志愿者开通50条心理热线，为市民提供心理咨询、指导服务。复学期间，组织心理教师志愿者到玉湖社区开展“今天，我们怎样做家长”讲座，到古浮村等3个滨海乡村开展“花开盛夏·心向阳光”现场心理咨询活动，为疫情防控提供心理支持服务。

【语言文字工作】 2020年第23届全国推广普通话宣传周活动期间，石狮市学校开展“讲普通话·用文明语”主题活动。开展“啄木鸟”规范用字检查活动。全市各学校在校园及校园周边路段开展志愿活动，对校园板报、宣传栏、展示栏，路边的招工启事、店铺招牌、指示牌等进行检查，将发现的错别字和缺损字登记下来，并提出规范用字建议。开展石狮市第二届中华经典诵写讲大赛之“诵读中国”经典诵读大赛，24名师生获奖。组织参加第二届中华经典诵写讲大赛泉州选拔赛，37个作品获奖，组织参加福建省第二届中华经典诵写讲大赛——“笔墨中国”汉字书写现场赛，13名师生获奖并入围国赛。组织参加第二届中华经典诵写讲大赛，11名师生在全国赛中获奖。开展石狮市“同讲普通话·携手进小康”推普宣传进基层活动，250余人参加。

【教育督导】 2020年，石狮市人民政府教育督导室围绕全市教育中心工作，做好督学队伍建设，完善督导制度，加强督政、督学工作，做好中小学校责任督学挂牌督导工作，继续推进中小学第五轮素质教育工作的督导评估和幼儿园办园行为督导评估，推动石狮教育事业均衡、优质、持续发展。

强化督学，完善督导平台建设，加强督学队伍建设，突出做好中小学校责任督学挂牌督导工作。完善责任督学挂牌督导平台建设，开展责任督学挂牌督导相关工作。多次进行挂牌督导工作调整，搭建挂牌督导网络平台，进一步推进督导工作的信息化进程。建好用好教育督导信息管理平台，充分利用好网络服务和管理功能，加强责任督学履行职责的考核，优化督导整改的跟踪督导和评价，组织督学开展培训和研讨活动，促进全市挂牌督导工作再上新台阶。落实挂牌督导各项工作，提炼和总结责任督学挂牌督导阶段性经验成果，开展2019—2020学年教育督导优秀案例评选活动，评选出30篇优秀案例，向泉州市教育督导室及福建省督导处推荐优秀案例6篇。

开展专项督导。2020年，督导室组织对36所公民办幼儿园进行办园行为专项督导评估。督导评估组评出“优秀”幼儿园18所，“良好”幼儿园共13所，“合格”幼儿园6所。同时督导评估结果将作为幼儿园年检、确定等级和园长评优评先的依据，对幼儿园管理不作为、办园不规范的单位和个人，进行约谈。

开展控辍保学专项督导，做好泉州市控辍保学专项督导迎检工作。成立以市领导为组长的，各相关部门为成员单位的控辍保学领导小组，教育局设立控辍保学工作专班，出台《关于进一步加强义务教育控辍保学台账管理健全联控联保机制的通知》，明确石狮市义务教育控辍保学联控联保联席会议制度，依法完成既定目标。

2020年10月，督导室安排相关的工作人员做好全市各级各类学校的相关事业统计报表的填报指导工作，做好义务教育阶段学校的办学标准基本达标情况监控，将小学差异系数控制在0.30，初中差异系数控制在0.28。

2020 年石狮市各级各类教育基本情况表

表 15

类别	校(园)数(个)	班数(个)	在校生数(人)	教职工数(人)	专任教师(人)	校园面积(平方米)	校舍面积(平方米)	图书数(本)	资产总值(万元)	仪器设备(万元)
学前教育	150	1105	32306	3499	2344	358630.59	426390.21	275130	—	
小　学	65	1350	67056	2061	1993	1056313	542783.1	1936246	85078.6	14663.97
初级中学	5	511	25999	469	442	242271.82	113036.61	311124	10018.97	2409.5
九年一贯制	4	分别归入小学或初中		463	438	217709	151530.96	306896	14347.2	2350.29
完全中学	7	240	11894	1432	1374	662510.3	563839.14	1123592	78781.75	9481.13
中职学校	1	—	2233	124	76	82664.2	43891	112233	4406.07	2223.06
特殊教育学校	1	25	162	13	13	29333	7200	5500	—	
普通高校	3	—								

【校园安全】 2020 年，石狮市教育局落实三防建设，强化保安队伍建设，分期分批对全市 400 多名校园保安进行岗位技能培训。加强物防设施配备，全市学校配备有防暴头盔 503 顶、防刺背心 476 件、防暴盾牌 471 个、防割手套 481 双、长短警棍 1200 多支、钢叉 461 根、强光手电 466 支、辣椒水 529 罐、灭火器 18000 多瓶。完善技防设施建设，全市学校 244 套一键紧急报警装置和 1000 多个视频监控摄像头接入公安机关，联网率均 100%；各级各类学校共安装 9800 多个视频监控摄像头、4000 多个简易式烟感报警器、50 多套电动车智慧充电桩。开展隐患排查，推进学校安全百日攻坚行动，通过督查和学校自查发现隐患 669 处，落实整改 669 处。组织全市学校开展校园消防安全隐患排查，发现 86 处消防隐患，落实整改 86 处，投入资金 30 多万元，更换 44 扇防火门、1230 组灭火器、76 条消防水带和 32 盘消防软盘。深化交通环境提升行动，对排查发现的需完善设施的 60 所学校都由市交警大队完成整治。强化宣传教育，落实《公共安全教育大纲》，推进综治安全法规知识进校园进课堂，确保中小学每学年开设不少于 12 课时安全教育课程。利用宣传栏、LED 电子屏、校园广播、黑板报、安全提示牌等宣传阵地，通过主题班会、国旗下讲话、上下午放学前“五分钟”安全提醒、知识讲座、张挂标语口号、分发安全倡议书或致家长的一封信、推送微信文章等多种形式常态化开展宣传教育。

【改革创新】 2020 年，石狮市持续推进教育综合改革，强化队伍管理，实施校长能力提升行动，深化学校精细化管理，完善中小学管理评价体系，加快进修学校建设，提升教育科研水平，深化高中项目带动，优化培养模式，全力提升教育质量。依托中国教科院国家层面教研力量，先后邀请人民教育出版社中等数学教研室主任李海东，北京市海淀区教育科学研究所所长吴颖慧等专家作网上专题讲座。组织校长参加中国教科院基教所“基石云讲”活动——“国际视野下基础教育创新人才培养的课程设置与教学创新”。深入推进学校文化项目，采用“专家与实验校直接对接”的工作机制，由 10 位专家对实验学校全程指导，形成 2 万—3 万字“学校文化特色案例”。组织 7 名初中和高中学校校长到上海格致中学、宝山实验中学及江苏启东中学研修学习，针对优质学校打造和优生培养开展专题考察学习。9 月 11 日，邀请泉州市教育局原局长、泉州经贸职业学院原党委书记郑文伟副教授作“逐梦家门口的优质教育——办人民群众满意的教育”专题讲座，120 多人参加活动。9 月 19 日，组织初中和高中学校校级领导 24 人及高三教师近 500 人参加第 29 届全国高中教师专业发展论坛暨高三教学策略研究衡水中学线上研讨会活动，9 月 23 日召开全市“初中壮腰工程——质量提升”专题研讨会，交流各校办学经验。

【素质教育】 2020 年 11—12 月，石狮市教育局开展对石狮市第一中学等 5 所中学、石狮市实验小学等 9 所小学进行实施素质教育工作督导评估，经公示及征求意见，确认 14 所学校为实施素质教育工作先进校。

2020 年，石狮市加强体育课程与课外体育活动执行力度。以“两操两活动”、学校体育社团创建、体育特色项目营建及体育活动开展为抓手，进一步激发青少年自觉参与体育活动的兴趣。保证中小学生每天锻炼一小时，促进学生身心全面健康发展，体育工作取得明显成效。目前全市国家级校园足球特色学校10所，国家级校园篮球特色学校5所，福建省校园足球特色学校9所，省级足球示范校1所，省体育传统校7所。学校体育教学特色明显，“一校一品”“一校多品”建设取得明显成效。各级各类学校积极组织《国家学生体质健康》标准数据测试并及时上报。

2020年，石狮市以泉州市劳动教育实验区的教育改革为契机，推进劳动教育工作，实验中学附属小学、锦峰实验学校、福民中心小学劳动项目被确定为福建省中小学劳动教育实践特色项目。锦峰实验学校在泉州市中小学劳动教育推进工作会上作《加强青少年劳动教育 让劳动美德蔚然成风》劳动教育工作交流。搭建教育服务平台，开展志愿服务活动。发挥学校少年宫的作用，举办2020年石狮市乡村（城市）学校少年宫展演活动，13支代表队参演。中小学生素质教育实践基地接纳中小学生参加实践活动12批次，6669人参加研学实践活动。

2020年，石狮市加强国防教育，提高国防意识。发挥国防教育讲师团作用，深入开展国防教育宣讲活动，组织开展石狮市教育系统2020年国防教育专题讲座（华侨中学和长福小学专场），进一步提高师生的国防观念和国家安全意识；组织市国防教育讲师团成员参观纪念中国人民抗日战争暨世界反法西斯战争胜利75周年国防教育中国画展、参观国防兵器展及参加2020年泉州市国防教育讲师团集训，洪雅玲被评为“泉州市优秀国防教育讲师”；受疫情影响，中小学生素质教育基地和各高中校完成学生军训活动18场，1万余人参加。第四实验小学举办2020年第六期“飘扬的国防绿——争当小军人”少年军校活动。通过个别咨询、团体辅导、热线电话、网络咨询、社区公益活动、讲座授课等多种形式，免费为未成年人开展心理健康服务。

【美育工作】 2020年，市教育局开展学校美育工作，落实国家教育规划纲要，健全学校艺术教育管理机制，狠抓艺术教师队伍建设，加强艺术教育教学管理，出台《学校艺术教育规划》《艺术教育日常检查方案》等制度。严格执行课程计划，按要求开齐开足音乐课、美术课，中学及小学5—6年级每周各安排1节课、小学1—4年级每周各安排2节课，各中小学均按课程标准和教材内容开齐开足音乐、美术、书法等艺术课程，并结合石狮地方文化特色，开展丰富多样的校园艺术兴趣小组和社团等第二课堂活动。

发挥市青少年学生校外活动中心作用，常态化开设中国民族乐器、中国舞、书法、国画、武术、围棋等课程，并结合石狮实际开设南音、灯谜、提线木偶等特色项目，课程项目总计六大类44个。常态化开展中小学生美术书法比赛、西洋乐器比赛、南音演唱演奏比赛、灯谜竞猜活动、少儿钢琴比赛、歌咏比赛、校园啦啦操联赛等活动。开展学生艺术测评，参加中小学生艺术素质测评的学生为107458人，测评合格的学生为105413人，合格学生占参与测评学生的98%。

【校外办学机构整治】 2020年，石狮市现有面向中小学生证照齐全的校外培训机构80家，其中，非学历学科类课程培训43家，英语培训22家，美术培训7家；其他综合类8家；有教职工571人，其中专任教师321人，在校生5820人，班级数555个。

2020年，石狮市开展校外培训机构专项治理攻坚行动、高三线下补习的校外培训机构复课评估、联合检查消防安全、配合市场监督管理局开展校外托管联合检查以及联合校外培训机构成员单位开展校外培训机构专项治理行动和日常管理检查。在专项治理摸排检查中，有12家无证无照校外培训机构，在综合治理行动中，边摸排边整治，对于12家无证无照的校外培训机构，先要求其立即停办整改，并引导包括“乐艺博”等10家培训机构办理相关的证照；取缔关停“神墨”“状元堂”2家无证照且达不到办理证照要求的培训机构。

【课后服务】 2020年，石狮市出台《石狮市小学课后服务工作实施方案》《石狮市小学课后服务特色兴趣辅导项目及财务管理办法》。2020年秋季全市42所学校，41个少年宫，自筹1050万元活动经费，35007名学生参与午间托管服务，15217名学生参与下午课后服务。

学前教育

【概况】 2020年秋季，石狮市幼儿园园数150所，幼儿数32306人，外来生总数16719人，外来生占全市幼儿数的51.75%；公办幼儿园26所，幼儿数9167人；集体办园13所，幼儿数1675人；公办性质幼儿园幼儿数（公办加集体办）10842人，公办性质幼儿园占比33.56%；民办园111所，幼儿数21464人；普惠性民办幼儿园86所，幼儿数17351人，全市普惠率87.27%。

【公办教育】 2020年，石狮市建设12所公办幼儿园，建成龙渊中心园、锦塘中心园、琼林中心园等3所公办幼儿园，新增学位1440个。2020年认定普惠性幼儿园87所，普惠性学位数达到18490个，普惠率87.27%。推动泉附幼石狮校区创建福建省示范性幼儿园。出台《2020—2023年度石狮市公办幼儿园与普惠性幼儿园帮扶共建试点实施方案》，150所幼儿园分成9个片区启动帮扶工作，开展跟岗学习活动。

2020年，石狮市创建示范园，提升办园水平。1月19日，石狮市第五实验幼儿园、石狮市永宁中心幼儿园被确认为“泉州市示范幼儿园”。截至12月，全市有各级示范园55所，省示范性幼儿园4所（其中公办园2所），泉州市示范幼儿园14所（其中公办园7所），石狮市示范性幼儿园37所（其中公办园10所）。开展省级保教改革建设幼儿园绩效评价，提升幼儿园保教质量。2020年11月23—27日对石狮市第二实验幼儿园、第三实验幼儿园、宝盖中心幼儿园、湖滨中心幼儿园、泉附幼石狮校区5所第二批省保教改革建设幼儿园进行为期一周的评审指导工作，通过听取汇报、实地查看、翻阅资料、教师座谈等方式了解保教改革项目立项以来的建设情况、阶段性成果及下阶段思路与整改措施。

【民办教育】 2020年，市教育局扶持民办幼儿园发展，促进全市公办幼儿园与普惠性幼儿园师资交流，支持普惠性幼儿园提升教师队伍素质、规范办园水平，制定《石狮市公办幼儿园与普惠性幼儿园帮扶共建试点方案》，通过公办幼儿园与普惠性幼儿园帮扶共建、师资交流、支教挂职、协同教研等方式，健全和保障普惠性幼儿园教师培训培养机制，提升全市普惠性幼儿园教师队伍素质，为普惠性幼儿园的建设、发展以及规范管理提供智力支持。11月启动帮扶共建工作，龙头园每年选派1—3名骨干教师（含园级领导）至受帮扶普惠性幼儿园进行定期或不定期挂职指导。受帮扶普惠性幼儿园按照帮扶协议，每年选派相应数量、适应幼儿园发展需求、具有发展潜力的中青年教师（含园级领导）至龙头园跟岗学习，学习期限每次至少2周，每学期至少1次。

2020年6月，在幼儿园自评的基础上，市教育局结合督导办学行为、等级评定把督导室、初教股、学前教育和民办教育指导服务中心以及公办幼儿园相关的老师分成9个检查小组，对全市150所幼儿园进行现场检查评定，评定结果为一级幼儿园4所，二级幼儿园14所，三级幼儿园35所，四级幼儿园77所，五级幼儿园20所。

【幼教师资培训】 2020年，市教育局开展“聚焦核心素养·提升专业能力”的系列培训活动，委托泉州幼高专继续教育学院举行“幼儿园保教主任暨教学副园长管理能力提升”和“幼儿园骨干教师素质提升”，100多人参加。

2020年11月14日，石狮市龙渊中心幼儿园举行揭牌仪式暨开园典礼
（图/市教育局）

实施联片教研，形成“幼教室—市直园—中心园—民办园”四级教研网络，建立片区教科研共同体，引领带动区域内幼儿园整体发展。成立以片长（市直园园长）为组长，镇中心园园长为副组长，各幼儿园园长或业务副园长为成员的领导小组，负责联片教研的具体实施、过程指导、沟通协调与管理工作。2020年，各片区按照计划如期完成各项教研工作，参加人数500人次。培训采用专题讲座和现场观摩相融合的形式，专题讲座邀请到省内外知名幼教专家加强学员的职业信念，拓展其创新管理思维。

【0—3岁早教工作】 2020年，市教育局以4所省示范幼儿园、14所泉州市示范幼儿园以及37所石狮市示范幼儿园为0—3岁早教基地园，坚持以服务于社区家长、促进婴幼儿发展为指导，积极构建幼儿园、家庭、社区三结合教育模式，各个基地园总结出一套幼儿园、家庭、社区三者教育的运作机制，为社区家长构建一个交流学习和经验共享的操作平台，共同推进0—3岁早期教育工作，满足社区婴幼儿家庭对早期教育的需求。通过定期开展公益早教活动，社区家长早期教育意识逐步提升，指导能力随之增强，大部分0—3岁早教基地园早教工作受到社区家长的一致好评。

【普惠性学前教育】 2020年，石狮市投入普惠性幼儿园奖补资金约1300万元。其中，对86所普惠性民办幼儿园发放奖补资金1027.985万元；拟对9所公办与普惠性幼儿园帮扶共建的幼儿园，每所给予20万元、19万元、18万元经费补助，共计177万元；对13所集体办幼儿园的1691名学生，以每人600元的标准进行考核后补助，发放普惠性集体办幼儿园经费补助101.46万元。

2020年，石狮市调整补助标准，将一类普惠性民办园，以每班每年按一、二、三、四级分别补助3.2万元、2.6万元、2.4万元、1.5万元，调整为按一、二、三、四级，分别按每年生均1050元、850元、750元、500元给予补助，以实际生数补助。增加普惠性集体办幼儿园的生均补助，即以普惠性集体办幼儿园等级评定级别一、二、三、四、五、未定级为标准，经考核合格的，一、二、三级分别给予生均1500元、1400元、1300元补助，四、五级的给予生均600元补助，未定级的给予生均500元补助。

2020年8月，新增6所普惠性民办园，评审认定普惠性民办幼儿园86所，共有593个班级，幼儿数17350名，普惠率87.27%。

义务教育

【概况】 2020年，石狮市有38所中小学通过省级“义务教育管理标准化学校”评估认定，全市所有公办初中校通过省义务教育管理标准化学校评估验收，通过率位居泉州市前列。2020年，新增石狮市第六实验小学等4所学校通过福建省义务教育管理化学校评估认定，全市小学50%、初中100%通过义务教育管理标准化学校。开展石狮素质教育工作督导评估，确认石狮一中等14所学校为素质教育工作先进校。

【小学教育】 2020年，石狮市推动学校建设步伐，位于灵秀钞坑村世茂摩天城小区配建的办学规模30个教学班的世茂实验小学于2020年秋季正式招生，首年招收一年级新生5班，学生266名，二至四年级各招1班，学生131名。市第五实验小学第二校区更名为第七实验小学、蚶江镇莲埭小学更名为市第八实验小学。申请创办公办九年一贯制石狮后垵学校及信义实验小学、第九实验小学等2所完全小学。加强新冠疫情防控期间的教学管理，指导落实“停课不停学，离校不离教”及分批入学等相关工作，做好学生居家学习期间课业负担情况的监控。印发《石狮市教育局关于进一步加强落实省颁课程 规范课程编排的若干意见》，确保小学课程全面实施。针对学校干部调整，及时召开全市小学教务管理工作会，组织校长、教导主任等重温学校教育管理制度要求。加强学科教学质量监控，组织实施小学六年级语、数、英三科及三年级语文、四年级数学科的县级期末抽测。加强学生课业负担情况监管，画红线、明要求、抓落实，成效较为显著。

【初中教育】 2020年秋季，石狮市有各级各类初中学校16所，初中在校生25999名（随迁子女学生15794名、占60.75%），比2019年秋季增加2026人。开展各类素质竞赛，先后举办第四届“民进杯”中学生现场作文比赛、石狮市第五届“邮政杯”中学生阅读能力竞赛、石狮市第二届“闽理杯”中学生英语阅读大赛等活动。2020年，泉州市中考语数英物理化学体育总分567分以上（总分630分的90%以上）314人；535.5分以上（总分630分的85%以上）1068人；504分以上（总分630分的80%以上）2121人，占26.8%，中考成绩优秀人数大幅提升。

【义务教育教改示范性建设学校】

2020年，新湖中心小学、灵秀古洋小学、第八实验小学（莲埭小学）、永宁中心小学及福民中心小学等5所学校均为优秀等级通过第二批省“义务教育教改示范性建设学校”中期绩效县级评估。举办新湖中心小学“教改示范性建设学校”中期建设成果展示教学研讨活动，搭建学校交流互动平台，共享教育教学改革成果，推进学校课程改革进程。

【小学招生】 2020年，石狮市继续实行“线上预报+线下审核”相结合的一年级招生办法，完善网上招生填报平台建设，提高小学招生信息化水平。公开招生剩余学位，供符合条件的外来务工人员随迁子女自主选择。按“多校划片、按批依序，位次优先”的原则对第五实小服务区内的部分生源进行平稳分流。扶持部分小学快速发展、提升办学效益，扩大泉师附小石狮校区、教师进修附小及第四实验小学的招生范围，允许学校在完成本服务区的招生任务后面向全市其他镇办招生。做好招生政策预告，对中心城区部分学位较紧张学校的准入条件，如对居住证的办理时间提出新的要求。继续实施“积分入学”，2020年新增10位小学优质学位供新市民申请；小学一年级“积分入学”学位供给320位，实际入围181人。2020年秋，全市小学一至六年级招生66896人，其中非本市户籍的随迁子女40986人，占比61.27%；2020年秋季，全市小学一年级计划招生11920人/244班，实际招生11352人/236班，其中非本市户籍的随迁子女5968人，占比52.57%。在落实小学全面消除大班额的基础上，持续推进中心城区及镇区部分学校非一年级大班额消除工作，2020年全市小学大班额占比较2019年降低1%。

【初中招生】 2020年秋季，石狮市七年级招收新生9442人，随迁子女5696人，占60.33%。实行“自主招生、提前录取”“联合办学、推荐入学”“积分管理、申请入读”“填报志愿、按序入学”“单校划片、对口直升”等多元招生录取办法。按照“平等、融入、成才”的原则，将到石狮务工人员随迁子女就读初中纳入全市教育发展规划、纳入财政保障体系，以公办学校为主渠道统筹安排入学。来石狮务工人员随迁子女就读初中，原则上实行“填报志愿”“按序入学”的录取办法，即当学位不足时，学校则按学生的志愿顺序、有效居住证签发时间的先后顺序进行录取，录满为止。

2020年招生工作主要变化：一是公民办同招，民办学校统一在泉州中小学招生管理平台报名，超过计划数，由当地教育局组织电脑派位，与泉州市区同步进行。二是开发“石狮市2020年初中招生报名系统”，通过家长网上申报、学校网上审核、学生网上填报志愿，减轻家长、学生及学校等的负担。

【课程与教材管理】　2020年，市教育局组织在市第七实验小学举办“互联网+”技术支持下的课程重构——统整项目课程探索专题报告，全市各小学校级领导、中层干部、骨干教师代表近300人参加活动。

2020年石狮市小学教育资源情况表

表16

名称	性质	班级数（个）	学生数（人）	专任教师数（人）	校园面积（平方米）	校舍面积（平方米）
实验小学	公办	43	2263	89	15683	17239.6
第二实验小学	公办	38	2068	104	13553	14998
第三实验小学	公办	43	2269	90	12583	12093
第四实验小学	公办	36	1909	60	24736	16165
第五实验小学	公办	54	2807	86	21817	22155
第六实验小学	公办	40	2043	45	23889.2	19088.2
第七实验小学	公办	38	2025	56	38679	14463.4
世茂实验小学	公办	8	398	17	24772.7	12160.9
实验中学附属小学	公办	51	2807	89	20673	23852.7
鹏山师范附属小学	公办	22	1137	34	89163	6115
第三中学附属小学	公办	16	801	32	8803	7825
实验小学蚶江校区	公办	13	657	20	25969	10292
实验中学附属小学东明校区	公办	24	1259	28	23084	8663
第三实验小学复光校区	公办	19	873	17	23241	8485
行实小学	民办	10	310	26	7978	12715
泉师附小石狮校区	公办	12	504	23	28823	3516
厦门外国语学校石狮分校附属小学	公办	32	1586	27	15210	18620.4
教师进修学校附属小学	公办	26	1237	38	28947	26035.4
银江华侨学校	公办	12	621	25	21512	9729
锦峰实验学校	公办	36	1917	57	41286	25803.0
中英文实验学校	民办	51	2125	118	55525	46059.0
自然门学校	民办	12	371	26	7732	10434.0
新湖中心小学	公办	36	1925	63	10630	8091
林边小学	公办	24	1311	53	6050	6000
长福小学	公办	36	1979	47	21074	15773
大仑中心小学	公办	24	1289	43	13309.1	4850.5
宽仁小学	公办	29	1595	48	12537	13795.6
五星小学	公办	24	1283	37	6811	8531

续表 16

名称	性质	班级数（个）	学生数（人）	专任教师数（人）	校园面积（平方米）	校舍面积（平方米）
塘园小学	公办	21	1087	21	7313	6332
古洋小学	公办	24	1272	33	9419	6335
华山小学	公办	18	900	22	5752	7555
塔前小学	公办	22	1133	28	7959	3390.2
港塘小学	公办	24	1202	26	12061	9866
龟湖中心小学	公办	24	1233	38	12291	7415
坑东小学	公办	6	251	7	6439	2875
前坑小学	公办	12	610	15	5902	2648.5
塘边小学	公办	24	1213	35	14557	12610
后垵小学	公办	10	474	10	30412	6993.0
塘头小学	公办	9	347	13	4878	4984
桃源小学	公办	18	910	29	5120	5773
蚶江中心小学	公办	32	1574	51	15261	12322
石湖小学	公办	11	442	15	21500	5250
蚶江锦里小学	公办	6	244	7	2450	1477
莲埭小学	公办	12	604	23	44907	4200
石壁小学	公办	6	264	10	6667	1570
洪窟小学	公办	12	589	16	27708	4955.2
锦亭小学	公办	6	277	10	4741	2253
峰山小学	公办	12	599	18	7480	5748
华锦小学	公办	12	580	19	11152	3822
青莲小学	公办	6	104	9	6254	1540
永宁中心小学	公办	27	1431	46	18750	8137
梅林小学	公办	6	256	10	8591	4372
陶青小学	公办	6	262	10	7671	5216
沙堤小学	公办	10	385	18	10626	4967
官聘学校	公办	6	167	8	12854	3206
美江小学	公办	6	180	10	7609	3706
岑江小学	公办	6	213	11	17690	2566
霞泽小学	公办	6	150	8	6854	3374
祥芝中心小学	公办	36	1897	71	24056	13580
大堡小学	公办	14	655	23	16000	5916
莲坂小学	公办	6	300	8	20699	4948
紫湖小学	公办	6	264	11	22211	3209
福民中心小学	公办	24	1147	41	15248	12681
锦林小学	公办	6	206	8	12726	4390
鸿山小学	公办	6	245	8	12257	2826

续表 16

名称	性质	班级数（个）	学生数（人）	专任教师数（人）	校园面积（平方米）	校舍面积（平方米）
邱厦小学	公办	6	239	9	9330	3623
琼山中心小学	公办	25	1299	43	16709	9739.2
东店小学	公办	6	287	14	18256	3232
锦尚锦里小学	公办	6	195	10	7523	3133

说明：九年一贯制学校专用教师数、校园面积、校舍面积按小学、初中生数 1 ： 1.1 计算分配

2020 年石狮市初中教育资源情况表

表 17

名称	性质	班级数（个）	学生数（人）	专任教师数（人）	校园面积（平方米）	校舍面积（平方米）	备 注
石光中学	公办	40	2167	2023	55519	40785	市直完全中学
第一中学	公办	39	2086	1971	45596	42301	
厦外石狮分校	公办	27	1383	1238	32560	57787	
第三中学	公办	36	1827	1770	26149	18665	
第八中学	公办	42	2241	2231	55262	21254	
永宁中学	公办	36	1796	1659	32809	13012	
华侨中学	公办	48	2491	114	67034	56915	
实验中学	公办	42	2109	2098	26824	33349.7	市直独立初中
第二中学	公办	23	1156	59	26963	16864	
第五中学	公办	24	1181	75	59153	19065.91	
蚶江中学	公办	44	2252	131	90609.8	29350	
第七中学	公办	28	1352	80	38722	16160	
银江华侨学校	公办	18	906	33	20880	4792	九年一贯制学校
锦峰实验学校	公办	36	1839	84	43984	27490	
中英文实验学校	民办	19	892	58	24365	14047	
自然门学校	民办	9	321	267	4132	3634	
中小学素质教育实践基地	公办	0	0	13	49192	15195	—

说明：完中校中初、高中专任教师数、校园面积、校舍面积按初、高中生数 1 ： 1.2 计算分配

普通高中教育

【概况】 2020 年，石狮市普通高中学校 7 所，在校班级数 240 个，招生数为 4210 人，在校生 11894 人，毕业生 3842 人，专任教师 782 人。制定《关于印发高中学科奥林匹克竞赛辅导与奖励（试行）办法的通知》《2020 年高中毕业班教学质量综合评估和奖励办法》，利用考试大数据结果了解质优生的情况，指导各校开展质优生培养和学科奥赛等培训辅导工作。

【中考中招工作】 2020 年，石狮市中考考生 7899 人、初二会考 8205 人，全市高中招收 4207 人，其中自主招生面向石狮市 151 名，面向泉州市小语种招生 30 名，推荐生 313 人，高中体艺特长生计划招收 45 名。2020 年泉州市中考语数英物理化学体育总分 567 分以上（总分 630 分的 90% 以上）人数达 314 人；535.5 分以上（总分 630 分的 85% 以上）人数达 1068 人；504 分以上（总分 630 分的 80% 以上）人数 2121 人，占 26.8%，中考成绩优秀人数大幅提升。

【福建省二级达标高中学校创建】 2020 年，石狮市支持厦门外国语

学校石狮分校、石狮八中创建省二级达标高中，将石狮八中创建二级达标高中列入市重点项目，加快八中校园综合改造项目、运动场二期工程项目建设进度，石狮八中校园信息化建设完成方案论证10月28日开标，多媒体一体机建设10月27日开标，功能室仪器设备添置10月26日开标，各项目均已完工；做好厦门外国语学校石狮分校二级达标创建设备仪器采购，学校图书馆建设10月19日开标，功能室添置入场施工。做好厦外石狮分校、石狮八中创建省二级达标学校检查前期准备，11月，组织县级专家组对厦外石狮分校和石狮八中创建省二级达标高中校进行县级检查指导工作，并根据专家反馈意见积极整改。加快学校内涵发展，组织石狮一中、石光中学等学校参加泉州市普通高中高质量发展超越座谈会，厦门外国语学校石狮分校高中数学、高中语文学科入选2020年福建省基础教育学科教学研究基地学校。

【高考高招与学科竞赛、科技创新比赛】 2020年，石狮市普通高考报考人数3776人，本科上线人数2715人，比2019年增加107人，本科上线率72.46%，本科上线人数再创新高。高考总分600分以上150人，其中文科600分以上16人，理科600分以上134人。

2020年，石狮市组织参加高中“数理化生信息学科奥赛+科技创新大赛”比赛，获省级一等奖2人、二等奖7人、三等奖10人，泉州市一等奖24人。举办2020年石狮市中小学生电脑制作活动、2020年石狮市青少年儿童动手电子制作锦标赛。举办2020年石狮市“童协杯”青少年科技创新大赛。组织参加第17届泉州市青少年科技创新大赛，54个科技创新项目、科技实践活动等获奖。在2020数字中国创新大赛中小学生赛道总决赛，石狮市锦峰实验学校选送的“智能医药箱”获小学组三等奖，石狮4个参赛作品入围决赛。

【课程教学改革项目建设】 2020年，市教育局通过“请进来”和“走出去”的方式，组织高中新课程培训、高中新教材培训和新高考培训。9月8日组织学习《福建省教育厅关于普通高中课程设置与管理的指导意见》《福建省普通高中学业水平考试实施办法》和《福建省普通高中学生综合素质评价实施办法》，9月16—19日组织参加福建教育学院高中英语学科教师省级集中培训（泉州班），9月28—29日组织参加泉州市高中地理新课程新教材线上培训，10月10—13日组织参加在惠安聚龙外国语学校举行的福建教育学院高中生物学科教师省级集中培训（泉州班）；做好新高考培训，8月26—28日组织310人参加泉州市2021届高中毕业班新高考复习教学教师岗前培训班，9月19日组织400人次参加第29届全国高中教师专业发展论坛暨高三教学策略研究衡水中学线上研讨会，11月5日、11—12日、19日组织约300人参加2020年中国教育科学研究院石狮实验区高三备考线上培训，11月10—12日组织21人到泉州外国语中学参加泉州市2021届高三年毕业班历史教学工作会议，11月13—15日组织约250人到永春一中参加2021届福建省高三二轮备考会。

【教学视导和教师研训】 2020年，市教育局优化调研和视导方式，组织各学科教研员、特约教研员、石狮市高中毕业班协作组成员和初中毕业班指导组成员集中到第二轮课改实验校和普通学校开展视导工作，学科教研员经常在线或深入学校和课堂，开展针对各校各学科在新冠病毒肺炎疫情防控延期开学期间停课不停学情况和其他各阶段教学问题的调研活动，重点研究复学后的跟踪反馈检测补充、集体备课和教师个人的二次备课、教师教学方式的改进、课后作业的设置、学困生的辅导和特长生的指导、检测试卷的命制、考后质量分析等问题，并提供线上教学资源，提出线上教学及正常复学后的教学建议，帮助学校和教师完善教学方案，解决实际问题。10月16日组织到中英文实验学校开展石狮市“初中壮腰工程——教研组建设”视导活动，市教师进修学校分管副校长、中教室教研员、部分学科特约教研员、中英文实验学校各学科教研组长、备课组长约40人参加，各学科教研员深入中英文实验学校初中部课堂听课，听取学校和各教研组工作汇报，并与教师深入研讨交流。11月20日，在锦峰实验学校举行初、高中毕业班指导组（协作组）成员及特约教研员工作会议，初高中毕业班指导组（协作组）成员、特约教研员约150人参加。

2020年，石狮市开展常规和专题的教学公开课、示范课、专题讲座、教学公开周校际教学观摩活动、省市新课程或新教材培训、职业生涯规划和选课走班培训等形式多样的教学研训活动，上半年受疫情影响，举行初中毕业班9场次9节公开课和22场次专题讲座，高中毕业班8场次11节公开课和20场次专题讲座；下半年承办或协办6场次泉州市级及以上大型专题研讨活动，组织全市各学科教师参加次48场次92节（初中25场次48节、高中23场次44节）公开课教研活动。

【石狮市石光中学】 教师结构优化 2020年，石光中学以响应石狮市教育大会“逐梦——家门口的优质教育”为契机，通过遴选、招聘优秀教师充实教师队伍，减少不必要的流动，稳定教师队伍。对教师专业发展实行分类推进。对成熟教师严格执行《中高级教师聘后管理》，对青年教师制定《教师三年发展规划》，对新教师做好师徒结对和系统化的培训。不断提高教师的业务水平，打造一支敢于创新、勇于实践能适应现代教育要求的优质教师队伍。

德育队伍工作能力提升　2020年，石光中学利用校内校外多种资源拓宽德育培训渠道。开学之初请原长期分管德育的校级领导许文稽给毕业三年内的新老师和新担任班主任工作的近60名老师进行班主任工作培训，学期间，定期请优秀班主任进行经验交流，组织班主任团队到厦门、贵州铜仁等地培训；利用德育工作会、管理经验交流会、例会、沙龙等，给老师们搭建互相交流、互相学习的平台。重视对新班主任过程性指导，协助处理突发事件和严重违纪事件。政教处、年级通力合作，指导新班主任在处理班级事务方面的一些方法和艺术，尤其是指导青年班主任如何正确处理突发事件。

德育主题活动　2020年，石光中学协办“普通话诵七十华诞，规范字书爱国情怀”福建省第22届全国推普周开幕式活动；开展“我与祖国共奋进”专题教育活动，包括举行“青春向祖国告白”的师生共歌唱的升旗仪式，开展“我和我的祖国”主题黑板报活动；开展“我与国旗同框，真情告白祖国”主题摄影比赛，开展“祖国母亲，我夸夸您”和“青春寄语祖国”等小贴纸表白展示，开展“我与祖国共奋进”主题大合唱比赛，组织收看大型文献专题片《我们走在大路上》，观看中华人民共和国成立70周年庆典和中华人民共和国成立70周年优秀电影。举行“唱响新时代·筑梦石光情”校园歌手大赛、“展石光学子‘英’彩 颂祖国七十华诞”英语元旦晚会、“绘美青春”美术社绘画习作展等系列艺术节活动。

安全教育　2020年，石光中学成立校级未成年人保护联盟。通过各种形式，如报告会、主题班会、观看录像、国旗下讲话和手抄报等形式向全体学生宣传、贯彻“安全第一，生命至上”的观点。利用校园广播、宣传橱窗等进行校园安全、食品安全、消防安全、交通安全、防溺水安全等全面系统的安全教育；联合保卫科、信息技术组，定期对校舍及教学设施、电柜、消防设施安全进行检查，坚持每周一次小检查，每月一次大检查，发现隐患，立即排除，确保师生的生命安全。

心理健康教育工作　2020年，石光中学全年除疫情期间网上热线咨询外，在校共接待145例个案辅导；开设高中心理（生涯）课，建立初一和高一的新生心理档案，并进行新生心理普查；对高三、初三以及全校展开共三轮的学生心理普查，通过为毕业班年段印制心理减压报纸，录制冥想减压音乐，开展初三考前大型团辅拓展活动等形式给学生减压，还有指导学生心理社团活动，举行心理游园会等。

关爱贫困生　2020年，石光中学有国家助学金秋季助学高中部学生45人，春季助学高中部学生48人，共计57050元；国家助学金秋季助学初中学生12人，共计4765元，春季助学初中学生9人，共计2812.5元；社会助学金资助73人，共计7.3万元。在高三年级开展毕业生生源地助学贷款答疑活动，协助办理生源地助学贷款，推荐慈爱学子工程助学，让每个学生能安心上学。其他年级开展贫困生家庭走访活动，实地了解贫困生家庭状况，并开展帮助活动。

教育科学研究　2020年，石光中学做好校本培训及教研交流工作，组织教师参加各级公开课教研活动。林艾芳受省普教室和省教育学院培训中心的邀请作专题讲座；李宁采、胡玲玲受邀在泉州市的学科研讨会上做专题讲座；沈芳芳、陈丽娟等8个学科13位老师开设石狮市中学观摩课，12人次开设石狮级以上专题讲座；35位教师主动申报校内常态公开课。组织初中毕业班教师参加2020年福建省中考名师面对面第一轮复习策略研修；校长和多位高三教师参加全国品牌教学大会暨名校长高峰论坛。组织新教师培训，帮助新入伍的青年教师尽快胜任学科教学及班主任工作。邀请省级命题专家陈龙法老师为学校备课组长及试题编制教师开设“学校考试的试题命制与试卷编制”的专题讲座；在石狮市第三届教师技能比赛前，组织副校长陈发财和省教师技能比赛二等奖获得者韦晓琳就教学设计与片段教学进行专项培训。106余篇论文发表在CN刊物上，其中王德枝、吴贫生各自的1篇论文发表于相关学科的核心期刊上。

学科竞赛辅导与管理　2020年，石光中学在上报的学生竞赛获奖中，获省级14人次，泉州级24人次，石狮级93人次。第33届中国化学奥林匹克竞赛（全国初赛）2人获省二等奖、6人获省三等奖，泉州市书法大赛获二等级三等奖及优秀组织奖、石狮市第十届中学生辩论赛高中组获石狮市第一名，初中组获石狮市第二名；石狮市中小学生篮球联赛高中女篮获石狮市第一名。

【石狮市第一中学】　教师专业成长　2020年，学校有特级教师1人，福建省学科带头人2人，福建省骨干教师1人，泉州市学科教学带头人2人，泉州市骨干教师16人，泉州市教坛新秀8人，石狮市学科教学带头人6人，石狮市骨干教师27人；另有9位教师被评为“十三五”期间泉州市中小学骨干教师培养对象，3位教师正处于泉州市学科带头人培养期中；叶良煊、谢清菊、戴秀荣、林美华、蔡美玉5位名师分别成立石狮市名师工作室。8月，学校引进教师21人，其中研究生学历4人，全市初中部优秀骨干教师3人。12月启动招聘部属应届毕业生，截至2020年年底有北师大、西南大学、陕西师大等多名部属优秀人才签约。

教研合作　2020年，学校注重“引进来”，邀请省、市、县专家近10人次为教师举行专题讲座，积极“走出去”，除常态化组织教师参加省、市教育主管部门各种业务培训之外，行政领导带队前往江西师大附中、江苏海门中学等名校跟岗学习，并将带回的研学成果进行校内或组内分享，加以融合、内化、吸收，不断将新的教学理念与教学方法融入学校的办学实践。开展合作教研，与兄弟学校开展教学开放周活动，与安溪恒兴中学初、高三教师团队开展中考、高考的复习迎考研讨工作。实施蓝青工程，举办组内汇报、导师制传帮带（导师制51对，师徒结对47对）、青年教师教学技能比赛。搭建外派研修、示范教学、讲座分享、技能竞赛、选拔培优、课题研究等教科研平台，促进教师专业成长。

学科竞赛 2020年，学校在学科竞赛、体育艺术比赛和科技创新大赛，获得国家级1人次，省级14人次，泉州级91人次，石狮市级214人次。

教科研训 2020年，教师教学技能比赛获奖95人次，泉州级43人次（一等奖22人次、二等奖6人次、三等奖15人次），石狮级52人次（一等奖18人次）；发表CN论文76篇；1个省级课题、1个泉州市级课题和7个石狮市课题结题，在研课题有20个：2个省级课题、4个泉州市课题、14个石狮市级课题。

德育活动 2020年，学校加强五学科奥赛培养，提升学科竞赛水平，与“爱培优”联手开设强基计划培优课程，拓宽优秀学生知识的深度、广度。举办第26届学校运动会；举办校园十佳歌手赛、舞蹈比赛、器乐比赛等校园文化艺术活动；举办书法比赛、读书征文、现场作文大赛等活动。

【石狮市华侨中学】 *教学改革* 2020年，学校开展升本教育研究和有效教学研究，开展省、地、市各级各类课题研究8个，均已结题。组织课改研讨纳入集体备课内容，倡导教师尝试探索小组学习、学生自主学习、先学后教、以生教生、分层教学、个性化作业等新的教学策略，努力构建高效课堂。

教师队伍成长 2020年，学校开展年轻教师跟岗学习“学帮带”制度，以及年轻教师优课、微课、说课、听评课比赛活动，促使年轻教师快速成长。通过召开跟岗学习情况汇报会、教学经验交流会、跟岗教师展示课，推门听课等形式，让教师逐渐形成转变教学观念的共识，加快专业的成长。分层辅导稳步推进，通过召开毕业班工作会议、班科联议会、与学困生谈心等形式，进行班级和学生现状分析，找准提升点，指导学生进行有效复习，统筹安排毕业班工作。2020年，学校本科上线率51%，专科上线率100%，艺体生上线率75%。中考580分以上3人，570分以上10人，550分以上32人，500分以上212人。

德育活动 2020年，学校加强学生会及班团干部培养指导；组织新生入学军训活动，培养学生的集体意识和纪律意识；成立学校督查小组，加大学生文明行为规范的教育和监督力度。组织学生“社会主义核心价值观”学习；加强国防教育，组织国防知识竞赛；加强劳动教育，引导学生积极打扫卫生，维护卫生环境；重视正面典型示范，通过学校宣传栏，广泛宣传侨中师生涌现的好人好事先进事迹；开展“文明班级、文明学生、进步之星、优秀之星”等评比，多一把尺子衡量学生；组织2020年秋季运动会、校园艺术节、英语节等活动。开展学生健康教育活动，组织学生查体，开展传染病、流行病预防宣传，坚持晨检和日常消毒。开展“千师进万家，携手共梦”家访周活动，让入户家访成为学校家校联系工作新常态；针对学生特点，组织多场家庭教育讲座。

【厦门外国语学校石狮分校】 2020年9月，学校被评为石狮市教育先进集体，12月，被确认为福建省基础教育高中语文、高中数学学科教研基地校培育单位。2020年，文理科总分600分以上38人；本科上线357人，上线率89%；特殊类型招生录取控制线（相当于本一线）上线202人，上线率50.5%。中考方面，590分以上15人，580分以上39人；9A人数113人，全A率26.16%；一级达标高中录取人数270人，上线率62.5%。400多名同学参加各类竞赛，近200名同学获石狮市级及以上奖。

师德师风建设 2020年，学校组织学习《中小学教师职业道德规范》《中华人民共和国教师法》及最美乡村教师先进事迹和市教育局有关文件。邀请法制副校长等对师生作法治教育讲座，增强师生法治观念。与全体教师签订《厦门外国语学校石狮分校教师师德师风目标责任书》等。许安被评为福建省优秀教师，副校长李文振被评为石狮市优秀教育工作者，陈卫英被评为石狮市优秀教师，张训正、钟文才、周茂兰、陈雪娟4位老师被评为石狮市优秀班主任，蔡安妮被评为石狮市优秀共青团干部，余承炎、朱俊丰、王根深、黄一文4位老师被评为石狮市优秀园丁。

德育管理工作 2020年，学校利用天蛙网上综合素质评价平台推进综合素质评价，通过学科教学、德育活动课等途径，开展劳动教育、研学活动以及各种主题教育活动，通过各种方式评比、学生行为规范达标等形式，对学生进行全方位评价，使之最终内化并形成良好的品质和行为。以“创建泉州市文明校园”为契机，加强校园文化建设，开展以“文化班级·和谐校园”为主题的班级文化建设活动。加强心理健康教育活动。进行初一、高一新生入学心理健康筛查，针对排查出的异常对象及时告知家长并建立“一生一档”；开展“放松心情，拥抱高三”高三团体心理辅导活动，初二青春期讲座；举行“你好，高中！你好，青春”高一新生适应心理讲座、举行“新学期，‘心’起航”初一新生适应心理讲座；举办以“自尊自爱，拥抱自我”为主题的校第二届心理文化

节。组织全校德育工作者进行理论培训，组织德育工作骨干到德育工作先进校参观与交流。通过征集校级德育论文，组织申报校级德育课题等形式，加强对班主任德育科研引导，及时总结经验，指导实践，推动工作。

教学教研 2020年，学校执行省颁课程计划，开齐开足各类课程，体育、通用技术、艺术（音乐、美术）、综合实践、信息技术、劳动等课程安排和实施落实到位，全校课程表通过校务公开栏向社会公布，接受监督。严格执行期初制定的教研计划，加强组长责任意识，支持组长履行职责，指导组长开展工作，做到每位老师每学年至少开一节课或者教学讲座，每位老师每学期至少听20节课，全校组织校级公开课166次，实现听课评课常态化。25项校级教学课题，4项省级课题成功立项，发表CN论文12篇。组织老师参加各级各类教学技能比赛和学习活动。不定期组织教师教学信息技术教训学习，不定期组织全校性的教师技能比赛。

【石狮市永宁中学】 2020年，学校本科上线人数首次突破300人；获得“泉州市文明校园”“石狮市实施素质教育工作先进校”等称号。省优秀教师1位，市优秀教师1位，市优秀园丁3位，市师德之星1位，市优秀班主任4位，市教学能手8位，市教学管理先进个人1位。

德育活动 2020年，学校召开“疫情防控专题”线上德育工作会和“共抗疫情·爱国力行”的线上主题班会课，引导学生进一步学习疫情防控一线中涌现出的先进典型，增强学生爱国主义情怀和责任担当。2020届高三、初三两个毕业年段先后举行誓师大会，举行“青春·成长·感恩·责任”为主题的成人礼等活动。组织第八届校园文化节，举办元旦迎新大型晚会。各级竞赛中，38人次获奖。第17届泉州市青少年科技创新大赛科技创新项目中1人获泉州二等奖；泉州市普通高中数学学科竞赛中1人获得泉州三等奖。

学籍与控辍保学工作 2020年，学校加强学籍的管理力度，对转入、转出、休学、更名、毕业、升学的学生造册登记，详细记录。利用段长会、年段会等宣讲学籍管理规定、签订《石狮市永宁中学年度控辍保学目标责任书》及对有辍学倾向的学生开展家访、劝返，同时做好对初、高中家庭贫困学生的资助工作，切实做好控辍保学工作。其中2020年秋初中义务阶段生活费补助65人，合计金额20312.5元；高中国家助学金一档对象49人，合计金额73500元；高中国家助学金二档对象38人，合计金额32300元；高中建档立卡等免学费对象49人，合计金额41650元；校内资助对象27人，合计金额22950元。

教师专业成长 2020年，学校成立德育工作领导小组，坚持每周一召开德育工作会。举行全校德育工作会暨班主任培训会，全面提高段长、班主任的德育工作水平。组织教师参加省教育厅组织的统编三科（思想政治、语文、历史）教材国家级示范培训、人教社数学、生物、地理高中新教材网络培训会及省教育学院举办的高中教师合作培训班培训。推进“外开内帮”工作，208位教师开设各级公开课或讲座（其中市级9位），举办“泉州市特级教师讲学团”高中英语研讨会并通过“思政课建设专项督导”。加强对青年教师的“强要求、传帮带”，72对师徒通过审核。加强校际的教研交流与合作，各年段分赴泰宁一中、泰宁二中、长汀三中、长汀新桥中学、德化五中、福鼎六中等兄弟学校交流、研讨、学习各校在新中考、新学考、新高考背景下的应对措施，提高教学有效性。戴炳琳、林启华、陈心心、陈宝玉获“石狮市优秀班主任”称号。

教科研工作 2020年学校有各级课题18个，其中省级课题1个，县市级课题17个。黄文雅、梁何秀、戴鹏章、高婉妮的5个市级课题结题。49篇论文发表在CN刊物上。教师技能比赛方面，1人参加“泉州市普通高中高考九科教学技能之命题比赛”获泉州一等奖；1人参加“泉州市防灾减灾知识视频讲解比赛”获泉州二等奖；2人参加泉州市中小学技术学科教师技能比赛获泉州二等奖；1人参加“泉州市义务教育阶段教师微课评选活动”获泉州三等奖；1人参加泉州市中小学心理健康教育优秀系列课比赛，获泉州三等奖等。

平安校园 2020年，学校加强门卫管理，严格实行外出审批、请假制度。利用每周班会班主任进行各种安全主题教育；与学生、家长签订交通安全、食品安全、消防安全、防溺水等各种承诺书；聘请永宁警官陈文益为学校法治副校长，对学生进行有针对性的预防犯罪、交通法规等安全法纪教育等。开展心理健康教育，对全校师生进行全面心理筛查、介入、疏导。

【石狮市第三中学】 2020年，学校推进差异教学改革，一批市级差异教学课题顺利结题，服务教学，改善教学环境。5月23日，学校被辽宁省教育学会差异教育专业委员会评为副会长单位和差异教育研究基地。

2020年5月19日，石狮市三中教育促进会成立，德辉国际集团总裁余德聪先生任石狮三中第四届校董会董事长，石狮市禾乃食品有限公司董事长郑光标任石狮三中首届教育促进会会长。5月30日，石狮市第三中学第四届校董会换届。10月31日，学校开展“走进百户家庭，温暖百颗心灵”家访活动。12月10—27日，学校举办以“三秩芳华·长歌奋进”为主题的建校30周年办学成果展。抓好“科技节”“读书节”“体育节”“艺术节”等四大主题节日，组织校董会、教育促进会就职典礼、办学成果展、杰出校友宣讲会、30周年征文、校友篮球邀请赛、知名作家讲座、班歌大赛、文艺会演等系列纪念活动，校园文化进一步丰富和繁荣。稳步推进校园基建，对校园设施和环境进行整修美化，10月1日，投资5000万元改扩建的师生宿舍楼群开工。

【石狮市第八中学】 2020年，学校理科600分13人。文科550分以上7人，本科上线人数382人，本科上线率76%。本科录取345人，录取率73.4%，其中文考本科录取264人，艺术类本科录取81人。初三毕业班输送优质生源，年段前40名全部进入本校高中就读。

德育活动 2020年，学校创新德育实践模式，通过互联网举行“线上”十佳歌手赛、“缤纷八中·喜迎复学”摄影大赛、“五四精神·传承有我”青春致语活动。组织开展“千师进万家、携手共逐梦”家访活动。开展初三高三两级毕业班百日誓师活动，举行“青春同行·未来可期”为高三、初三喊楼加油活动，“抗美援朝七十周年”初高中班歌红歌比赛，灵秀山环保行活动、第26届运动会，“庆国庆·迎中秋”现场书法比赛，新春迎新联欢会，成立石狮八中“未成年人保护联盟”，成立中国少年先锋队石狮八中第一届少代会暨石狮八中少工委，开展“关注消防·生命至上”教职工消防安全专题讲座，高一年级“谁语争锋”辩论赛。

心理健康教育 2020年，学校各个年级段开设心理辅导室，利用中午时间进班进行考前心理辅导。运用网络直播方式进行心理知识的宣传教育，透过有效的心理健康教育，提高学生的心理素质。利用感恩节时间开展石狮八中第六届情系蓝丝带感恩活动。

教学及教科研工作 2020年，学校创新教学模式，通过网络直播方式举办“聚焦学科素养，融合信息技术”开放周教学，10位老师完成网上现场直播授课。特邀泉州一中陈义顺开展“信息技术融合课程建设”专题讲座。学校开设市级公开教学或教研14人次，开展校级讲座23人次，校级公开课87人次。申报毕业班教学质量开展提升实践研究23个课题，提交7个课题材料，另外1个校级课题。65位教师开设42门校本课程。设立“英语口语活动”“心理辅导室”“科技工作室”以及“机器人工作室”，开展课外兴趣小组活动。在建校25周年活动展示中，开展家长开放日活动。

教师专业成长 2020年，学校组织教师参加各级各类比赛，5名老师获泉州市二、三等奖。24位老师获石狮市级一、二等奖，发表CN论文11篇，指导11名学生获泉州市一、二、三等奖；指导14名学生获石狮市一、三等奖。黄韩彦被评为福建省优秀教师，蔡建立被评为石狮市优秀教育工作者，黄萍玲被评为石狮市优秀教师，陈世煜被评为石狮市师德之星。蔡燕燕等7名教师获石狮市优秀园丁称号，陈泉来等57位教师获2020年灵秀镇级表彰，卢艳等30名教师获校级表彰。

基础设施设备建设 2020年，学校运动场二期工程（食堂）食堂施工审查图纸通过审核。完成周转房分配和搬迁工作，对实验楼周边进行绿化美化。对校门口广场和店面门口广场进行方案设计和预算，完成学生宿舍楼六楼的装修。对图书楼走廊等公共区域进行装修和美化。完成西侧改扩建工程方案的审查，进行施工图设计，完成2020年重点项目（石狮八中校园综合改造项目）的立项工作。对清洁楼西侧和厕所进行全面改造工作。对学生宿舍楼进行鉴定，设计加固方案。新高中教学楼举行奠基仪式，占地0.86公顷，建设一个礼堂及若干艺术专用教室。开始对育英楼和实验楼进行装修改造方案设计。做好实验室和功能室的设施设备验收工作，做好多媒体一体机、校园网络布线、录播教室、电脑室采购的前期工作，搬迁调整实验室和功能室。增加20台办公电脑，校门口大门的LED。

职业教育

【概况】 2020年，石狮现有中等职业学校一所——福建省石狮鹏山工贸学校，8月被福建省教育厅评为“福建省示范性现代职业院校”，11月学校团委被石狮共青团评为“五四红旗团委”。

【特色专业建设】 2020年，石狮鹏山工贸学校目前开设服装设计与工艺、汽车运用与维修、会计、广告平面设计、电子商务、跨境电子商务、计算机动漫与游戏制作、幼儿保育、社会文化艺术、美妆与形象设计、酒店管理、烹饪等14个专业。汽车运用与维修为省级重点专业，汽修专业实训基地为国家级共享型实训基地。服装设计与工艺为泉州市重点、海西经济服务改革试点专业。学校教育教学配套设施齐全，各专业有满足教育教学实践需要的设施设备，建有标准田径足球场、产教整合实训大楼、图书馆、机房及财会、电商、幼儿保育、美容美妆、酒店管理、烹饪专业实训室；汽修专业配有汽车底盘、汽车美容、发动机、AV/VR虚拟仿真等7个实训车间；服装专业配有工艺车间、设计、裁剪、打板等实训室；校园实现物联网数字化、校园网络监控全网覆盖。

【实训基地建设】 2020年，石狮鹏山工贸学校组织开展石狮市总工会、石狮市教育局等单位职工培训基地。学校设有国家级职业技能鉴定站，有9个工种的职业技能鉴定资格，被泉州市人社局指定的“家庭服务类职业（工种）统一鉴定考点”。学校与石狮市第一、二、三、五幼儿园、中鑫之宝、厦门钜格科技公司、都都美容公司、绿岛国际酒店等40多家企事业建立长期合作关系，开展保育员、育婴师、计算机、普通话等培训。

【教师教研培训】 2020年，石狮中职学校开展教师教研培训活动，按专业选派老教师指导，实施青蓝工程项目，教研室组织校内教师开展公开课，组织教师参加泉州市职教中心组织的兄弟校的公开线上教学评课活动。学校有课题12个，其中开题8个（石狮市课题5个，福建省青年课题1个，福建省教科研课题2个），结题4个（石狮市课题1个、泉州市课题1个、福建省教科研课题2个）。本学期获得省、市、镇多级表彰有40余人次，其中杜振乐被评为福建省先进教育工作者，林芳被评为泉州市优秀共青团干部，李金莎被评为石狮市优秀园丁，高天龙被石狮市评为优秀教师，邱剑煌被评为综治先进个人；王英艺等14人被评为灵秀镇优秀教师，温晓燕等6名教师被评为灵秀镇优秀班主任。

【教学改革创新】 2020年，中职学校面向社会、市场办学，探索学历教育与技能培训相结合、多证书制、校企联合、工读结合、多渠道升学等办学模式。近年来与泉州幼高专、黎明职业大学联办五年专，与闽南师范大学、集美大学等高职院校合作办学成人自考班，学校与企事业单位共建石狮市国家级技能型紧缺人才培养基地，先后与绿岛国际酒店有限公司合作创办酒店管理、烹饪专业，与都都美容公司合作创办美容美妆专业，与厦门钜格科技公司合作“电子商务专业现代学徒制”试点单位，基本形成现代商贸服务专业群、汽车专业群、服装专业群、旅游服务、现代商贸五大专业群为骨干专业群，学前教育专业与泉州幼高专，游戏动漫与制作专业与黎明职业大学联合“3+2”办学，电子商务专业、汽修专业、学前教育、酒店管理等专业与闽南师范大学、集美大学联合办学，实现中职与高等职业教育相衔接的办学特色，为石狮及周边地区经济社会发展培养一大批技能型人才。

【学生技能竞赛】 2020年，中职学校制定市赛、省赛参赛的训练计划，本着“有赛必参加，参加争获奖”的理念，各类技能竞赛早做准备、狠抓训练，竞赛成绩再上台阶。2020年，学生在泉州市学生技能大赛中，55名选手参加18个项目比赛，获得一等奖2人次，二等奖10人次，三等奖23人次。3个项目5人次进入省赛，其中省赛二等奖1人次，三等奖3人次，优秀奖1人次。

【石狮市鹏山工贸学校】 2020年，学校报考人数268人，209位考生被各类高职本专科院校录取，学校2019级学生750人、2018级学生620人参加2020年学业水平考试，2019级计算机应用基础通过率97.87%，2018级文化基础通过率96.02%，2018级专业基础通过率95.65%。

校企合作 2020年，学校在与泉州幼高专学前教育专业联合办学的基础上，新增与黎明职业大学联办广告平面设计“3+2”五年制专业，招生50人；与泉州海洋学院初步签订合作意向；酒店管理（航空地勤方向）与厦门全源安智科技有限公司，汽修专业与北京现代汽车签订合作协议，推进各专业校企合作项目。与石狮相关企业建立56个实践基地，组织三年级部分专业学生参加企业顶岗实习。

德育工作 2020年，学校现有18个社团小组，定期开展各种丰富多彩的兴趣小组活动；参加校内外各项演出；志愿者“粉马甲”服务队参加石狮市大型活动各项志愿服务活动。开展交通安全教育、禁毒教育及配合灵秀镇政府做好禁毒教育基地建设，管制刀具收缴、普法宣传、教育讲座、禁毒宣传；开展预防新冠疫情、食品安全知识讲座、艾滋病等传染疾病预防专题讲座。

安全教育工作 2020年，学校以创建“文明校”“平安校园”目标，建立各种安全管理制度和应急预案，健全安全管理目标责任体系，与公检法等司法机关联合开展形式多样的安全教育活动。

德育队伍建设 2020年，学校加强班主任队伍建设，实行全员德育。加强培训学习，利用各种会议和钉钉平台集中培训，提高班主任管理能力，周鸿飞、卢凤莲获评石狮市“优秀班主任”。抓好学生干部队伍建设，促进学校课外活动的开展。

对外培训和对外考试拓展 2020年，学校推进继续教育培训及开展技能鉴定工作。保育员、育婴师培训178人次；各专业技能鉴定考试356人次；由福建师范大学全国重点建设职教师资培养培训基地主办，鹏山工贸学校承办，来自省内各学校的新教师共计40余人进行历时21天的培训。

服务保障工作 2020年，学校在广泛收集各学部意见的基础上充分论证，对绩效工资分配方案进行修订，11月26日，召开第九届教职工代表大会第七次会议，审议并通过《石狮鹏山工贸学校教职工奖励性绩效工资分配办法》。组织全校教职工参加“泉州市机关、事业单位在职职工住院医疗互助活动”及“泉州市女职工特病医疗互助活动”。全年投入14683元为91位正式教职工办理职工住院医疗互助、为87位女教职工办理特殊医疗互助、71位临时工及代课教师办理住院医疗互助。

特殊教育

【概况】 2020年，石狮市现有特殊教育学校1所，教学班10个，在校生103人（另有送教对象50人），教职员工37人。石狮市确定随班就读基地校2个，分别为石狮市宽仁实验小学和泉州师范学院附属小学石狮校区，随园保教基地校 1 个，为石狮市灵秀第二中心幼儿园，有 2 家经市残联备案的自闭症康复服务机构。

【教师教研培训】 2020 年，石狮市重视专业成长，加强骨干培养。将德才兼备的教师充实到骨干教师队伍中，通过网络学习、视频会议教研、集中学习等方式对其专业化进行强化。全年有 4 位骨干教师参加石狮市“三优联评”微课制作分别获得一等奖 1 人、二等奖 2 人、三等奖 1 人；1 名教师参加福建省中小学特殊教育优质课评选第 3 名；1 名教师参加泉州市特殊教育学校智障教育专业教师优质课评选获一等奖；1 名教师参加泉州市特殊教育自闭症教育专业优质课二等奖；1 名教师获泉州市中小学教师网络学习空间创建活动三等奖（视为泉州市一节公开课）；4 名教师撰写县级德育论文获 2 个二等奖和 2 个三等奖；有 3 名教师参加石狮市教师网络学习空间创建分别获得一等奖 1 个、二等奖 2 个。

【教学改革创新】 2020 年，石狮市形成普特结合的送教上门特色，解决特教学校人力少而送教点多、路程遥远的难点。每年年初教育局联合镇办、街道、市残联对疑似辍学残疾儿童少年逐一入户排查，根据学生程度及家长意愿合理安置。为重度残疾学生采用普特结合送教、特教教师上门送教等方式“按需送教”，保证教育的平等性，送教工作深得群众认可与欢迎。

创新融合教育举措。由教育局牵头，组织以仁爱学校为主，联合石狮市总工会、中小学素质教育基地、青少年活动中心、市残联等多方单位合作，对孤独症儿童进行融合教育尝试，即利用周末等时间到青少年宫进行绘画学习、心理干预。少年宫选派优秀的美术教师、音乐教师定期到市仁爱学校，教学美术、音乐等潜能开发课，无偿提供有针对性的美术、音乐专业辅导，帮助他们建立新的沟通方式，增加他们的自信心，促进融合教育的开展。

【特殊教育机构建设】 2020 年，石狮市建立随班就读支持保障体系。在宽仁实验小学、泉州师院附属小学石狮校区建立集学具、教具、康复器材、辅助技术于一体的能够满足特殊学生需求的资源教室，最大限度地为特殊学生补偿缺陷、挖掘潜能。将落实轻度残疾幼儿随园保教工作纳入学前教育计划，对于残疾幼儿较多的灵秀第二中心幼儿园建立特殊教育资源教室，并实行区域内共享。推进融合教育，鼓励各幼儿园、特殊教育学校和幼儿康复机构整合资源，为残疾儿童提供半日制、小时制、亲子同训等多种形式的早期教育、康复服务，推动残疾幼儿早发现、早干预、早康复、早教育。

2020 年 10 月 9 日，石狮市仁爱学校、泉州师院体育学院教育实践基地举行揭牌仪式 （图 / 市教育局）

【特殊教育青少年培养】 2020 年，石狮市少年活动中心委派两位普校教师，利用晚上时间到校组织有潜能的特殊学生针对性地开展美术和音乐专业辅导，让学生享受优质的教育资源，提高特殊学生的艺术修养。在国庆、中秋、“12 • 9”纪念日、元旦到来之际，开展向国旗敬礼网上签名寄语、博饼、经典诵读、主题班队等系列活动。开展“我们的节日”系列活动，在重阳、冬至到来之际，开展为家人做一件事、走访石狮市慈爱老人福利院等。开展“节水、节电、节粮”系列活动。举行“家校同心 • 携手共进”家长委员会换届会议暨第二届家委会第一次会议，增进家校联系，畅通学校和家长的沟通渠道，构建学校、家庭、社会三位一体的教育体系。依托中小学素质教育基地与特殊教育学校邻近的地理优势，组织中高年级学校与普通学生一起参与社会实践活动，提高特殊儿童的社会交往能力。

【石狮市仁爱学校】 2020 年，仁爱学校出台《仁爱学校班主任管理制度》，健全和完善班主任岗位职责、班主任考核评估激励机制，发挥班主任在学校实施教书育人、管理育人、服务育人等方面的作用，提高学生管理和德育工作水平。9 月学校被评为 2020 年石狮市教育系统先进集体。

教师专业成长 2020 年，学校将德才兼备的教师充实到骨干教师队伍中，通过网络学习、视频会议教研、集中学习等方式对其专业化进行强化。发挥骨干教师的传、帮、带作用，开展好青蓝工程。放宽管理权限，通过观察与考察，对优秀的教师放宽管理权限，给予独当一面的机会，鼓励其大胆放开手脚工作，为学校的管理人才输入新鲜血液。组建新一届中层干部队伍，让一线教师慢慢走向管理岗位，为后备干部充实力量。与高校共建实习基地，为泉州师院体育学院的学生提供实习机会，也为石狮市仁爱学校注入新的资源，提供优质的师资后备队伍

课题研究　2020年，学校以石狮市级课题“培智高年级学生职前适应性教育的探究”为抓手，继续深入研究。突破传统教学形式，开设符合智障学生身心特点和具有鲜明时代特征的职业入门教育课程：劳动清洁、食堂服务、中式烹饪、五金制作、陪伴服务。编写《劳动技能》（高年级）校本教材，出版《石狮特教》第三期论文汇编。

德育工作　2020年，学校完善班级文化建设，增添关于校园疫情防控、安全教育、垃圾分类宣传的文化建设。通过多种方式以加强师生的三观、爱国主义与基本道德规范为核心的人文教育，提高师生的道德情操，组织观看爱国电影《我和我的家乡》、大型纪录片《为了和平》、禁毒专题影片《梦回远山》。推普周开展“教师讲故事”比赛和“硬笔书法比赛”，营造“我爱普通话，人人讲普通话”的浓浓的氛围；开展“民法典知识竞答活动”，提高全体职工的法律意识和法律素养。

搭建指导平台　2020年，学校借助全市特殊教育资源指导中心、随班就读指导中心及送教上门指导中心，构建多方学习平台，提升全市中小学教师特殊教育专业成长。逐步普及随班就读资源教室，学校选派骨干教师专人负责巡回指导两所小学与一所幼儿园资源教室的建设、运行与发展，加大特教教师巡回指导力度，尽快将普校随班就读教师引领进特教领域，满足全市随班就读学生的需要。发挥专业骨干示范作用，给予全市“送教上门”专业支持。

平安校园工作　2020年，学校邀请法制副校长到校开展以“中小学生安全宣传”为主题的法制专题教育讲座活动，从预防校园暴力、预防性侵等几个方面，对学生进一步宣传安全教育知识。对全体教职员工开展交通安全知识培训，重点强调“酒驾、醉驾”安全，与全体教职员工签订《拒绝“酒驾、醉驾”安全承诺书》，督促学校教职员工防范交通安全知识。组织专人对校舍、消防器材、水、电等进行定期检查，发现安全隐患及时整改。做好传染病防控知识培训；做好食堂卫生安全工作，落实行政领导陪餐制度，做到有检查、有记录、有反馈、有整改。

继续教育

【概况】　2020年，石狮市提升师资专业素养，出台《2020年石狮市校长培训计划》《2020年石狮市教师培训计划》等方案，促进教师专业发展。通过海峡培训网“福建省专业技术人员继续教育平台”，开展教育系统2020年专业技术人员继续教育培训。

【教师教研培训】　2020年，石狮市常态化开展异地挂职跟岗学等活动，先后开展福建省2020年基础教育师资省级培训、泉州市乡村小学教师素质提升工程培训、2020年泉州市乡村幼儿园教师素质提升工程培训、2020年专业技术人员继续教育等培训活动，共计培训近7000人次。7—8月举办“家门口名师送研训”活动，以全市44个名师工作室的领衔名师开展送训送培，实现研训全覆盖。12月，举行校长行动计划启动仪式，组织33名校长、67名后备校长参加为期两年的培训，提升校长队伍素质。

【教学改革创新】　2020年，石狮市以“延迟开学”为契机，探索线上教研，制定《石狮市关于做好小学延期开学期间推进线上教学的指导意见》，提出各学段、各学科学生居家学习建议、部分年段学科线上教学的指导意见；制订小学毕业班语文、数学、英语教学专题指导意见。根据学生居家学习的特点，探索和组织教师开展线上教研。按照泉州市教科所的安排部署，小学语文、数学、道德与法治学科举行“线上授课志愿者行动”活动，指导教师研制微课、摄制教学视频，发布到网上教学平台，指导学校教师停课不停研工作。其中，数学学科47节、道德与法治学科6节微课视频。5月，道德与法治学科“福建省黄雅芳名师工作室”，通过“数学化教育与未来大讲坛”的云端教育论坛、央视频及学习强国平台，对全市道德与法治学科教师进行学科核心素养的指导培训；6月，“福建省黄雅芳名师工作室”与福建省体育阮光清、音乐金蕾、美术魏思东3个名师工作室联合教研，通过腾讯网络平台对全市道德与法治、体育、音乐、美术4个学科教师进行培训，其中道德与法治学科参与人数2000多人次。

【福建广播电视大学石狮学院】　2020年，福建广播电视大学石狮学院（以下简称石狮电大）提升办学条件，对现有教室和计算机专用教室进行整修。提高办学规模，2020年在籍生约420人。加强和改进学生思政工作，学员思政课程修习情况良好，修习合格率100%，石狮电大分析学员的个人实际情况和职业需求，利用石狮教育信息网和师生微信交流群，开展校园文化建设，内容包括“最美奋斗者”“石狮新经济”“道德模范”“法律宣传”等。同时组织评选优秀学员，用身边的人讲好电大管理制度和办学目标的

好故事。2020年，福建广播电视大学石狮学院顺利通过省电大系统办学评估。

【石狮市老年大学】 2020年年底，石狮市9个镇（街道）、128个行政村形成完整巩固的三级老年教育格局。有各级老年学校138所，其中，市老年大学1所，9个镇（街道）各有1所老年学校，128个村均开办老年学校。全市三级老校在校学员17807人，占全市老年人总数34.9%。建立广电云平台收视点137个，收视人数11960人，收视率69%，保持良好发展态势。石狮市被全国老年大学协会确定为全国老年远程教育示范区，市老年大学获“福建省高水平示范性老年大学”称号；湖滨街道老年学校老年远程教育学习视频点被评为全国老年远程教育优秀学习收视点，湖滨街道老校、蚶江镇老校、祥芝镇老校、凤里新华老校被确定为泉州市老年远程优秀示范点。12月9日，福建省教育厅和省老年大学协会等单位共同发文，确认学校为福建省高水平示范性老年大学。

2020年，石狮市老年大学有校舍面积7480平方米，设立蚶江和祥芝两所分校。学校开设6个系、31门课程。其中太极拳和音乐为省级精品课程。设立53个教学班，成立太极拳、歌友会、旗袍研究会等8个专业学会；现有学员2836人，学习人次5162人次。2020年，学校投入7万元用于新教学楼舞蹈教室练功镜，扶手等基本设备的完善；投入16万元建设文化墙，投入约10万元更换音乐教室和南音教室的桌椅。建筑面积3700平方米的多功能教学楼投入使用，耗资200万元改造的室外教学基地全面建成，微展墙、电子信息管理平台，远程教育接收设备等各项设施完备。

2020年，石狮市老年大学利用微信群开展网上教学活动，书法班从5月到11月授课30节；谜语班开课20节。志愿者开展较大规模的志愿活动6次。如到石狮花海谷帮助进行环境卫生打扫；在端午节，世界环境日到祥芝海岸开展“净滩”活动，参加泉州首届“净山行•净我心”紫帽山环保公益活动等，参加326人次。参加石狮市2020年广场文艺会演线上展播。承办2020年石狮市老干文化艺术节演出任务。组织17个节目排练录制并在线上展播。应邀承办永宁古卫城老年大学专场演出，85名老年艺术团成员参加。

高等教育

【闽南理工学院】 2020年，闽南理工学院现有教职工1100余人，其中“闽江学者”2人、“福建省高校杰出青年科研人才”2人、“桐江学者”2人，泉州市技能大师2名，福建省本科教学立项建设团队2个。学校面向全国招收本科生4966人，其中普通本科4027人、专升本939人，福建省内招生4416人、外省招生550人。闽南理工学院经教育部审核备案，新增学前教育、小学教育、机器人工程等3个本科专业，3个专业获批增设第二学士学位，2个专业获批省级一流本科专业建设点，2020年，闽南理工学院立项3个教育部2019年第二批产学合作协同育人项目，5个省级新工科研究与改革实践项目，5个泉州市第一批科技计划项目，新增9个福建省“1+X”证书制度试点项目。

2020年，学校整合校内实践教学资源，持续完善发那科机器人、ABB机器人、爱普生机器人以及与南京工程学院共同研发自动化生产线组建集校校一体、产学研一体的机器人加工研发生产线；建设高压变电站虚拟仿真中心、城市管廊虚拟仿真中心。学校有校内实验、实习（训）基地面积14万多平方米，教学仪器设备总价值1亿多元，实践教学体系完善，实践教学平台覆盖所有本科专业。2020年，获批省级虚拟仿真项目3项，获批教育部协同育人项目9项。

2020年，学校开展常规培训、教师创新创业专项培训57次，培训教师905人次，其中线上培训323人次，线下培训582人次；对企业、行业兼职教师提出明确的执教纪律和能力要求，并进行任前辅导。

2020年，学校获批福建省技术转

2020年10月23日，教育部高教司司长吴岩（右二）到闽南理工学院调研指导（图/闽南理工学院）

移机构，2个省高校科研平台通过验收。承担教育部科技发展中心项目1项、福建省科技厅项目2项、省教育厅项目48项、福建省教育科学规划领导小组办公室项目1项、辽宁省科技厅重点实验室开放性课题1项、泉州科技局项目6项、泉州社科联项目5项新增校级科研项目35项、石狮市社科联委托课题68项。登记企业技术开发、技术服务等横向项目6项。发表各类学术论文255篇；获授权专利56件、软件著作权11件。申报获批2020年度省级法人科技特派员1项，省级科技特派员1人，2020年度泉州市科技特派员20人。同时，与泉州市社科联、石狮市社科联联合举办了“创新驱动，智慧养老——泉州养老服务产业发展”研讨会，并于石狮市社科联联合举办2020年福建省百场社会科学专题报告会。

2020年，完成大学生创新创业训练计划项目国家级20项、省级34项、校级70余项；组织学生参加2020年第六届中国国际“互联网+”大学生创新创业大赛、第七届“创青春”中国青年创新创业大赛、第13届福建省大学生职业规划大赛等数十项学科竞赛。其中，获得第六届中国国际“互联网+”大学生创新创业大赛铜奖（福建赛区获金奖）、第七届“创青春”中国青年创新创业大赛铜奖、第六届3S杯大学生物联网技术与应用“三创”大赛一等奖、第13届福建省大学生职业规划大赛1金1银佳绩。2020年，学生参加学科竞赛获得1079个省级以上奖项，其中国家级奖项464个，省级615个奖项。

2020届毕业生3902人，其中本科毕业生3902人。2020届已就业毕业生3249人、就业率81.84%，签约1741人、签约率44.62%。出台《闽南理工学院毕业生离校后就业跟踪服务办法》，对毕业生进行不定期跟踪调查，建立“毕业半年后未就业学生台账”和统计毕业生就业半年后就业率，将就业服务延伸到学生毕业半年后，赢得毕业生的认可。学校建立毕业生跟踪反馈机制，定期走访毕业生就业单位，通过问卷调查、座谈等形式，了解毕业生工作情况，征求对学校教育工作的意见建议。据统计，用人单位和2020届毕业生对学校教育的满意度94%以上，用人单位对毕业生的评价满意度96%以上。

【泉州纺织服装职业学院】 2020年，泉州纺织服装职业学院增设学前教育、公共事务管理、药品经营与管理、社会体育、室内艺术设计等5个专业，现有专业数28个，其中拥有服装与服饰设计、染整技术等4个特色专业、省级专业群1个及校级专业群1个。11月，学院成为泉州市总工会命名的首批“泉州市产业工人技能培训基地”，重点为智能制作、纺织服装、染整织造、电商等行业产业工人技能培训提供全方位服务。该基地将面向社会各类在职职工、技能人才及其他有技能培训、技能提升愿望的劳动者开展技能培训、技能与学历提升和技能研修活动；同时，以企业职工技能培训和学历提升合作为契机，全面开展基地与企业之间的合作，共同推进产教融合，在人才培养、专业建设、实训基地建设、社会服务等方面开展深度合作，为企业发展提供更好的人才支撑，服务区域产业提质升级，为区域经济社会发展贡献力量。

2020年，泉州纺织服装职业学院坚持以“产教融合、工学结合”为办学特色，与国内100多家上市或大型企业建立校企合作关系，为学生创建良好的实训、就业平台。推进“二元制”人才培养项目，经过四年的探索实践，学院携手46家企业、行业协会开展福建省高职教育“二元制”试点项目，教师送教入企，“一企一策”为企业量身定制专门课程，受到企业和学员的高度好评，助力地方产业转型升级。当前，该项目有1000余名学生。

2020年，学院有29人次获奖。其中，许耀贵、林雄、沈海霖、张思婷、苗文婷、高芳婷等同学在2020年福建省大学生军事技能比武大赛中，取得战场医疗救护单项一等奖，团体三等奖；邱利利、张岚、林美丽等同学在第三届“重庆工贸职院杯”全国鞋服饰品及箱包设计大赛中，其实物参赛组作品《质》，获得一等奖；徐艳萍参加第七届海峡两岸大学生职业技能大赛（高职组）服装设计与工艺赛获二等奖；熊嘉仪、林锦丽、何明熔、陈心如参加全国纺织服装职业教育教学职业技能竞赛，在第八届全国纺织面料检测项目中获得二等奖；施晨晖、刘芳汝、汤灿阳、余珍、叶霖、张淑怡、邱桂丹、王彤彤等同学参加第十一届“挑战杯”福建省大学生创业计划竞赛，其中从土特产到乡村的礼物——闽礼乡项目获得银奖；蔡月燕同学参加第四届“雪莲杯”服饰及手编作品创意邀请赛，其作品《背水“疫”战，万物复苏》非服饰类获得铜奖；张淑怡、郭铭宇、施晨晖、陈丹妮、黄晓露等同学参加第15届全国高职院校“发明杯”大学生创新创业大赛，智慧“果农”项目获得二等奖、“一带一路”——智慧旅游的先行者获得三等奖。

2020年，学院鼓励教师开展科研，撰写科技论文和发表著作，参加各项优秀论文竞赛。福建省职业与成人教育学会举办福建省“百佳”优秀职教论文评选，韩静教师、刘桃凤教师分别获一等奖。鼓励教师参加各级各类教学技能、专业技能比赛等，2020年有10人次获奖。国家级竞赛4个，省级竞赛6个。如，在中国纺织工业联合会举办的“纺织之光”2020年度中国纺织工业联合会纺织职业教育教学成果奖中，吴赞敏、刘桃凤获三等奖；在北京时装周主委会、北京雪莲集团有限公司举办的第四届“雪莲杯”服饰及手编作品创意邀请赛中，吴素红作品《绒甲》获银奖；在福建省教育厅举办的“网龙杯”2020年福建省职业院校教师教学能力大赛中，黄晓茵、王桂甲获二等奖；在福建省职业与成人教育学会举办的福建省职业教育教案设计大赛中，韩静、吴素红、陈素琴、吴素霞作品《女上衣立体造型》获一等奖等。

2020 年，学院组织就业创业系列专题讲座 3 场，组织校园招聘会，累计邀请用人单位 130 余家，提供 1520 余个岗位。各类小型专场招聘宣讲会 19 场，提供 300 余个岗位。并做好就业跟踪服务，特别是“双困生”的就业跟踪指导工作；开展毕业生离校后就业跟踪服务；走访石狮市启蒙幼儿园、剑桥幼儿园、利郎（中国）有限公司、福建鸿星尔克股份有限公司、石狮爱登堡股份有限公司、泉州九牧王有限公司、凤竹集团、三益集团等多家企业。2020 届毕业生就业率 100%。

2020 年，学院重视校园文化建设，举办 12 项校园活动，如世界粮食日——光盘活动、国庆中秋校园趣味活动、校园十佳歌手大赛、冬至送温暖等活动，进一步体现了校园的良好氛围；为纪念“一二·九”学生爱国运动 85 周年，举办“一二·九”爱国运动歌咏比赛，增强学生的凝聚力、合心力。引领学院青年学生投身志愿服务活动，截至 12 月底学院注册志愿者 2688 人，服务时长 11688.9 小时。

【泉州海洋职业学院】 2020 年，学校陆地面积 52.3 公顷，其中海边训练基地 6.3 公顷，另有排他性海域面积 18.7 公顷（不计入学校占地面积），是国内同类院校唯一拥有独立码头、港湾、沙滩、岛屿、水上机场，具备开展滩涂登船紧急出航、登岛、荒岛求生、反海盗、海上救生等优越训练条件的高校。现有校内实训基地 46 个，校外实训基地 99 个。设有 34 个高职专业方向。学校有 46 名在校生、48 名毕业生应征报名；21 名毕业生被直招为部队士官，获批人数创历年来最高，毕业生直招士官应征入伍数约占福建省的 10%、泉州市的 65.6%，连续 7 年以超高比例稳居泉州市高校第一名；15 名在校生被确定为义务兵，人数约占石狮市的 15%，征集比例排石狮市高校第一。

学校有中央财政支持实训基地 2 个，省级高职示范专业 1 个，省级生产性实训基地 1 个，省级产业学院建设项目 2 个。按照国内外高水平海洋大学的标准建设现代化的航海实训中心、轮机实训中心、水上训练中心，拥有国内最先进的 360° 视景航海船舶操纵模拟器，教学仪器、实操实训设备设施配套齐全。校内水上训练中心配置国内高校唯一的千吨级用于教学、可开航的特种船舶，该教学训练船舶可用于开展 T01 至 T06 即油船、化学品船、液化气船、客（滚）船货物操作基本培训和高级培训。建有海洋文化（泉州海交史）石雕景观围墙及海洋生物科技展示馆、世界特种船展示厅等。

2020 年，学校高度重视就业工作，为 2020 届毕业生组织线上 + 线下大型招聘会、重点企业招聘宣讲会，吸引 122 家企事业单位参会，为毕业生们提供 3500 多个优质的工作岗位。9 月底，学校联合泉州海峡人才市场、58 同城举办面向应届毕业生为主的招聘双选会，部分企业还为在校生提供短期实习、兼职机会，现场参加学生 800 余人。同时，收集筛选人社局、各行业协会、各人才市场发布的线上招聘会资讯，发动毕业班学生参与，帮助解决毕业班就业问题。加强对学生就业相关方面的指导，邀请资深人事高管开设多场讲座，使学生发展与企业需求融合匹配，满足社会用人需求。学校 2020 届毕业生就业率 97.62%，参与创新创业学生数超 500 人次，全省就业率统计排行名列前茅。

2020 年，学校组织参加石狮市国际时装周、青商会换届、仁爱小学支教、养老院敬老服务、校园环保及各类校园文体活动。全年青年志愿者协会累计开展志愿服务 82 次，参与校内志愿服务 3680 人次、校外志愿服务 638 人次；承梦学社开展校内结对帮学 16 次、校外支教 3 次，累计参与帮学的大学生 120 人，参与结对的小学生 119 人。

2020 年，学校各类科研立项 31 项，其中省级以上 19 项，全国职业教育科研规划重点课题 1 项；各类课题结题 17 项；发表论文 50 余篇，出版、参编著作 5 部，获得专利 1 项。参与各级各类科研成果、论文比赛评选，获一等奖 32 项，二等奖 17 项，三等奖 1 项。获省级职业教育教学成果二等奖 1 项。师生参加职业技能竞赛中获省级二等奖 1 项、三等奖 3 项、优秀奖 15 项，42 名参赛学生全员获奖；航海技术教学团队获省级教学能力大赛二等奖，通识教育学院老师获全国高校外语教学大赛福建赛区一等奖，通识教育学院团队获省级微课大赛特等奖、国赛三等奖；通识教育学院学生团队获全国大学生数学建模竞赛福建赛区二等奖；经济管理学院学生获首届“柯姆威杯”物联网项目规划与实施技能大赛三等奖；休闲文旅学院

泉州海洋职业学院 360 度大型船舶操纵模拟器（摄于 2020 年 5 月 12 日）
（图 / 泉州海洋职业学院）

学生团队获“全福游、有全福”最美福建•旅游产品创意设计大赛最佳创意奖。

2020年，学校完成丙类船员岗位晋升培训369人，三副、三管轮培训125人，全球海上遇险与安全系统（GMDSS）培训68人。水手机工1233人，基本安全培训1351人，保安意识1426人、保安职责1427人，三精通511人次，船上医护14人，知识更新及证书再有效2540人次，完成授课时数约20336节。2020年，学院响应国家复工复产号召，向海事相关部门申请项目开班培训，助力航海业复工复产。全年完成油化船培训478人次，液化气船培训171人次，客船培训82人次，不参加航行和轮机值班船员专业外语培训394人次，完成授课时数3136学时。

2020年，学校远洋渔业船员培训学院继续利用伏季休渔期和渔船进港避风、整修期间开展培训教学工作。全年招生总数超1万人次，其中驾驶、轮机、职务船员6期570人次，职务升级换证理论补差2期91人次，普通船员培训107期9404人次。扩展校外合作渔民培训业务，派出相关人员到漳浦开展培训工作，培训8期211人次，实现走出校门跨区域培训零的突破。与各级政府、各渔业主管机关、边防派出所等相关部门协调沟通，配合有关部门在渔业行业及船员中介机构进行国家渔业政策、渔业驾驶和捕捞技术以及其他相关的信息宣传和教育活动。

2020年，学校围绕服务“产业振兴”“人才振兴”“文化振兴”“生态振兴”“组织振兴”乡村五大振兴的战略目标任务，将脱贫攻坚与乡村发展深度融合，创新四大脱贫模式，即“一边读书一边养家”的扶贫二元制模式，“一人就业全家脱贫”的船员培训模式，“带头人成为合伙人”的冷链集市扶贫电商模式，“一捐纾两困”的救急救灾模式。被中国扶贫志愿促进会列为贵州黔西南州望谟县脱贫摘帽帮扶单位；受邀出席2020年全国扶贫工作大会并作典型发言，成为众口称誉的“扶贫大学”，职教扶贫的事迹和成效得到新华社、《中国经济日报》、央广网等媒体的广泛报道；受邀出席“全国职业院校决胜脱贫攻坚经验交流会”，被评为全国职业院校精准扶贫协作联盟脱贫攻坚先进集体。

2020年，学校国际船员专修学院——福建省第一批高职院校产业学院试点项目获中央产教融合奖补金100万元，学校思凯兰航空产业学院成功获批为福建省第二批高职院校产业学院试点项目；成功申报15个“1+X”证书试点、7个“1+X”证书考核站点；获批市级专业技术人员继续教育基地、市级职业技能提升行动培训机构；“1+X”证书制度试点获中央奖补280万元。

教师队伍建设

【概况】 2020年，石狮市公办学校现有教师7241名，其中在编教师4681名，合同制教师2560名。正高级职称教师3名，高级职称教师761名，中职称职教师2695名。地市级及以上中小学名师、名校长、学科带头人及特级教师117名，其中，特级教师6名，省名师3人，省学科带头人22人，地市级名师24人，地市级学科带头人60人，地市级名校长2人。全市县级及以上骨干教师1162人。其中，中职22人、高中141人、初中237人、小学670人、幼儿园92人。

【课程改革实验】 2020年，石狮市教育局为教师搭建课改平台，组织申报课题研究119项，开展中期检查32项，开展优秀课题研究成果展示交流活动，分别举办“泉州市教科研开放日（石狮市专场）”“石狮市教育科学‘十三五’规划课题结题汇报交流”“石狮市小学体育课题研究成果展示交流”三场活动。做好课题结题验收，6月，组织开展福建省教育科学“十三五”规划2018年度研究课题结题验收，共9项课题；6月，组织开展石狮市差异教学、语文主题学习、学本课堂实验校2018年教学研究课题（第一批）和石狮市教育科学“十三五”规划2018年度申请延期小课题结题验收，共30项课题接受专家组检查验收；10月，组织开展石狮市差异教学、语文主题学习、学本课堂实验校2018年教学研究课题（第二批）结题验收，共7项；12月，组织开展泉州市教育科学“十三五”规划（第二批）研究课题结题验收，共8项课题。组织参加课题组研讨课观摩、结题汇报会等结题活动。强化项目成果创新，2020年1个项目获省级基础教育教学成果奖一等奖，4个项目获省中青年教师教育科研项目立项。

【教学指导】 2020年，石狮市各学科的教研活动，围绕立德树人的根本任务，着眼于深化素质教育，坚持核心素养导向，组织开展一系列针对性、实效性强的主题教研活动。先后开展石狮市2020年秋低年级识字与阅读教学研讨活动、石狮市小学数学核心素养培育系列研讨——彰显运算教学的探究意味教学专场暨送研送教下乡活动、石狮市2020年“基于思维的探究”小学科学教学研讨活动、石狮市2020年小学“劳动教育”专题研讨等活动。举行“初中壮腰工程—质量提升”专题研讨会，全市九所学校校长及分管教研副校长、特邀督学约40人参会，分享交流初中“壮腰工程”质量提升经验。

【师德师风建设】 2020年，石狮市教育局完善师德考核机制，创新师德评价，通过大数据平台开展师德满意度评价，全市11.11万人次家长参与测评，满意率高达98.6%，测评结果作为优秀园丁评选、职称晋级、年度考核的重要依据。开展形式多样的师德主题活动，评选2020年石狮市师德之星，举行庆祝第 36 个教师节暨 2020 年度奖教奖学大会，表彰泉州教育世家、泉州最美教师、石狮市师德之星、石狮市优秀园丁、乡村从教 30 周年等 700 余名教师。发挥系统教育工会作用，开展春节“送温暖”活动，慰问局机关教师进修学校退休干部 27 人、系统病困教师 60 人、病困党员 14 人。制定《“千师进万家，携手共逐梦”家访周活动实施方案》，7 月 11—17 日，集中开展教育系统“千师进万家，携手共逐梦”家访周活动。全市 244 名校级领导干部、6007 名教师参加活动，实现家访覆盖 100%，满意 100%。加大违纪查处力度，坚决查处在职教师有偿补课等行为，2020 年，查处 7 名教师。

【三名工程建设】 2020 年，石狮市教育局继续推进“三名”工程，打造高素质专业化创新型教师队伍，石光中学王若兰、厦门外国语学校石狮分校附属小学蔡婉聪被确认为泉州市首批中小学名校长，组织石狮五小刘爱治、石狮二小胡晨静到蚶江镇开展泉州市第六批小学学科教学送教活动。开展丰富多彩的名师工作室活动，主要形式有公开课、专题讲座、课题研究等。10 月 21—23 日在厦外石分组织初中部分老师、吴兰兰名师工作室成员约 40 人参加省级名师陈建源名师工作室送教下乡教研活动；11 月 1 日组织“石狮市高中物理林达彬名师工作室”全体成员 8 人参加 2020 年泉州市高中物理试题命制比赛活动；11 月 3 日组织石狮市高中政治谢清菊名师工作室全体成员及“致力于培养学科核心素养的高中政治议题式教学策略实践研究”课题组全体组员 10 人参加 2020 年石狮市中学政治学科片段教学比赛暨研训活动；11 月 12 日举行石狮市邱秀月初中生物名师工作室成员 9 人参加第 13 次研修活动；11 月 26—28 日在石狮一中和厦外石狮分校组织石狮市各中学初、高中数学教师代表约 270 人参加省、市四个中学数学名师工作室联合开展的学科教学大型观摩研修活动；12 月 9 日组织石狮市余信路高中英语名师工作室成员 13 人参加工作室第 23 次研修活动；12 月 10 日在华侨中学组织高中数学名师工作室成员、高中数学教研组长、高一备课组长等 80 人参加高中数学建模研修活动。

【教师教研培训】 2020 年，石狮市教育局出台《2020 年石狮市校长培训计划》《2020 年石狮市教师培训计划》等一系列方案，促进教师专业发展。策划“暑期培训周”市级教师培训，以“聚焦核心素养·深化教学改革”为主题，组织小学语文、数学、道德与法治、“小幼衔接”专题四场市级教师培训，参训教师约 1276 人次。其中，“小幼衔接”教育培训采取跨学科的整合培训方式，邀请学前教育、小学语文数学低段教学专家，为 2020 年秋任教一年级的教师进行培训。组织公开课及专题研讨活动，提升各学科教学教研水平，承办或协办 6 场次泉州市级及以上大型专题研讨活动。

【支教】 2020 年，市教育局选派石狮市永宁中学李鸿群到三明支教，选派石狮三中杨振群、石狮市锦峰实验学校郭文曲到宁夏支教。

关心下一代工作

【概况】 2020 年，石狮市关工委结合疫情防控特点，印发《“六大员”工作指导组 2020 年工作任务分解表》，助推关工委“六大员”工作有方向、有目标。全年，宣教组、家教组深入各镇街道、青少年社会教育活动中心开展“抗疫情、赞英雄、爱祖国”等系列主题教育宣讲、家教家训家风宣讲活动 110 多场次；科教组制作疫情防控科普宣传展板，组织青少年开展多次科普宣传活动；社教组与学校配合组织开展校外社会实践活动；文督组、帮教组配合检察院、教育局、卫健局、市场监管局深入中小学校检查复课防疫工作准备情况。石狮市关工委与有关职能部门、涉老机构、社会组织联动联办各类关爱帮扶活

2020 年 12 月 22 日，石狮市校长行动培养计划启动仪式在厦门外国语学校石狮分校举行
（图 / 市教育局）

动46场次，联动机制活力进一步增强。2020年，市关工委被评为“全国关心下一代工作先进县（市、区）关工委”；市关工委常务副主任孙进获“全国关心下一代工作先进工作者”称号；市关工委“家教指导组”组长林丽娜获“全国劳动模范”称号。

【推进青少年活动阵地“三化”】

2020年，石狮市关工委把青少年社会教育活动中心作为关爱帮扶服务重要平台，持续加强青少年社会教育阵地建设。寒假春节期间，湖滨街道玉湖社区活动中心、宝盖镇龟湖村活动中心、蚶江镇活动中心、永宁镇沙美村活动中心、祥芝镇活动中心分别举行青少年“写春联、送祝福”、书画才艺公益培训、学生寒假作业辅导班等系列活动。上半年疫情防控期间，凤里街道五星社区活动中心、宝盖镇铺锦村活动中心、永宁中心小学活动中心等结合疫情防控特点，探索创新利用“微信群”“钉钉”等新媒体开展线上才艺培训、网上“致敬抗疫英雄”“清明祭奠英烈”等关爱活动。进入疫情防控常态化阶段，湖滨街道、灵秀镇、蚶江镇、祥芝镇、锦尚镇关工委分别举行“抗疫情赞英雄爱祖国”主题征文、手抄报绘画比赛；祥芝镇、永宁镇沙美村、锦尚镇卢厝村等活动中心举办“狮阵”训练、篮球培训等特色文体活动。

【部门联动】 2020年，石狮市关工委探索在“四轮联动”（市关工委与“十大工程”牵头单位联动；各牵头单位与参与配合单位联动；镇级关工委与镇（街道）相关职能部门联动；市关工委与市各涉老机构联动）关爱机制基础上，把“市关工委与社会公益志愿服务组织联建共享”拓展为“五轮联动”。

2020年，市关工委与市委宣传部、文明办、教育局、团市委、市妇联等部门联合开展“新时代好少年”评选表彰活动，激励青少年响应时代召唤，争做时代新人；与市委文明办、教育局联合发起“大中学生参加劳动实践和社会志愿服务”活动倡议；联合市科协、教育局、工信科技局、生态环境局、团市委开展“童协杯”青少年科技创新大赛。市关工委向灵秀镇政府发出“关于填埋存在学生溺水隐患废弃石窟”的建议函，得到灵秀镇政府的重视，及时整治。

2020年，市关工委把融合社会力量、共享社会资源作为“基层建设提升年”的活动重要内容之一。链接社会资源组建的石狮市“关心下一代闽爱志愿者服务队”“关心下一代慈心慧航志愿者服务队”，实行联盟化组合、社团化管理、项目化运作、专业化服务的机制。两支队伍参与市关工委的关爱帮扶活动。闽爱志愿服务队坚持开展“周周必行”助孤助残关爱活动累积达163周。慈心慧航志愿服务队长期结对帮扶10名孤、残青少年，落实精准、跟踪关爱服务，用心用情为青少年办实事、解难事、做好事。

【宣讲教育活动】 2020年疫情期间，石狮市关工委以变应变，通过“网课”、微信群等新媒体、远程网络教学方式，开展线上线下主题教育活动。召开“抗疫情、赞英雄、爱祖国”主题教育活动部署会，推进以宣讲“生命至上、人民至上”理念、讲好“白衣执甲、逆行出征”的抗疫故事、弘扬举国同心抗疫的爱国主义精神等主要内容的青少年宣传教育活动。6—8月，蚶江镇关工委、市教师进修学校附小分别举办“抗疫情、赞英雄”征文活动。凤里街道关工委、锦尚镇关工委分别举办“致敬抗疫英雄”主题教育活动，引导青少年学生懂得“谁是新时代英雄？”“如何学习英雄、争做新时代英雄？”蚶江镇关工委、湖滨街道关工委（玉湖社区青少年社会教育活动中心）分别举办“童心童画抗疫情”主题活动；永宁镇关工委、祥芝镇关工委、鸿山镇关工委、锦尚镇关工委及教育系统关工委分别举办“抗疫情、赞英雄、爱祖国”主题教育活动。截至12月中旬，全市各级关工委、青少年社会教育活动中心采用“多场次、小规模、控人数”方式，开展“抗疫情、赞英雄、爱祖国”等系列主题教育活动160多场次，参加活动学生76000多人次。

2020年，宝盖镇关工委、锦尚镇关工委分别以不同方式看望、慰问石狮市医院参加援鄂抗疫的“五朵金花”医护人员。锦尚镇关工委邀请琼山小学的校友、援鄂抗疫医护人员回母校宣讲亲历抗疫事迹。湖滨街道关工委、蚶江镇关工委分别邀请石狮市援鄂抗疫“白衣战士”蔡莉珊，为琼林小学、新湖小学、长福小学及蚶江中心小学等学校的学生作抗疫先进事迹宣讲报告，激发青少年的爱国主义情怀和英雄主义精神。

2020年10月23日，蚶江镇关工委、蚶江中学、锦亭村关工委组织青少年前往锦亭村看望慰问抗美援朝老英雄陈培塔。聆听老军人讲述抗美援朝亲身经历，传授爱国主义基因，继承革命英雄主义精神。湖滨街道关工委联合林边小学举行“童心永向党，唱响新时代”红歌比赛。7月27日，凤里街道关工委组织青少年到锦尚镇卢厝红色教育基地举行“追寻红色记忆·传承爱国情怀”主题研学活动，参观珍贵的图片、文献资料、实物等，了解革命先辈浴血奋斗的事迹和奋发向上的精神。10月16日，锦尚镇关工委组织第三实小青少年看望慰问烈士卢天坪的母亲邱连治。

【劳动实践志愿活动】 2020年8月4日，石狮市关工委联合市委文明办、市教育局印发《大中学生参加劳动实践教育活动倡议书》并举行“大中学生参加劳动实践和志愿服务活动”启动仪式，促进青少年特别是大中学生利用寒暑假参加劳动实践、参与公益志愿服务活动。10月28日，石狮市关工委在玉湖社区农场设立“青少年劳动教育实践基地”，基地内有青少年农耕试验田、农耕文化园、雷锋精神文化园、豆腐食品文化馆等设施提供给青少年参观、实践体验，为青少年再添一处劳动实践锻炼平台。11月9日，市关工委召开农村青年致富“种子工程”工作座谈会，传达福建省关工委“种子工程”培训会议精神，推进农村青年致富“双带”与青少年劳动实践教育活动融合发展。

【家教家风家训活动】 2020年，石狮市关工委把弘扬优秀“家教家风家训”作为倡导培育青少年践行社会主义核心价值观的具体行动。7月12日，市关工委联合市文化馆、石狮市侨乡乡土文化协会主办的“杨华仪先生•烙字烙画”家风家训展活动，在石狮市文化馆一楼展示有“家和万事兴、百善孝为先、厚德载物、自强不息”等30多幅家风家训作品，吸引许多青少年及家长前往参观。9月24日，市关工委联合湖滨街道关工委、新湖中心小学举办家庭教育主题讲座，邀请厦门善根家庭教育学院的龚小荣作《家庭教育三部曲》宣讲，阐述“爱、价值感、规则”内涵；11月20日，锦尚镇关工委联合锦里小学青少年社会教育活动中心开展“做懂教育的家长”家庭教育讲座，引导家长们争做合格家长，培养合格人才。7—11月，石狮市妇联、教育局、关工委联合在湖滨街道、凤里街道、祥芝镇等中小学校、青少年社会教育活动中心举办2020年“家教进万家”公益大讲堂活动近30场次。

【关爱“六失”特殊群体青少年】

2020年，石狮市关工委领导联合“闽爱志愿者服务队”“慈心慧航志愿服务队”，于春节、“六一”、中秋节三进全市9个镇（街道）、村（社区）对54名“六失”特殊群体青少年家庭开展慰问活动，送去慰问金和节日祝福。凤里街道关工委、宝盖镇关工委、蚶江镇关工委、永宁镇关工委、鸿山镇关工委、锦尚镇关工委等根据各自实际，联合“橙子妈妈”公益团队、爱心人士一起积极开展配套慰问“六失”青少年活动。5月28日，石狮市关工委、市残联与闽爱志愿者协会联合举行庆“六一”捐赠仪式，向30名残、障、孤少年儿童发放奶粉、点心食品及衣服等慰问物品。永宁镇关工委、锦尚镇关工委也在“六一”期间开展慰问活动。

2020年上半年的疫情防控期间，石狮市各级关工委“五老”及志愿者通过发放口罩、消毒液等疫情防护品，或送油米、菜果食品上门的方式，积极关爱帮扶“六失”弱势群体青少年家庭做好疫情防控，确保做好健康安全。祥芝镇关工委联合“渔港救援队”、渔业协会向部分学校捐赠口罩、消毒液、紫外消毒灯等物品，发挥各自优势做好疫情防控常态化工作，助力支持中小学校复学复课。

【爱心助学】 2020年9月10日，石狮市关工委举行2020年度关心下一代“爱心助学金”发放仪式，为52名家庭经济困难学生发放助学金21万元，配合市慈善总会开展助学帮困活动，为158名寒门学子发放助学金近百万元。

【关爱外来工子女】 2020年1月20日，石狮市关工委、市教育局、市总工会、团市委联合举行第15届“新石狮人优秀子女”表彰活动，来自全国13个省（直辖市）及香港特别行政区等75个县（市、区）的101名“新石狮人优秀子女”受到表彰。12月3日，蚶江镇关工委举行第四届“新蚶江人优秀子女”表彰活动，45名优秀外来工子女受到表彰。6月13日，石狮市、镇、村三级关工委负责人走访宝盖镇杆头村以种菜为生的安徽凤阳籍胡某家，看望慰问年仅5岁、患有多种疾病的流动女童胡某钰，让他一家人身在异乡感受到石狮人的爱与温暖。

【信息宣传工作】 截至2020年12月10日不完全统计，石狮市各级关工委在《中国火炬》杂志刊发稿件7篇，简讯6篇；中国关工委官网信息7篇，“中国火炬”微信公众号转发13篇，市关工委办公室钟翰卿被《中国火炬》杂志社评为“优秀通讯员”；《中国老年报》刊发图文新闻1篇。福建省关工委《关心下一代成长》杂志（双月刊）刊发石狮图片、文字报道10篇（含专题报道《关爱组合拳助力六失青少年阳光前行》1篇）。《福建老年报》10月29日“基层典型”整版刊发石狮市关工委成立30周年《铸魂育人，关爱帮扶打造特色品牌》专题报道；《福建老年报》全年刊发信息报道14篇（含专题2篇）。泉州市关工委《简报》刊发石狮信息9篇《石狮日报》刊发209篇。石狮市关工委《简报》完成编印13期，刊发信息230余篇；“石狮市关工委”微信公众号全年编发信息31条。

文化 旅游 体育

综 述

【群众文化活动】 2020年1月5日，石狮市文化馆主办的“童颂中华情·共话中国梦”儿童经典诗文诵读会在音乐厅举行。1月9日，石狮市双拥工作领导小组组织举办的“狮城绽放双拥花·军民奋进新时代”石狮市“迎新春”双拥文艺晚会在音乐厅上演。10月1—5日，文化惠民系列活动分别在石狮步行街足球场、石狮古浮湾旅游服务中心举办。举办“相约云端”第14届闽台对渡文化节暨蚶江海上泼水节线上互动。石狮市第18届广场文化艺术节开启活动征集，活动以“决胜全面小康·奋斗有你有我”为主题，以网络为平台，面向基层、面向群众，搭建“百姓大舞台”，发动全市文艺工作者和基层广大群众，精心创作推出一批富有时代精神、石狮本土特色的文艺节目精品，充分展示全市广大干部群众积极投身“五个年”活动锐意进取、勇于担当的精神风貌，为全方位推动高质量发展超越提供强有力的精神动力和文化支撑。

【非物质文化遗产保护】 2020年，市文体旅游局打造特色“非遗”品牌，实施“非遗”“保护传承工程”，新增国家级“非遗”名录1项、省级5项、泉州市级8项、石狮级24项，省级“非遗”传承人6名、泉州市级23名、石狮级16名，“闽南喜娘”、泉州刣狮（石狮狮阵）入选第五批国家级非物质文化遗产代表性项目。开展“狮城传承·文化和自然遗产日”“非遗”展示，举办狮阵登宝盖山“非遗”旅游推介、高甲戏及闽南什音进校园进社区等活动。

【文化展览】 2020年1月，举行“黄少鹏书法作品展”，展出作者黄少鹏历年创作的书法作品数十件。6月，举行“戏里闽南”老照片展，展出旅港泉籍艺术家王建育用30年时间跨度拍摄的关于闽南本土“戏”的集萃，整理百幅作品。6月28日，举行“书之岁华——庚子蒲月同仁雅集”，参加雅集的艺术家以“菖蒲”为题，或绘画，或书法，互相交流。7月12日，举行“杨华仪·烙字烙画——家风家训展”活动。9—12月，举行石狮市“非遗”保护图片巡展，展览以图文形式展出闽南特色“非遗”精选项目介绍，让广大市民群众感受“非遗”文化的魅力。

【文艺节目获奖】 2020年1月，原创歌曲《狮阵雄风》在福建省艺术馆主办的“抗疫情·福建‘非遗’在行动”艺术作品征集活动中获优秀奖、6月，《阿鼠说防控》获省“抗疫情·福建‘非遗’在行动”系列活动优秀作品奖。9月，歌曲《海上泼水结情缘》获省“华夏文脉·薪火相传”主题歌曲创作二等奖。10月，南音作品《泉台相思树》获省第九届百花文艺奖三等奖。

文化市场管理

【概况】 2020年，石狮市文化市场综合执法大队开展出版、电影市场联合检查、文化旅游市场专项整治行动、营业性演出市场专项整治、中高考期间文化市场环境整治专项行动、文化市场未成年人保护专项整治、国庆中秋两节期间文旅市场监管工作、校外培训机构专项治理行动、网吧和演出市场专项整治行动及抓好“护苗2020”“秋风2020”等专项行动。完成“扫黄打非”基层站点网吧行业全覆盖，指导网吧完成基层站点标准化规范化建设工作。召开娱乐场所和网吧行业管理工作会，加强网吧、娱乐场所、出版物市场巡查，增强经营者和校园周边其他经营单位守法意识，规范市场秩序。

2020年，石狮市文化市场综合执法大队检查娱乐场所489家次，出动执法人员978人次，查处各类违法违规案件9起，其中歌舞娱乐场所违规接纳未成年人案件2起、歌舞娱乐场所超时经营案件2起、擅自从事互联网上网服务经营活动5起，处罚没款98479.5元。市文化市场综合执法大队获国家版权局颁发“查处重大侵权盗版案件有功单位”称号。

【整治涉赌经营】 2020年6月至10月，石狮市文化体育和旅游局开展打击赌博违法犯罪专项行动，查处取缔无证照游戏游艺经营场所；查处在内部或周边设置暗格摆放赌博机的游戏游艺经营场所；查处通过对已核准的机型、机种改装等方式进行赌博活动的游戏游艺经营场所；查处利用彩票、积分、礼品兑换现金或有价证券等方式进行赌博活动的游戏游艺经营场所；查处利用游戏游艺经营场所作掩护进行其他形式的赌博活动；查处利用其他场所作掩护进行的游戏游艺机赌博活动；查处利用互联网从事网络赌博的互联网服务营业场所；查处提供场所参与组织聚众赌博的文化娱乐经营单位。加强联动机制，保证“12318”文化市场举报电话畅通，同时与公安、工商等部门加强联系，启动市场应急联动机制，及时向相关部门通告最新信息，配合有关部门做好禁赌工作，以随时处理各种突发事件。全年出动检查各类相关经营场所192家次，整治行动中未发现重大违法经营情况。

【娱乐场所管理】 2020年，石狮市文化市场综合执法大队检查娱乐场所489家次，出动执法人员978人次。加强重点时节、时段（国家法定节假日及高考）期间的校园周边整治力度，严禁文化娱乐场所在规定时间以外营业，有效维护辖区内文化市场管理秩序，促进文化市场健康发展。结合日常巡查和“网格化”安全检查，督导企业在娱乐场所醒目位置张贴悬挂“未成年人禁止入内”警示宣传标语，向娱乐场所负责人宣传《娱乐场所管理条例》等法规，明确未成年人禁止入内有关规定和处罚措施。全年查处歌舞娱乐场所违规接纳未成年人案件2起、歌舞娱乐场所超时经营案件2起，处罚45000元。

【印刷市场监管】 2020年，石狮市文化市场综合执法大队检查《印刷业管理条例》《印刷品承印管理规定》的执行情况和委印手续的办理情况，敦促印刷复制企业严格落实五项制度。针对新设立的企业，全面进行走访检查，宣传告知法律法规，要求落实各项管理制度，做到规范守法经营，建立动态文化市场企业名库；制定随机抽查工作的实施方案，规范随机抽查程序，对抽查情况进行实时记录，并将检查结果定期公开；加强与市市场监督管理局等单位联合检查，齐抓共管。

【网吧整治】 2020年，石狮市文化市场综合执法大队检查互联网上网服务场所248家次，出动执法人员496人次。加强现场检查，通过分片区负责和随机执法人员的方式，结合“双随机”抽查机制和日常巡查制度，不定时地对全市有证网吧进行现场检查。市执法大队采取多种手段监控网吧市场，更新升级网吧监控系统和省文化监管平台，过滤上网内容，监控网吧场所。邀请青年志愿者担任网吧志愿监督员，共同加强对网吧的监督工作。及时处理“12318”和“12345”热线举报，调动社会监督力量。加强宣传培训，召开3次全市网吧管理工作会议，组织网吧业主学习《互联网上网服务营业服务管理条例》等行政法规，引导网吧转型升级、提升形象，积极主动参与公共文化服务。针对网吧现场管理人员，重点宣传《网络游戏管理暂行办法》《互联网文化管理暂行规定》等现场操作性较强的法律法规，以提高上网服务行业管理和服务水平。全年查处擅自从事互联网上网服务经营活动5起，处罚53479.5元。

【文化市场安全生产监管】 2020年，石狮市文化市场综合执法大队结合行业特点分成8个网格小组、出动2445人次，对全市的文化市场行业企业开展全方位、拉网式安全生产大排查，对星级酒店、网吧、KTV娱乐场所、演出市场等人员密集场所开展安全生产检查1199家次。现场整改及督促消除安全隐患31处，发出限期整改通知书31起，全部整改到位，整改率100%。与企业法人代表签订《2020年石狮市文化娱乐经营场所安全责任书》。组织企业进行自查，督促4家有钢结构的企业完成房屋结构安全质量鉴定工作。

图书馆

【概况】 2020年，石狮市图书馆接待读者260894人次，书刊文献流通349311册次，采购新书1万多册，报刊200多种。举办各类活动183场，受众16710人次。2020年“你选书我买单”活动，参与读者63人，订购图书234册，价值8000多元。1月，试运行凤凰城百姓书房和步行街百姓书房。

【阅读推广】 2020年，石狮市图书馆发挥“互联网+”的优势，利用“书香石狮”公众号、移动图书馆App、狮图悦读小程序开展线上阅读推广活动，实现线上线下活动相结合。“书香石狮”微信公众号每月更新4次，2020年发布推文303篇，阅读次数92764次，阅读人数56860人次。同时，“书香石狮”公众号、移动图书馆App、狮图悦读小程序提供便捷的图书检索、图书借阅信息查询、好书推荐、活动通知等图书馆业务以及丰富的数字资源。举办的各类活动包括2020年“书香狮城”——

“4·23”云阅读系列活动，狮图讲堂22期，狮图荐书20期，狮图展览17期，狮图绘本21期，狮图普法2期，狮图科普4期，参与人数4456人。依托移动图书馆App平台，开展“百日阅读”，该活动历时4个月，近3000人参与，完成百日阅读打卡400人，活动浏览量65万人次，创造历年来浏览量新高，再次掀起阅读热潮；举办“你选书我买单”“我们的节日”系列活动、国庆中秋亲子绘画活动、民法典图片展等全民读书月系列活动，与黄金海岸分馆、凤凰城分馆联合开展系列主题阅读活动。

【流动图书车】 2020年，因疫情影响，流动图书车7月1日恢复服务，全年借阅人次1069人次，借阅册次5789册。流动图书车服务进一步延伸公共图书馆服务功能，在开展图书借阅、现场办证等日常服务的基础上，结合开展文化下乡、爱心赠书等活动。

【学术研究成果】 杨孙超撰写的《图书流动服务车，把书送到家门口——以石狮市流动图书车服务模式为例》发表在2020年第12期《数字通信世界》刊物；杨孙超撰写的《浅谈图书馆专业人员的能力建设规划》发表在2020年第24期《文教资料》刊物。

2020年石狮市图书馆业务情况表

表18

馆名	藏书总量（含电子图书）	新增藏量（册）	外借（人次）	外借（册次）	阅览（人次）	阅览（册次）	活动（次数）	活动（人数）
石狮市图书馆	949295	40813	100333	349311	10302	26995	183	16710

文物文博

【概况】 2020年，石狮市完成全市39处各级文物保护单位保护范围和建控地带“两线”划定，其中7处省级以上“定线落图”技术成果经省、泉州市文物局验收通过。全市11处用电文物保护单位（含博物馆）全部安装智慧用电，累计安装设备34套。

【文物保护】 2020年3月，石狮市政府公布第三批市级文物保护单位8处；按照最新申遗主题逻辑完成石湖码头“直挂云帆济沧海”展示馆提升改造；配合泉州市申遗办完成3个遗产点缓冲区93块界碑界桩定位安装；落实定期检查、日常巡查、实时监测工作制度，常态化加强遗产点管理保护；围绕迎接第44届世界遗产大会召开，组织文物、住建、城管、公路、交警等部门开展考察线路巡检，做好环境卫生巩固提升。

【基础数据管理】 2020年，石狮市加快全国文物保护单位基础信息系统、泉州市文物基础数据库平台录入，形成电子、纸质互为备案的文物记录档案；完成全市39处文保单位数据录入及238处不可移动文物基础信息填报。

【不可移动文物及革命文物普查】 在2012年9月石狮市人民政府公布238处第三次全国文物普查不可移动文物的基础上，2020年11月，石狮市人民政府以华侨文化、红色文化等地域特色为重点，普查认定不可移动文物及革命文物22处，涵盖墓葬、古建筑、传统民居、摩崖石刻等类别。

【文物巡查制度】 2020年，石狮市强化文物日常巡查管理，形成网格化管理巡查机制，按照“重点检、普遍查、全覆盖”原则，全面加强日常巡查。开展文物安全隐患大排查大整治百日攻坚行动，通过责令整改、下达通知、印发通报、发函抄告等方式，对排查隐患逐一整改销号。聘任首批22名文物巡管员，实现有文物的村（社区）文物巡管全覆盖。定期组织文物管理委员会成员单位对文物安全和执法情况进行督查；市文体旅游局与市人民法院建立文物保护司法联盟，市人民检察院开展文物保护检察调查，市公安局联合文物部门开展文物检查及打击文物犯罪专项行动，为文化遗产保护保驾护航。

【文博研究】 2020年11月8日，石狮市博物馆馆长李国宏晋升为研究馆员。完成撰写《元末澎湖巡检周草庭事略》《原乡血脉：海峡两岸同名村镇文化现象解析》《毛罗世界地图“刺桐”印象解读》3篇学术论文，分别发表于《福建文博》第1期、《闽台缘文史集刊》第2期、《闽南》第3期。

【展览活动】 2019年9月30日至2020年1月10日石狮市举办“‘光影对话’城市观景台获奖摄影作品精选展”；2019年10月14日至2020年6月5日举办“盛世典藏——石狮市收藏家精品联展”；2020年1月19日举办“迎新春送祝福 老少同乐书春联”活动；1月20日至5月16日举办“年

2020 年 11 月 21 日，子午画室的学生参观博物馆展览　　（图 / 市博物馆）

味、年画、年俗”；5 月 16 日举办“王起沃纪念馆石狮市作协创作基地揭牌仪式暨采风活动”；5 月 18 日至 9 月 26 日举办“浮想联翩：石狮古厝楹联拓片展”；5 月 18 日至 9 月 26 日举办“海丝印记——石狮文化遗产保护成果展”；6 月 13 日举办“‘文化和自然遗产日’‘非遗’宣传展示活动”；8 月 1 日至 9 月 2 日举办“防疫先进典型展示”；9 月 19 日至 12 月 1 日举办“石狮文化遗产保护成果展”；9 月 28 日至 12 月 18 日举办“李好 • 石狮摄影展”；12 月 29 日起举办“‘究竟清凉，具足圆满’纪念弘一大师诞辰一百四十周年师友系列作品展览”等 12 场专题展览，为期 2 个月，6.6 万余人次参观。

【文化惠民】 2020 年，石狮市博物馆坚持科普宣传、文化交流、社会服务相结合，深化精神文明创建主题文化活动，推进“文化惠民、文化利民”。以“中国文化遗产日”“国际博物馆日”为契机，组织开展 2 场专题活动，提高公众对文化遗产保护传承工作的重视和认同；发挥博物馆社会服务功能，围绕文物保护、家风家训等主题，开展文化下乡、文化进校园活动，先后为沙美村、市委党校、卢厝等单位（机构）开展 30 场文化讲座及讲解培训；接待团队参观、商务考察等团队近 4 万人次，提供志愿讲解服务上百场次。

【王起沃纪念馆】 2020 年，石狮市博物馆分馆——王起沃纪念馆以爱国主义教育及家风家训传承为主题免费向社会开放，累计接待团队 60 批次，参观 2.5 万人次。3 月，被石狮市政府公布为第三批市级文物保护单位；12 月，福建省人民政府公布王起沃纪念馆为第十批省级文物保护单位；12 月底被命名为第三批泉州市级家风家训展示馆。

广播电视

【概况】 2020 年，石狮市广播电视台有电视和广播电台两大传统媒体。电视有新闻综合频道，自办 12 档栏目，自办节目每天播出时间 70 多分钟；广播电台自办 6 档栏目，每日直播节目时间 8 小时。石狮市广播电视台获“2020 年全省融媒体新闻协作先进单位”称号。

【新闻报道】 2020 年，《石狮新闻》播出新闻 276 期，开设“学习贯彻十九届五中全会精神”“高质量发展 落实赶超”“落实五中全会精神 • 勇立潮头 巡礼重点项目建设成果”“落实五中全会精神 • ‘五绣’穿针，绣出城市颜值品位”“科学防控 有序复工复产”“房屋安全百日大整治”“落实防控 • 复工复产 • 企业在行动”“我是党员我担当”“走向我们的小康生活”“厉行勤俭节约 反对铺张浪费”“我是党员我担当”“家园清洁行动”“众志成城 抗击疫情”“乡村振兴正当时”等 20 多个系列报道和新闻专题，发稿 3250 多条；《直通政务》播出 244 期，发稿 720 多条；《周末视点》围绕“战疫情 稳销售 • 拓市场”“家园清洁在行动”“石狮匠人”“云遇石狮”等主题，推出近 40 期深度报道。

【对外宣传】 2020 年，中央广播电视总台、福建省广播影视集团、泉州市广播电视台共播出石狮新闻近 1400 条次，其中中央电视台 30 条次，中央人民广播电台 5 条次；福建省广播影视集团 470 多条次，比 2019 年增长 8%；泉州市广播电视台 830 多条次，比 2019 年增长 8%。《中国新闻》播出 9 条次，央视新闻频道播出 14 条次，《第一时间》播出 7 条次。央视移动新闻网刊播石狮新闻 980 条次，比 2019 年增长 9%。

【电台节目】 2020 年疫情期间，石狮市广播电视台推出“战疫情特别节目”，并制作防抗疫情公益广告、通知、微广播剧、诗歌、公益歌曲等。战疫情节目播出 15 期，共计 100 小时；防疫公益广告 30 条，共计 450 条次；防抗疫情广告、通知 9 条，共计 135 条次；广播微剧 78 部，诗歌 20 部，公益歌曲 116 首。推出“战疫情微广播剧场”栏目，播出《蝙蝠的自述》《危险的返程路》55 部微广播剧。

【电视节目】 2020 年，石狮市广播电视台配合泉州电视台拍摄《泉州故事》

（第三季）包括《紫薇花开》《裂缝里的阳光》《一个都不能少》。结合“双决”工作，组建两组摄制团队，走进石狮市山海协作对口帮扶县——南平市政和县，拍摄制作《山海协作·走进政和》10集系列片。承接摄制党政部门、镇（街道）、企事业单位的纪录片、专题片、宣传片、微电影30余部；摄制抗疫防疫、传播各类电视公益广告13个，总时长52分钟；组织公益活动10多场。抗疫宣传片《ICU的春与冬》、抗疫公益广告《木偶说疫情》等作品获得省、市各级各项扶持资金合计10余万元。“学习故事”短视频《海丝的足迹》、纪录片《ICU的春与冬》等近20部作品登上“学习强国”平台。

2020年，石狮市广播电视台开展栏目线下活动，依托少儿栏目《种太阳》自身品牌，在小学学校中开展小记者培训活动，全市有16所小学成立广电小记者站，有小记者1100多人。

【融媒宣传】 2020年，石狮市广播电视台借助疫情宣传契机，三家媒体对外新媒体宣传，统一使用“石狮市融媒体中心”呼号，实现摄像机、手机端5G网络直播，进驻新华、“央视新闻+”、今日头条、喜马拉雅等平台。2020年，石狮市广播电视台植入互联网思维，开发系列抖音短视频、直播、H5、小游戏、小程序、动漫等产品，推出《木偶说疫情》《快板“防疫要诀”》《高甲戏战疫纪事》等70多个宣传视频。制作《石狮郎 我承诺 我宅家》《守望家园，我们在一起！》等多期H5，通过微信朋友圈广告曝光上百万次；制作《全民战“疫”，不添乱！》微信游戏小程序，吸引10万多人参与。发起《暖心抗疫 花式宅家》石狮全民抖音大赛，发起“爱品才会赢”“无处不T台”等抖音话题，曝光量8234万次。运用石狮超级IP“狮来运转”，创作动漫海报、防疫公益广告，在微信朋友圈进行“刷屏”传播。探索传统摄像机网络传输模块和TVU直播模式，通过新华社现场云、福建广电网络平台进行“市长为品牌服装直播带货”“4·18”网交会等10余次“云上直播”，组织“网红带你游石狮”直播活动，助推网红石狮建设。10月29日，石狮融媒体中心获评为优秀县级融媒体中心。

【影视工作】 2020年，石狮市广播电视台影视办备案影视剧9部，拍摄完成11部，其中院线电影4部，网络电影5部、电视剧2部。《最强铁血奶爸》（原名：超级奶爸）《红色警戒》《狼群行动2》等多部网剧评分7.5分，过路戏《以家人之名》连续剧猫眼评分8.7分。

【产业经营】 2020年受疫情防控影响，石狮区域范围内大的经济环境还是不容乐观，根据节点时机，对商贸企业和商会组织在展现公益形象、新春贺岁时策划推广出春节贺年广告方案；对广电网络公司推广品牌、传递信息、介绍产品、服务承诺策划出投放电视电台广告年度合作方案；对石狮市国际食品城开业、招商引资、品牌宣传方面精心为客户量身打造策划出宣传方案；进一步加强与石狮电力公司的全方位、多角度的年度业务宣传拓展，提升与各个乡镇街道政府的直通政务业务合作，并不断开拓与北京中传奥美地亚广告传媒公司和福州触动传媒公司关于广告代理的合作方向。

【作品获奖情况】 2020年，石狮市广播电视台选送参加各级评优的广播电视作品32件，其中省级及以上有12件作品获奖，泉州市级20件。

2020年石狮市广播电视台广播电视作品获奖情况表

表19

序号	作品名称	获奖情况	授奖部门	主创人员
1	《美丽海岸守护者》	第九届女性题材优秀电视作品优秀奖	国务院妇女儿童工作委员会办公室、中国电视艺术家协会、中华全国妇女联合会宣传部	石狮市广播电视台
2	《急诊医生郭焕钢：战“疫”一线勇士》	2020年（第六届）全国人才工作新闻摄影暨短视频比赛三等奖	中国人才杂志社“大国人才”微信公众号	石狮市广播电视台
3	《抓好三大内容建设 办好县级融媒体平台——结合央视融媒矩阵号流量分析》	轻快杯“县级融媒体中心建设”主题征文一等奖	中国广播电视社会组织联合会、海看网络科技（山东）股份有限公司	王国川
4	《蔡崇熙：两岸文化交流是“心灵的寻根”》	2019年度福建新闻奖电视消息三等奖	中共福建省委宣传部 福建省新闻工作者协会	肖容滨 苏彧青 程高岗
5	《全球最长T台：国庆游行方阵中的石狮元素》	2019年度福建新闻奖广播消息三等奖	中共福建省委宣传部 福建省新闻工作者协会	陈汝琳 黄晓东 王金辉 李 歆
6	《抓好三大内容建设 办好县级融媒平台》	2019年度福建新闻奖新闻论文三等奖	中共福建省委宣传部 福建省新闻工作者协会	王国川

续表 19

序号	作品名称	获奖情况	授奖部门	主创人员
7	石狮市广播电视台	2019 年度广播电视公益广告扶持项目优秀传播机构	福建省广播电视局	石狮市广播电视台
8	《木偶说疫情系列——长辈篇、村民篇、防范篇、市民篇、朋友篇》	2019 年度广播电视公益广告扶持项目电视类作品三类作品扶持	福建省广播电视局	石狮市广播电视台
9	《ICU 的冬与春》	2020 年“众志成城 共同战疫”电视短纪录片征集评选获得二类作品扶持	福建省广播电视局	谭 论 孙 桑 王小荣 王小利 林喆庆
10	《律师在线》	2019 年度福建省广播电视艺术奖广播主持二等奖	福建省文学艺术界联合会 福建省电视艺术家协会	陈文峰 吴晓霞
11	《幸存者》	2019 年度福建省广播电视艺术奖广播综艺二等奖	福建省文学艺术界联合会 福建省电视艺术家协会	王 波 吴晓霞 王 迪 陈文峰
12	《做好短微视频 讲好县域故事》	2019 年度福建省广播电视艺术奖广播电视论文三等奖	福建省文学艺术界联合会 福建省电视艺术家协会	王国川
13	《行走百里海岸线》	国家 2020 年第一季度优秀国产纪录片推荐播映作品	国家广播电视总局 福建省广播电视局	王金辉 颜晓彬 苏彧青 肖容滨 洪晓颖 蔡毓杭
14	《石狮匠人》	国家 2020 年第二季度优秀国产纪录片推荐播映作品	国家广播电视总局 福建省广播电视局	王金辉 颜晓彬 苏彧青 肖容滨 洪晓颖 蔡毓杭 黄明贵
15	《云遇石狮》	国家 2020 年第四季度优秀国产纪录片推荐播映作品	国家广播电视总局 福建省广播电视局	王金辉 颜晓彬 苏彧青 肖容滨 洪晓颖 蔡毓杭 黄明贵
16	《紫薇花开》	国家 2020 年第四季度优秀国产纪录片推荐播映作品	国家广播电视总局 福建省广播电视局	谭 论 王小荣 柯龙通
17	《幸存者》	2019 年度泉州市广播电视艺术奖广播长篇连播一等奖	泉州市文学艺术界联合会 泉州市电视艺术家协会	王 波 吴晓霞 王 迪 陈文峰
18	《赤子流芳》	2019 年度泉州市广播电视艺术奖短纪录片一等奖	泉州市文学艺术界联合会 泉州市电视艺术家协会	董雅婷 王小荣 郑杰锋 谭振宝 郭国彬
19	《行走百里海岸线》	2019 年度泉州市广播电视艺术奖长纪录片二等奖	泉州市文学艺术界联合会 泉州市电视艺术家协会	王金辉 颜晓彬 苏彧青 肖容滨 洪晓颖 蔡毓杭
20	《懂法才有做法》	2019 年度泉州市广播电视艺术奖微视频二等奖	泉州市文学艺术界联合会 泉州市电视艺术家协会	陈茹德 柯龙通 苏煜强 孙 桑
21	《汽车天窗安全吗？》	2019 年度泉州市广播电视艺术奖电视少儿节目二等奖	泉州市文学艺术界联合会 泉州市电视艺术家协会	黄泽芬 施约限 傅亚勇 林喆庆
22	《守岛人》	2019 年度泉州市广播电视艺术奖短纪录片三等奖	泉州市文学艺术界联合会 泉州市电视艺术家协会	王金辉 颜晓彬 苏彧青 洪晓颖 章 杰
23	《石狮新闻》	2019 年度泉州市广播电视艺术奖电视播音三等奖	泉州市文学艺术界联合会 泉州市电视艺术家协会	陈鑫磊
24	《石狮新闻》	2019 年度泉州市广播电视艺术奖电视播音三等奖	泉州市文学艺术界联合会 泉州市电视艺术家协会	郝云爽
25	《喂爱加油》	2019 年度泉州市广播电视艺术奖电视综艺节目三等奖	泉州市文学艺术界联合会 泉州市电视艺术家协会	孙 桑 苏煜强

续表 19

序号	作品名称	获奖情况	授奖部门	主创人员
26	《华山归园田居》	2019年度泉州市广播电视艺术奖电视综艺节目三等奖	泉州市文学艺术界联合会 泉州市电视艺术家协会	谭振宝　王小荣 傅亚勇　郑杰锋
27	《全国文明城市石狮》	2019年度泉州市广播电视艺术奖电视公益广告三等奖	泉州市文学艺术界联合会 泉州市电视艺术家协会	王小利　张小珍
28	《三国曹阿瞒》	2019年度泉州市广播电视艺术奖广播文学三等奖	泉州市文学艺术界联合会 泉州市电视艺术家协会	吴晓霞　郑林峰
29	《律师在线》	2019年度泉州市广播电视艺术奖广播主持三等奖	泉州市文学艺术界联合会 泉州市电视艺术家协会	吴晓霞　陈文峰
30	《赤子流芳》	2019年系列片《泉州故事》第2季一等奖	泉州市文学艺术界联合会 泉州市电视艺术家协会	董雅婷　王小荣 郑杰锋　谭　论
31	《九二路纪事》	2019年系列片《泉州故事》第2季二等奖	泉州市文学艺术界联合会 泉州市电视艺术家协会	陈茹德　王小荣 李超文
32	《从太行到闽南》	2019年系列片《泉州故事》第2季三等奖	泉州市文学艺术界联合会 泉州市电视艺术家协会	黄泽芬　郑杰峰 柯龙通　苏煜强
33	《赤子流芳》	2020年“广电宽带杯·弘扬社会主义核心价值观”泉州市主题原创网络视听节目展播社会组三等奖	泉州市文化广电和旅游局 中共泉州市委文明办	董雅婷　王小荣 郑杰锋　谭振宝 陈晓玲
34	《石狮匠人·箍桶》	2020年“广电宽带杯·弘扬社会主义核心价值观”泉州市主题原创网络视听节目展播社会组优秀奖	泉州市文化广电和旅游局 中共泉州市委文明办	王金辉　颜晓彬 肖容滨　蔡毓杭 苏彧青
35	《你是谁》	2020年泉州市全媒体采编岗位人才练兵活动优秀奖	泉州市文化广电和旅游局 泉州市总工会 泉州市人力资源和社会保障局	洪晓颖
36	《“筷”安心》	2020年第三届石狮市公益广告原创作品征集评选大赛微视频类二等奖	中共石狮市委宣传部 中共石狮市委文明办	颜晓彬　苏彧青 黄晓东　陈鑫磊 柯云芳
37	《青春的样子》	2020年第三届石狮市公益广告原创作品征集评选大赛微视频类优秀奖	中共石狮市委宣传部 中共石狮市委文明办	石　林　郑杰锋

【广电网络】　2020年，福建广电网络集团石狮分公司发挥党媒政网及“视频专家”的优势，新上线石狮河长制电视云平台、新时代文明实践中心云平台、高新技术产业开发区云平台；承建石狮城安六、七、八期监控项目、宝盖镇第五幼儿园智能化项目、沿海监控识别预警分析系统项目、云桌面智能化项目、新时代文明实践中心展馆项目、石狮市教师进修学校等智能化项目。

【千兆小区开通】　2020年12月18日，泉州市各县（市、区）广电网络千兆小区同步开通仪式在石狮国宾壹号院小区主会场举行。“国宾壹号院”获“广电网络千兆宽带示范小区”牌匾，标志着泉州广电网络“互联网＋智慧广电”战略和社区智慧化布局全面发展。石狮国宾壹号院、石狮世茂五期等小区广电网络用户步入千兆时代。广电的千兆网络不仅能够满足“秒传、秒下”视频资源、高速浏览网页、顺畅播放4K电视、8K直播、VR/AR游戏等需求，保证家庭用户使用速率上的互不干扰，带去极佳的上网体验，同时也使远程医疗、在线教育、健身等扩展类需求实现，用户足不出户即可享受各种专家的专业服务。

石狮日报

【概况】　2020年，石狮日报社围绕市委工作会提出的“五个年”（产业攻坚年、城市提质年、民生提档年、交通整治年、作风建设年）发展，策划推出系列报道。在头版刊发重要时政报道300余篇；对武汉保卫战、全国新冠防控动态、第12届海峡论坛、第三届中国国际进口博览会等重要时事在国内版上进行突出报道。策划推出“创城暗访在行动”专题报道16期，新开设“新时代文明实践”宣传专栏，对新时代文明实践七个平台工作进行更全面报道。常态化办好“文明专刊”，开设“不文明现象曝光台”“影响我们的核心价值观”“我说文明”等专栏，引导文明健康生活习惯，不断提升市民文明素质。

【新媒体平台建设】 2020年，石狮日报社深入推进媒体融合发展，一方面完善新媒体平台建设，在原有新浪微博、手机App、微信公众号的基础上，推出头条号、抖音号、视频号、新华号、人民号，密织新闻传播渠道，扩大新闻传播覆盖面，截至2020年12月仅手机App、微博、微信公众号的粉丝超40万人。另一方面，面对疫情期间公众号从“每天1推”调为“每天6推”，通过重构新闻采编流程，使重要稿件在新媒体平台的首发率100%。在传播渠道与方式上，更加注重图文并茂，以及视频、音频等多媒体宣传形式的组合，使得新媒体平台推送文章的阅读量明显提高。据初步统计，仅微信公众号和新华号的阅读量超10万人次的稿件，2020年超过24篇。

【新闻作品获奖】 2020年，《石狮日报》作品在第26届福建新闻奖报纸副刊作品复评暨2019年度福建报纸副刊作品年赛中，获一等奖1篇、二等奖3篇、好专栏1个、好版面1个；在第三届石狮市公益广告原创作品征集评选大赛中，获二等奖1个；在2019年度中国县市区域报新闻奖评选中，获一等奖2篇、二等奖9篇、三等奖7篇；在“壮丽70年·奋进新时代”庆祝中华人民共和国成立70周年主题新闻竞赛中，获三等奖3篇；在2019年度中国县市传媒新闻奖评选中，获一等奖2篇、二等奖3篇；在2019年度福建新闻摄影好新闻奖评选中，获三等奖1篇；在2019年度福建新闻奖评选中，获三等奖3篇；在2020全国地市新媒体抗疫新闻奖评选中，获二等奖1篇。

【安全生产相关报道和宣传】 2020年，石狮日报社开设“深入开展安全生产大排查大整治”“安全生产隐患大排查大整治督导进行时”等专栏，推进安全生产隐患大排查大整治工作宣传报道，形成报纸版面、新闻客户端、微信公众号、微博等立体矩阵式的传播效应。2020年，仅报纸版面报道有关安全生产新闻稿件700余篇；“安全生产警示录”专栏稿件24期；“安全生产大家谈”专栏稿件12期；报道“5·12”全国防灾减灾日公益广告；承办石狮市全国“安全生产月”主题有奖征文活动等，宣传效果显著。

【防抗新冠肺炎疫情相关工作】 2020年，石狮日报社组织记者深入医院、疾控中心、医学观察点、乡镇等防控疫情一线采访，全天24小时滚动播报石狮市各级各部门防疫工作开展情况；在报纸版面上开设“党旗飘扬防控疫情第一线”“万众一心防疫情”“背包风采”等专栏专版；微信公众号每天6推及时报道各级政策及防疫动态，其中近10篇稿件创下10万多人次的阅读量；报纸和新媒体平台每天发稿近200篇，是泉州地区发稿最多的县域媒体。配合石狮市委统战部，参与发动华侨捐献抗疫防疫物资，全市海内外华侨捐赠的防疫物资及捐款达3亿多元。

旅 游

【概况】 2020年，石狮市加快推进旅游产品、旅游公共服务设施建设，“全福游·狮来运转”品牌影响力得到进一步提升，旅游业整体呈现良好发展态势。成立石狮文旅集团，集聚优质文旅资源，助力产业高质量发展。宝盖山、永宁古卫城获评国家AAA级旅游景区，实现石狮市A级景区零突破。签约深圳华侨城“一城多点”旅游战略合作、石狮梅林游艇码头、石狮高正国际滨海休闲旅游度假3个文旅项目。2020年，石狮市旅游总人数528.8万人次，旅游总收入101.49亿元。

【旅游项目建设】 2020年，石狮市安排旅游景观及基础设施项目26个，总投资34亿元，年度投资额7.8亿元，聚集聚力创建A级旅游景区和打造滨海特色旅游产品。宝盖山、永宁古卫城获评国家AAA级旅游景区，实现石狮市A级景区零突破。同步编制《宝盖山国家AAAA级旅游景区创建规划》，加快推进宝盖山创建国家AAAA级景区；推进永宁古卫城修缮提升工程；启动“十里黄金海岸”省级旅游度假区创建，编制六胜塔、林銮渡AAA级景区规划。建成红塔湾海岸公园、世茂海上丝绸之路博物馆、杨孙西文化馆二期等一批项目，启动将军山军事公园等建设。永宁镇入选首批“省级滨海休闲度假气候福地”，郭坑村获评省级三星级旅游村，古浮村获评省级旅游村。红塔湾旅游路、“十里黄金海岸”旅游度假区等6个项目获评泉州市“六大旅游产品”。“橘若”民宿建成营业并成为泉州地区民宿地标。评定茂险王主题乐园、玉湖豆腐文化商贸园等10家市级旅游研学基地，引导研学旅游发展。

【旅游公共服务】 2020年，石狮市建成石狮市旅游集散服务中心、古浮湾旅游服务中心，打造成全市展示旅游形象的窗口和伴手礼展销平台；峡谷旅游路配套建成智慧体育公园和3个停车场，新增400个停车位；加快推进锦江外线、锦尚外线、永宁外线、共富路等旅游大通道建设，红塔湾旅游路获评泉州市旅游公路典型示范优胜项目。新增2座A级旅游厕所。

【旅游宣传与活动】 2020年，石狮市邀请中央十套《探索·发现》栏目组来石狮拍摄《家乡至味》纪录片，该

2020 年 7 月 20 日，永宁黄金海岸边的橘若民宿　（图 / 市文化体育和旅游局）

纪录片于 2021 年 2 月 16 日播出；中央二套制作的《2020 中国夜市全攻略：福建石狮》于国庆期间播出；邀请著名影星姚晨到林銮渡、观音山等景点拍摄旅游宣传片，全方位、多角度进行旅游宣传推介。举办全域旅游抖音大赛、摄影大赛，拍摄《石狮旅游美食风情片》《来去石狮品美食》等宣传片，在《石狮日报》主办旅游摄影系列专版，编印《石狮旅游指南》《石狮旅游折页》《石狮特色伴手礼折页》等资料。2020 年，举办 10 场旅游推介活动，石狮市市长在“4·18”石狮旅游在线直播推介会上亲自推介石狮旅游，在线观看互动人数超 20 万人次；开展“网红主播游石狮旅游推介”活动，抖音、火山、映客等多个直播平台累计吸引 500 多万名网友观看；开展“爱漫客”第三届动漫文化节、凤里八卦街嘉年华等 10 多场节庆活动，推动文旅融合发展。

2020 年，根据市场需求策划生成遗产之旅、古城探秘、人生海海、“i 购狮城”等 8 条精品线路；以组织网红游石狮为切入点，向各家旅行社推出石狮“二日游”路线。充分发挥旅游产业专项资金的激励带动作用，引导 2 家本地旅行社开通旅游直通车初见成效，全年累计接待广东及省内各地旅游团队 550 多个团，10287 人次。

2020 年，组织镇村干部赴厦门考察学习乡村旅游发展管理经验，组织文旅系统干部参加泉州“非遗”讲解员培训；举办市情讲解员（导游）选拔培训，110 名学员参加；举办石狮市旅游大使·讲解员（导游）大赛、旅游饭店服务技能大赛，进一步提高旅游从业人员的服务技能和综合素质。培养一大批对石狮市文化旅游活动参与度高的各界人士。成立文旅专家智库，优化充实石狮市旅游人才队伍。

【旅游项目招商】 2020 年 12 月 31 日，石狮市人民政府和深圳华侨城集团、厦门路桥集团、江西高正集团举行石狮文旅项目集中签约仪式。主要进行深圳华侨城集团“一城多点”旅游合作、石狮国际游艇汇投资、石狮高正国际滨海休闲旅游度假等项目签约。集中签约后，华侨城集团将在石狮市进行“一城多点”文旅项目开发。厦门路桥集团将在永宁梅林打造国际游艇汇。高正集团将在永宁打造集主题体验、星级酒店、旅游购物、滨海游乐为一体国际文旅综合体，项目计划总投资 15 亿元。

【旅游市场推广】 2020 年，石狮市举办“狮来运转·乐游石狮”全国旅行商石狮踩线推介活动，推动石狮与省内外旅行商加强合作；在泉州西街游客中心设立“石狮旅游展示厅”，展示精品旅游线路、城市文化、文创商品。组织伴手礼企业参评“全福游·有全福”旅游产品大赛、2020 中国旅游商品大赛获多项大奖；组织参加银川“闽宁特色产品展览展示”、厦门第七届海峡旅博会等 8 场大型展会，引导伴手礼协会成员进一步挖掘石狮在地文化，用创新、创意和创造实现产品增值，开拓产品差异化销售渠道，带领会员企业抱团发展。“石狮旅游”微信公众号多次入围省文旅厅发布的县级旅游公众号榜单前五名。

【旅游安全管理】 2020 年，石狮市加强旅游行业安全管理，召开安全生产培训会，与各旅游企业签订安全生产责任书，强化行业监管责任和旅游企业安全工作主体责任落实。与市应急管理局、公安局、交通港口局、市场管理局联合开展排查整治；组织旅游企业开展“安全生产月”系列活动，加强重点场所的火灾防范和安全监管，出动 86 人次，检查旅游企业 63 家次，提出整改 20 起，全部整改到位，整改率 100%；强化旅游包车管理，开展旅游包车安全专项检查，重点打击非法经营旅游业务行为，有效预防和坚决遏制涉旅交通事故的发生；完善防汛备汛措施，督促旅行社密切关注汛情预报；组织旅行社开展文明旅游宣讲活动，与游客签订《文明旅游承诺书》；严防食品卫生安全事故，督促旅游餐饮服务提供者落实食品安全管理制度。

【旅游服务质量管理】 2020 年，石狮市提升旅游景区服务质量，建成石狮市旅游集散服务中心；提升旅游饭店服务质量，实施新版饭店星级标准，加强星级饭店评定和复核工作；提升旅游车辆服务质量，制定《石狮市旅行社租赁旅游包车专项治理工作方案》等文件，提高旅游车队企业服务的规范化水平；提升导游服务质量，举办2020年石狮市旅游大使·讲解员（导游）大赛，进一步发掘培养讲解人才，展现石狮景点魅力。

【旅游景区景点介绍】 宝盖山国家AAA级旅游景区 宝盖山景区创建规划面积3.15平方千米，拥有始建于南宋绍兴年间的“泉州：宋元中国的世界海洋商贸中心”遗产点——姑嫂塔，建成石窟公园、花海谷公园、学府公园等一批景观提升工程，配套石狮市旅游集散中心、宝盖山游客中心、旅游厕所、停车场、登山游步道等旅游公共服务设施。景区规划并形成了运动健身类、游览科普类、文化体验类、游憩休闲类、康养保健类五大类核心旅游产品。

永宁古卫城国家AAA级旅游景区 永宁古卫城景区内有永宁古卫城遗址、“中国历史文化名街”永宁老街、“省级文保单位”永宁城隍庙以及慈航亭、文祠、大夫第、永宁古民居、董云阁烈士故居等众多名胜古迹，保存有以汉林楼、宁东楼为代表的番仔楼群和一批闽南红砖古厝。永宁古卫城拥有丰厚的非物质文化遗产，常年举办城隍文化节、元宵民俗庙会等节庆活动。

石狮十里黄金海岸旅游度假区 十里黄金海岸度假区位于石狮永宁镇，东至长岭头屿，北至锦尚镇深埕工业区北侧，西至梅林村避风坞，南至梅林村梅林码头，总面积8.3平方千米。涵盖中骏黄金海岸、观音山地质公园、红塔湾海岸公园、军事公园、梅林码头（石狮国际游艇汇）等多个旅游项目。度假区交通便利，气候宜人，度假产品突显，旅游接待设施配套齐全，滨海休闲度假产品品质在国内处于领先地位，是全国滨海旅游区之一，是福建省的重点滨海旅游区，是泉州十八大景点之一，是石狮市的最有名的景区和度假区。十里黄金海岸度假区于2020年获评泉州市旅游度假区。

福建省世茂海上丝绸之路博物馆 福建省世茂海上丝绸之路博物馆占地11482平方米，建筑面积30718.42平方米，由拱辰楼（主楼）、春华楼（东楼）、秋荣楼（西楼）、东阙楼、西阙楼五楼构成。馆内设九厅一院，涵盖两个故宫专题展厅、世茂珍藏展厅、海上丝绸之路展厅、丝路山水地图数字展厅、特别展厅、多功能报告厅、两个贵宾厅以及紫禁书院（泉州分院），同时配套文创空间、文物库房、博物馆主题餐厅、游客中心、警务联络点、地下车库、公交首末站等设施，常年举办各种类型的展览、教育和文化交流活动，提供开放服务。

【特产与美食、小吃简介】 石狮的美食，集闽南“舌尖文化”之大成，不仅富有地域特色，也赋予珍肴文化的享受。它是这座城市延续乡愁、彰显内涵的重要载体。

蚝仔煎 以冬春最鲜美的鲜蚝裹上大蒜、番薯粉等调成的粉浆，香油煎至金黄，加入陈醋、秘制作料等。品尝蚝仔煎，不仅是享受美味，还可以欣赏烹饪师傅麻利的一招一式。

芋圆 慢火蒸熟的芋圆晶莹鲜嫩，柔脆而富有弹性。配以白的蒜茸、红的辣酱、微黄的花生仁末等调料，佐以热汤，色香味俱全、乡土气息浓郁。

肉粽 选用上等糯米和粳米，加上红烧肉、卤蛋、香菇、虾仁制成。粽叶清香四溢，撒上辣椒酱、蒜蓉、上等酱油，令人食欲大振。

面线糊 以虾、蚝、蛏、鸭汤、猪血、淡菜等美味熬制成汤，撒上气味浓郁的胡椒粉。面线似江上荡漾着的竹排，再与油条搭配。

田螺肉碗糕 石狮传统糕点，基于传统碗糕发展而来，但表面更光滑，掺以红糖蒸制，呈黄褐色，口感软韧适度，中心还有一块特别韧、香的肉仁，如田螺之肉，故而得名。

牛肉羹 石狮名小吃，金黄汤色，粉红肉羹，醇厚的牛肉香融于汤中，撒上细姜丝芫荽叶，清香入鼻，香而不腻，口感滑润，食之不止。

石湖红膏蟳 产于蚶江石湖，肉肥甘嫩、膏仁丰实。煮后的红膏蟳通红油亮，膏汁凝结成橙黄块状，肉白膏红，香飘远外，甚为鲜美。

花生汤 打个鸡蛋，冲入滚烫的花生汤，瞬间蛋花四散，上下翻飞。汤的醇厚，蛋的滑润，加上芋头的糯酥，风味独特。

阿潭煎包 用料丰富，煮、蒸、煎工艺齐上，做法传统，香松可口。刚出锅的水煎包，底焦脆，面软嫩，脆而不硬，香而不腻。馅料口感扎实，独具特色。

萝卜饭 特有沙土萝卜，加八分肥带皮猪肉，与香菇、海蛎、虾干同煮。肉的油润、萝卜的清甜、米粒的韧酥，综合成口感舒爽的席上主食。央视《舌尖2》推介。

拌面线 面线过水干捞，加入煎得金黄的鸡蛋碎、蒸煮或炒拌过的海蛏牡蛎虾仁蛤肉等海鲜，再淋上葱油等调料，稍许一拌，就是一碗香气扑鼻又可口的面品小吃。

肉夹包 白面软馍，香煮五花肉块，自己动手夹在一起，便是一款好吃的“石狮汉堡”。面皮松软，肉有嚼劲，咬上一口，满嘴留香。

三合面 俗称“布袋炒面”，石狮传统小吃。将面粉用微火焙炒至微黄，盛入盆中凉凉，捣散。加入白糖、葱头油、芝麻末混合，搅拌均匀，一份香甜可口的三合面便完成。

润饼菜 石狮传统小吃，外皮薄韧，内馅丰富，以素食菜品为主，拌以花生与糖粉。口感既有皮的劲道，又有馅的清甜，且甜咸的层次交替，品味丰富。

马鲛羹 用马鲛鱼去骨，加地瓜粉制作，汤底使用慢火熬制的鱼骨汤。盛在碗里晶莹剔透，再撒上些许翠绿的葱花，味道鲜美，回味无穷。

五香卷 剁碎的精肉、荸荠、葱，拌以五香粉等，用豆皮包裹，油炸至金黄色，切成寸段，趁热蘸上辣椒酱，香脆鲜酥的口感，美味到让人不想停箸。

东埔炖猪脚 家传烹制工艺，以讲究调料配方和制作闻名。经炒、焖、蒸等程序，烘出猪脚的天然口味，再配以香菇、墨鱼干、莲子、虾仁等配料，成品香嫩可口，肥而不腻。

壶仔饭 以配料香菇、花生、精肉等铺底，加入调味，覆糯性大米入盅蒸制。点食后倒扣于碗中，淋卤汁拌食。吃起来软糯香甜，鲜香四溢。

醋肉 地道石狮小吃，以醋腌瘦肉为主料，经油炸而成。外表金黄，外酥里嫩，带着淡淡的醋香。既可当零食解馋，也是面线糊等美食的最佳配食。

粿煎 带着甜味的糯米糕，包着花生酱，皮上盖一个小红印章，在一片粽叶上蒸熟。咬一口嫩滑而有弹性，闻一下还带有粽叶清香，内含花生糖浆，爽滑甜口。

体 育

【概况】 2020年，石狮市开展全民健身运动，举办各种群众体育赛事与活动。参加泉州市级比赛，举办2020年石狮市“8·8”全民健身日活动、石狮市夏季足球联赛、“石狮国际食品城”杯2020泉州市（县市区）篮球邀请赛、“石狮国际食品城杯”2020年第11届石狮村级篮球联赛、“进出口商会杯”职工五人制足球比赛、石狮市第二届“双拥杯”军地男子篮球邀请赛；建设智慧体育公园、湖滨街道笼式足球场、祥芝镇祥农村笼式足球场；在灵秀镇灵山村、宝盖镇宝源社区、宝盖镇前坑村各新建1座老年人综合三场(门球、气排球、地掷球)。

【体育基础设施建设】 2020年，宝盖山建设智慧体育公园，占地面积5.24万平方米，总投资2500万元（不含征地费用）。公园运用物联网、云计算、人工智能等先进技术，打造器材智能、服务智能、管理智能的智慧体育示范公园。建有环形智能步道、智能体质检测仪、智能多功能球场、智能健身驿站等智能化体育健身设施。群众可通过智能体质检测仪对自身体质情况全面检测，根据体质检测结果个性化地选择智能体育设施进行针对性、科学化的锻炼。公园按智慧体育标准配置，建设十一人制足球场1个、篮球场5个、排球场1个，门球场2个，同时配备健身器械、攀爬网、淋浴房、自行车道、机动车停车场等设施。湖滨街道新湖社区建设笼式5人制足球场、祥芝镇祥农村建设笼式5人制足球场、分别在灵秀镇灵山村、宝盖镇宝源社区、宝盖镇前坑村各新建1座老年人综合三场（门球、气排球、地掷球）。

【竞技体育】 2020年，石狮市蹦床运动员林倩麒收获三连冠，蹦床奥运模拟赛获得冠军、全国蹦床锦标赛女子蹦床个人单项冠军、11月6日在西安举行的“2020年全国蹦床冠军赛”中获得冠军；11月，钱闽瑶获得全国青年帆板锦标赛中女子RS:X级场地赛第三名、女子RS:X级全能赛第三名、女子RS:X级长距离赛第二名、12月，钱闽瑶获得全国翻波板锦标赛中获得女子RS:X级U21长距离赛第八名、女子RS:X级U21场地赛第七名；蔡俊斌获得福建省青少年U系列击剑冠军赛男子重剑个人赛冠军，并获得国家一级运动员资格；石狮市小运动员参加2020年泉州市少年儿童U系列篮球锦标赛获得男子乙组第二名、男子丙组第二名、女子乙组第三名、女子丙组第三名；2020年泉州市沿海片区小学生校园足球联赛男子组石狮市四支足球队再次全部挺进泉州总决赛，分别是 石狮中英文实验学校球队获冠军、石狮第四实验小学球队获亚军、石狮第五实验小学球队获季军、石狮实验小学蚶江校区获三等奖。

【群众体育】 2020年，石狮市举办2020年石狮市“8·8”全民健身日活动、石狮市夏季足球联赛、全民健身“8·8”日系列活动石狮市第四届“联强杯”五人制足球比赛、石狮市冬季“足协杯”足球比赛、石狮市“进出口商会杯”职工五人制足球比赛、“石狮国际食品城”杯2020泉州市（县市区）篮球邀请赛、“石狮国际食品城杯”2020年第11届石狮村级篮球联赛、2020年第五届石狮“同心杯”篮球邀请赛、石狮市第二届“双拥杯”军地男子篮球邀请赛等。

【人才队伍建设】 2020年，石狮市发挥体育传统项目优势，构造体育训练网点校、省（市）体育传统校、体育重点校及体育特色校的布局网络。开展狮阵进校园活动，利用自然门学校、闽南理工学院等北狮训练基地开展培训活动；邀请省龙狮协会为全市中小学体育老师开展龙狮运动培训。2020年，市社会体育指导1人次通过一级考核、10人次通过二级考核、举办两场社会体育指导员培训有92通过三级考核；举办足球教练员培训班；1人次通过篮球一级裁判员考核；少体校教练员3人次参加省级教练员教训班。蹦床运动员林倩麒在国家队备战奥运会，4名击剑运动员在省体工队，3名帆板帆船运动员在省体工队，1名田径运动员入选国家队，全市少体校常训队员人数有200多名。

卫生与计划生育

综 述

【各级各类医疗机构基本情况】 2020年，石狮市各级各类医疗机构369家。其中，三级综合医院1家、二级甲等医院1家、二级综合医院3家、社区卫生服务中心4家、乡镇卫生院5家、民营医院7家、社区卫生服务站3家、村卫生所（室）152家、门诊部29家、个体诊所165家。

【卫生项目建设】 2020年，石狮市卫生健康局贯彻落实“实业项目赶超年”活动的决策部署，出台《石狮市医疗卫生重点项目建设推进工作方案》。加快石狮市中医院建设，将石狮市医院旧院区改造为石狮市中医院，首期拟开放床位150张（可扩增至450张，含精神卫生中心及康养），项目概算总投资15000万元。10月1日举行揭牌仪式。加快石狮市妇幼保健院新业务楼装修工程。将原市房管处办公楼和待改套房改造为新业务楼，总建设面积10726平方米，工程概算总投资2690万元，10月1日举行竣工启用仪式，正式投入使用。加快凤里社区卫生服务中心改建。将原石狮市医院行政办公大楼改造为凤里社区卫生服务中心业务用房，总建设面积4353平方米，工程概算总投资600万元，10月举行揭牌仪式，正式投入使用。

【医疗卫生管理】 2020年，石狮市加强医疗卫生服务体系管理，优化医疗资源配置，优先支持社会资本举办非营利性医疗机构，支持高端医疗连锁机构在石狮设点，在福建省率先放开个体诊所设置（仅需居住证），允许县域外中级以上职称医师来石狮多点执业，开办联合诊所，全部放开专科医疗机构。加强医德医风建设，加强行业作风建设整治专项整治，推行医患双方签署拒收“红包”协议书纳入病案管理制度，广泛张贴医务人员拒收“红包”警示标识和举报电话。加强医疗行业全程监管，推行医疗机构积分制管理和从业人员记分制管理。将记分情况与医疗机构年检和执业人员个人年度考核、注册、职称晋升、岗位竞聘以及医师定期考核等挂钩。加强第三方医疗质控，发挥市医学会7个质控小组作用，注重病案质量、合理用药、院感控制等培训和管理，扩大临床路径实施范围，持续推进优质护理服务。

【公共卫生服务项目】 2020年，石狮市将慢性病防控作为民生补短板的重要内容，构建石狮市慢性病防治市—镇—村三级防控网络，落实慢性病全程管理工作，探索医防融合服务模式，在湖滨社区卫生服务中心设立慢性病管理服务站，开设糖尿病前期门诊，采取e网血糖管理模式，通过智慧血糖App实现对患者规范化管理；开展慢性病综合防治各项工作，强化严重精神障碍患者管理工作，实施严重精神障碍患者管理购买服务，委托泉州市第三医院对石狮市严重精神障碍患者进行建档、体检、随访管理等工作，并与泉州市第三医院建立双向转诊，对点帮扶机制，为18名严重精神障碍患者提供免费救治及管理工作，11月17—27日邀请泉州三院医生为石狮市186名患者进行复核诊断。

【卫生应急处置】 2020年，石狮市建立“院前—120急救车—急症医学科—多学科会诊”的急危重症抢救数据化视频平台和院前预警系统，启动胸痛中心、全域胸痛急救服务平台，建设15处“AED安心场所”，将AED（自动体外除颤仪）系统融入市急救中心，增加危重症病人年诊疗量，提升抢救成功率。推行基层急救能力提升工程，加强基层院前急救技术培训，组织全市60周岁以下的乡村医生分批分次到总医院急诊科跟班培训，提升乡村医生的急诊急救技能。规范基层标准化抢救流程，启动102个行政村心电服务“村村通”，实现心电数据信息化传送，有效提高心血管疾病救治能力。加强应急演练，提高现场处置能力，9月28日，石狮市新冠肺炎防控工作指挥部在厦门外国语学校石狮分校开展“健康使命——2020”石狮市秋冬季新冠肺炎防控应急处置演练。

【卫生队伍建设】 2020年，石狮市实行人员招聘备案制。落实公立医院用人自主权，赴福建医科大学招贤纳士，2020年自主招聘到36人，其中硕士研究生8名，充实增强医疗卫生机构的技术力量。石狮市总医院继续深化与上级高端医疗资源的嫁接合作，与福建省协和医院心血管专科、脊柱外科等建立2个名医工作室，聘请福建医科大学附属第一医院教授纪超为皮肤学科顾问，与上海眼耳鼻咽喉科医院耳鼻咽喉研究院签约，总医院泌尿外科、普外科、医学影像科被评选为县级医院临床重点专科。妇幼保健院继与福建省人民医院妇科成立专科联盟，提升医院妇科学科建设影响力。石狮市总医院，出台推进技术、慢性病种“双下沉”相关工作制度，配套建立下沉人员目标责任制考核和绩效分配专项资金，激发下沉人员动力。加强基层中医药适宜技术推广，全面推进中医馆建设全覆盖，全市基层诊疗服务吸引力明显提升。小病首诊在基层、大病在市内、康复回基层的良性就医格局逐步形成，石狮市卫生健康局受邀在全省紧密型医共体建设培训班上作典型经验工作介绍。

【行风和职业道德建设】 2020年，石狮市制定《石狮市医疗行业作风建设工作专项行动方案》，结合健康领域反面典型案例，采取召开警示教育会、警示教育专题讲座、廉政党课等形式加强警示教育，2020年开展警示教育活动4场次、编辑下发党风廉政教育及医德医风教育学习材料13期，新增纠正行业不正之风专题学习3期。结合春节、中秋、国庆等重大时间节点，加强“廉洁文化进医院”宣传，开展宣传12期。推行医患双方签署拒收“红包”协议制度，并纳入病案管理，开展出院患者“红包”专项回访，出院患者回访率100%，全年退红包96人次，退回金额45666元。继续推行石狮市医疗机构从业人员执业行为记分管理，2020年从业人员执业行为记分5次，医德考评记分4321次，对医德医风差、服务态度恶劣、医疗事故等不良行为实行计分管理，并将结果运用于年度考核中，促进医务人员规范医疗服务行为，进一步改善服务态度。

医政管理

【概况】 2020年，石狮市优化医疗服务资源，放开医疗服务市场，优先支持社会资本举办非营利性医疗机构，加强医疗质量评价，加快推进中医药事业发展，定期举办“健康大讲堂”，健全乡村医生临床技能训练制度，实施改善医疗服务三年行动和公立医院“暖心服务”三年行动工作。组织参与2020年全省189家二级以上公立医院满意度调查，其中，石狮市总医院排第12名，石狮市妇幼保健院排第49名。优化提升医疗行业服务质量，以医疗机构积分制管理和从业人员记分制管理为抓手，以各类医疗专业技术培训和加强医疗质量控制为载体，加强病案质量、合理用药、医院感染等方面管理，着力提升石狮市医疗行业服务质量和水平。

【医疗服务质量提升】 2020年，石狮市开展“暖心服务”三年行动，持续改善医疗服务行为，解决群众就医过程中态度和服务短板，石狮市总医院和石狮市妇幼保健院出台暖心服务政策制度35项，改善服务态度举措26项，改进服务流程举措34项，提升服务质量举措33项，美化服务环境举措27项，收到患者的锦旗、感谢信、匾额520件。利用互联网帮助60多名无主病人找寻亲人或救助，使其得到妥善安置。简化就医流程，推行预约诊疗，市总医院预约诊疗率93.56%、复诊预约率97.94%、分时段预约率100%、院外预约提醒信息（电话）推送率100%；市妇幼保健院预约诊疗率66.48%。深入分析患者困扰，注重细节管理，创新暖心服务措施，完善“一科一特色”内涵，开展暖心服务措施。

【高端医疗资源对接】 2020年，石狮市总医院与福建医科大学附属第二医院、上海长海医院泌尿外科团队、“910”医院张诚华医生团队等省内外高端医疗资源对接协作，与福州市第二医院建立骨科联盟，聘任重庆医科大学附属第一医院教授万梓鸣为肾内科血透病人血管通路技术顾问，聘任福医大附属协和医院教授陈春美为神经外科技术顾问，聘请福建医科大学附属第一医院皮肤科主任纪超为皮肤科学术顾问。全年福医大附属二院派出专家147人次，指导手术59例；上海长海医院泌尿外科团队完成手术30例，其中三四级手术占100%，门诊量38人次；张诚华医生团队完成手术175例，其中三四级手术占比79.50%，门诊量305人次；神经外科脊髓脊柱成功手术5例；肾内科血透病人血管通路手术31人次，骨科手术40台。2020年市总医院泌尿外科、普外科、医学影像科被评选为福建省县级医院临床重点专科。

【技术交流、技术培训和卫生科研活动】 2020年，石狮市强化医疗专业技术培训，举办基层医疗机构急诊急救知识培训班和每月至少举办1期健康大讲堂活动，全年举办13期；继续深化基层医疗卫生机构改革，强化医院行政管理，规范诊疗服务行为，增强医务人员的业务素质，提高医疗质量和服务水平，举行2020年石狮市第五届“天使杯”职业技能竞赛，营造加强业务知识学习、你追我赶的良好学习氛围；举办“讲好村医故事”宣讲比赛，讲述他们的缩影故事，全市18名乡村医生参与，评出一、二、三等奖及优秀奖10名。举行乡村医生经验交流会，优秀村医代表在会上分享自己的心得和做法，供大家相互学习借鉴经验，组织46场53人主讲约500人次参加。提升乡村医生急诊急救能力，组织全市60周岁以下的乡村医生分批分次到总医院跟班培训，每人必须在8—12月完成15个课时学习及考核，提升乡村医生的急诊急救技能，进一步提高乡村医生队伍整体素质。举行乡村医生基本公共卫生服务技能竞赛，全市27名乡村医生参与角逐，进行理论测试、情景赛、穿脱防护服技能操作比赛，评出一、二、三等奖7名乡村医生。开展中医“师带徒”活动，各镇卫生院（社区卫生服务中心）对乡村医生开展为期1个月的拔罐、刮痧、艾灸、刺络放血、中药处方等中医适宜技术培训。培训后，各镇卫生院（社区卫生服务中心）推选2名乡村医生参加中医适宜技术知识和技能操作竞赛，评出一、二、三等奖7名乡村医生。2020年，石狮市培训乡村医生251人，培训后，统一组织临床技能考核和组织到石狮市总医院进行为期5天的临床跟班实践。其中2名乡村医生参加骨干乡村医生培训。

【医疗废物处置】 2020年，新冠肺炎疫情期间进一步规范医疗卫生机构对医疗废物的管理，督促各医疗卫生机构进一步建立健全医疗废物处理管理责任制，完善并落实医疗废物管理的规章制度、工作流程和要求，明确负责医疗废物管理的监控部门或者专（兼）职管理人员，建立医疗机构医疗废物处置管理工作监督档案，实行动态管理，严格落实医疗废物收集、贮存、转运等管理规范，结合医疗机构评价、优质服务基层行和医疗机构年度校验等活动载体，严格按照《医疗废物集中处置技术规范（试行）》进行操作，做到专人接收、专用包装物、专用警示标识，全市医疗机构均实现医疗废物统一集中处置。2020年多次对全市各级各类医疗机构和锦尚健康家园集中隔离点进行多次医疗废物管理和规范化处置的检查整治，建立整改台账并跟踪整改落实情况。2020年，集中处置医疗废物 307.136吨，其中涉疫医疗废物38.772吨，规范化处置率100%。

【重大活动医疗保障】 2020年，石狮市做好疫情期间重大活动医疗保障工作，加强医疗保障的组织、指挥、协调，夯实医疗保障各项基础工作，组建石狮市医院院内医疗救治专家库，开通急诊医疗救治绿色通道，做好应急床位预留、医疗设施、仪器设备、急救药品和器械等方面准备。加强对活动现场的医疗保障，2020年保障各类重大活动49场次，出动救护车56车次，派出医务人员200余人次。

【乡村医生管理】 2020年，石狮市出台《石狮市加强乡村医生队伍建设的工作方案》，进一步明确乡村医生功能定位，落实和完善乡村医生补助、养老等12项举措，稳定和优化乡村医生队伍，发挥村医作为健康守门人的网底作用。出台乡村医生养老保障实施方案，切实提高乡村医生养老待遇。对全市214名乡村医生开展乡村医生养老保障资格认证，完善乡村医生养老保障（保险）名单，确保乡村医生养老补助金发放到位，每人每年最高可以领取3000元养老保障补助。开展乡村医生基本公共卫生项目一对一帮扶工作，考核前5名的村卫生所（室）对考核后10名的进行结对帮扶。组织签订医疗责任险，为提高村卫生所（室）防御医疗风险的能力，建立医疗风险社会分担机制，石狮市卫生健康局组织全市147家村卫生所（室）投保医疗责任险，投保率100%，有效化解医患矛盾，构建和谐医患关系。

【村级医疗卫生机构建设】 2020年，石狮市开展创建星级村卫生所（室）活动，进一步强化村卫生所（室）硬件和内涵建设，从业务用房、设施设备、人员配置、基本医疗和公共卫生服务等15个方面进行评价，按星级设置标准给予评定。2020年，评选出8家三星级村卫生所（室）。启动心电服务“村村通”，年底完成全市102个行政村实行心电服务“村村通”，村卫生所室心电图直接连接到市总医院心电诊断中心，真正让市民在“家门口”就能享受市级医院的心电诊疗服务。全市13家“空白村”卫生所获财政补助52万元。

【中医医疗服务体系建设】 2020年，石狮市中医院建设基本完工，逐步打造以市中医院为龙头，9家镇卫生院（社区卫生服务中心）中医馆为枢纽，门诊部、个体诊所、村卫生所（室）为网底的城乡中医药三级网络服务体系。2020年，石狮市社区卫生服务中心和镇卫生院均建设中医馆等中医综合服务区，全市社区卫生服务中心、大部分的村卫生所均能提供与其功能相适应的中医药服务。石狮市引进上级优质中医药资源，主动对接泉州市中医院针灸康复科（国家级重点中医专科），在湖滨、凤里两个社区卫生服务中心设立分点，每周定期邀请业务骨干和治疗师到基层坐诊、查房及指导等，同步配套康复诊疗网络软件，基本建立上级制定治疗方案、基层接受治疗的中医分级诊疗模式。2020年，为8650余人次提供就诊服务。

【医疗质量监管】 2020年，石狮市制订《2020年石狮市医疗质量控制工作安排》计划表，召开全市医疗质量控制工作会议并部署工作，进一步加强医疗质量控制管理。加强日常督查，结合“优质服务基层行”、疫情防控政策，组织医疗质控七大中心开展基层医疗机构日常管理和年段校验评价活动及多次疫情防控督查、2020年度全市医疗机构医疗质量控制督查，排查发现问题627个，并限时整改到位，进一步堵住医疗漏洞，提升医疗服务水平。加强业务培训，按照工作安排和督查发现的问题，组织开展业务培训和技术指导8场次，培训医务人员501人次，提高医务人员业务水平。医疗机构实行积分制管理模式，采取日常管理（占60%）和年度校验（占40%）相结合，将医疗机构违法违规行为与机构年度校验挂钩，暂缓校验期满仍不能通过校验的，依法坚决予以注销。2020年，全市医疗机构不良执业行为记分112次。

【医院安全生产监管】 2020年，石狮市卫生健康系统消防、医疗等方面均未发生较大及以上安全事故，安全生产整体形势保持稳定。抓制度管理，加强安全生产责任体系建设，严格落实“党政同责、一岗双责、齐抓共管”制度，层层传导压力。抓工作部署，每年年初和每季度定期召开卫健系统安全生产工作专题工作会议，传达上级安全生产精神和要求，部署安全生产工作任务，出台系列安全生产大检查大整治工作实施方案。抓隐患治理，继续以政府购买安全生产服务的模式开展第三方专业监管，将安全生产专业技术力量引入卫健系统各单位安全生产日常监管和指导中，建立“主管局依法监管、中介规范服务、各单位尽责履职”的长效工作机制。不定期由局领导带队组织开展安全大检查，督促各下属单位落实安全生产责任制并做好安全管理，全年排查各类安全隐患227条。抓消防栓治理，组织各医疗卫生单位排查卫健系统非市政消防栓，共1189个，均能正常使用。其中市总医院对每个消防栓进行编号并指定责任人管理，实施精细化管理。抓宣传教育，邀请泉州市、石狮市消防安全专家授课讲解，提高与会人员安全意识，有效提高各单位安全生产管理水平。充分运用专题部署会、培训会，积极开展新《中华人民共和国安全生产法》《石狮市党政领导干部安全生产责任制实施细则》等法规规定的宣传教育，进一步掌握安全生产管理知识，提高安全生产管理水平，2020年卫健系统共举办讲座20场次，消防演练10场次。

2020年石狮市医疗机构基本情况表

表20

序号	医疗单位名称	所有制	医院等级	卫生技术人员数			床位（张）	诊疗（人次）	入院（人次）	备注
				合计（人）	其中执业（助理医师）（人）	其中注册护士（人）				
1	石狮市医院	全民	三级	907	331	462	731	765359	26142	非营利性
2	石狮市妇幼保健院	全民	二级甲等	356	102	190	218	424142	8686	非营利性
3	石狮市湖滨社区卫生服务中心	全民	未定级	75	35	13	50	159840	1065	非营利性
4	石狮市凤里社区卫生服务中心	全民	未定级	79	31	28	69	111480	647	非营利性
5	石狮市灵秀社区卫生服务中心	全民	未定级	44	17	13	20	74871	6	非营利性
6	石狮市宝盖社区卫生服务中心	全民	未定级	42	21	21	30	96334	240	非营利性
7	石狮市蚶江镇卫生院	全民	未定级	76	38	16	30	141898	155	非营利性
8	石狮市永宁镇卫生院	全民	未定级	34	23	11	23	75085	23	非营利性
9	石狮市祥芝镇卫生院	全民	未定级	55	27	16	40	85072	97	非营利性
10	石狮市鸿山镇卫生院	全民	未定级	43	20	9	30	67704	20	非营利性
11	石狮市锦尚镇卫生院	全民	未定级	27	17	10	30	103246	101	非营利性
12	石狮市子英医院	集体	二级乙等	62	20	32	109	16859	500	非营利性

续表 20

序号	医疗单位名称	所有制	医院等级	卫生技术人员数			床位（张）	诊疗（人次）	入院（人次）	备注
				合计（人）	其中执业（助理医师）（人）	其中注册护士（人）				
13	石狮赛特医院	民营	一级	46	20	19	40	22961	1128	非营利性
14	石狮振狮医院	民营	一级	47	21	18	58	1470	418	营利性
15	石狮现代医院	民营	一级	21	12	6	30	5367	421	营利性
16	石狮东南医院	民营	一级	26	12	11	30	8219	11	营利性
17	石狮京都医院	民营	一级	11	5	6	0	1640	0	营利性
18	泉州泰和医院	民营	一级	62	20	36	108	9625	862	营利性
19	石狮仁德康复医院	民营	未定级	31	17	14	101	5507	223	营利性

疾病预防控制

【概况】 2020 年，石狮市发布传染病与突发公共卫生事件监测与预警 4 期，疾病监测月报 12 期，累计报告甲乙类传染病 11 种 1197 例，均为乙类传染病，发病率为 172.73/10 万。

【重大传染病防治】 2020 年，石狮市加强艾滋病防治工作，将艾滋病和梅毒检测咨询纳入婚前自愿医学检测、住院病人和重点科室就诊者常规检测，落实“四免一关怀”政策、全面实施以“五扩大、六加强”为重点的防治措施，最大限度发现、治疗以及控制传染源。2020 年全市新增报告艾滋病（HIV）病例 49 例，死亡病例 6 例，首次随访流调率 100%。全市艾滋病存活人数累计 260 人，开展 CD4 检测 260 例，检测率 92.9%；肺结核筛查 277 例，筛查率 98.2%；新增治疗艾滋病病人 44 例，累计治疗人数 338 人，在治 261 例，治疗覆盖率 93.21%。

【结核病防治】 2020 年，石狮市加强肺结核防治工作，石狮市卫生健康局会同石狮市教育局建立协调有序的工作机制，完善并落实学校结核病防治工作制度，切实做到对结核病的早发现、早报告、早隔离、早治疗。全市累计新增管理肺结核病例 289 例，其中病原阳性病例 200 例，病原阴性病例 81 例，其他 8 例，发现病人任务完成率 88.2%（291/330）。2019 年 10 月 1 日 至 2020 年 12 月 17 日，新增病原学阳性耐药筛查率 93.9%。开展 2020 年肺结核病督导管理工作，开展疑似病人追踪管理工作，截至 12 月底累计报告疑似肺结核患者 579 例，总体到位率 98.6%。截至 12 月 17 日，报告发现 17 例学生肺结核病例。协同教育部门组织病例密切接触者 1620 人，胸片筛查 1288 人次，PPD 筛查 1597 人次。联合多部门开展“世界防治结核病日”线上线下宣传活动。

【免疫规划疫苗接种】 2020 年，石狮市强化适龄儿童疫苗接种管理，加大漏种儿童催种补种力度，补种率 95% 以上，加强流感疫苗接种宣传，接种成人流感疫苗约 2.5 万剂次；印发《石狮市新冠病毒疫苗紧急使用方案的通知》，全面做好重点人群摸底工作，12 月 17—18 日开展第一批重点人群新冠疫苗紧急接种。推进数字化预防接种门诊建设，全市 9 家基层医疗机构完成建设任务。开展疫苗使用管理专项督查及预防接种工作风险排查；成立市第二类疫苗采购管理小组，制定遴选方案，召开遴选会议，在省级第二类疫苗集中采购目录基础上遴选出 2020 年度第二类疫苗采购目录。更新 2 台疫苗储存冷库，建立冷库存储温度 24 小时网络监测平台。

2020 年，石狮市加强疫苗管理，按照《中华人民共和国疫苗管理法》，落实疫苗和冷链管理，做好每月各类疫苗的购进、存储、配发工作。截至 12 月全市购进一类疫苗 142430 支、二类疫苗 193308 支；配送一类疫苗 134285 支，二类疫苗 175264 支。全年报告国家免疫规划疫苗实际接种 181865 剂次，接种率约 99.48%；截至 12 月报告疑似麻疹 / 风疹病例 14 例，排除病例 14 例，未发现麻疹病例；报告 AFP 病例 1 例，排除病例 1 例；报告 15 岁以下乙肝病例 3 例，报告百日咳病例 1 例，无乙脑、流脑、白喉、新生儿破伤风等病例；报告疑似预防接种异常反应 35 例，其中一般反应 18 例，异常反应 17 例。

【食品安全监测】 2020 年，石狮市开展食品安全风险监测工作，制定全年监测工作方案，扩大监测范围，增加监测任务，2020 年食品风险监测工作应监测各类食品 361 份，实际完成监测采样 361 份，样品监测完成率 100%；监测完成率达到考核任务≥ 95% 的指标要求。制定下发《2020 年石狮市食源性疾病监测方案》，12 家医疗机构开展食源性疾病监测，累计报告食源性疾病病例 735 例，12 家报告医院完成上报任务，报告 2 起食源性聚集性病例。

【生活饮用水监测】 2020 年，石狮市根据生活饮用水定期监测制度，每季度监测一次，完成生活饮用水（省级监测点）172 份，其中出厂水 8 份，管网末梢水（城市）48 份，管网末梢水（农村）80 份，二次供水 36 份。

【职业病防治】 2020 年，石狮市牵头组织以“职业健康保护，我行动”为主题的 2020 年《中华人民共和国职业病防治法》线上宣传周活动，对全市职业卫生用人单位重新摸底造册，对涉及尘毒的用人单位进行专项检查，组织召开全市职业卫生用人单位及乡镇、街道负责职业卫生工作人员线上培训会议。开展 2020 年尘肺病防治攻坚行动，对全市 8 家用人单位开展粉尘危害专项监督检查，查处违法违规行为立案 2 起。开展工作场所职业病危害因素监测，覆盖重点行业制鞋业、体育用品、制革业等，监测用人单位数 32 家，其中制鞋业 20 家，体育用品行业 6 家，制革业 3 家，物流行业 1 家，重点监测因素包括苯、甲苯、二甲苯、噪声等。开展职业病危害现状调查项目，完成企业调查数 680 家，其中湖滨街道 154 家企业、凤里街道 196 家企业，灵秀镇 330 家企业。

【放射卫生监测】 2020 年，石狮市开展非医疗机构放射性危害因素监测工作，全市监测任务数 2 家，对象均为工业应用类别，监测内容主要包括以下 3 类信息用人单位基本情况、用人单位放射性职业病危害因素监测、用人单位放射工作人员职业健康管理情况调查。开展医疗卫生机构医用辐射防护监测工作，全市辖区内开展放射诊疗的医疗机构（不含牙科诊所）均为监测对象，监测任务数不得少于辖区内县区级行政区划数的 50%。完成任务数 20 家，监测内容通过开展问卷调查、现场监测的方法，初步掌握全市医疗机构放射诊疗设备防护安全、医疗照射频度、患者剂量和公众的辐射防护情况。

【学校学生健康监测】 2020 年，石狮市开展中小学生近视调查及常见病和健康因素监测，分别在城市和乡村的小学初中和高中各选取 1 所学校，共计 6 所学校开展监测工作，其中小学每年级抽取 55 名，共计 660 名，初中和高中各抽取 165 名，合计 660 名，全市共抽取 1320 名，同时对所抽取的 6 所学校进行教学环境监测。

【消毒管理】 2020 年，石狮市做好餐饮具集中消毒单位季度抽检工作，全年共抽检 25 份样品检测均合格。开展全市餐饮具集中消毒单位“一品一码”全过程追溯体系建设，全市两家持有工商营业执照的餐饮具集中消毒单位均在“福建省集中消毒餐具饮具一品一码追溯系统”注册并投入使用。开展消毒产品、纸类卫生用品专项监督检查，制定《2020 年石狮市消毒产品随机监督抽查计划》，监督检查全市消毒产品生产企业 18 家，抽检第三类消毒产品 6 份，全部合格。全年消毒产品生产经营单位立案 3 起，罚款 8000 元。

【病媒监测】 2020 年，石狮市作为国家病媒生物监测点，制定《2020 年石狮市病媒生物监测方案》。累计布灯 144 灯次，捕候蚊媒 1016 只，平均蚊密度每夜 7.06 只 / 灯，其中库蚊捕获 1012 只，占总捕获蚊种的 99.61%。每月形成汇总表报送省疾控中心消杀科，累计捕获伊蚊标本 100 只送省疾控中心进行带病检测。

【检验检测能力提升】 2020 年，石狮市完成全自动微生物鉴定分析系统及其配套辅助设备的采购安装，进一步提升中心实验室在细菌性突发公共卫生事件（特别是食物中毒）、重点细菌性传染病监测检验、食品安全食源性致病菌监测检验方面的检测能力及效率；2020 年新改造负压 BSL-2 生物安全实验室和新购置 1 台荧光 PCR 仪、1 台核酸提取仪、1 台生物安全柜、1 台高压灭菌器，进一步提升中心 PCR 实验室检测能力和满足大批量标本核酸检测需求；2020 年新配备 1 台多重病原菌快速检测仪，用于多重呼吸道病毒核酸检测和多重胃肠道细菌、病毒、寄生虫核酸检测，实现一次性同时快速检测多个目标微生物，进一步提高应急检测能力及效率，以满足新时期全市疾病预防控制工作和卫生防病检验检测技术发展的需要。

妇幼保健

【概况】 2020 年，石狮市围绕卫生健康中心工作，以巩固提升妇幼健康优质服务示范工程创建成果为主线，以落实母婴安全保障措施为重点，不断加强妇幼健康服务体系建设和内涵建设，提高妇幼健康服务水平，各项指标完成较好。2020 年，产科床位数 275 张，产科平均床位数达 47.84 张 / 千分娩量，儿童数为 33211，儿科床位数 244 张，儿科平均床位数达 7.34 张 / 千名儿童。加快推进妇幼保健机构建设，落实民生补短板项目，市妇幼保健院新生儿科病区装修改造工程，于 2020 年 6 月 1 日完成搬迁并正式投入使用，床位增加至 42 张。妇幼保健大楼于 2020 年 10 月 1 日揭牌，市妇幼保健院妇幼保健相关科室与市计划生育服务中心整体搬迁，并投入使用，做到妇幼保健和计划生育技术资源整合。

【妇幼卫生管理】 2020 年，石狮市指定石狮市总医院为定点医院，市妇幼保健院为应急助产机构，规范设置就诊区域，配足配齐各类设备设施，明确工作流程，确保满足确诊、疑似孕产妇就

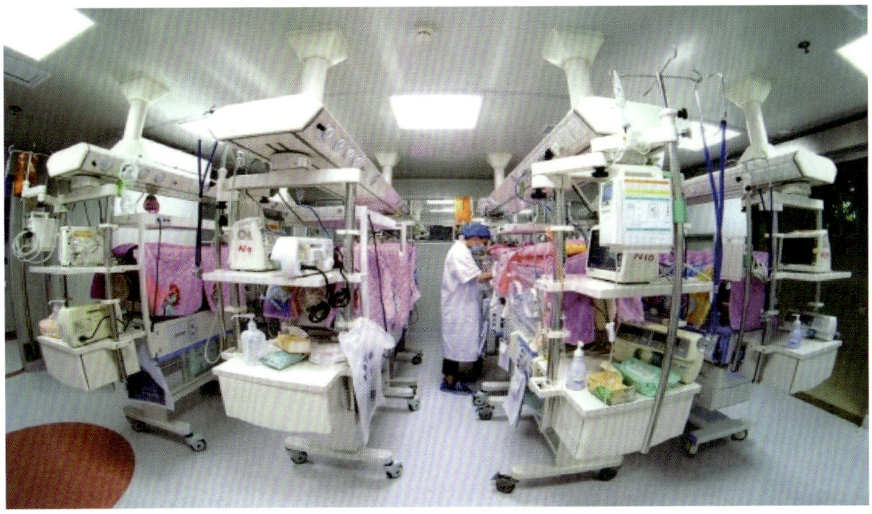

2020年6月1日，石狮市妇幼保健院新生儿科病区投入使用 （图/市卫生健康局）

医需求，加强疫情期间孕产妇、儿童健康管理，全面保障母婴安全。组织实施省级免费先天性心脏病筛查和新生儿疾病筛查，落实新生儿听力筛查管理；继续强化托幼机构管理，联合市教育局对2020年幼儿园复学准备工作进行评估检查，指导幼儿园做好开学前各项卫生保健准备工作，同时在全市开展集体儿童视力筛查、眼病检查及口腔检查。强化生育全程基本医疗保健服务，推进孕产妇、儿童系统健康管理，重点落实基层建册和产后访视。完善危重症孕产妇转诊救治网络建设，召开孕产妇系统管理工作专题讨论会，重点加强孕产妇健康管理，落实危重孕产妇的报告转诊制度，保证“绿色通道”的畅通无阻，保障母婴安全。2020年，全市妊娠风险筛查为橙色1135例，红色5例，接受基层机构转诊395例，危重症55人，其中7人转诊至泉州市级医疗机构，无孕产妇死亡病例。

【助产技术服务机构监督管理】 2020年，对石狮市4家二级助产机构组织2期产科质量检查；全市持有母婴保健技术服务合格证的助产技术服务人员170人。落实出生医学证明规范管理，督促指导各助产机构使用出生医学证明管理信息系统新账号。开展2014年以来分娩信息未录入易联众系统的信息核对工作，确保群众顺利办理出生医学证明，开展出生医学证明专项检查。2020年全市活产数6262人，首次签发6491张（含助产机构外出生人员首次签发20张），当年出生当年首次签发率92.78%，换发52张，补发80张，废证8张，废证率0.12%。

【免费婚检】 2020年，石狮市参加免费婚前医学健康检查722人次，占年度结婚人数26.25%，疾病检出率17.59%，提出暂缓结婚建议1人。

【新生儿疾病筛查】 2020年，石狮市落实省级新生儿疾病筛查项目，继续将新生儿疾病筛查项目纳入政府为民办实事项目，减免在石狮市医疗机构分娩的新生儿疾病筛查费用50%。全年开展新生儿疾病筛查数6282人（有22人为2019年12月底采血，2020年1月初送检），共减免费用76.14万元。其中，筛查省级新生儿先天性心脏病筛查项目，筛查5621人。

【妇女疾病普查普治】 2020年，石狮市落实增补叶酸预防神经管缺陷项目，免费发放叶酸2796例。石狮市继续将妇女“两癌”筛查纳入为民办实事项目，任务数4000例，泉州为民办实事呵护母婴健康工程妇女“两癌”检查项目任务数1200例，省级农村妇女和城市已婚妇女“两癌”检查项目任务数2500例，5月29日，市妇幼保健院召开妇女“两癌”筛查项目启动会，通过

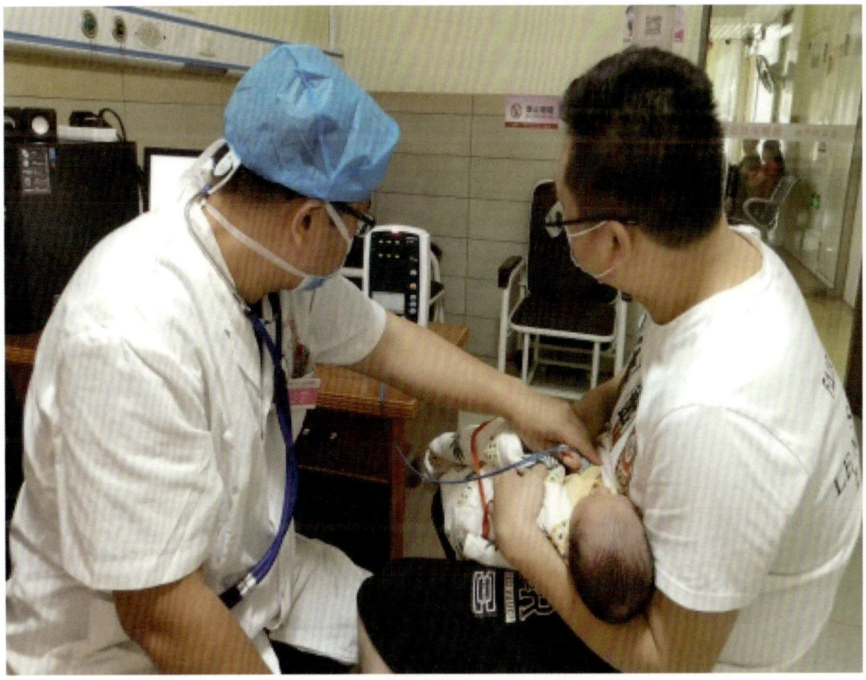

2020年，新生儿疾病筛查及新生儿先天性心脏病筛查 （图/市卫生与健康局）

各乡镇全面宣传发动，有序组织妇女接受免费筛查，12月底完成所有任务目标。

【首例腹腔镜下全子宫切除手术成功开展】 2020年，石狮市妇幼保健院妇产科对一位有多发子宫肌瘤，最大约10厘米×10厘米×8厘米的患者在福建省人民医院妇科专科联盟副主任庄良武指导下，成功为患者实施“腹腔镜下全子宫切除手术”。标志着该院在微创治疗妇科疾病领域又迈上新台阶。石狮市妇幼保健院自2020年8月成为福建省人民医院妇科专科联盟协作单位以来，福建省人民医院妇科专家团队每周末都会定期派遣业务骨干到石狮市妇幼保健院妇科门诊坐诊并进行手术指导。

【妇幼健康技能提升】 2020年，石狮市强化石狮市妇幼健康服务体系建设，巩固市、县、乡三级妇幼健康帮扶协作关系，结合法定节日到基层进行义诊、宣教活动等。加强人员业务培训，2020年，组织全市性妇幼健康会议、新生儿复苏培训、产科适宜技术培训、预防艾梅乙母婴传播培训等10期。

爱国卫生

【概况】 2020年，石狮市爱卫办开展爱国卫生运动，加大爱国卫生宣传报道力度，按照“环境治理为主，化学防制为辅”的综合防制方针，集中开展以灭蚊为重点的“除四害”爱国卫生运动；强化预防优先，打造健康环境，预防和控制传染病的发生与流行。

【环境卫生整治】 2020年，石狮市爱卫办组织协调各成员单位结合“家园清洁行动”，对所有村庄开展全覆盖、无死角的环境卫生整治行动，以“扫清楚、拆清楚、摆清楚”为主要内容。开展环境卫生整治的公共场所约5800个，“扫清”门楼内外、房前屋后等卫生死角62071处；“拆清”简易搭盖、鸡鸭猪圈、废弃农村厕所等1771处247229平方米，“摆清”乱堆乱放问题8842处，清理垃圾约23万吨，清理沟渠约15.3千米，开展集中清理活动约2680次。

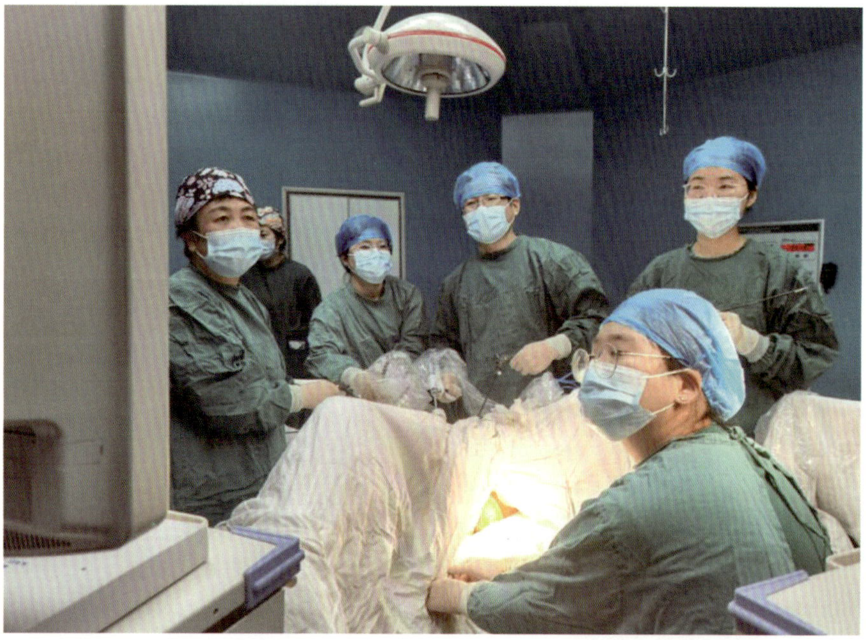

2020年，石狮市妇幼保健院妇产科成功开展首例腹腔镜下全子宫切除手术
（图/市卫生健康局）

【健康卫生宣传】 2020年，石狮市爱卫办利用微信公众号、LED显示屏、《石狮日报》等传媒平台宣传爱国卫生运动的意义和传染病防控卫生健康知识，发挥融媒体阵地的作用，广泛深入开展健康知识宣传，形成全方位立体宣传的格局；在各辖区、校园的健康教育宣传栏张贴爱国卫生月宣传海报约3000张，在《石狮日报》开设“卫生与健康”专版宣传爱国卫生运动，刊登《石狮开展除“四害”爱国卫生运动》《我市开展爱国卫生运动督导工作》《石狮部署做好常态化疫情防控下爱国卫生运动》《石狮开展环境卫生和消毒工作督导活动》等约20篇报道，共计投入3.1万元，提高群众卫生意识和防病能力。

【除“四害”活动】 2020年，石狮市爱卫办科学制定2020年除“四害”工作方案和技术方案，采取以环境治理为主，化学、物理等手段为辅的综合防治措施。4—10月，市爱卫办多次组织开展以除“四害”为重点的专项爱国卫生运动和环境卫生整治行动，到各镇办进行夏季重点传染病防控及爱国卫生运动督导工作，从源头上切断蚊媒等病媒传染病传播途径，抑制蚊虫夏秋季高峰，确保蚊媒密度控制在较低水平。2020年，投入溴敌隆毒饵6.71吨、粘鼠板9771张、杀蟑针剂（方便贴）14074盒、高氯悬浮剂4974瓶、杀蟑(蚁)饵剂37604袋、84消毒液9618瓶等约50万元。

【公共场所控烟】 2020年，石狮市爱卫办做好控烟健康宣传教育，针对张贴在各机关单位明显位置的控烟标识有破损和丢失的情况，统一进行更新和替换，部分有条件的部门通过LED显示屏滚动播出控烟宣传标语来代替纸质控烟标识。按属地管理原则，加大对辖区内“五小”行业从业人员控烟宣传，力度做好辖区“五小”行业控烟工作，推动无烟政府机关创建，巩固无烟卫生健康系统建设，通过现场检查、问卷调查、查阅资料方式进行考核验收。市委组织部、宣传部等22家机关单位，41所中小学校及所有医疗卫生机构，共计84个单位先后被评为石狮市无烟单位。

医疗卫生体制综合改革

【概况】 2020年，石狮市医改围绕“保基本、强基层、建机制”的改革总体要求，以“大卫生、大健康”理念为引领，以县域紧密型医共体建设为抓手，以三医联动为推力，全面推进石狮市分级诊疗制度建设，全力构建整合型县域医疗卫生服务体系，取得明显成效。

【县域紧密型医共体建设】 2020年，石狮市拓展医共体融合深度，深化人力共享，推进基层医疗机构人员编制管理改革，基层人员编制纳入总医院统筹，同步落实医共体人员招聘备案制，实行统一招聘、使用和管理。全年统一招聘编内外人员104人，完成职称聘任92人。建立“总医院领导、分户管理”医共体财务分级审批制度，设立总医院基本户，推进医共体闲置资金归集管理，提升资金保值增值能力；创新基层财政投入渠道，将财政补助经费划拨至总医院，由总医院对基层医疗机构开展年度目标绩效考核后，视考核结果分配；延伸物资融合，建立医共体慢性病种药品统一目录，推进医共体防疫物资、设备统一采购，以批量采购优势降低运行成本，提高运营管理效能，2020年统一采购医学设备700万元，节省近250万元。

2020年，石狮市加强现代医院管理制度建设，围绕规范管理，提质增效目标，组织开展公立医院经济管理年活动，通过成立活动工作领导小组，建立健全活动工作机制，制定活动清单等，推进总医院全面预算管理和全成本核算，转变公立医院发展管理模式，实现由粗放管理向精细管理转变，有效提升资源配置和使用效益。

2020年，石狮市推进医共体共建共享建设，架构医共体统一门户、统一预约挂号、统一充值缴费、统一报告查询等区域健康医疗惠民便民闭环服务，构建基层分院开单、预约、收费，患者直接到总医院检查的就医新模式。继续完善影像、检验、病理、远程会诊、心电和消毒供应等县域医疗六大诊断中心建设，2020年石狮市医学影像中心为基层医疗机构出具报告34155份，心电诊断中心出具报告9034份，消毒供应中心提供消毒器具14123包次，检验中心出具检验报告99835份，病理中心出具化验报告1735分，大型医技检查开通绿色通道3019人次。延伸改革链条，建立心电图“村级检查，县级诊断”模式，市级医院心电诊疗服务直达百姓“家门口”，运行以来，村卫生所上传至心电诊断中心进行诊断报告283例，及时筛查心律失常及可疑心肌缺血患者20余例。

【分级诊疗制度建设】 2020年，石狮市推进技术、慢性病种“双下沉”相关工作制度，总医院在定期选派人员基层坐诊服务基础上，成立慢病专项行动小组，定期为基层把脉问诊，保障患者延续诊疗服务。全年总医院下基层坐诊服务448人次，累计为8300余人次患者提供诊疗服务。

2020年，石狮市深化医共体家庭医生签约服务。启动“百医进千家”家签服务，同步开展家签服务主题活动、“我为家医献青春”、家签成果展示、“家签那些事儿”主题演讲比赛和家签优秀团队评比等活动，不断提高全市家签服务的知晓率和认可度。创新服务载体，推行由总医院科医生共同组成的“全家会”家签服务模式，制定实施“敲门入户计划”，针对行动不便的老年人入户提供体检、家签、随访等服务，提高全市家签服务质量和基层首诊率。全年家签服务人数128145人，其中重点人群签约率60.8%。

2020年，石狮市落实市镇村卫生服务一体化工作。深化“总院＋分院＋村卫生所”的医共体模式，将村卫生所纳入乡镇卫生院统一管理，推动慢性病管理、家庭签约、健康教育等工作延伸到村级。同时强化村卫生所服务能力建设，从能力、环境、待遇等方面入手，推出村医典型经验交流、中医药适宜技术培训、落实村医养老保障、“一对一帮扶”等强化乡村医生队伍建设12项举措，同步推进医保“村村通”和星级村卫生所达标创建，通过软硬件合理开发为村医执业提供保障支持，激发村医队伍活力。同时创新基层卫生经费筹资渠道，借势借力引导社会各界对市基层医疗卫生健康的公益投入，收到105台心电图机、1台便携式彩超机等卫生健康公益基金379万元，全市心电图机率先在全省实现“村村通”，“8分钟”医疗卫生服务圈基本实现全覆盖。2020年全市基层上转住院患者1466人次，比2019年增长69.68%，总医院下转住院患者947人次，比2019年增长87.9%，基层医疗击鼓首诊就诊率65%。

【三医联动改革】 2020年，石狮市深化药品制度改革。完善基本药物制度，逐步增加基本药物种类，提升公办医疗机构基本药物使用占比，总医院基本药物使用占比35%以上，基层医疗机构基本药物使用占比60%以上。继续探索推进“4+7”药品集中采购试点工作，逐步扩大药械采购种类，以药械带量议价采购降低采购成本，并将市级采购价格与集中采购价格的差额部分让利给群众。2020年，石狮集采药品种类扩大至125种，耗材品种扩大至10类，药械采购资金节省近1500万元，医共体开出“4+7”处方47.6万张，为群众减轻医药费用负担2600万元。

2020年，石狮市深化按病种收付费管理。按“总额包干、按月预付、结余留用、超支自负、绩效考核”原则，继续落实医保支付方式改革，石狮按病种收付费管理病种数增加至363个，同时扩大救治病种范围，石狮大病病种从原有的13种增加到31种。创新方式方法，指导石狮市总医院完善病案首页改造和院内His信息系统改造工作，开展县级以上公立医院近三年住院病人基本信息数据收集，为试点推行DRGs收付费改革打好基础，做好准备。

2020年，石狮市优化医疗机构收入结构。以体现医务人员劳务价值为目标，继续逐步调整提升技术性医疗服务价格，通过“腾笼换鸟”激发医务人员工作积极性。2020年，石狮新增收费项目3个，调整医疗服务价格3次，核定经皮穿刺胸椎背根神经节射频术等38个行政医疗服务价格项目、医保属性及公立医院价格。建立基层医疗机构“公益一类保障与公益二类激励相结合”工资总量增长运行新机制，实行基层移交机构工资总量绩效综合考评，发挥绩效工资分配的激励导向作用，通过利剑倒逼，抑制医疗费用不合理增长，推动石狮公立医疗机构诊疗行为进一步规范，医疗质量稳步提升。

卫生监督综合执法

【概况】 2020年，石狮市围绕“大卫生、大健康”的主线，坚持监管延伸，主动适应医疗全行业综合监管工作要求，扩展监管范围、提升监管深度、提高监管质量，形成卫生健康综合监督执法新格局。将新冠疫情防控与日常监督工作相结合，开展国家“双随机”152家监督抽检任务，对不合格的单位依法处理，及时向社会公开。持续加强打击非法行医力度，组织开展全市口腔、医疗美容、血液透析、健康体检等医疗机构依法执业监督检查，医疗美容领域网络借贷业务排查等专项整治行动，对全市医疗机构、公共场所、学校等重点场所的新冠疫情防控工作进行督导检查。开展全市餐饮具集中消毒单位“一品一码”全过程追溯体系建设。开展2020年尘肺病防治攻坚行动，对全市8家纳入治理的用人单位粉尘危害专项监督检查，建立全市放射诊疗机构监督档案，组织2020年医疗机构放射工作人员培训会。完成全市82家学校卫生综合监督评价工作，符合评价率100%要求。针对新冠肺炎疫情防控要求，校外培训机构复学复工组织开展现场评估工作。

【卫生监督能力提升】 2020年，石狮市加强业务培训及考核工作。依托国家网络培训平台，每名在岗监督员完成网络课程40学时。组织开展业务理论学习，案例点评、执法短板及问题案例大解析大讲评活动，举行11场次业务知识培训，4次业务考试，提升卫生监督员能力。强化卷宗质量稽查工作。严格执行案件卷宗核审制度，由法制人员对案件的受理、立案、行政处罚、归档进行全过程跟踪。

【生活饮用水监督】 2020年，石狮市监督检查二次供水单位159家次，集中式供水单位8家次，下发卫生监督整改意见书10份。联合市疾病预防控制中心开展监督抽检工作，2020年抽检集中式供水单位2家、二次供水单位20家，并对抽检结果不合格的单位依法处理。

【传染病防治监督】 2020年，石狮市组织对全市医疗机构、公共场所、学校等重点场所的新冠疫情防控工作进行督导检查，对防控工作落实不到位的予以立案查处。全年监督医疗机构传染病防治985家次，开具监督意见书96份，立案33起。对全市一级以上医院、疾控机构及42家未定级医疗机构开展传染病防治分类监督综合评价。对全市一级以上医院、乡镇卫生院、社区卫生服务中心开展医疗污水及灭菌器械包进行监督抽检，对全市口腔门诊部开展医疗器械监督抽检。

【公共场所监管】 2020年，石狮市将新冠疫情防控与日常监督工作相结合，开展公共场所日常监督检查，督促各类各级公共场所设置体温检测点，严格体温测量登记，配足配齐防疫物资，要求员工顾客佩戴口罩；要求使用集中空调通风系统单位，每周消毒集中空调通风系统零部件并上报。2020年，监督检查各级各类公共场所经营单位2536户次，下发卫生监督整改意见书183份，引导办证510家。开展集中空调通风系统、二次供水、游泳场所等卫生管理培训3场次，指导各单位开展日常卫生管理工作及疫情防控工作。

【学校卫生监管】 2020年，石狮市随机监督抽查16家学校，抽查合格16家，合格率100%。完成全市82家学校卫生综合监督评价工作，符合评价率100%的要求。针对新冠肺炎疫情防控要求，联合教育部门对全市高校，高、初中学校，小学、托幼机构，校外培训机构270余家开展复学复工现场评估工作。对二次供水及使用饮水机的学校进行检查，随机抽查16家学校二次供水水质色度、混浊度、肉眼可见物、pH和消毒剂余量，合格率100%。

【医疗服务卫生监管】 2020年，石狮市监督检查持证医疗机构925户次，立案7起，开具监督意见书75份。对投诉举报、行政处罚与不良记分量较多的医疗机构进行约谈，全年对22家给予不良执业行为记分，对2家机构进行约谈。

2020年，石狮市持续加强打击非法行医和非法采供血力度，组织开展全市口腔、医疗美容、血液透析、健康体检等医疗机构依法执业监督检查，医疗美容领域网络借贷业务排查等专项整治行动，2020年查处非法行医案件3起；组织召开民营医疗机构依法执业培训会，引导民营医疗机构依法执业、诚信执业，进一步整顿和规范医疗服务秩序。

计划生育

【概况】 2020年年底，石狮市期末计生常住人口351473人，年内出生人数3208人，出生率9.17‰，计划生育政策符合率94.98%，出生性别比114.30，信息准确率98%以上，奖励兑现率100%，计生指标均达到责任指标要求。未出现行政侵权或重大恶性案件发生。

【计生管理与服务】 2020年，石狮市实行一、二孩生育登记服务制度，全年办理生育登记2271本，其中一孩生育登记1121本，二孩生育登记1150本，再生育审批49本。

2020年10月，计划生育服务中心所有业务搬入石狮市妇幼保健院新保健大楼，实行婚前医学检查和免费孕前优生健康检查“一站式”服务，加强与婚姻登记部门的宣传合作，利用卫健服务网络加强对新婚夫妇的宣传教育，提高新生儿健康保障水平。建立健全市、镇（社区）、村（居）各级分工负责、密切合作的地中海贫血防控网络，提升防控能力和技术水平。全面落实避孕方法知情选择，规范和加强避孕药具发放管理。2020年，在全市公立医院全面推广安装使用避孕药具免费发放机，全市自助避孕药具免费发放机18台，避孕药具人工发放点267个，58个微信公众号接入泉州免费避孕药具发放系统，实现微信无缝连接，提高避孕药具服务可及性，减少非意愿妊娠。

【卫生健康宣传】 2020年，石狮市在《石狮日报》的“保障人民健康·提高人口素质”专栏、“卫生与健康”专版、石狮广播电视台《生活说·健康》《你好石狮》栏目开展卫健系统疫情防控感人事迹宣传，激发正能量、弘扬真善美。开展2020年石狮市预防新冠肺炎暨夏季肠道传染病宣传咨询和“7·11”世界人口日宣传活动、2020年“7·11”世界人口日宣传暨灯谜竞猜、健康义诊活动；为弘扬抗疫精神，彰显医务工作者护佑人民健康的初心使命，举行庆祝2020年中国医师节活动，活动表彰新冠疫情防控、十八项核心制度知识竞赛获奖团队、优秀团队以及石狮市2020年度最美医师、从业30年医师。开展“百名专家百场健康科普宣讲·万众参与共享健康”活动等。联合石狮广播电视台拍摄《ICU的冬与春》纪录片，充分展示医务工作者团结一心、同舟共济、共同战疫的精神风貌。该作品获福建省广播电视台举办的“众志成城·共同战疫”电视纪录片优秀作品奖。

2020年，石狮市助力抗击疫情宣传，传播疫情防控正能量。加大专业报刊宣传力度，发挥报刊的正面宣传导向作用，加强与各媒体的沟通联系，及时发布抗疫信息。在《石狮日报》的“保健人民健康·提高人口素质”“卫生与健康”等专栏刊出石狮市卫健系统应对疫情采取的防控措施、卫健系统抗疫一线工作情况、感人事迹、疫情防控系列报道宣传130多篇、在《泉州晚报》刊登1篇，在《健康福建》内刊刊登2篇，在福建卫生健康新闻网等刊登新闻报道100多篇。

2020年，石狮市强化媒体平台宣传，依托卫健局石狮卫健局微信公众号、微博刊发疫情防控信息，发布疫情防控信息400多条，联合石狮广播电视台在《生活说·健康》栏目开展《新冠肺炎防控知识》宣传普及，在《生活说·健康》及《你好石狮》栏目对市总院一线医务工作者、村医的抗疫先进事迹进行展播宣传。与移动公司联合，定时利用手机短信发布健康提醒、防护知识、科普知识活动，发布防控知识短信5条，覆盖人数80万人次。协同疾控中心编印如何预防“聚焦”引起的预防新型冠状病毒肺炎、“新型冠状病毒肺炎”预防手册（大众版、企业版）、新型冠状病毒肺炎健康教育手册等各种疫情防控知识宣传材料，在全市进行分发宣传，做到防疫知识家喻户晓，提高广大市民防控意识和能力。

社会与民生

居民生活

【概况】 2020年，石狮市全体居民人均可支配收入56947 元，比2019年增长3.5%。居民消费价格温和上涨，比2019年上涨2.5%。

【城镇与农村居民收入】 2020年，石狮市城镇居民人均可支配收入64830元，比2019年增长3.1%。农村居民人均可支配收入29023 元，比2019年增长6.0%。

【居民消费价格调查】 2020年，居民消费价格温和上涨。全市居民消费价格指数102.5（采用泉州市辖区数据，下同），比2019年上涨2.5%，其中：服务项目价格指数100.6。八大类商品中，食品烟酒类比2019年上涨7.5%，其中畜肉价格上涨37.7%，环比上涨1%；衣着类比2019年上涨0.1%；居住类比2019年上涨1.2%；生活用品及服务类上涨1.1%；交通和通信类比2019年下降3.4%；教育文化和娱乐类比2019年上涨0.7%；医疗保健类比2019年下降0.1%；其他用品和服务类比2019年上涨4.8%。

社会保障

【养老保险】 2020年，石狮市参加企业职工基本养老保险的人数为106712人，基金收入23880.74万元，基金支出9873.55万元；全年企业退休人员2869人。宣传阶段性减免社会保险费政策，增强企业复工复产的信心，2—12月，石狮市阶段性减免企业基本养老保险单位缴费部分20681.74万元。

2020年，石狮市调整城乡居民基本养老保险基础养老金标准，从每人每月178元提高至185元。全年石狮市参保人数190394人，领取养老金人数48855人，累计发放养老金10488.3万元。

【医疗保险】 2020年，石狮市基本医保参保人数35.28万人（其中城乡居民参保28.63万人，城镇职工参保6.65万人），征缴医保基金收入38459.17万元，1—12月全市基本医保报销1120892人次，基金支出32150.05万元。职工医保、城乡居民医保政策补偿比分别为84.7%、62.58%，对各类救助对象实施救助13910人次，发放医疗救助资金412.94万元，资助救助对象参加城乡居民基本医疗保险4121人次，资助金额103.03万元。

【失业保险】 2020年，石狮市健全失业保险金发放程序，及时发放失业保险金并为领取失业保险金人员缴纳医疗保险，全年发放失业保险金共计595.19万元，医疗保险支出141.44万元，补助金138万元。石狮市降低企业参保成本，退还石狮市3809家企业2月缴纳的失业保险费27.43万元。石狮市加大稳岗返还力度，对不裁员或少裁员的中小微企业返还的2019年度失业保险稳岗补贴标准由50%提高到100%。全年有4023家企业申请2019年度失业保险稳岗返还，补贴金额746.83万元；开展受疫情影响企业稳岗返还工作，1087家企业申请受疫情影响企业稳岗返还，补贴金额共计6692.78万元。石狮市扶助弱势群体，对领取失业保险金人员，3—6月所发放价格临时补贴在现行补贴标准基础上提高1倍，发放补助51.5万元。

【工伤保险】 2020年，石狮市参加企业职工工伤保险的人数为94093人，基金收入624.33万元，基金支出2177.91万元；全年享受工伤保险待遇

807 人。2—12 月，石狮市阶段性减免工伤保险单位缴费部分 980.01 万元。

【医疗机构综合监管】 2020 年，石狮市按照“出去一支队伍、回来分工办理”的工作思路，建立分组包干、责任到人的稽核工作机制，截至 12 月底出动稽查人员 911 人次，检查定点医药机构 290 家次，实施三函两牌监管措施 99 次，暂停服务权限 10 家，追回医保基金 168.58 万元、违约金 142.27 万元。联合卫健、市场监管、纪检组等部门开展公立医疗机构违规收费专项治理检查。

2020 年，石狮市简化公益性卫生所定点申请流程，增加医保定点医药机构数量，扩大服务范围，提高医疗保障服务覆盖面和可及性。全市所有定点零售药店及可提供住院服务的定点医疗机构均纳入全省联网。2020 年，全市定点医药机构 214 家，定点医疗机构 133 家，定点零售药店 81 家。落实家庭共济账户用于本人及其未成年子女、配偶等直系亲属之间健康综合保障，提高个人账户资金使用效率。

【医疗保障政策】 2020 年，石狮市出台《石狮市精准医疗叠加补助保障工作方案》，8 月开始兑现保障待遇。出台《石狮市长期护理保险试点工作方案》及相关配套政策文件，10 月 1 日起“长护险”工作试运行以来，完成全市保障对象摸底造册，并为服务对象提供艾灸等中医适宜技术服务 100 多人次；同时组建长期护理保险评定委员会，选定护理机构、评定机构。石狮市长期护理信息系统完成本地化改造，即将上线运行，将为精准长护提供信息支撑。

【医保信息化管理】 2020 年，石狮医保分局指导全市定点医药机构完成“定点药店一体化信息系统”升级安装以及“定点医疗机构服务接口改造”工作。持续推进医保电子凭证推广运用，加大宣传推广力度，初步完成石狮市医院、妇幼保健院、赛特医院、振狮医院、现代医院、泰和医院等医保电子凭证新接口改造工作。完善“国家医疗保障信息业务编码标准数据库”，录入定点药店 67 家、药师 73 人，定点医疗机构 22 家、医师 588 人、护士 727 人。

【福建中医药大学（石狮）医疗保障研究院揭牌】 2020 年，8 月 8 日，福建中医药大学（石狮）医疗保障研究院揭牌，成为全国首个以中医药为主县级医疗保障研究机构，福建中医药大学遴选 5 名专家入驻石狮，以医疗保障、中医药现代技术装备研发等为突破口，打造“产、学、研、政、商、企”合作新模式，推动石狮中医药产业发展。

【疫情防控医疗保障工作】 2020 年，石狮医保分局落实落细疫情防控医疗保障工作，向定点收治医院先行预拨资金 1000 万元，减轻医疗机构垫付压力，全市确诊患者结算 13 例，疑似患者结算 2 例，医保支付 18.675342 万元。落实企业医保减征缓征政策，阶段性降低企业医保缴费 2937.88 万元，缓缴金额 46.3 万元。深入开展“医保服务进万企”活动，通过实地走访、短信告知、邮寄送达等多种方式宣传医保惠企政策，发送短信 1876 条，发放宣传材料 8000 多份。协助地方政府做好疫情防控物资储备工作，保障疫情防控临床用药及时供应。

人力资源

【人力资源产业园建设】 2020 年，石狮市人力资源和社会保障局持续加大产业园的宣传和招商力度，引进北京、上海、深圳等地的国内知名人力资源服务机构 20 家，实现产值 19.88 亿元，纳税 9363.22 万元，服务 45.46 万人次。其中，提供劳务派遣及劳务外包 4.95 万人次；委托培训、人力资源咨询和招聘 14 万人次；金融结算 26.07 万人次；为石狮企业引进制衣车工、挡车工等紧缺工种 4188 人；劳动事务代理 2116 人。形成包括招聘、培训、咨询、测评、猎头、政产学研用、金融结算服务、人力资源服务外包及人力资源“互联网 +”等人力资源服务的综合产业链，石狮市人力资源服务产业初见规模。

【干部职工管理】 2020 年，石狮市人力资源和社会保障局办理干部录（聘）用和调动手续 98 人次，办理职工录（聘）用和调动手续 5 人次；办理请假审批手续 669 人次。牵头开展全市机关企事业单位人员返石及接触湖北人员情况摸排工作，落实援鄂一线医务人员关心关爱措施，组织面向援鄂一线编外医务人员公开招聘，协调推动市公立医院专项自主招聘。组织开展 2020 年全市事业单位专业技术人员继续教育公共课培训，组织对全市专业技术人员 2020 年继续教育学时进行验证，审验 900 多人次。牵头开展市第二系列（政府系列）单位绩效考评工作，组织 2019 年政府系列事业单位年度考核，首次将全市各个学校纳入年度考核。做好全市机关事业单位年度考核晋升、职务职级晋升、工作调动等各项工资变动和机关（参公）单位年终一次性奖金、事业单位奖励性绩效工资、年度奖金等工资福利审批 13000 多人次；按干部管理权限办理退休手续、死亡抚恤、遗属困难补助 66 人；及时完成行政审核审批事项，受理办结各类行政审核审批事项 3269 件。

【人才引培】 2020 年，石狮市人力资源和社会保障局组织各类人才参与认定评价，新增省引进高层次人才 6 名，总数 25 名；新增泉州市高层次人才 225 名，其中第一层次 1 名、第二层次 9 名，总数达 824 名；推荐 10 名石狮

2020 年 10 月 29 日，石狮市总工会、石狮市人力资源和社会保障局在泉州太平洋集装箱码头有限公司举行石狮市起重机械操作工技能竞赛

（图 / 市人力资源和社会保障局）

市优秀人才参评 2020 年泉州市智能产业集群高端人才，9 人入选。开展高水平高校毕业生引进工作。引进国内外高水平高校（国内“双一流”高校和世界三大世界大学排名机构发布的前 300 名高校）毕业生 182 名。

【新市民积分管理】 2020 年，石狮市人力资源和社会保障局举办人才积分奖励暨新市民“积分入住”凭证颁发仪式，发放 2019 年度新市民、民办高校人才及新闻行业人才“积分入住”凭证 86 人（购房补贴 79 人，公租房 7 人）。全年兑现购房补助 116 人，发放购房补助款 1301 万元，截至 12 月底有 162866 名新市民在积分管理信息系统中建档案。针对积分服务工作中出现的一些新问题、新情况，组织对《石狮市新市民积分管理暂行规定》《石狮市民办高校人才积分管理暂行规定》《石狮市新闻行业人才积分管理暂行规定》修订讨论并组织维护团队继续修改优化信息系统，完善管理平台，让用户体验更便捷、舒适。

【异地劳务协作】 2020 年，石狮市重点对接云贵川等劳务输出地，组织全市企业前往贵州省黔西南州、云南省曲靖市和四川省凉山州与当地人社部门等人力资源输出机构签订劳务合作协议 15 份、建成 10 个异地劳务协作工作站，推动建立人力资源异地合作长效机制，累计帮助全市纳税靠前的 30 家重点企业从云贵川三大劳务输出地接引需求岗位员工近 5000 名。

【共享“调剂”就业】 2020 年，石狮市针对国内外疫情原因造成部分企业订单富余但员工不足，部分企业员工富余但无单可做的矛盾情况，第一时间建成石狮市人力资源共享服务平台，帮助企业有效缓解季节性、阶段性、结构性用工短缺，成功引导疫情防控物资生产企业美佳爽公司等企业与全市餐饮、酒店等建立合作关系，先后调剂共享员工 680 余人。

2020 年，石狮市财政下拨 390 万元补助金，支持镇级公共就业平台在疫情期间帮助企业招工引才；发放 2019 年度村级基层就业平台年度考核补助金 23.1 万元，持续推进镇村两级完善公共就业服务职能。复工复产阶段，镇村两级平台协助企业完成接返引进 5 万余名员工的任务，引导 1000 多名本地停工赋闲居民转岗转行、就近就业。

就业与劳动

【概况】 2020 年，石狮市城镇新增就业人数 11201 人，城镇失业人员再就业人数 1356 人，城镇就业困难对象再就业人数 98 人，新增农村富余劳动力转移就业人数 144 人，城镇登记失业人数 2060 人，城镇登记失业率 1.29%。

【就业与创业】 2020 年，石狮市开展高校毕业生安居保障申报工作，全年有 504 家企业引进高校毕业生 1500 人。2020 年，石狮市人力资源和社会保障局、石狮产业投资发展集团及下属 6 家子公司联合开展见习活动，开发 15 个见习岗位，引导 82 名离校未就业毕业生到 25 家见习单位参加见习，对 2 家因疫情影响中断见习的单位延长补贴期限。兑现 12 家单位就业见习补贴 22 万元。开展线上、线下招聘活动。线上招聘方面，依托“云招聘”平台开展 9 场视频招聘会，邀请 183 家企业提供 5550 个岗位进场招聘，958 名毕业生入场求职；上线“石狮市线上公益招聘会”平台，联合 24 所省内外高校举办 26 期高校毕业生网络招聘会，853 家企业入场招聘，吸引 3411 名求职人员入场求职；线下招聘方面，举办石狮泰禾广场毕业生专场招聘会及闽南理工学院综合招聘会等 5 场本地公益招聘会，邀请 140 家企业入场招聘，提供 1631 个岗位。

2020 年，石狮市人力资源和社会保障局牵头制定《石狮市大中专毕业生创业基地（石狮国际食品城）入驻方案》，开展项目招引，组建创业孵化基地。截至年底，45 个高校毕业生项目入驻食品城创业基地，石狮市为其提供三年免租等多项创业优惠政策。组织创业导师开展指导帮扶工作，开展毕业生创业帮扶活动 12 场，指导毕业生创业项目 53 项，帮扶毕业生 318 人次；选送石狮市8个创业项目参加省市级创业项目资助评审，4个项目获得泉州市级资助4万元；兑现一次性创业补贴2个项目1万元；开展毕业生创业担保贷款贴息工作，发放贷款24笔，贷款金额296万元；吸引283名毕业生自主创业，带动就业597人，发挥石狮市青创城网批中心、双奇电商城等创业载体吸纳创业项目作用。

【就业培训】 2020年，石狮市推进职业技能提升行动，以纺织鞋服、电商直播、餐饮住宿、食品、家政等行业为重点，集中开展职工岗前、技能提升培训和就业困难群体培训。全年开设各类职业培训班次70余个，参加5735人次，兑现培训补贴136.28万元；受理以工代训困难企业48家、补贴人员4209人次，兑现补贴资金210.45万元。全年支出职业技能提升行动专账资金346.73万元。2020年，石狮市推进石狮市技能大师工作室遴选工作，组织专家对石狮市胡满荣中式烹调师技能大师工作室等6家工作室开展评审。开展职业技能鉴定。组织3期中式烹调师、1期美容师、1期西式面点师职业技能鉴定考试，227人参加，分别完成初级工、中级工、高级工职业技能鉴定2人、194人、31人。举办石狮市第五届“天使杯”护士职业技能竞赛、电力系统电力调度员技能竞赛、海丝美食烹饪技能竞赛、起重装卸机械操作工技能竞赛等8场技能竞赛，296人参加。

【劳动保障】 2020年，石狮市评出2019年度企业劳动保障守法诚信等级A级企业3家，用人单位工资支付行为信用等级守信企业10家，并上报上级人社部门在行政管理和公共服务中给予守信激励，树立先进典型，营造诚实守信的社会氛围。加强宣传和普及劳动保障法律法规知识，举办和参与各类法制宣传活动4次，发放宣传材料5000余份，接受群众现场咨询700余人次。做好企业薪酬调查及人工成本监测，6月，通过开展企业薪酬调查员业务培训和加强劳动保障监察执法相结合，推动132家薪酬调查样本企业按时保质完成调查工作；在25家服装企业设立人工成本监测点，通过对企业用工情况，职工劳动合同签订情况，从业人员劳动报酬情况，在岗职工平均工资等情况的有效监测，并对监测点数据进行分析，动态掌握企业用工和人工成本变化情况，为科学制定工资增长指导线、工资指导价位和企业人工成本提供有效参考。

2020年11月27日，石狮市总工会、石狮市人力资源和社会保障局在石狮市荣誉国际酒店举行石狮市旅游饭店服务技能竞赛 （图/市人力资源和社会保障局）

【劳动关系维权】 2020年，石狮市坚持“以调为主、调裁结合”，创新实行仲裁员“案中普法、案后释法”制度，对于当事人存疑的案件，由办案仲裁员负责释法答疑，加强案后跟踪服务，促进当事人自觉履行裁决结果。2020年，石狮市收件各种劳动人事争议案件762件，处理706件，其中立案处理387件（仲裁裁决165件，庭前调解129件，裁定撤诉93件），不予受理起诉300件；案外调解19件；案件立案处理的当期结案率92.65%，调解撤诉率57.36%。十人以上劳动争议集体案件15件，累计涉及人数473人，涉及金额985.5万元，其中6件按撤诉和调解结案，集体案件调解撤诉率40%。

【劳动监察】 2020年，石狮人力资源和社会保障局监察企业724家，涉及劳动用工人数52727人；办结劳动保障监察案件9起，涉及人数44人，涉及金额46万余元；出动检查执法人员600余人次，检查用人单位256家，对4家违反劳动保障法律法规的企业予以行政处罚，罚款金额8万元；向公安机关移送涉嫌拒不支付劳动报酬案件4起。开展工资支付、禁止使用童工、劳动合同签订、清理和整顿人力资源市场秩序等专项执法检查，着力规范企业劳动用工，保障职工合法权益。加大劳动保障监察执法力度，及时查处劳动保障违法行为。

民政事务

【概况】 2020年，石狮市有低保对象1023户1675人，全年发放低保金1066.18万元。加大困难群体的生活保障力度，全年发放临时价格补贴144.79万元。石狮市探索“1+1+N中心带站”社区养老服务模式，鼓励民营医院增设养老医疗养护中心，设置夜市摊位105位。登记注册的社会组织726个，注销社会组织91个，应年检的社会组织703家。

【社会救助】 2020年7月，石狮市将城乡低保和特困人员审批权限下放镇（街道），进一步缩短审批时间，优化救助流程。10月，石狮市低保标准提高到825元。

2020年，石狮市落实特困人员救助供养制度，全年安排15位有集中供养需求的特困人员入住机构。截至12月，全市145人纳入供养范围，发放救助供养金231.62万元。发放困难残疾人生活补贴187.65万元，重度残疾人护理补贴451.53万元。

2020年，石狮市做好社会救助，出台《石狮市临时救助工作规范》，取消居住证年限要求，将持有港澳台居民居住证的港澳台居民纳入救助范围；全面建立镇（街道）临时救助备用金制度，将5000元及以下的救助审批权限下放到镇（街道）；进一步缩短审批时限，扩大无须进行家庭经济状况核对的支出型救助对象范围。2020年为150户次困难群众发放临时困难救助款103.58万元。疫情期间，加大困难群体的生活保障力度，2月申请调配11150个口罩，逐户上门免费发放给全市困难群众。5月向全市1090户困难群众发放“购物红包”，总金额114.45万元。全年发放临时价格补贴144.79万元。

2020年，石狮市做好孤儿和事实无人抚养儿童救助工作。截至12月，全市社会散居孤儿9人，发放生活养育金14.46万元。联合11个部门印发《关于进一步加强事实无人抚养儿童保障工作的实施意见》，开展事实无人抚养儿童调查摸底，截至12月全市有事实无人抚养儿童54人，发放基本生活补贴41.7万元。继续做好市社会福利中心在院孤残儿童的医疗康复和教育工作。

2020年，石狮市做好城市生活无着救助对象、无主精神病人和重度精神病人救助工作，全年救助各类求助人员166人次，其中无主精神病人80人次，城市生活无着人员86人次，前三季度支出救助经费147万元。结合第八个全国“救助管理机构开放日”，开展“大爱寻亲—温暖回家”寻亲主题活动，为8人找到家属。在全省首创通过政府购买服务委托第三方机构跨省护送23名治疗稳定并核实身份信息的流浪乞讨人员返乡。该工作先后被民政部官方报道。

【养老服务工作】 2020年，石狮市探索“1+1+N中心带站”社区养老服务模式，依托建成的湖滨街道居家社区养老服务照料中心与湖滨街道的社区居家养老服务站签订协议，引进社工组织，为社区老年人提供生活照料、餐饮服务、文化娱乐、康复理疗、精神慰藉等多样化服务。镇（街道）居家养老服务照料中心实现“居家、社区、机构”功能全覆盖。鼓励民营医院增设养老医疗养护中心，泰和医院老年养护院于6月正式运营，设护理型床位50张，入住13人。

2020年，石狮市推进村（社区）养老服务设施转型升级。永宁镇金埭村居家养老服务站于国庆节投入运营；宝盖镇上浦村农村幸福院通过验收；蚶江镇莲中村农村幸福院主体工程及内部装修基本完成；大堡村敬老院进行内部装修。委托第三方对全市94家村（社区）居家养老服务中心（站）、农村幸福院进行完善提升综合考评。

2020年，石狮市加快养老护理人员职业化培养，为70名农村转移就业劳动者等重点群体免费提供养老护理员就业技能培训。组织养老服务人员参加泉州市首届民政行业养老护理员职业技能竞赛，获总成绩第二名、团体二等奖。

2020年，石狮市推行政府购买居家养老服务。通过政府购买服务方式，引进禾康智慧养老服务机构，为8类老人提供每月20元的基础信息服务，对其中符合条件的特困低保失能老人提供每月300元的养老实体服务，2020年累计投入购买服务经费100.782万元。

2020年，石狮市实行高龄补贴，全年发放高龄补贴523.16万元。出资22.8万元为全市80周岁及以上老人购买意外伤害保险，保期一年。

【基层社区建设】 2020年，石狮市民政局推进社区疫情常态化防控工作，指导各村（社区）迅速建立防控工作组织体系，确保责任到人、联系到户，切实落实以社区防控为主的综合防控措施。

2020年，石狮市推行“三社联动”试点及共建共享工作，申报祥芝镇祥渔村为泉州市“共建共享”新型社区试点，推动凤里街道后花社区申报为省级“三社联动”试点，推动灵秀镇钞坑村申报为泉州市“三社联动”试点。截至12月，全市“三社联动”试点12个，1225党建引领“三社联动”石狮模式得到进一步推广。聘请第三方专业机构对华南社区、龙华社区、钞坑村2019年“三社联动”试点工作开展评估验收，并提炼相关经验，为下一步开展“三社联动”提供参考。举办2020年石狮市城乡社区“三社联动”试点项目建设提质培训班，总结提炼党建引领“五社联动”社区治理模式。

2020年，石狮市提升社区环境，投入近10万元对社区老人餐厅环境进行全面改造，从原本容纳16人用餐提升到现可容纳30人用餐场所，更换餐桌餐椅、添置餐厅厨房设施；投入5万余元提升位于步行街儿童活动场所，对周边的活动场所进行改造，更换儿童滑滑梯娱乐设施。规范“夜间经济”的有序管理，设置夜市摊位105位，培育社区经济新增长点。开展村（社区）组织办公场所牌匾清理和规范工作，设计统一悬挂规范，并依据镇（街道）机构改革精神对被保留的标牌依据职能划分为党政综合办公区、社会治理办公区、公共服务办公区。经摸排，全市各村（社区）原有挂牌种类100种，经清理，保留牌匾46种。

【社会组织管理】 2020年，石狮市登记注册的社会组织726个，其中社会团体450个，民办非企业单位267个，基金会9个；注销社会组织91个（2020年注销19个）。做好社会组织登记工作，全年办理社会团体成立登记20件、变更登记81件、注销登记12件、修改章程核准58件；民办非企业单位成立登记9件、变更登记60件、注销登记7件、修改章程核准16件；基金会成立登记4件；其他行政权力和公共服务事项48件。推进2019年度社会组织等级评估，评出AAAA级社会组织2家、AAA级社会组织5家。对AAAA等级的社会组织一次性给予3万元奖励，共发放奖金6万元。

2020年，开展社会组织年检工作，全年应年检的社会组织703家，实际参加年检的有613家，其中，年检合格的270家，基本合格的310家，年检不合格的33家。及时向年检基本合格及不合格的社会组织发出整改通知书，要求限期整改，并将结果通报业务主管（指导）单位，同时通过市人民政府网站及局微信公众号向社会进行通告。

2020年，疫情期间指导社会组织有序参与疫情防控，75家社会组织参与疫情防控，捐赠现金626.6702万元，捐赠物资包括防护服1200套、口罩176400个、救护车3台、消毒液26余吨、进口临时心脏起搏器1台、病历消毒柜1台、瑞士进口额温枪30部、喷雾器7台、护目镜200副。鼓励全市社会组织发挥专长和优势，促进社会帮扶资源进一步向贫困地区、贫困人口汇聚，2020年全市参与脱贫攻坚的社会组织14个，开展扶贫项目36个，制订扶贫工作计划36个，投入资金379.372万元，受益人口18701人。

【区划地名服务】 2020年，石狮市根据界线联检计划安排，开展宝盖—蚶江、蚶江—锦尚、蚶江—鸿山3条乡级界线联检工作，并及时就联检工作成果进行验收。继续完成石狮—晋江县级界线界桩管护工作，通过购买服务的方式委托社工机构对石狮—晋江界线的36块界桩进行管理维护。完成镇中南路、玉澜路、浦宁路、浦兴路、海星路、金耀路、金鑫路及市海洋生物食品园区内道路等19条道路命名工作。开展清理整治不规范地名摸底排查工作，重点摸排居民区、大型建筑物和道路街巷3种类型中的“大、洋、怪、重”不规范地名及“未批擅用、批而不用”问题。

【婚姻收养登记】 2020年，石狮市办理内地居民结婚登记1743对，离婚登记602对，补发婚姻登记证258件；涉港、澳、台同胞及华侨人员结婚登记21对，离婚登记1对，补发婚姻登记证33件；查询婚姻登记档案204件，其中出具婚姻登记信息协查函8件；出具收养登记信息协查函1件。宣传《中华人民共和国民法典》婚姻家庭篇相关规定，倡导婚事简办新办，引导群众主动婚检。

【殡葬管理服务】 2020年，石狮市提高殡葬服务水平，在永久墓园殡仪馆内设立“殡葬服务窗口”，就近为群众办理殡葬业务；再一次梳理办理遗体火化手续、申请减免基本殡葬服务费、申请从永久墓园殡仪馆领出骨灰3项殡葬服务项目流程，简化办理程序，实现“一表式”一次性告知。加强对公益性公墓项目建设的督促，市公益性公墓完成总工程量的77.5%。

2020年疫情期间，石狮市把治丧时间从5天缩短为3天，出殡人数限20人，取消“阵头”、办宴、“火光”“功德”等活动。清明期间全市取消扫墓，协调永久墓园购买1万盆献花为每个墓献花。2020年，火化2187具遗体，火化率100%；办理全市村级骨灰堂寄存骨灰868份，全市村级骨灰堂共寄存骨灰17523份；办理石狮市户籍骨灰迁出其他县市50例；办理外县市在石狮火化后骨灰迁出17例；其他县市骨灰迁往市永久墓园安葬79例。2020年，办理减免基本殡葬服务费1867例，减免费用226.21万元。组织5次海葬，海葬骨灰747份。

【革命老区工作】 2020年，石狮市老区村投资概算340万元，拟补助206万元，用于永宁镇沙美村、子英村，锦尚镇深埕村、卢厝村4个老区村“美丽家园”提升项目建设。协助申请泉州市革命老区专项资金补助金5万元用于永宁镇子英村的李子芳纪念馆西侧横一路建设及停车位规划，泉州市老促会老区建设专项资金10万元用于永宁镇沙美村扩大农贸市场建设。

2020年，石狮市落实“五老”定补，将革命“五老”人员抚恤补助标准提高到每人每月2373元。省提高标准从2020年8月1日起执行，石狮市自然增长提高标准从2020年1月1日起执行。2020年，对特困“五老”人员每年再补助1000元，高龄“五老”人员每年补助500元。市老促会对全市 “五老”遗属登记造册，每人每月发放833元的荣誉金。每年向革命“五老”人员发放一次标准为600元/人的门诊费和体检费。春节、“八一”期间，组织慰问革命“五老”人员。

【老龄事务】 2020年8月24—30日组织开展“提升健康素养，乐享银龄生活”为主题的老年健康宣传周活动。10月，围绕“弘扬养老孝老敬老传统，共建共享老年友好社会”主题，组织各镇（街道）、市直有关单位，开展形式多样、内容丰富的养老孝老敬老活动。

民族与宗教事务

民族事务

【民族村帮扶】 2020年，石狮市民

族与宗教事务局帮助4个少数民族村确定项目并向上级申报，争取上级民宗部门拨款50万元，民族村社会经济、基础设施、教育事业稳步发展。加大对挂钩帮扶民族乡的支持力度，拨出100万元帮助宁德霞浦县崇儒畲族乡发展特色产业，挂钩帮扶成效显著。5月29日，泉州市第三批中国少数民族特色村寨授牌仪式暨特色村寨建设互观互学活动在石狮市蚶江镇石渔回族村举行。

【民族团结进步宣传教育】 2020年，石狮市推动民族团结进步创建“六进”活动向全面扩展、向纵深推进。9月8日，以“同舟共济·守望相助·团结奋斗”为主题的泉州市第十三个民族团结进步宣传月启动仪式在石狮举行。在宣传月的活动期间，开展民族政策法规暨民法典网络知识竞答、系列主题线上展播等精彩活动。9月10日起，利用全市公交车车载LED屏幕和拉手宣传民族宗教政策法规。9月4—10日，宝盖镇前坑回族村举行石狮市第二届民族杯篮球赛，除郭坑村、前坑村、石渔村、石农村4支球队外，还邀请了市新阶联和留联代表队伍，进一步推动完善大统战工作格局。11月28日，“民族团结一家亲、同心共筑中国梦”——社会主义核心价值观主题教育暨“倡导移风易俗、共树文明新风”活动在永宁镇郭坑回族村举办。现场举行“厉行节约、反对浪费、从我做起”签名、民族政策法规及移风易俗知识竞答、民族团结共建等活动。

【民族工作】 2020年，石狮市落实党和国家的民族政策，302名少数民族中考生享受加分政策，9名少数民族流入人口通过“积分入学、积分就医、积分购房、积分入保、积分培训”，享受与户籍人口同等待遇，配合司法部门为26名少数民族群众提供法律援助。保障流动少数民族信教群众合理的宗教生活需求，着力解决开展宗教活动中遇到的突出困难，协调公安、城管、市场监管、消防等相关部门，为100多名少数民族信教群众依法设立1处宗教临时活动地点。

宗教事务

【宗教活动场所安全管理】 2020年，石狮市开展宗教领域安全隐患大排查大整治工作。全市58家宗教活动场所安全检查实现全覆盖；全市宗教活动场所安装使用“智慧用电”150套，实现“智慧用电”在全市宗教活动场所的基本覆盖。6月23日，结合开展全国“安全生产月”活动，在石狮洛伽寺举办石狮市宗教活动场所安全管理培训会暨消防应急演练活动，就大型群众性活动做好安全保卫工作和宗教场所的电气防火知识、灭火、疏散逃生、消防器材的使用等知识常识进行讲解。10月22日，石狮基督教堂开展消防应急演练活动，增强各宗教活动场所日常生活消防安全意识。全年出动检查人员456人次，检查场所228家次，发现安全隐患78个，整改到位率100%。

【宗教界交流】 2020年，石狮市民族与宗教事务局结合“宗教教风建设年”主题创建活动，4月17日，组织全市各宗教团体班子成员前往晋江市学习宗教活动场所管理经验和典型做法，促进两市宗教界的联系互动。5月21日，举办佛教界人士培训班，邀请泉州市佛教协会会长向愿法师作“坚持中国化方向——佛教生态寺院的证悟”专题讲座，提高全市宗教教职人员的综合素质和管理水平。11月6日，举办全市宗教界人士政策法规培训班，以“《民法典》时代的宗教事务管理”为主题，结合宗教界实际和特点，对《中华人民共和国民法典》中确定的宗教活动场所法人制度进行解读，同时对宗教活动场所日常管理、财务管理、“法会”等大型活动、宗教网络宣传等宗教事务的规范进行深入浅出、通俗易懂的讲解，使全市宗教界进一步认识、掌握《中华人民共和国民法典》，提高全市各宗教团体领导班子、宗教活动场所负责人、教职人员的综合素质和法治化水平。

【宗教活动场所“四进”活动】 2020年，石狮市民族与宗教事务局通过持续开展宗教活动场所“四进”活动，增进宗教界爱国爱教意识。6月18日，组织宗教界人士参观石狮市家风家训展示中心，感悟勤俭、诚信、正直等良好家风、家训的传承和意义，引导宗教界学用优秀传统文化，践行社会主义核心价值观。7月1日，全市凡竖立旗杆的宗教活动场所均举行庄重的升国旗仪式，以庄严神圣的方式铭记历史、缅怀先烈，进一步彰显全市宗教界及信教群众的家国情怀，诠释爱国爱教的新时代内涵。9月24日，组织参观石狮市红色革命教育基地，加深宗教人士的爱国情怀，激励和引领宗教界人士坚定走与社会主义社会相适应的道路。10月19日至21日，石狮市道教协会组织人员前往古田、长汀、瑞金革命圣地参观学习，开展爱国主义教育，缅怀革命先烈的丰功伟绩，感悟红色经典的时代内涵。

【宗教界慈善活动】 2020年，1月17日，石狮市佛教协会举行第七届“法喜充满”慈善捐资仪式，筹集142.66万元用于“法喜充满”活动中的扶贫济困、奖教助学、敬老养老等方面的社会公益慈善事业。全市宗教界向石狮市红十字会、石狮市慈善总会捐资171.866万元用于疫情防控专项工作。5月17日全国助残日，石狮全市宗教界人士累计募集善款11.45万元，发放给由市残联、市慈善总会、市红十字会筛选出的67户大病重病、重度残疾对象。捐助各镇（办）教育发展促进会500.2万元。2020年，全市宗教界共捐资社会公益慈善事业950多万元。

慈善事务

【概况】 2020年，石狮市慈善总会接收社会捐赠款3189.24万元，发放社会捐赠款3232.66万元，受益群众600余人。组织抗疫募捐活动、“喝好水 做好事”义卖活动、“中华慈善日”活动，开展六大慈善工程。

【捐赠管理】 2020年，石狮市慈善总会依法依规接收款物，定期公开募捐款物的接收与使用管理情况，全年接收社会捐赠款3189.24万元，其中，非定向捐赠款267.47万元，定向捐赠款2921.77万元（包含疫情专项募捐款物1064.81万元）。总支出3232.66万元，其中：六大慈善工程支出359.85万元，累计救助困难群众423人；定向资金支出2872.81万元（疫情专项募捐款全部使用完毕）。

【慈善工程】 2020年，石狮市慈善总会“慈善学子”工程方面，立足教育扶贫，情系贫困大学生，资助37名应届贫困大学生四年学费，每人每年4000～8000元不等，计21.4万元；资助往届未毕业学生131名（包含4名定向资助对象），计74.2万元；资助7名往届贫困大学生，每人一次性资助5000～10000元不等，计4.4万元。“慈善救助”工程方面，组织会员、志愿者走访135户重疾患者家庭（包含定向资助对象），发放救助金193.09万元。“慈善助残”工程方面，在开展白内障保障工作的第十五个年头里，支出6.68万元补助110例白内障患者手术治疗；“一米阳光”帮扶计划实施过程中，支出0.85万元为4名困难残疾人配置助听器，解决残疾人对基本型辅助器具适配服务的强烈需求。“慈善安老”工程方面，石狮市慈爱老人福利院现供养老人60名，接收善款29.94万元，接收物品折价25.34万元，全部用于提高老人生活质量，完善各类功能设施、强化管理和服务。“精准扶贫”工程方面，秉持慈善助人、扶贫济困宗旨，市慈善总会通过官网发布筹款项目，累计帮助4名患重大疾病的困难户筹集10.83万元。

【慈善活动】 2020年5月21日，市妇联、慈善总会开展“困难单亲母亲圆梦”救助活动，一同深入基层、走访入户，对19名有救助需求的困难单亲母亲，按照征集的“家庭愿望”，向每一位单亲母亲发放5000元爱心款，帮助她们实现愿望。7月24—25日，市慈善总会、恒大矿泉水集团、福建省瑞福祥网络科技有限公司共同举办“喝好水 做好事”义卖活动，并将12.69万元义卖所得款捐赠给市慈善总会2020年度“慈善学子工程”，帮助更多石狮籍贫困学子顺利进入大学圆梦。9—10月，以“中华慈善日”为契机，联合市多个部门开展“让关爱的阳光照亮心灵”访贫问苦送温暖活动。该活动为期两个月，覆盖面广泛、受惠人数众多，累计慰问石狮市9个镇（街道），36个村（社区），196户低保户、残疾人家庭。全年联合市残联开展“百会联百村·千贤帮千户”爱心助残活动，发动志愿者477人次，惠及全市残疾人501名。

【抗疫募捐】 2020年，石狮市慈善总会开展抗疫募捐行动，先后接收捐款1064.81万元、物资60.12万件，全部用于疫情防控工作。

2020年7月，“喝好水 做好事”恒大冰泉公益义卖助学活动开展（图/石狮市慈善总会）

镇（街道）

凤里街道

【大事记】 2020年1月1日，凤里街道依托新时代文明实践载体，在宽仁举行凤里八卦街嘉年华活动。同日，由石狮市委文明办、市妇联、市总工会、凤里街道和宽仁社区共同承办“2020年全国社区网络春晚”宽仁社区专场。

1月16日，凤里街道办事处开展2020年“迎新春·送祝福”活动，发动社会爱心组织向辖区低保户、特困户赠送慰问金和年货。

1月26日，凤里街道召开新型冠状病毒感染疫情的肺炎疫情工作再部署再推动会议。

2月，海外和港澳同乡社团及侨亲向凤里街道捐赠紧缺的口罩、额温枪等大批新冠疫情防护物资。

3月9日，凤里街道召开安全生产工作会议，全面部署安全生产大检查工作。

4月，凤里街道及社区组织向海外和港澳社团捐赠口罩、连花清瘟胶囊等价值数十万元的新冠疫情防护物资。

6月12日，石狮市凤里街道教育发展促进会成立大会暨第一届理监事就职典礼举行。

7月28日，凤里商会第五届会员代表大会召开，选举产生凤里商会第五届理监事及新的领导班子，并举行理监事会就职仪式。

7月31日，凤里街道工会召开第四次代表大会。

8月28日，凤里街道被泉州市道路交通安全综合整治工作领导小组评为“创建零酒驾示范乡镇（街道）”。

9月4日，第三届“善行八闽—公益慈善项目大赛”颁奖仪式在福州举行，凤里街道妇联“咱厝边”家庭服务中心项目获大赛三等奖。

11月2日，凤里街道新开设的“凤鸣”学习讲堂第一讲开讲。“凤鸣”学习讲堂不仅是提升基层干部理论素养和履职能力的平台，也是辖区百姓学习交流的平台。

12月7日，八卦街保护提升工程“一街四节点”项目征迁动员大会召开。

12月25日，八卦街保护提升工程“一街四节点”项目开始集中签约。

【基本情况】 凤里街道位于石狮市中心城区，是石狮纺织服装的主要起源地、石狮市小商品市场的发祥地和商贸中心、著名侨乡，中国童装名镇、泉州市侨乡文化名镇。辖区总面积3.2平方千米，下辖大仑、华仑、五星、后花、东村、新华、龙华、华南、宽仁、仁里等10个社区。2020年，街道常住人口3.2万人，流动人口5.2万人。2020年，凤里街道列为“泉州市侨乡文化名镇”。凤里街道妇联在福建省妇女联合会2020年全省“三百四有”创建活动中，上榜达标乡镇（街道）妇联名单。五星社区被命名为“2020年度全国综合减灾示范社区”。完成凤里街道第四次全国人口普查。

【经济发展】 2020年，凤里街道实现一般公共预算总收入3.128亿元，规模以上工业总产值29.7亿元，限额以上商业销售额291.93亿元，限额以上社会消费品零售额7.95亿元。

2020年，凤里街道培育新增入库6家重点工业企业，新增22家商业企业，实现商业企业在库110家、服务业9家，总体保持较好发展势头。2020年，凤里街道固定资产投资新增项目12个，竣工项目10个，完成固投11.96亿元。2020年，凤里街道鼓励企业包车招工和转化本地工人，辖区26家重点企业3月全面开工并恢复产能，开机率超110%，重点项目工人返岗率180%。

2020年，凤里街道协调支持市儿童产业联合会在凤凰城设立会所，建设石狮童装发展史馆，引导童装行业转战国内市场。举办首届中国（石狮）校园服饰博览会和2020网上直播狮城儿童服饰购物嘉年华，支持童装行业深挖校服发展空间。立足凤里北片香江路两侧以及与宝盖和灵秀交界地带现有的女装电商企业700多家、女装生产企业500多家，日发货量达7万余件的优势，谋划生成石狮女装电商生态创业园项目，力求整合资源，提高石狮女装核心竞争力。进一步盘活闲置商场、楼宇等资源，凤凰城重点区域招商入驻率80%。凤里街道深化联络对接国贸中心招商，有80多家企业进驻，主要集中在电商、布料、培训机构、外贸及货代等领域，入驻面积占办公区域约75%。开展星期Yi创意园园区招商推介，谋划引进网红、直播基地等，总计入驻商家机构80多家，经营面积2万多平方米。推进辅料城入驻国际轻纺城，轻纺城入驻经营率达80%。

【城镇建设】 2020年，凤里街道开展八卦街保护提升工作，出台《八卦街保护提升工程非沿街建筑部分动迁方案》，12月，启动凤里庵至马脚桥等核心街区和凤里庵入口广场和配套停车设施等建设，并对街区部分重点区域进行集中保护、征迁、改造。

2020年，凤里街道开展新华街改造提升工程，对实验小学新华路一侧共54幢骑楼店面进行立面修缮，包括沿街骑楼立面加固、修缮及夜景工程。11月，涉及的建筑完成骑楼构件安全检测。

2020年，凤里街道开展“家园清洁行动”，深入推进“三清”“五绣”。着力解决排污管溢水、垃圾桶油污等一批环境卫生领域民生热点难点问题，实施面积约7000平方米的街坊支路改善提升工程，解决27处路面破损、排水不畅、绿化品质不佳、空中管线凌乱和路灯缺失等问题。结合“两违”治理，在“零增量”基础上，重拳拆“存量”违章搭盖，腾出生活空间，在建和拟建用于停车场（点）11个，街边公园4个，体育运动场所7个，改善居民出行环境，化解停车“老大难”问题。拆除大仑社区荒废老宅，种绿植、添设施。加强大排档餐饮油烟、巡查整治工地建筑施工扬尘和露天垃圾焚烧。加强规范管理，促进后花休闲夜市健康发展。改造实施电力宿舍楼和环卫处宿舍楼等5个老旧小区项目。

【社会事业】 2020年新冠肺炎疫情发生初期，凤里街道成立防控工作指挥部，搭建综合协调、医疗救治、舆论宣传、环境清洁、综合维稳、物资保障、工作督导、返工返校、外事等工作组。完善应急预案，梳理各项工作流程，创新建立“早上开单、晚上收账”、出租房线上承诺及未租贴告示、复市商铺张贴开业登记标签、“五步问询法”等机制方法，无休假全天候作战。落实疫情防控常态化措施，有序推动复工复产、复商复市、复学复课。

2020年，凤里街道对辖区生产性、经营性场所，以及建筑工地、危旧房、酒店行业等重点区域开展安全隐患大排查大整治，深入组织企业自查监督、房屋建筑安全、智慧用电推广等工作。指导企业制定安全生产应急预案并配备安全生产管理员，组织开展多场宣传培训演练。按照“先难后易”原则，强力拆除留存9年、3500平方米的高楼违章钢结构等一批影响力大、解决棘手、遗留时间长的隐患建筑；拆除18家酒店的62个违建房间，计11000平方米。开展交通安全宣传和文明劝导，优化交通警示引导设施。

2020年，凤里街道深化河长制工作，开展辖区塘园溪、东排水沟等2条市级河道巡查及整治。组织河道专管员培训，提升河道专管员履职能力；发动河道监督员、百姓河长、企业家河长、党员河长、社会志愿者河长和巾帼河长等参与管河护河，强化对河湖管理保护监督。打击乱搭乱建、乱排乱放等现象，巡河发现的66个问题均整改到位。做好河道水体摸排整治和河道清淤，加强河道水污染防治，2020年发现辖区河道存在23个违规排污口，均进行了封堵；针对塘园溪龙华社区段1处雨水管排污现象，根据检测结果和建议对周边管道进行清淤处理，该管道污水不再直排。加强河道岸线和河岸生态保护蓝线管理，强化沿岸环境卫生管理和河道周边环境整治，开展河道“四乱”排查，拆除东排水沟东村社区段3处违章搭盖、塘园溪信德明段1处违章搭盖，拆除面积395平方米。建设河长制主题公园，将其作为科普水知识、宣传河长制政策的重要平台。

2020年，凤里街道推进“三校”改扩建。实施石狮市实验小学校园文化景观提升工程，分为危房改造提升及室外文化景观2个项目。危房改造提升项目，拆除经鉴定为D级危房的2号教学楼及旧教师宿舍楼，新建建筑面积约3500平方米的综合楼2幢、建筑面积为32平方米的学校大门1个，并对已建的综合楼、敦荣楼、1号教学楼、3号教学楼进行外立面景观改造提升，建筑风格延续原新华街骑楼南洋风格，打造闽南侨乡示范校园。室外文化景观项目，新建操场架空活动建筑面积3520平方米，新建半地下室内篮球馆1200多平方米，拆除并重建文化走廊546平方米，并对塑胶跑道面层、室外景观、景观构筑物及小品、室外管线综合等室外工程进行景观改造提升。至年底，完成景观提升方案设计，架空部分完成施工，半地下篮球馆完成基坑支护。五星小学改扩建工程基本完工，进入收尾阶段。大仑中心小学改扩建工程3、4号楼完成主体施工，基本完成内、外墙粉刷防水保温等工序。

2020年，凤里街道全面加强道路交通安全宣传教育工作。多点位宣传，通过社区及人员密集场所宣传栏、沿街店面LED屏幕、2处交通漫画警示长墙、横幅标语、城管巡逻车以及微信公众号、微信群等途径，全面加强文明交通宣传。多层面教育，广泛发动社区老年协会和志愿者力量，开展进单位、进企业、进家庭等“七进”活动，加强不同对象特别是外来人口的道路交通安全教育，收取宣教回执1500份。多形式引导，组织宣教活动11场，分发资料3000余份、文明卡片2000张；签订《凤里街道门前三包承诺书》4000余份。凤里街道被评为泉州市“创建零酒驾示范乡镇（街道）”。

湖滨街道

【大事记】 2020年6月，石狮市湖滨教育促进会正式成立，其组织机构的成立旨在搭建公益平台，聚合社会力量，营造尊师重教的社会风尚，助力教育事业的发展。自进入筹备阶段以来，得到海内外乡亲、爱心企业和组织、社会贤达、热心居民群众的关注和支持，受捐教育基金达2200万元。

10月，石狮市湖滨街道公共服务设施（湖滨综合市场）项目正式投入运营。该项目作为石狮市民生补短板项目之一，于2018年11月30日正式投建，历时2年，总投资5000多万元，按照新型智慧市场标准进行建设，总建筑面积16055.12平方米，总设计3.5层。石狮市湖滨综合市场的建成投用，惠及群众近10万人。

【基本情况】 湖滨街道地处石狮市中心城区，下辖玉湖、新湖、湖边、长福、林边、金林、曾坑、仙迹、花园城、金曾10个社区，下设68个党组织（3个二级党委、65个党支部），党员1302名。常住人口10.4万人，户籍人口4.2万人，流动人口6.2万人，海外侨胞及港澳台同胞近3万人。

【经济发展】 2020年，湖滨街道财政总收入3.5亿元，其中一般预算收入2.1亿元；中央“四税”收入1.4亿元。规模以上工业企业数27家，规上工业产值98.2亿元；限额以上商业企业数58家，销售额109.26亿元；限额以上社会消费品零售额33.52亿元；固定资产投资5.9亿元。2020年，湖滨街道有重点项目6项，分别为德辉广场智能化停车场改造、仁宇健康管理中心、畔山云海二期项目、湖滨街道公共服务设施、石狮杨孙西服饰博物馆、石狮曾坑片区改造（奥园书香府第），除仁宇健康管理中心属于在建工程外其余项目均完工。

2020年，湖滨街道着力破解发展瓶颈，盯住新兴领域和域外资源开展填空招商、错位招商，大力发展总部经济、楼宇经济。推动鑫嘉源、祥展、昌盛等海运公司入驻，共计货船9艘12.17万载重吨，占全市总运力10.1%，年纳税近300万元。引进福建天熠影业有限公司，与北京华谊兄弟合拍《雷霆行动之毒幕》。盘活闲置厂房6.2万平方米。迪娜工业大厦引进正港时计、米奈贸易、名兴电子商务等8家电商企业入驻，销售额6300万元。高乐、木林森旧厂房引进6家电商企业入驻，销售额7000万元，纳税额超100万元。街道综合服务中心引进远舟港湾、金进鑫等8家建筑企业及1家财税中心、1家物流平台入驻，实现“资源占用少、税收贡献大”，2020年纳税超5000万元。

【城镇建设】 2020年，湖滨街道加快新湖中心小学改扩建、湖滨第二中心幼儿园建设，支持辖区学校开设特色课程、个性服务，创建示范校（园）。推动北大金秋集团在湖滨设立华东地区奥数培训基地。引进福建漫童教育投资公司，建设以动漫IP为元素的功夫动漫幼儿园，通过浸润式融合教育，创造适合孩子身心健康发展的多维空间。推动朵朵童世界项目进驻龙福商城B区，打造集儿童娱乐、教育、医疗、零售为一体的儿童早教才艺培训基地。湖滨街道加强隐患房屋整治，拆除“两违”28宗，拆除面积2.176万平方米，其中新增“两违”2宗，拆除面积130平方米，及时制止违法违章现象的发生，“两违”现象明显减少，6月完成华林路口袋公园工程主体建设及绿化，11月底完成河长制标语造型设计及宣传栏安装。推进辖区内13个停车场建设并投入使用、新增停车位2000多个。施画辖区背街小巷停车位近300个，完成曾坑社区幸福三路的硬化并施画150多个停车位，缓解第三实验小学上下学期间道路拥挤情况及周边群众停车难状况。

【社会事业】 2020年，湖滨街道成立湖滨教育促进会，动员社会各界人士捐款2200多万元，助力打造家门口的优质教育。推进社区卫生服务中心全覆盖，加快仁宇健康管理中心建设，指导社会养老服务机构提高服务水平，实现医养高度融合。紧抓疫情下大健康产业发展契机，拟在龙福商城A区投建牙科诊所、眼科护理中心、中医推拿中心、健康管理中心、运动健身城为一体的大健康城。开展环境整治，打造曾坑四端堂、杨孙西文化馆和王起沃纪念馆等富有家风家训、华侨文化内涵的城市会客厅，让城市留住记忆，让人们记住乡愁。制订湖滨街道“厂居混合”问题专项整治工作方案，开展相关摸排工作；环保网格员开展615次巡查，发现解决186次事件，协调解决辖区内环境问题和环保投诉，督促整改环保局下派的投诉件52起；对第二轮中央环保督察三起投诉协办件进行复查，防止回潮。开展清洁活动62次，参与人数2400余人次，分发宣传材料1万余份，清理生活垃圾1550吨、清理水塘6口、清理沟渠5千米、清理淤泥数量1吨，“扫清楚”14918处，“拆清楚”43处，共10770平方米，“摆清楚”7567处。

【平安湖滨】 2020年，湖滨街道重点整治市场垄断资源、欺行霸市、扰乱市场交易秩序、吸贩毒的黑恶势力。摸排上报涉黑恶线索20条，其中12条转化为战果；抓获涉黑恶团伙人员12人。

深入推进禁毒工作规范化、信息化、社会化建设，完善禁毒软硬件设施，充实基层禁毒队伍力量，保持禁毒高压严打态势。强化矛盾排解，实现法律顾问社区全覆盖，打造湖边、长福、林边、新湖法律示范点。成立石狮首个老旧小区调委会（花园城）、首个商圈类型调委会（德辉商圈）。湖滨街道联合湖滨派出所、交警七中队查处违法行为3469起，拍摄静态交通违法行为30148起，其中涉酒269 起，货车超载137起，涉牌涉证2734起，摩托车重点交通违法1194起，大中型客车校车超员1起，黑校车1起，落实文明整改278处。

【安全生产】 2020年，创新街道安办随机抽查、各工作点交叉检查、驻区单位联合执法相结合的工作举措，排查生产型企业（工厂）近6000多家（次）、经营性店面22800多间（次），发现并整改“三合一”场所201家，发现并整改安全隐患611处。持续深化“5+1”简易消防设施推广安装，推进全市“智慧用电”体系建设。组织辖区规上企业开展深化风险辨识分级管控、隐患排查治理双重预防机制建设，配备企业安全员141名，实现10人以上的企业全覆盖，同时为经营性店面购置微型消防设施，夯实企业安全发展基础。整合辖区内各专项应急救援队伍，建设重点企业应急救援队伍，提高应急救援组织协调能力和现场救援时效，构建统一领导、权责一致、权威高效的应急能力体系。

灵秀镇

【基本情况】 灵秀镇地处石狮西南门户，紧邻建设中的泉州高铁南站，土地面积16.27平方千米，户籍人口3.2万人，外来人口10万人，是一个以纺织服装、电商、物流为主要特色的商贸重镇，获“全国文明村镇”“中国淘宝镇”“中国运动休闲服装名镇”等称号，居全国综合实力千强镇第84位。

【经济发展】 2020年，灵秀镇财政收入完成6.4亿元，增长5.4%。全年完成规上工业总产值187.83亿元，增长1.7%；完成限额以上销售额987.56亿元，增长12.9%；全年完成限额以上零售额105.86亿元，增长7.9%。固定资产投资完成45.1亿元，增长16.1%。2020年，灵秀镇注册登记法人单位达1.2万多家，个体经营户2.8万多家，总量约占全市的40%。围绕繁荣“三城”核心商圈，招商引资，盘活长期闲置的塘园村轻纺城安置商场，助推国际商贸城服装市场、面料市场、辅料市场、校服市场加快繁荣，石狮服装城入选中国十大服装批发市场。加快电商发展，青创城二期、双奇电商城投入运营，全镇聚集7000余家电商企业和4万家活跃经营的卖家（网店），跨境电商、网批市场、直播平台等新业态新模式不断涌现。灵秀镇获评“中国淘宝镇”，塘园、灵山等12个村获评“淘宝村”。累计引进大长江汽车城、校服专业市场、鼎盛网红城等40个项目，总投资超28亿元，超额完成上级下达的招商任务。推动重点项目落地，保障普洛斯物流园、世茂故宫海丝博物馆等32个重点项目建设，完成投资35.6亿元。优化企业服务，紧盯创新转型，发挥石狮服装城市场采购贸易方式试点效应，围绕“一馆一院一中心”等产业服务项目，带动传统产业加快转型升级。全年新增泉州市级以上高层次人才2人次，新申报凯仕达服饰等3家国家高新技术企业，新培育鹏工教学设备等2家科技小巨人领军企业。

【城镇建设】 2020年，灵秀镇加强生态环境建设，全面落实“河（湖）长制”，完成灵秀山、仕林、容卿等水库除险加固和梧垵溪等一批河道整治，推进风炉山公园、灵秀山林相改造提升。加大华山村传统村落的修缮保护力度，打造“华山归园田居”原生态自然风光和古朴沧桑人文景观，华山村获评“中国传统村落”。突破难点热点，基本完成联邦商业城改造项目补偿和拆迁任务，项目转入全面建设阶段。完成金相路南段历史遗留房屋征迁工作，持续推动钞坑、加曾寨、灵山灵峰片区改造扫尾工作，推进仕林村全村土地统征工作，保障福厦客运专线及片区开发建设。加快路网建设，龙石路、花园路钞坑段、西南一路等一批道路基础设施项目建成投用，缓解钞坑、彭田、灵山、塘园等村居周边的交通压力。开展金相路、彭田新大街、“三城”区域等主要道路两侧环境景观整治行动，严厉打击“牛皮癣”、占道经营、乱倒建筑垃圾等行为。开展以“扫清楚、拆清楚、摆清楚”为主要内容的家园清洁行动，推动环卫一体化改革，加强农村生活垃圾治理，使卫生脏乱差问题得到缓解。

【社会事业】 2020年，灵秀镇实施乡村振兴战略，通过“清资产、定成员、明份额、赋权能、建组织、促发展”，完成12个村的农村集体产权制度改革。围绕服装城等市场资源、青创城等电商资源，鼓励各村因地制宜，盘活闲置或低效使用的办公用房、旧校舍、旧厂房、旧仓库等作为电商店铺、仓库、快递网点以及物流场地，发展壮大集体经济，为农村群众增收创造新的渠道。办好家门口的优质教育，成立灵秀教育促进会，充分发挥尊师重教、扶危济困作用。坚持加大教育投入，推进市第四实验幼儿园、灵秀镇第三中心幼儿园、鹏山九年一贯制学校的建设，港塘小学教学综合楼、石狮八中综合楼及运动场建成投用。完善社区卫生服务体系，新增港塘、灵狮、前廊等3家乡村一体化管理的卫生所。加大健康宣传教育，开展“预防传染病、健康每一天”等10场主题宣教活动。落实各类社会保障制度，发放低保、特困等社会救助资金199.3万元。持续推进文明村镇创建工作，巩固深化灵秀“商贸文明、生态文明、邻里文明”特色品牌内涵，深入开展“最美家庭”“文明商户”等评选表彰活动。推进“文化惠民”工程，完成改造彭田、前廊等6个村级综合文化服务中心，提升优化灵狮村“百姓书房”，新建青创城、万佳酒店特色2个阅读点。

【安全生产】 2020年，灵秀镇充分整合资源，建立安全生产、综治、防汛、宗教等“三级网格化管理”，形成横向到边、纵向到底的监管服务体系。加大平安灵秀建设力度，多措并举开展宣传教育、综合治理、禁毒整治、道路安全、化解风险等工作，创新开展戒毒人员“四帮”活动，推行刑满释放人员等特殊人群“清单式”管理机制。推进扫黑除恶专项斗争，累计破获涉恶案件40起。发展群防群治力量，成立灵秀镇“百灵鸟”义警队，下设快递小哥巡防小分队等8支来自不同行业的义警队伍，不断推进基层治理体系和治理能力现代化。全面推行“网络化+社区检察官”工作模式，健全“一社区一法律顾问”模式，推进镇村综治信访维稳中心规范化建设，及时化解企业欠薪、工伤事故、意外伤亡和涉及安征迁等各类纠纷298起，涉及890人、金额1142万元。落实安全生产责任，以补齐消防安全短板为重点，开展“5+1”简易消防器材配备工作，提升区域消防应急能力。落实安全责任、强化红线意识，深入开展安全隐患大排查大整治行动，对辖区内14000多家法人单位和4000余幢房屋进行全方面、无死角的消防安全和房屋安全排查，补短板、堵漏洞、扫死角。

宝盖镇

【大事记】 2020年1月3日，宝盖镇探索“百家党建”项目，打通小区服务“最后一公里”。宝盖镇围绕“作风建设年”活动，在百德康桥假日小区推出创新之举——“百家党建”项目，增强基层党组织政治功能，拓展提升“五化一体”城市基层党建工作机制。

2020年6月23日，宝盖镇成立百德康桥小区妇女联合会，标志着宝盖镇首个居民小区妇联成立（图/宝盖镇）

1月14日，宝盖镇召开七届四次党代会，会议审议并通过《关于镇党委工作报告的决议》。

2月25日，宝盖指导服务组临时党支部当好“服务员”，助力企业复工复产。

2月29日，“1+1”加“协同作战”企业防控与复产两推进。市直驻企干部宝盖组在推动宝盖镇辖区企业在落实好防控工作的同时，推出“1+1”企业挂钩机制，即每人在挂钩指导一家重点企业的基础上，再增加一家企业，加快企业复工复产步伐。

3月16日，宝盖镇正式启用电视电话会议平台。宝盖镇借助“智慧宝盖”综合信息管理系统原先已在村落搭设终端的基础优势，在移动公司的技术支持下，在镇村两级配备电视电话会议平台，这一平台为今后特殊情况下召开会议部署工作提供便利，有利于破解镇级会场的空间局限，扩大村级参会对象规模，方便基层人员参会。

5月30日，宝盖镇举行教育发展促进会成立大会。石狮市宝盖镇教育发展促进会成立大会暨石狮市第三中学校董会换届、石狮市教师进修学校附属小学校董会成立、石狮市第五实验小学第二校区校董会成立大会举行。

6月5日，宝盖“咱厝边”入选全国家庭教育创新实践基地。

6月23日，宝盖首个居民小区妇联成立。宝盖镇成立百德康桥小区妇女联合会，小区党支部与妇联资源共享，设有会议室、文化活动室、亲子阅读室、婚姻家庭维权调解室等活动阵地，让妇女儿童服务的开展得到有效保证，并定期开展婚姻家庭矛盾调解、法律宣传、家园清洁、文体娱乐等活动。

7月20日，宝盖镇举行新时代文明实践——乡风文明积分总结表彰会。表彰辖区20个村（社区）800户星级文明家庭，并兑现“乡风文明”积分礼遇。同时获得表彰的还有200余个“最美庭院”获得者、10名优秀志愿者、5家“乡风文明积分优秀商家”。

7月24日，宝盖镇总工会换届。

8月5日，（新闻）宝盖镇被阿里

研究院评为“2020年淘宝镇”，仑后村、上浦村、塘边村、塘后村、塘头村、雪上村6个村被评为“2020年淘宝村”。

8月10日，宝盖镇七届人大七次会议召开。会议审议通过宝盖镇人民政府工作报告、2019年财政预算执行情况与2020年财政预算报告、镇人大主席团工作报告。

9月23日，宝盖镇前园村举行首次海葬仪式，180多具先人骨灰撒向大海。

同日，宝盖镇推出“宝盖直播间”。探索通过直播宣传基层故事的新方式，让村干部亮身份、晒思路、讲措施，营造比学赶超氛围。近一个小时的直播中有6400多人围观，互动信息3111条。

9月25日，宝盖镇完成前坑前园片区二期征迁签约。九二东路项目已进场施工，完成2019S-31、2020S-10两宗地块的净地工作。

10月14日，宝盖镇召开电工专班业务培训会。宝盖镇从20个村（社区）、宝盖科技园、宝盖鞋业工业园区遴选45名电工，组建起全镇性的电工专班队伍，参与辖区的安全生产管理工作。

10月29日，宝盖镇率先试点职工文明积分。石狮市总工会与宝盖镇紧扣新时代文明实践，联合探索企业职工精神文明创建活动新模式，在辖区42家企业进行试点。积分制度主要包括职工管理、善行公益、学习表彰三大类别，涵盖志愿服务、纳税购房、科研进步、义行善举、文体活动、荣誉表彰以及子女学业优异等15个积分项目。

11月11日，宝盖镇创建国家卫生乡镇通过省级技术评估。

11月18日，宝盖镇表彰一批“好婆媳”“好妯娌”“好邻居”。

12月10日，宝盖镇推行“五联五共”党建模式。宝盖镇通过推行“五联五共”党建模式，即“组织联建，共谋发展”“队伍联管，共育人才”“服务联心，共创品牌”“活动联办，共享资源”“综治联动，共促和谐”，将镇村两级与园区企业各相关方面力量紧密联结在一起。

12月27日，九二东路（濠江路—回兴路）路基全线贯通。

【基本情况】 宝盖镇地处城乡接合部，环绕市中心城区，辖区总面积26平方千米，下辖坑东、杆头、前园、前坑、塘后、塘边、松茂、仑后、后垵、山雅、铺锦、后宅、苏厝、郑厝、上浦、玉浦、塘头、雪上18个行政村和宝源社区、龙穴社区。2020年，宝盖镇户籍人口5.9万人，常住人口13.7万人。

辖区建成宝盖科技园、宝盖鞋业工业园、石狮食品城等工商业载体，拥有工业企业1300多家，规模以上企业81家，上市企业3家，中国驰名商标6枚，国家、省级高新技术企业6家，涵盖纺织服装、服饰辅料、鞋业、五金塑料、包装印刷、电子机械、体育用品、食品等行业，形成以服装、服饰辅料为主，多元化产业并存的产业格局。2020年，宝盖镇居全国综合实力百强镇第88位，较2019年上升1位；蝉联“中国服装辅料服饰名镇”称号，再次被阿里研究院确定为“淘宝镇”；镇妇联获评“全省先进乡镇（街道）妇联”，妇联“咱厝边”家庭服务中心上榜福建省家庭亲子阅读体验基地、全国家庭教育创新实践基地；镇人民调解委员会驻宝盖派出所人民调解工作室被评为“石狮市金牌调解工作室”，镇促老会获“支持革命老区脱贫攻坚先进单位”称号，镇鞋业工业园区获“全国模范劳动关系和谐工业园区”称号；8个村被确定为“淘宝村”，山雅村、后垵村被评为首批“石狮市科普示范村”，龙穴社区的景胜别墅被评为第八批全国重点文物保护单位，宝盖山风景区被评为AAA级旅游景区。

【经济发展】 2020年，宝盖镇实现财政总收入9.28亿元，完成规模以上工业产值174.42亿元，限额以上商业销售额42.92亿元，固定投资完成34.65亿元。2020年，宝盖镇建设城北食品生产基地，签约铭宝食品、旺臻食品2个项目，投资金额约3.8亿元。引入优质三产项目，五金建材批发中心、智趣教育社区、东方银河小商品网上采购中心落地宝盖。鼓励益盛化纤、健翔科技、宏伟天宏五金、古由卡、开蓝供应链管理有限公司等5家企业接手盘活闲置厂房30万平方米，总投资约2亿元。支持伊妮斯、卡宾、永兴鞋材、顺之轩、天宏金属、冠豪体育、和兴塑胶等30家企业的技改项目，提升工业增长动力。全年引进招商项目52个，投资约21.34亿元。第二季度、第四季度分别排名全市第一。2020年，宝盖镇培育传统行业新业态，推进五金辅料供应链平台建设，构建“生产服务，商业模式，金融服务”数字化生态，形成五金辅料产业数字经济新实体，帮助中小微企业减成本、降门槛、缩周期。打造集约化五金生产基地和水磨中心，推动五金产业的集中加工、绿化生产、规范管理。截至12月底，五金基地厂房全部出租，入驻企业13家，水磨中心入驻企业40家。发挥原辅料城专业市场的硬件资源优势，配合市各相关部门，对接预包装食品出口试点政策，推进中国石狮国际食品城建设与招商引资工作，成功举办中国石狮国际食品城直播节、第六届“海丝”品博会。

【城镇建设】 2020年，宝盖镇推进重点片区征迁，前坑前园片区项目完成征地10.07公顷，征迁房屋63宗，完成土地招拍挂，引进厦门建发房地产，发展本土百德置业房地产。城北片区改造项目被列入2020年泉州市重点项目，全面完成183宗房屋征迁工作，截至12月底，城北片区招商及部分基础设施建设有序推进。以后垵学校建设为突破口，着手后垵片区开发，2020年完成5.33公顷征地，拆除一处简易搭盖。进一步完善闽南理工大学周边业态，开展坑东学生街及西岑溪生态项目，完成18宗房屋的征迁。通过东、中、北三区发力，进一步提升城镇面貌，融入全域城市化发展大局，对接泉州环湾经济带建设。

2020年，宝盖镇加大镇村环境保护力度。做好第二轮中央环保督察整改，6月底完成后垵溪截污工程。深化重点行业（区域）专项整治，对辖区内未完成污染防治设施的包装印刷企业，督促其按照治理及排放控制要求完成挥发性有机物治理，安装好废气收集处理设施；强化生态环境监管，开展五金水磨专项整治工作，关停取缔30多家“散乱污”企业，推进市五金水磨加工中心集中处理。推行水系环境综合治理项目，完成后宅沟、梧垵溪下游河道、塘园溪改造工程建设，全镇17个行政村农村生活污水管网主管完成铺设；全面抓好河（湖）长制，启动巡河督查平台，整治反馈问题110多个；开展河道保洁专项行动，清理河道生活垃圾、杂物等，守护家门口的碧水蓝天。

深入开展爱国卫生运动。以创建国家卫生镇为契机，加快“一革命四行动”，新（翻）建农村公厕8座；强化“两违”和市容环境日常监管，拆除主次干道两侧搭盖31处约7300平方米，落实“扫清楚”清理各种杂草杂物3366处，卫生死角5970处，清理垃圾8984吨，乱涂乱画“牛皮癣”9580处，落实“摆清楚”2805处，落实“拆清楚”339处，计56679平方米。实施“见缝插绿”工程，精心雕琢景观景点，在宋塘路、濠江路、福辉路、石泉二路等路段新建口袋公园3处、停车场2个，主次干道边新增绿化面积累计5.33公顷。开展“最美庭院”评选活动，评选出首批204个“最美庭院”。加快推进危房整治，全面开展房屋安全“百日大整治”行动，采取边排查、边整治的方式，集中资源、力量、时间对辖区8183栋房屋开展拉网式摸底排查，其中重大危险房屋106宗，密集场所1036宗，人员密集场所存在一般安全隐患需重点鉴定32宗（其中6宗申请免鉴定），完成鉴定26宗，其中，A级1宗，B级22宗，C级3宗。对存在重大安全隐患的106宗房屋，加固2宗、恢复原使用功能4宗，封房87宗，拆除13宗；对在市规划主干道上的危房及部分位于控制区内的23宗重危房屋，参照片区改造补偿方案先予安置；65栋危房采取“拆危建公用项目”。将补短板和强创新紧密结合，制定《宝盖镇安全生产绩效考评办法（试行）》，首创电工专班，抓紧抓实安全生产工作。

【社会事业】 2020年，宝盖镇推行“积分制”，营造文明乡风，全年全镇认证人数17850人，地址认证率91.05%，录入包括捐赠公益、志愿服务、喜事不办等在内的文明积分事项61584项，积分607.51万分，兑换积分286.19万分，兑换金额28.6万元。表彰800户星级文明家庭，并兑现“乡风文明”积分礼遇。2020年，宝盖镇取消及简办喜事活动约270场次，节约资金近4000万元；成立宝盖镇教育发展促进会，筹集教育资金2500多万元。推进学校建设，宝盖镇中心幼儿园湖光分园、城北幼儿园、石狮市第七实验小学、宝盖镇龟湖中心小学第二综合楼、后垵小学新校区、宝盖第五中心幼儿园建成投入使用；进修学校、宝盖镇第六中心幼儿园、石狮三中改扩建项目进场施工；完善招生机制，协调教育局、学校，全面解决563名企业员工子女就学问题。完善社会保障体系，全年发放低保金约64.9万元，发放残疾人两项补贴69.32万元。发放计划生育奖励扶助金33.42万元。城乡居民社会养老保险参保率97.73%，兑现18个村失地农民养老保障金。

蚶江镇

【大事记】 2020年6月21日，蚶江镇教育基金会成立，旅泰乡贤林嘉南荣任创会会长。蚶江镇教育基金会募得捐款5585.94044万元，累计参与捐款爱心人士约497人，将围绕石狮市委、市政府提出的“逐梦——家门口的优质教育”新梦想，收集与发展教育事业相关的意见和建议，研究各种策略，为蚶江镇教育发展出谋献策；面向全镇开展奖学、奖教、助教、助学；资助有助于质量提升的教育改革及教科研项目；协助学校解决在编教师津补贴、编外教师工资福利，改善学校办学条件，提升校园软硬环境，促进蚶江镇教育事业高质量发展。

10月29日，蚶江镇印发《蚶江镇全民健康百万惠民工程实施方案》，该项目由镇政府牵头，着重生命安全及应急救护普及、青少年健康素养提升、惠企关爱“流动人口”及“一镇一品”村级医疗服务设施提升、医务人员激励机制和“乡贤名医工作室”等六大项目，旨在逐步完善覆盖该镇各相关领域的健康促进体系，进一步推动蚶江镇医疗卫生事业发展，全方位全周期保障人民健康。

12月4日，石狮市蚶江镇建立“蚶江镇乡村融合治理服务中心”，提供普法宣传、信访接访、法律咨询、法律援助、人民调解等服务，构建“统一集散治理、专业分流化解”的大调解社会治理新格局。

【基本情况】 蚶江镇位于泉州湾南岸，石狮市东北部，是著名侨乡。总面积38.47平方千米（小城镇建成区26.12平方千米），海岸线17千米，常住人口8.6万多人，城镇化率100%。下辖蚶江、锦里、石渔、石农、大厦、莲东、莲西、莲中、石壁、东垵、莲塘、溪前、厝仔、青莲、古山、洪窟、锦江、锦亭、水头等19个行政村。蚶江历史文化资源丰富，宋元时期是“光明之城”“东方第一大港”——刺桐（泉州）的门户、海上丝绸之路的起点，与台湾鹿港对渡历时 100 多年，盛极一时。辖区内文物古迹众多，拥有古泉州（刺桐）史迹系列遗产点 2 个——宋代六胜塔和唐代石湖码头，以及国家非物质文化遗产闽台对渡文化习俗——海上泼水节。现为福建省小城镇机构改革试点单位、泉州市级小城市培育试点单位、泉州小城镇综合改革建设试点镇。先后获"中国裤业名镇""国家级生态乡镇""全国小城镇经济综合开发示范项目镇""全国特色小镇""中国灯谜艺术之乡""全国先进司法所""福建省文明乡镇""泉州市平安乡镇""泉州十佳特色小城镇"等称号。

【经济发展】 2020 年，蚶江镇财政总收入 4.15 亿元。完成规模以上工业总产值 179.8 亿元，限额以上商业销售额 22.78 亿元，限额以上社会消费品零售额 7.57 亿元，固定资产投资（不含农户）31.7 亿元，比 2019 年上升 14%。

2020 年，推进蚶江镇的招商引资工作，全年在谈项目 14 个，签约项目 7 个，开工项目 12 个，提质增效项目 45 个，三产项目 10 个。推进锦江外线、应急水源、航运中心、共富路（沿海大通道至码头）道路工程、石湖港区停车场项目等一批"城市提质年"建设项目的征迁工作；推进智能产业发展，引导企业加大技改投入，推动通达 5G 电子产品 3D 玻璃盖板自动化生产项目、昕润鸿光学玻璃项目、百川熔喷纺织项目等，支持企业加强应用基础研究，主攻关键核心技术，突出企业创新主体地位，加快科技成果转化，争取培育一批高新技术企业。发挥示范社、示范农场的积极引领作用（石狮市协盈科技种养家庭农场被评为 2020 年度省级示范家庭农场），促进农业专业合作社、小农户融入现代农业发展，在莲塘村建设 38.94 公顷高标准农田，推动农业增产增收。

【城镇建设】 2020 年，蚶江镇加快融入泉州海丝新城规划，凸显"海丝、湿地、港口、智造"四大元素，高标准做好镇中心区、港后物流园区、智能制造产业园区三大规划，增强镇区配套服务功能，推动港城、产城融合发展。加快城镇设施建设，推进泉州一重环湾、锦江外线、福厦高铁等道路建设，加强区域互联互通。保障共富路等道路建设，打通锦东路北段等镇区断头路，撑开海岸带发展框架。配合做好石狮排涝枢纽工程、应急水源工程等项目建设，全面提升城市排洪排涝保障能力。依托石狮湿地公园、锦江外线、海丝申遗点、海上泼水节打造文旅项目。

2020 年，蚶江镇推进"家园清洁"活动，开展"三清、五绣"专项行动。完成石狮市 2020 年"美丽家园"提升行动实施项目（7 个村 11 个项目），推进乡村振兴省级试点村厝仔村、泉州市级试点村石渔村和市级试点村莲西村、石农村村容村貌提升和工程项目建设，抓好泉州市级乡村振兴示范线路建设工作。投入环卫保洁经费 900 万元，强化资金保障，加大督查力度，成立卫生管理督查小组，开展检查考评，整改卫生问题 7828 处。整治"两违"建筑 33761 平方米，完成市级下达年度任务 125.04%。

【社会事业】 2020 年，蚶江镇成立石狮市蚶江教育基金会，筹集捐款 5586 万元，完成蚶江中学改扩建、华锦小学教学楼建设，推动石狮市第八实验小学、石狮市第六实验幼儿园、蚶江第二中心幼儿园开工建设。筹集 100 多万元，实施蚶江镇全民健康百万惠民工程，建设莲中村一体化卫生所室，推动蚶江卫生事业发展。开展养老机构服务质量提升专项行动，完善莲中村农村幸福院建设，与厦门"龙人伍心"家园合作，建设蚶江镇居家养老服务中心。举办第十四届闽南对渡文化暨蚶江海上泼水节，通过"云端"开展海上捉鸭、海上泼水、攻炮城、猜灯谜等线上互动闯关活动。推进移风易俗工作，健全"一约四会一队"，引导社会各界人士参加爱心捐赠。建立"蚶江镇乡村融合治理服务中心"，构建"统一集散治理、专业分流化解"的大调解社会治理新格局。

【港区建设】 2020 年，蚶江镇持续发挥港口优势，港口物流经济产业链初步形成，推动石湖港 5 号、6 号泊位、石湖港区停车场、石湖港区配套加油站、泉州港石狮航运中心等项目建设，逐步完善港口基础设施。建成石湖港保税物流中心（B 型），实现"进口商品免税、出口商品退税"便利化，满足市场贸易采购试点高速发展的贸易业务需求。加快特步现代化智能物流项目建设速度，聚集一批物流供应链企业、贸易、船代、货代、金融服务公司，培育港后物流产业集群。2020 年，石湖港港口货物吞吐量 2703.7497 万吨，集装箱吞吐量（TEU）133.2196 万标箱，散杂货吞吐量 252.5612 万吨，比 2019 年增长 11.16%。

永宁镇

【大事记】 2020 年 1 月 31 日，永宁镇在全市率先开展防疫"五个起来"和党员"1+N"村村设卡防控，在全市推广。

6 月 28 日，石狮市永宁镇教育促进会成立大会暨永宁商会第七届理监事会就职典礼隆重举行。永宁各界踊跃捐款 5830 万元，启动逐梦家门口的优质教育。

11 月 26 日，福建旅游宣传片《有福相见》正式首发。在宣传片拍摄过程中，主角姚晨及拍摄团队多次到永宁观音山取景。

12 月 31 日，石狮市永宁外线（红塔湾旅游路至梅宁路）开工仪式举行。

【基本情况】 永宁镇位于福建省泉州市石狮市东南突出部，东邻台湾海峡，西倚宝盖山，南临深沪湾。全镇总面积28.6平方千米，下辖4个社区居委会、20个行政村。常住人口4.7万人，外来人口1.9万人。永宁籍海外侨胞及港、澳、台同胞5万多人。先后获“全国重点镇”“国家级生态乡镇”“福建省历史文化名镇”“福建省文明镇”“福建省卫生乡镇”“福建省乡村振兴重点特色镇”“泉州市平安乡镇”“泉州市百个移风易俗典型乡镇”等称号，获评“国际军事比赛·2018”优秀协作单位，永宁老街获第五届“中国历史文化名街”称号，《永宁镇志》入选“中国名镇志丛书”，永宁古卫城获评AAA级景区。2020年，永宁获评省级乡村治理示范镇，涌现全国乡村治理示范村1个、省级乡村治理示范村3个。

【经济发展】 2020年，永宁镇实现公共财政总收入1.4271亿元，比2019年增长9.9%，其中，一般预算收入0.7523亿元，比2019年增长6.0%；规模以上工业产值完成68.41亿，比2019年增长-3.9%；全社会固定资产投资完成7.6亿元，比2019年增长-46.6%。限额以上商业销售额15.09亿元，比2019年增长27.1%；限额以上社会消费品零售额5.93亿元，比2019年增长0.5%。全体居民人均可支配收入5.786万元，增长5.2%。培育创新动能，鼓励企业加大研发投入。飞通公司通过产品技术创新驱动企业核心竞争力提升，积极参与行业标准制修订而跃升成为“领导者”，正进行创业板上市最后筹备工作。三源兴公司成立皮革技术研发中心，发展皮革高附加值精深加工，产品销量逆势而上。中菲薄膜公司加大技改投入，引进2条多层流延膜生产线，总投资5300万元，包装技术达到国内先进水平。李宁、快克、非凡等一批老牌羽毛球拍企业持续加强新技术、新装备、新产品的开发应用，抱团发展，积极开展布点营销或联营联销，市场占有率稳步提升。实行镇两委领导挂钩联系重点企业制度，开展点对点互动；分类、分行业精准施策，定期组织举办用工、金融、厂房（商铺）等一系列专场对接活动，帮助企业协调解决原材料供给、运输流通、用工等制约企业复工复产的难点问题。落实支持民营经济发展政策措施，全面落实减税降费政策，大力降低企业融资、用工、用能负担，全力支持中小企业发展。发展夜间经济，规范鼓励永梅路、黄金海岸、红塔湾等夏秋季人流汇集地，积极探索与文化、旅游、休闲等热点紧密结合，打造夜间消费集聚区，推动市场消费潜力释放。永宁城隍庙街正式启动，进一步助力文旅业态孵化。泰国风情园综合文旅项目正式签约。助力民宿扶持政策兑现，永宁文旅重点招商项目“橘若”民宿正式建成对外营业，成为福建新的网红民宿地标。新沙堤盘扣精品民宿项目正式落地，规划建设精品民宿酒店、昆虫博物馆、品牌展示舞台。引进厦门路桥国际游艇汇、江西高正高端酒店等重大文旅项目。锦东织造、恒昌包装、旭业环保、煜达织造、华科模具5个制造业项目落地。

【城镇建设】 2020年，永宁镇完善镇区配套。高标准完成峡谷旅游路永宁段、红塔湾旅游公路绿化工程，主干道路景观更加亮丽。着力改善镇区交通环境，增设标识标线，完成黄金大道、永码路、古卫大道道路修补，整治易堵点、事故多发点2处。红塔湾海岸公园（一期）建成投入使用。破解多重难题全力配合宝盖山拥军路提升改造工程顺利施工直至竣工通车。加快推进永宁古卫城保护提升工程，镇海石古卫城遗址公园（一期）、永宁老街两侧7座石结构房屋修缮顺利竣工，8间杉木结构房屋修复改造、城隍庙至西门老街两侧管线落地夜景提升进入扫尾阶段。基本完成观音山城市会客厅项目120多座房屋的征迁工作，为打造滨海旅游新“燃爆点”奠定坚实基础。加强镇区市容市貌整治，整治占道经营、乱靠乱停、“牛皮癣”等严重影响市容景观和道路交通的城镇顽疾，对辖区农贸市场进行改造，改善农贸市场“脏、乱、差”现象。完善环卫考评管理办法，实行“以奖代补”经费奖惩分配机制。2020年，投入清扫保洁经费700多万元，海漂垃圾专项整治经费110万元。高质量完成“厕所革命”任务，全年新改建公厕9座。持续强化生态建设。推进农村生活污水处理PPP工程，完善提升辖区10个村内部污水管网建设。发挥环保网格化监管，全年取缔5家整改无望的“散乱污”企业。全面推行“河长制”，做好一河一档工作。责任到人，严格落实辖区各水库、水闸安全监管责任。持续推进环保违规项目、石板材加工厂、畜禽养殖污染等专项整治工作。

【社会事业】 2020年，永宁镇积极践行市委、市政府“逐梦——家门口的优质教育”的新梦想，成立永宁镇教育促进会，社会捐资5830万元。2020年，镇财政投入教育经费400多万元，永宁第二中心幼儿园顺利建成并投入使用，市重点项目信义实验小学、岑江小学、永宁中心幼儿园霞泽分园二期工程、永宁第三中心幼儿园等项目稳步推进，永宁中学旧校区改造、沙堤小学综合楼顺利竣工。永宁中心小学获评“福建省第二批教改示范校”。举办第九届永宁古卫城暨云上城隍文化节，点击量达200多万人次，聚集人气到达一个新的高度。《利刃破冰》等10部由两岸一线导演、演员担纲监制、主演的电影慕名而来，选址观音山、黄金海岸、老街取景拍摄。社会事业统筹推进。落实城乡低保制度、优抚劳动就业等各项政策，完善重点优抚对象、低保户和残疾人等特殊困难群体保障措施，将外来务工人员纳入临时救助范围，2020年发放低保金184.5万元，对特困人员30人发放特困救助金35.6万元。为全镇70周岁以上老人办理人身意外险。城居保续缴率、全民参保率分别为96.87%、100%。稳步推进新市民积分管理工作，2020年兑现积分入学12人，积分入住2人。完成清产核资、农村集体产权制度改革工作，24个村（社区）挂牌成立股份经济合作社。主动作为，妥善处置永宁镇建委会未建土地历史遗留问题。加快推进石结构及危旧房屋改造工作，落实各类房屋翻建审批243宗。强力推进扫黑除恶专项斗争长效常治，畅通渠道，认真梳理3条线索上报。通过宣传车、横幅、广告、微信公众号等，多层次、全覆盖地宣传扫黑除恶。深入开展“平安永宁”创建活动，“综治三率”测评满意率连续两年位居全市第一。“七五”普法亮点颇多，在梅林村成立全市首家村级个人调解室。强化关键领域的安全监管，2020年未发生亡人生产安全事故。推进食品安全“一品一码”全程可追溯系统建设，全力保障群众“舌尖上的安全”。常态化开展渔业安全生产检查，安装渔业生产监控系统，有效防范和阻止渔船台风期间出港或到重点海域作业。

祥芝镇

【大事记】 2020年1月3日，在祥芝中心小学举办省级防震减灾科普示范学校授牌仪式。

1月6日，祥芝镇年度工作会召开。

1月9日，省民政厅工作组来祥芝镇慰问困难群众、孤弃儿童。

1月14日，泉州市小城镇办到祥芝镇查看国家中心渔港项目。

1月17日，2020年泉州市文化科技卫生“三下乡”集中服务活动在祥芝镇举行。

6月2日，祥芝镇举行“笃学重教 助力祥芝”石狮市祥芝镇教育基金会成立仪式。

12月4日，祥芝镇举行卫生健康基金成立大会暨星级卫生所（室）创建活动启动仪式。

【基本情况】 祥芝镇位于泉州湾口，地处石狮东北部突出部，辖10个行政村，陆域面积15.9平方千米，海岸线长12.9千米，户籍人口3.6万人，外来人口约3万人，是全国文明乡镇、国家级生态乡镇、全国渔业重镇。2020年通过全国文明村镇总评验收。

【经济发展】 2020年，祥芝镇实现财税总收入2.53亿元，比2019年略有下降；规模以上工业产值174.74亿元，增长11.4%；限额以上商业销售额19.32亿元，增长1.1%；限额以上社会消费品零售额6.56亿元，增长2.1%；固定资产投资16.2亿元。2020年，祥芝镇经济产业稳中向好。复工复产加速推动，成立企业复工服务专班，镇领导挂钩包干全镇79家重点企业，深入企业一线走访，帮扶企业解决疫情防控及复工复产实际困难，争取补贴12万元帮助企业接回新老员工465名，协调银行争取纾困贷款1.1亿元。

2020年，祥芝镇全面梳理优化招商服务流程，无缝对接服务项目落地，累计签约开工项目29个、总投资32.1亿元，提质增效项目34个、总投资8.78亿元，引进第三产业项目10个、总投资2.1亿元，其中信泰鞋服新材料计划投资20亿元。引导企业化危为机，牵头对接南安市海禹贡平台，水产冷冻加工企业尝试直播销售等多渠道经营；累计投入技改资金7.8亿元，推动豪宝、流香、展耀等染整企业改造提质；大宏、佳南、华绿成功转型转产防控物资，为缓解全市疫情防控物资紧缺贡献力量；富达精密、冠鑫反光、申泰新材料济身国家级高新技术企业公示范围，青灿兴五金、佳南热熔胶获评福建省科技小巨人领军企业。

2020年1月17日，泉州市文化科技卫生“三下乡”集中服务活动在石狮市祥芝镇祥芝中心小学举行 （图/祥芝镇）

【城镇建设】 2020年，祥芝镇开展“拔钉清障”专项攻坚行动，提前在上半年全部完成包括后湖职工配套区违建和坟墓、渔文化广场房屋、后湖二路A标段最后一宗房屋、共富路围墙、百丝达无纺布、西河服饰、祥鸿大道路口改造等7个征迁任务，拆除新旧粮站8678平方米。祥芝国家中心渔港扩建工程完工后泊位增至22个，成为全国渔业基础设施最完备的渔港之一；古浮湾游客服务中心于5月建成营业；海洋生物食品园、高新区祥芝片区的临里中心等基础配套设施和26宗入驻项目施工。人居环境持续改善，群众居住条件不断改善，审批民房改造翻建120宗，完成裸房整治154宗，后湖、湖西等4个村安置小区建设顺利推进；完成古浮湾人行慢道、旅游地标广场、观海观鸟平台等景观改造工程，东城遗址公园建成迎客，斗美湾东大垵段沿线景观提升稳步推进。乡村振兴全面推进，以“三清”为抓手，深入开展“家园清洁”行动，全年清扫卫生死角693处、6.3万平方米，拆除乱搭乱盖196处、2.5万平方米，摆清楚615处，累计清理各类杂物垃圾约3900吨；持续推进“厕所革命”，改建公厕6座，辖区农村户厕建档并实施台账管理；完成农村集体资产股份制改革，7个村集体经营收入超20万元、其中2个村超百万元。生态质量日趋提升，水尾桥溪至高新区污水处理厂、总长4.2千米的祥芝生活污水输送工程试运行，赤湖、莲坂等5个村的农村生活污水PPP工程加快施工，建成海洋食品园生活污水处理厂；大堡染整园环境综合整治项目进场施工，累计建成“一企一管”9.5千米，新增创建“绿营乡村”4个；开展“垃圾不落海”系列活动和“净滩”行动，完善渔船废油收集点设施。

【社会事业】 2020年，祥芝镇坚持教育优先发展，成立镇教育基金会，募捐2110万元；召开奖教奖学表彰大会，奖励376名优秀师生35.9万元；泉州师院附小石狮校区改扩建工程（一期）建成投用，祥芝第二中心幼儿园顺利封顶，祥芝中心小学综合楼完成土地确权。开创卫生养老新局面，打造卫生健康“一镇一品”中医医疗特色专科，率先开展乡村医生中医药适宜技术技能竞赛，与福建省第三人民医院合作共建中医健康管理“治未病”示范基地，引进“中医健康管理太空舱”；加强乡村医生队伍建设，开展星级卫生所（室）创建活动，率先实现心电服务村村通；建成大堡养老院。深化新时代文明实践，成功承办泉州市文化科技卫生“三下乡”集中服务活动；持续开展疫情防控、家园清洁等志愿服务活动，创建全国“扫黄打非”进基层示范标兵。开展“百名干部进渔家”活动，创新推广“七防”宣传，持续进行渔业安全生产暨敏感海域警示教育，督促渔船增配值班防瞌睡报警器、气胀式救生衣等设备，普通船员持证率提升至近100%。强化平安祥芝建设，深化标本兼治，辖区违法犯罪案件实现“两降一升”目标；建立矛盾纠纷多元化解机制及信访联席会议制度，成立11个信访评理工作室，有效防范和化解群众反映的突出问题和风险隐患；推动“海上枫桥—祥芝样本”由“盆景”变风景，成功调解涉渔纠纷63起、金额1500万元。

鸿山镇

【大事记】 2020年1月28日，鸿山镇举行“疫情防控志愿者服务队火线启动”仪式。

4月15日，鸿山镇医养服务中心开始进场施工建设。

6月19日，九五路主路面建成通车。

6月12日，鸿山镇教育发展促进会成立大会暨第一届理监事就职典礼举行。

7月24日，鸿山镇举行新时代文明实践所启动仪式暨鸿山镇深化家园清洁行动、安全生产专项整治行动动员大会。

7月28日，鸿山镇第五届人民代表大会第七次会议召开。

10月1日，石狮市举办国庆节项目集中开（竣）工仪式，鸿山镇兴迅新材料、中科光芯、美佳爽、信泰科技等4个项目入选开（竣）工仪式。

10月15日，鸿山镇举行“全民健康造福工程”启动仪式。

11月20日，鸿山镇举办应对冬春季新冠肺炎疫情大规模人群核酸检测应急演练。

11月29日，建新轮胎项目第一根地基孔桩灌注混凝土。

12月31日，石狮市举行元旦项目集中开（竣）工活动，鸿山镇婴舒宝水刺无纺布、煌祥高等面料纺织、晓光服饰反光材料、祥欣新材料等4个项目入选集中开（竣）工仪式。

【基本情况】 鸿山镇位于石狮市东部，1999年9月建制。镇区依山傍海，北靠洪厝山，东临台湾海峡。全镇面积15.59平方千米，海岸线长9.65千米，是农、工、贸、旅游较为发达的侨乡滨海城镇，现辖11个行政村，常住人口3万余人，外来人口2万余人。全镇共有石狮高新技术产业开发区、海洋食品园、伍堡集控区、鸿山镇科技园区、三协工业园等5个工业园区。辖区内有600多家企业，其中规模以上工业企业46家，有鸿山热电有限公司、神华福能热电有限公司、石狮热电有限责任公司等热电企业，为全市各工业区提供质优价廉的蒸汽能源，年供汽量800万吨。辖区内配套建设有年卸货量4万吨以上的东埔一级渔港，海运条件便利；东埔村为全国重要鱿鱼贸易和加工基地。获“福建省文明乡镇”“福建省劳动关系和谐乡镇”等称号。

【经济发展】 2020年，鸿山镇税收累计完成10.33亿元，比2019年增长27.5%；规模以上工业总产值累计完成242.7亿元，比2019年增长6.29%；全社会固定资产投资累计完成21.7亿元；全年限上销售累计完成7.78亿元，比2019年增长23%。

2020年，鸿山镇项目投资总额149亿元；单个项目投资总额取得82亿元新突破；信泰科技项目从签约到投产实现“75天”速度新突破。2020年新增开工、签约项目20个，总投资149元；完成工业提质项目35个，实现三产增效项目6个。完成征迁工作，厦门港务泉州自贸园、光子产业园、粮食加工厂等三个市级重点项目征迁工作共完成土地征迁36.92公顷。坚持腾笼换鸟增活力，盘活原宏太纺织、富贵鸟、三协汽车厂等闲置厂房9.7万平方米及原宏企、闽商用地等可利用土地31.87公顷，引进建新轮胎、信泰科技、兴迅新材料、爱乡亲、婴舒宝、美佳爽、祥华高端纺织、安元反光材料、祥欣新材料等一批优质项目。

【城镇建设】 2020年，鸿山镇完成东埔九五路888米主路面铺设，实现道路全线通车。推进鸿山镇“五彩党建”文化街区、伍堡新大街、鸿山路及伍鸿路整治提升、伍堡工业区基础设施配套等项目建设，美化绿化亮化人居环境。重点推进省级乡村振兴试点村“洪厝村”建设，投入265万元开展村间景观提升、人居环境整治、村集体经济发展等3个项目建设。投入550万元开展农村“美丽家园”提升项目12个。开展家园清洁行动，拆除乱养殖乱搭建鸡鸭舍面积31600余平方米，拆除临时搭建、清理卫生死角29304平方米，清理农村生活垃圾9580余吨、畜禽养殖粪污等农业生产废弃物710余吨，清理村内水塘量51口、村内沟渠数量47公里。推动鸿山生活污水处理厂项目建设竣工，完成6个公厕改造提升。全面落实“河长制”“湖长制”工作，持续推进海域保护以及海漂垃圾治理，切实维护乡村生态绿核。

【社会事业】 2020年，鸿山镇全面发展教科文卫事业，募资3081.77万元成立鸿山镇教育发展促进会，投入467万元支持辖区学校实施补短板项目。完成鸿山镇第三中心幼儿园项目建设，推动鸿山镇中心幼儿园扩建项目立项。加快鸿山镇医养服务中心项目建设；加大医疗卫生投入，加快分级诊疗和村级卫生所一体化建设；完成洪厝村“幸福院”建设。抓好农村养老工作，探索居家养老服务模式，规范化运行10个居家养老服务中心，提升鸿山镇敬老院服务水平。鸿山镇全年发放低保金155.91万元、特困人员供养金21.78万元；帮扶低保对象158户259人，特困人员12人，孤儿1人。整合渔文化博物馆、乡村记忆文化展馆、东埔村家风家训展示馆、“四世一品”祠堂等文化资源，打造东埔“乡村记忆”渔业古村景观集群。对鸿山历史名人、伍堡王氏宗祠家风文化、当代典型人物事迹进行深入挖掘，加大推广宣传。推动东园狮阵武术馆阵地建设及活动开展，弘扬非遗文化。强化农村基层综合治理，探索“一核多元”乡村治理工作机制，推动东埔三村建设并成功获评“福建省乡村治理示范村”。深化“七五”普法，加强农村法治建设，依托“互联网+调解”、多元矛盾纠纷化解机制，创新发展“枫桥经验”，着力将矛盾化解在基层，全年处理纠纷25起，化解成功率100%。加大安全生产工作力度，在全省首创“智慧消防平台”建设，上线企业171家，安装智慧部件1000多个；创新实施“一单两消三清四安”安全生产管理机制，切实将安全生产隐患整改到位。提升交通整治工作，完成85处交通隐患整治。扎实做好新冠肺炎疫情防控，通过地毯式摸排、数据库建档、网格化管理，高效推进复工复产、严防海上偷私渡、核酸检测平台登记、“八闽健康码”推广等工作，精准施策严把防疫关口，切实保障群众生命财产安全。

【鸿山热电厂建设】 石狮热电、鸿山热电、神华福能三家热电厂坐落于石狮市鸿山镇，距石狮市中心约12千米。三家热电厂为石狮、泉州地区提供大型电源支撑，同时为石狮地区热负荷区集中的传统工业提供可靠的、优质的蒸汽能源，实现全区域的集中供热。

石狮热电综合节能减排改造工程项目投资2.2亿元，工期18个月，项目拟新建设1台240吨/时高温超高压循环流化床锅炉和1台约33兆/瓦高温超高压带低真空回热新型背压式汽轮机，同时配套一台新高压除氧器，配置2台100%高压给水泵（1用1备）。通过新1号炉和新1号机，提高锅炉效率，提高能源转换率，促进节能减排。项目于2020年7月开工，12月底完成33兆瓦机组汽机基础交安，进行锅炉水压试验。

鸿山热电向高新区及海洋科技园集中供热项目总投资1.5亿元，新建蒸汽管道（含支线）总长25千米，其中鸿山热电到高新区管道总长约20千米，鸿山热电到海洋科技园管道总长度约5千米。2020年12月底高新区部分完工。

锦尚镇

【基本情况】 锦尚镇位于泉州湾口突出部，属石狮市沿海乡镇，面积14.5平方千米，海岸线长8.4千米，辖11个建制村，16个自然村，户籍人口2.65万人，外来务工人员近1.8万人，是石狮著名侨乡。全镇工业产业以纺织、服装和染整为主，工艺品、电子为辅，主要集中于锦尚工业区和中小企业创业基地；农业产业以海洋捕捞为主，粮食、蔬菜种植为辅。随着镇区建设步伐加快，华锦码头4号泊位全面建成投入使用，获批国家口岸开放，商贸、服务、物流、电子商务等第三产业迅速发展，且所占比重逐年提升，全镇产业结构不断优化，经济总量和发展质量稳步提升。先后获“国家级生态乡镇”“全国体育健身示范工程”“省先进基层党组织”“省文明镇”“省抗击新冠肺炎先进集体”“省卫生乡镇”“省农村宣传思想文化示范镇”“省安全社区”等称号。

【经济发展】 2020年，锦尚镇一般公共预算总收入2.38亿元，增长30%，其中一般公共预算收入1.27亿元，增长25.3%；规模以上工业总产值78.81亿元，增长4.5%；固定资产投资完成15.22亿元，下降33.7%；限额以上商业销售额27.67亿元，增长24.4%；限额以上社会消费品零售额6.24亿元，增长9.4%。2020年，锦尚镇加快中小企业创业基地建设。全面完成85公顷土地征用任务，一期A区50万平方米标准厂房、宿舍及商业楼全面完工，道路绿地、幼儿园、卫生所、警务室等配套设施全面完工，近30家企业搬迁入驻；B区完成二次平整，鹏泰服饰、瑞福祥物流相继建成投产。引导集控区染整产业改造提升，新宏兴染整1号车间1.8万平方米建设全面投产，二期工程开工建设；晨光纺织完成兼并重组，鼓励支持染整行业通过更新设备，技术改造和产品研发，提升市场竞争力。全年申报市级以上技改项目7个、科研项目3个，创新转型步伐加快。发展壮大港口经济，华锦码头与厦门港务集团签订战略合作，全年港口吞吐量为42.06万标箱，增长5.26%；散货165.32万吨，下降7.30%，带动物流等第三产业加快发展。锦东一级渔港完成勘探测量、工程可研通过行业审查等前期报批工作，12月底开工建设。完成市下达的招商任务，共有48个“三个一百”项目上报市发改局，分别为签约、开工项目15个，提质增效26个，三产项目7个。完成年度总投资约7.6亿元，其中，瑞福祥物流已投产、华锦码头4号泊位完工，卓诚机械、浪潮服饰等正在抓紧推进。九牧智能制造产业园正式落地，开始进场施工建设。

【城镇建设】 2020年，锦尚镇完善基础设施，横穿镇中心区域3.6千米的锦南路景观提升工程，以及连接石狮大道的锦蚶路工程全面完工，锦尚外线主体工程进入扫尾阶段。加快镇区改造，持续推动厝上大街第三期西港路口至锦尚村委会拆迁改造工作，锦南路厝上段回批地首期公开拍挂4幢41间商住楼建设基本完成投入使用，厝上新大街景观提升工程着手展开。进一步完善城镇管理队伍建设，加强对占道经营、流动摊贩、户外广告及车辆违章停放等管理，推行厝上大街商店门前“三包”，城镇建设和管理服务水平不断提升。以乡村振兴为抓手，加快农村基础设施建设，投入1000余万元，铺设村间道路和排水沟、架设路灯、建设休闲绿地；投入资金700余万元，因势利导，充分利用农村古建筑、山体、田园等自然资源，建设微小景观18处；持续推进厕所革命，新建改建公共厕所8座。完善农村生活污水管网建设扫尾，推动农村生活污水集中处理。推进卢厝、厝上、港东等村文体活动中心改造提升，卢厝村综合文化服务中心获评省级优秀示范点。环境卫生保洁经费投入560多万元，推进市场化运营，抓好镇区主干道路和村庄环境卫生综合整治，切实改善农村人居环境。

【社会事业】 2020年，锦尚镇投资1900余万元的锦尚镇第三中心幼儿园完成前期各项准备工作。成立锦尚镇教育促进会，筹集教育基金3300余万元。落实最低生活保障制度，抓好城居保、新农合和大病保险缴费工作，启动东店养老院项目前期工作。发动社会力量关心支持卫生健康工作，东店村旅菲华侨李建胜捐资20万元，为镇卫生院购置彩超机，为全镇11个村购置心电图机。着力解决农村住房困难问题，加快农村危旧房屋改造建设。严格落实节能减排目标责任制，推动印染集控区循环化改造，巩固提高定型机尾气收集处理，全面完成污水处理厂加盖除臭、工业污水管网“一企一管”、旧垃圾山分类筛拣焚烧处理以及垃圾焚烧厂技改等工程。落实“河长制”，投入1700多万元建设厝上溪景观改造提升工程，建立辖区溪流日常巡查与奖惩长效机制。举办“水清、河畅、岸绿、景美”爱河护河活动，组建锦尚镇“爱河护河”志愿服务队。通过市场化管理，做好溪流、岸线日常保洁工作，着力推进生态文明建设。

人物·荣誉

领导名录

中共石狮市委员会

书　记　蔡萌芽（女）
副书记　黄春辉
常　委　林天虎
　　　　林振海
　　　　陈元生
　　　　廖春园
　　　　张鸽翔
　　　　陈拥军（至2020年10月）
　　　　王文晖（2020年10月任）
　　　　杨德才（至2020年10月）
　　　　施晓瑛
　　　　（女，2020年10月任）
　　　　白玉成

办公室
主　任　曾少嵘
副主任　苏龙锽
　　　　陈鲲淼
　　　　庄佳龙
机要局
局　长　纪荣渠
党委综合系统党委
书　记　曾少嵘
副书记　王礼谦
组织部
部　长　杨德才（至2020年10月）
　　　　施晓瑛
　　　　（女，2020年10月任）
副部长　王汉滨
　　　　许宏图
　　　　蔡志荣
直属机关工作委员会
书　记　杨德才（至2020年10月）
　　　　施晓瑛
　　　　（女，2020年10月任）
副书记　许宏图
党群系统党委
书　记　蔡志荣
副书记　陈泰坤
宣传部
部　长　廖春园
副部长　林育明
　　　　唐雪峰
宣传系统党委
书　记　林育明
副书记　邱竞芬（女）
统战部
部　长　林天虎
副部长　施剑峰
　　　　蔡连庭
统战系统党委
书　记　许新新
副书记　林　铲
政法委
书　记　张鸽翔
副书记　邱永丰（至2020年7月）
　　　　黄建辉（2020年7月任）
　　　　李圣阳
　　　　吴宗顺
　　　　蔡世鑫
　　　　黄有志
　　　　（挂职，至2020年11月）
政法系统党委
书　记　吴宗顺
副书记　龚怡诺
机构编制委员会办公室
主　任　余日森
副主任　郑明芬（女）
巡察工作领导小组办公室
主　任　龚金镇
副主任　赵龙毓
巡察组
组　长　汪华晔（2020年11月任）
　　　　许志民
　　　　蔡荣桥（至2020年11月）
　　　　蔡文轴
副组长　陈进良（2020年11月任）

郭安妮
（女，2020年9月任）
林怡真
（女，2020年11月任）

老干部局
局　长　王汉滨
副局长　蔡娃娃（女）

老干部活动中心
主　任　王祖德

精神文明建设办公室
主　任　蔡振宇
副主任　许振洪

创建全国文明城市工作指挥部办公室
主　任　黄雅霜（女）

党校（行政学校）
校　长　杨德才（至2020年10月）
施晓瑛
（女，2020年10月任）
常务副校长叶泽旺
副校长　王东宏

党史和地方志研究室
主　任　黄文毅
副主任　李延安
林秀钦（女）

档案馆
馆　长　薛文华
副馆长　林建福

广播电视台
副台长　吴志民
王金辉（女）

石狮市人大常委会

主　任　上官跃进
副主任　施心新
吴清木
许赞成
林进全

办公室
主　任　姜荣树
副主任　方黎红（女）

人事代表工委
主　任　林玉燕（女）
副主任　李灵燕（女）

内务司法工委
主　任　李宁韧（女）
副主任　丁　洁（女）

财政经济工委
主　任　邱尚进
副主任　黄子秦（女）

教科文卫工委
主　任　卢崎青
副主任　许为民

环境与城乡建设工委
主　任　林启彬

华侨民族宗教工委
主　任　蔡淑惠（女）
专职常委　戴小芬（女）
林银元
王文挺

石狮市人民政府

市　长　黄春辉
副市长　陈拥军（至2020年11月）
王文晖（2020年11月任）
张永安
施汉杰
李　斌
黄延艺（女）
邱永丰
刘艺波
黄建辉（2020年5月任）
陈　波
（挂职，2020年8月任）

办公室
主　任　龚一士
副主任　蔡鸿强（至2020年9月）
蔡金勤
杨秋东（至2020年9月）
吴金旋（女）

政府综合系统党委
书　记　龚一士
副书记　陈兴隆

发展和改革局
局　长　张子群
副局长　邱春旭（2020年9月任）
黄建钳

教育局
局　长　周拥护
副局长　陈晓东
洪明芳
蔡钰章

教育系统党委
书　记　周拥护
副书记　蔡怀令

教师进修学校
书　记　李秉源
校　长　王昆仑
副校长　黄雅芳（女）
陈冬凝（女）

工业信息化和科技局
局　长　蔡新群
副局长　王名体
蔡熙达
李　佳

经济系统党委
书　记　蔡新群
副书记　龚铭峰

城镇集体工业联合社
主　任　张江滨
副主任　邱建仁
王翠萌
（女，至2020年7月）

公安局
局　长　黄建辉
政　委　颜清祥
副局长　许铭坛
陈建煌（至2020年3月）
庄　强
郑平仕
胡俊峰
何　俊
（挂职，2020年12月任）

公安局党委
书　记　黄建辉
副书记　颜清祥

机关党委
书　记　苏响应
副书记　谢　佳

指挥中心
主　任　刘锦添
教导员　王　涛

国保大队
大队长　毛建光（至2020年9月）
　　　　叶小欣（2020年9月任）
教导员　黄振东（至2020年9月）
　　　　许伟雄（2020年9月任）
刑侦大队
大队长　曾少斐
教导员　廖河章（至2020年9月）
　　　　毛建光（2020年9月任）
交警大队
大队长　戴元军
教导员　黄炳耀
法制大队
大队长　宋锋宁
治安大队
大队长　陈健伟
教导员　蔡金旺
经侦大队
大队长　李健腾
教导员　徐金德（至2020年9月）
出入境管理大队
大队长　施正白
教导员　吴文献
禁毒大队
大队长　吕志新
教导员　吴国林
巡特警反恐大队
大队长　柯宏伟
教导员　林阿欣
政工室
主　任　蔡红生
纪检监察室
主　任　李宝玉（女）
警务保障室
主　任　王金水
凤里派出所
所　长　王金德（至2020年4月）
　　　　蔡建志（2020年9月任）
教导员　叶小欣（至2020年9月）
　　　　李铭鐏（2020年9月任）
湖滨派出所
所　长　蔡建志（至2020年9月）
　　　　施养枋（2020年9月任）
教导员　罗秋生
灵秀派出所
所　长　许峰柏
教导员　许伟雄（至2020年9月）
　　　　徐金德（2020年9月任）
宝盖派出所
所　长　邱志鹏
教导员　郭小林
蚶江派出所
所　长　施养枋（至2020年9月）
　　　　叶元荣（2020年9月任）
教导员　邱晋榕
永宁派出所
所　长　曾志忠
教导员　蔡海炳（至2020年9月）
祥芝派出所
所　长　张宝利
教导员　林董永
鸿山派出所
所　长　王阿祥
教导员　刘振起
锦尚派出所
所　长　李铭鐏（至2020年9月）
　　　　蔡海炳（2020年9月任）
教导员　叶元荣（至2020年9月）
看守所
所　长　张振友
教导员　李聪雄
拘留所
所　长　温卫东
教导员　颜奕晖
民政局
局　长　许明忠
副局长　陈伟祥
　　　　蔡提福
社会组织综合党委
书　记　许明忠
专职副书记　颜建生
司法局
局　长　苏金灿
副局长　陈誉佳
　　　　黄艺艺（女）
凤里司法所
所　长　谢添贵
湖滨司法所
所　长　杜海鹏
灵秀司法所
所　长　邱国强
宝盖司法所
所　长　蔡鸳鸯（女）
蚶江司法所
所　长　林白莲（女）
永宁司法所
所　长　曾焕达
祥芝司法所
所　长　蔡凯龙
鸿山司法所
所　长　杨婉园
　　　　（女，2020年9月任）
锦尚司法所
所　长　杨玲玲
　　　　（女，2020年7月任）
财政局
局　长　傅荣辉
副局长　傅文淮
李垂轩
财税系统党委
书　记　傅文淮
副书记　李美蓉（女）
国有资产管理中心
主　任　刘福全
副主任　邱凉凉（女）
国库支付中心
主　任　陈永瑞
人力资源和社会保障局
局　长　邱雪亮（女）
副局长　李有接
　　　　邱尚付
社会保障系统党委
书　记　邱雪亮（女）
副书记　邱国进
机关事业单位社会保险管理中心
主　任　纪荣喜
自然资源局
局　长　蔡晓智
副局长　蔡金郡
　　　　蔡少瑜
城建系统党委
书　记　蔡晓智
副书记　李幼芳（女）
不动产登记中心主任
主　任　张国梁
国土资源监察大队
大队长　王经锵（至2020年9月）

教导员　傅森源

住房和城乡建设局

局　长　佘明涵

副局长　颜文艺

林耀茂

人民防空办公室

主　任　张基明

交通和港口发展局

局　长　邱华侨

副局长　陈文晖

邱尚泽

交通系统党委

书　记　邱华侨

副书记　林友生

运输管理所

所　长　王志锵

交通综合行政执法大队

大队长　傅明长

农业农村局

局　长　李迎河

副局长　林纪忠

许明艺

杜越成

农业系统党委

书　记　李迎河

副书记　陈丽娜（女）

海洋与渔业执法大队

大队长　吴世纯

教导员　李荣锋

商务局

局　长　林金场

副局长　苏金发

李荣亮

文化体育和旅游局

局　长　卢荣斌

副局长　蔡志坤

骆旺山

蔡小玲（女）

文化市场综合执法大队

大队长　曾晓敏（女）

卫生健康局

局　长　余文革

副局长　蔡世博

张金从

老龄办专职副主任　洪　莉（女）

卫生局卫生监督所

所　长　王建基

教导员　林清传

疾病预防控制中心

书　记　蔡亚碟（女）

主　任　李炎芳

总医院

书　记　邱宗财

院　长　孙飞轮

妇幼保健院

院　长　孙飞轮

执行院长　许志鹏

中医院

院　长　孙飞轮

退役军人事务局

局　长　李少宗

副局长　蔡宗凯

应急管理局

局　长　陈国锋

副局长　邱国衍

卢金宗

张孝强

防汛抗旱指挥部办公室

主　任　谢真固

审计局

党组书记　姚惠卿（女）

局　长　黄诗建

副局长　陈天取

王志春

市场监督管理局

局　长　张国钦

副局长　佘连捷

龚建忠

王建群

食品药品总监　李双双（女）

市场监督管理局党委

书　记　苏思远

副书记　吴育进

凤里监督管理所

所　长　蔡怡适

教导员　洪华西

湖滨监督管理所

所　长　余泗水

教导员　邱少频（女）

灵秀监督管理所

所　长　黄怡毓

教导员　郑敬谋

宝盖监督管理所

所　长　郑鸿博

教导员　戴泉才

蚶江监督管理所

所　长　邱志宏

教导员　黄德育

永宁监督管理所

所　长　黄荣炉

教导员　王志坚

祥芝监督管理所

所　长　张金聪

教导员　王永松

鸿山监督管理所

所　长　林贤种

教导员　张开元

锦尚监督管理所

所　长　胡文献

教导员　张培阳

统计局

局　长　邓莲珍（女）

副局长　周加建

金融工作局

局　长　张辉程

副局长　柯晓霖

信访局

局　长　蔡鸿强（至2020年9月）

副局长　肖秋华

城市管理局

局　长　邱建申

副局长　宋建华

蔡荣滢

水务处

主　任　张尚炬

副主任　潘志华

大数据管理局

局　长　邱尚齐

副局长　巫菲祥

行政服务中心管委会

主　任　吴雄聪

副主任　何天水

供销合作社联合社

主　任　刘延钦

副主任　林力生

张志刚

政协石狮市委员会

主　席　林自育
副主席　郭丽莲（女）
陈贤明
丁东福
陈东华
办公室
主　任　郭永加
副主任　洪奇树
蔡　菁（女）
提案法制办公室
主　任　卢祖明
经济资源办公室
主　任　苏榕榕（女）
副主任　章华旺
教科文卫史办公室
主　任　颜福瑜
副主任　王晓明（女）
台港澳侨民宗办公室
主　任　蔡盈盈（女）
副主任　蔡文茹（女）

中共石狮市纪律检查委员会、监察委员会

书记、主任　林振海
副书记、副主任　王莉萍（女）
洪志愿
（至2020年9月）
蔡德森
（2020年9月任）
纪委常委　蔡荣桥（2020年11月任）
吴朝阳
颜雯雯（女）
洪秀劝（女）
监委委员　蔡荣桥（2020年12月任）
吴朝阳
邱海涛
陈荣坊
办公室
主　任　吴瑞文
组织和宣传部
部　长　陈伟鹏（女）
党风政风监督室
主　任　许志强
信访室
主　任　邱瑜谊
（女，至2020年11月）
王山海（2020年11月任）
案件监督管理室
主　任　高群南
第一纪检监察室
主　任　吴月明
第二纪检监察室
主　任　王山海（至2020年11月）
陈振广（2020年11月任）
第三纪检监察室
主　任　邱世昌
第四纪检监察室
主　任　陈进良（至2020年11月）
邱专文（2020年11月任）
第五纪检监察室
主　任　谢忠宣
第六纪检监察室
主　任　吴建军
案件审理室
主　任　郑明丽
（女，至2020年11月）
邱瑜谊
（女，2020年11月任）
纪检监察干部监督室
主　任　王赵琳（女）
驻党群系统纪检监察组
组　长　傅　胜
副组长　蔡一鹏
驻政府综合系统纪检监察组
组　长　庄雪峰
副组长　洪清焕
驻政法系统纪检监察组
组　长　张铭毅
副组长　黄圣岚
驻法院纪检监察组
组　长　洪彦伟（2020年11月任）
驻检察院纪检监察组
组　长　许达森（2020年11月任）
驻经济系统纪检监察组
组　长　邱允阳
副组长　黄彩霞（女）
驻教育系统纪检监察组
组　长　章文新
副组长　陈文希
驻公安局纪检监察组
组　长　陈清芳
副组长　刘文彬
驻财政系统纪检监察组
组　长　谢玉亮
副组长　林淑莲（女）
驻城建系统纪检监察组
组　长　汪华晔（至2020年11月）
王益富
（2020年11月任）
驻农业系统纪检监察组
组　长　刘春色
副组长　王益富（至2020年11月）
郑明丽
（2020年11月任）
驻文体卫生系统纪检监察组
组　长　王翌壮
副组长　刘永辉

石狮市人民法院

院　长　林明容
副院长　颜良伙
叶　青
吴志生
政治处
主　任　钟　军
专职审委　程耕轮
陈书雄

石狮市人民检察院

检察长　陈　林
副检察长　陈国兴
苏紫燕
（女，至2020年12月）
陈紫凡（2020年12月任）

政治部

主　　任　　蔡志强

专职检委　　陈玳鸿

民主党派

中国国民党革命委员会泉州市石狮总支部委员会

主　委　　施汉杰

中国民主同盟石狮市总支部委员会

主　委　　蔡进强

中国民主建国会石狮市总支部委员会

主　委　　吕　锜

中国民主促进会石狮市总支部委员会

主　委　　洪明芳

中国农工党石狮市总支部委员会

主　委　　李灿新

中国致公党石狮市总支部委员会

主　委　　施文坛

九三学社石狮市基层委员会

主　委　　黄　刚

台湾民主自治同盟石狮市支部委员会

主　委　　叶心凤（女）

群众团体

总工会

主　席　　杨德才（至2020年10月）

施晓瑛（女，2020年10月任）

党组书记、常务副主席

王春炜

副主席　　蔡冰冰（女）

共青团石狮市委员会

书　记　　颜安妮（女）

副书记　　陈　曦（至2020年11月）

妇女联合会

主　席　　邱亚环（女）

副主席　　蔡育婷（女）

科学技术协会

党组书记　傅子斌

主　席　　陈垂汉

副主席　　郑金象

归国华侨联合会

主　席　　董立新

副主席　　洪其伟

台湾同胞联谊会

会　长　　佘圣尧

工商业联合会（总商会）

主席（会长）　蔡建四

党组书记、副主席

施剑峰

副主席　　林新苗

文学艺术界联合会

主　席　　刘建辉

计划生育协会

会　长　　施心新

常务专职副会长　　蔡迎媚（女）

专职副会长　　蔡文乾

残疾人联合会

理事长　　陈伟祥

副理事长　卢明鹏

国际贸易促进委员会（国际商会）

会　长　　邱汉清

红十字会

会　长　　黄延艺（女）

专职副会长　洪永家

各开发区

石狮高新技术产业开发区

党工委

书　记　　朱　贤

副书记　　赵艺忠

刘以欣

纪工委

书　记　　陈拥护

管委会

主　任　　赵艺忠

副主任　　刘以欣

邱伟煌

办公室

主　任　　施长华

业务科

科　长　　卢小钦（至2020年9月）

洪金榜（2020年9月任）

石狮高新技术产业开发区管理服务中心

主　任　　邱雅容（女）

各镇、街道

凤里街道

党工委

书　记　　王清波

副书记　　蔡文博

蔡芳汶

孙文添

政法委员　　蔡芳汶（2020年3月任）

纪工委书记　郑晓锋

组织委员　　吴伟峰（至2020年9月）

张子健（2020年11月任）

宣传委员　　陈文默

统战委员　　郑天宝

秘　　书　　郑天宝

武装部部长　汪贵丁

人大工委

主　　任　　张育群

街道办事处

主　　任　　蔡文博

副 主 任　　吴杰雄

王雅凉（女）

佘雅容（女）

企业和社会组织党委

专职副书记　杨婉贞（女）

综合便民服务中心

主　　任　　杨彬彬（女，2020年5月任）

综合执法队

队　　长　　王元静（2020年9月任）

湖滨街道

党工委

书　　记　　杨　韬（女，至2020年11月）

柳建波（2020年12月任）
副书记 邱灿飞
邱文伟
施正极
政法委员 邱文伟（2020年3月任）
纪工委书记 李佳兴
组织委员 施青苗
宣传委员 洪光铅
统战委员 蔡良辉（2020年9月任）
秘书 蔡良辉（2020年9月任）
武装部部长 洪志力

人大工委

主任 李少斌

街道办事处

主任 邱灿飞
副主任 洪光铅
李巨擘
施鸿礼
蔡满满（女）

企业和社会组织党委

专职副书记 周东胜

综合便民服务中心

主任 张昊雯（女，2020年9月任）

综合执法队

队长 谢维烽（2020年9月任）

灵秀镇

党委

书记 林志坚
副书记 黄明瑄（女）
邱培钦
谢胜德
林育华（女，挂职，至2020年11月）
政法委员 邱培钦（2020年3月任）
纪委书记 蔡振望
组织委员 卢盛银
宣传委员 傅毓丽（女）
统战委员 李加勇
秘书 李加勇
武装部部长 蔡林鹏

人大主席团

主席 陈章彬
副主席 张宝忠（2020年8月任）

镇政府

镇长 黄明瑄（女）
副镇长 吴修忍
李辉育
林振志
王正一

企业和社会组织党委

专职副书记 蔡猛龙（至2020年9月）

综合便民服务中心

主任 卢逢亮（女，2020年5月任）

基层治理服务中心

主任 蔡辉亮（2020年7月任）

综合执法队

队长 颜增炜（2020年9月任）

宝盖镇

党委

书记 郑文芳
副书记 蔡俊龙
林积沪
蔡俊清
郑志宏（挂职）
政法委员 林积沪（2020年3月任）
纪委书记 郭荣芳
组织委员 谢金磐（至2020年7月）
邱泽群（2020年7月任）
宣传委员 黄梅前
统战委员 上官加兴
秘书 上官加兴
武装部部长 王安庆

人大主席团

主席 蔡清墩
专职副主席 陈庆联（女）

镇政府

镇长 蔡俊龙
副镇长 姜德勇
蔡加勉
谢金磐
陈晓聪

企业和社会组织党委

专职副书记 蔡荣旭

基层治理服务中心

主任 王翠萌（女，2020年7月任）

综合便民服务中心

主任 蔡雷霆（2020年5月任）

乡村振兴服务中心

主任 蔡锦耀（2020年9月任）

蚶江镇

党委

书记 李怀忠
副书记 陈殿魁
吴激扬
杨思明
政法委员 杨思明（2020年3月任）
纪委书记 骆文杰
组织委员 王明晓
宣传委员 蔡桦榕（女）
统战委员 杨安雅（女）
秘书 杨安雅（女）
武装部部长 蔡式彪

人大主席团

主席 邱明革
专职副主席 李丽宽（女）

镇政府

镇长 陈殿魁
副镇长 蔡坚定
卢小钦（2020年9月任）
曾少君
留锦章
吕晓斯（挂职，至2020年11月）

综合便民服务中心

主任 卢心心（女，2020年9月任）

综合执法队

队长 王振景（2020年9月任）

永宁镇

党委

书记 邱银河
副书记 王英俊
纪华雄
施文静
政法委员 纪华雄（2020年3月任）
纪委书记 林再裕
组织委员 林曙燕（女）
宣传委员 洪志胜
统战委员 林文森
秘书 林文森
武装部部长 蔡育权

人大主席团

主席 邱志雄

镇政府

镇　　长　王英俊

副 镇 长　洪志胜

　　　　　蔡文作

　　　　　庄忠庆

　　　　　王少勇

乡村振兴服务中心

主　　任　柯超群（2020年5月任）

综合便民服务中心

主　　任　陈珊婷

　　　　　（女，2020年9月任）

祥芝镇

党 委

书　　记　曾国志（至2020年9月）

　　　　　陈增坛（2020年9月任）

副 书 记　邱建明

　　　　　谢文传

　　　　　邱春旭（至2020年9月）

　　　　　吴伟峰（2020年9月任）

政法委员　谢文传（2020年3月任）

纪委书记　邱世炎

组织委员　邱春旭（至2020年9月）

　　　　　吴伟峰（2020年9月任）

宣传委员　卢鸿利

统战委员　黄荣辉

秘　　书　黄荣辉

武装部部长　张再生

人大主席团

主　　席　张传标

镇政府

镇　　长　邱建明

副 镇 长　孙甜甜（女）

　　　　　卢鸿利

　　　　　林建勤

　　　　　王妮娅（女）

企业和社会组织党委

专职副书记　蔡世龙

乡村振兴服务中心

主　　任　洪育群（2020年5月任）

综合便民服务中心

主　　任　陈明英

　　　　　（女，2020年9月任）

鸿山镇

党 委

书　　记　陈增坛（至2020年9月）

　　　　　蔡鸿强（2020年9月任）

副 书 记　傅凉凉（女）

　　　　　苏　斌

　　　　　蔡文市

政法委员　苏　斌（2020年3月任）

纪委书记　叶　芃

组织委员　蔡文市

宣传委员　蔡加新

统战委员　蔡芳臻

秘　　书　蔡芳臻

武装部部长　张　闯

人大主席团

主　　席　洪星炫

镇政府

镇　　长　傅凉凉（女）

副 镇 长　蔡加新

　　　　　杜晓岚

　　　　　吴金锁

　　　　　张宝葛

企业和社会组织党委

专职副书记　许支援

乡村振兴服务中心

主　　任　施养钞（2020年5月任）

综合便民服务中心

主　　任　林美华

　　　　　（女，2020年9月任）

锦尚镇

党 委

书　　记　廖闽欣

副 书 记　邱永乐

　　　　　林高欣

　　　　　邱友炳

政法委员　林高欣（2020年3月任）

纪委书记　陈振达

组织委员　邱友炳

宣传委员　李文谱

统战委员　蔡作为

秘　　书　蔡作为

武装部部长　张瑞富

人大主席团

主　　席　许经杭

镇政府

镇　　长　邱永乐

副 镇 长　李文谱

　　　　　吴志远

　　　　　高培榕（女）

企业和社会组织党委

专职副书记　邱尚定

综合便民服务中心

主　　任　吴云玲

　　　　　（女，2020年5月任）

乡村振兴服务中心

主　　任　李华媚

　　　　　（女，2020年9月任）

综合执法队

队　　长　庄宏腾（2020年9月任）

先进集体和先进个人

石狮市 2020 年先进单位一览表

表 21

获奖单位	奖励名称	颁奖单位	表彰文号
湖滨街道玉湖社区	全国文明单位	中央文明委	—
宝盖镇妇联“咱厝边”家庭服务中心	首批“全国家庭教育创新实践基地”	全国妇联 教育部	—
福建省鸿山热电有限责任公司	2018—2019 年度全国安康杯优胜单位	中华全国总工会 应急管理部 国家卫生健康委员会	总工发〔2020〕7 号
中纺协检验（泉州）技术服务有限公司色牢度组工会小组	全国模范职工小家	中华全国总工会	总工发〔2020〕11 号
石狮法院微信公众号	第二届“四个一百”优秀政法新媒体账号	中央政法委	—
石狮市祥芝渔业协会	“大排查 早调解 护稳定 迎国庆”专项活动表现突出集体	司法部	司发通〔2020〕11 号
石狮市公安局	石狮市公安局被公安部命名为“全国公安机关执法示范单位”	公安部	公发〔2020〕2 号
石狮市锦尚商会	全国工商联抗击新冠肺炎疫情先进商会组织	中华全国工商业联合会	—
锦尚镇侨联	2018—2020 年度 全国优秀“侨胞之家”	中华全国归国华侨联合会	—
石狮市祥芝镇	全国文明村镇	中央精神文明建设指导委员会	文明委〔2020〕9 号
中共石狮市锦尚镇委员会	福建省抗击新冠肺炎疫情先进集体	中共福建省委 福建省人民政府	闽委〔2020〕48 号
石狮市卫生健康局	福建省抗击新冠肺炎疫情先进集体	中共福建省委 福建省人民政府	闽委〔2020〕48 号
泉州海关驻石狮办事处	福建省抗击新冠肺炎疫情先进集体	中共福建省委 福建省人民政府	闽委〔2020〕48 号
中共石狮市锦尚镇委员会	福建省抗击新冠肺炎疫情先进集体	中共福建省委 福建省人民政府	闽委〔2020〕48 号
锦尚镇党委	全省先进基层党组织	中共福建省委	—
锦尚镇党委	福建省抗击新冠肺炎疫情先进集体	中共福建省委 福建省人民政府	—
中共石狮市委政法委员会	全省政法委系统先进集体	中共福建省委政法委员会 福建省人力资源和社会保障厅	闽人社表彰〔2021〕3 号
石狮市人民检察院团支部	2019 年度“福建省五四红旗团（总）支部标 兵”	共青团福建省委	团闽委〔2020〕8 号
厦门外国语学校石狮分校团委	2019 年度“福建省五四红旗团委”	共青团福建省委	团闽委〔2020〕8 号
石狮市人民检察院团支部	福建省五四红旗团（总）支部标兵	共青团福建省委	证书
祥芝镇古浮村、祥渔村	2020 年度省级一村一品示范村	福建省农业农村厅	闽农综〔2020〕127 号
看守所	集体二等功	福建省公安厅	闽公令〔2020〕43 号
蚶江派出所	枫桥式公安派出所	福建省公安厅	闽公综〔2020〕260 号
蚶江派出所	集体二等功	福建省公安厅	闽公令〔2020〕22 号
祥芝镇古浮村	2020 年福建省乡村旅游村	福建文化和旅游厅	泉文旅〔2020〕154 号

续表 21

获奖单位	奖励名称	颁奖单位	表彰文号
卢厝村综合文化服务中心	省级优秀示范点	福建省文化和旅游厅	—
石狮市老年大学	福建省高水平示范性老年大学	福建省委老干部局	闽教职成〔2020〕36号
湖滨街道侨联	2019年度福建省“侨胞之家”示范点	福建省归国华侨联合会	闽侨联〔2020〕48号
美佳爽（中国）有限公司	福建省工商联抗击新冠肺炎疫情先进民营企业	福建省工商联	美佳爽（中国）有限公司
蚶江镇妇联	2020年省妇联妇联“三百四有”评选（全省创建达标的乡镇（街道）妇联）	福建省妇联	—
凤里街道妇联	2020年省妇联妇联“三百四有”评选（全省创建达标的乡镇（街道）妇联）	福建省妇联	—
湖滨街道曾坑社区妇联	2020年省妇联妇联“三百四有”评选（全省创建达标的村（社区）妇联）	福建省妇联	—
永宁镇郭坑村妇联	2020年省妇联妇联“三百四有”评选（全省创建达标的村（社区）妇联）	福建省妇联	—
民盟石狮市总支部	2019年度‘创特色、增活力’先进基层组织	民盟福建省委会	—
民建石狮市总支部	民建全省先进集体	民建福建省委会	闽民建〔2020〕76号
民建石狮市第二支部	2019年度民建全省优秀支部	民建福建省委会	闽民建〔2020〕55号
民建石狮市第三支部	2019年度民建全省优秀支部	民建福建省委会	闽民建〔2020〕55号
民进石狮市总支部	民进全省抗击新冠肺炎疫情先进集体	民进福建省委会	—
农工党石狮市总支部	中国农工民主党福建省委员会先进基层组织	中国农工民主党福建省委员会	—
石狮市公安局出入境管理大队	福建省五一先锋号	福建省总工会	闽工〔2020〕30号
石狮市城市物业管理有限公司	2019年度福建省安康杯先进单位	福建省总工会 福建省应急管理厅	闽工〔2020〕33号
石狮市鸿峰环保生物工程有限公司	2019年度福建省安康杯先进单位	福建省总工会 福建省应急管理厅	闽工〔2020〕33号
福建省石狮市通达电器有限公司	2019年度福建省安康杯先进单位	福建省总工会 福建省应急管理厅	闽工〔2020〕33号
福建省石狮热电有限责任公司	2019年度福建省安康杯先进单位	福建省总工会 福建省应急管理厅	闽工〔2020〕33号
福建省泉运实业集团有限公司石狮分公司	2019年度福建省安康杯先进单位	福建省总工会 福建省应急管理厅	闽工〔2020〕33号
福建省鸿山热电有限责任公司	2019年度福建省安康杯先进单位	福建省总工会 福建省应急管理厅	闽工〔2020〕33号
美佳爽（中国）有限公司	2019年度福建省安康杯先进单位	福建省总工会 福建省应急管理厅	闽工〔2020〕33号
石狮新奥燃气有限公司	2019年度福建省安康杯先进单位	福建省总工会 福建省应急管理厅	闽工〔2020〕33号

续表 21

获奖单位	奖励名称	颁奖单位	表彰文号
中国邮政集团公司福建省石狮市分公司	2019年度福建省安康杯先进单位	福建省总工会 福建省应急管理厅	闽工〔2020〕33号
福建省石狮市富兴包装材料有限公司	2019年度福建省安康杯先进单位	福建省总工会 福建省应急管理厅	闽工〔2020〕33号
石狮市豪宇服饰有限公司总经办	2019年度福建省安康杯先进班组	福建省总工会 福建省应急管理厅	闽工〔2020〕33号
石狮市三益织造染整有限公司研发部	福建省工人先锋号	福建省总工会	闽工〔2020〕68号
中纺协检验（泉州）技术服务有限公司纤维成分组	福建省工人先锋号	福建省总工会	闽工〔2020〕68号
石狮市总工会机关工会委员会	福建省模范职工之家	福建省总工会	闽工〔2020〕91号
石狮市人民法院机关工会委员会	福建省模范职工之家	福建省总工会	闽工〔2020〕91号
石狮市城市物业管理有限公司工会委员会	福建省模范职工之家	福建省总工会	闽工〔2020〕91号
大长江（福建）投资集团有限公司工会委员会	福建省模范职工之家	福建省总工会	闽工〔2020〕91号
福建省石狮市通达电器有限公司工会委员会	福建省模范职工之家	福建省总工会	闽工〔2020〕91号
中建协和建设有限公司工会委员会	福建省模范职工之家	福建省总工会	闽工〔2020〕91号
国网福建省电力有限公司石狮市供电公司永宁镇供电所分工会	福建省模范职工小家	福建省总工会	闽工〔2020〕91号
泉州太平洋集装箱码头有限公司小虎队工会小组	福建省模范职工小家	福建省总工会	闽工〔2020〕91号
石狮市鸿峰环保生物工程有限公司工会生产部小组	福建省模范职工小家	福建省总工会	闽工〔2020〕91号
福建省加多宝饮料有限公司制造部工会小组	福建省模范职工小家	福建省总工会	闽工〔2020〕91号
祥芝镇前山村	省级乡村治理示范村	福建省委农村工作领导小组等	闽委农办〔2020〕7号
石狮市人民政府	“攻坚2019”强基促稳工作优秀集体	中共泉州市委办公室 泉州市人民政府办公室	泉委办〔2020〕7号
石狮市人民政府	“攻坚2019”招商引资优秀集体	中共泉州市委办公室 泉州市人民政府办公室	泉委办〔2020〕7号
中共石狮市总医院第一支部委员会	先进基层党组织	中共泉州市委 泉州市人民政府	《关于对在疫情防控阻击战中表现突出的先进基层党组织和先进个人给予通报表扬的决定》
石狮市宝盖镇后宅村	泉州市2017—2019年度文明村	中共泉州市委 泉州市人民政府	泉委〔2020〕52号
石狮市宝盖镇仑后村	泉州市2017—2019年度文明村	中共泉州市委 泉州市人民政府	泉委〔2020〕52号
石狮市宝盖镇山雅村	泉州市2017—2019年度文明村	中共泉州市委 泉州市人民政府	泉委〔2020〕52号
石狮市宝盖镇塘头村	泉州市2017—2019年度文明村	中共泉州市委 泉州市人民政府	泉委〔2020〕52号
石狮市蚶江镇大厦村	泉州市2017—2019年度文明村	中共泉州市委 泉州市人民政府	泉委〔2020〕52号
石狮市蚶江镇东垵村	泉州市2017—2019年度文明村	中共泉州市委 泉州市人民政府	泉委〔2020〕52号

续表 21

获奖单位	奖励名称	颁奖单位	表彰文号
石狮市蚶江镇锦江村	泉州市 2017—2019 年度文明村	中共泉州市委 泉州市人民政府	泉委〔2020〕52 号
石狮市蚶江镇石渔村	泉州市 2017—2019 年度文明村	中共泉州市委 泉州市人民政府	泉委〔2020〕52 号
石狮市蚶江镇东埔三村	泉州市 2017—2019 年度文明村	中共泉州市委 泉州市人民政府	泉委〔2020〕52 号
石狮市锦尚镇厝上村	泉州市 2017—2019 年度文明村	中共泉州市委 泉州市人民政府	泉委〔2020〕52 号
石狮市锦尚镇东店村	泉州市 2017—2019 年度文明村	中共泉州市委 泉州市人民政府	泉委〔2020〕52 号
石狮市锦尚镇深埕村	泉州市 2017—2019 年度文明村	中共泉州市委 泉州市人民政府	泉委〔2020〕52 号
石狮市锦尚镇谢厝村	泉州市 2017—2019 年度文明村	中共泉州市委 泉州市人民政府	泉委〔2020〕52 号
石狮市灵秀镇华山村	泉州市 2017—2019 年度文明村	中共泉州市委 泉州市人民政府	泉委〔2020〕52 号
石狮市灵秀镇灵狮村	泉州市 2017—2019 年度文明村	中共泉州市委 泉州市人民政府	泉委〔2020〕52 号
石狮市灵秀镇茂厦村	泉州市 2017—2019 年度文明村	中共泉州市委 泉州市人民政府	泉委〔2020〕52 号
石狮市灵秀镇塘园村	泉州市 2017—2019 年度文明村	中共泉州市委 泉州市人民政府	泉委〔2020〕52 号
石狮市祥芝镇大堡村	泉州市 2017—2019 年度文明村	中共泉州市委 泉州市人民政府	泉委〔2020〕52 号
石狮市祥芝镇古浮村	泉州市 2017—2019 年度文明村	中共泉州市委 泉州市人民政府	泉委〔2020〕52 号
石狮市祥芝镇湖西村	泉州市 2017—2019 年度文明村	中共泉州市委 泉州市人民政府	泉委〔2020〕52 号
石狮市永宁镇后杆柄村	泉州市 2017—2019 年度文明村	中共泉州市委 泉州市人民政府	泉委〔2020〕52 号
石狮市永宁镇港边村	泉州市 2017—2019 年度文明村	中共泉州市委 泉州市人民政府	泉委〔2020〕52 号
石狮市永宁镇梅林村	泉州市 2017—2019 年度文明村	中共泉州市委 泉州市人民政府	泉委〔2020〕52 号
石狮市永宁镇沙堤村	泉州市 2017—2019 年度文明村	中共泉州市委 泉州市人民政府	泉委〔2020〕52 号
石狮市永宁镇山边村	泉州市 2017—2019 年度文明村	中共泉州市委 泉州市人民政府	泉委〔2020〕52 号
石狮市永宁镇西岑村	泉州市 2017—2019 年度文明村	中共泉州市委 泉州市人民政府	泉委〔2020〕52 号
石狮市永宁镇子英村	泉州市 2017—2019 年度文明村	中共泉州市委 泉州市人民政府	泉委〔2020〕52 号
石狮市人大常委会机关	泉州市 2017—2019 年度文明单位	中共泉州市委 泉州市人民政府	泉委〔2020〕52 号
政协石狮市委员会机关	泉州市 2017—2019 年度文明单位	中共泉州市委 泉州市人民政府	泉委〔2020〕52 号
中共石狮市委统一战线工作部	泉州市 2017—2019 年度文明单位	中共泉州市委 泉州市人民政府	泉委〔2020〕52 号

续表 21

获奖单位	奖励名称	颁奖单位	表彰文号
中共石狮市委党校	泉州市 2017—2019 年度文明单位	中共泉州市委 泉州市人民政府	泉委〔2020〕52 号
中共石狮市委机构编制委员会办公室	泉州市 2017—2019 年度文明单位	中共泉州市委 泉州市人民政府	泉委〔2020〕52 号
中共石狮市委党史和地方志研究室	泉州市 2017—2019 年度文明单位	中共泉州市委 泉州市人民政府	泉委〔2020〕52 号
石狮市公安局	泉州市 2017—2019 年度文明单位	中共泉州市委 泉州市人民政府	泉委〔2020〕52 号
石狮市气象局	泉州市 2017—2019 年度文明单位	中共泉州市委 泉州市人民政府	泉委〔2020〕52 号
石狮市湖滨街道办事处	泉州市 2017—2019 年度文明单位	中共泉州市委 泉州市人民政府	泉委〔2020〕52 号
石狮市教育局	泉州市 2017—2019 年度文明单位	中共泉州市委 泉州市人民政府	泉委〔2020〕52 号
石狮市人民法院	泉州市 2017—2019 年度文明单位	中共泉州市委 泉州市人民政府	泉委〔2020〕52 号
共青团石狮市委员会	泉州市 2017—2019 年度文明单位	中共泉州市委 泉州市人民政府	泉委〔2020〕52 号
石狮市广播电视台	泉州市 2017—2019 年度文明单位	中共泉州市委 泉州市人民政府	泉委〔2020〕52 号
石狮市统计局	泉州市 2017—2019 年度文明单位	中共泉州市委 泉州市人民政府	泉委〔2020〕52 号
石狮市妇女联合会	泉州市 2017—2019 年度文明单位	中共泉州市委 泉州市人民政府	泉委〔2020〕52 号
石狮市市政公用事业处	泉州市 2017—2019 年度文明单位	中共泉州市委 泉州市人民政府	泉委〔2020〕52 号
石狮市司法局	泉州市 2017—2019 年度文明单位	中共泉州市委 泉州市人民政府	泉委〔2020〕52 号
石狮市人力资源和社会保障局	泉州市 2017—2019 年度文明单位	中共泉州市委 泉州市人民政府	泉委〔2020〕52 号
中国银行股份有限公司石狮支行	泉州市 2017—2019 年度文明单位	中共泉州市委 泉州市人民政府	泉委〔2020〕52 号
石狮市城市管理局	泉州市 2017—2019 年度文明单位	中共泉州市委 泉州市人民政府	泉委〔2020〕52 号
中国国际贸易促进委员会石狮市委员会	泉州市 2017—2019 年度文明单位	中共泉州市委 泉州市人民政府	泉委〔2020〕52 号
中国工商银行股份有限公司石狮支行	泉州市 2017—2019 年度文明单位	中共泉州市委 泉州市人民政府	泉委〔2020〕52 号
石狮市残疾人联合会	泉州市 2017—2019 年度文明单位	中共泉州市委 泉州市人民政府	泉委〔2020〕52 号
石狮市疾病预防控制中心	泉州市 2017—2019 年度文明单位	中共泉州市委 泉州市人民政府	泉委〔2020〕52 号
石狮市工业信息化和科技局	泉州市 2017—2019 年度文明单位	中共泉州市委 泉州市人民政府	泉委〔2020〕52 号
石狮市生产力促进中心	泉州市 2017—2019 年度文明单位	中共泉州市委 泉州市人民政府	泉委〔2020〕52 号
石狮市行政服务中心管理委员会	泉州市 2017—2019 年度文明单位	中共泉州市委 泉州市人民政府	泉委〔2020〕52 号

续表 21

获奖单位	奖励名称	颁奖单位	表彰文号
福建省石狮供水股份有限公司	泉州市 2017—2019 年度文明单位	中共泉州市委 泉州市人民政府	泉委〔2020〕52 号
泉州市公路局石狮分局	泉州市 2017—2019 年度文明单位	中共泉州市委 泉州市人民政府	泉委〔2020〕52 号
石狮市文学艺术界联合会	泉州市 2017—2019 年度文明单位	中共泉州市委 泉州市人民政府	泉委〔2020〕52 号
石狮市卫生局卫生监督所	泉州市 2017—2019 年度文明单位	中共泉州市委 泉州市人民政府	泉委〔2020〕52 号
石狮日报社	泉州市 2017—2019 年度文明单位	中共泉州市委 泉州市人民政府	泉委〔2020〕52 号
石狮市文化市场综合执法大队	泉州市 2017—2019 年度文明单位	中共泉州市委 泉州市人民政府	泉委〔2020〕52 号
石狮市应急管理局	泉州市 2017—2019 年度文明单位	中共泉州市委 泉州市人民政府	泉委〔2020〕52 号
石狮市民政局	泉州市 2017—2019 年度文明单位	中共泉州市委 泉州市人民政府	泉委〔2020〕52 号
石狮市归国华侨联合会	泉州市 2017—2019 年度文明单位	中共泉州市委 泉州市人民政府	泉委〔2020〕52 号
石狮市科学技术协会	泉州市 2017—2019 年度文明单位	中共泉州市委 泉州市人民政府	泉委〔2020〕52 号
石狮市总工会	泉州市 2017—2019 年度文明单位	中共泉州市委 泉州市人民政府	泉委〔2020〕52 号
石狮市博物馆	泉州市 2017—2019 年度文明单位	中共泉州市委 泉州市人民政府	泉委〔2020〕52 号
石狮市文化馆	泉州市 2017—2019 年度文明单位	中共泉州市委 泉州市人民政府	泉委〔2020〕52 号
石狮市商务局	泉州市 2017—2019 年度文明单位	中共泉州市委 泉州市人民政府	泉委〔2020〕52 号
石狮市人力资源公共服务中心	泉州市 2017—2019 年度文明单位	中共泉州市委 泉州市人民政府	泉委〔2020〕52 号
石狮市妇幼保健院	泉州市 2017—2019 年度文明单位	中共泉州市委 泉州市人民政府	泉委〔2020〕52 号
石狮市种业发展中心	泉州市 2017—2019 年度文明单位	中共泉州市委 泉州市人民政府	泉委〔2020〕52 号
石狮市劳动保障监察大队	泉州市 2017—2019 年度文明单位	中共泉州市委 泉州市人民政府	泉委〔2020〕52 号
石狮市人民政府信访局	泉州市 2017—2019 年度文明单位	中共泉州市委 泉州市人民政府	泉委〔2020〕52 号
泉州市石狮生态环境局	泉州市 2017—2019 年度文明单位	中共泉州市委 泉州市人民政府	泉委〔2020〕52 号
泉州市石狮生态环境保护综合执法大队	泉州市 2017—2019 年度文明单位	中共泉州市委 泉州市人民政府	泉委〔2020〕52 号
石狮市金融工作局	泉州市 2017—2019 年度文明单位	中共泉州市委 泉州市人民政府	泉委〔2020〕52 号
石狮市高新技术产业开发区管理委员会	泉州市 2017—2019 年度文明单位	中共泉州市委 泉州市人民政府	泉委〔2020〕52 号
石狮市大数据管理局	泉州市 2017—2019 年度文明单位	中共泉州市委 泉州市人民政府	泉委〔2020〕52 号

续表 21

获奖单位	奖励名称	颁奖单位	表彰文号
石狮市档案馆	泉州市 2017—2019 年度文明单位	中共泉州市委 泉州市人民政府	泉委〔2020〕52 号
石狮市退役军人事务局	泉州市 2017—2019 年度文明单位	中共泉州市委 泉州市人民政府	泉委〔2020〕52 号
石狮市自然资源局	泉州市 2017—2019 年度文明单位	中共泉州市委 泉州市人民政府	泉委〔2020〕52 号
石狮市不动产登记中心	泉州市 2017—2019 年度文明单位	中共泉州市委 泉州市人民政府	泉委〔2020〕52 号
石狮市农业农村局	泉州市 2017—2019 年度文明单位	中共泉州市委 泉州市人民政府	泉委〔2020〕52 号
石狮市青少年学生校外活动中心	泉州市 2017—2019 年度文明单位	中共泉州市委 泉州市人民政府	泉委〔2020〕52 号
石狮市住房保障服务中心	泉州市 2017—2019 年度文明单位	中共泉州市委 泉州市人民政府	泉委〔2020〕52 号
石狮市住房和城乡建设局	泉州市 2017—2019 年度文明单位	中共泉州市委 泉州市人民政府	泉委〔2020〕52 号
石狮市交通和港口发展局	泉州市 2017—2019 年度文明单位	中共泉州市委 泉州市人民政府	泉委〔2020〕52 号
泉州鹏泰服饰有限公司	泉州市 2017—2019 年度文明单位	中共泉州市委 泉州市人民政府	泉委〔2020〕52 号
石狮市豪宇服饰有限公司	泉州市 2017—2019 年度文明单位	中共泉州市委 泉州市人民政府	泉委〔2020〕52 号
石狮海星食品有限公司	泉州市 2017—2019 年度文明单位	中共泉州市委 泉州市人民政府	泉委〔2020〕52 号
石狮市宝盖镇龙穴社区	泉州市 2017—2019 年度文明社区	中共泉州市委 泉州市人民政府	泉委〔2020〕52 号
石狮市湖滨街道长福社区	泉州市 2017—2019 年度文明社区	中共泉州市委 泉州市人民政府	泉委〔2020〕52 号
石狮市湖滨街道湖边社区	泉州市 2017—2019 年度文明社区	中共泉州市委 泉州市人民政府	泉委〔2020〕52 号
石狮市湖滨街道仙迹社区	泉州市 2017—2019 年度文明社区	中共泉州市委 泉州市人民政府	泉委〔2020〕52 号
石狮市凤里街道龙华社区	泉州市 2017—2019 年度文明社区	中共泉州市委 泉州市人民政府	泉委〔2020〕52 号
石狮市凤里街道华南社区	泉州市 2017—2019 年度文明社区	中共泉州市委 泉州市人民政府	泉委〔2020〕52 号
石狮市凤里街道宽仁小学	泉州市 2017—2019 年度文明校园	中共泉州市委 泉州市人民政府	泉委〔2020〕52 号
石狮市银江华侨学校	泉州市 2017—2019 年度文明校园	中共泉州市委 泉州市人民政府	泉委〔2020〕52 号
石狮市实验幼儿园	泉州市 2017—2019 年度文明校园	中共泉州市委 泉州市人民政府	泉委〔2020〕52 号
石狮市新苗第三幼儿园	泉州市 2017—2019 年度文明校园	中共泉州市委 泉州市人民政府	泉委〔2020〕52 号
石狮市第四实验小学	泉州市 2017—2019 年度文明校园	中共泉州市委 泉州市人民政府	泉委〔2020〕52 号
石狮市实验中学附属小学	泉州市 2017—2019 年度文明校园	中共泉州市委 泉州市人民政府	泉委〔2020〕52 号

续表 21

获奖单位	奖励名称	颁奖单位	表彰文号
石狮市凤里街道中心幼儿园	泉州市 2017—2019 年度文明校园	中共泉州市委 泉州市人民政府	泉委〔2020〕52 号
石狮市祥芝中心小学	泉州市 2017—2019 年度文明校园	中共泉州市委 泉州市人民政府	泉委〔2020〕52 号
石狮市实验小学	泉州市 2017—2019 年度文明校园	中共泉州市委 泉州市人民政府	泉委〔2020〕52 号
石狮市大仑中心小学	泉州市 2017—2019 年度文明校园	中共泉州市委 泉州市人民政府	泉委〔2020〕52 号
石狮市凤里街道五星小学	泉州市 2017—2019 年度文明校园	中共泉州市委 泉州市人民政府	泉委〔2020〕52 号
石狮市第二实验小学	泉州市 2017—2019 年度文明校园	中共泉州市委 泉州市人民政府	泉委〔2020〕52 号
石狮市灵秀镇古洋小学	泉州市 2017—2019 年度文明校园	中共泉州市委 泉州市人民政府	泉委〔2020〕52 号
石狮市第五实验小学	泉州市 2017—2019 年度文明校园	中共泉州市委 泉州市人民政府	泉委〔2020〕52 号
石狮市蚶江镇莲埭小学	泉州市 2017—2019 年度文明校园	中共泉州市委 泉州市人民政府	泉委〔2020〕52 号
石狮市湖滨街道办事处长福小学	泉州市 2017—2019 年度文明校园	中共泉州市委 泉州市人民政府	泉委〔2020〕52 号
石狮市第三中学	泉州市 2017—2019 年度文明校园	中共泉州市委 泉州市人民政府	泉委〔2020〕52 号
石狮市龟湖中心小学	泉州市 2017—2019 年度文明校园	中共泉州市委 泉州市人民政府	泉委〔2020〕52 号
石狮市中英文实验学校	泉州市 2017—2019 年度文明校园	中共泉州市委 泉州市人民政府	泉委〔2020〕52 号
泉州幼儿师范学校附属幼儿园石狮校区	泉州市 2017—2019 年度文明校园	中共泉州市委 泉州市人民政府	泉委〔2020〕52 号
石狮市湖滨中心幼儿园	泉州市 2017—2019 年度文明校园	中共泉州市委 泉州市人民政府	泉委〔2020〕52 号
石狮市第六实验小学	泉州市 2017—2019 年度文明校园	中共泉州市委 泉州市人民政府	泉委〔2020〕52 号
石狮市宝盖镇中心幼儿园	泉州市 2017—2019 年度文明校园	中共泉州市委 泉州市人民政府	泉委〔2020〕52 号
石狮市锦峰实验学校	泉州市 2017—2019 年度文明校园	中共泉州市委 泉州市人民政府	泉委〔2020〕52 号
石狮市蚶江中心小学	泉州市 2017—2019 年度文明校园	中共泉州市委 泉州市人民政府	泉委〔2020〕52 号
石狮市锦尚镇琼山中心小学	泉州市 2017—2019 年度文明校园	中共泉州市委 泉州市人民政府	泉委〔2020〕52 号
石狮市湖滨街道办事处林边小学	泉州市 2017—2019 年度文明校园	中共泉州市委 泉州市人民政府	泉委〔2020〕52 号
石狮市实验中学	泉州市 2017—2019 年度文明校园	中共泉州市委 泉州市人民政府	泉委〔2020〕52 号
石狮市永宁中学	泉州市 2017—2019 年度文明校园	中共泉州市委 泉州市人民政府	泉委〔2020〕52 号
石狮市司法局宝盖司法所	泉州市 2017—2019 年度精神文明建设先进单位	中共泉州市委 泉州市人民政府	泉委〔2020〕52 号

石狮市 2020 年先进个人一览表

表 22

姓名	工作单位	奖励名称	颁奖单位	表彰文号
林丽娜	湖滨街道玉湖社区	2020 年全国劳动模范	中国共产党中央委员会 中华人民共和国国务院	—
戴天降	湖滨街道长福社区	全国抗击新冠肺炎疫情优秀城乡社区工作者	民政部	—
郭新强	政工室	部级标兵个人	公安部	公政治传发〔2020〕14 号
林世源	督察大队	全国公安系统抗击新冠肺炎疫情先进个人	公安部	公奖字〔2020〕106 号
洪彦伟	石狮市人民法院	全国法院先进个人	最高人民法院	法〔2020〕9 号
郭晋翔	核查科	全国海关系统抗击新冠肺炎疫情先进集体成员	海关总署	署政发〔2020〕171 号
许少刚	泉州市石狮生态环境局	2020 年蓝天保卫战夏季臭氧污染防治监督帮扶第四轮次表现突出人员	生态环境部生态环境执法局	执法函〔2020〕11 号
黄延艺	石狮市人民政府	福建省抗击新冠肺炎疫情先进个人	中共福建省委 福建省人民政府	闽委〔2020〕48 号
孙飞轮	石狮市总医院	福建省抗击新冠肺炎疫情先进个人	中共福建省委 福建省人民政府	闽委〔2020〕48 号
吴佳亮	石狮市疾病预防控制中心	福建省抗击新冠肺炎疫情先进个人	中共福建省委 福建省人民政府	闽委〔2020〕48 号
张国钦	石狮市市场监督管理局	福建省抗击新冠肺炎疫情先进个人	中共福建省委 福建省人民政府	闽委〔2020〕48 号
蔡婉妮	石狮市总医院	最美逆行者	中共湖北省委 湖北省人民政府	—
潘诗娜	石狮市总医院	最美逆行者	中共湖北省委 湖北省人民政府	—
蔡莉珊	石狮市总医院	最美逆行者	中共湖北省委 湖北省人民政府	—
邱望鹏	石狮市总医院	最美逆行者	中共湖北省委 湖北省人民政府	—
邱宝完	石狮市总医院	最美逆行者	中共湖北省委 湖北省人民政府	—
蔡连庭	中共石狮市委统战部	全省统战系统先进工作者	中共福建省委统战部 福建省人力资源和社会保障厅	—
李宁采	石狮市石光中学	福建省优秀教师	福建省人社厅　教育厅	闽人社表彰〔2020〕22 号
易志芳	石狮市第一中学	福建省优秀教师	福建省人社厅　教育厅	闽人社表彰〔2020〕22 号
许　安	厦门外国语学校石狮分校	福建省优秀教师	福建省人社厅　教育厅	闽人社表彰〔2020〕22 号
黄韩彦	石狮市第八中学	福建省优秀教师	福建省人社厅　教育厅	闽人社表彰〔2020〕22 号
高婉妮	石狮市永宁中学	福建省优秀教师	福建省人社厅　教育厅	闽人社表彰〔2020〕22 号

续表 22

姓名	工作单位	奖励名称	颁奖单位	表彰文号
林秋凉	石狮市第七实验小学	福建省优秀教师	福建省人社厅　教育厅	闽人社表彰〔2020〕22 号
林金发	石狮市永宁中心小学	福建省优秀教师	福建省人社厅　教育厅	闽人社表彰〔2020〕22 号
卢家振	石狮市祥芝镇大堡小学	福建省优秀教师	福建省人社厅　教育厅	闽人社表彰〔2020〕22 号
邱碧玉	石狮市鸿山镇邱厦小学	福建省优秀教师	福建省人社厅　教育厅	闽人社表彰〔2020〕22 号
杜振乐	福建省石狮鹏山工贸学校	福建省先进教育工作者	福建省人社厅　教育厅	闽人社表彰〔2020〕22 号
蔡毓胜	泉州市石狮生态环境局	2019 年福建省生态环境保护执法大练兵突出个人	福建省生态环境厅	闽环保总队〔2020〕15 号
许栋梁	泉州市石狮生态环境局	2019 年福建省生态环境保护执法大练兵突出个人	福建省生态环境厅	闽环保总队〔2020〕15 号
陈长沙	石狮市人民检察院	福建省检察业务专家	福建省人民检察院	闽检发办字〔2020〕14 号
陈国兴、蔡志强	石狮市人民检察院	中共福建省委党校在职研究生 2020 届优秀毕业生	中共福建省委党校	证书
邱尚泽	石狮市交通和港口发展局	全省交通运输系统先进工作者	福建省人力资源和社会保障厅　福建省交通运输厅	闽人社表彰〔2020〕35 号
蔡加渐、陈省华	美丽海岸志愿者协会	2020 年十名最美生态环保志愿者称号	福建省生态环境厅	—
王文曲	石狮市税务局局长室	福建省优秀工会工作者	福建省总工会	闽工〔2020〕91 号
宋冬宜	石狮市税务局税政一股	素质提升“122”工程—专业骨干项目人员	福建省总工会	闽税发〔2020〕41 号
邱玉梅	石狮市税务局办公室	省局“我与练兵比武这五年”微视频征集活动二等奖	国家税务总局福建省税务局	—
黄灿铭	石狮市税务局局长室	全省税务系统减税降费专项工作嘉奖	国家税务总局福建省税务局	—
曾培钊	石狮市税务局办公室	全省税务系统减税降费专项工作嘉奖	国家税务总局福建省税务局	—
蔡海炳	锦尚派出所	二等功	福建省公安厅	闽公令〔2020〕32 号
郑志雄	蚶江边防派出	二等功	福建省公安厅	闽公令〔2020〕23 号
曾少斐	刑侦大队	一等功	福建省公安厅	闽公令〔2020〕28 号
丁　虹	石狮市档案馆	全省档案系统先进工作者	福建省人力资源和社会保障厅　福建省档案局	闽人社表彰〔2020〕32 号
蔡长沙	中共石狮市委政法委员会	全省政法委系统先进工作者	中共福建省委政法委员会　福建省人力资源和社会保障厅	闽人社表彰〔2021〕3 号
林远霞	石狮市妇幼保健院	福建省“最美医师”	中共福建省委宣传部　福建省卫生健康委员会　福建省总工会	—
蔡均钧	石狮市人民检察院	案件管理业务能手	福建省人民检察院政治部	证书
陈宗钰	石狮市永宁镇文体服务中心	2019 年度“福建省优秀共青团员”	共青团福建省委	团闽委〔2020〕8 号
王顺玲	石狮市人民法院	2020 年度“福建省优秀少先辅导员”	共青团福建省委　福建省教育厅　福建省少工委	团委闽联〔2020〕27 号

续表 22

姓名	工作单位	奖励名称	颁奖单位	表彰文号
陈国兴	石狮市人民检察院	论文《审判中心主义视野下刑事检察职能制度完善研究》被评为中共省委党校福建行政学院社会主义法治理论与实践专业优秀毕业论文	中共福建省委党校 福建行政学院法学教研部	证书
蔡志强	石狮市人民检察院	论文《行政公益诉讼诉前检察建议适用问题研究》被评为中共省委党校福建行政学院社会主义法治理论与实践专业优秀毕业论文	中共福建省委党校 福建行政学院法学教研部	证书
郭焕钢	石狮市总医院重症医学科、临床营养科主任	福建省五一劳动奖章	福建省总工会	闽工〔2020〕68 号
林磊鑫	泉州太平洋集装箱码头有限公司机械组长	福建省五一劳动奖章	福建省总工会	闽工〔2020〕68 号
王荣雄	石狮市凤里街道东村社区居民委员会工作人员	福建省五一劳动奖章	福建省总工会	闽工〔2020〕68 号
王春炜	石狮市总工会党务副主席	福建省优秀工会工作者	福建省总工会	闽工〔2020〕91 号
王文曲	国家税务总局石狮市税务局	福建省优秀工会工作者	福建省总工会	闽工〔2020〕91 号
蔡少波	石狮市灵秀镇总工会工会专干	福建省优秀工会工作者	福建省总工会	闽工〔2020〕91 号
吕美丽	石狮市华联服饰配件工会工会委员	福建省优秀工会工作者	福建省总工会	闽工〔2020〕91 号
师体伟	石狮市华宝集团有限公司工会主席	福建省优秀工会工作者	福建省总工会	闽工〔2020〕91 号
陈桂明	石狮市星港包装有限公司工会主席	福建省优秀工会工作者	福建省总工会	闽工〔2020〕91 号
蔡少波	石狮市灵秀镇总工会工会专干	2019 年度福建省安康杯优秀组织个人	福建省总工会 福建省应急管理厅	闽工〔2020〕33 号
林海燕	宝盖镇妇联主席	2020 年省妇联妇联“三百四有”评选（全省优秀妇联主席）	福建省妇联	—
杨美芳	湖滨街道曾坑社区妇联主席	2020 年省妇联妇联“三百四有”评选（全省优秀妇联主席）	福建省妇联	—
杨美芳	湖滨街道曾坑社区	2020 年全省优秀妇联主席	福建省妇女联合会	—
夏仰峰、陈娟家庭	石狮市公安局祥芝边防派出所	2020 年省最美家庭	福建省妇联	—
颜志焕、吴丽敏家庭	石狮市灵秀镇	2020 年省最美家庭	福建省妇联	—
蔡加渐、陈省华家庭	石狮市祥芝镇	2020 年省五好家庭	福建省妇联、省委文明办	—
林世源、陈静家庭	石狮市宝盖镇塘后村	省抗疫最美家庭	福建省妇女联合会 福建省卫生健康委员会	—
陈丽华、蔡凤芽家庭	石狮市灵秀镇华山村	省抗疫最美家庭	福建省妇女联合会 福建省卫生健康委员会	—
黄斌斌	石狮市锦尚镇卫生院	2020 年度福建省最美抗疫家庭	福建省妇女联合会 福建省卫生健康委员会	—
洪丽英	石狮市妇幼保健院	福建省抗疫最美家庭	福建省妇女联合会 福建省卫生健康委员会	—

续表 22

姓名	工作单位	奖励名称	颁奖单位	表彰文号
蔡猛森	石狮市疾病预防控制中心	最美家庭	福建省妇女联合会　福建省卫生健康委	—
吴佳亮	石狮市疾病预防控制中心	最美家庭	福建省妇女联合会　福建省卫生健康委	—
蔡莉珊	石狮市总医院	福建省抗疫最美家庭	福建省妇女联合会　福建省卫生健康委员会	—
许友对	石狮市总医院	福建省抗疫最美家庭	福建省妇女联合会　福建省卫生健康委员会	—
蔡建忠	石狮市总医院	福建省抗疫最美家庭	福建省妇女联合会　福建省卫生健康委员会	—
黄金堡	石狮市总医院	福建省抗疫最美家庭	福建省妇女联合会　福建省卫生健康委员会	—
杨文峰	石狮市鼎盛漂染织造有限公司	民建全省优秀会员	民建福建省委会	闽民建［2020］76 号
蔡少文	石狮市恒顺家电贸易有限公司	民建全省优秀会员	民建福建省委会	闽民建［2020］76 号
李盛芳	石狮市隆迪贸易有限公司	民建全省优秀会员	民建福建省委会	闽民建［2020］76 号
林清从	石狮市新旭辉布业贸易有限公司	民进全省抗击新冠肺炎疫情先进个人	民进福建省委会	—
洪明芳	石狮市教育局副局长	民进福建省委会 2020 年履职能力建设暨参政议政工作先进个人	民进福建省委会	—
李灿新	石狮市总医院	先进个人	中国农工民主党福建省委员会	—
姚道锡	石狮新远辉化纤纺织科技有限公司	致公党福建省委抗击新冠肺炎疫情工作先进个人	中国致公党福建省委员会	致闽委〔2020〕18 号
卢维乐	鸿山派出所	先进个人	中共泉州市委 泉州市人民政府	泉委（ 2020 ）9 号
郭焕钢	石狮市总医院	先进个人	中共泉州市委 泉州市人民政府	《关于对在疫情防控阻击战中表现突出的先进基层党组织和先进个人给予通报表扬的决定》
蔡婉妮	石狮市总医院	先进个人	中共泉州市委 泉州市人民政府	《关于对在疫情防控阻击战中表现突出的先进基层党组织和先进个人给予通报表扬的决定》
许经杭	锦尚镇人民政会	攻坚 2019 先进个人	中共泉州市委 泉州市人民政府	—

附 录

工作报告汇编

深入贯彻党的十九届五中全会精神
奋力谱写全方位推动高质量发展超越石狮篇章
——在中共石狮市第七届代表大会第五次会议上的报告

（2020 年 12 月 30 日）

蔡 萌 芽

各位代表、同志们：

现在，我代表中共石狮市第七届委员会向大会报告工作，请予审议。

一、回首 2020 年：负重前行 精彩纷呈显担当

即将过去的 2020 年，是全面建成小康社会和“十三五”规划收官之年，是石狮发展进程中极不平凡的一年。面对国内外风险隐患加剧的复杂局面，市委高举习近平新时代中国特色社会主义思想伟大旗帜，深入实施“五个年”工作部署，带领全市上下笃定决战决胜之志，铆足敢闯敢赢之劲，成功应对国际贸易摩擦的新挑战、新冠肺炎疫情防控的新考验和区域发展竞争的新态势，全力维护经济社会平稳健康发展。综合实力排名全国中小城市百强第 15 位，全面小康指数位居全省第 2 位，荣膺全国文明城市“二连冠”、全国双拥模范城“六连冠”等荣誉称号。

——这一年，我们众志成城战疫情，防控战绩佳。新冠肺炎疫情发生以来，我们认真贯彻习近平总书记重要指示精神和党中央决策部署，坚持想得更深一层、谋得更细一些、做得更早一步，果断启动最严厉的防控措施，硬化境外疫情输入防控机制，累计开展核酸检测近 30 万人次，隔离重点人员 6000 多人次，新冠患者全部救治成功，抗疫成功经验先后 2 次在全省会议上发言交流，获上级领导充分肯定。在党和国家最需要的时候，全市 1500 多名医务工作者白衣执甲、逆行出征，多名医护人员主动请缨、驰援湖北，用医者仁心担起战士使命。广大基层干部、社区工作者、网格员枕戈待旦、冲锋在前，在平凡岗位诠释无限忠诚。企业职工主动配合、甘苦与共，以牺牲小我顾全防控大局。海外侨胞、社会贤达慷慨解囊、无私奉献，累计捐资捐物超过 1000 万元。全市人民积极响应、风雨同舟，把家国安危融为一体，汇聚起最强大的人民“战疫”力量，护一方山河无恙。

——这一年，我们心无旁骛抓发展，经济大盘稳。坚持以“产业攻坚年”为引擎，争分夺秒推进企业复工复产，全力以赴推动经济逆势上扬，全年 GDP 增长 3% 以上（预计，下同）。项目建设全线发力，通达手机 3D 玻璃、特步一体化、中科光芯、九牧智能卫浴、建新轮胎等重大实业项目快速推进，创造信泰纺织从招商到投产仅用时 75 天的进度纪录，完成 421 个 5G 宏基站建设，工业用电量连续 7 个月同比上升。新兴产业蓄势待发，智能制造规上产值增长10%，引进新材料产业园、环保产业园及智慧冷链产业园等高新产业平台，新增国家级高新技术企业52家、福建省科技小巨人领军企业14家。传统产业蝶变重生，技改投资增长16.9%，纺织服装产业增长6%，新增规上企业50家，荣获“中国校服产业创新基地”称号，多家企业防疫物资进入商务部出口“白名单”。优势产业追风逐日，“一十百千万”网红计划深入实施，“一月一电商盛会”火热营销，全市网络零售总额超800亿元、占泉州市份额增至35%，位居全国县域网络零售百强第4位，获评“中国直播电商发展示范市”；进出口商会、网商协会等行业组织应运而生，增强产业向上发展的凝聚力。

——这一年，我们用心用情美环境，城市提颜值。坚持以“城市提质年”为抓手，用脚步丈量城乡每一个角落，在“美节点”“塑亮点”“疏痛点”等细微处发力，推进生态景观建设和人居环境整治。美丽石狮异彩缤纷，宝盖山景区、永宁古卫城获评国家级3A景区，实现A级景区零的突破；红塔湾旅游路、锦江外线、共富路、锦蚶路建成通车，串起海岸带百里景观画廊；完善花海谷、峡谷旅游路、风炉山景观设施，全城见山遇水，四季风景不断；加快联邦商业城改造，抚平城市“伤疤”；打造狮标、海豚、幸福街心公园等120处微景观小品，提升鸳鸯池公园以及出入城通道绿化彩化亮化品质，修整主要道路花箱、石椅、路灯等“城市家具”，使城市不仅“好看”而且“耐看”。人文石狮彰显魅力，凤里八卦街、永宁古卫城、华山古民居、灵秀金相院修旧如旧，焕发古朴沧桑之美；故宫海上丝绸之路馆即将开馆，浓缩千年“海丝”文化精华；美丽乡村保留浓郁乡土气息，郭坑、沙美、厝仔等村落修护好古厝小院、番仔洋楼，卢厝“狮阵”入选国家级非物质文化遗产。宜居石狮清新怡人，结合疫情防控深入开展爱国卫生运动，推进“家园清洁”行动和城市“五绣”活动，全年累计“扫清”卫生死角3万多处，“拆清”违章建筑25.8万平方米，“摆清”乱堆乱放16.7万处，新增绿化面积近1000亩，空气质量优良天数达363天，梧垵溪实现河道生态复苏，湿地公园引来白鹤飞舞，“国家生态市”的招牌擦拭得更加鲜亮。

——这一年，我们务实创新求突破，改革释红利。坚持以“交通整治年”为契点，着力强治理促改革。开展交通质量提升行动，投入16.86亿元完善硬件设施，增加公共停车空间2300多位，查处酒驾醉驾2200多起。深化国有企业实体化运营，完成三大集团优化整合，盘活闲置厂房34万平方米，承接项目建设144个，获批融资授信88.32亿元。推进投融资体制改革，供应链金融累计向中小企业投入25亿元，协调银行新增贷款50亿元，引导企业申请省级纾困资金超10亿元，不良贷款率“四连降”至1.7%。健全港口联动发展机制，石湖港保税物流中心（B型）建成封顶，普洛斯、瑞福祥等现代化大型物流园投入运营。加强商贸运营平台建设，服装城、轻纺城、国际食品城、东南亚采购中心等专业市场四轮驱动、并驾齐驱，全年限上销售额增长10%以上。市场采购试点向全省口岸扩展服务范围，全年外贸出口增长25%以上。建成“智慧石狮管控平台”，取得疫情精准智控实战成果。完成镇（街道）机构改革。

——这一年，我们千方百计优保障，民生增福祉。坚持以“民生提档年”为切入，努力打造更高水平的全面小康，民生支出占一般公共预算支出70%以上。开展“逐梦家门口的优质教育”行动，召开全市教育工作大会，募集善款3.9亿元，上实一批推动教育发展的硬措施，新改扩建学校43所，新增公办幼儿园学位近2000个，遴选90名校长到异地名校挂职学习，实施退休名教师返聘“银龄行动”，配齐配强学科教研员，选拔初中学科骨干教师，组建高中毕业班学科协作组，教育发展态势良好。市中医院、妇幼保健院新业务楼、凤里卫生服务中心新院等一批医疗设施投入使用，成立卫生公益事业发展基金，打造“一镇一品”特色诊疗服务，在全省首创“心电服务村村通”，推进“百医进千家”家庭医生签约服务，基本实现全市“8分钟医疗卫生服务圈”全覆盖。智慧体育公园成为市民休闲健身新的“打卡点”。城居保、城乡低保标准保持全省首位，获评全国社会保障百佳县市。健全“全国文明城市创建十项机制”，移风易俗捐赠公益超7000万元。获评泉州“年度安全生产目标责任制优秀县市”，荣膺全国信访“三无”县市称号，平安建设“三率”测评位居全省前列，公安现案破案率全省第一，交通事故“四项指数”全面下降、其中死亡人数同比下降24.5%。城乡居民人均可支配收入排名全省县市首位。

——这一年，我们坚定不移抓党建，作风更过硬。坚持以“作风建设年”为引领，激励党员干部时刻鼓足“精气神”，始终保持“在状态”。巩固“不忘初心、牢记使命”主题教育成果，推进“两学一做”学习教育常态化制度化。开展“我是党员我担当”主题党日活动，选派448名干部投身疫情防控和复工复产，提拔重用26名、表彰36名在“战疫”一线表现突出的党员干部。实施党建引领乡村振兴六大工程，构建村干部全过程培养“六有”体系。完善党建引领城市治理“三级响应”机制，培育“咱厝边”小区党建集群。落实意识形态工作责任制，组建石狮市融媒体中心，建成新时代文明实践中心，巩固壮大主流思想声音。推行干部政治素质考察“四评一议”工作法，实施创新人才“5R”计划。全面落实管党治党主体责任，深入开展“五个年”专项巡察，严肃查处侵害群众利益的不正之风和腐败问题24起26人、违反中央八项规定精神问题21件25人，立案查办违纪违法案件104件。

一年来，市委带头加强自身建设，

支持市人大、市政府、市政协和法院、检察院依法依章程履行职责，鼓励工会、共青团、妇联、科协、残联、侨联、社科联、计生协会、红十字会等群团组织创造性开展工作，重视做好党管武装、双拥、民族宗教、对台、侨务、老干部、老龄、关心下一代、山海协作等工作，凝聚起携手同心谋发展的强大合力。

各位代表、同志们！没有等来的辉煌，只有搏来的精彩。一年来，面对大变局大事件叠加的大考验，我们取得的成绩实属不易。主要得益于以习近平同志为核心的党中央的坚强领导，得益于全市上下、特别是广大基层党员干部的艰苦付出和共同努力，得益于海内外新老石狮人的团结一心、拼搏进取。在此，我代表市委，向大家表示衷心感谢和崇高敬意！

同时，我们要清醒地看到发展中的问题和不足：受新冠肺炎疫情等因素影响，部分指标没有达到预期；龙头企业量少力薄，缺少稳大盘的“定海神针”和“压舱石”；科技创新研发能力较弱，转型升级驱动力不足；城市建管层级不高，品质品位有待提升；基层治理存在薄弱环节，社会稳定还有不少矛盾隐患等。所有这些问题都要引起我们高度重视，并切实加以解决。

二、展望2021年：奋进奋发 实干拼搏续荣光

海峡之滨春风浩荡，狮城大地春潮涌动。站在“两个一百年”奋斗目标的历史交汇点上，党的十九届五中全会研究制定了“十四五”规划和2035年远景目标建议，为全国上下乘势而上开启全面建设社会主义现代化国家新征程、向第二个百年奋斗目标进军提供了行动指南和根本遵循。在伟大的时代背景下，石狮也迎来了全方位推动高质量发展超越的重要战略机遇期。我们要牢记历史使命，不负人民重托，奋进奋发，实干拼搏，以新思想应对新挑战，以新作为开创新局面。

做好新一年工作的指导思想是：高举习近平新时代中国特色社会主义思想伟大旗帜，深入学习贯彻党的十九届五中全会精神，坚持党的全面领导，统筹推进“五位一体”总体布局，协调推进“四个全面”战略布局，坚持稳中求进工作总基调，以全方位推动高质量发展超越为主题，以深化供给侧结构性改革为主线，以改革创新为根本动力，以满足人民日益增长的美好生活需要为根本目的，主动融入以国内大循环为主体、国内国际双循环相互促进的新发展格局，统筹推进“五拼”攻坚任务，围绕产业发展和城市建设深入开展六个专项行动，把全年各项工作部署做细做实做成，奋力开启石狮高质量发展新篇章。

使命呼唤担当，实干成就梦想。新一年工作的总体要求是“提站位、勇开拓、重实干、敢担当、守廉洁”。提站位，就是要对党绝对忠诚，在思想上政治上行动上，同以习近平同志为核心的党中央保持高度一致，确保石狮发展道路始终沿着正确方向前进。勇开拓，就是要志存高远，保持奔竞不息、再上层楼的追求，拓宽视野、放大格局、拉高标杆，同强的比、跟快的赛、向高的攀，朝着差距去追赶，奔着第一去奋斗，走好新时代的图强之路。重实干，就是要树立起实干者吃香、苦干者光荣的鲜明导向，推动干部珍惜干事创业的大舞台，鼓足克难制胜的强斗志，用苦干实干在稳增长、促改革、调结构、惠民生、防风险等战场上发力攻坚。敢担当，就是要点燃石狮人血液里敢闯敢为的“性格基因”，涵养大担当的胸怀、展现大担当的作为，坚守为民初心、担起发展使命，用尽全力让石狮这座城市更加繁荣、更加温暖、更加朝气。守廉洁，就是要严守纪律、严守规矩，时常反躬自省、时刻正本清源，坚持在党纪国法的框架内行使权力，永远做党的好干部、人民的好公仆。

新的一年，贯彻落实以上总体要求和奋斗目标，必须全面推进“五拼”攻坚任务。

（一）经济拼速度，持续激动能、增后劲

坚守实体经济，推进转型升级，保持经济发展合理区间速度，确保完成地区生产总值增长8%等一揽子指标。

抓结构优化拓张力。深化“3+3+N”产业体系内涵，推动产业交互、联动、协调发展，努力实现弯道超车，甚至换道超车，从跟跑者、并跑者变成领跑者。让“老树”发“新芽”，抓牢传统产业看家宝，持续推进以“机器换工”为核心的智能化改造，加快印染行业提标晋档、童装校服提级扩容、五金辅料提质增效，精准扶植一批具有国际竞争力的先进产业集群，促进传统产业链条化升级、高端化发展、品牌化运营，向价值链中高端迈进。让“小树”成“大树”，培育新兴产业生力军，推动海洋食品、生物制药、机械装备、光子信息等优势产业建群筑链，抓紧布局数字经济、新材料、新能源等战略新兴产业，形成新的百亿产业集群。让“绿树”开“红花”，促进二、三产业相融合，坚持“产业融合+业态创新”联动机制，大力发展电商直播、外贸展会、港口物流等现代服务业，推动线上与线下、虚拟与实体、商贸与制造双向支撑、融合共生，催生一批新业态新模式。

抓科技创新挖潜力。主动融入福厦泉国家自主创新示范区建设大局，高水平引导科技成果转化与军民融合，集中力量创建科技强市。推进“数字产业化”与“产业数字化”，鼓励企业建设全生命周期的数字管理系统，建成一批智能车间、未来工厂。全面增强创新策源能力，加强“一馆一院两中心”建设，引进共建更多强校强院强所，争取每个产业集群都有引领性的研发机构。围绕产业链布局创新链，加强服饰面辅料等支柱产业基础研究，支持通达、飞通、中科、领顺等科创领军企业提升研发能力，在细分领域抢占创新制高点，构筑发展新优势。深化人力资源服务产业园聚才效应，坚持人才“引用育留”全链条发力，打造高素质人才发展的重要首选地。

抓企业培育激活力。民营企业是石狮最大的战略资源和发展优势，要开展“标杆企业培育”专项行动，鼓励民营企业做大做强做精。深入实施“上市”“上规”“上云”计划，推动市场主体加速萌发、分档攀升、梯次成长。启动单项冠军孵化工程，精准扶植一批“专精特新”小巨人企业。为拟培育企业量身定制扶持政策，更好发挥降本减负、金融输血、赋能强企等政策集成效应，形成“政府负责阳光雨露，企业安心茁壮成长”的生动局面。大力弘扬新时代狮商精神，实施“点石”青年企业家培养计划，不断壮大青胜于蓝的当代企业家群体。

抓招大引强增实力。开展“大招商招大商”专项行动，深化“五个一批”工作机制，更好发挥项目投资在稳增长、优结构、转动能中的关键作用。健全招商机制，强化以商招商、委托招商、产业基金招商，瞄准央企、国企、强企，加快引进上海电气、华润啤酒、新型薄膜材料等一批重大产业项目，争取多抱几个“金娃娃”。树立留住本地优质企业也是招商的理念，引导和支持“走出去”的企业将研发设计、高端制造、运营总部留在石狮。科学谋划“十四五”重大实业项目，力争更多项目纳入省、泉州市重点项目盘子。

抓平台升级聚动力。完善市域产业布局，调整优化工业园区规划设置与管理体制，加快向产业社区转型、向智慧园区升级。重点加快高新区系统性重构、创新性变革，提升入园企业筛选标准与孵化能力，推动高新项目高度集聚，成为经济高质量发展的主战场。推进光子产业园建设，积极对接光芯片研究院落地，争取在光芯片、激光显示等领域取得较大突破。择机培育一批小微产业园，促进小微企业加速集聚集约集群发展。加快国际商贸城物流园区和货运网络平台建设，提高商品集散效能。完善配套设施，改善职住条件，提升全市园区环境形象和平台能级。建立“亩均效益”综合评价机制，健全园区企业退出办法，腾出空间承接更多的优势要素。

（二）城市拼厚度，持续提品位、强内涵

拓展发展载体功能，提升策划建管层级，挖掘文化内涵底蕴，让城市厚积薄发、焕发活力。

确立“大格局”，构筑区域发展新优势。开展“城市策划规划”专项行动，坚持把城市作为高质量发展的最重要载体。在更大坐标下定位发展格局，全市域融入闽西南协同发展区、泉厦漳都市区和泉州“一湾两翼三带”战略，全方位对接翔安国际机场、福厦高铁泉州南站等交通枢纽新节点，加快彭田高速互通等连接项目建设和重要通道门户景观修缮，力争新增加密对外航线，扩大对外交流“朋友圈”，提升城市“国际化”水平，加快打造区域外向型商贸名城，建成全省对接“一带一路”沿线新兴市场的“桥头堡”。在更高站位上谋划空间布局，加强国土空间主题设计和整体策划，实施“拥山滨海环湾”城市空间发展战略，加快建成观音山城市会客厅、将军山海军公园等滨海景观，高品位策划64公里海岸线开发愿景，高标准规划高铁新区城市“新门户”，精心描绘山海同辉、全域联动的城市发展新蓝图。在更强互动中促进产城融合，坚持把城市、产业、人才作为一个系统，整体推进、协同发展，以城市发展倒逼产业升级，以产业兴旺吸引人口人才人气汇聚，不断增强城市对优质要素的集聚辐射带动力；着力深化网红城市“一十百千万”发展计划，推动“网红 + 产业”“网红 + 城市”新业态新空间融合发展，依托“电商谷”建设带动中心城区空间改造、业态聚变、人气汇集；乘势培育一批城景交融、人文共舞的多元特色街区，发展一批精准定位、功能齐全的商务楼宇总部，繁荣一批业态复合、精彩多样的夜间消费经济，全力打造“新零售”示范之城。

聚焦“高品质”，彰显狮城文化新蕴味。开展“古建传承保护”专项行动，精心修护城市的“外在美”与“内在美”，聚力打造望得见山、看得见水、记得住乡愁的韵味之城。提升景观风貌，坚持城景融合理念，遵循自然山水格局，打造花海绿核、湿地园林、沙滩岸线等城市背景风光，见缝插绿建设沿道绿廊、街心绿地和口袋公园，用景观小品点缀城市每个角落。保留历史印记，坚决防止急功近利的破坏性开发，维护好老城区街巷肌理和建筑风格，加强王起沃故居、景胜别墅、“海丝三宝”等文化景点的保护性利用，加快凤里八卦街、永宁古卫城、华山古民居等文化片区的原真性修复，挖掘、修缮、提升一批闽南古厝院落，把老街区、老建筑打造成凝固的艺术、可以触摸的记忆。延续传统文脉，加强非物质文化遗产的传承保护与活化利用，培养一批南音、高甲、狮阵、灯谜、木偶等乡土技艺匠人，推动本土艺术进剧场、进社区、进校园，融入百姓日常生活。完善文化设施，启动石狮市民文化中心规划选址，用匠心建好新的城市音乐厅、图书馆、博物馆等高品位文化地标，为广大市民加快建成“狮城文化走廊”和“精神文明家园”。建设美丽乡村，保持原有的山、水、林、田、池、草、屋格局，保留诗画山水田园风光，推出一批农业生态景观，构筑城市另一道风景线。强化文旅融合，做好全域旅游文章，加快宝盖山4A景区创建、灵秀山生态景观提升，以厚重文化为底蕴，以美丽岸线为纽带，开发一批精品旅游线路；推动游轮码头、深圳华侨城等具有爆点效应的重大文旅项目加快落地；支持永宁、祥芝等沿海区域建设滨海旅游风情小镇，实现美丽城乡、美丽生活和美丽经济相互促进、相得益彰。

着眼“细管理”，打造时尚温馨新家园。开展“全民绿化美化”专项行动，下足城市“精装修”“微更新”“大扫除”等绣花功夫，向人们展示石狮的山水之韵和人居之美。推进颜值内涵双修，坚持“家园清洁”和“三清”整治，探索重要路口立体交通改造，推动石祥路、石锦路、石永路等县道“白改黑”，提升群众出行的舒适度。推进城市有机更新，深入开展城市“五绣”活动，启动福辉路立面改造、全城夜景提升、全市绿化带更新等城市品质提升工程，推动老旧小区从“面子”到“里子”的原生态微更新，实施农贸市场标准化提升、商超化改造，塑造兼容闽南风韵和时代风尚的都市生活圈。推进农房改造修缮，开展农村“裸房整治”“平改坡”和“庭院美化”活动，努力实现农村居住环境“一年一个样，三年大变样”。推进全域生态治理，全力创建生态文明示范市，打赢蓝天、碧水、净土等生态提升持久战，有序统筹矿山石窟修复、海域污染防治、扬尘综合治理等整治，深入开展“同心林”“亲子林”“巾帼林”等主题义务植树活动，厚植生态的绿色。推进环保设施建设，优化污染源自动监控系统，建设工业污泥处置、垃圾终端处理等环保项目，协调晋石跨境流域治理，让环境更和谐。拓宽“两山”转化通道，加强生态连绵带建设，推动生态优势向发展优势转变，让山青、水秀、岸绿、花香、景美成为石狮最靓丽的名片。

（三）改革拼力度，持续抢机遇、走前列

聚焦发展所需、基层所盼、民心所向，打好开创新局的主动仗，以改革开放的“不停步”激发高质量超越的“大力度”。

建重要开放枢纽。敞开大开放的胸襟，打造畅通国际国内双循环的重要枢纽，加快形成千亿规模的电商区域中心和千亿级别的国际贸易集散中心。乘势而上，用活“市场采购贸易”政策红利，挖掘“预包装食品出口”试点优势，增强政策叠加效果、磁吸效应和辐射能力，加大对出口目的地的宣传推介力度，吸引更多优质采购商入驻运营，奋力跃升区域外向型经济发展新高地，牵引实业制造、专业市场、港口物流等上下游产业联动发展。顺势而为，以参与创建国家跨境电子商务综合试验区为契机，加快培育跨境电商采购生态圈，促进“市场采购 + 跨境电商 + 外贸综服”新业态蓬勃发展。借势发力，主动融入全省“港口运营一体化”和“丝路海运”发展大局，启动石湖港保税物流中心运营，推动 7#、8#、9# 泊位规划建设，统筹港后物流园区布局开发，加快形成“市场—航线—港口—港后服务”为一体的智慧港口生态系统，高质量打造“海丝”先行区核心港口。

破急重改革难题。加大重点领域和关键环节改革攻坚力度，以“一子落”激发“全局活”。深化国企体制改革，提升国企实体化运营能力，推动优质国企评级上市，盘活整合一批国有资产资源，增强对民营经济发展的引领带动能力，真正成为经济发展的鸟之两翼、车之两轮。优化惠企政策改革，扩大普惠化、功能性产业政策供给，推进纾困资金对接、“6 个十亿元”金融工程和企业股改上市，持续整合优化各类产业激励措施，引导企业更加公平享受政策红利。推进资源配置改革，实施用地用能等生产要素差异化配置，推动资源向优势企业和先进产业倾斜。紧抓各类省级以上改革试点，创造更大改革集成效应，切实把试点成果转化为制度优势和发展动能。

创一流营商环境。开展“护航民营经济”专项行动，更好履行政府职能，使行政管理像“空气”一样，既要日常“无事不扰”，又要服务“无所不在”。简政放权做“减法”，深化审批制度改革，对标国内一流标准推进流程再造，持续“减证照、压许可”，让管理更加科学化、人性化。便民服务做“加法”，把每一家企业都当作“VIP”，开展专项协调、个性定制，及时疏堵点、解难点，不断提升服务的品质，让方便优质服务成为常态。提升效能做“乘法”，完善“一窗式受理、一站式服务”机制，探索跨层级跨区域“全市通办”，推动更多“最多跑一趟”事项向“一趟不用跑”转变，让审批像网购一样快捷顺畅。加强监管做“除法”，依托智慧石狮管控平台，加快建立以信用为基础的新型监管机制，严肃惩处各类破坏市场公平竞争的违规行为，让诚信者一路畅通、失信者寸步难行。通过深入营造亲商便民的办事环境，持续提高公共行政服务满意度，努力让群众的口碑成为我们的金杯银杯。

（四）民生拼温度，持续补短板、提成色

始终将增进人民福祉、促进公平正义当作一面镜子，不断扩大优质公共服务供给，让改革发展成果温暖千家万户。

把最优质的资源留给教育。教育决定着石狮的今天，更决定着石狮的未来。我们要紧盯高水平教育强市目标，推进“书香城市”建设，深化教育综合改革，以更高站位、更强决心、更大力度逐梦家门口的优质教育。聚焦全方位协同发展目标，高度重视义务教育均衡发展，办好普惠性学前教育，高质量普及高中教育，让教育资源更加优质公平。深化产教融合、校企合作，推动在石三所高校和鹏山工贸学校加强特色学科建设，支持泉州海洋学院升格为本科层次职业院校。加大高端教育资源引进和供给力度，采取超常规办法引名师建名校，加快对接福师大附中、北大附中等群众期盼的教育资源来我市办学，让优质教育办在家门口。完善新时代立德树人机制，创新教育质量评价制度，提高教师薪酬待遇和社会地位，努力营造全社会尊师重教的浓厚氛围。

用最温暖的情怀守护民生。深入对照高水平全面小康目标，开展“大爱城市”建设，精准施策补短板，全力攻坚抓落实。进一步促增收，扎实做好高校毕业生、贫困劳动力等重点群体就业工作，深入实施乡村振兴战略，不仅要提升全市居民收入的“平均值”，更要重视每家每户的“绝对值”。进一步强兜底，健全社会保障体系，加强社会救助、

社会福利、社会保险、法律援助、红十字会等保障工作，完善困境妇女儿童关爱救助机制，改善城乡低收入市民居住条件，在全面小康路上坚决不落一户、不掉一人。进一步优品质，深化国家级医共体试点改革，推进“一镇一品”医疗服务体系建设，开展星级卫生所（室）创建活动，支持市医院对接上级优质医疗资源共建学科联盟、名医工作室，让老百姓既看得起病、又看得好病；健全居家养老服务体系，推广“爱心食堂”互助养老服务，探索社区嵌入式养老模式，让老年长辈从容安享“夕阳红”。

上最有力的措施保障平安。创新运用新时代“海上枫桥经验”，深化“平安城市”建设，完善社会矛盾纠纷多元化解中心运行机制，扎实推进基层治理体系和治理能力现代化。深入开展“强基促稳”专项行动，巩固“扫黑除恶”专项斗争成果，构建现代化治安防控体系，加强金融风险监测系统建设，严密防范各领域风险。完善新冠肺炎疫情常态化精准智控机制，确保疫情防控持续向好。推进危化品、消防安全、道路交通、渔业船舶、城市燃气等十一项安全生产三年行动，加强电商园、自建房、小作坊等重点领域隐患排查，深化企事业单位安全员队伍建设，确保石狮大地安定稳定。

（五）党建拼亮度，持续重引领、促担当

实现伟大的事业，关键在党的领导。坚决贯彻新时代党的建设总要求，坚持党要管党、从严治党，擦亮党建品牌，引领高质量发展。

立场坚定，把准方向之“舵”。始终把党的政治建设摆在首位，不断增强“四个意识”、坚定“四个自信”、做到“两个维护”，锤炼绝对忠诚的政治品格。加强党的创新理论学习，自觉运用习近平新时代中国特色社会主义思想武装头脑、指导实践。巩固“不忘初心、牢记使命”主题教育成果，举办建党 100 周年系列活动，提升党员干部党性修养。严格执行新形势下党的政治生活若干准则，不断提高党内政治生活质量。坚持党管意识形态，深化融媒体中心和新时代文明实践中心建设，积极创新宣传话语体系，强化网络空间治理，把石狮好声音、中国特色社会主义好制度有效传播出去。

党建先行，巩固基层之“根”。压紧压实基层党建责任，切实把基层党组织建设成坚强的战斗堡垒。持续深化全国城市基层党建示范市、中组部社会组织党建综合监测区等品牌效应，创新农村基层党建“整镇推进、全域提升”工作机制。规范国有企业党建工作，落实学校“156”党建工作责任制。严把党员发展政治关，完善党员谈心谈话、党内关怀激励、疏通党员出口等制度，增强党员队伍生机活力。高标准严要求完成镇、村两级组织换届工作，选优配强基层干部队伍。

实干导向，强化担当之“责”。完善干部培养锻炼和激励约束机制，激发干部不甘人后、敢为人先的创业激情。完善党管干部制度，改进领导班子和领导干部考核办法，坚持以实绩论英雄选贤能。健全容错纠错、澄清正名、精准问责机制，推动“干部为事业担当，组织为干部担当”良性互动。关心关爱基层干部和村（社区）工作人员，切实减轻基层负担，加强基层创新活力、创造动力，形成更加生动活泼的工作氛围。

治党从严，永葆队伍之“魂”。严格履行全面从严治党主体责任、监督责任，形成一级抓一级、层层抓落实工作常态。加强政治忠诚教育学习，引导党员干部形成正确的世界观、人生观和价值观。巩固落实中央八项规定精神成果，持续开展“四风”问题专项整治，构建作风建设长效机制。深入总结巡察全覆盖成效经验，抓紧从制度层面解决共性问题。始终保持反腐败高压态势，推动政治效果、纪法效果和社会效果有机统一。发挥标本兼治综合效应，努力实现干部清正、政府清廉、政治清明、社会清朗，使石狮的政治生态更加海晏河清。

先锋引领，夯实团结之“基”。充分发挥党总揽全局、协调各方领导核心作用，把坚持党对一切工作的领导贯穿到推动事业发展的各方面和全过程。发挥统一战线的独特优势，调动各民主党派、工商联和无党派人士等积极力量，找到最大公约数，画出最大同心圆。强化工会、共青团、妇联、科协、残联、社科联等群团组织工作的政治性、先进性和群众性。统筹做好民族、宗教、外事、侨务、对台、老干部和关心下一代工作。强化党管武装，持续巩固军民团结的大好局面。注重激发群众参与高质量发展的主体意识，形成共建共享的最强大合力。

同志们！事业兴于励精图治，发展源自勠力同心。让我们更加紧密团结在以习近平同志为核心的党中央周围，以开拓进取的魄力、坚韧不拔的毅力、锲而不舍的努力，奋力开启全方位推动高质量发展超越的石狮篇章，向伟大的中国共产党建党 100 周年献礼！

政府工作报告

（2021 年 1 月 13 日在石狮市第七届人民代表大会第五次会议上）

石狮市人民政府市长　黄春辉

各位代表：

现在，我代表市人民政府，向大会作政府工作报告，请予审议，并请各位政协委员和其他列席人员提出意见。

一、2020 年和“十三五”工作回顾

2020 年是“十三五”规划的收官之年，是石狮发展历程中极不平凡的一年。面对突如其来的新冠肺炎疫情、严峻复杂的宏观经济形势和繁重艰巨的改革发展任务，市政府认真贯彻落实中央、省、泉州市和市委决策部署，统筹推进疫情防控和经济社会发展，深入开展“五个年”活动，较好地完成了市七届人大四次会议确定的主要目标任务。全年实现 GDP955 亿元（预计，下同），增长 3%；一般公共预算总收入 56.7 亿元、一般公共预算收入 36 亿元；全体居民人均可支配收入 56742 元；全面小康指数位居全国县级市第 20 位、全省第 2 位，实现全国文明城市“二连冠”、全国双拥模范城“六连冠”。

（一）坚决打好疫情防控阻击战，有效保障人民群众生命健康。严格落实“坚定信心、同舟共济、科学防治、精准施策”的总要求，按照“前期防输入、春节防聚集、节后应对复工复学压力”的策略，聚全市之力、以超常之举，迅速启动突发公共卫生事件应急响应机制，打响了疫情防控人民战争。特别是 3 月份境外疫情发生后，全面做好境外入石人员排查、点对点接送和海上防偷私渡等工作，主动实行境外入石人员全员核酸筛查，有效切断疫情本土传播链。进入常态化防控阶段后，严密抓好社区防控、健康管理、“八闽健康码”推广应用和进口冷链食品防控等工作，完成核酸检测 30 多万人次，切实织牢织密疫情防控网。在这场战“疫”中，全市人民守望相助、携手前行，医护人员白衣执甲、逆行出征，党员干部冲锋在前、严防死守，社会组织主动请缨、甘于奉献，广大乡亲情系桑梓、捐资捐物，海内外石狮人团结一心、众志成城，充分展现了爱拼敢赢的本色和大爱无疆的情怀。

（二）深入开展“产业攻坚年”活动，产业转型升级步伐不断加快。扎实推进复工复产。建立订单、资金、外贸等对接机制，兑现惠企资金 7.2 亿元、减免税费 6.4 亿元，帮助企业新增贷款 50 亿元、争取纾困贷款 10.6 亿元。出台六条转产鼓励政策，11 天建成防疫物资生产链。从 2 月份起，坚持一月一盛会，举办一系列线上直播销售活动，被国务院新闻发布会点赞肯定。扎实推进项目攻坚。组建 5 个专项招商小组，多方联动、条块齐抓推进招商选资，累计签约开工项目 106 个、总投资 245.8 亿元，实施工业提质项目 178 个、三产增效项目 165 个，一季度在全省“五个一批”项目竞赛中位居第 6 位。扎实推进制造业提质。出台支持印染高质量发展、五金辅料提质增效、校服优化升级、纺织服饰创意设计发展等产业扶持政策，引导童装行业加快向校服方向延伸，推动中国纺织工程学会校园服饰标准技术工作组秘书处落地，建成五金水磨加工中心，获评中国校服产业创新基地。通达四期、九牧卫浴、建新轮胎、美佳爽新生产基地、特步一体化、信泰科技、兴迅新材料等项目加快建设，智能制造产业完成规上产值 195 亿元、增长 10%。海洋食品园提速建设，累计落地海洋食品深加工项目 22 个，4 个项目建成投产。扎实推进服务业提升。市场采购贸易方式试点实现全省通关一体化，预包装食品出口试点产品关区、品类、目的地、金额限定进一步放宽，国际食品城开业运营并纳入市场采购贸易集聚区；完成市场采购贸易出口 343.2 亿元，增长 98.2%。启动“一十百千万”网红城市发展计划，成功举办“海丝”品博会、海博会、校服展、网商大会，建成1000平方米以上的直播基地18家，带动网络销售额增长 51%、快递业务量增长 28%，获评中国服装网商创新示范基地、中国直播电商发展示范城市称号。石湖港 5#、6# 泊位有序推进，保税物流中心（B 型）一期基本建成，华锦码头 4# 泊位、普洛斯物流园等项目投入使用。组建市文旅集团，世茂海上丝绸之路博物馆、杨孙西文化馆二期、橘若民宿等项目顺利建成，宝盖山、永宁古卫城获评国家 3A 级旅游景区，郭坑村、古浮村入选全省旅游村。

（三）深入开展“城市提质年”活动，城乡统筹一体格局越发凸显。城市颜值不断提升。海岸带建设开启新篇，共富路（石锦路—沿海大通道）、锦蚶路、锦江外线、锦尚外线建成通车，嘉禄路（群英南路—花园路）、金盛路（南洋路—北环路）等“断头路”打通接续。宝盖山生态公园、环湾湿地公园、红塔湾海岸公园、风炉山山体公园景观配套更加完善，应急水源工程基本建成，14 个景观绿化项目完成投资 1.4 亿元，生态连绵带不断延伸拓展。联邦商业城、狮仔山等片区开发快速推进，15 个老

旧小区和28处中心市区街坊支路“微改造”焕发新颜。建成421个5G基站，实现主城区5G信号连续覆盖。乡村振兴全面推进。启动国家水禽基因库改扩建和肉品加工厂项目，完成祥芝中心渔港扩建，新增高标准农田2200亩，古浮村、祥渔村入选省级“一村一品”示范村。持续推进“一革命四行动”，新改建城乡公厕44座，完成25个村生活污水管网建设，全市生活污水处理率提升至93%。深入开展“三清”“五绣”行动，城乡环境卫生考评成绩位列泉州市第3名。完成农村集体资产股份制改革，76%的行政村集体经营收入超20万元。生态环境持续改善。完成将军山存量垃圾、梧垵溪跨境流域整治，中央生态环保督察反馈个性问题和信访件全部销号。打好蓝天、碧水、净土三大保卫战，建成海洋食品园污水处理厂和鸿山、锦尚生活污水处理厂，完成高新区污水处理厂提标改造，整治废弃石窟13.5万平方米，造林绿化852亩，空气质量优良天数比例提升至99.2%。

（四）深入开展“民生提档年”活动，优质公共服务供给日益丰富。全年民生投入占财政支出70%以上，28个为民办实事项目顺利完成。教育事业稳步发展。吹响“逐梦——家门口的优质教育”号角，成立9个镇级教育基金会（促进会），募集捐款3.9亿元；46个教育类项目完成投资5.7亿元，世茂小学、宝盖五幼等16个项目投入使用，新增学位6450个。义务教育质量监测成绩居泉州市前列。医疗服务不断提升。国家级紧密型医疗卫生共同体试点有序推进，市中医院、妇幼保健院新业务楼、凤里新社区卫生服务中心投入使用，福建中医药大学（石狮）医疗保障研究院落地运营，实现行政村医保和心电图服务全覆盖，村医服务能力稳步提高，基本建成“8分钟医疗卫生服务圈”；试点推行长期护理保险制度，全面跟进药品、耗材集中采购使用改革，为群众减轻医药负担近4000万元。文体事业繁荣发展。加强文化和自然遗产保护，新增省级文保单位2处，卢厝“刣狮”入选国家“非遗”项目名录；成功举办“相约云端”第十四届闽台对渡文化节，建成全省首个智慧体育公园，新增村（社区）综合文化服务中心5个，“狮来运转”城市IP动漫正式上映。社会保障持续完善。发放稳就业、失业保险等补助救助资金1.23亿元，完成职业技能培训7262人次；新建居家养老服务照料中心3个、农村幸福院2个，新增医养结合床位290张；全面做好民生兜底各项工作，出台残疾人托养服务补助政策，低保标准提高至户月人均825元，有效帮助边缘地带困难家庭稳定脱困。积极为驻石部队排忧解难，拥军优属、国防动员等任务全面落实。

（五）深入开展“交通整治年”活动，社会稳定防控体系更加完善。强化交通安全整治。精准实施滴灌宣传教育，严查酒驾醉驾、超限超载、占道经营等违法行为，开展渣土车整治百日攻坚，治理交通隐患点45处，新增公共停车位2300多个，形成城市“绿波”路网26公里，交通事故起数下降15.2%、死亡人数下降23.9%。强化安全生产监管。纵深推进安全生产专项整治三年行动、安全隐患大排查大整治、房屋安全“百日攻坚”，建立健全安全生产守信激励、失信惩戒机制，配备企业专职安全员近6000名，完成渔船船员培训1万多人次，安全生产事故起数下降33%。强化平安石狮建设。开展“扫黑恶、反诈骗、除隐患、强基础”专项行动，促进社会治安持续向好，刑事发案率下降18.1%，现案破案率72%、居全省首位；成立矛盾纠纷多元化解中心，实现矛盾纠纷“进出一扇门、事情全办清”，被评为全国信访工作“三无”县（市、区）、福建省平安市。此外，人防、档案、地方志、民族宗教、外事侨务、妇女儿童、粮食安全、防震减灾等工作都取得新成绩。

（六）深入开展“作风建设年”活动，政府系统服务效能持续提高。坚持把学习贯彻习近平新时代中国特色社会主义思想作为重中之重，迅速掀起学习宣传贯彻党的十九届五中全会精神热潮。政府系统全体公职人员按照市委部署，不断开拓创新，狠抓工作落实，在疫情防控、复工复产、项目建设、安定稳定、民生保障等领域涌现出一大批先进典型。强化法治政府建设，纵深推进“放管服”改革，修订公布市、镇（街道）权责清单，在泉州市率先推行商品房“交房即交证”，不动产抵押登记压缩到2个工作日以内，实现开办企业“零费用”“当天办”。完成18个部门网格应用系统整合，汇聚政务数据4.5亿条，实现98.4%的事项“网上办”。主动接受人大法律监督、工作监督，政协民主监督，监察监督，认真办理人大代表建议111件、政协提案183件，顺利完成“七五”普法任务。深入贯彻中央八项规定及实施细则精神，严格履行意识形态工作责任制，认真落实各级巡视巡察反馈和审计发现问题整改，切实加强廉洁政府建设。

2020年工作任务的完成，为“十三五”画上了圆满句号，“创新转型、实业强市，加快建设宜居宜业滨海城市”发展战略取得显著成效。五年来，我们坚持发展第一要务，综合实力晋位升级。落地产业项目354个、总投资672.8亿元；GDP年均增长7.2%，外贸出口总值年均增长27.6%，三次产业比重调整为2.5∶47∶50.5，服务业增加值占GDP比重较“十二五”末提高10.2个百分点，综合实力在全国中小城市百强中晋升至第15位。五年来，我们纵深推进改革创新，发展活力不断增强。实施重点改革项目73个，教育综合改革获得国务院领导批示肯定，获批全省首个国家级市场采购贸易方式试点和全国首个预包装食品出口试点，被列为国家级紧密型医疗卫生共同体建设试点县，新市民积分管理被国家发改委评为全国中小城市改革试点典型案例；培育国家高新技术企业95家，省级“科技小巨人”

企业45家，省级以上院士工作站7个。五年来，我们注重城乡统筹发展，城市面貌显著变化。海岸带开发建设快速推进，“山海城”联动格局更加凸显，城镇化率达79.9%，居全省县市首位；新增道路里程86公里，公路密度达每百平方公里414.7公里，通过国家城乡交通运输一体化示范县验收；新增公园绿地147万平方米，获评全国文明城市、国家生态市、全国双拥模范城、省级森林城市、省级节水型城市。五年来，我们顺应群众美好期待，社会事业全面提升。实施为民办实事项目126个、民生补短板项目79个；新改扩建学校72所，增加学位1.8万个，获评省教育强市，通过国家义务教育发展基本均衡市复核验收；建成市医院新院、市中医院，获评全国基层中医药工作先进单位；全体居民人均可支配收入居全省县市首位。五年来，我们沉着应对风险挑战，社会保持安定稳定。坚决打好疫情防控阻击战，为经济社会平稳健康发展创造了良好环境；坚决打好污染防治攻坚战，完成将军山垃圾填埋场、泉州湾河口湿地围堰等问题整治；坚决打好防范化解重大风险攻坚战，顺利解开闽商系、布料市场、小玩皮“三大担保圈”，市场化、法治化处置富贵鸟等重点金融风险，化解不良贷款超200亿元；全力解决历史遗留问题，迁延26年的联邦商业城和历时10年的城北片区进入实质性改造。

各位代表，过去五年，我们共同生活的这座城市发生了深刻变化，焕发出新的活力！这是习近平新时代中国特色社会主义思想在石狮落地生根的结果，是上级党委政府和市委正确领导的结果，是全市人民辛勤劳动、社会各界共同努力的结果。在此，我谨代表市人民政府，向全市广大干部群众，向人大代表、政协委员、各民主党派、工商联、无党派人士、各人民团体、离退休老同志和社会各界人士，向驻石单位、驻石部队、武警官兵、新闻界朋友，向关心支持石狮发展的港澳台同胞、海外侨胞、海内外朋友，表示衷心的感谢和崇高的敬意！

回望过去，是为了更好地凝聚合力、谋划未来，更深刻地认清形势、攻坚克难。当前，我市经济社会发展还存在一些困难和挑战，主要表现在：受新冠肺炎疫情、贸易摩擦等因素影响，GDP、财政收入等指标同“十三五”规划目标还有差距；科技创新能力不强，标杆引领企业不多，产业转型升级还需加快，财税增收压力较大，巩固扩大县域经济先发优势还需付出更大努力；专业市场资源和潜力有待进一步挖掘，需要更高层次融入“双循环”新发展格局；城市品质内涵有待提升，优质公共资源供给不足；资源环境约束日益趋紧，影响社会安定稳定的风险和隐患依然存在；政府行政效率和服务水平仍需提升，公务人员担当作为精神、履职尽责能力与全方位推动高质量发展超越的要求还有差距。对此，我们将紧盯短板弱项，精准攻坚突破，以为民初心、实干实效回应人民群众的新期待。

二、“十四五”主要目标任务

根据市七届五次党代会的战略安排，市政府编制了《石狮市国民经济和社会发展第十四个五年规划和二〇三五年远景目标纲要（草案）》。“十四五”时期我市经济社会发展的指导思想是：高举习近平新时代中国特色社会主义思想伟大旗帜，深入贯彻党的十九大和十九届二中、三中、四中、五中全会精神，全面贯彻党的基本理论、基本路线、基本方略，统筹推进“五位一体”总体布局，协调推进“四个全面”战略布局，坚持党的全面领导，坚持以人民为中心，坚持新发展理念，坚持深化改革开放，坚持系统观念，坚持稳中求进工作总基调，以全方位推动高质量发展超越为主题，以深化供给侧结构性改革为主线，以改革创新为根本动力，以满足人民日益增长的美好生活需要为根本目的，统筹发展和安全，主动融入以国内大循环为主体、国内国际双循环相互促进的新发展格局，优内拓外、奋力超越，努力在建设现代化工业强市、国际化商贸之都、国家级滨海旅游休闲城市中取得重大进展，实现经济发展更富活力、城市建设更具品质、改革开放更大突破、社会治理更趋精细、人民生活更加幸福。

一要深化创新驱动发展战略，全力打造现代化工业强市。创新产学研合作机制，支持企业瞄准技术前沿和市场需求，开展关键技术攻关、项目人才引进、技术成果转化，补强高端材料、研发设计和先进工艺等关键环节。大力发展数字经济，加快产业数字化、数字产业化进程，巩固纺织鞋服、机械装备、食品药品产业发展优势，大力培育光电信息、新材料等新兴产业，加快打造具有较强竞争力、产业链完备的先进制造业集群。实施“点石”青年企业家培养计划，引导“创二代”“侨二代”“商二代”传承创新，吸引更多富有活力和朝气的创新人才来石创业就业，让更多资本和智慧在石狮充分涌动。

二要主动融入双循环新发展格局，全力打造国际化商贸之都。渠道、平台、市场是石狮高质量发展的核心优势。要持续深化供给侧结构性改革，注重需求侧管理，提升纺织服装、校服、食品等传统行业的消费品质，积极培育研发设计、金融服务等新型消费业态，扩大专业市场规模和会展带动效应，加快建设区域消费中心城市。启动建设“电商谷”，高站位推进“一十百千万”网红城市发展计划，加快线上线下深度融合，努力打造区域电商中心。抢抓“一带一路”和闽台融合发展机遇，复制推广自由贸易试验区改革试点经验，推进市场采购、预包装食品出口、保税物流、跨境电商等外贸新业态融合发展，打造对外贸易桥头堡。

三要积极对接“丝路海运”，全力打造海丝重要港口城市。整合港口岸线资源，大手笔推进泊位扩能、航道扩容，构建“石湖+锦尚”港口体系。巩固内贸干线地位，大力拓展东南亚近洋航线，

培育海峡支线和外贸内支线，形成高效便捷的现代化港口集疏运网络。优化港后物流园区、临港产业布局，引进第三方服务平台、金融结算、智能仓储等配套，构建“市场—航线—港口—港后服务”的智慧港口生态体系。

四要整合资源培育品牌，全力打造国家级滨海旅游休闲城市。树立“大旅游”理念，完善旅游项目开发运营体制机制，合理优化休闲空间、旅游产品布局，促进主客共享、宜居宜游。坚持保留最传统，市场化、专业化串联“海丝三宝”、历史街区等旅游资源，让市民、游客徜徉古街古巷，感受石狮传统文化的独特魅力；坚持拥抱最现代，统筹推进海线、城线开发，全方位提升吃住行游购娱要素，打响海丝文化、商务休闲、滨海度假等旅游品牌。做深做实“旅游+美食”“旅游+购物”等文章，一体推进旅游营销和城市品牌塑造，让滨海旅游休闲成为石狮的新名片。

五要坚定全域一体发展路径，全力打造国家级城乡融合发展示范区。石狮的蓬勃生机，来自城市格局的推陈出新。要深入实施“拥山滨海环湾”城市空间发展战略，全面抓好高铁、高速、快速通道等综合交通项目建设，持续提升石狮在区域发展中的能级。围绕“城市强、乡村也要强”的目标，大力度推进城市更新行动和乡村建设行动，高水平保护开发海岸带，将产业升级、生态改善、乡村振兴、历史文化保护串联起来，全面提升教育、卫生健康、养老、文化等公共服务优质均衡水平，把石狮建设成为一座居者自豪、闻者向往的人民城市。

三、2021 年政府工作安排

今年是中国共产党成立 100 周年，也是“十四五”规划的开局之年，做好政府工作意义重大。市政府将以习近平新时代中国特色社会主义思想为指导，全面贯彻党的十九大和十九届二中、三中、四中、五中全会精神，认真贯彻中央和省委、泉州市委经济工作会议精神，坚持稳中求进工作总基调，立足新发展阶段，贯彻新发展理念，融入新发展格局，扎实做好“六稳”“六保”工作，巩固拓展疫情防控和经济社会发展成果，全面落实好市七届五次党代会经济拼速度、城市拼厚度、改革拼力度、民生拼温度、党建拼亮度“五拼”攻坚任务部署，扎实开展标杆企业培育、大招商招大商、城市策划规划、古建传承保护、全民绿化美化、护航民营经济等六个专项行动，提站位、勇开拓、重实干、敢担当、守廉洁，确保稳全局、开新局，为推动石狮高质量发展奠定坚实基础。

主要预期目标是：地区生产总值增长 8% 左右；一般公共预算总收入增长 5%，一般公共预算收入增长 5%；农业总产值增长 3% 左右；工业增加值增长 7.7% 左右；第三产业增加值增长 8.5% 左右；固定资产投资增长 10% 左右；实际利用外资增长 8%，出口商品总值增长 7%；社会消费品零售总额增长 8.5%，居民消费价格总水平涨幅控制在 3% 以内；居民人均可支配收入和经济同步增长；完成节能减排降碳任务。

围绕上述目标，我们要重点做好以下六方面工作：

（一）坚持创新引领、项目带动，全面激活发展动能

系统优化创新生态。深入开展“标杆企业培育”专项行动，强化高新技术企业成长分类扶持和靶向服务，梯度培育创新型领军企业、制造业单项冠军企业和“专精特新”企业，力争新增省级以上高新技术企业 25 家，全社会研发投入增长 20% 以上。全面梳理重点产业攻关技术目录，推动厦门大学、四川大学、西安工程大学等高校在石科研机构市场化、项目化运作，鼓励有条件的企业对接大院大所，构建校企合作联盟。深化创新人才“5R”计划，滚动更新产业紧缺人才目录，组建人才服务商家联盟，推动一批企业纳入泉州市高层次人才自主评价试点；对接产业需求，完成职业技能培训 5000 人以上，新培育一批技能大师工作室。

集成推进重点改革。深入开展“护航民营经济”专项行动，深化“放管服”改革，设立“跑一趟办不成”投诉中心，新增“一件事”集成套餐服务审批事项 20 个；深化“互联网+政务服务”，推广“不见面审批”服务模式，实现 60% 以上的事项“掌上办”，最大限度便民利企。深化市属国企实体化改革，健全国企投融资决策机制，探索国企参与教育、市政等领域建设的路径；引导市属国企市场化方式盘活资源，提升资产配置效益；建立完善国资监管体系，加快从“管企业”向“管资本”转变。深化金融服务实体经济改革，全面升级小微融资对接平台，做优融资担保、供应链金融等业务，做大污水排放量质押贷款规模，力争制造业贷款增长 8% 以上；持续推动企业上市工作，力争新增海交所挂牌企业 4 家、创业板上市企业 1 家；加快重点企业破圈解链、不良出清，严厉打击非法金融活动和恶意逃废债行为。

掀起项目攻坚热潮。深入开展“大招商招大商”专项行动，牢固树立以项目论英雄的鲜明导向，围绕“3+3+N”产业体系，加强产业路线、重点客商研究，强化以商引商、产业链招商，力争全年引进产业项目 100 个以上，努力在超10亿元的重大产业项目上取得突破。实行市领导挂钩联系、定期协调制度，加强项目全周期管理、全流程服务，一线破解项目用地、融资、审批等难题。加快“五个一批”项目转化，力争完成重点项目投资 200 亿元以上，着力培育一批具有带动效应的新增长点。

持续完善载体功能。深化园区标准化建设和管理体制改革，促进高新区聚焦招商引资、企业服务、经济管理主业，增强项目承载力、要素集聚力。加快后湖职工配套区、高新区邻里中心建设，持续推进中小企业创新创业基地、灵秀创业园、宝盖科技园、宝盖鞋城等园区配套提升。围绕产业发展方向，合理规

划布局光子、电子信息、食品医药、智慧物流等小微园区。持续推进闲置土地、批而未供土地清理，强化新增用地项目准入审查、指标考核及用地退出，促进要素资源高效配置。

（二）坚持工业强市、商贸旺市，优化升级产业体系

聚焦纺织鞋服全产业链提升。更加突出创新能级、亩产税收、安全环保等刚性约束，启动新一轮印染企业分级管理，鼓励龙头企业通过兼并重组做大做强，促进印染行业智能化、集约化、绿色化发展。依托“一馆一院两中心”等科研平台开展技术攻坚，促进工贸一体发展，提升面料研发能力和供应链反应速度。大力发展纺织鞋服高分子、功能性差别化纤维、生态环保等新型材料，加快特步一体化、信泰科技一期、百丝达无纺布、晋晖薄膜等项目建设。整合童装（校服）产业研发、生产、销售端资源，完善供应链协同生态圈，建设全国童装（校服）产业发展示范引领区。全面对接“互联网+”，加快纺织鞋服全链条数字化升级，鼓励发展智能制造、个性化定制、快时尚等模式，培育一批既能接1万件订单，也能接1件订单的企业。全面深化与中国服装设计师协会、中国纺织服装教育学会的合作，办好国际时装周、高校毕业生服装设计大赛等活动，大力引进高层次设计人才，鼓励创立自主设计品牌，加快孵化“闽派服饰”新生设计力量，营造时尚之都浓厚氛围。

聚焦先进制造业建链延链。持续做大机械装备产业规模，跟踪引进控制面板、数控机械、通信设备、电子元配件等上下游项目，加快建新轮胎、九牧卫浴、通达四期等项目建设。全面梳理光子产业细分领域，建成中石光芯二期、汉视高清镜头等项目，全力打造光子产业发展创新集聚区。依托福建中医药大学（石狮）医疗保障研究院，开展项目对接和技术推广，支持中益制药建设标准化研究中心，积极培育新医药产业链。围绕创建省级海洋产业发展示范县，加快海洋食品园建设，大力发展海洋生物制药产业。围绕创新发展数字经济，推进“上云用数赋智”，新建省级“两化”融合重点项目3个，加快5G、物联网、云计算、大数据、区块链等新一代信息技术应用。

聚焦第三产业提档升级。把旅游业作为服务业提升的关键抓手，高水平开发红塔湾、观音山、黄金海岸等优质资源，推动宝盖山风景区创建国家4A级景区，林銮渡（六胜塔）、世茂海上丝绸之路博物馆创建国家3A级景区，“十里黄金海岸”创建省级旅游度假区。突出旅游产品策划宣传，大力培育“旅游+”业态，推出“网红打卡”“研学旅行”“老街美食”等特色精品旅游线路10条，支持沙堤村、西偏村创建省级旅游村，力争实现全年接待游客总人数增长15%以上。加快盘活凤凰商城、长福商城、青春星期YI文化创意园等资源，植入家政、康养、托育、休闲健身、教育培训等业态，鼓励夜间经济规范发展，积极培育城市消费新热点。

聚焦电商品牌化发展。推进“电商谷”和“一十百千万”网红城市建设，一季一展会办好“海丝”品博会、海博会、校服展、裤业采购周暨跨境电商展等活动，一月一主题持续造浓线上直播销售氛围，着力打造千亿规模电商区域中心。引导服装城、轻纺城、食品城等实体商户发展直播电商、社交营销，加快青创城西城、双奇电商园二期等项目建设，集聚更多区域货源卖向全国全球。启动百家电商品牌培育计划，重点支持年销售额超5000万元的企业打造自主品牌、开设线下消费体验店。完善市场集聚区周边公共停车、仓储等设施，培育引进一批运营、培训、设计、摄影摄像等专业服务机构，加快形成全链条电商服务体系。

聚焦高水平开放经济建设。突出以侨架桥、引侨聚侨，充分发挥港澳台侨胞桥梁纽带作用，鼓励侨资侨智侨力回乡投资兴业，吸引台湾青年来石就业创业。加强对自贸区、国际贸易“单一窗口”和RCEP等政策的研究运用，以“一带一路”国家和地区为重点，常态化开展市场采购贸易、预包装食品出口试点推广，吸引更多优质货源和专业采购商聚集，打造千亿级别国际贸易集散中心。出台支持跨境电商发展的政策措施，建设跨境电商集聚区，大力招引知名跨境电商企业，提升跨境物流服务，抢占跨境电商蓝海。鼓励规模企业开展重点市场认证和产品标准检测，完善金融、保险、货代等配套服务体系，力争新培育自营出口企业30家、海关一般认证企业5家。启动石湖港航运中心、港区停车加油等配套项目，加快石湖港6#泊位建设，建成5#泊位，深化新一轮泊位扩容前期工作，推动锦尚作业区通过口岸开放验收，持续加密外贸航线，不断提升港区综合服务能力。

（三）坚持全域统筹、描城绣海，不断丰富城市内涵

推动城建提档升级。深入开展“城市策划规划”专项行动，主动对接闽西南协同发展区和泉州市“跨江发展、跨域融合”战略，持续抓好国土空间总体规划、片区控规、村庄规划编制和城市设计，持续完善城乡规划管控体系。高水平推进海岸带开发，加快高铁新区、城北、狮仔山、联邦商业城等片区建设步伐，进一步拉开城市框架，拓展城市发展空间。完善综合交通体系，启动福厦高速彭田出入口、外西环高铁连接线、二重环湾快速路匝道工程、永宁外线（二期）、海宁路等项目，加快一重环湾快速路石狮段（二期）建设，确保永宁外线（一期）、石湖港疏港公路建成通车。坚持“房子是用来住的、不是用来炒的”定位，促进房地产市场平稳健康发展。

深化乡村振兴战略。实施乡村建设行动，扎实推进省级特色镇和省级试点村建设，支持沿海镇区提升配套，打造2条泉州市级乡村振兴示范线路。深化“一革命四行动”，持续推进“绿盈乡村”建设，完成农村生活污水PPP项目，全面提升农村人居环境。加快特色农业、品牌农业发展步伐，启动祥芝中心渔港、东埔中心渔港、锦东一级渔港提升工程，完成国家水禽基因库改扩建。培育高素质农民、新型农业经营主体带头人50名以上，建设2个农业现代产业园。严守耕地红线，全力保障粮食安全。深化农村集体产权制度改革，持续扶持壮大村集体经济。

提升城市管理水平。围绕建设韧性城市，加快打造“智慧石狮”平台，增加公共停车泊位供给，推进城市排水、排污管网完善更新和水头排涝枢纽工程建设，修缮老旧小区44个，改造二次供水2000户以上。深入开展“全民绿化美化”专项行动，深化“家园清洁”和“三清”“五绣”活动，下大力气抓好环卫保洁、农贸市场、“两违”攻坚、杆线设施等整治。充分发挥市融媒体中心、新时代文明实践中心主阵地作用，大力弘扬和践行社会主义核心价值观，常态化推进文明城市创建，引领市民当好城市主人。

（四）坚持生态优先、绿色发展，持续提升生态质量

推动绿色发展。强化生态规划和总量控制，完成生态文明示范市规划编制，开展全国版排污许可证确认，加强排污权交易管理，科学调配环境容量。实施节能减排、循环经济项目10个，建成电镀、印染等行业废气治理智能监控体系，完成65蒸吨以上燃煤锅炉节能和超低排放改造。加快创建国家级节水型城市，积极推广装配式建筑、绿色建材、新能源汽车，培育绿色消费习惯，形成简约适度、绿色低碳的生活方式。

强化污染防治。坚决抓好中央生态环保督察反馈问题整改，下大力气解决群众反映强烈的突出环境问题。加强空气质量监测预警，强化重点行业挥发性有机物治理，严厉整治道路运输、建筑工地、码头港区扬尘问题，持续提升空气质量。落实河湖长制要求，全面加强排水许可管理，加快高新区深海排放工程建设和伍堡、锦尚集控区工业污水处理厂提标改造。强化土壤污染防治，规划建设废弃物循环利用设施，扩大垃圾分类试点，完成垃圾综合处理厂提级改造。

加强生态保护。严格落实“三线一单”，持续提升宝盖山、灵秀山两大城市绿核，强化水土流失防治，整治废弃石窟10万平方米以上，打造街头绿地、口袋公园30个，建成将军山海军公园、风炉山山体公园，争创国家园林城市。推行湾（滩）长制，加强海岸线生态环境保育，加大岸线规划管控、沙滩整治修复、海漂垃圾治理和入海排污口整治力度，完成斗美湾环境改造提升，促进海洋经济社会功能与自然生态系统协调发展。严格开展党政领导干部自然资源资产离任审计，切实管好自然资源资产。

（五）坚持以人为本、共建共享，着力夯实民生保障

聚焦就业创业富民。深入实施居民增收行动计划，多渠道开发就业岗位，支持灵活就业，统筹做好高校毕业生、农民工、退役军人等重点群体就业创业帮扶，新增城镇就业1万人以上。持续推进“根治欠薪”行动，加强劳动监察执法和纠纷化解，争创省级和谐劳动关系试验区。完善临时救助办法，周密做好社会保障兜底，强化特困、低保等困难群体生活保障。重视发挥第三次分配作用，大力发展慈善事业，建设大爱城市。

全力打造教育品牌。用心逐梦家门口的优质教育，加快石狮一中、石狮八中、厦门外国语石狮分校、中英文学校改扩建，全面完成教育补短板项目，积极引进外部优质教育资源合作办学。深入推进教育综合改革试验区建设，探索实行集团化办学，推动一批薄弱校教学质量提升，促进义务教育优质均衡发展。提升职业教育层次和规模，推动鹏山工贸学校创建省级高水平中职学校，支持泉州海洋职业学院升格本科院校，扶持闽南理工学院、泉州纺织服装职业学院加快产教融合发展。加强新时代师德师风建设，全面实施“校长行动”培养计划，健全中小学教师专业成长激励和考核机制，打造一支具有示范带动效应的“三名”队伍。

加快健康石狮建设。健全公共卫生应急管理和基层公共卫生服务体系，深入开展爱国卫生运动，有序组织疫苗接种，慎终如始抓好新冠肺炎疫情防控。启动市医院科研综合楼项目，积极培育名院名科名医，提升中医药服务能力，支持市医院争创三级甲等医院。完善紧密型医疗卫生共同体和分级诊疗体系，开展星级村卫生所（室）创建活动，做实“家庭医生”签约服务，把便民医疗送到群众家门口。探索建设小微型嵌入式社区养老服务机构，支持发展公建民营、医养融合模式，鼓励社会力量参与养老事业。全面完成第七次人口普查，持续优化生育服务水平。

提升公共文化服务。积极参与“泉州：宋元中国世界海洋贸易中心”申遗工作，深入开展“古建传承保护”专项行动，实施新一轮历史建筑普查，全面建立区域保护和单体保护名录，稳妥推进八卦街、华山古民居保护开发，让古建筑焕发新活力。启动市民文化中心规划选址，完成文化馆、图书馆、体育馆、少体校改造提升，持续完善市镇村三级公共文体服务设施，着力打造书香城市。深化文化惠民工程，开展庆祝建党100周年系列活动，办好闽台对渡文化节、文化惠民剧场、“非遗”进校园，打造“一镇一品”公共文化品牌，不断丰富群众精神文化生活。

提高社会治理效能。深入开展安全生产专项整治三年行动，建成市应急救援指挥中心，全面加强危险化学品、道路运输、建筑工地、渔业船舶、自建房加工场所、消防等领域的安全监管。围绕建设平安城市，巩固扫黑除恶专项斗争成果，严厉打击盗抢骗、黄赌毒、走私、电信网络诈骗等违法犯罪行为，全

面完成“强基促稳”三年行动任务。落实“四个最严”要求，坚决守住食品药品安全底线。启动“八五”普法，支持工青妇等群团组织参与社会治理和公共服务，平稳有序完成新一轮村级组织换届，努力构建政府治理、社会调节、居民自治的良性互动治理机制。加强安全体系和能力建设，提升国防动员和双拥支前保障水平，争创全省双拥模范城“九连冠”。

（六）坚持使命引领、忠诚担当，纵深推进自身建设

*始终坚持对党忠诚。*深入学习贯彻习近平新时代中国特色社会主义思想，全面贯彻新时代党的建设总要求，增强“四个意识”、坚定“四个自信”、做到“两个维护”。坚决贯彻中央、省、泉州市和市委各项决策部署，加强前瞻性思考、全局性谋划、战略性布局，努力在危机中育先机、于变局中开新局。着力锤炼“七种能力”，准确把握大局大势，把“走前列”的步伐迈得更加坚实有力。

*始终坚持为民宗旨。*经过历届市委、市政府的接续奋斗，石狮在率先实现现代化上具备较好条件。一代人有一代人的使命，我们要深入开展以劳动创造幸福为主题的宣传教育，激发全市人民积极性、主动性、创造性，扎实推动共同富裕。精心办好24件为民实事，切实抓好“衣食住行”“医教文卫养”每个着力点，努力提供更加优质的民生保障，不断实现人民对美好生活的向往。

*始终坚持务实担当。*坚持问题导向，以开放视野、创新举措、斗争精神，大力破解改革发展、项目攻坚、产业转型、财税增收等“难硬重新”问题。坚持目标导向，把握重要发展节点、重要目标任务，将“十四五”规划和二〇三五年远景目标转化为一个个项目、一件件实事，清单推进、逐件落实。坚持结果导向，大力弘扬“马上就办、真抓实干”作风，充分运用好绩效考核、容错纠错等机制，鼓励干部勇于担当、勇争一流。

*始终坚持清正廉洁。*持续深化法治政府建设，自觉接受人大法律监督、工作监督，政协民主监督，监察监督，高质量办好人大代表建议和政协提案，从严从实抓好各级巡视巡察、审计反馈问题整改。压紧压实全面从严治党主体责任，加强党风廉政建设，落实意识形态工作责任制，严惩严治“四风”新表现和“微腐败”问题，切实树立政府良好形象。

各位代表！开启新征程，要迈好第一步，见到新气象。让我们更加紧密地团结在以习近平同志为核心的党中央周围，在市委的坚强领导下，披荆斩棘、勇往直前，努力在全方位推动高质量发展超越中走前列、立潮头，奋力谱写新时代石狮高质量发展新篇章，以优异成绩庆祝建党100周年！

石狮市人民代表大会常务委员会工作报告

（2021年1月13日在石狮市第七届人民代表大会第五次会议上）

石狮市人大常委会主任　上官跃进

各位代表：

我受市七届人大常委会的委托，向大会报告工作，请予审议，并请列席人员提出意见。

过去一年的主要工作

2020年是全面建成小康社会和“十三五”规划收官之年，也是石狮发展历程中极不平凡的一年。一年来，在市委正确领导和上级人大关心指导下，我们坚持以习近平新时代中国特色社会主义思想为指导，紧扣中央“六稳”“六保”任务要求、紧扣市委“五个年”工作部署、紧扣人民群众重大关切，充分发挥人大职能作用，助力统筹推进疫情防控和经济社会发展。全年共召开常委会会议6次、主任会议6次，听取和审议“一府一委两院”工作报告12项，作出决议决定和提出审议意见11项，组织调研、视察、检查活动13项，开展专题询问1项、满意度测评3项，对2部法律法规进行执法检查，及时按质完成市七届人大四次会议确定的各项任务，多项工作创出特色亮点，得到省、泉州市人大的肯定和推广，人大常委会机关创建省级文明单位也取得较好成效。

一、坚持党的领导，在提高政治站位中坚定正确方向

*积极投身疫情防控。*面对突如其来的新冠肺炎疫情，常委会坚持与党委政府同节拍、共风雨，与全市人民同呼吸、共命运，努力做到全力抗疫和依法履职两不误，为坚决打赢疫情防控阻击战贡献人大力量。疫情初期即发出《倡议书》，号召全市各级人大代表积极参与疫情防控、政策解读、知识普及、宣传引导等群防群治工作。常委会领导挂钩5个镇（街道）、68家重点工业企业、66所中小学和幼儿园，10名机关干部抽调派驻村（社区）和企业，协助基层做好疫情防控、安全生产和复工复产复学等工作。及时传达全国人大常委会、省人大常委会关于全面禁止非法野生动物交易、革除滥食野生动物陋习的“两个决定”，出台贯彻落实意见。检查《中华人民共和国野生动物保护法》和《福建省实施〈中华人民共和国野生动物保护法〉办法》实施情况，针对责任落实不够到位、专业力量明显不足、管理设施比较滞后、非法行为依然存在等问题，督促自然资源、农业农村等部门重拳出击，严厉打击野生动物非法交易行为。在《石狮日报》开设“万众一心防疫情”专栏，先后刊发专题报道20篇，对我市各级人大代表、人大系统干部践行初心使命、奋战疫情一线的先进典型和事迹进行广泛宣传，彰显了人大工作政治性、法规性和人民性的有机统一。

*强化思想政治引领。*坚持把深入学习贯彻习近平新时代中国特色社会主义思想，作为政治建设和理论武装的首要任务，作为依法履职的必修课和基本功，以理论清醒保证政治坚定，以思想自觉引领行动自觉。及时传达学习宣传党的十九届五中全会精神，开展学习《习近平谈治国理政》第三卷、《习近平在福建》等系列采访实录、《中国共产党宣传工作条例》等研讨交流，不断夯实把人大制度优势转化为治理效能的思想基础。

*落实党委部署要求。*学习贯彻省委《关于加强新时代人大工作和建设的决定》，严格对表对标，结合实际持续加强和改进人大工作。坚决维护市委权威，重大事项及时向市委请示报告，认真落实市委要求，常委会领导经常深入挂钩镇（街道）、重点项目调研指导督促、推动解决问题。设立市七届人大社会建设委员会、监察和司法委员会，组织开展6项相关调研检查。服从市委指挥安排，常委会4名正副主任分别担任有关片区改造保护建设指挥部正副指挥长。坚持党管干部与人大依法任免相统一，全年任免国家机关工作人员23人次，组织开展宪法宣誓4次。

二、坚持围绕中心，在服务全市大局中助推经济发展

*着力推动发展高质量。*听取审议国民经济和社会发展计划执行情况、财政预算执行情况的报告，立足国际贸易摩擦的新挑战和区域发展竞争的新态势，提出要提振信心，力争完成全年目标任务；落实政策，有效激活市场主体活力；优化支出，提高财政资金使用效益；注重创新，全面培育壮大新兴业态等建议，促进经济增长质量和效益不断提高。组织开展“十四五”规划和二〇三五年远景目标纲要编制情况调研，召开专题汇报座谈会，提出意见建议，为纲要编制工作提供重要参考。

*助力产业攻坚提质效。*围绕“产业攻坚年”活动部署和要求，视察重点经济项目，针对龙头项目辐射带动作用不强、部分项目推进缓慢、要素保障制约仍然存在、督促跟踪服务有待加强等问题，提出要谋划引进重大项目、督促推

动项目进度、积极破解要素保障瓶颈、全程提升服务质量等工作，助推项目攻坚提速。视察《关于加快发展旅游业的决议》执行情况，针对旅游核心竞争力不强、文旅产业融合深度不够、配套服务设施仍需完善等问题，提出要进一步加快旅游核心景区建设，打造滨海旅游精品；完善旅游配套服务设施，推进文旅融合发展；推动旅游重大项目落地，带动旅游产业转型升级；健全旅游发展工作机制，形成共建共管合力。市政府组建文旅集团，宝盖山风景区、永宁古卫城获评国家3A级旅游景区，实现我市A级景区零的突破。调研规上企业用工状况，针对企业“招工难”和本地劳动力“就业难”、企业“招工难”和阶段性用工“过剩”、市场人才供给增加和企业人才吸引力不足等矛盾，提出要用好本地劳动力资源，创新招工方式，引进亟须人才，增强稳岗保就业措施的针对性和实效性。调研贯彻落实上级惠台措施情况，针对对台招商引资后劲乏力、惠台政策落实落地不够、惠台政策宣传力度不足等问题，从加强招商引资、拓展交流层次、主动靠前服务、深化政策宣传等方面提出意见建议，努力做好“对台”文章，增强石狮对台胞台企的吸引力。

聚力管好人民钱袋子。贯彻落实党中央关于加强人大国有资产监督职能的部署要求，依法听取审议市政府关于国有资产管理情况的报告，推进国有资产管理公开透明、规范有序。依托预算联网监督系统，加强对预决算执行的实时审查监督，让财政资金在阳光下健康运行。听取审议2020年地方政府债券转贷和抗疫特别国债收支等预算调整方案，助推债券资金在统筹推进疫情防控和经济社会发展中发挥效用。听取2019年度财政预算执行和其他财政收支审计发现问题整改情况的报告，督促市政府及相关部门积极破解审计“屡审屡犯”问题，该做法得到泉州市人大常委会领导批示肯定。

三、坚持依法监督，在履行法定职责中回应群众关切

围绕提升城市颜值开展监督。听取审议2019年度全市环境状况和环境保护目标完成情况，针对生态环保责任意识有待提升、生态环境综合整治力度需加强、生态环境修复保护亟待加快推进等问题，督促市政府及相关职能部门夯实生态环保责任，全力以赴打好蓝天、碧水、净土三大保卫战，改善生态质量、推动绿色发展。我市人大发挥职能作用、助推生态文明建设的做法得到省人大常委会领导批示肯定。视察“家园清洁”工作情况，针对活动宣传不到位、行动成效不均衡、环卫体制不完善、“门前三包”不到位、保障机制不完备等问题，督促做好经费保障、检查考评等工作，进一步把“家园清洁”行动引向深入，提高环境卫生保洁水平，提升城市品位和村容村貌。开展水务工作情况调研和专题询问，围绕应急水源保护、河道综合治理、水务设施运行维护等13个问题“追根问底”，并根据询问情况形成书面审议意见，要求市政府夯实水务基础，切实保障饮水安全；深化生活污水治理，促进人居环境改善；强化行业污染整治，倒逼产业转型升级；加强流域治理，提升流域水质和治理实效，助推地处“风头水尾”的石狮实现生态蝶变。

围绕增进民生福祉开展监督。检查《中华人民共和国食品安全法》和《福建省食品安全条例》实施情况，针对全链条保障衔接不顺畅、监管手段不够快速有力、安全风险隐患依旧存在等问题，督促市政府加强宣传普及，全面增强食品安全意识；突出主体责任，大力推进诚信体系建设；完善工作机制，有效形成监管整体合力；突出监管重点，坚决打击违法违规行为，全力保障人民群众“舌尖上的安全”。调研优化学校布局情况，提出要突出规划引领，科学谋划教育资源布局；围绕提升质量，推进城乡优质教育一体化发展；着力破解难题，调整优化高中阶段教育资源；紧抓项目建设，扩大公办学前教育资源等建议，为“逐梦家门口的优质教育”献策出力。视察城乡公共交通管理情况，提出要树立绿色发展理念，着力提升公交出行分担率；实施财政精准扶持，尽快完善公交应有配置；优化公交线路安排，努力提升服务保障水平；提升多元公交服务，不断丰富群众出行选择，让群众出行更加便捷舒适。调研全民健身工作情况，针对全民健身活动开展不平衡、设施建设未能满足群众就近健身需求、健身设施维护和管理不到位等问题，从完善规划布局、加大资金投入、提升管理水平、提高人员素质等方面提出针对性建议，推动“健康石狮”建设。检查养老服务事业专题询问审议意见整改落实情况并进行满意度测评，督促完善多层次养老服务供给体系，扭转养老服务机构发展的困境，建设智慧养老综合服务平台，培育养老服务组织和专业人才，引进中高端养老项目，不断满足老年人日益增长的“老有所养、老有所医、老有所为、老有所学、老有所乐”需求。

围绕促进公平正义开展监督。视察扫黑除恶专项斗争工作情况，针对扫黑除恶劲头有所松懈、重点行业领域“清源”有待深挖整治、部门协作机制有待完善等问题，督促提升思想政治站位，营造更加浓厚的舆论宣传氛围，建立行业专项治理和多部门协同作战长效机制，打好扫黑除恶专项斗争攻坚战，提高群众安全感和满意度。调研检察院公益诉讼工作，针对公益诉讼的社会氛围尚未完全形成、案件办理还存在诸多难点、案源结构性局限等问题，提出要健全完善公益诉讼工作制度，拓展公益诉讼范围，更好地保护社会公众的利益，构建共建共治共享的社会治理格局。全年受理群众来信来访24件次，依法对15份规范性文件进行备案审查。

四、坚持主体地位，在发挥代表作用中体现责任担当

提高服务代表温度。坚持差异化推进市、镇（街道）、村（社区、工业园区）三级人大代表活动室建设运行管理工作，为各级代表履职全程提供组织安排、联系协调和后勤服务，努力让代表开展工作感到温暖、周到和方便。全年各级代表走进活动室 1988 人次，梳理汇总意见建议 191 条，均交由市政府及有关部门办理。围绕密切联系群众、加强学习交流等内容组织开展代表活动，全年共邀请代表 138 人次列席常委会会议、参与专题询问、调研视察检查等活动；组织开展代表小组活动 133 场次、参与代表 2053 人次；组织泉州市人大代表（石狮活动组）调研市法院工作情况、视察部分重点项目。推进代表述职工作，组织 56 场 76 位石狮市人大代表向选民述职，常委会会议听取 7 位泉州市十六届人大代表的履职报告。指导代表用好福建省三级人大代表履职服务平台，进一步完善代表履职登记，健全代表履职档案。

加大督办建议力度。筛选确定“加强中心市区停车设施建设管理”“加强交通秩序综合整治”“把观音山景区打造成石狮滨海旅游引爆点”等 3 件年度重点督办件；首次实行跨年度督办制度，确定“加快在湖光小区西侧架设路灯铺设人行道”“加强餐厨垃圾管理”“拓宽改造共富路（后杆柄村至沙美村路口段）”等 5 件跨年度督办件，进一步完善领导挂钩重点督办、内设工委加强督办、视察调研强化督办、会议点评和督查通报跟踪督办、满意度测评和绩效考评结合督办等“五个督办”措施，努力做到“件件有落实、事事有回音”，该做法得到省人大常委会领导批示肯定。改革建议办理情况反馈机制，改变由承办单位直接向代表收集“反馈表”的做法，调整为由各镇（街道）人大负责分发、收集和汇总，探索代表面对面“被满意”的中间“隔离带”。111 件代表建议均在规定时间内得到办理和答复，其中 10 件建议列入市政府常务会、专题会研究，10 件建议列入年度重点项目，5 件建议列入年度为民办实事项目。

拓展人大宣传广度。注重加强人大工作信息、新闻报道的审核把关，及时总结、提炼、宣传市镇人大工作创新做法和特色亮点，全年共有 18 篇稿件被“学习强国”及《中国人大年鉴》《人民代表报》《人民政坛》等报刊采用，2 个案例入选《新时代福建省县乡人大工作创新案例》一书。继续办好《石狮日报》“人大视线”专栏，全年刊发专题报道 45 篇，切实讲好石狮“人大故事”，传播石狮“人大声音”。

五、坚持固本强基，在加强自身建设中提升能力水平

不断提高履职能力。修订常委会组成人员守则，坚持常委会组成人员联系市人大代表、市人大代表联系群众制度，常委会组成人员履职尽责的意识和能力不断提升。通过专题培训、“线上线下”相结合等方式，组织常委会组成人员、各级人大代表深入学习宣传民法典；组织部分常委会委员、内司工委委员及镇（街道）人大负责人到江浙考察学习养老服务工作，拓展助推我市养老服务提档升级的思路和办法。严格落实党组理论学习中心组学习、党支部“三会一课”、主题党日等制度，坚持常委会领导轮流主持、上党课，各工委（办）主任、专职常委轮流作主题发言，不断提高党员干部的政治素质、法律素养和业务能力，巩固“不忘初心、牢记使命”主题教育成果。

切实扛起主体责任。贯彻省委“五抓五看”“八个坚定不移”要求，按照市委下达的任务，制定党组工作规则、党组落实全面从严治党主体责任清单，全年召开 2 次落实全面从严治党主体责任专题会议，分析研判意识形态特别是网络意识形态形势，研究部署党风廉政、宣传思想、机要保密、安全教育等工作。常态化开展廉政谈话提醒、典型案例通报，出台科级以下干部职工因私出国（境）证件管理暂行规定，开展道路交通安全警示教育，指导各工委（办）认真抓好市委专项巡察反馈意见的整改。落实中央八项规定及其实施细则精神，持之以恒纠正“四风”，倡导党员干部制止餐饮浪费，扎实推进省级文明单位创建工作。

激发基层人大活力。及时调整镇（街道）绩效考评内容，组织召开代表联系群众活动室建设现场推进会，分类指导镇（街道）人大打造特色亮点，提升全市人大工作整体水平。其中湖滨街道人大建立代表“1+N”社情民意网格联络员机制；凤里街道人大完善抖音平台“凤里人大直播间”；宝盖镇人大健全代表履职与职工维权、司法调解、劳动仲裁等相衔接的工作机制；灵秀镇人大建立人大代表网商联络站，联系服务好网商企业和网商；锦尚镇人大率先在镇侨联设立人大工作室，积极为侨胞侨眷排忧解难；祥芝镇人大引导代表配合做好涉渔事故和矛盾纠纷的调解工作；蚶江、永宁、鸿山等镇人大也积极探索代表服务当地经济社会发展的新举措。

各位代表，过去一年常委会工作取得的新进展新成效，是市委高度重视和坚强领导的结果，是全体人大代表、常委会组成人员、各镇（街道）人大主动担当、依法履职的结果，是“一府一委两院”及社会各界密切配合、大力支持的结果。在此，我谨代表市人大常委会，向大家表示崇高的敬意和衷心的感谢！

对标上级对新时代人大工作的要求，对照市委的工作部署，我们也清醒地认识到，常委会工作还存在一定的差距，主要是：调研视察检查不够深入，监督实效需要进一步增强；代表履职保障有待改进，代表议案建议提出、办理、督办质量需要进一步提高；对镇（街道）人大工作的指导和帮助需要进一步加强，常委会机关的服务水平需要进一步提高，等等。我们将虚心听取各方意见建议，采取务实措施，切实加以改进。

新一年的主要任务

2021 年是中国共产党成立 100 周年，是开启建设社会主义现代化国家新征程的开局之年。做好新一年市人大常委会工作，要坚持以习近平新时代中国特色社会主义思想为指导，全面贯彻党的十九大和十九届二中、三中、四中、五中全会精神，认真落实市七届五次党代会精神，围绕推进“经济拼速度、城市拼厚度、改革拼力度、民生拼温度、党建拼亮度”五拼攻坚任务，开展“标杆企业培育、大招商招大商、城市策划规划、古建传承保护、全民绿化美化、护航民营经济”六个专项行动，依法履行职权，积极开拓进取，不断推动人大工作创新发展。

一、深化思想认识，进一步提高政治站位

坚持把学习贯彻党的十九届五中全会精神作为当前和今后一个时期的重大政治任务，贯穿到人大工作的全过程和各方面，在政治立场、政治方向、政治原则、政治道路上始终同以习近平同志为核心的党中央保持高度一致，增强“四个意识”、坚定“四个自信”、做到“两个维护”。毫不动摇坚持党的领导，坚决落实市委决策部署，重大事项决定体现市委意图，人事任免贯彻党管干部原则，保证人大工作正确方向。认真贯彻上级部署要求，做好市镇人大换届筹备工作，确保换届任务圆满完成。

二、围绕发展大局，进一步增强履职实效

紧紧围绕全市工作大局，把市委最为关注、政府最难推动、群众最想解决的问题作为监督重点，加大监督力度，提升监督实效。在经济发展方面，听取审议国民经济计划、财政预决算执行情况报告，确保年度既定目标任务完成；听取审议审计发现问题整改情况报告，督促市政府及相关部门进一步增强审计工作意识；听取审议国有资产管理情况报告，守护全市人民共同资源与财富；视察《关于加快发展旅游业的决议》执行情况并进行满意度测评，推动旅游产业取得新进展；专题调研侨力资源开发和利用情况，助推石狮扩大开放。在民生改善方面，聚焦群众关心关注的突出问题，听取审议市政府2020年环境状况与环保目标完成情况报告，调研职业教育发展、传染病防治工作、农村人居环境整治情况，开展水务工作整改落实情况检查并进行满意度测评，不断增强人民群众的获得感、幸福感和安全感。在民主法治方面，听取审议《中华人民共和国野生动物保护法》《福建省实施〈中华人民共和国野生动物保护法〉办法》及“两个决定”执行情况审议意见落实情况，调研民法典学习贯彻情况和社会团体登记管理工作情况，开展法律宣传、民法典涉及规范性文件专项清理，扎实做好信访工作，切实维护社会公平正义与和谐稳定。

三、加强服务保障，进一步发挥代表主体作用

认真落实栗战书委员长提出的“要像重视立法、监督工作一样重视代表工作”的要求，搭好平台、做好服务，充分发挥代表的主体、主力作用。依托市、镇（街道）、村（社区、工业园区）三级代表活动室，持续推动各级人大代表走进代表活动室开展活动，实现代表联系服务群众经常化、全覆盖。进一步扩大代表参与常委会工作的深度和广度，丰富闭会期间代表活动，支持各活动组开展代表小组活动。深化代表培训工作，探索差异化、精准化开展代表履职培训，提升代表依法履职素质能力。组织评选优秀代表建议，加大代表建议督办力度，充分调动代表履职积极性，督促提高代表建议办理质量和实效。

四、坚持因情制宜，进一步推动镇（街道）人大工作创新

以打造“一镇（街道）一特色”工作亮点为抓手，指导各镇（街道）人大依托自身资源、特色和优势，深入开展形式多样、灵活有效的代表活动。通过总结案例、召开现场会等形式，宣传推广各镇（街道）人大的有效做法和成功经验，促使镇（街道）人大工作平衡发展、齐头并进。注重用好年度绩效考评“指挥棒”，加大创新工作的分值比重，既给镇（街道）人大传导压力，又激发镇（街道）人大工作动力，促使镇（街道）人大积极思考谋划和探索创新，推动镇（街道）人大工作跃上新水平。

五、抓好班子队伍，进一步激发干事创业热情

坚持以政治建设为统领，全面加强常委会思想、组织、作风、纪律、制度等各方面建设，落实好人大组织制度、履职制度和议事规则，注重传承“闯”的精神、“创”的劲头、“干”的作风，推动常委会的能力素质跟上国家治理体系和治理能力现代化的步伐，建设让市委放心、让人民满意的模范机关。常态化抓好“不忘初心、牢记使命”主题教育成果巩固转化，进一步改进工作作风，深化调查研究，促使常委会工作更加贴近上级精神、更加切合民生民意。加强人大机关干部日常管理监督，注重关心激励，强化纪律约束。

各位代表！初心如炬，使命如山。让我们更加紧密地团结在以习近平同志为核心的党中央周围，在市委的坚强领导下，以一往无前的奋斗姿态、风雨无阻的精神状态，咬定青山不放松，脚踏实地加油干，为开启全方位推动高质量发展超越的石狮篇章，发出人大好声音，展现人大新作为！

中国人民政治协商会议第七届石狮市委员会常务委员会工作报告

（2021 年 1 月 12 日在政协第七届石狮市委员会第五次会议上）

林自育

各位委员、同志们：

我代表政协第七届石狮市委员会常务委员会，向大会报告工作，请予审议，并请列席人员提出意见。

2020 年工作回顾

过去的一年，在中共石狮市委的领导下，市政协常委会紧紧依靠和团结带领全体政协委员，坚持以习近平新时代中国特色社会主义思想为指导，深入贯彻中央、省委、泉州市委、石狮市委政协工作会议精神，认真履行政治协商、民主监督、参政议政职能，建言资政和凝聚共识双向发力，发扬民主和增进团结相互贯通。全年共召开常委会会议 5 次、主席会议 10 次，组织视察调研 35 场（次），形成调研报告 23 篇、专项监督报告 2 篇、主席建议案 2 篇和社情民意专报件 20 份，委员提案立案 183 件（其中重点提案 6 件），为疫情防控和经济社会发展作出积极贡献。

一、聚焦政治引领，为党政助力的“政协意识”持续深化

*加强和推进政协党的建设。*坚持把党的领导贯穿政协工作全过程。认真贯彻中共中央《关于加强党的政治建设的意见》和省委、泉州市委《实施意见》，深刻领会各级“关于加强新时代人民政协党的建设工作”系列要求，实现党的组织对党员委员的全覆盖和党的工作对政协委员的全覆盖。充分发挥党组核心作用，修订完善《中共政协石狮市委员会党组工作规则》和《中共石狮市政协党组议事规则》等工作制度。

*坚持和落实理论学习制度。*以党组理论学习中心组为核心，以领导干部示范为引领，以委员“参政议政周”为载体，带动政协常委会、活动组和机关干部各个层面的学习。以深入学习中共十九届四中、五中全会和省委、泉州市委、石狮市委重要会议精神为主线，推动党的路线方针政策和各项决策部署入耳、入脑、入心。以持续开展《习近平谈治国理政》和《习近平在福建》系列采访实录专题学习研讨活动为主题，用党的最新理论成果激发头脑风暴。以创新开展多样化的形势政策宣传教育为主导，在探讨交流中学深悟透，推动理论学习制度化、规范化和常态化。

*发挥和彰显政协政治特色。*自觉在市委领导下开展工作，始终做到市委和政府工作推进到哪里，政协工作就跟进到哪里。全面贯彻落实习近平总书记关于加强和改进人民政协工作重要思想，协助市委召开政协工作会议和制定出台我市实施意见，为推动全市政协工作新发展明确方向。认真落实意识形态工作责任制并列入年度工作要点，加强政协公微号的运营和管理，抓好意识形态阵地建设。

二、聚焦突发事件，为战“疫”出力的“政协担当”充分体现

*履职担当，深入一线。*坚决贯彻习近平总书记“坚定信心、同舟共济、科学防治、精准施策”的防控总要求，与全市人民群众共同战“疫”。市政协及时调整工作重点，按照市委统一部署，领导班子成员下沉挂钩镇（街道），深入村（社区）、企业、学校督查指导，确保各项防控工作落实到位。

*积极响应，出谋献计。*政协机关干部积极响应，投入村（社区）疫情防控工作，与群众携手筑牢抗疫战线，协调解决企业在疫情防控和复工复产中面临的问题。开展“完善疾病预防控制体系建设情况”调研，为提升我市公共卫生综合服务能力建言献策。提出《关于规范使用 84 消毒液的建议》《关于疫情期间扶持民办幼儿园的建议》得到市委蔡书记高度重视和批示，并迅速落实到防控工作中。

*抗疫出力，委员先行。*第一时间向全体政协委员发出《疫情防控倡议书》，倡导广大委员发挥自身优势，在政策宣传、复工复产中带好头、当表率。委员积极响应号召，有的紧急调整业务，转产防疫物资；有的奉献爱心，踊跃捐款捐物，累计价值达 200 多万元。委员中的医护工作者，不畏风险、迎难而上、夜以继日守护人民健康。同时，在政协公微号展播战“疫”感人作品，为一线工作者鼓劲加油。

三、聚焦社会治理，为改革谋力的“政协智慧”不断彰显

*专题调研硕果累累。*聚焦市委、市政府中心工作，发动全市政协系统围绕“助力‘五个年’推进高质量发展”议题，开展调研视察，形成《关于构建直播电商产业集群发展的建议》《建设石狮智慧城市 提升现代化管理水平》《加强社区医疗机构建设 提升基层卫生服

务水平》《改善人居环境 建设美丽乡村》等23篇调研报告，就“产业转型、城市管理、基层卫生、人居环境”等方面提出100多条建设性意见建议。关注纺织服装产业高质量发展，分别从疫情期和后疫情时代提出不同建议，被选送在泉州市委与市政协“加快推进泉州市制造业高质量发展”专题协商会议上作重点发言。承担市委年度重点课题调研，探索“如何促进教育、人才与产业有机衔接，推进企业转型提升”，撰写《深化产教研融合 助力高质量发展》入编《石狮研究》。组织“社会民生保障工作”专项视察，深入了解我市社会救助、社工服务等方面建设情况，就落实救助保障政策、健全养老服务体系等提出建议。围绕“科技、科普与乡村旅游服务平台建设”开展专题调研，就平台建设和宣传推广等提出意见建议。开展“乡村文化”专题视察，推动我市文化遗产传承保护。

协商民主有声有色。聚焦全市改革发展重大问题协商议政，落实常委会中心发言人制度，全年开展4次专题议政性协商，分别就“社会救助体系建设情况”“汇聚海外侨胞优质资源，助力我市市场采购贸易方式试点发展”等主题听取部门工作通报，提出意见建议50多条。积极开展基层协商民主实践，助推化解联邦商业城“烂尾”问题，形成《活用协商民主 化解历史难题》刊发《政协天地》(2020年第12期)，并在泉州市政协工作座谈会上作经验交流，省政协副主席许维泽对此给予充分肯定并作重要批示。持续关注农村生活污水治理，对落实情况开展“回头看”专题调研，组织政协常委与市政府和相关部门协商交流，就加大宣传污水治理政策、加强工程质量监督力度等6个方面提出33条建议，有效推进我市农村污水治理进程。组织开展老旧小区改造情况对口协商活动，提交《进一步做好老旧小区改造工作》主席建议案，从统筹确定改造项目、严抓工程质量监管等方面协商建言，黄市长充分肯定“该份建议针对性强”，并要求住建部门和镇（街道）各司其职，有效推动老旧小区改造工作。开展“职业教育工作情况”对口协商，围绕构建现代职业教育体系、提升学徒培养成效等议题，共商务实良策。

民主监督精准高效。坚持把推进民主监督作为履职重要内容，促市委、市政府决策部署更好贯彻落实。开展大气污染问题专项监督，形成《关于我市大气污染防治民主监督的报告》，蔡书记批示“请市政协做好常态化跟踪督查”；之后，采取多形式监督视察，呈报《加大我市扬尘整治力度》主席建议案，黄市长批示“请环委办、政府办将相关任务分解到相关部门及地方并定期督促落实”。开展学前教育工作专项监督，形成《关于我市学前教育民主监督的报告》，提出“扩大优质普惠覆盖面、合理规范布局、加大经费投入”等多条建议，为推动办好人民满意的教育积极建言。

四、聚焦民生实事，为人民尽力的“政协初心”更加坚定

畅通民意积极发声。搜集意见建议、传递社情民意，表达民众诉求。提交《关于拔除市区人行道交通护栏遗留铆钉的建议》《关于消除道路设施安全隐患的建议》《关于进一步提升花海谷公园配套工程的建议》《关于市殡仪馆规范管理及提升环境的建议》《关于加强园林绿化养护管理工作的建议》等专报件，均得到市委、市政府主要领导批示，反映问题迅速解决，成果及时转化，做到事事有落实、件件有回音。此外，还对群众关切的“提升农贸市场管理水平”“文化艺术中心选址”“规划群英中路为小商品夜市一条街”等民生问题呼吁献计，力促解决落实。

心系民生提案参政。引导广大委员围绕民生福祉，认真撰写提案。加大提案督办力度，重点提案由市政府、市政协分管领导领衔督办，突出实地督办，注重提办双方互动协商。督办《关于创建宝盖山AAAA级景区的建议》，推进游客服务中心建设，助力成功创建AAA级景区，部分建议被收录《宝盖山AAAA级旅游景区创建规划》；督办《关于加强我市中学教育优质发展的建议》，推动教育局出台《培优强生行动方案》；督办《关于提升石狮市交通智能调度系统管理水平的建议》，促成智能交通信号控制系统（一期）项目实施，列为我市申报中央重大项目库子项目。开展提案“回头看”活动，推动时限长、难度大的提案办理工作落到实处。表彰2017—2020年度优秀提案、优秀提案团体、提案办理工作先进单位，发挥先进典型示范带动作用，推动提案工作出质量、上水平。

关切民情奉献爱心。积极倡导和鼓励广大政协委员、各镇（街道）委员活动组在扶贫济困、慈善救助、山海协作、对口帮扶等方面善行义举、绽放风采，持续开展“同心善行”主题公益活动。延续“金秋助学”优良传统，资助贫困学子圆大学梦。助力“逐梦——家门口的优质教育”，各级政协委员积极响应，募集教育基金超3千万元。政协班子成员主动联系挂钩边缘贫困户，开展帮扶、实现脱贫。政协机关组织开展“‘科技、文化、卫生’三下乡”和重阳节慰问活动，为群众办实事、送温暖。

五、聚焦团结合作，为发展聚力的“政协能量”愈发强大

扎实推进凝心聚力工作。画好“同心圆”，主动与民主党派、无党派人士互通情况、交流意见，鼓励他们通过提案、大会发言、社情民意和调研视察等方式，积极参政议政。持续推进台港澳侨服务中心建设，开展落实优质服务情况视察。就“如何发挥海外归国留学人才作用”开展协商，搭建平台，为家乡创新发展贡献力量。鼓励香港籍政协委员发挥积极作用，团结乡亲力量，坚决拥护“全国人大关于建立健全香港特别行政区维护国家安全的法律制度

和执行机制的决定”，全力支持香港特别行政区依法施政、止暴制乱，维护香港繁荣稳定。关心关注民族宗教工作，就少数民族村家园清洁、宗教团体自身建设等课题，组织委员实地视察，提出意见建议。

认真做好文史宣传工作。充分发挥文史资料“资政、存史、团结、育人”的作用，广泛征集史料线索，编辑出版《石狮历史名人》。全面完成《石狮政协志》编纂工作，启动送审、校对工作。积极筹备《石狮灯谜》撰写相关工作。坚持“既要做得好，又要讲得好”，广泛宣传上级有关精神、市委市政府和市政协重点工作，全年刊发各类报道100余篇，为强化舆论引导、提升政府形象，扩大社会影响作出努力。

广泛开展交流协作活动。协助泉州市政协委员石狮活动组开展“加快培育壮大高新技术产业”年度视察活动。密切与兄弟政协之间的联络互动，配合上级及外地政协到我市考察交流。协助安排省政协“加大老年教育供给”“培优做强重点产业”，泉州市政协“深化产教融合助力高质量发展”调研、考察28批次，加强交流、增进感情、形成合力。

六、聚焦自身建设，为履职发力的“政协队伍”更具活力

重视委员队伍建设。强化委员责任意识，教育广大委员始终坚守政协初心、牢记委员使命。把委员履职能力建设摆在突出位置，开展“政协系统读书月”活动，举行“中央和省委政协工作会议精神报告会”“个人所得税年度汇算”专题培训，推进“书香政协”建设。开设“石狮政协讲堂”，立足石狮、服务委员、彰显文化、陶冶情操，举办石狮历史、乡村古厝和中医养生三堂课，得到社会各界热情关注和广泛好评。落实委员履职积分管理办法，优化委员履职考核内容，健全委员履职评价机制，激发委员履职责任感和使命感。

推进政协组织建设。做好市政协机构改革有关工作，优化专委会设置，撤销教科文卫体委员会、文史和学习宣传委员会，组建农业和农村委员会、教科卫体委员会、文化文史和学习委员会，对提案法制委员会、经济资源委员会、台港澳侨民宗委员会成员进行调整，使专委会更加适应新形势下政协工作需要。不断完善政协工作机制，加强镇（街道）活动组的建设管理，对活动组经费使用情况开展监督检查，督促各活动组依法依规开展活动。

加强机关自身建设。坚持对机关干部从严教育、从严要求、从严管理、从严监督，营造风清气正的机关政治生态。履行全面从严治党主体责任，接受“贯彻落实市委‘五个年’活动暨漠视和侵害群众利益”专项巡察，不折不扣抓好各项整改。组织形式多样的主题党日活动，到市博物馆、四端堂，德化党员教育基地参观学习，引导机关党员干部不忘初心、牢记使命。持续推进文明机关建设，深化社会主义核心价值观进机关活动，全年举办4期“道德讲堂”；及时发出“厉行节约，反对浪费”倡议书，自觉投入全国文明城市创建，联合华南社区开展家园清洁、交通劝导等志愿服务活动；以优异成绩争创第十四届省级文明单位。

各位委员、同志们，奋斗充满艰辛，成绩来之不易。我们前进的每一步，都是中共石狮市委坚强领导的结果，是市人大、市政府大力支持的结果，是全市各级各部门和社会各界积极帮助的结果，凝聚着广大政协委员、政协工作者的智慧、心血和汗水。在此，我代表市政协常委会，向各位领导、各位委员、各界人士、各位朋友表示衷心的感谢，并致以崇高的敬意！

对标新任务、新要求，我们清醒认识到工作中还存在一些问题和不足，主要是：协商民主建设的广度、深度还需进一步拓展；推动工作创新的方法、机制还需进一步完善；协商议政的质量、水平还需进一步提高；等等，我们将在今后的工作中不断改进。

2021年工作思路

2021年是中国共产党建党100周年，是“十四五”发展的开局之年和全面建设社会主义现代化国家的开启之年。市政协将始终坚持以习近平新时代中国特色社会主义思想为指导，深入学习贯彻中共十九大和十九届二中、三中、四中、五中全会精神，全面落实中央、省委、泉州市委和石狮市委政协工作会议精神，围绕把握新发展阶段、贯彻新发展理念、构建新发展格局，紧扣市委七届五次党代会提出的“五拼”攻坚任务和“六个”专项行动，选准议题、把握重点、真诚协商、务实建言，充分发挥专门协商机构的重要作用，为全方位推动高质量发展超越石狮篇章，助推石狮“十四五”发展开好局、起好步贡献政协智慧和力量。

一、坚定政治方向，着力展现政协队伍新风采

把学习运用习近平新时代中国特色社会主义思想作为重中之重，不断完善以党组理论学习中心组学习会为引领，以主席会议、常委会会议、石狮政协讲堂等为配套的学习体系，营造“书香政协”浓厚氛围。要牢固树立“四个意识”、坚定“四个自信”、做到“两个维护”，准确把握新时代人民政协性质定位，时刻把政协工作置于市委的坚强领导之下，坚持政协重要工作、重大事项及时请示报告，切实把市委的决策部署转化为社会各界的广泛认同和自觉行动，凝聚起砥砺前行的磅礴力量。

二、紧扣党政中心，着力交出协商议政好答卷

围绕中心、服务大局，商以求同、协以成事，开展“科技企业孵化创新平台体系建设”“传统产业智能化改造”“‘八五’普法”“凝聚侨亲力量，助力乡村振兴”等专题协商，为石狮发展激动能、增后劲。围绕“大气污染防治”“现代商贸生态圈培育”“文化旅游融合发展”“外贸高质量发展”开展协商座谈，做到建言有理有据、对策可行可用。围绕“基层医疗服务体系”“特殊教育事业”“退役军人服务保障”“加强人民调解工作”等群众关心的热点难点，听民意、解民忧、惠民生。强化监督导向，针对“老旧小区改造”“宗教事务管理”等方面督促问题整改。发挥提案作用，着力解决“重答复、轻落实”，“交办严、督办宽”难题，切实提高办理质量。加强文史资料征编工作，出版《石狮政协志》《石狮灯谜》。积极反映社情民意，拓展信息来源，完善信息收集分类、综合分析和整理报送制度，更好地发挥社情民意咨政知情作用，当好群众的知心人、贴心人和代言人。

三、发挥统战优势，着力汇聚团结奋进正能量

贯彻落实全国政协《关于加强和促进人民政协凝聚共识工作的意见》，打造更多务实管用的凝聚共识平台。发挥好民主党派在政协工作中的作用，不断加强与党外知识分子、非公有制经济人士、新社会阶层人士的团结联系，为他们有序参与政治协商搭建平台。全面贯彻党的民族宗教工作方针、政策，维护和发展好民族团结、宗教和顺、社会和谐的良好局面。在疫情常态化情况下，探索同港澳台侨人士远程协商等新方式，积极开展海内外联谊工作，进一步吸引和凝聚各界人士。

四、坚持守正出新，着力实现履职尽责高效能

全面加强政协党的建设，为政协事业发展提供坚强政治保证。认真落实全面从严治党主体责任，不断加强各项制度机制建设，形成权责清晰、程序规范、运行有效的制度体系。加强学习培训，促进知情明政，引导委员充分认识新时代人民政协的新方位新使命，进一步提升履职能力。优化服务管理，落实委员履职工作规则，健全考核、激励、约束机制，增强委员履职意识。

各位委员，让我们更加紧密地团结在以习近平同志为核心的党中央周围，高举习近平新时代中国特色社会主义思想伟大旗帜，在中共石狮市委的坚强领导下，同心同德、群策群力，只争朝夕、不负韶华，奋进新时代、凝聚新共识、展现新作为，助力全方位推动高质量发展超越石狮篇章，以优异成绩迎接中国共产党建党100周年！

调研报告

推进农村人居环境整治 聚力美丽宜居家园建设

2020 年 7 月 6 日

近年来，我市深入贯彻落实习近平总书记关于改善农村人居环境的重要指示批示精神，通过开展实施“一革命四行动”、生态宜居重点村“十个一”建设、重要通道综合整治、“家园清洁”百日行动等一系列专项活动，扎实推进农村人居环境整治各项工作，农村面貌发生显著变化，农村人居环境得到明显改善。我们的主要做法体现在“四个突出、四个注重”，具体为：

一、突出全域统筹规划

坚持“五级书记”抓乡村振兴，根据石狮城镇化率较高的特点，坚持城乡基础设施、社会服务、行政管理、基础医疗、教育的一体化，坚持乡村规划、建设、管理的一体化。

1. 统筹推进“一革命四行动”。全面完成农村户厕无害化改造，近三年来共投入资金 2320 万元，建设城乡公厕 158 座，旅游公厕 5 座；实施农村生活污水治理 PPP 工程，项目总投资 8.16 亿元，分三年完成 83 个村污水治理任务；在泉州市率先实施环卫一体化 PPP 项目，市级每年投入 1 亿元委托龙马环卫公司全面接管市区两镇两办辖区环境卫生管理工作，投入 3100 万元用于沿海五镇的环卫保洁，实现全域生活垃圾治理常态化；将 23 个水系环境综合治理项目列入市级重点项目予以推进，开展造林绿化和废弃石窟整治，获评省级森林城市。

2. 统筹推进海岸带建设。将海岸带建设作为提升人居环境和城乡“颜值”的重要手段，2017 年以来共投入 19.1 亿元，围绕八大项目实施海岸带规划建设，相继建成红塔湾旅游路、一重环湾快速路（石狮段）等一批项目，惠及沿海 5 镇 36 村。

3. 统筹城乡景观建设。近三年来共投入 6.249 亿元，新建宝盖山生态公园、石窟公园、体育公园以及石狮湿地公园、红塔湾海岸公园、军事主题公园、风炉山山体公园等城乡景观公园，不断提升城乡“颜值”。

4. 统筹解决历史问题。统一部署中央环保督查、国务院农村人居环境大检查发现问题的整改工作，统筹解决城乡环境中的历史问题。如，近年来三大集控区转型升级投入 19.7 亿元、泉州湾南岸河口湿地水头围堰养殖整治投入 1.9 亿元、梧垵溪跨境流域污染投入 8865.2 万元、将军山垃圾填埋场投入 1.15 亿元，化解环境问题隐患，有效改善生态环境。

二、突出村庄拆违治乱

在全面推进人居环境的过程中，摒弃了大拆大建的做法，而是以拆违拆旧、治杂治乱为主，通过开展家园清洁、家园提升、农田复垦等行动，保留原汁原味的农村味道，促使农村有效发挥自身禀赋，因势自然成长。

1. 开展“家园清洁”百日攻坚。今年以来，我市积极动员群众从自家家园做起，开展以“扫清楚、拆清楚、摆清楚”为主要内容的“家园清洁”行动，2 月份以来，共“扫清”门楼内外、房前屋后等卫生死角 13 万多处；“拆清”简易搭盖、鸡鸭猪圈、废弃农村厕所等 37 万平方米，“摆清”乱堆乱放问题 16700 多处。

2. 开展生态宜居重点村建设。选取独具代表性的 34 个村庄作为生态宜居建设重点村，分 3 年（2019—2021 年）分批实施，按照建设“十个一”的标准（一个乡村入口、一个邻里中心、一个示范街巷、一个示范村组、一个农贸市场、一个公共厕所、一个“农村客厅”、一套“农村家具”、一个停车场、一个创收项目），2019 年已投入 3000 万元对 6 个省级乡村振兴试点村和 4 个一般重点村进行规划建设，形成一批可复制、可推广的精品村庄。

3. 积极推进农田复垦。把农田复垦、复耕作为改善农村人居环境、提升乡村底色的重要措施。如，2019 年以来我市推动 6 个省级乡村振兴试点村对村庄周边的荒废土地进行复垦复耕，面积达 600 多亩，逐步恢复乡村的“田味”。

三、突出人与自然和谐

坚持“绿水青山就是金山银山”的理念，充分挖掘我市现有生态潜能，突出人与自然的和谐，避免大开大挖、最大化留住生态本底的手法，以较少的资金投入获得较大的经济、社会和生态效益。

1. 美化田园风光。如，根据环保督查反馈的蚶江镇水头村围堰占用河口湿地的问题，我市结合围堰拆除工作，启动湿地公园项目建设，采取引导农户种植、局部用地流转、成片规划种植等模式，对现有农田进行整体提升，将湿地景观、生态农田景观融为一体，建设成为兼具防洪排涝和生态休闲功能的生态公园。项目建成后，除了惠及蚶江镇莲西、莲东、莲中、石壁、洪窟等周边村的村民，还成为市民游客休闲好去处。

2. 强化生态修复。如，祥芝镇大山屿，由于人为干扰和垃圾污染，曾经岛上少有鸟类出没。近年来我市采取“人类不轻易上岛”、大量种植木麻黄、发布禁猎令、清理海滩垃圾、与中国野生动物保护协会签订共建爱鸟护鸟协约等综合措施，大山屿的生态环境持续好转，从过去的“无鸟岛”发展成现在的“白鹭岛”，现在岛上栖息着上万只白鹭，国家二级保护动物岩鹭也成为常客。

3. 物化人文历史。如，省级传统村落灵秀镇华山村，对其实施古民居保护修缮、房前屋后景观提升、农耕文化园景观复垦、渡槽加固和环境综合整治等措施，实现了古民居建筑与山林、田园、花海等景观完美融合，初步形成了有景有色的乡村文化和生态景观。

4. 优化活动功能。如，正在参评全国“十大最美农村路”的峡谷旅游路，在规划建设时最大限度保留木麻黄、相思树、龙眼树等原生植物以及园区地形地貌，通过设置自行车道、游步道等串联主要功能性场地，同时实施公厕、管理房、夜景照明、监控系统等配套服务设施建设，在绿化景观方面主要栽植开花乔木，搭配开花地被，在水库区域搭配水系水生植物，营造一年四季花开的美丽景致，将花海谷公园建设成为集生态功能、景观功能、康体功能为一体的城郊森林公园，优化了周边村的人居环境，对全市的宜居宜业都有极大的带动。

四、突出持之以恒整治

农村人居环境整治是一项复杂的系统工程，是一项长期工作，我市注重把短期效应和长期效益相结合，重点从群众最关心、反映最强烈的问题入手，稳妥有序抓好整治，农村环境整治也经过从 1.0 版本到 3.0 版本的跨越。

1. 超越 1.0 版本。我市所有农村基本解决了“脏乱差”问题，全面消灭碉堡厕，完成农村户厕无害化改造，基本清除了猪舍牛厩，拆除破旧祖厝和“公妈厅”，让群众看到立竿见影效果，实现村容整洁。

2. 夯实 2.0 版本。我市多数村庄达到或基本达到 2.0 版本，村庄卫生整洁、管理有序，公共服务功能较为完备，村集体收入全部实现 10 万元以上，53% 的村超 20 万元；更好地融入各村文化元素、生态本底和产业发展，提升整村宜居水平。如，永宁镇西偏村，近年来利用拆除围墙及旧房的空地，重点推进村主干道的立面景观改造和村中排水沟和边角等重点节点绿化美化提升，融入田园景观、宗祠文化等，建成文体活动中心、龚氏景观长廊；发挥紧邻宝盖山风景区的区位优势，规划建设旅游商品一条街，共有 35 间店面，顺利出租后，村集体经济有望超过百万元。

3. 争创 3.0 版本。把乡村文化记忆、乡村旅游、业态培育等充分融合，在乡村全面振兴道路上做出了示范，乡村治理能力较强，特色产业突出，村集体有明显的支撑，村民生活富足。如，永宁镇前埔村，从 1999 年开始，历经“旧村改造、新村建设”“社会主义新农村建设”“美丽乡村建设”“新型社区建设”到“乡村振兴”各个阶段，21 年持之以恒，多方筹集资金达 5000 万元，村庄整合成居住区、耕作区、工业区、休闲区，有公园、有农田、有果林、有工厂、有电商、有科普研学基地，已成为我市“宜业宜居花园式村庄”的典范。郭坑村也经过了近 20 年的打造，发动多方资金 4000 多万元。

五、注重特色产业培植

我市通过改善农村人居环境，提高土地利用率，挖掘特色村庄资源禀赋，激发乡村产业动能，培育形成各具特色的产业亮点，助推集体经济发展，反哺村庄环境的改善。

1. 形成多种产业类型。环境的改善，加速了特色产业向农村聚集，形成以祥渔、梅林等为代表的渔业专业村，石渔、石农等为代表的远洋运输型村庄，后湖、湖西等为代表的服务配套型村庄，钞坑、彭田等为代表特色经济型村庄，沙堤、新沙堤等为代表的旅游产业型村庄，前埔、港塘等为代表的电商发展型村庄。如，近日农业农村部发布《2020 全国县域数字农业农村电子商务发展报告》，石狮以网络零售额占比 2.41% 排名全国第四。

2. 带动集体经济增收。如，永宁镇后杆柄村，前几年是集体经济薄弱村，2019 年借助峡谷旅游路建设的契机，整合成片空闲土地以及平整主要交通要道周边土地，通过 210 亩龙眼林认捐、“打造智能共享农庄”等形式每年增加村财收入 76 万元，成为百万村财集体。还有永宁镇郭坑村，村里多为山地，原处荒山僻野，依山而乏农田，傍海而无海域。郭坑村从环境整治入手，逐步把以前荒废的金鸡山整理成集生态、休闲、特色文化为一体的生态休闲文化园，每年可接待游客量达 5 万人次，每年增加村财收入 60 万—80 万元，并成为泉州市休闲农业示范点。

3. 拓宽农民增收渠道。如，祥芝镇古浮村，借助海岸带建设，发动村民参加环境综合整治，鼓励他们发展海鲜大排档、渔村体验等旅游配套产业，进一步增加村民收入，实现环境整治我参与，环境优美我受益。同样还有沙堤村、新沙堤村等海边村庄，积极发挥毗邻红塔湾公园、观音山景区的优势，发展民宿、餐饮等特色产业，已成为村民收入的新增长点。

六、注重各方力量发动

我市市、镇、村层层发动，美化人居环境成为广大群众的共识，得到海外华侨、辖区企业和社会贤达的广泛认同和支持，引导大量社会资金积极支持乡村建设。

1. 发挥村民主体作用。在开展“家园清洁”百日行动中，各级党员干部、各行业志愿者带头深入一线，积极动员群众从自家家园做起，自觉履行“门前三包”，以点带面，营建一个个清洁“细胞”、宜居片区、美丽乡村，在4月份泉州城乡环境卫生考评中石狮跃居第一，家园清洁行动成效明显。

2. 形成多元投入格局。近三年来，市级累计安排1亿元的专项经费开展美丽乡村和农村人居环境提升，与此同时社会各界捐赠支持乡村基础设施建设、乡村教育、慈善等公益事业的资金也达1亿元以上，有力促进人居环境整治工作的持续进行。比如福建磊鑫集团董事长卢荣兴简办其父八十寿庆，捐赠1000万元设立卢厝村乡村振兴基金，用于开展农村人居环境整治等民生事业。

3. 掀起冠名认捐热潮。各村把已经建成的道路、校舍、活动中心等进行冠名认捐，认捐资金再投入村庄整治建设，形成源源不断的资金良性滚动，如，近三年来通过校舍、奖学金冠名认捐筹集了2.32亿元，进一步改善农村学校的办学条件。

七、注重文化元素植入

我市在开展人居环境整治的同时还注重文化元素的植入，打造风格各异的农村风格，避免“百村一面”。通过梳理各村的发展历史、文物景点、民居风格，结合人居环境的提升，保留文化脉络。

1. 植入民俗文化。对有关文化景点进行串联、升级，打造民俗特色文化区。如，永宁镇结合每年的永宁古卫城暨城隍文化节，抓好古城保护建设，彰显古城文化和闽台共有的城隍文化；蚶江镇通过城乡环境提升，打响灯谜文化品牌，入选2018—2020年度“中国民间文化艺术之乡”、2020中国特色小城镇品牌百强；蚶江村、锦江村有效发挥蚶江“海上泼水节”的文化优势，打造以后垵古渡头、澉汉五王府为主要景点的对渡文化区，展示蚶江作为清代蚶江鹿港对渡主港口的风范；祥芝镇结合每年的“渔民文化节”，全方位展现渔民、渔村、渔俗的文化魅力，提升祥芝渔港风情小镇的知名度。

2. 植入海丝文化。申遗项目“泉州：宋元中国的世界海洋商贸中心”，其中有石狮的“海丝三宝”（林銮渡、六胜塔、姑嫂塔），涉及的石渔、石农村、西偏村等地，改造建设了海丝公园、宝盖山石窟公园，着重展现海丝文化，展示石狮作为海上丝绸之路起点之一的辉煌历史。

3. 植入古厝文化。对具有闽南特色的洋楼、古厝进行修缮维护，积极营建乡愁记忆基地、文化旅游景观。如，景胜别墅、杨家大院、永宁汉林楼等，通过修旧如旧保留了闽南建筑特色和风格，也留住了游子的乡愁。

4. 植入民族元素。如，郭坑村、石渔村、石农村三个村是我市回族聚居村，从村入口、宣传栏、文化中心和微景观的建设上着重融入回族元素，体现作为回族聚居地的特征。

八、注重精神文明创建

我市在开展农村人居环境整治中，深入开展文明创建活动，营造文明向上的社会风气，不断提高乡村社会文明程度。

1. 弘扬志愿精神。积极发动各行各业的志愿者参与人居环境整治，提高我市精神文明创建工作成效。如，祥芝美丽海岸志愿者协会常年坚持开展义务净滩行动，5年来共清理海漂垃圾近800吨，维护海滩的清洁。阳光太太志愿者协会、巾帼志愿者、科普志愿者和各镇志愿者团体积极参加“美丽家园”建设和“家园清洁”行动。

2. 弘扬红色基因。以开展人居环境整治为契机，对全市老区基点村在资金方面予以倾斜，培育、做强一批红色革命教育基地。如，永宁镇子英村的“李子芳烈士纪念馆”、杆头村的“革命老区纪念馆”、卢厝村的“红色革命教育基地”。

3. 弘扬家风家训。加强对全市现有的53座带有家训碑刻的古民居、洋楼保护和周边环境的清理，积极打造我市的爱国主义教育基地和家风家训教育基地，既填补了清末至民国的泉州书法史研究实体的空白，又丰富了全市精神文明建设内容和创建载体。

课题指导：李　斌
课题负责：李迎河
课题执笔：杜越成　何鹏飞

关于推进我市五金鞋服辅料产业提质增效的思考

市工信科技局课题组

2020 年 12 月 28 日

在石狮的纺织服装产业中，辅料产业占据重要位置。作为"中国服装辅料产业基地"，全市共有服饰辅料生产企业 2000 多家，分布国内各城市的辅料经销商达 3000 多家。辅料产品涵盖商标、五金、纽扣、箱包、皮草、配件、滴塑七大系列，其中尤以锌合金为代表的五金鞋服辅料优势最为明显、全国市场占有率一度将近 75%。但近年来由于经济下行等原因，我市五金鞋服辅料行业规模不断萎缩、产品档次不高，同时由于环保政策日趋严格，许多小作坊水磨、抛光等工序因不符合环保要求濒临淘汰。在产业升级和环境保护的双重压力下，如何推进我市五金鞋服辅料产业提质增效成为我们必须思考的问题。

一、石狮五金鞋服辅料产业发展优势

（一）城市区域优势明显。石狮市位于环泉州湾核心区南端，市域三面环海，北临泉州湾，南临深沪湾，东与宝岛台湾隔海相望，西与晋江市接壤。2019 年全市实现生产总值 917.84 亿元、公共财政总收入 58.80 亿元、公共财政预算收入 36.75 亿元，综合经济实力位居全国中小城市百强第 15 位、福建省第 2 位，获得全国文明城市、国家生态市等荣誉称号，被《福布斯》评为"中国最具商业活力的沿海开放城市"。

（二）产业集群知名度高。石狮市作为闽派服装板块的中心城市，先后获得"中国休闲服装名城""中国休闲面料商贸名城""中国首批纺织模范产业集群""中国服装产业示范集群"等称号。石狮市是"中国服装辅料产业基地"，辖区内的宝盖镇是全国唯一的"中国服装辅料服饰名镇"。2019 年石狮市与中国纺织工业联合会开展世界级面辅料产业集群先行区共建工作，成为国内第三个与中国纺织工业联合会共建世界级产业集群先行区的地区。

（三）上下游产业链完整。石狮拥有 8000 多家纺织服装及配套行业企业，形成了涵盖纺织原料、纺纱织布、漂染整理、成衣加工、辅料生产、市场营销等领域的完整纺织服装产业链，规上产值超 600 亿元、主营业务超 2000 亿元，每年有 11 亿件服装销往世界各地，国内每 10 米纺织品中就有 1 米产自石狮。完整的纺织服装产业链为石狮五金鞋服辅料产业提供了国内少有的产业基础和竞争优势。

（四）产业加工能力较强。石狮作为国内辅料行业最活跃的地区，其五金鞋服辅料产品质量与款式和国际水平接轨，价格更具竞争力，产能与工艺在国内亦具有领先地位，拥有从合金制造、压铸、水磨、电镀等五金鞋服辅料的全链条、全流程加工能力。除了企业不断加强自身技术力量外，许多企业主动与高校、研究机构开展合作，改进生产工艺、提高设计水平，每年推出新款各类辅料约 40000 件（套）。

（五）装备水平日益提升。作为劳动密集型产业，原来的辅料生产线主要以人工为主，生产效率和安全性存在不少问题。随着石狮提出加快发展智能制造的政策导向，辅料企业的生产设备不断升级换代，自动化、智能化设备越来越普及。以宝盖镇为例，全镇辅料企业拥有各类设备 28000 多台（套），约 30% 处于当前世界先进水平，包括数控快（慢）走丝线切割机、激光雕刻制钮机、锌基合金压铸机等设备。

（六）销售网络布局广泛。石狮除了是国内主要的辅料生产基地外，还在国内各大城市拥有 3000 多家辅料经销商，几乎所有规模以上的五金鞋服辅料企业均在广州中大长江辅料城等国内主要专业市场设有经销处。依托多年以来积累并完善的销售网络，石狮的五金鞋服辅料产品远销广东、浙江、江苏、上海、北京、天津、重庆、成都等国内各地以及东南亚、中东、欧洲等海外市场。

（七）集约管理初见成效。石狮现有 13 家电镀企业，全部集中在祥芝镇大堡集控区，除了文行灯饰为自身灯具生产配套电镀加工外，其他 12 家电镀企业均为五金鞋服辅料配套电镀加工。电镀集控区内采取集中供热、污水统一处理，其中光华水处理厂的水处理技术得到了业界普遍认可。2020 年石狮市按照"政府主导、市场运作"总体思路，利用位于宝盖镇雪上村的豪德盛公司旧厂房建设石狮市五金水磨加工中心，利用福厦客专（高铁）宝盖段征迁范围内的剩余厂房建设宝盖镇五金加工基地，实行"集中加工、绿色生产、规范管理、提质增效"的集约化管理。

（八）专业市场已成规模。石狮的辅料市场原来主要集中在水街、镇中路等老旧市场，宝盖辅料城建成后也有 100 多家辅料商户入驻。2017 年在老旧市场整合和辅料城资产置换的基础上，通过政府引导和政策支持，石狮国际轻纺城 C 区辅料市场开始营业。2019 年石狮轻纺城辅料商会成立，C 区入驻辅料商户已近 400 户，B 区面辅料市场又有 200 家辅料商户集体入驻。目前石狮国际轻纺城辅料交易区的入驻商户还在陆续增加中，已经成为石狮辅料集中向外营销市场。

（九）地方政府扶持有力。石狮市委、市政府一直以来十分重视纺织服装产业发展，随着世界级面辅料产业集群先行区建设的推进，石狮市也在不断加强对辅料产业的扶持力度。2019 年为推进世界级面辅料产业集群先行区建设，我市出台《石狮市共建世界级面辅料产业集群先行区行动方案》，提出建设面辅料标准体系等八大任务。2020 年为支持五金鞋服辅料行业提质增效，出台《石狮市支持五金鞋服辅料行业提质增效若干措施》，提出场地租金减免、设备购置补助、设备搬迁补助、环保设施补助等 4 个方面的鼓励措施。

（十）公共服务平台齐备。石狮市一直以来坚持以市场为导向、政府为主导、企业为主体的原则，积极推进产业集群公共研发、金融服务、人才培训等公共服务平台建设。在五金鞋服辅料产业方面近三年建设的平台主要有：2017 年 4 月石狮市中纺学服装及配饰产业研究院成立，该研究院由石狮市政府与中国纺织工程学会合作共建，旨在提供一站式技术研发和服务；2020 年 9 月石狮市五金辅料供应链平台上线，将构建“生产服务 + 商业模式 + 金融服务”数字化生态圈。

二、石狮五金鞋服辅料产业发展瓶颈

（一）区域层面——产业集群优势弱化

一是中西部地区产业承接的基础设施逐步完善，土地、用工等成本具有比较优势，加上地方招商政策的吸引，部分企业将生产环节移出石狮。二是广州、厦门、泉州市区等地由于城市发展水平较高、资源高度聚集产生的“虹吸效应”圈层继续外扩，部分企业也将设计营销环节外迁。三是石狮五金鞋服辅料企业规模偏小，各个企业“单打独斗”，难以发挥中小企业集群规模效应，区域竞争优势逐渐减弱。

（二）行业层面——行业提升迫在眉睫

一是产业处于价值链低端，石狮五金鞋服辅料企业长期无法摆脱“产品质量越来越好、生产成本越来越高，但卖出不好价格”的被动局面，面对来自大型品牌企业采购商的压价和原材料供应商的提价，以生产加工为主的产业市场议价能力不强。二是供应链上下游沟通不畅，除少数高端辅料外，总体而言我市五金鞋服辅料产品类型、生产模式较为单一，供应链上下游缺乏沟通造成信息不对称、导致“牛鞭效应”突显，库存积压与原料不足现象并存，中游争夺上游企业现象严重，供需匹配不合理。三是行业协会作用不强，我市纺织服装行业协会普遍存在向心力不足、重联谊轻协作的问题，行业协会的经济功能基本没有发挥出来，作为国内较早成立县级服饰辅料行业的协会，石狮市服饰鞋帽辅料行业协会已多年没有换届，缺乏对行业发展方向的规划引导，抱团发展有待加强。四是环保监管趋严已成常态，近年来随着环保红线越来越严，许多小作坊水磨、抛光等工序因不符合环保要求濒临淘汰，尤其是水磨、电镀等产生工业废水、最容易造成水污染的工序已成为环保执法监督重点。

（三）企业层面——自主创新能力不强

一是研发创新能力薄弱，我市五金鞋服辅料生产企业获评国家高新技术企业的仅有石狮市青灿兴五金工艺品有限公司 1 家，大部分企业未建立技术研发机构，缺乏企业核心技术竞争力，产品创新能力不足，产品同质化严重，产品“三低”（低技术含量、低附加值、低经济效益）现象明显。二是生产经营模式落后，大部分企业没有跳出“加工制造”的圈圈，以经验式、大批量、自定生产计划为主，研发、设计、展示、交易等生产性服务业滞后，仍停留在 OEM 模式，尚未建立应对服装快时尚趋势的小批量、多品种、个性化的生产经营模式。三是设备更新难以满足特定需求，在市场需求无法打开的情境下，企业投资规模有所缩减，大多仅限设备改造，购置新设备意愿不强，柔性制造体系有待完善，这种“边维护、边投入”的生产模式导致企业技术和产品创新缓慢、难以适应市场的快速变化。

（四）市场层面——市场面临多重压力

一是订单萎缩利润下滑，一方面由于经济下行、终端销售萎缩，总体市场空间不足；另一方面鞋服箱包设计流行趋势五金辅料使用量锐减，可挖掘的利润增长点变少。二是企业抗风险能力较弱、订单情况波动大，2020 年上半年新冠肺炎疫情发生带来国内外订单大幅缩减，大堡电镀区一度无单可做，下半年 9 月开始又因温州、潮州等地环保监管趋严而涌入大量订单。三是市场开发与营销水平有待提高，大部分五金鞋服辅料企业在市场开拓方面不敢打破故步自封的舒适圈，在深度上还未实现向国际、国内纵深辐射，在广度上相比其他细分行业总体而言在利用互联网拓展客源的能力一般。

三、石狮五金鞋服辅料产业提质增效建议及措施

当前，全球经济增长动能放缓，多国新冠肺炎疫情依然严峻，中美贸易摩擦形势复杂，国际市场需求持续低迷，国内纺织服装产业竞争激烈，我市产业集群以低端加工制造、低成本竞争的发展模式面临严峻挑战，亟须在巩固提升产业链条的基础上，进一步明确主攻方向，做专做精做强，放大自身特色优势，增强核心竞争力。在五金鞋服辅料产业方面，要充分发挥多年发展积累的固有优势，灵活把握当前市场发展趋势，深化品牌创建和质量提升，推动产业差异化、集聚化、高端化发展，引导产品个性化、高质化、时尚化发展。

（一）区域层面：固本强基、打造产业集群新优势

1. 做大做优区域品牌。紧紧围绕我

市纺织服装产业发展新定位，加大“世界级面辅料产业集群先行区”“中国服装辅料服饰名镇”的宣传力度，深入提炼石狮鞋服辅料的区域品牌基因，整合海博会、时装周等各种活动资源，结合新媒体做好区域品牌策划和宣传、多渠道统一推介，真正将集群优势转化为产业优势和经济优势，打造省内乃至国内规模最大、功能最全的五金鞋服辅料产业生产基地和交易中心。

2. 正视产业梯度转移。当前我市五金鞋服辅料产业中设计研发、市场营销等生产性服务业环节外迁情况相对较为明显，应该在上述环节加大政策引导力度。而在生产环节则要注重保持产业链关键环节的完整性、留住一批高度专业化、掌握核心技术的企业，塑造更强的区域竞争力，形成新的比较优势，防止产业空心化，提升产业向心力。

3. 增强整体协作能力。创新纵向分工组织形式，引导五金鞋服辅料产业内的优势企业、行业协会牵头组建覆盖产业链上下流的小链条、小集群式的产业联盟。鼓励市域内的五金鞋服辅料龙头企业将配套小企业纳入共同的供应链管理等。发挥横向分工的品类优势，引导五金鞋服辅料企业积极对接辖区内西裤、运动服装、休闲男装、童装、校园服饰等生产企业，最大限度发挥范围经济优势。

4. 健全完善公共平台。围绕五金鞋服辅料产业需求，有针对性地建设和推动多元产业公共平台，以石狮市政府与中国纺织工业联合会共建的“一馆一院二中心”平台体系为范本，鼓励建立为五金鞋服辅料行业服务的咨询、检测、培训和研发等各种形式的行业或区域技术中心、设计和创新创意成果交易中心等各类平台，弥补企业，尤其是中小企业人力、财力、物力、技术力量的不足。

（二）行业层面：提质增效、推动产业迈向中高端

1. 转变产品制造思路。在保持五金鞋服辅料生产制造环节提质增效的同时融入时尚、创意、文化和科技等元素，实现产品由“鞋服辅料生产”向“时装设计”“个性时尚”和“休闲文化”等层面转变，积极推动服务型制造发展，由传统加工制造转向以时尚设计、文化创意为主的新型时尚创意企业。鼓励优势企业通过多元化战略进行跨界融合，在创意产业、儿童产业、时尚健康产业等相关领域拓展新的发展空间。

2. 发挥行业协会作用。充分调动五金鞋服辅料相关行业协会的积极性，发挥石狮市服饰鞋帽辅料行业协会、石狮市轻纺城辅料商会在行业中的组织与协调作用，协助政府整合各方面资源，实现石狮五金鞋服辅料行业组织的专业化和市场开拓的有序化。针对五金鞋服辅料产业开展专题调研，在行业规划、数据统计、信息发布与交流机制形成一定范式，进而以此为基础构建石狮市五金鞋服辅料产业信息交流平台和相应的行业数据库，为政策和企业决策提供依据。

3. 提升绿色制造水平。提高五金鞋服辅料产业各生产环节先进节能装备和节能技术的使用率，提升全行业节能减排水平。调整优化产能结构，合理布局五金鞋服辅料产能，充分发挥石狮市五金水磨加工中心、宝盖镇五金加工基地的产业集聚作用，大堡电镀集控区推广应用前处理技术新工艺和低污染、高效率的电镀新技术，消化、转移、整合、淘汰一批僵尸企业和低端产能，有序推进、稳住存量、严控增量，形成集中度、效率、水平更高的产业结构和产能布局。

4. 加大人才引培力度。鼓励五金鞋服辅料设计师在本市创业，为优秀设计师创业提供政策支持和创业环境保障。强化创新作为生产要素的分配力度，调动五金鞋服辅料产业中创新性人才的积极性与创造性。加强与国内外高校间的人才对接培养，鼓励闽南理工学院、泉州纺织服装学院、鹏山工贸学校等本地高校、职业学校增设鞋服辅料设计研发相关专业或课程，逐步建立我市五金鞋服辅料产业后备人才队伍。

（三）企业层面：创新驱动、引导企业全方位创新

1. 提升创意设计能力。辅料的市场容量与鞋服产品的产量具有强相关性，随着服装行业的高速发展，消费者对个性、时尚的不断追求，鞋服辅料早已经被额外地赋予了装饰、点缀的作用。以五金鞋服辅料中最具代表性的纽扣和拉链为例，其连接功能只剩下30%，有70%都是承担着装饰作用。通过提升创意设计能力、改良产品功能，着力发展定位中高端市场、植入文化内涵和时尚元素的五金鞋服辅料产品，达到抢占时尚话语权、进而提升产业附加值的目的。

2. 推动技术研发创新。加强以企业为主体、市场为导向、产学研用相结合的开展方式创新体系建设。促进技术创新成果同产业应用对接、科研项目同现实生产力对接，提高技术创新对五金鞋服辅料产业增长的贡献率。扶持优势企业引进专业人才，自建研发中心、实验室、设计工作室、技术团队。在生产技术工艺层面，应兼顾实用性与先进性，实现产业内分类梯次升级。积极参与国家标准、行业标准的制定，提升石狮在国内五金鞋服辅料产业中的标准话语权。

3. 加强产品质量管控。建立从原料采购、资源管理、工艺制定、过程管理和品质检验全过程的质量安全控制体系，尤其是要通过合格供应商评价、实验室检测验证和原材料可追溯机制来加强油漆涂层、金属件、电镀液等高风险敏感材料的采购管理，确保产品质量安全。掌握目标市场对五金鞋服辅料的法规和标准，密切关注国内外相关机构发布的同类产品的召回通报或质检报告，提高研判产品风险点能力。

4. 提高智能制造水平。逐步提升数控机床、工业机器人等智能化设备的普及率，优势企业可分步骤投资建设自动化生产线、数字化车间。整合供应链、设计、生产、销售等全部环节，运用远程定制、异地设计、协同生产、远程监测等信息技术形成新的产品开发模式。引导优势企业以3D打印新工艺视角对产品进行再设计，提前布局基于“互联网+3D打印”的智能化、柔性化定制制造。

（四）市场层面：开渠引流、多渠道深挖市场潜力

1.转变加工贸易思维。优化贸易方式结构，增强自主贸易动力，促进贸易伙伴多元化，减少对原有客户的过度依赖，主动拓展新的客户和市场，由传统的“预测+定货”型模式转向以销定产的市场拉动型模式。推进基于互联网的生产与销售、基于大数据的私人定制与精准设计等新模式的发展，进一步实现由OEM向ODM、OBM转变。有条件的五金鞋服辅料企业可以择机扩展产品功能边界，凭借成熟的生产经验、尝试开拓五金饰品、首饰、工艺品等工艺相似领域。

2.深度对接“互联网+”。依托石狮电商产业发展优势和雄厚基础，应用第三方平台或自建垂直型电商平台拓展国内外市场，结合互联网、创新云重构设计端打造设计师O2O平台、网上作品展厅，利用大数据、云计算等技术实现五金鞋服辅料的采样标准化、实物数字化、信息集中化和供销网络化，促进生产厂家和辅料商家库存和模具精细化管理。建设供应链融资平台，依据企业信用、订单和产能等数据，实现以较低的融资成本拿到订单、金融授信和资金支持。

3.打造综合运营商圈。加快专业市场建设，集合原有专业市场资源优势，将轻纺城辅料交易区打造成一站式全品类的辅料交易运营平台，集聚优质采购商、买手，力争成为具有国内影响力的集商品研发、生产、加工、展示、洽谈、交易与电子商务为一体的综合的现代化商贸平台。依托轻纺城周边的电商集聚区，推进“互联网+专业市场”建设，实现“实体+虚拟”立体运营，线上线下融合发展，以此获取技术、开发、营销、推广等关键资源，催生新产品和新模式。

课题指导：张永安

课题负责：蔡新群

课题执笔：王名体　吕晓琳

两会热点

市人大代表建议

【概况】 2020年，石狮市第七届人民代表大会第四次会议期间和闭会以来，石狮市政府共收到市人大交办的代表建议111件。111件代表建议均在规定时间内得到办理和答复，其中10件建议列入市政府常务会、专题会研究，10件建议列入年度重点项目，5件建议列入年度为民办实事项目。2020年，研究确定《加强中心市点区停车设施建设管理》《加强交通秩序综合整治》《把观音山景区打造成石狮滨海旅游引爆》等3件年度重点督办件。

【加强中心市区停车设施建设管理】 2020年，石狮市第七届人民代表大会第四次会议期间，针对中心市区停车难问题，市人大代表提出以下建议：

建立统一协调的规划建设管理体制。明确住建部门作为停车设施规划建设管理牵头部门，负责停车设施规划建设管理的组织协调、计划统筹、组织实施等工作，形成"政府主导、部门联动、社会参与"的长效管理机制。

加大投入，扩大公共停车位供应。一是从源头上加强停车设施配置。要严格执行住建部《城市停车设施规划导则》，新建商业体及住宅小区按要求配建停车位。针对历史欠账较多的区域，建议进一步提高配建标准，增加停车位供给数量。同时，为满足长远发展的需要，在确定配建指标时，要保证一定比例的空置率，为今后的发展预留空间。二是应多渠道加大公共停车设施建设的投入。完善公共停车设施规划建设的用地供给、资金支持和政策扶持等保障机制，适当加大财政对公共停车设施建设的投入。同时，在土地、融资、税收等方面出台优惠政策，引导社会资本注入停车产业，支持和鼓励其建设地上地下停车场（楼）和立体停车场。三是挖掘潜力，增加车位供应。在保证小区整体环境不被破坏、居民生活不被干扰的前提下，开辟临时小区停车场；鼓励城区内空闲场地的所有者、使用者甚至包括房屋拆迁后等待建设的空地在符合条件的情况下经营临时停车业务；在充分论证的前提下，尽可能地增加路内停车位，并在中心地区实行限时停车、超时收费。

推行停车服务差别收费，调控停车需求。制定差别化服务收费标准。采取"繁华路段停车收费高于普通路段，路内停车收费高于路外停车，地上停车收费高于地下停车"的方式，引导车辆停靠。适当调整公共停车位夜间停车收费标准。建议各停车场夜间收费标准要适当低于白天收费标准，提高停车场夜间使用率。提倡商场购物免费停车，凭商场购物小票限时免费停车，在促进消费的同时，又使停车秩序有所规范，进而缓解"停车难"的压力。

实施科学管理，提高车位资源利用率。提高停车服务信息化水平，建设全市停车服务管理智慧平台APP，与城区各停车场联网，通过APP及时发布停车场信息，实现信息共享、统一调度。探索实行"错时停车"。对于已建成的存在"停车难"的商业区和小区，采取变通的方法，在周边的道路上规划停车位，定时定点停车。针对政府机关、企事业单位白天停车难、物业小区夜晚停车难的问题，建议建立政府机关、企事业单位与周边物业小区互动停车机制，错时停车。

【加强交通秩序综合整治】 2020年，石狮市第七届人民代表大会第四次会议期间，针对部分市民和驾驶人员交通意识仍较淡薄，无视交通安全法律法规，不遵守交通规则，影响了正常的交通秩序。酒驾醉驾等违法行为屡禁不止，交通管理秩序不够规范，交通硬件基础设施的不完善等问题，市人大代表提出以下建议：

加强交规宣传教育。建议由交通管理部门经常性深入学校、社区、单位等地，开展交通安全知识讲座，设立宣传橱窗、宣传栏。同时，针对突出重点人群、重点时段宣传交通法规和交通安全常识，不断扩大交通安全宣传的深度和广度，提高交通参与者的交通安全意识，逐步养成良好的道路通行习惯。

加大排查整治力度。一是严厉整治酒驾、闯红灯、逆向等严重交通违法行为。二是组织对急弯陡坡、临水临崖、私开路口、夜间照明不良等危险路段进行排查，对排查出的重大道路交通安全隐患，明确责任单位和治理时限，实行挂牌督办治理制度。三是针对锦南路与锦尚新大街交叉路口、石永路子英医院路口、石祥路与共富路交叉口等事故多发、安全隐患突出的道路，落实治理经费保障，加快实施路口渠化改造、增设信号灯控制和电子警察等治理措施。

推动畅通工程建设。在道路交通安全允许的条件下，尽量设立绿波路段。要在市区各条道路进行调查研究，具备条件都应设立绿波交通路段 ，同时对现有灯控路口交通信号相位、配时进行优化，以此提高道路交通的通行能力。

推动智能交管系统建设。利用先进的信息、电子、计算机等技术的综合应用，构建一套可靠高效的智能交通动态管理系统。在节假日、高峰时段，通过"大数据"智能分析，一方面提醒引导

市民错峰出行、合理规划路线，另一方面精准安排警力和勤务。

规范建设项目管理。建立协同机制，加强城市基础设施建设统筹管理，推动落实项目建设同步规划、同步设计、同步施工、同步验收“四同步”。加强占道施工审批和管理，从源头上确保不新增交通安全隐患。

【把观音山景区打造成石狮滨海旅游引爆】 2020年，石狮市第七届人民代表大会第四次会议期间，针对把观音山景区打造成石狮旅游的引爆点，放大滨海资源优势，带动全域旅游发展的建议，市人大代表提出以下建议：

高起点规划。一是抓紧明确景区战略定位。建议市政府因地制宜、科学谋划，将观音山景区定位为石狮市文旅产业发展的战略性龙头项目来推进，让观音山城市会客厅引爆点彻底热起来。二是抓紧生成景区概念性规划。建议市政府聘请高水平规划团队，组织编制好《石狮市观音山景区发展规划》，明确景区整体概念性规划，优化景区空间布局，统筹考虑周边景点联动性，梳理好交通、餐饮、客流和公共基础设施布局，串联打造休闲旅游带。

高标准建设。一是打造核心景区。建议市政府重点立足观音山独特景观和“内澳外湾”的自然资源优势，把观音山风貌奇特的礁石带、石头房子以及红塔湾美丽的沙滩资源连成一片，作为核心景区高标准建设，打造成具有震撼力的城市会客厅。二是强化基础设施建设。建议市政府抓紧推动观音山片区征迁扫尾工作，为观音山景区开发打好基础。同时，围绕“吃、住、行、游、购、娱”，按年度生成项目推进，着力完善旅游配套设施。要进一步丰富观音山景区的旅游元素构件，特别要把握滨海元素这个重点，积极组织开展海上音乐节等文旅项目；大力引进开发高端酒店、精品民宿、水上旅游等项目，比如沙滩摩托、帆船游艇等。

高质量招商。一是千方百计大招商招大商。建议市政府加大力度吸引社会资本投入，大力引进符合景区战略定位的大项目、好项目。二是招商规划协同推进。建议市政府在招商引资的同时，统筹考虑推进以“商”促“规”、以“商”带“旅”，打破“有设计无项目”“有规划无资金”的发展困局。

市政协委员提案

【概况】 2020年，石狮市政协七届四次会议提案244件，参加提案262人次。经审查立案183件，主席会议确定重点提案6件。分别是《关于推进石狮市农村污水处理工作的建议》《关于创建宝盖山AAAA级景区的建议》《关于进一步推进健康石狮的建议》《关于定期举办夏令营活动，加强和促进石狮与香港、澳门青少年交流互动的建议》《关于加强石狮市中学教育优质发展的建议》《关于提升石狮市交通智能调度系统管理水平的建议》。

【关于推进石狮市农村污水处理工作的建议】 2020年，石狮市政协七届四次会议期间，针对农村污水排放问题，委员提出“关于推进石狮市农村污水处理工作的建议”的提案，具体如下：

加大资金投入力度。农村污水的处理只靠几户的农民很难实现，处理设施的建设费用主要有三个来源：政府投资、村镇自筹资金和市场化运作。基础设施投资方式要从单纯依靠财政性资金向多元投资、融资还贷多方参与合作方式等转变，广泛运用多种渠道拓宽农村环境保护的资金渠道，筹集建设经费。推行农村污水治理的优惠政策，鼓励和引导各种社会力量和资金投入农村污水治理。

根据石狮市的实际情况，选择适宜的处理模式。处理模式主要有分散、集中及接入市政管网统一处理模式。应结合石狮市农村现状，因地制宜，选择合适的处理模式。对靠近市政管网的村庄应优先考虑将污水收集后直接排入市政管网，将污水并入市政污水处理厂处理。对于农村布局相对集中、人口较多、规模较大、经济条件较好的村，可考虑采用集中式处理模式，单村或联村处理污水。对远离城镇，独立的村可采用分散模式，做到既节省投资，又便于管理。

在石狮市农村全面推行分散式生活污水处理“O+EPC”模式（现代化运维管理+设计、采购、施工总承包的一体化服务），以政府主导，项目公司具体实施的方式推进，成立农村污水处理领导小组，把各相关行政主管部门纳入领导小组。由领导小组牵头、协调并委托专业性强的公司统筹农村污水处理项目的建设和运营维护工作。在项目起步阶段，可先选取一个条件较为成熟的镇作为试点，由市政府委托专业公司与镇政府合作，以合伙、股份或独资等形式推进农村污水处理。农村污水处理项目建设及运营维护公司以“EPC”方式，因村制宜、分类实施、充分利用设置师设置灵活的特点，合理布局，切实保障农民合法权益，推进区域内农村污水处理项目设计、采购、施工总承包建设。农村污水处理项目投入运营后，维护资金由地方政府、委托的公司、居民缴交费用三个方面保障。

【关于创建宝盖山AAAA级景区的建议】 2020年，石狮市政协七届四次会议期间，针对宝盖山风景区管理和运营问题，委员提出“关于创建宝盖山AAAA级景区的建议”的提案，具体如下：

将石狮市文化旅游发展有限公司升格为石狮市文旅集团，全盘接手宝盖山（包括峡谷旅游路）文旅项目的建设、管理和运营，从体制上破解文旅产业发展的瓶颈。

根据AAAA级景区的标准，从全域旅游的格局出发，按照“大景区”的概念，将双髻山以及宝盖山周边的宗教建筑群（土地庙、普莲禅寺、惠源寺、朝天宫、虎岫寺等）一并纳入，因地制宜地编制宝盖山风景区旅游规划，将创建4A级景区纳入2020年工作计划。

在生态公园内划出适当的地方，增设石狮籍名人的长廊，长廊内容应配有人物的头像和介绍他们的详细事迹，让市民能更详细地了解家乡名人，如：李子芳、黄光瓒、李爱珍等，以便更好传承美德、弘扬石狮精神。

建议精选描写石狮华侨文化（海丝文化）的脍炙人口的楹联、诗词；由石狮市书法家协会组织创作书法作品，择优镌刻在亭台楼阁和悬崖峭壁之上；营造公园的文化主题和艺术气息。

宝盖山景区北侧木栈道建于2015年，这几年木栈道两侧护栏的栏杆、木条座椅时常破损，部分人为损坏，部分木栈道两侧护栏外侧凌空的悬崖存在安全隐患。应将木栈道两侧护栏和栏杆改为铁、水泥护栏和栏杆，并且定期进行巡查和维修，确保景区游客出行安全。

将片区改造中需要异地迁移保护的闽南优秀传统建筑，规划安置在宝盖山景区内。并将功能定位为游客服务中心和石狮华侨文化展示馆。取缔流动摊点，集中规划建设旅游购物商铺，专营石狮特色伴手礼和个性化旅游商品，为游客提供物美价廉的服务。

建议在景区适当增加几座凉亭，一方面可增加景区的颜值，另一方面也可为上山游客提供纳凉、休息的地方。

在景区入口设立景区旅游景点标志图，在景区各路口设置景点指示标识，为游客指明景点线路及距离。

在市风景名山宝盖山下，择地建设大型书院和文化活动中心，给广大市民在休闲锻炼和外来游客旅游观光的同时了解石狮历史文化沿革。在宝盖山下南侧建设朱子书院，重点突出讲述历史上大儒朱熹来过石狮永嘉石室历史，传播国学思想理念。在宝盖山北侧旅游峡谷生态公园里建设一文化活动中心，包含建设石狮华侨历史创业史馆和现代名人馆，激励海内外乡贤们以更多更大热情投资石狮建设。

【关于进一步推进健康石狮的建议】 2020年，石狮市政协七届四次会议期间，针对健康领域也面临一些新情况新矛盾问题，委员提出“关于进一步推进健康石狮的建议”的提案，具体如下：

深化医药卫生体制改革。全面推进公立医院综合改革，坚持公立医院公益属性，降低医疗服务价格，降低药品价格，完善补偿机制，全面提高医保药品覆盖面，使“看病难，看病贵”现象逐渐减少。

着力完善公共医疗卫生服务体系。加大资金投入，进一步改善基层医疗卫生服务条件，形成三级医疗共同体系做好居民家庭医生服务，进一步实现十五分钟医疗服务圈。同时，坚持预防为主，推进防治相结合，推动健康管理关口前移，进行全程健康指导，提高群众防病就医能力。加强医院临床营养科建设，加大培训力度，提高基层医疗卫生人员专业水平和服务能力，做到治疗和康复一系列服务体系。

继续加强重大疾病预防控制。建立全市医疗专家库及重大疾病协调机制，每个市应配备一名公共医学专业副市长，建立好重大疾病预案，当重大疫情发生时应成立应急指挥部、谋划部、后勤部，统一调度人力、资金、物资、技术。严格落实工作方案，完善联防联控机制，强化部门协同配合，全面做好疫情防控、病人救治、疫情发布、防治知识宣传和解疑释惑等工作，织密织牢疫情防线。实施食品安全战略，加强食品安全风险监测和评估体系建设。广泛开展健康教育与健康促进活动，加大民众对营养常识和健康生活方式的普及，减少慢性病、急症的发生，提高全民健康素养。

进一步健全全民医疗保障体系。全面实施城乡居民大病保险制度，健全重特大疾病救助和疾病应急救助制度，并做好与基本医保制度的衔接。改革医保支付方式，积极推进异地就医即时结报，为群众提供方便。

坚持中西医并重，促进中医药发展。完善中医药发展政策和机制，健全中医医疗保健服务体系，保护和促进民族医药发展，定期举办中医健康知识讲座，倡导家庭健康生活方式。

支持推动医药科技创新。实施“互联网+健康医疗”工程。促进云计算、大数据、物联网等信息技术与健康服务融合，推进远程医疗建设，实现各级人口健康信息平台互联互通。

七要积极发展健康服务业。鼓励社会力量兴办健康服务业，优先支持举办非营利性医疗机构。促进医养结合，加快发展医疗旅游，大力发展老年护理、康复、临终关怀等服务，探索建立老年长期护理保险制度。

【关于定期举办夏令营活动，加强和促进石狮与香港、澳门青少年交流互动的建议】 2020年，石狮市政协七届四次会议期间，针对提升港澳同胞特别是青少年的国家认同感和民族凝聚力问题，委员提出“关于定期举办夏令营活动，加强和促进石狮与香港、澳门青少年交流互动的建议”的提案，具体如下：

建议由政府相关部门牵头、由教育部门、学校承办，制定对港澳青年文化教育交流计划。确定年度交流活动的参与人数与活动项目数量等目标，依托香港澳门石狮商会或同乡会及港澳现有合作交流平台，定期举办青少年夏令营活动，通过请进来，开展专题性和系列性的文化教育体育艺术交流活动。组织香港澳门青少年到内地进行一系列的参访活动，让港澳青少年们近距离感受到祖国内地和家乡石狮改革开放以来的巨大变化和取得的辉煌成就，向港澳青年展现内地当代青少年精神风貌，使参与者共同学习、研究、合作，淡化差异，融合共生。逐步增强民族情感和家国情怀，在港澳青少年中凝聚民族团结意识，认同中国共产党领导下的中国特色社会主义的巨大优势。

【关于加强石狮市中学教育优质发展的建议】 2020年，石狮市政协七届四次会议期间，针对新高考改革带来新挑战、师资队伍建设有待优化、优质生源吸引力不足问题，委员提出“关于加强石狮市中学教育优质发展的建议”的提案，具体如下：

加强教育体制机制创新。一是完善中学教育“制定方案”。立足石狮市深厚的教育底蕴，对加快推进中学教育优质发展作出整体提升计划，使中学教育同经济社会发展要求相适应、同人民群众期待相契合、同石狮市作为“教育强市”的定位相匹配，推动石狮市中学教育优质发展全面上水平、走前列。二是加强财政保障。完善普通中学生均经费专项拨款制度，鼓励和引导社会力量支持教育发展基金，支持奖教奖学，支持石狮市教育。完善教师奖惩和激励机制，确保教师绩效、津贴等专项补助经费准时足额到位，充分调动中学学校的工作积极性。三是完善政策保障。在前期优化中学教育基础上，结合石狮市人口和生源变动趋势，科学调整招生规模。落实配套政策和经费保障，确保学校领导班子建设不断加强，教师队伍发展稳定。

增强教育发展均衡性协调性。一是结合市属中小学新一轮布局调整，发挥一级达标中学的龙头作用，增强龙头学校对薄弱学校的示范辐射和带动作用，在协同创新中实现中学的优质特色发展。二是优化师资队伍。制定切实可行的“名师、名校长能力提升”专项行动计划，每年安排财政专款支持，充分发挥名师、名校长示范引领作用。加大紧缺学科教师的补充力度，进一步优化教师队伍结构。坚持“市管校聘”，加强师资统筹管理，市内适度的教师交流，实现“校校有名师，科科有名师”。三是加强教科研指导。市教育行政部门要加强对中高考工作的指导和协调，坚持服务教育、服务学校、服务学生，提高办事效率，及时协调解决高中教育的问题和困难，加强对教师的人文关怀，弘扬教育情怀和担当。充分发挥教育发展中心等机构作用，加强校领导和教师培训，尽快掌握新高考要求，完成教育理念和教学方法转变。建设课程研发中心，打造十二年一体化课程。加强与省、市教育部门的联系，共享省、市教育研究院等优质教学资源。四是改善学校管理。加强特色教育和校园文化建设，构建良好家校关系，培养学生认同感。以选课走班为核心，实现教学理念、教学方式、班级管理方式的精细化提升，探索多元化教学评价体系。加强与省、市属优秀中学的联系，学习先进教学和管理经验。

推动教学高质量发展。一是全面发展。构建更高水平的人才培养体系，把立德树人融入思想道德教育、文化知识教育、社会实践教育各环节，切实促进学生全面而富有个性的发展。二是精准教育。加强生涯规划教育，指导学生合理选择科目。推进智慧校园建设，深化大数据在课堂教学、教师专业成长、学生学业质量个性化提升的应用，为学生提供精准智能化学情分析和个性化针对辅导。构建联动备考机制，加强备考资源、数据共享，一校一案做好备考质量提升计划。三是深度衔接。深化高中与初中、小学的交流合作，实现初高中教育有效衔接。深化高中与高校的交流合作，主动适应高校自主招生扩大化的新形势，共建高校优质生源基地。

【关于提升石狮市交通智能调度系统管理水平的建议】 2020年，石狮市政协七届四次会议期间，针对交通信号灯控制系统一成不变问题，委员提出“关于提升石狮市交通智能调度系统管理水平的建议”的提案，具体如下：

整合十字路口交通指示灯，提高车辆畅通度。在保障交通安全前提下，整合减少红绿灯布控点位，保持直行车辆畅通，拟措施如下：1. 在较小支路的四岔路口，设置道路隔离栏杆，引导车辆右转弯直行、掉转头行驶、右拐进入原横穿路段，整合减少灯控。2. 在岔口处100—200米段口设立掉头指示灯，引导原来贯穿道路的车辆前行掉头，行驶到另一侧支路右拐，维持通畅，减少车辆待灯滞停现象。

更新换代，启用智能交通控制系统。1. 将先进的信息技术、数据通信技术、传感器技术、电子控制技术以及计算机技术等有效地综合运用于整个石狮城市交通的管理体系，从而建立起一种大范围内、全方位发挥作用的，实时、准确、高效的综合智能交通管理系统。根据城市行驶的车流量、通过率、时段、季节等因素，实时动态匹配整个城区或区域灯光的启停控制与时长的动态调度运行。2. 提高城市交通管理能力。城市交通管理者要掌握整个城市的交通运行动态，定期检验升级智能交通控制系统的运作效率，人工修改和调整参数使之智能交通控制系统处于最优状态。

优化石狮红绿灯设置。1. 红绿灯设置智能化，根据实际车流情况分时段变化红绿灯时间。应用“云”技术，合理规范调控红绿灯的时间设置，实现道路交通信号灯的控制智能化。2. 在道路交通安全允许的条件下，尽量设立绿波路段。在平面交通的情况下，为了保证交通安全，红绿灯路口有增无减，但却大大降低交通车辆通行流量。绿波路段的设立是解决这问题的科学方法。交通管理部门要在市区各条道路进行调查研究，具备条件都应设立绿波交通路段，从而大大提高道路交通的流量。3. 在设计人行道红绿灯时，建议设计声控提示，方便行人安全通过。同时加强行车礼让行人宣传教育，加大危险驾驶、违章出发的处罚力度。

增设闯红灯曝光屏。在石狮的主要路口增加行人及非机动车红灯自动检测抓拍系统。这样做有以下好处：一是一旦闯红灯，系统自动抓取画面，高清晰的显示屏就会实时展现违法人的特写相片，等于对不文明的行为进行曝光。二是节约了人力成本。原本一个十字路口可能选派四名交通志愿者或劝导员，而采用了高科技设备，只需要一次性投入，剩下的就是日常维护。

统计表

石狮市 2020 年主要经济指标完成情况表

表 23

	主要指标	单位	2020 年计划	目标增长（%）	1—12 月实际	增长（%）	完成计划（%）
综合	石狮市生产总值	亿元	—	—	937.16	2.9	—
	第一产业	亿元	—	—	24.29	-4.1	—
	第二产业	亿元	—	—	423.05	2.6	—
	第三产业	亿元	—	—	489.82	3.5	—
	农业总产值	亿元	—	—	47.00	-3.2	—
	工业增加值	亿元	—	—	—	3.1	—
	规模以上工业增加值	亿元	—	—	—	3.0	—
	社会消费品零售总额	亿元	—	—	821.50	-2.5	—
	限额以上社会消费品零售额	亿元	—	—	184.48	-5.0	—
	固定资产投资（不含农户）	亿元	—	—	—	-16.5	—
财税	一般公共预算总收入（不含基金）	万元	605500	—	567028	-3.6	93.6
	一般公共预算收入	万元	376800	—	360278	-2.0	95.6
	中央级收入	万元	228700	—	206750	-6.2	90.4
	一般公共预算支出（不含基金）	万元	614414	—	614414	42.0	100.0
	税收收入	万元	512500	—	457020	-4.8	89.2
	非税收入	万元	93000	—	110008	1.9	118.3
金融	银行存款余额（本外币）	亿元	—	—	803.2	10.4	—
	境内住户存款	亿元	—	—	537.3	9.1	—
	银行贷款余额（本外币）	亿元	—	—	748.7	6.5	—
外经外贸	新批外商投资项目数	个	—	—	84	—	—
	合同外资额	万元	—	—	110701	—	—
	实际利用外资（验资口径）	万元	64500	—	64625	—	100.2
	出口商品总值（2019 年 1—11 月海关口径）	万元	—	—	—	—	—
水电	供水量	万吨	—	—	12582	-3.9	—
	工业用水量	万吨	—	—	6068	-6.6	—
	全社会用电量	万度	—	—	431720	1.2	—
	工业用电量	万度	—	—	261692	0.2	—
邮电	邮政收入（不包含速递和邮政银行）	万元	—	—	9056	-18.0	—
	电信业务收入	万元	—	—	25577	-1.0	—
	移动电话业务收入	万元	—	—	58918	2.1	—
其他	水产品产量	吨	—	—	395187	-3.2	—
	居民消费价格指数（泉州市辖区）	%	—	—	102.5	2.5	—
	港口货物吞吐量	万吨	—	—	3675.7	-9.4	—
	石湖码头港口货物吞吐量	万吨	—	—	2703.7	-12.2	—
	华锦码头货物吞吐量	万吨	—	—	972.0	-0.7	—

续表 23

主要指标		单位	2020 年计划	目标增长（%）	1—12 月实际	增长（%）	完成计划（%）
其他	集装箱吞吐量	标箱	—	—	1750047	-12.0	—
	石湖码头港口集装箱吞吐量	标箱	—	—	1332197	-16.1	—
	华锦码头集装箱吞吐量	标箱	—	—	417850	4.7	—
	全体居民人均可支配收入	元	—	—	56947	3.5	—
	城镇居民人均可支配收入	元	—	—	64830	3.1	—
	农村居民人均可支配收入	元	—	—	29023	6.0	—

说明：三次产业比重 2.6 ∶ 45.1 ∶ 52.3

2020 年石狮市生产总值（行业增加值）情况表

表 24

指标	2020 年（万元）	增长（%）	指标	2020 年（万元）	增长（%）
一、石狮市生产总值	9371568	2.9	住宿和餐饮业	171047	-7.6
总计中：第一产业增加值	242895	-4.1	金融业	442857	6.5
第二产业增加值	4230510	2.6	房地产业	315429	-2.9
第三产业增加值	4898163	3.5	其他服务业	958640	1.8
总计中：农林牧渔业	243128	-4.1	二、三次产业比重（%）	1—12 月累计	上年同期
工　业	3749726	3.1	第一产业	2.6	2.8
建 筑 业	482331	-2.5	第二产业	45.1	46.0
交通运输、仓储和邮政业	344911	8.1	第三产业	52.3	51.2
批发和零售业	2663499	4.2			

说明：全市生产总值按当年价格计算，增长率按可比价格计算

2020 年石狮市农业统计情况表

表 25

指　标	计量单位	2020 年	增长（%）	指　标	计量单位	2020 年	增长（%）
农业总产值（现价）	万元	470017	-3.2	秋收（预计）	吨	2829	4.4
全年农作物播种面积	亩	44335	-2.2	秋冬播农作物播种面积	亩	17815	-3.5
春收	亩	18455	-0.2	其中：粮食播种面积	亩	5591	-0.2
夏收	亩	11633	-5.8	水果产量（预计）	吨	2425	-0.3
秋收（预计）	亩	14247	-1.8	食用菌产量（预计）	吨	146	65.9
全年粮食播种面积	亩	16567	3.2	肉蛋奶产量（预计）	吨	129	6.7
春收	亩	5605	0.8	水产品产量	吨	395187	-3.2
夏收	亩	1848	13.7	1. 海水产品产量	吨	394742	-3.2
秋收（预计）	亩	9114	2.8	海洋捕捞	吨	334087	-4.1
全年粮食产量	吨	5039	4.2	远洋捕捞	吨	45936	2.0
春收	吨	1619	0.3	海水养殖	吨	60655	2.0
夏收	吨	591	15.4	2. 淡水产品产量	吨	445	0.0

2020年石狮市规模以上工业总产值情况表

表26　　　　单位：万元

指　标	工业产值		工业销售产量		出口交货值	
	绝对值	增长（%）	2020年	增长（%）	2020年	增长（%）
总　计	12555573	-2.7	12213640	-2.1	1059429	-22.2
农副食品加工业	652890	11.8	652032	12.9	309159	7.1
食品制造业	68856	-28.3	66381	-30.8	—	—
酒、饮料和精制茶制造业	29138	-39.2	33295	-24.2	—	—
纺织业	2178598	11.1	2171897	11.0	10715	-1.5
纺织服装、服饰业	4184785	6.6	4155496	6.4	369466	-39.1
皮革、毛皮、羽毛及其制品和制鞋业	818986	-24.7	795303	-25.6	56086	-43.8
造纸和纸制品业	185760	10.1	181814	12.5	56924	-9.4
印刷和记录媒介复制业	113633	-15.5	113317	-16.0	—	—
文教、工美、体育和娱乐用品制造业	273012	-0.6	263793	-2.5	149908	1.0
化学原料和化学制品制造业	154955	-82.5	153788	-81.4	—	—
医药制造业	22992	-63.7	22976	-63.6	—	—
化学纤维制造业	63323	7.5	63169	7.3	—	—
橡胶和塑料制品业	263027	-3.4	256685	-4.7	—	—
非金属矿物制品业	86386	59.6	85587	60.3	—	—
有色金属冶炼和压延加工业	3467	1.4	3467	1.4	—	—
金属制品业	225432	21.3	223237	21.1	29749	30.6
通用设备制造业	52530	0.1	52530	0.1	—	—
专用设备制造业	107681	-10.5	107104	-10.5	15242	-34.5
汽车制造业	11548	-4.2	11564	-4.0	—	—
铁路、船舶、航空航天和其他运输设备制造业	32765	-16.7	32761	-16.7	—	—
电气机械和器材制造业	98274	-6.5	98063	-4.9	—	—
计算机、通信和其他电子设备制造业	1585762	11.1	1545686	13.1	61566	-32.2
仪器仪表制造业	13124	-52.3	13084	-52.2	606	-35.8
其他制造业	127297	-11.0	127064	-10.0	8	-88.5
电力、热力生产和供应业	1047614	1.5	829808	3.8	—	—
燃气生产和供应业	42007	0.1	42007	0.1	—	—
水的生产和供应业	111731	10.1	111731	10.1	—	—

石狮市 2020 年人口情况统计年报表

表 27

地区	年末总户数（户）	年末总人口（人）										本年度人口变动（人）												
		合计	城镇人口	乡村人口	性别		年龄					出生			死亡			迁入		迁出			区划调整	
					男	女	0—15 岁	0—17 岁	18—34 岁	35—59 岁	60 岁及以上	合计	男	女	合计	男	女	省内迁入	省外迁入	迁往省内	迁往省外	多报删除	增加	减少
福建省石狮市	107140	357973	281585	76388	180968	177005	74731	81065	83255	139437	54216	4449	2464	1985	1951	1193	758	9507	1843	6811	776	66	226	226
湖滨街道	14157	42819	42819	—	20851	21968	11532	12354	9256	16149	5060	599	337	262	175	106	69	3249	516	861	120	5	118	115
湖滨街道新湖社区	834	2736	2736	—	1397	1339	533	556	590	1052	538	35	20	15	17	11	6	54	9	45	11	—	—	—
湖滨街道仙迹社区	799	2615	2615	—	1369	1246	467	503	550	993	569	36	19	17	23	11	12	42	8	28	13	2	—	—
湖滨街道花园城社区	1232	3444	3444	—	1629	1815	960	1048	705	1357	334	39	17	22	10	9	1	190	24	120	6	—	—	—
湖滨街道金林社区	629	1851	1851	—	925	926	475	539	366	779	167	27	15	12	6	4	2	75	11	36	7	2	3	—
湖滨街道玉湖社区	1546	5096	5096	—	2543	2553	1032	1117	1135	1979	865	79	48	31	34	18	16	230	21	81	10	0	—	8
湖滨街道林边社区	1691	5198	5198	—	2586	2612	1241	1353	1194	2012	639	64	36	28	14	6	8	314	50	120	13	0	—	—
湖滨街道长福社区	2401	6759	6759	—	3156	3603	2383	2526	1316	2431	486	101	57	44	22	15	7	699	99	124	16	1	2	—

续表 27

地区	年末总户数（户）	年末总人口（人）										本年度人口变动（人）												
		合计	城镇人口	乡村人口	性别		年龄					出生			死亡			迁入		迁出			区划调整	
					男	女	0—15岁	0—17岁	18—34岁	35—59岁	60岁及以上	合计	男	女	合计	男	女	省内迁入	省外迁入	迁往省内	迁往省外	多报删除	增加	减少
湖滨街道曾坑社区	2784	7954	7954	—	3715	4239	2702	2849	1683	2866	556	121	63	58	17	14	3	999	127	190	27	—	—	107
湖滨街道湖边社区	1082	3264	3264	—	1669	1595	586	644	776	1375	469	43	30	13	18	9	9	123	18	69	5	—	6	0
湖滨街道金曾社区	1159	3902	3902	—	1862	2040	1153	1219	941	1305	437	54	32	22	14	9	5	523	149	48	12	—	107	0
凤里街道	10264	31806	31806	—	15965	15841	5646	6106	7434	12491	5775	420	228	192	238	156	82	613	159	800	97	2	13	16
凤里街道后花社区	727	2219	2219	—	1110	1109	369	411	467	929	412	22	17	5	15	10	5	35	1	68	13	—	6	—
凤里街道东村社区	599	1738	1738	—	894	844	307	338	379	701	320	24	16	8	20	13	7	55	3	48	8	—	—	0
凤里街道宽仁社区	810	2539	2539	—	1300	1239	338	374	571	1009	585	30	12	18	21	14	7	23	1	27	3	—	—	6
凤里街道仁里社区	769	2281	2281	—	1141	1140	360	377	519	894	491	25	10	15	22	14	8	44	19	63	7	—	—	3
凤里街道新华社区	818	2654	2654	—	1379	1275	454	485	584	1034	551	39	24	15	20	11	9	21	8	70	19	—	—	7
凤里街道华南社区	1118	3192	3192	—	1626	1566	576	617	726	1289	560	45	16	29	19	11	8	47	18	107	12	—	—	—

续表 27

地区	年末总户数（户）	年末总人口（人）										本年度人口变动（人）												
		合计	城镇人口	乡村人口	性别		年龄					出生			死亡			迁入		迁出			区划调整	
					男	女	0—15岁	0—17岁	18—34岁	35—59岁	60岁及以上	合计	男	女	合计	男	女	省内迁入	省外迁入	迁往省内	迁往省外	多报删除	增加	减少
凤里街道华仑社区	503	1526	1526	—	752	774	269	283	369	591	283	20	9	11	12	8	4	20	23	59	5	—	—	—
凤里街道五星社区	1444	4606	4606	—	2256	2350	1009	1088	1076	1687	755	67	37	30	27	17	10	161	37	83	7	—	—	—
凤里街道龙华社区	1526	4783	4783	—	2385	2398	1019	1084	1105	1796	798	56	34	22	24	18	6	124	23	144	6	1	7	—
凤里街道大仑社区	1950	6268	6268	—	3122	3146	945	1049	1638	2561	1020	92	53	39	58	40	18	83	26	131	17	1	—	—
宝盖镇	18674	59801	59801	—	28440	31361	17189	18183	13749	21205	6664	815	435	380	192	121	71	3965	628	693	142	8	—	—
宝盖镇坑东村	510	1871	1871	—	905	966	323	346	516	731	278	10	3	7	5	3	2	10	3	19	1	1	—	—
宝盖镇龙穴社区	3962	10805	10805	—	4613	6192	5096	5230	2286	2948	341	216	114	102	16	10	6	1454	180	138	32	—	—	—
宝盖镇杆头村	1050	3199	3199	—	1493	1706	1022	1063	763	1018	355	56	27	29	11	4	7	489	84	21	4	2	—	—
宝盖镇前坑村	1164	3451	3451	—	1589	1862	1065	1142	759	1239	311	56	35	21	8	5	3	217	19	26	9	—	—	—
宝盖镇前园村	564	1669	1669	—	755	914	598	629	326	586	128	30	18	12	5	4	1	186	12	30	—	—	—	—
宝盖镇松茂村	425	1582	1582	—	803	779	265	295	399	610	278	16	7	9	6	2	4	11	0	12	3	—	—	—
宝盖镇塘后村	1668	5492	5492	—	2574	2918	1715	1802	1233	1840	617	81	43	38	18	13	5	750	72	22	12	1	—	—

续表 27

地区	年末总户数（户）	年末总人口（人）										本年度人口变动（人）												
		合计	城镇人口	乡村人口	性别		年龄					出生			死亡			迁入		迁出			区划调整	
					男	女	0—15岁	0—17岁	18—34岁	35—59岁	60岁及以上	合计	男	女	合计	男	女	省内迁入	省外迁入	迁往省内	迁往省外	多报删除	增加	减少
宝盖镇塘边村	1588	4921	4921	—	2273	2648	1434	1521	1143	1779	478	66	33	33	16	9	7	341	49	72	9	—	—	—
宝盖镇塘头村	983	3475	3475	—	1873	1602	584	644	852	1387	592	35	19	16	18	11	7	14	—	47	4	—	—	—
宝盖镇后垵村	594	2041	2041	—	1035	1006	315	362	535	845	299	18	6	12	11	7	4	4	2	35	4	2	—	—
宝盖镇上浦村	487	1688	1688	—	850	838	290	320	445	658	265	20	13	7	7	6	1	4	0	25	4	—	—	—
宝盖镇玉浦村	582	2038	2038	—	1017	1021	382	422	438	808	370	24	15	9	5	4	1	9	11	16	4	—	—	—
宝盖镇山雅村	318	1061	1061	—	546	515	198	216	268	387	190	8	6	2	6	4	2	9	2	9	—	—	—	—
宝盖镇仑后村	688	2576	2576	—	1271	1305	523	571	572	1014	419	19	10	9	9	6	3	21	7	22	20	—	—	—
宝盖镇雪上村	480	1809	1809	—	901	908	344	382	454	695	278	17	9	8	7	5	2	8	0	14	2	—	—	—
宝盖镇铺锦村	1198	4508	4508	—	2162	2346	947	1022	1134	1714	638	43	24	19	23	17	6	52	15	24	16	—	—	—
宝盖镇后宅村	326	1160	1160	—	584	576	210	229	270	492	169	12	7	5	6	2	4	7	—	14	4	1	—	—
宝盖镇郑厝村	390	1624	1624	—	819	805	310	336	404	612	272	19	11	8	7	5	2	5	1	16	6	1	—	—
宝盖镇苏厝村	236	886	886	—	456	430	134	149	239	355	143	5	4	1	2	1	1	0	0	4	3	—	—	—
宝盖镇宝源社区	1461	3945	3945	—	1921	2024	1434	1502	713	1487	243	64	31	33	6	3	3	374	171	127	5	—	—	—
灵秀镇	10481	35443	35443	—	17206	18237	7820	8403	9028	13251	4761	444	246	198	189	112	77	1023	290	453	96	5	—	—

续表 27

地区	年末总户数（户）	年末总人口（人）										本年度人口变动（人）												
		合计	城镇人口	乡村人口	性别		年龄					出生			死亡			迁入		迁出			区划调整	
					男	女	0—15岁	0—17岁	18—34岁	35—59岁	60岁及以上	合计	男	女	合计	男	女	省内迁入	省外迁入	迁往省内	迁往省外	多报删除	增加	减少
灵秀镇钞坑村	2402	7054	7054	—	3211	3843	2339	2435	1754	2262	603	135	74	61	24	17	7	728	188	81	13	—	—	—
灵秀镇彭田村	1372	5087	5087	—	2473	2614	918	992	1292	2015	788	51	34	17	33	19	14	21	6	46	13	1	—	—
灵秀镇塘园村	542	1815	1815	—	879	936	346	377	484	703	251	21	7	14	13	5	8	9	6	23	8	1	—	—
灵秀镇仕林村	591	2168	2168	—	1065	1103	413	456	564	817	331	22	11	11	11	6	5	5	1	6	1	—	—	—
灵秀镇塔前村	552	2042	2042	—	1041	1001	338	362	557	809	314	30	21	9	14	8	6	11	8	53	3	—	—	—
灵秀镇港塘村	1326	4395	4395	—	2115	2280	965	1038	1055	1672	630	51	31	20	28	18	10	111	32	70	5	—	—	—
灵秀镇灵狮村	1034	3457	3457	—	1710	1747	695	775	813	1351	518	36	20	16	15	9	6	52	20	62	14	—	—	—
灵秀镇灵峰村	477	1727	1727	—	838	889	304	326	472	657	272	17	8	9	11	4	7	7	4	13	6	1	—	—
灵秀镇灵山村	381	1483	1483	—	730	753	263	291	418	573	201	16	7	9	6	4	2	3	2	12	5	2	—	—
灵秀镇前廊村	682	2384	2384	—	1208	1176	445	482	640	897	365	21	11	10	19	12	7	12	6	27	12	—	—	—
灵秀镇华山村	643	2408	2408	—	1236	1172	477	514	625	928	341	26	14	12	12	7	5	8	1	23	10	—	—	—
灵秀镇茂厦村	241	877	877	—	457	420	147	158	239	356	124	9	5	4	3	3	—	6	4	11	2	—	—	—
灵秀镇曙光社区居委会	238	546	546	—	243	303	170	197	115	211	23	9	3	6	—	—	—	50	12	26	4	—	—	—
永宁镇	13519	44952	24062	20890	23009	21943	6962	7731	10166	18477	8578	435	236	199	324	187	137	173	65	849	100	14	40	40

续表 27

地区	年末总户数（户）	年末总人口（人）										本年度人口变动（人）												
		合计	城镇人口	乡村人口	性别		年龄					出生			死亡			迁入		迁出			区划调整	
					男	女	0—15岁	0—17岁	18—34岁	35—59岁	60岁及以上	合计	男	女	合计	男	女	省内迁入	省外迁入	迁往省内	迁往省外	多报删除	增加	减少
永宁镇下宅村	690	2417	—	2417	1241	1176	347	401	570	979	467	20	12	8	13	10	3	6	1	32	4	—	—	—
永宁镇新沙堤村	88	346	—	346	169	177	72	79	67	145	55	2	1	1	—	—	—	—	0	17	—	—	—	—
永宁镇郭坑村	241	901	—	901	458	443	144	154	227	356	164	11	6	5	5	2	3	6	1	24	—	—	—	—
永宁镇后杆柄村	442	1605	—	1605	795	810	287	304	377	658	266	12	8	4	8	3	5	5	1	33	2	1	—	—
永宁镇院东村	282	1094	—	1094	544	550	209	229	256	419	190	8	7	1	6	5	1	—	2	28	4	—	—	—
永宁镇山边村	217	758	—	758	385	373	116	135	160	332	131	5	0	5	6	4	2	—	2	4	3	—	—	—
永宁镇郭宅村	215	787	—	787	416	371	128	146	170	337	134	14	4	10	4	2	2	—	—	13	—	—	—	—
永宁镇塔石村	198	700	—	700	351	349	121	132	156	290	122	3	3	—	4	2	2	—	2	12	6	—	—	—
永宁镇西偏村	297	1099	—	1099	542	557	163	180	294	436	189	9	6	3	7	3	4	1	1	19	3	—	—	—
永宁镇洋厝村	355	1119	—	1119	589	530	172	192	260	447	220	12	4	8	8	6	2	5	2	19	2	—	—	—
永宁镇前埔村	237	810	—	810	436	374	104	121	209	332	148	8	6	2	12	5	7	4	1	11	4	—	—	—
永宁镇子英村	646	2166	—	2166	1132	1034	307	351	493	898	424	19	11	8	20	8	12	17	2	28	3	—	—	—
永宁镇西岑村	750	2519	—	2519	1319	1200	391	442	551	1035	491	30	16	14	19	11	8	12	1	63	11	3	—	—

续表 27

地区	年末总户数（户）	年末总人口（人）										本年度人口变动（人）												
		合计	城镇人口	乡村人口	性别		年龄					出生			死亡			迁入		迁出			区划调整	
					男	女	0—15岁	0—17岁	18—34岁	35—59岁	60岁及以上	合计	男	女	合计	男	女	省内迁入	省外迁入	迁往省内	迁往省外	多报删除	增加	减少
永宁镇沙美村	723	2533	—	2533	1270	1263	364	392	584	1059	498	24	12	12	14	8	6	4	3	32	3	—	—	—
永宁镇外高村	394	1386	1386	—	680	706	268	285	346	518	237	17	11	6	6	4	2	8	3	13	4	—	—	—
永宁镇浯沙村	294	1026	—	1026	528	498	171	196	234	416	180	8	5	3	6	4	2	1	—	22	2	—	—	—
永宁镇金埭村	310	1010	—	1010	498	512	146	157	245	383	225	12	5	7	6	2	4	10	3	11	4	—	—	—
永宁镇梅林村	1498	4343	4343	—	2284	2059	658	735	911	1851	846	48	25	23	24	14	10	15	—	103	7	1	—	—
永宁镇港边村	983	2978	2978	—	1518	1460	382	425	683	1225	645	31	17	14	33	19	14	13	8	70	2	4	—	—
永宁镇沙堤村	1695	6078	6078	—	3135	2943	1030	1148	1302	2531	1097	60	32	28	38	26	12	28	19	125	7	3	—	15
永宁镇永宁第一社区居委会	760	2361	2361	—	1202	1159	363	404	513	982	462	20	9	11	24	11	13	8	9	46	9	—	12	—
永宁镇永宁第二社区居委会	696	2125	2125	—	1088	1037	322	351	475	892	407	21	14	7	20	13	7	6	3	27	8	1	—	—
永宁镇永宁第三社区居委会	964	2928	2928	—	1482	1446	395	442	651	1203	632	22	11	11	22	14	8	19	1	61	12	1	28	—

续表 27

地区	年末总户数（户）	年末总人口（人）									本年度人口变动（人）												
		合计	城镇人口	乡村人口	性别		年龄				出生			死亡			迁入		迁出			区划调整	
					男	女	0—15岁	0—17岁	18—34岁	35—59岁	60岁及以上	合计	男	女	合计	男	女	省内迁入	省外迁入	迁往省内	迁往省外	多报删除	增加	减少
永宁镇永宁第四社区居委会	544	1863	1863	—	947	916	302	330	432	753	348	19	11	8	19	11	8	5	—	36	—	—	—	25
蚶江镇	14694	54059	25778	28281	28369	25690	9429	10523	12739	21705	9092	659	367	292	313	193	120	177	66	1134	108	4	35	35
蚶江镇锦里村	365	1385	1385	—	726	659	238	266	310	579	230	8	4	4	7	4	3	1	2	19	3	—	—	—
蚶江镇莲塘村	1927	7181	—	7181	3770	3411	1206	1369	1786	2883	1143	84	50	34	49	35	14	41	9	134	6	2	6	—
蚶江镇溪前村	579	2093	—	2093	1094	999	363	414	536	822	321	18	12	6	9	7	2	8	2	40	4	—	—	—
蚶江镇青莲村	448	1718	—	1718	874	844	337	371	412	698	237	18	12	6	7	3	4	—	—	43	3	—	—	—
蚶江镇厝仔村	724	2670	—	2670	1384	1286	483	537	672	1052	409	22	10	12	14	9	5	8	1	42	4	—	—	—
蚶江镇古山村	378	1376	—	1376	709	667	222	250	345	575	206	16	8	8	5	4	1	2	3	35	3	—	—	—
蚶江镇石壁村	534	1895	1895	—	1003	892	331	376	442	764	313	20	11	9	11	8	3	1	4	13	7	—	—	—
蚶江镇东垵村	445	1601	1601	—	869	732	316	348	357	651	245	16	9	7	8	6	2	2	0	29	6	—	—	—
蚶江镇洪窟村	1258	4517	—	4517	2366	2151	715	793	1080	1826	818	60	28	32	29	15	14	18	4	81	10	—	—	—
蚶江镇锦亭村	512	1845	—	1845	982	863	328	361	417	750	317	25	14	11	9	3	6	3	3	30	4	1	—	—
蚶江镇莲东村	590	2148	2148	—	1142	1006	384	423	475	866	384	25	12	13	16	10	6	9	0	58	3	—	—	—
蚶江镇莲中村	530	1943	1943	—	1007	936	348	393	453	778	319	31	19	12	10	6	4	8	3	38	3	—	—	—

续表 27

地区	年末总户数（户）	年末总人口（人）										本年度人口变动（人）												
		合计	城镇人口	乡村人口	性别		年龄					出生			死亡			迁入		迁出			区划调整	
					男	女	0—15岁	0—17岁	18—34岁	35—59岁	60岁及以上	合计	男	女	合计	男	女	省内迁入	省外迁入	迁往省内	迁往省外	多报删除	增加	减少
蚶江镇莲西村	582	2198	2198	—	1130	1068	422	480	487	874	357	33	14	19	16	11	5	8	11	33	6	—	—	—
蚶江镇蚶江村	1778	5999	5999	—	3177	2822	943	1051	1236	2481	1231	77	45	32	39	25	14	22	5	132	18	—	8	8
蚶江镇水头村	1735	6881	—	6881	3596	3285	1318	1410	1790	2633	1048	105	60	45	39	27	12	28	10	143	11	—	—	6
蚶江镇石渔村	735	2777	2777	—	1489	1288	501	570	631	1101	475	33	25	8	10	4	6	3	5	113	6	—	11	2
蚶江镇大厦村	271	1023	1023	—	514	509	172	196	227	438	162	9	6	3	7	3	4	5	1	30	—	—	—	—
蚶江镇锦江村	647	2392	2392	—	1261	1131	389	441	499	989	463	31	14	17	10	1	9	2	3	56	4	—	8	8
蚶江镇石农村	656	2417	2417	—	1276	1141	413	474	584	945	414	28	14	14	18	12	6	8	0	65	7	1	2	11
祥芝镇	9660	34126	24082	10044	18103	16023	6543	7158	8095	13670	5203	448	261	187	164	99	65	114	60	790	38	21	1	1
祥芝镇莲坂村	952	3419	—	3419	1777	1642	664	731	793	1356	539	40	17	23	14	6	8	10	2	62	2	1	—	—
祥芝镇赤湖村	1063	3720	—	3720	1978	1742	652	714	841	1526	639	39	24	15	19	13	6	14	2	67	1	—	1	—
祥芝镇后湖村	611	2148	—	2148	1127	1021	409	451	481	873	343	20	10	10	7	4	3	6	3	47	1	—	—	—
祥芝镇湖西村	236	757	—	757	375	382	141	157	187	304	109	8	2	6	4	3	1	2	—	15	—	—	—	—
祥芝镇前山村	295	966	966	—	505	461	176	191	247	352	176	9	5	4	2	2	—	—	1	19	—	—	—	—
祥芝镇古浮村	888	2997	2997	—	1538	1459	555	606	702	1226	463	42	26	16	13	7	6	16	6	61	6	1	—	—

续表 27

地区	年末总户数（户）	年末总人口（人）										本年度人口变动（人）												
		合计	城镇人口	乡村人口	性别		年龄					出生			死亡			迁入		迁出			区划调整	
					男	女	0—15岁	0—17岁	18—34岁	35—59岁	60岁及以上	合计	男	女	合计	男	女	省内迁入	省外迁入	迁往省内	迁往省外	多报删除	增加	减少
祥芝镇祥农村	1144	3966	3966	—	2099	1867	780	857	995	1583	531	44	31	13	17	15	2	19	10	110	12	2	—	—
祥芝镇祥渔村	2913	10687	10687	—	5754	4933	2162	2377	2483	4269	1558	170	108	62	61	34	27	32	22	272	13	10	—	1
祥芝镇祥运村	778	2950	2950	—	1605	1345	545	589	705	1205	451	34	18	16	12	5	7	6	10	76	3	5	—	—
祥芝镇大堡村	780	2516	2516	—	1345	1171	459	485	661	976	394	42	20	22	15	10	5	9	4	61	—	2	—	—
鸿山镇	9090	31056	21791	9265	16591	14465	5582	6165	7224	12700	4967	357	217	140	199	125	74	106	37	624	36	3	1	1
鸿山镇西墩村	727	2457	2457	—	1303	1154	441	492	576	1006	383	33	21	12	15	4	11	16	3	55	—	—	1	—
鸿山镇洪厝村	446	1667	—	1667	857	810	309	339	401	652	275	15	8	7	8	3	5	3	2	24	3	—	—	—
鸿山镇莲厝村	564	1983	—	1983	1070	913	369	401	498	789	295	22	15	7	14	7	7	7	2	35	2	—	—	—
鸿山镇东园村	562	1899	—	1899	1033	866	339	378	452	784	285	15	10	5	11	6	5	2	4	34	3	—	—	—
鸿山镇郭厝村	269	925	—	925	481	444	188	205	193	384	143	8	5	3	4	3	1	11	—	22	1	—	—	—
鸿山镇邱下村	531	1908	—	1908	995	913	414	445	430	742	291	21	19	2	9	4	5	2	2	40	1	1	—	—
鸿山镇湖厝村	262	883	—	883	484	399	158	183	180	373	147	8	5	3	7	4	3	5	—	24	—	—	—	—
鸿山镇东埔一村	1229	4172	4172	—	2233	1939	746	833	939	1733	667	50	30	20	31	22	9	10	2	121	4	1	—	—
鸿山镇东埔二村	1112	3641	3641	—	1998	1643	627	685	826	1505	625	41	17	24	21	11	10	19	6	69	5	—	—	—

续表 27

地区	年末总户数（户）	年末总人口（人）										本年度人口变动（人）												
		合计	城镇人口	乡村人口	性别		年龄					出生			死亡			迁入		迁出			区划调整	
					男	女	0—15岁	0—17岁	18—34岁	35—59岁	60岁及以上	合计	男	女	合计	男	女	省内迁入	省外迁入	迁往省内	迁往省外	多报删除	增加	减少
鸿山镇东埔三村	1423	4750	4750	—	2581	2169	841	930	1072	1982	766	65	46	19	31	24	7	9	5	69	5	1	—	—
鸿山镇伍堡村	1965	6771	6771	—	3556	3215	1150	1274	1657	2750	1090	79	41	38	48	37	11	22	11	131	12	—	—	1
锦尚镇	6601	23911	16003	7908	12434	11477	4028	4442	5564	9789	4116	272	137	135	157	94	63	87	22	607	39	4	18	18
锦尚镇杨厝村	412	1514	1514	—	794	720	262	299	334	616	265	18	12	6	12	8	4	6	1	19	—	—	—	—
锦尚镇西港村	467	1679	1679	—	888	791	306	332	392	680	275	18	10	8	8	7	1	3	1	43	1	—	—	—
锦尚镇谢厝村	198	742	—	742	383	359	139	153	156	301	132	10	5	5	7	3	4	7	1	15	4	—	—	—
锦尚镇卢厝村	669	2498	2498	—	1305	1193	411	457	575	1008	458	22	12	10	15	7	8	9	4	60	2	—	—	—
锦尚镇港前村	392	1483	—	1483	743	740	268	294	353	597	239	15	7	8	11	8	3	2	1	32	1	—	—	—
锦尚镇奈厝前村	792	3000	—	3000	1586	1414	535	607	661	1228	504	44	21	23	15	9	6	7	5	68	8	—	—	2
锦尚镇厝上村	1100	3955	3955	—	2039	1916	665	724	976	1594	661	35	18	17	31	19	12	19	6	109	9	1	18	—
锦尚镇锦尚村	839	2915	2915	—	1504	1411	432	481	702	1215	517	33	17	16	13	11	2	12	—	95	4	1	—	16
锦尚镇东店村	1024	3442	3442	—	1842	1600	542	594	750	1487	611	41	14	27	25	14	11	6	2	93	9	2	—	—
锦尚镇深埕村	415	1478	—	1478	751	727	240	256	371	589	262	23	13	10	11	5	6	8	—	38	—	—	—	—
锦尚镇港东村	293	1205	—	1205	599	606	228	245	294	474	192	13	8	5	9	3	6	8	1	35	1	—	—	—

石狮市 2020 年财政收入情况表

表 28

项目			调整预算数（万元）	完成情况				同比				
				12 月数（万元）	2020 年（万元）	完成任务（%）	征收部门占比（%）	2019 年（万元）	增减（万元）	增减（%）	征收部门占比（%）	比重变化（%）
财政总收入	合计		605500	48045	567027.5	93.6	—	587969	-20941.5	-3.6	—	—
	其中：税收		512500	36632	457019.5	89.2	81	479995	-22975.5	-4.8	82	-1
	非税		93000	11413	110008	118.3	19	107974	2034	1.9	18	1
其中：	一般预算收入	小计	376800	31269	360278	95.6	—	367535	-7257	-2.0	—	—
		其中：税收	283800	19856	250270	88.2	69	259561	-9291	-3.6	71	-1
		非税	93000	11413	110008	118.3	31	107974	2034	1.9	29	1
	中央级收入	税收	228700	16776	206749.5	90.4	—	220434	-13684.5	-6.2	—	—
基金收入			333584	10012	214245	64.2	—	235930	-21685	-9.2	—	—

石狮市 2020 年财政支出分功能科目情况表

表 29

科目编码	科 目 名 称	预算数				累计完成数			
		预算数（万元）	上级专款（万元）	2019 年结转（万元）	合 计（万元）	2020 年金额（万元）	2019 年（万元）	增减额（万元）	增减(%)
201	一般公共服务支出	39800	909	379	41088	41088	38450	2638	6.9
203	国防支出	220	125	—	345	345	313	32	10.2
204	公共安全支出	37600	777	5	38382	38382	31497	6885	21.9
205	教育支出	91600	5110	159	96869	96869	86346	10523	12.2
206	科学技术支出	9800	1397	569	11766	11766	10204	1562	15.3
207	文化旅游体育与传媒支出	4000	859	320	5179	5179	3723	1456	39.1
208	社会保障和就业支出	36600	6782	36	43418	43418	38721	4697	12.1
210	卫生健康支出	35550	4848	548	40946	40946	32972	7974	24.2
211	节能环保支出	16300	508	28	16836	16836	15774	1062	6.7
212	城乡社区支出	100000	4290	206	104496	104496	46042	58454	127.0
213	农林水支出	15000	30436	7843	53279	53279	41988	11291	26.9
214	交通运输支出	1960	10287	87	12334	12334	4074	8260	202.7
215	资源勘探工业信息等支出	60130	2082	823	63035	63035	20303	42732	210.5
216	商业服务业等支出	400	6066	2001	8467	8467	6053	2414	39.9

续表 29

科目编码	科目名称	预算数				累计完成数			
		预算数（万元）	上级专款（万元）	2019年结转（万元）	合计（万元）	2020年金额（万元）	2019年（万元）	增减额（万元）	增减(%)
217	金融支出	—	222	—	222	222	—	—	—
220	自然资源海洋气象等支出	3200	468	110	3778	3778	3680	98	2.7
221	住房保障支出	11110	2092	13	13215	13215	12890	325	2.5
222	粮油物资储备支出	1655	39	15	1709	1709	1150	559	48.6
224	灾害防治及应急管理支出	2530	25	2	2557	2557	881	1676	190.2
227	预备费	—	—	—	—	—	—	—	—
229	其他支出	32400	45	—	32445	32445	13881	18564	133.7
232	债务付息支出	24027	—	—	24027	24027	23689	338	1.4
233	债务发行费用支出	23	—	—	23	23	27	-4	-14.8
一般预算支出合计		523905	77367	13143	614414	614414	432658	181756	42.0
基金支出合计		253854	12814	252	266920	258105	398273	-140168	-35.2
支出合计		777759	90181	13395	881335	872519	830931	41588	5.0

石狮市 2020 年固定资产投资完成情况表

表 30

指　标	2020 年增长（%）
固定资产投资（不含农户）	-16.5
一、按产业分	—
1. 第一产业	—
2. 第二产业	10.9
#工业投资	10.9
#技改投资	20.9
3. 第三产业	-24.7
二、按构成分	—
1. 项目投资	-18.0
2. 资质房地产开发投资	-13.0

《石狮年鉴（2021 卷）》审稿人和撰稿人名单

表 31

单位	审稿人	撰稿人
市委办	陈鲲淼	陈　静　杨静娟　傅跃炬 周聪坦　吴永钦　柯其彬 陈翠玲　杨静娟　唐丽雯
市人大办	叶忠惠	叶忠惠
市府办	吴金旋	王清彬
市政协办	蔡　菁	蔡晴芸

续表 31

单位	审稿人	撰稿人
市纪委监委	吴瑞文	蔡巧珠　黄云莺　何佩佩　龚莹莹　周志锋
市委组织部	陈泰坤	朱天来　黄建华　林雅芬　陈晓霞　蔡慰玲　张建权
市委宣传部	黄松榆	林树楠
市委统战部	蔡连庭　施养谊	周振们　郭善慧　邱康农
市委政法委	龚怡诺	许锡鸿
市委编办	郑明芬	蔡德谋
市民政局	颜建生　蔡提福	王晴莹　郭玲玲　董堆城　林涌涌
市委文明办	许振洪	高克思
市老干部局	王汉滨	蔡嘉荣
市教育局	蔡钰章	郑　勇
市信访局	肖秋华	赵　龙
市农业农村局	杜越成	刘伟荣　邱铮溶　郑育兴　吴瑞涯　洪艳艳　蔡琼芬　吴清明　王友情　陈晓围
市委党校	洪常颖	陈加家
市委党史和地方志研究室	江芳玲	林金奖
市档案馆	薛文华	邱敏瑜
市发展和改革局	张子群	邱　君　刘少恺　连毓翔
市工业信息化和科技局	李　佳　张江滨　王名体　蔡熙达	朱永得　杨培山　吕晓琳　谢冬棉
市商务局	苏金发　李荣亮　王长华　林琪琳	黄鸿媚　洪及源　辛丽萍　东沙沙　王妮娜
市财政局	李美蓉	刘培进
市金融局	柯晓霖	林峄徽
市住房和城乡建设局	王泽永　杨朝阳　张基明　颜文艺　邱金环	余水宝　李　丞　吴扬辉　涂玉助
市人力资源和社会保障局	孙辉体	吴剑锋
市文化体育和旅游局	曾晓敏　李国宏　蔡丽味　蔡小玲	杨　周　赖诗聘　张若兰　林雅彬　薛道达　李小燕　谢忠荣　施英煌
市退役军人事务局	洪吾坤	蔡顺钦
市行政服务中心管委会	李艳萍　王丽云	李艳萍　蔡白榕　林铭伟　程德宪　邱淑明　王丽云
市应急管理局	卢金宗　傅　途	蔡芳财　林宇涵
市卫生健康局	蔡世博	郑清峰
市自然资源局	肖素辉	蔡娉婷
市城市管理局	李志伟　张尚炬	邱清清　李光恒
市交通和港口发展局	林友生	黄阳海
市市场监督管理局	苏思远	蔡珍贵
国家税务总局石狮市税务局	王文曲	林清伟
市统计局	邓莲珍	张辛荣
市审计局	陈天取	邱育萍

续表 31

单位	审稿人	撰稿人
市气象局	陈志泉	吴毅楠　林联发
大数据管理局	董欣鹏	洪玉洁
市烟草专卖局	蔡少峰	陈颖君
市公安局	曾国同	陈泉宇
市司法局	林　屏	谢良生
市检察院	陈　林	龚丝丝
市法院	程耕轮	蔡怡娜
泉州仲裁委员会石狮分会	庄学连	刘雪娜
泉州市医疗保障局石狮分局	邱泉喜	陈春木
石狮海事处	郑钧衡	洪华东
市公安局交通警察大队	邓　通	黄亚茹
市消防救援大队	陈　旻	洪萍萍
市武装部	张　平	曹耀华
市总工会	王春炜	杨宝玲　王文霞
市团市委	李式禾	蔡辉能
市妇联	蔡育婷	许劲楠
市科协	郑金象	陈彬彬
市工商联（总商会）	龚显钏	蔡丽端
市侨联	董立新	许蓉蓉
市文联	刘建辉	肖莺莺
市残联	陈伟祥	蔡丽双
市贸促会	邱汉清	王晓珠
市计生协会	蔡文乾	蔡珊珊
市红十字会	洪永家	高滨滨
市慈善总会	蔡盈盈	蔡婷婷
市社会科学界联合会	王胜利	杨丽碧
市台湾同胞联谊会	佘圣尧	吴佳丽
民革石狮总支部	许雄飞	许莹琦
民盟石狮市总支部	蔡进强	颜艳虹
民建石狮市总支部	吕　锜	王熊熊
民进石狮总支部	洪明芳	吴婉芬
农工党石狮市总支部	李灿新	李灿新
致公党石狮市总支部	施文坛	施文坛
九三学社石狮市基层委员会	黄　刚	王克锰
台湾民主自治同盟石狮市支部	叶心凤	叶铿铿
泉州市石狮生态环境局	郑　明	郑舒新
泉州港口管理局泉州湾港务管理站	施曲萌	郭燕云
泉州海关驻石狮办事处	许群雄	苏　晨
泉州市公路局石狮分局	刘亚泽	陈旭辉
泉州市住房公积金管理中心石狮市管理部	施小云	邱丽练
市供销合作社联合社	刘延钦	李元强
市广播电视台	王金辉　吴志民　唐雪峰	郭国彬　丁荣秩　颜晓彬 陈文峰　施约限　薛宇翔 蔡明恩　庄学翔

续表 31

单位	审稿人	撰稿人
石狮日报社	茅罗平	何丽霞
市关心下一代工作委员会	孙进荣	钟翰卿
市老年大学	范启永	林运动
中国人民银行石狮市支行	李　莎	邱晖莹　邱晓玲
中国银行石狮支行	王德民	王珊妮
中国工商银行石狮支行	刘圣宗	王良愿
中国农业银行石狮支行	黄杰晖	蔡阿芬
中国建设银行石狮支行	蔡美月	曾莉莉
兴业银行石狮支行	蔡少秋	涂丽吟
中国邮政储蓄银行石狮支行	张仲仪	陈小芸
泉州银行石狮支行	洪春颜	施婷婷
石狮农商银行	陈垂典	王凤棉
招商银行石狮支行	许艾生	李昭旭
中国民生银行石狮支行	李锋钢	傅伟煌
中信银行石狮支行	张志雄	黄少杰
交通银行石狮支行	陈钊源	谢绵绵
平安银行石狮支行	林强兴	罗芷珣
上海浦东发展银行股份有限公司泉州石狮支行	林松桂	许雅琴
光大银行石狮支行	余志强	卢燕尔
福建海峡银行石狮支行	雷双双	曾婉芳
泉州农商银行石狮市支行	吴允哲	林陆灿
中国农业发展银行石狮市支行	吴秋英	黄斯铭
厦门银行股份有限公司泉州石狮支行	洪剑清	许东亚
福建石狮渝农商村镇银行	王　瑜	吴育彬
泉州银保监分局石狮监管组	许宝珠	许宝珠
国网福建石狮市供电有限公司	王英雄	王　骏
福建省石狮供水股份有限公司	施琪琛	蔡铭锋
中国邮政石狮分公司	姚加强	翁俊杰
中国移动福建公司石狮市分公司	蔡明通	王灿灵
中国电信股份有限公司石狮市分公司	陈永辉	王雅莹
中国联合网络通信有限公司石狮市分公司	龚海涛	黄婷婷
福建广电网络集团石狮分公司	邱敬措	陈才忠
泉州太平洋集装箱码头有限公司	傅国灿	叶　帆
市高新技术产业开发区	施长华	吴雅南
凤里街道	蔡文博	郑天宝
湖滨街道	蔡良辉	洪鸿吟
灵秀镇	卢盛银	许富强
宝盖镇	上官加兴	洪素真
蚶江镇	杨安雅	陈颖颖
永宁镇	林文森	陈钟铭
祥芝镇	吴伟峰	陈鸿雅
鸿山镇	林美华	蔡骏鸿

续表 31

单位	审稿人	撰稿人
锦尚镇	蔡作为	王鹏飞
闽南理工学院	林志凯	唐小虎
泉州纺织服装职业学院	卢允花	刘津津
泉州海洋职业学院	刘　明	黄玲玲
石狮新奥燃气有限公司	陈志超	陈志超

索引

说明

一、本索引采用主题词分析法，按主题词首字汉语拼音字母顺序排列。

二、栏目、分目标题用黑体字。“特载”“专记”“大事记”“市情概览”“人物　荣誉”““附录”内容不作索引。

三、索引主题词后的数字表示页码，数字后的 a、b、c 表示栏别左中右。

四、空一字起排的款目为上一主题的“附见”。

A

B

C

D

E

F

G

H

J

K

S

T

W

X

Y

Z